Thomas Weißenborn

DAS GEHEIMNIS DER HOFFNUNG

Thomas Weißenborn

Das Geheimnis der Hoffnung

Einführung in den christlichen Glauben

francke

Über den Autor:

Dr. Thomas Weißenborn ist Dozent für Systematische Theologie und Neues Testament am Marburger Bibelseminar. Mit seiner Frau Sabine und seinen vier Kindern lebt er in Marburg.

Bibliografische Information Der Deutschen Bibliothek
Die Deutsche Bibliothek verzeichnet diese Publikation in der Deutschen Nationalbibliografie; detaillierte bibliografische Daten sind im Internet über http://dnb.ddb.de abrufbar.

ISBN 978-3-86827-046-4
Alle Rechte vorbehalten
© 2008 by Verlag der Francke-Buchhandlung GmbH
35037 Marburg an der Lahn
Umschlagfoto: gettyimages, München/David Samuel Robbins
Umschlaggestaltung: Verlag der Francke-Buchhandlung GmbH
Satz: Verlag der Francke-Buchhandlung GmbH
Druck: Koninklijke Wöhrmann, Niederlande

www.francke-buch.de

Inhaltsverzeichnis

Für Sabine, Peter, Torsten, Martin ...
Selig sind, die da hungert und dürstet!

Vorwort

Es gibt theologische Bücher, die man voll Hoffnung liest, deren Inhalt aber häufig ein Geheimnis bleibt. Dies liegt daran, dass viele Theologinnen und Theologen zwar große intellektuelle und theologische Leistungen vollbringen, aber nicht die Gabe haben, diese allgemeinverständlich niederzuschreiben. Bei dem vorliegenden Buch von Thomas Weißenborn ist es nicht so.

„Das Geheimnis der Hoffnung" beschreibt die Entstehung und den Inhalt des christlichen Glaubens der letzten 2000 Jahre so spannend, dass es schwerfällt, das Buch wieder aus der Hand zu legen. Dabei verzichtet Weißenborn auf den ersten Blick auf „Wissenschaftlichkeit", indem er Fußnoten und lange Literaturhinweise zugunsten der Lesbarkeit weglässt, doch merken die geneigte Leserin und der geneigte Leser sehr schnell, wie tiefgründig, ehrlich und biblisch gründlich Thomas Weißenborn sich auf die Entdeckungsreise quer durch den christlichen Glauben macht. Von der Entstehung der Bibel über die Dreieinigkeit bis hin zur letzten Wirklichkeit der Wiederkunft Jesu werden alle wichtigen biblischen und theologisch relevanten Punkte abgehandelt. Aber Weißenborn bleibt dabei nicht stehen, sondern fragt immer wieder, was dies für den eigenen Glauben und die Zeit, in der wir leben, zu bedeuten hat. Dadurch ist dieses Buch lehrreich und geistlich herausfordernd zugleich. Der Leserin und dem Leser werden keine einfachen oder gar platten Antworten vorgesetzt, sondern er wird mitten hineingenommen in die Spannung des Reiches Gottes und der eigenen Wirklichkeit.

Das Buch richtet sich an alle, die sich für den christlichen Glauben interessieren, sei es im Kontext der Gemeinde oder zu Beginn eines theologischen Studiums. Gerade in einer Zeit, in der die Herausforderungen, den christlichen Glauben öffentlich zu leben, einhergehen mit einer großen theologischen Unsicherheit, gibt Weißenborn einen fundierten Überblick über alle wichtigen Fragen des Glaubens und zieht rote Linien durch die Bibel und die Kirchen- und Dogmengeschichte. Dabei fordert der Autor seine Leserinnen und Leser immer wieder auf, seiner geistlichen Reise zu folgen und den persönlichen Glauben zu hinterfragen und zu erweitern. Niemals wirkt er besserwisserisch, sondern trifft den richtigen Ton, der den Leser mit hineinnimmt in das Geheimnis der Hoffnung des christlichen Glaubens.

Viel Freude bei dieser herausfordernden Lektüre.

Tobias Faix, Marburg im Juli 2008

Now the hardness of this world slowly grinds your dreams away
Makin' a fool's joke out of the promises we make
And what once seemed black and white turns to so many shades of gray
We lose ourselves in work to do, work to do and bills to pay
And it's a ride, ride, ride, and there ain't much cover
With no one runnin' by your side, my blood brother

Bruce Springsteen, „Blood Brothers"

Christus möchte ich erkennen und die Kraft seiner Auferstehung und die Ge-
meinschaft seiner Leiden und so seinem Tode gleich gestaltet werden, damit
ich gelange zur Auferstehung von den Toten. Nicht, dass ich's schon ergriffen
habe oder schon vollkommen sei; ich jage ihm aber nach, ob ich's wohl ergrei-
fen könnte, weil ich von Christus Jesus ergriffen bin.

Philipper 3,10-12

Ein Wort auf dem Weg

Dieses Buch ist das Ergebnis einer mehrjährigen Reise, einer Reise in ein fernes und doch bekanntes Land, einer Reise mit Tälern und Höhen. Und wie das bei einer Reise so ist: Vieles kommt einem vertraut vor, weil man sich vorher ausgiebig informiert hat, anderes erscheint neu oder in einem ganz anderen Licht, über wieder anderes hat man nie gehört oder nachgedacht. Bei vielen Wegen hat man nur das Ziel im Blick, bewegt sich, um irgendwo anzukommen. Oft jedoch trifft man auf Orte ungeahnter Schönheit, die einen zwingen an- und innezuhalten, zu verweilen und zu meditieren. Anderswo tun sich dagegen Abgründe von solch atemberaubender Tiefe auf, dass man sich nur mit klopfendem Herzen an den Rand wagt, um einen kurzen Blick hineinzuwerfen.

Und es ist wie bei jeder Reise: Man kehrt zurück mit vielen Eindrücken, Ideen, Bildern, kommt nach Hause, aber man ist nicht mehr derselbe. Man hat längst nicht alles gesehen, hätte mehr Zeit haben und sich nehmen müssen. So bleibt die Sehnsucht, eines Tages zurückzukehren, die Reise noch einmal zu unternehmen. Aber diesmal nicht allein.

Thomas Weißenborn

1.
Annäherungen

oder:

Die Wahrheit wird euch frei machen

Auf der Suche

Alles ist vergänglich und vergeblich, sagte der Prediger, nichts hat Bestand, ja, alles ist völlig sinnlos! Der Mensch plagt sich ab sein Leben lang, doch was bringt es ihm ein? Hat er irgendeinen Gewinn davon? Generationen kommen und gehen, nur die Erde bleibt für alle Zeiten bestehen. (Prediger 1,2-4 nach der „Hoffnung für alle")

Das alttestamentliche Buch Prediger oder Kohelet, wie es in manchen Bibelausgaben heißt, gehört sicher nicht zu den zentralen Predigttexten in unseren Gemeinden. Wie könnte es auch, schließlich scheint seine Botschaft auf dem ersten Blick all dem zu widersprechen, was man sonst von Kanzeln und Lesepulten zu hören bekommt. Aus ihm spricht ein Suchender und Verzweifelter, der so gar nicht in die sich ihres eigenen Glaubens gewisse Welt der religiösen Institutionen zu passen scheint.

Vielleicht ist das Buch gerade deshalb so faszinierend. Zugeschrieben wird es Salomo, einem König, der seit rund dreitausend Jahren tot ist, einem Menschen, der alles besaß, was man sich nur wünschen kann. Die Bibel berichtet von „siebenhundert Hauptfrauen und dreihundert Nebenfrauen" (1. Könige 11,3); seinen Reichtum schildert sie mit der lapidaren Bemerkung: „Alle Trinkgefäße des Königs Salomo waren aus Gold und alle Gefäße ... waren auch aus lauterem Gold; denn das Silber achtete man zu den Zeiten Salomos für nichts" (1. Könige 10,21). Dazu kam Berühmtheit: „Alle Welt begehrte, Salomo zu sehen, damit sie die Weisheit hörten, die ihm Gott ins Herz gegeben hatte" (1. Könige 10,24).

Mag sein, dass die orientalischen Schreiber hier an manchen Stellen etwas übertrieben haben, um das Gesamtbild deutlicher herauszuarbeiten: Salomo war ein Mensch, der als Sohn des großen Königs David nicht nur mit dem sprichwörtlichen goldenen Löffel im Mund geboren worden war, er wurde Zeit seines Lebens auch noch mit weiteren Privilegien überhäuft. Ob nun Geld, Sex, Macht oder Anerkennung, dieser König hatte nicht nur alles, sondern alles im Überfluss: „Alles, was meine Augen wünschten, das gab ich ihnen und verwehrte meinem Herzen keine Freude" (Prediger 2,10).

An so einem Menschen gehen wir in der Regel nicht achtlos vorbei und das nicht nur, weil er eine wichtige Position innehat. Viel entscheidender ist doch die Tiefendimension: Dass hier einer anscheinend mühelos all das erreicht, wofür andere sich ein Leben lang vergeblich plagen, löst Neidgefühle aus. Seien wir ehrlich: Wenn wir die Möglichkeit hätten, mit diesem Mann zu tauschen, wer würde da nicht zugreifen? Schließlich lebte er den modernen Traum vom immer mehr in allen Bereichen – und das (im Gegensatz zu uns) sogar ohne schlechtes Gewissen. Um Umweltzerstörung musste er sich noch keine Gedanken machen (obwohl sein Lebensstil auch damals schon dazu beitrug, Palästina von einer Waldregion in eine Steppenlandschaft zu verwandeln); Polygamie war in seiner Kultur nicht nur nicht geächtet, sondern ein begehrtes Statussymbol; und Reichtum betrachtete man nicht in erster Linie als Aufgabe, sondern als Segen Gottes, den es zu genießen galt. Hier lebte einer also nicht nur seinen, sondern auch unseren Traum. Salomo, du hast es besser.

Oder gerade nicht? Wer einen Blick ins Buch des Predigers wirft, erlebt einen anderen Salomo, einen selbstzweiflerischen, einen, dem sein Leben wie Sand zwischen den Fingern zu verrinnen scheint – und damit einen, der nicht weniger modern ist als der König, der es sich in jeder Hinsicht gut gehen lässt. „Alles ist sinnlos!" scheint die Bilanz des Buches zu sein, die uns sein Autor bereits ganz zu Anfang mitteilt: Reichtum und Vergnügungen sind sinnlos (Prediger 2,1-11), Arbeit ist sinnlos (Prediger 2,20-23), ja selbst die Weisheit, das Streben nach einem guten und gelingenden Leben, ist sinnlos, denn alle ereilt das gleiche Schicksal, ob sie nun weise gehandelt haben oder nicht (Prediger 2,12-16).

Damit ist die Grenze beschrieben, die Salomo ebenso wie wir heute mit all seinem Reichtum, seiner Arbeit und seinen Vergnügungen nicht überwinden kann: Alles ist vergänglich. Der Weise stirbt wie der Unweise, ja schlimmer noch: An beide wird man sich später nicht mehr erinnern. Was einer angesammelt hat mit viel Mühe, gibt ein anderer aus, der nicht dafür gearbeitet hat. „Wie einer nackt von seiner Mutter Leibe gekommen ist, so fährt er wieder dahin, wie er gekommen ist, und trotz seiner Mühe nimmt er nichts mit sich in seiner Hand, wenn er dahinfährt" (Prediger 5,14). Er nimmt nicht nur nichts mit, er hinterlässt auch nichts Bleibendes. Das Leben ist wie ein Funken in der Nacht, der kurz aufleuchtet und dann für immer verlischt.

Das gilt für alle Bereiche, ob nun materiell oder immateriell. Lebenserfahrung geht genauso verloren wie Reichtum; Werte werden ebenso vergessen wie Macht und Ansehen. Denn das Leben, so schildert es der Prediger, wird immer im Schatten des Todes gelebt. Weil der Kreislauf des Lebens auch gleichzeitig einer des Todes ist, steht alles menschliche Tun unter einem Fluch, der bereits ganz zu Anfang der Bibel so ausgedrückt wird: „Im Schweiße deines Angesichts sollst du dein Brot essen, bis du wieder zu Erde werdest, davon du genommen bist. Denn du bist Erde und sollst zu Erde werden" (1. Mose 3,19). Und so ist das Leben ein Kampf gegen die Vergänglichkeit, ein Kampf sie aufzuhalten und zu verdrängen, ein Kampf, der schließlich verloren gehen muss und daher ein sinnloses Ringen ist. Was bleibt in einer Welt, in der selbst Völker ausgelöscht werden und Weltreiche vergehen?

Es ist nicht leicht, sich dieser Frage zu stellen. Irgendwie hoffen wir, dass das Schicksal bei uns eine Ausnahme machen wird, dass wir etwas schaffen können, was Bestand hat. In unseren wacheren Momenten erkennen wir freilich, wie unbegründet diese Zuversicht ist, und dann beginnt die Verzweiflung und die Suche. Manche enden in der völligen Hoffnungslosigkeit und werden Nihilisten, also Menschen, die an nichts glauben. Andere gehen in eine andere Richtung: Statt in der vergänglichen Welt dem Sinn nachzujagen, fragen sie über die Welt hinaus und suchen nach etwas außerhalb von ihr, das unvergänglich und damit größer ist. Hier liegt der Anfang der Religion. Hieraus begründen sich die kleinen und großen Rituale, die uns helfen sollen, mit unserer Vergänglichkeit fertig zu werden – seien sie nun abergläubisch-magische Versuche, die Wirklichkeit zu beherrschen, oder mystische Formen, in tiefere Ebenen des Seins vorzustoßen.

Hier beginnt auch das Fragen nach dem, was bereits in unserer Welt Ewigkeitswert haben könnte. Für die einen ist es die Familie oder eine andere Form der Gemeinschaft, für andere eine bestimmte Lebensweise oder Moralvorstellung, für wieder andere die Welt selbst. Allen gemeinsam ist jedoch, dass der Weg der Suche ein Weg der Krise ist, der Unterscheidung (das ist die Bedeutung des griechischen Wortes *krisis*). Das, was trägt, bleibt und Sinn stiftet, muss von dem Zeitlichen, Begrenzten und Vergänglichen geschieden werden. Wodurch die Krise ausgelöst wird, ist unterschiedlich und im Grund zweitrangig. Es kann eine Not sein oder gerade wie bei Salomo der Wohlstand. Allen gemeinsam ist jedoch die Grenzerfahrung. Als Menschen stoßen wir an die Grenze der Vergänglichkeit und versuchen einen Blick über sie hinaus zu werfen.

Denken und zweifeln

Gottes unsichtbares Wesen, das ist seine ewige Kraft und Gottheit, wird seit der Schöpfung der Welt ersehen aus seinen Werken, wenn man sie wahrnimmt. (Römer 1,20)

Das Wort des Apostels scheint zu einem solchen Blick über den Rand der vergänglichen Welt zu ermutigen. Hier ist von einer „ewigen Kraft" die Rede, also genau von dem, was wir in unserer Welt vermissen. Mit der Hoffnung kommt allerdings auch eine Einschränkung, die einerseits die Suchrichtung vorgibt, andererseits die Suche aber geradezu unmöglich erscheinen lässt: Gott hat ein „unsichtbares Wesen", er gehört also nicht in unsere Welt, nicht ins Diesseits, sondern ins Jenseits, in die Transzendenz, den Bereich jenseits unserer Vorstellungskraft. Wer Gott und damit die „ewige Kraft" finden will, darf also nicht in dieser Welt stecken bleiben, sondern muss über sie hinausschauen. Wie das gehen könnte, verrät Paulus auch: Da die Welt nicht aus sich selbst heraus existiert, sondern „Schöpfung" ist, von Gott geschaffene und von seiner „ewigen Kraft" getragene und erhaltene Welt, kann Gott „aus seinen Werken ersehen" werden, können wir vom Werkstück auf den Werkmeister schließen.

Aber wie soll das Unvergängliche im Vergänglichen erkannt werden? Wir haben doch gar keinen Maßstab dafür. In unserer Welt ist schließlich alles vergänglich, zeitgebunden und damit in vieler Hinsicht zufällig. Wer soll die Grenze ziehen zwischen dem Zufälligen und dem Ewigen? Wie können wir der Falle entgehen, in die die antiken nichtjüdischen Religionen getappt sind, als sie innerweltliche Kräfte zu Göttern personifizierten und damit die „Nichtse" anbeteten (so die wörtliche Übersetzung von 3. Mose 3,19)? Selbst das gebildete Athen, die Wiege der Philosophie, brachte es in den Augen des Apostels ja nur zu einem „unbekannten Gott", der „unwissend verehrt" wurde (Apostelgeschichte 17,23).

Trotz der Schwierigkeiten sollte man diesen Zugang nicht unterschätzen. Wenn Gott der Schöpfer ist und die Welt Schöpfung, dann kann man wie bei jedem Werkstück auch hier einige Rückschlüsse auf den Werkmeister ziehen. Geht man zudem von einer *analogia entis*, also von einer Analogie oder Vergleichbarkeit allen Seins aus, gelangt man sogar noch einen Schritt weiter. Denn dann lassen sich aus dem Sein der Geschöpfe auch Schlussfolgerungen über das „höchste Sein", das Sein Gottes anstellen.

Es sind drei Wege, auf denen die Denker zu Gott unterwegs sind. Der erste ist der „Weg der Erhöhung" (*via eminentiae*), auf dem das, was in unserer Welt an Gutem in unvollkommener Weise vorhanden ist, in Bezug auf Gott ins Unendliche erhöht wird. Aus der in seinen Geschöpfen begrenzt vorhandenen Macht und Weisheit wird also auf einen *all*mächtigen und *all*weisen Schöpfer geschlossen. Natürlich kann man diesen Weg auch in umgekehrter Richtung gehen, indem man bei Gott die irdischen Begrenzungen verneint. Das ist dann der „Weg der Verneinung" (*via negationis*), bei dem Gott *Un*sterblichkeit und *Un*begrenztheit zugeschrieben wird.

Der dritte Weg ist schließlich der „Weg der Ursachen" (*via causalitatis*). Er ist ein wenig scharfsinniger als die anderen beiden, weil er sehr viel mehr Nachdenken voraussetzt, andererseits aber auch zu konkreteren Aussagen über Gott führt als es die beiden anderen Wege vermögen. Bei ihm wird von der Welt auf ihre Ursache geschlossen. So entdecken wir zum Beispiel hinter allem eine gewisse Ordnung, die darauf angelegt ist, dass sich der Kosmos selbst erhält und das Leben weitergeht. Eine solche Ordnung, so sieht es der „Weg der Ursachen", entsteht nicht von selbst, sondern setzt einen Schöpfer voraus, der sie geschaffen hat. Dieser Schöpfer muss jedoch nicht nur unendlich und allmächtig sein, sondern auch vollkommen weise und gut, sonst sähe die Erde anders aus.

Zu welchen Leistungen Menschen auf diesen Wegen gelangen können, zeigen die so genannten „Gottesbeweise". Auch wenn es sich bei ihnen nicht um Beweise im naturwissenschaftlichen Sinn handelt (die gibt es außerhalb der Naturwissenschaften nirgendwo), tragen sie doch Hinweise zusammen, die die Existenz Gottes wahrscheinlicher werden lassen als seine Nichtexistenz. Nehmen wir etwa die Beobachtung, dass alles in der Welt der Veränderung unterliegt. Schon der griechische Philosoph Heraklit († nach 483 v. Chr.) beschrieb diese Tatsache mit seinem berühmten Satz „*panta rhei*", „alles fließt". Nichts ist konstant, alles ist einem schnellen oder langsamen Wandel unterworfen. Auch wenn vieles dabei zufällig aussieht, entsteht doch nichts spontan, vielmehr hat jede Veränderung eine Ursache, die wiederum die Wirkung einer anderen Ursache ist. Eine Kette von Ursachen und Wirkungen lässt sich aber (zumindest theoretisch) bis zum Anfang zurückverfolgen. Und damit sind wir bei der Frage, wie man sich diesen Anfang vorstellen soll: Entstand die erste Bewegung spontan, ohne Grund? Oder gibt es einen „unbewegten Beweger", also einen, der die Bewegung ins Rollen brachte, selbst aber „unbewegt" ist – eben nicht Teil der Kette von Ursache und Wirkung, sondern ihr Anfang? Da ursachelose Veränderungen in unserer Welt nicht vorkommen, müssen wir Zweiteres annehmen.

Diesen Beweis aus Ursache und Wirkung könnte man auch etwas moderner formulieren: Nach der Relativitätstheorie stehen Masse und Energie im Universum in einem Verhältnis zueinander, das Albert Einstein mit der berühmten Formel $E=mc^2$ beschrieb, Energie ist gleich Masse mal Lichtgeschwindigkeit zum Quadrat. Das bedeutet im Klartext nichts anderes, als dass das Universum einem ständigen Umwandlungsprozess unterworfen ist. Aus Masse entsteht Energie, die wiederum zu Masse wird. Nimmt das eine zu, nimmt das andere entsprechend ab und umgekehrt. Mit anderen Worten: Wenn irgendwo Masse entstehen soll (z. B. das Universum), dann ist dazu Energie erforderlich. Keines von beiden entstammt freilich dem Nichts. Nun ist das Universum jedoch da. Woher kommt es? Wer hat die Energie aufgewandt, um diese Masse und die mit ihr verbundene Energie ins Dasein zu rufen?

Wenn wir weiterfragen, kommen wir auf weitere Hinweise: Woher kommt etwa, dass jeder Mensch eine Vorstellung von Gut und Böse hat, obwohl die ihn doch manchmal daran hindert, seinen vermeintlichen „Interessen" nachzugehen? Wir alle haben ein Gewissen, das keine Ruhe gibt, selbst wenn der Verstand es zu „überzeugen" versucht. Ist das nur anerzogen, ein Produkt unserer Umwelt, oder steckt da mehr dahinter? Und wenn es nur „erworben" ist, warum lässt es sich dann so schwer wieder „ablegen"? Ist es nicht plausibler, dass sich in dem für uns nicht verfügbaren Maßstab des Gewissens ein Maßstab widerspiegelt, der tatsächlich unverfügbar, weil jenseitig ist?

Oder nehmen wir die Erkenntnis, dass in unserer vergänglichen Welt das Leben selbst ein unzerstörbares Gut ist. Egal, wie sich die Welt verändert, welche Katastrophen sie ereilen, das Leben selbst wird nicht vernichtet, auch dann nicht, wenn ganze Lebensformen ausgerottet werden. Es gibt kein Vakuum, in dem auf Dauer kein Leben mehr existiert, vielmehr werden solche Räume früher oder später zurückerobert. In einer sich ständig verändernden Welt entsteht damit immer wieder aufs Neue ein Gleichgewicht, in dem die verschiedenen Lebewesen die unterschiedlichsten ökologischen Nischen besetzen und miteinander in Aktion treten. Ja mehr noch: Das Leben auf der Erde ist ein System, bei dem jeglicher „Fehler" beseitigt und mit jeder denkbaren Eventualität umgegangen wird. Trotz seiner ungeheuren Komplexität ist es damit in nahezu unzerstörbarer Weise auf Selbsterhaltung angelegt, was auch immer passieren mag. Woher kommt das? Ist das alles nur ein immer wiederkehrender Zufall, oder steckt eine für uns schier unfassbare Intelligenz dahinter? Auch hier erscheint die letzte Annahme weitaus wahrscheinlicher als die erste.

Ob solche Wege zur Erkenntnis Gottes sinnvoll sind oder nicht, ist freilich nicht nur in der Philosophie, sondern auch in der Theologie umstritten. Wenn man sie jedoch nicht als Beweise im naturwissenschaftlichen Sinn betrachtet, sondern als Hinweise oder Indizien, geht es nicht mehr um die Frage, ob die Existenz eines Schöpfers zwingend aus der Schöpfung geschlossen werden *muss*, sondern nur noch darum, ob sie *wahrscheinlicher* ist als seine Nichtexistenz. Mit anderen Worten: Ist es wahrscheinlicher, dass die Welt mit ihrer sehr komplexen lebenserhaltenden Ordnung von einem intelligenten Wesen geschaffen wurde, oder dass sie von selbst zufällig entstand? An der Antwort scheiden sich nach wie vor die Geister, allerdings gibt es auch in der Philosophie nicht wenige, die die Existenz Gottes für etwas wahrscheinlicher halten, weil sich damit leichter erklären ließe, warum die Welt so ist, wie sie ist. Ein Beweis ist das freilich noch nicht.

Die Tür in eine andere Dimension

Nun aber ist Christus auferstanden von den Toten als Erstling unter denen, die entschlafen sind. (1. Korinther 15,20)

Die sogenannten Gottesbeweise gehören vermutlich zu dem Scharfsinnigsten, was die Philosophie in ihrer langen Geschichte hervorgebracht hat. Wie von Ermittlern in einem Kriminalfall werden hier verschiedene Indizien zusammengetragen, die sich als ein großes Bild interpretieren lassen, das tatsächlich einen gewissen Anspruch auf Wahrscheinlichkeit erheben kann. Mit anderen Worten: So, wie die Gottesbeweise das Verhältnis von Schöpfer und Schöpfung darstellen, könnte es tatsächlich sein. Aber ist es auch so?

Würde die Frage nach der Existenz Gottes vor einem irdischen Gericht verhandelt, reichte diese Form der Beweisführung sicher nicht aus. Denn obwohl sie Gott wahrscheinlich werden lässt, handelt es sich um Indizien und damit keineswegs um stichhaltige Beweise, die über jeden Zweifel erhaben sind. Allerdings ist es auch nicht so einfach, wie es eine atheistische Philosophie im Gefolge der Aufklärung gerne darstellt. Wenn Gott sich nicht beweisen lässt, lässt er sich nämlich auch nicht widerlegen – zumal es prinzipiell unmöglich ist, die Nichtexistenz von etwas zu beweisen. Wir können lediglich sagen, dass wir das Gesuchte nie gefunden haben, und daraus schließen, es sei nicht vorhanden. Da wir aber nicht in der Lage sind, tatsächlich überall zu suchen (erst recht nicht im Fall Gottes, dessen Wesen außerhalb unseres Raum-Zeit-Gefüges angesiedelt sein muss und damit jenseits unseres Erfahrungshorinzontes ist), kann die Nichtexistenz letztlich nicht bewiesen, sondern ebenfalls nur vermutet werden.

Damit aber sind wir bei der Grundproblematik solcher Aussagen: Wir alle, ob wir nun religiös sind oder nicht, leben zwar in derselben Wirklichkeit, deuten sie jedoch unterschiedlich. Während für den einen der Fortbestand des Lebens auf der Erde ein Hinweis auf einen planvollen Schöpfer ist, sieht der andere in ihm nur, dass die Mechanismen der Evolution die Welt so im Gleichgewicht halten wie die des Marktes die Wirtschaft. Ebenso zeigt das, was der eine als Wunderheilung feiert, dem anderen nur, zu welchen Selbstheilungskräften die Psyche den Körper anstacheln kann – oder noch profaner: dass es auch in der modernen Medizin trotz aller Technik zu gravierenden Fehldiagnosen kommen kann, die aber zum Glück bei der nächsten Untersuchung korrigiert werden.

Welche Ansicht jeweils die „richtige" ist, lässt sich gar nicht so einfach klären. Denn alle Weltanschauungen, seien sie nun religiös oder nicht, sind zunächst einmal nichts weiter als Deutungen der Wirklichkeit. Oder um es anders auszudrücken: Es könnte so sein, es muss aber nicht. Erschwert wird das Problem dadurch, dass die Antwort auf die Frage, welche Deutung der „reinen Fakten" am plausibelsten erscheint, in großem Maß vom jeweiligen Umfeld abhängt. Das haben nicht zuletzt mehrere Untersuchungen zu Tage gefördert, die sich mit dieser Problematik beschäftigt haben. So wurden algerische Studenten in Frankreich einmal auf Französisch und ein andermal auf Arabisch gefragt, ob es einen Gott gibt. Je nach Sprache fiel die Antwort unterschiedlich aus. Dieselben Studenten, die als Araber die Existenz Gottes für eine Selbstverständlichkeit hielten, leugneten sie, wenn sie in der Sprache des aufgeklärten Atheismus zu antworten hatten.

Noch aussagekräftiger ist vielleicht eine Untersuchung, die der Vatikan vor einigen Jahren in Auftrag gegeben hat. Hier ging es um die Frage, warum aus Europa so wenig Wunderheilungen bekannt werden, aus der Dritten Welt dagegen relativ viele, während Amerika irgendwo dazwischen anzusiedeln ist. Für die römisch-katholische Kirche handelt es sich dabei um ein wirkliches Problem, da von entsprechenden Fachleuten bezeugte Wunder eine Voraussetzung für Heiligsprechungen sind. Untersucht hat man daher verschiedene Berichte über angebliche Wunderheilungen und die Reaktionen des medizinischen Personals, das jeweils auf einem dem westlichen Standard entsprechenden Niveau zu arbeiten hatte. Trotzdem kamen hierbei gewichtige Unterschiede zu Tage: Während ein Arzt in der Dritten Welt noch am ehesten bereit ist, eine unerklärliche Heilung als solche nicht nur wahrzunehmen, sondern auch zu bescheinigen, ist das für einen europäischen Kollegen nahezu unmöglich. Hier wird zwar derselbe veränderte Befund wahrgenommen, allerdings gesteht man in der Regel eher eine Fehldiagnose bei der ersten Untersuchung zu als eine spontane Heilung. Das gilt insbesondere für Länder, in denen Religion und Wissenschaft im allgemeinen Verständnis als völlig unterschiedliche Bereiche wahrgenommen werden. Die USA mit ihrer tief verwurzelten Frömmigkeit bilden vor diesem Hintergrund die einzige Ausnahme in der westlichen Welt, womit verständlich wird, warum dort mehr Wunder attestiert werden als in Europa.

Für unseren Zusammenhang hat diese Einsicht enorme Folgen, denn schließlich bedeutet sie nichts anderes, als dass die Wahrheitsfrage auf dem Weg des Denkens nicht geklärt werden kann. Vielmehr lässt uns nur unser Umfeld, und damit unsere Prägung, die eine Theorie plausibler erscheinen als die andere. Da wir nicht zu den objektiven Fakten vorstoßen, sondern es immer nur mit deren Deutungen zu tun haben, die mehr oder weniger subjektiv sind, existieren zwangsläufig in derselben Wirklichkeit mehrere Wirklichkeitsverständnisse nebeneinander. In einer atheistischen Umgebung halten wir die Existenz Gottes demnach für wenig wahrscheinlich – und dort, wo scheinbar alle an ihn glauben, schließen wir uns ihnen an. Weder das eine noch das andere ist dabei an sich plausibler oder wahrscheinlicher, es erscheint uns nur im jeweiligen Umfeld so. Denn was in dem einen Kontext wie ein kaum widerlegbares Indiz aussieht, ist in einem anderen nur nichtssagender Zufall und umgekehrt. In jedem Fall haben wir es aber nicht mit der Wirklichkeit selbst, sondern nur mit ihrer Deutung zu tun. Zur eigentlichen Wirklichkeit dringen wir gar nicht vor.

Das gilt noch viel mehr, wenn wir es mit einem Bereich zu tun haben, der im wahrsten Sinne des Wortes jenseits unserer Erfahrung liegt. Wie hängen die Beobachtungen aus den verschiedenen Gebieten des Wissens zusammen? Wie sollen wir uns die Entstehung des Universums vorstellen? Was ist der Sinn des Lebens? Bei all diesen Fragen verlassen wir die diesseitige Erfahrungswirklichkeit und beschäftigen uns mit Problemen, die jenseitig sind, die sich also nicht schlichtweg durch Beobachten und Definieren in Kategorien einteilen lassen.

Hier ist es wie bei einer unbekannten Wohnung, die man durch die Haustür betritt. Da steht man im Flur und sieht, dass rundherum Türen abgehen, hinter denen sich Zimmer verbergen. Weil die Türen geschlossen sind, erkennen wir jedoch nicht, welches Zimmer sich hinter welcher Tür befindet. Denkbar sind unzählige Möglichkeiten: Dort könnte das Bad sein, da die Küche, dahinten das Wohnzimmer. Oder rechts ein Kinderzimmer, links das Schlafzimmer. Manche Theorien klingen recht unwahrscheinlich („diese Tür führt vermutlich in die Garage"), was jedoch nicht bedeutet, dass sie tatsächlich von vornherein ausgeschlossen sind. Unsere bisherigen Erfahrungen sind uns zwar eine Hilfe („eine Badezimmertür mit einem Milchglaseinsatz habe ich noch nie gesehen, das hier ist also sicher keine"), können uns aber auch in die Irre führen. Ein hundertprozentig zuverlässiger Wegweiser sind sie jedenfalls nicht. Ebenso wenig bringen uns Überlegungen weiter, wie denn eine ideale oder typische Wohnung aufgebaut sein müsste, weil wir gar nicht wissen, ob diese Wohnung ideal oder auch nur typisch für eine bestimmte Epoche ist. Letztlich gibt es nur eine Möglichkeit um herauszufinden, wie diese Wohnung aufgebaut ist: die Besichtigung. Wir müssen die Türen öffnen und schauen, was dahinter ist.

Mit der Wirklichkeit ist das freilich nicht ganz so einfach, denn zwischen Diesseits und Jenseits gibt es keine Tür, die sich von unserer Seite öffnen ließe. Weil das so ist, haben wir uns seit der Aufklärung damit zufrieden gegeben, die Wirklichkeit sozusagen auf den Hausflur zu begrenzen und die Existenz weiterer Zimmer zu leugnen. Das Diesseits wird als „objektiver Fakt" angesehen, alles andere dagegen in den „subjektiven" Bereich der individuellen Deutung verwiesen. Ob es ein Jenseits gibt, ist damit nicht nur nicht ausgemacht, es spielt scheinbar auch keine Rolle, weil es im Diesseits bestenfalls in der Form individueller Überzeugung auftaucht. Überzeugungen sind in unseren kritischen Augen jedoch keine „gesicherten Fakten", womit sie keine Erkenntnisse über die Grundfragen des Lebens liefern können, sondern nur zeigen, wie die unterschiedlichen Menschen mit diesen Grundfragen umgehen.

Typisch für die von der Aufklärung bestimmte Wissenschaft ist daher, dass die Sinnfrage gar nicht mehr gestellt wird. Man beschränkt sich auf das Wie und fragt nicht nach dem Wozu. So wissen wir mittlerweile sehr viel über die Entstehung des Menschen. Dieses Wissen ist allerdings im wahrsten Sinne des Wortes sinnlos, weil es uns nicht sagt, wozu einer sein Leben einsetzen soll. Was nützt es, wenn wir die verschiedenen Knochenfunde von Vor- und Frühmenschen in eine historisch vermutlich richtige Reihenfolge bringen können, uns aber kaum darüber einig sind, wohin die weitere Entwicklung eigentlich führen soll?

Lange Zeit glaubte man, dass sich die Sinnfrage mit zunehmendem technischem Fortschritt von selbst erledigen werde. Wer einmal ein Buch aus dem 19. Jahrhundert liest, der weiß, wovon ich rede. Bis zum Ersten

Weltkrieg war der von der Aufklärung bestimmte Teil der Menschheit davon überzeugt, dass die immer neuen Erkenntnisse über die naturwissenschaftlichen Zusammenhänge zwangsläufig zu einem technischen Fortschritt und der wiederum zu Wohlstand für alle, Frieden und Völkerverständigung führen würde. Mit anderen Worten: Die Probleme, die uns massiv die Sinnfrage stellen lassen, werden sich ohne unser Zutun praktisch von selbst erledigen.

Wie wir heute wissen, war dieser Optimismus in jeder Hinsicht unbegründet. Neben einem gestiegenen Wohlstand für viele hat der Fortschritt vor allem einigen wenigen ungeheure Reichtümer beschert, große Massen wiederum hat er verarmen lassen. Zudem zeigt sich, dass Fortschritt relativ ist. Unsere Steigerung an materiellen Gütern und die damit verbundene Effektivierung der Arbeitsprozesse bezahlen wir mit einer zunehmenden Verunmenschlichung der Arbeit selbst. Was Effektivität ist, bestimmen Maschinen, die von Menschen nur noch „bedient" werden, womit klar ist, wer Herr ist und wer Knecht. Der zurückgehenden Zahl an körperlichen Gebrechen steht deshalb eine steigende an psychischen Problemen gegenüber. Stress, ein Phänomen, dass sich früher auf Krisenzeiten beschränkte, ist nun eine alltägliche Erfahrung.

Doch damit nicht genug. Dieselben Erkenntnisse, die zu Frieden und Völkerverständigung beitragen sollten, haben zur Entwicklung fürchterlicher Waffen geführt bzw. den im 20. Jahrhundert an verschiedenen Stellen mit bürokratischer Effizienz durchgeführten Völkermord überhaupt erst ermöglicht. Insgesamt hat der technische Fortschritt unsere Welt zudem an den Rand des Abgrunds geführt. Der Weltuntergang ist für unsere Zeit nicht mehr eine Katastrophe, die von außen über uns hereinbrechen könnte, sondern befindet sich mittlerweile im Rahmen *unserer* Möglichkeiten.

Aus dem allen ergibt sich, dass wir die Sinnfrage nicht weiter ausblenden können. Durch den Fortschritt wurde sie nicht nur nicht gelöst, sondern stellt sich mittlerweile noch tiefer, auf einer Ebene, die den Fortschritt selbst als solchen fragwürdig werden lässt. Oder um auf das Bild von der Wohnung zurückzukommen: Sich nur im Flur aufzuhalten und die Existenz weiterer Zimmer zu leugnen, ist bestenfalls eine vorläufige „Lösung". Zwar lässt sich der Flur ohne weiteres erforschen, womit wir praktischerweise nicht mehr darauf angewiesen sind, dass uns einer in die Zimmer bittet. Damit ist die Objektivität des Zugangs gewahrt, denn alles, was einer über die Wohnung sagt, ist von jedem anderen der im Hausflur Anwesenden nachprüfbar, es gibt also kein „geheimes Wissen" über andere Räume, über das nur eine bestimmte Gruppe verfügt.

Andererseits ist der Hausflur aber nicht die Wohnung selbst, sondern nur ein Teil von ihr. Und gerade ihm fehlen die entscheidenden Dinge, die eine Wohnung in der Regel erst wohnlich machen: die Küche, das Bad, Wohn- und Schlafzimmer – wobei der einzige Zweck des Flurs meist darin besteht, den Zugang zu den „eigentlichen" Räumen überhaupt erst zu ermöglichen. Ebenso fehlt auch unserer Wirklichkeit eine entscheidende Dimension, wenn wir sie auf die sichtbare und damit vergängliche Welt beschränken. Wir lebten dann im kalten Flur des immerwährenden Vergehens und Vergessens – und das vielleicht nur wenige Schritte von der warmen Küche entfernt.

Doch wie können die Türen geöffnet werden? Kann die eigentliche Wirklichkeit überhaupt durch unseren Schleier von Deutungen durchschimmern? Im Gegensatz zu den diesseitigen Definitionen kann es im jenseitigen Bereich der Deutungen ja kaum so etwas wie Objektivität geben. Das ist an sich jedoch erst einmal nur eine Feststellung, aber noch kein Grund zur Verzweiflung. Nur weil die Suche schwierig ist, sollten wir sie noch nicht aufgeben. Vielleicht ist es einfach falsch, einer Objektivität nachzujagen, die es nicht geben kann. Vielleicht sollten wir nach etwas anderem Ausschau halten.

Schon Mitte der fünfziger Jahre des ersten Jahrhunderts, als das Christentum gerade einmal zwei Jahrzehnte alt war, wurde in Korinth die Frage aufgeworfen: Handelt es sich bei der von den ersten Missionaren verbreiteten Religion um eine neue Wirklichkeit oder nur um eine neue Deutung derselben altbekannten? Gibt es im Christentum etwas, das über diesseitige Spekulationen, Visionen und Worte hinausreicht? Der Apostel Paulus gibt darauf folgende Antwort:

> *„Ich erinnere euch aber, liebe Brüder, an das Evangelium, das ich euch verkündigt habe, das ihr auch angenommen habt, in dem ihr auch fest steht, durch das ihr auch selig werdet, wenn ihr's festhaltet in der Gestalt, in der ich es euch verkündigt habe; es sei denn, dass ihr umsonst*

*gläubig geworden wärt. Denn als Erstes habe ich euch weitergegeben,
was ich auch empfangen habe: Dass Christus gestorben ist für unsre
Sünden nach der Schrift; und dass er begraben worden ist; und dass er
auferstanden ist am dritten Tage nach der Schrift; und dass er gesehen
worden ist von Kephas, danach von den Zwölfen. Danach ist er gesehen worden von mehr als fünfhundert Brüdern auf einmal, von denen
die meisten noch heute leben, einige aber sind entschlafen. Danach ist
er gesehen worden von Jakobus, danach von allen Aposteln. Zuletzt
von allen ist er auch von mir als einer unzeitigen Geburt gesehen worden. [...] Es sei nun ich oder jene: so predigen wir und so habt ihr
geglaubt.*

*Wenn aber Christus gepredigt wird, dass er von den Toten auferstan-
den ist, wie sagen dann einige unter euch: Es gibt keine Auferstehung
der Toten? Gibt es keine Auferstehung der Toten, so ist auch Christus
nicht auferstanden. Ist aber Christus nicht auferstanden, so ist unsre
Predigt vergeblich, so ist auch euer Glaube vergeblich. Wir würden
dann auch als falsche Zeugen Gottes befunden, weil wir gegen Gott
bezeugt hätten, er habe Christus auferweckt, den er nicht auferweckt
hätte, wenn doch die Toten nicht auferstehen. Denn wenn die Toten
nicht auferstehen, so ist Christus auch nicht auferstanden. Ist Christus
aber nicht auferstanden, so ist euer Glaube nichtig, so seid ihr noch in
euren Sünden; so sind auch die, die in Christus entschlafen sind, verloren. Hoffen wir allein in diesem Leben auf Christus, so sind wir die
elendesten unter allen Menschen" (1. Korinther 15,1-19).*

An diesem Abschnitt sind verschiedene Dinge bemerkenswert: Auffällig
ist zunächst einmal, wie wenig er in unser Bild eines religiösen Textes
passt. Ginge es nicht um die Auferstehung Jesu, wir würden ihn eher in
einen Gerichtszusammenhang einordnen, schließlich werden in der
Hauptsache Zeugen aufgeführt. Deutlich ist auch, dass hier Zeugen-
schaft tatsächlich im rechtlichen Sinn verstanden wird. Es geht also nicht
um Menschen, die dieselbe Überzeugung wie der Autor teilen (obwohl
sie das vermutlich tun), sondern um solche, die etwas gesehen haben
und das bezeugen können.

Wie die aus der jüdischen Schriftgelehrsamkeit bekannten Fachbegriffe
„weitergeben" und „empfangen" zeigen, zitiert Paulus zudem eine Tra-

dition, die – das macht der Name „Kephas" deutlich, der hier in der aramäischen Form des griechischen „Petrus" („Fels") erscheint – auf die frühe Christenheit Palästinas zurückgeht, womit wir uns zeitlich und räumlich in unmittelbarer Nähe der Auferstehung Jesu bewegen. Paulus ergänzt die Kette der Zeugen durch sich selbst, wodurch klar wird, dass er hier nicht nur eine Überlieferung anführt, sondern selbst Teil des Kreises derer ist, die die Überlieferung überhaupt erst ins Leben gerufen haben.

Wie vor einem weltlichen Gericht steht und fällt nun die ganze weitere Argumentation mit der Aussage der angeführten Zeugen. Wenn sie glaubwürdig bestätigen können, was sie gesehen haben, dann ist alles andere auch wahr; sind sie dagegen „falsche Zeugen", wird der Rest hinfällig. Und dabei geht es um nichts Geringeres als den christlichen Glauben an sich. Paulus macht dessen ganzen Wert von den Aussagen der Zeugen abhängig. Ist Jesus tatsächlich leiblich von den Toten auferstanden (und nicht nur als „Geistwesen" oder gar nicht), dann hat sich darin eine neue Wirklichkeit gezeigt, an der sich der Glaube festmacht. Ist Jesus dagegen nicht auferstanden, so ist auch der Glaube „umsonst" und „vergeblich".

Eine weitere Alternative lässt der Apostel nicht gelten: Glaube muss sich vielmehr ausschließlich an seinem Gegenstand messen lassen. Nicht, ob es den Menschen „hilft" zu glauben, ist wichtig, sondern ob die im Glauben vorgestellte Wirklichkeit auch den Tatsachen entspricht. Für ihn gilt: „Hoffen wir allein in diesem Leben auf Christus, so sind wir die elendesten unter allen Menschen." Und: „Wenn die Toten nicht auferstehen, dann ‚lasst uns essen und trinken; denn morgen sind wir tot!'" (1. Korinther 15,19.32 mit einem Zitat aus Jesaja 22,13).

Es würde an dieser Stelle zu weit führen, die Aussagen der neutestamentlichen Zeugen sozusagen wie vor Gericht auf ihren Glaubwürdigkeit hin zu überprüfen, zumal dies vielerorts auch schon geschehen ist. Für unseren Zusammenhang entscheidend ist vielmehr, dass das Neue Testament, und damit der christliche Glaube, auf diese Weise nicht auf einer neuen Weltsicht oder einem anderen Verständnis der Wirklichkeit aufbaut, sondern sich auf ein historisches Ereignis gründet, das von mehr als fünfhundert Menschen in unterschiedlichen Situationen bezeugt worden ist: die Auferstehung Jesu.

Ebenso deutlich macht das Neue Testament, dass es sich bei dieser
Auferstehung nicht um die Wiederbelebung eines Gestorbenen handelt
(der nach einiger Zeit wieder stirbt, weil er nicht den Bereich der Ver-
gänglichkeit verlassen hat), sondern um eine neue Realität, die in dieser
Weise sonst nirgendwo sichtbar war oder ist. Unmittelbar nach unserem
Abschnitt vergleicht Paulus den Auferstehungsleib mit dem irdischen
Leib, mit dem Ersterer so viel gemein hat wie die fertige Pflanze mit
einem Samenkorn (1. Korinther 15,35-49).

Entsprechend berichten die Evangelien davon, dass der Auferstandene
nicht mehr an das Raum-Zeit-Gefüge gebunden ist. Er taucht ebenso
plötzlich auf wie er verschwindet (Johannes 20,19; Lukas 24,31). Obwohl er weiterhin die Wunden trägt, die das Kreuz ihm geschlagen hat
(Johannes 20,20.27), erkennen ihn selbst nahe Personen nicht auf Anhieb (Lukas 24,16; Johannes 20,14). Zudem wird er vor den Augen
seiner Jünger in den Himmel aufgehoben (Apostelgeschichte 1,9); eindrücklich macht er ihnen zugleich aber auch deutlich, dass er kein Geist
ist, sondern aus „Fleisch und Knochen" (Lukas 24,36-43). Wenn das
wahr (im Sinne von tatsächlich so geschehen) ist – wofür die Zeugen als
Zeugen einstehen – ist damit eine andere Wirklichkeit faktisch und erfahrbar in die unsere eingedrungen. Eine Tür wurde aufgestoßen, die
einen Blick in den Raum dahinter zulässt.

Das ist der Ausgangspunkt des christlichen Glaubens, weswegen seine
ersten Verkündiger unaufgebbar Zeugen der Auferstehung sein mussten
(Apostelgeschichte 1,22). Hier ist der Anfang aller weiteren Überlegungen, hier ist das Leben in einer ganz neuen, unvergänglichen Dimension
in die vergängliche Welt eingedrungen, hier wurde es sichtbar. Klar ist
freilich auch, dass dabei die seit der Aufklärung immer wieder gezogene
Grenze zwischen Fakten und ihren Deutungen verschwimmt. Bei der
Auferstehung Jesu handelt es sich um ein singuläres und damit in jeder
Hinsicht einzigartiges Ereignis. Jeder Gedanke an eine Analogie mit anderen Ereignissen der Geschichte erübrigt sich deshalb, weswegen seine
Glaubwürdigkeit allein an den Zeugen hängt. Wer ihnen Vertrauen
schenkt, hält die Auferstehung Jesu für einen „Fakt", wer ihnen misstraut, sieht in ihr nichts weiter als eine „Deutung".

Würde die Frage vor Gericht verhandelt und ginge es um etwas Alltäg-
licheres, würde ein von mehr als fünfhundert Zeugen als erlebt darge-

stelltes Ereignis auch heute ohne jeden Zweifel als „wahr" gelten. Da unser Urteil freilich (wie oben gesehen) in entscheidendem Maße von unserem Wirklichkeitsverständnis abhängt, wird es kaum so eindeutig ausfallen.

Dennoch müssen wir es fällen, weil von ihm abhängt, wie wir die Wirklichkeit verstehen. Wenn nämlich Paulus und mit ihm das Neue Testament recht hat, dann ist mit der Auferstehung Jesu eine Tür geöffnet worden, die Diesseits und Jenseits verbindet und das nicht nur gedanklich oder „im Glauben", sondern in dem Bereich, den man heute den „Fakten" zuschreibt. Wer weiterhin den Glauben ausschließlich im Bereich der „Überzeugungen" verortet, wird deshalb den biblischen Aussagen nicht gerecht. Denn für die Autoren des Neuen Testaments hat sich in der Auferstehung Jesu nicht nur eine neue Deutung der gleichbleibenden (diesseitigen) Wirklichkeit ergeben, sondern vielmehr eine bis dato nur geahnte, dahinterstehende, „tiefere" Wirklichkeit real gezeigt. In einer Welt, in der alles der Vergänglichkeit unterworfen ist, ist damit das Unvergängliche erkennbar geworden. Der auferstandene Jesus ist im wahrsten Sinne des Wortes nicht mehr von dieser Welt, sondern ist durch seine Unvergänglichkeit qualitativ unendlich weit von ihr entfernt. Es gibt nichts in dieser Welt, was an ihn heranragen könnte.

Folgerichtig wird im Neuen Testament aus diesem Tatbestand Jesu Herrschaftsanspruch abgeleitet. Er ist „eingesetzt als Sohn Gottes in Kraft durch die Auferstehung von den Toten" (Römer 1,4), nur der Auferstandene kann deshalb mit Recht von sich sagen: „Mir ist gegeben alle Gewalt im Himmel und auf Erden" (Matthäus 28,18). Alles andere vergeht, er aber bleibt. Er allein ist „der Erste und der Letzte und der Lebendige" (Offenbarung 1,17f.). Damit muss sich auch alles andere an ihm messen lassen und bekommt von ihm seinen Wert.

Wichtig ist hierbei, dass es sich dabei nicht um einen Herrschaftsanspruch handelt, der von den Menschen umgesetzt werden müsste, sondern um Jesu tatsächliche Herrschaft. Deshalb wird im Neuen Testament auch nicht für sie geworben, sie wird vielmehr proklamiert als Tatsache, zu der die Menschen sich stellen müssen. Das gilt insbesondere für diejenigen, die ihr positiv gegenüberstehen. Jesus ist der einzige Herrscher, und er gibt seine Autorität nicht ab, auch nicht an diejenigen, die ihm nachfolgen (wollen). Wie seine Herrschaft aussehen soll, ist daher vom Neuen Testament her nicht verhandelbar, auch nicht von Seiten der Kirche. Das Gericht beginnt infolgedessen im Haus Gottes (1. Petrus 4,17), bei denen, die Jesu Herrschaft proklamieren, ob sie auch entsprechend gelebt haben.

Damit sind wir bei etwas, was sich mit der modernen Unterscheidung von „Fakten" und „Überzeugungen" nicht greifen lässt: Obwohl sich die Auferstehung Jesu und seine daraus abgeleitete Herrschaft auch von Christen nicht als „objektiver Fakt" darstellen lässt, gehört sie trotzdem nicht in den Bereich der „subjektiven Überzeugung". Vielmehr zeigt sich für den Christen in ihr eine Wirklichkeit, die genauso real ist wie die diesseitige (wenn man Jesu Wort in Matthäus 24,35 ernst nimmt, sogar noch realer). Folglich ist sie nicht nur auf die Christen beschränkt, sie bleibt wahr, selbst wenn der Rest der Welt sie nicht wahrhaben wollte. Gerade deshalb erscheint sie in gewisser Weise als „objektiv" (und muss von der christlichen Theologie im Gefolge des Neuen Testaments auch so behandelt werden), weil sie nicht davon abhängig ist, wer oder wie viele von ihrer Existenz überzeugt sind. Sie ist bereits da und wird nicht erst durch die Verkündigung geschaffen, sondern nur proklamiert. Im Folgenden soll es nun darum gehen, diese Erkenntnisse zu entfalten.

2.
Der Weg der Botschaft

oder:

Wer euch hört, der hört mich

Schrift, Amt und Tradition

Vom Auferstehungszeugen zur geistlichen Autorität

Jesu Auferstehung von den Toten hat das Unvergängliche in unserer vergänglichen Welt sichtbar gemacht. In ihr hat sich damit das Bleibende dort gezeigt, wo ansonsten nichts bleibt, ist das Ewige im Zeitlichen offenbar geworden. Entscheidend ist, dass es sich hierbei nicht um eine denkerische Möglichkeit oder die mystische Erfahrung einer bestimmten Persönlichkeit handelt, sondern – wie das Neue Testament eindrücklich zeigt – um ein von vielen Menschen bezeugtes historisches Ereignis. Mit der Auferstehung Jesu ist die unvergängliche Welt also aus dem Bereich der Überzeugungen (oder des „Glaubens" wie es manchmal heißt) in den der Realitäten gerückt worden. Und mit Realitäten muss man sich auseinandersetzen. Die Frage kann daher nicht mehr lauten: Gibt es eine unvergängliche Welt?, sondern nur noch: Wie gehen wir mit der Tatsache um, dass es eine unvergängliche Welt gibt?

Da es sich bei der Auferstehung Jesu um ein geschichtliches Ereignis handelt, das von vielen Menschen bezeugt wurde, steht auch unser primärer Zugang zur göttlichen Wirklichkeit fest: Wir müssen bei diesen Zeugen ansetzen bzw. (da sie mittlerweile alle gestorben sind) bei den Texten, die sie uns hinterlassen haben. Damit sind wir beim Neuen Testament als der historischen Quelle, ohne die wir nur sehr wenig von Jesus wüssten und schon gar nichts von seiner Auferstehung. Indirekt gerät damit jedoch auch das Alte Testament in den Blick, denn dieses Buch wird nicht nur von den ersten Zeugen, sondern auch von Jesus selbst als Vorgeschichte zur eigenen Geschichte verstanden, ja mehr noch als Heilige Schrift auf Jesus hin ausgelegt.

Bleiben wir freilich zunächst beim Neuen Testament, dem Teil der Bibel, der in der Anfangszeit des Christentums noch gar nicht existiert hat. Denn dieses Buch ist (wie das Alte Testament) nicht die Offenbarung selbst, sondern nur das Zeugnis der Offenbarung. Jesus hat keine einzige selbstverfasste Zeile hinterlassen, sondern eine andere Realität offenbart und damit die Tür zu einer bis dahin weitgehend unbekannten Wirklichkeit geöffnet, die von den Autoren des Neuen Testaments bezeugt wird.

Entsprechend hat Jesus während seines irdischen Lebens zwölf Männer um sich gesammelt, „die er auch Apostel nannte, dass sie bei ihm sein sollten" (Markus 3,14). Die Zahl zwölf war dabei kein Zufall, sondern erinnerte an die zwölf Stämme Israels (1. Mose 49,28), die das alttestamentliche Gottesvolk darstellten. Durch die Eroberung Samarias 722 v. Chr. auf die Stämme Juda und Benjamin (und einen Teil des Priesterstammes Levi) reduziert, lebte Israel in der Erwartung einer Wiederherstellung und Erneuerung des Gottesvolkes (vgl. z. B. Jesaja 43,1-7 und Hesekiel 47,13-48,29). Als Jesus daher zwölf Männer zu Jüngern berief, knüpfte er ganz bewusst an diese Erwartung an: Mit ihnen sollte ein neues Gottesvolk geschaffen werden, das aus dem alten herauskommt und dieses grundlegend erneuern wird.

Für die Apostel war dieser Zusammenhang so unverkennbar, dass sie nach dem Ausscheiden des Verräters Judas zu keinem Augenblick daran dachten, als „Elf" weiterzumachen. Sie blieben trotzdem „die Zwölf" – so bezeichnet sie etwa Paulus in 1. Korinther 15,5, obwohl zum dort erwähnten Zeitpunkt der Auferstehung Jesu Judas bereits tot war. Gleichzeitig bemühten sie sich, die Zwölferzahl durch die Berufung eines weiteren Jüngers zum Apostel auch wieder sichtbar zu erfüllen. Für unseren Zusammenhang interessant sind die Merkmale, die einen Menschen für diese Aufgabe qualifizieren sollten:

> *„So muss nun einer von diesen Männern, die bei uns gewesen sind die ganze Zeit über, als der Herr Jesus unter uns ein- und ausgegangen ist – von der Taufe des Johannes an bis zu dem Tag, an dem er von uns genommen wurde –, mit uns Zeuge seiner Auferstehung werden" (Apostelgeschichte 1,21f.).*

Von diesen beiden Kriterien, mit Jesus gelebt zu haben und seine Auferstehung bezeugen zu können, erfüllte der sehr viel später von Jesus direkt zum Apostel berufene Paulus wenigstens noch eines, das entscheidende: Er nennt sich selbst in der Kette der Zeugen der Auferstehung als Letzten, ja sogar als „unzeitige Geburt" (1. Korinther 15,8), was zeigt, dass er zwar den auferstandenen Herrn gesehen hat, das allerdings zu einem Zeitpunkt, als die Erscheinungen des Auferstandenen eigentlich schon aufgehört hatten. Dennoch war dies das Schlüsselereignis, auf das sich Paulus berief, als sein Apostelamt von anderen in Frage gestellt wurde: „Bin ich nicht ein Apostel? Habe ich nicht unsern Herrn Jesus gesehen?" (1. Korinther 9,1).

Der Anfang der christlichen Kirche bildeten also die Zeugen der Auferstehung Jesu, die Menschen, die einen Blick durch die Tür in die tiefere Wirklichkeit Gottes geworfen hatten. Die erste Gemeinde und damit die frühe Kirche muss man sich nun zunächst als eine Erweiterung dieses Apostelkreises vorstellen. Der auferstandene Jesus hatte hierzu ausdrücklich den Befehl gegeben, als er den Aposteln auftrug: „Gehet hin und machet zu Jüngern alle Völker: Taufet sie auf den Namen des Vaters und des Sohnes und des Heiligen Geistes und lehret sie halten alles, was ich euch befohlen habe" (Matthäus 28,19f.). Die Apostel sollten andere Menschen in ihre Gemeinschaft aufnehmen und zu dem machen, was sie selbst waren: Jünger, also Schüler und Nachfolger Jesu.

Die Apostel sind folglich nicht nur Zeugen der Auferstehung, sondern auch Garanten der jesusgemäßen Lehre. Von ihnen hat Jesus gesagt: „Wer euch hört, der hört mich" (Lukas 10,16), womit er sie für die Zeit nach seinem Weggang in Glaubensdingen zur höchsten irdischen Autorität ernannt hat. In den ersten Jahrzehnten der Christenheit waren es also die Apostel, die entsprechende Fragen in letzter Instanz zu klären hatten und auf diese Weise zeigten, inwiefern schon das Alte Testament als Heilige Schrift die von Jesus geoffenbarte Wirklichkeit bezeugt, und festlegten, welche Traditionen in der Gemeinde angewandt werden sollten. Wie hoch ihre Autorität geschätzt wurde, wird nicht zuletzt daran deutlich, dass das Neue Testament nicht nur aus den Worten Jesu besteht, sondern (in weit größerem Umfang) aus denen der Apostel.

Mit dem Tod des letzten Apostels verlor die frühe Christenheit folglich nicht nur ihre „Gründergeneration", sondern auch die mit ihr verbundene Autorität. Damit war die Frage aufgeworfen, auf welche Weise sie weiterleben sollte. Diese Problematik sollte die kommenden Jahrhunderte bestimmen und schließlich zur Entwicklung der heute bestehenden großen Konfessionen führen.

So wurden zunächst die Schriften der Apostel gesammelt und auf diese Weise das Alte Testament mit dem neutestamentlichen Kanon („Kanon" heißt übrigens „Richtschnur") ergänzt und als Heilige Schrift vollendet. Das allein reichte jedoch nicht aus, denn schon früh tauchten Gruppen auf, die das Neue Testament anders interpretierten als die auf die Apostel zurückgehenden Gemeinden. Deshalb wurde es wichtig, den Glauben nicht nur in Bezug auf seine verbindlichen Schriften, sondern auch auf seine Inhalte eindeutiger zu definieren. Zeitgleich mit der Sammlung des neutestamentlichen Kanons entstanden deshalb Glaubensbekenntnisse, auf die sich jeder Christ bei seiner Taufe verpflichten musste und die über die Jahrhunderte weiterentwickelt und erweitert wurden.

Damit verbunden war zwangsläufig eine Aufwertung der Funktionsträger, deren Positionen hier der Einfachheit halber als „Amt" bezeichnet werden sollen. Dieser Begriff hat sich eingebürgert und bezeichnet Personen, die von einer Gemeinde berufen und offiziell mit bestimmten Leitungs- und Lehraufgaben betraut sind. Um möglichst nahe an die apostolische Überlieferung heranzukommen, ließ man von frühester Zeit an nur die als Gemeindeleiter gelten, die ihr Amt auf die Apostel zurückführen konnten. „Bischof", also Leiter einer Stadtgemeinde, konnte dementsprechend nur werden, wer von anderen Bischöfen dazu berufen und eingesetzt wurde. In der römisch-katholischen Kirche, den orthodoxen Kirchen und der anglikanischen Gemeinschaft wird dieses „apostolische Sukzession" genannte Verfahren, nach dem sich jeder Bischof in einer ununterbrochenen Kette von Handauflegungen bis auf die Apostel zurückführen kann, bis heute hochgehalten. In der Alten Kirche erwies es sich als eine sehr wirksame Methode, um „Neuerungen", also nicht auf die christliche Tradition zurückgehende Überlieferungen, von den Gemeinden fernzuhalten.

In schwierigen Fällen versammelten sich zudem die Bischöfe eines Gebietes und ab dem Jahr 325 des ganzen Reiches zu Konzilien („Rat(sversammlungen)"), um über die anstehenden Probleme zu beraten und eine gemeinsame Linie zu finden. Hier wurden nicht nur strittige Glaubensfragen geklärt und entsprechende Dogmen (von griech. *dogma*, „Lehrsatz") formuliert, sondern auch ganz praktische Dinge, wie der Ablauf von Gottesdiensten oder die Berufung von Funktionsträgern, geregelt. Damit schrieben die Konzilien nicht nur die Tradition weiter fort, sie bildeten zugleich eine Berufungsinstanz, in der Streitfragen abschließend (so hoffte man zumindest) geklärt werden konnten.

Zusammenfassend schälten sich also schon in den ersten Jahrhunderten drei Instanzen heraus, die vorgaben, wie authentischer christlicher Glauben aussehen sollte: Neben der Heiligen Schrift (Altes und Neues

Testament) war das die Tradition (unter anderem in Form von Bekenntnissen und Konzilsentscheidungen), wobei beides durch das Amt, also die Bischöfe, in der Praxis ausgelegt und umgesetzt wurde.

Damit war freilich noch nicht geklärt, in welchem Verhältnis die einzelnen Instanzen zueinander stehen sollten. Gilt in erster Linie das Wort der Bischöfe? Wer darf erklären, wie die Heilige Schrift auszulegen ist? Haben sich die Gemeinden der Tradition unterzuordnen, oder dürfen sie sie verändern und neue schaffen? Und welche Instanz gibt letzten Endes den Ausschlag in Zweifelsfällen?

Bei all diesen Fragen geht es im Grunde um die eine, wie das Erbe der Apostel sachgemäß bewahrt und für heute fruchtbar gemacht werden kann. Weil es auf diese Frage im Laufe der Geschichte aber unterschiedliche Antworten gegeben hat, ist hier ein intensiverer Blick auf die Entwicklung der großen christlichen Konfessionen nötig, die sich jeweils rund um eine Antwort auf die entscheidende Frage gebildet haben. Erst dann können wir in einem zweiten Schritt einen Blick auf die Bibel selbst werfen.

Amt gegen Tradition – das Schisma von 1054

Mit der Teilung des Römischen Reiches und dem Untergang der westlichen Hälfte im Zuge der Völkerwanderung entfernten sich die griechisch- und die lateinischsprachige Christenheit immer weiter voneinander. Während der Westen durch die Missionierung Mittel-, Nord- und Westeuropas eine fortschreitende Entwicklung erfuhr, in der der Bischof von Rom als Papst eine immer bedeutendere Stellung einnahm, sah man im Osten die Theologiegeschichte als abgeschlossen an. Alle großen Probleme schienen geklärt, und die Zerstreuung der Christenheit in verschiedene Herrschaftsgebiete machte allgemeine Konzilien sowieso immer schwieriger.

Im Jahr 1054 kam es schließlich zum Schisma, also zur Trennung der Christenheit in eine griechische Ost- (orthodoxe („rechtgläubige")) und eine lateinische West- (katholische („allgemeine")) Kirche. Auf den ersten Blick ging es neben in unseren Augen vergleichsweise bedeutenden Fragen, wie der nach der Autorität des Papstes, vor allem um scheinbare Nebensächlichkeiten wie die, ob man das Abendmahl nur mit gesäuertem Brot (Ostkirche) oder auch mit ungesäuertem (Westkirche) feiern dürfe.

Hieran zeigt sich freilich, dass es vor allem um ein Normenproblem ging. Während der Osten darauf beharrte, dass die Tradition das gesäuerte Brot festschreibe (und dabei auf entsprechende Konzilstexte verweisen konnte), hatte das Abendland aus praktischen Erwägungen ungesäuertes Brot eingeführt. Im dünn besiedelten und ländlich geprägten Westen mussten die Abendmahlselemente oft sehr viel längere Zeiten aufgehoben werden als im dicht bevölkerten und eher städtischen Osten. Deshalb war man im Westen dazu übergegangen, ungesäuertes Brot zu verwenden, weil es wesentlich haltbarer ist als gesäuertes. Dabei argumentierte man, dass Konzilsbeschlüsse wie die zum Brot nicht für alle Zeiten und Orte Gültigkeit beanspruchen könnten, schließlich müsse die Kirche flexibel auf neue Herausforderungen reagieren. Der Osten hielt dagegen, dass in der Tradition der Sauerteig als Symbol für den Heiligen Geist verstanden worden sei, der das Leben „durchsäuere", weswegen ungesäuertes Brot als „geistlos" anzusehen und damit untauglich für das Abendmahl sei.

Ganz pragmatisch betrachtet hätte man sicher über solche und ähnliche Fragen eine Einheit finden können, aber das würde die Problematik verkennen. Wie so oft in der Theologie handelte es sich auch hierbei um einen „Stellvertreterkrieg", in dem mit großer Energie ein Kampf ausgetragen wurde, der eigentlich auf einer anderen Ebene zu Hause war. Denn dahinter stand letztlich ein Normenproblem, das auch die anderen Streitfragen, wie die um einen Zusatz im Glaubensbekenntnis, bestimmte. Im Grund ging es um nichts anderes als die Frage, ob die Tradition unabänderlich und damit die höchste Autorität ist, oder ob die Bischöfe (und damit im Westen der Papst als Bischof von Rom) über der Tradition stehen, womit ihnen die oberste Entscheidungsgewalt zufiele.

Weil es sich aber um ein Normenproblem handelte, war der Konflikt nicht lösbar (denn jede Seite ging von anderen Voraussetzungen aus) und führte deshalb zu einer Kirchenspaltung, die bis heute besteht: Für die Kirchen des Ostens ist mit den altkirchlichen Konzilien die Lehrentwicklung abgeschlossen, nach Ansicht aller westlichen Kirchen müssen dagegen die jeweils lebenden Funktionsträger die Tradition behutsam weiterentwickeln.

Tradition und Amt gegen Schrift – die Reformation

Auch wenn für die westliche Kirche mit dem Schisma von 1054 die Frage nach dem Verhältnis von Amt und Tradition geklärt war, blieb offen, in welcher Beziehung beides zur Bibel stehen sollte. Darüber entzündete sich rund fünfhundert Jahre später ein neuer Streit, als mit der Reformation genau diese Problematik aufgeworfen wurde. Ausgangspunkt war auch hier ein vergleichsweise unbedeutendes Thema: Um verständlich zu machen, wie das Opfer Christi für lange nach seinem Tod lebende Menschen von Nutzen sein könne, sprach die mittelalterliche Theologie von einem „Schatz an überschüssigen Verdiensten", den Christus erworben habe und über den die Kirche nun verfüge, um aus ihm an die auszuteilen, die nicht genügend eigene Verdienste vor Gott aufweisen können.

Anstoß der Reformation war nun nicht etwa die Frage, ob die aus dem Wirtschaftsleben stammende Begrifflichkeit für das Verhältnis von Gott und Mensch angemessen sei, interessanterweise auch nicht die Tatsache, dass das Spenden von Geldbeträgen schon länger als sündenvergebende „Bußleistung" anerkannt war. Auslöser der Reformation war vielmehr allein der Umstand, dass der Erzbischof von Mainz, der in großen finanziellen Problemen steckte, damit angefangen hatte, die „überschüssigen Verdienste" Christi mit reißerischen Werbemethoden zu verkaufen, indem er sie von marktschreierischen Ordensbrüdern überall in seiner Diözese in Form von Ablassbriefen anpreisen ließ.

Der Augustinermönch Martin Luther kritisierte dieses Verfahren 1517 in seinen berühmt gewordenen „95 Thesen", wobei er zunächst dachte, es handele sich um einen Missbrauch, der, sollte er erst einmal überall bekannt geworden sein, von höherer Stelle beseitigt werden würde. Sein Vertrauen in die Autorität des Amtes war zu diesem Zeitpunkt also noch ungebrochen. Da der Papst, finanziell nicht weniger klamm als der Mainzer Bischof, von dessen Vorgehensweise jedoch profitierte, zögerte er, womit sich der Konflikt aufschaukelte. Spätestens nachdem Kardinal Thomas de Vio Cajetan († 1534), einer der brilliantesten Köpfe seiner Zeit, Luther auf dem Augsburger Reichstag von 1518 bewiesen hatte, dass die von ihm kritisierten Missstände (zumindest formal) durchaus in Einklang mit den Aussagen von Päpsten und Konzilien stünden, wurde aus dem Unbehagen eines Mönches ein größerer Normenkonflikt: Die

Aufforderung Cajetans, den widerlegten Lehren abzuschwören und sich wieder auf die Grundlage der Konzilsbeschlüsse zu begeben, beantwortete Luther nach einer Nacht Bedenkzeit mit seinem berühmt gewordenen Satz: „Auch Päpste und Konzilien können irren und haben oft geirrt." Ändern wollte er seine Meinung nur, wenn er mit „der Schrift oder der Vernunft" überzeugt werden könne.

Im Gegensatz zum Schisma von 1054 wurde der Normenkonflikt der Reformationszeit freilich ab diesem Zeitpunkt auch als solcher ausgetragen. Die Frage des Ablasshandels geriet bald in Vergessenheit bzw. wurde nur noch auf antipäpstlichen Flugblättern wachgehalten. Der eigentliche Streit wurde gleichwohl um die Frage geführt, ob in der Christenheit die Bibel oder die sich auf die Tradition stützenden Bischöfe die höchste Autorität genießen sollten. Während die Altgläubigen, die sich später zur römisch-katholischen Kirche formierten, Tradition, Konzilsbeschlüssen und päpstlichen Verlautbarungen weiterhin einen hohen Stellenwert zumaßen, beriefen sich die Reformatoren unter dem Schlagwort *sola scriptura* („allein die Schrift") nahezu ausschließlich auf die Bibel (neben der sie freilich auch die altkirchlichen Bekenntnisse hochhielten).

Das Schriftprinzip führte allerdings von Anfang an zu einer Spaltung innerhalb der reformatorischen Bewegung. Neben Luther und seinen Nachfolgern, die die kirchliche Lehre anhand der Bibel nur prüfen und gegebenenfalls korrigieren wollten, gab es auch weitaus radikalere Kräfte. Luther etwa veränderte den Kirchenbau gar nicht und den Gottesdienst kaum, sondern „reinigte" die Römische Messe nur und feierte sie als „Deutsche Messe" weiter. Sein Schweizer „Kollege" Johannes Calvin († 1564) ging indessen sehr viel weiter. Vereinfachend gesagt lehnte er alles ab, was sich in den letzten fünfzehnhundert Jahren an Strukturen und Theologie gebildet hatte, und wollte ausschließlich an der Bibel als einzig verbindlicher Grundlage anknüpfen. Deshalb verwarf er Messe, kirchliche Strukturen, Kirchenbau usw. und versuchte in jedem Bereich von der Schrift her Neues zu begründen. Verwirrenderweise wird die von ihm angestoßene Bewegung „reformiert" genannt, obwohl sie in ihrem Anliegen eher revolutionär war, während die eigentlichen Reformer rund um Luther als „lutherisch" in die Geschichte eingingen. Neben diesen beiden großen Strömungen des evangelischen Christentums führte das Schriftprinzip aber auch noch zu vielen kleineren und radikaleren, wie der Täuferbewegung und anderen, die heute unter dem Stichwort „linker Flügel der Reformation" zusammengefasst werden. Dort wurde das von Calvin formulierte Prinzip noch weiter radikalisiert, was schließlich zu einer ausschließlichen Betonung der persönlichen Frömmigkeit und damit zur Ablehnung der bisherigen Grundlagen der christlichen Gesellschaft führte.

Schrift und Tradition – die römisch-katholische Auffassung

Der Teil der abendländischen Christenheit, der sich der Reformation nicht anschloss, blieb von all dem nicht unberührt, im Gegenteil. Wenn man von Konfessionen mit Begriffen aus der Psychologie reden darf, dann muss man allerdings sagen, dass die römisch-katholische Kirche die traumatischen Ereignisse des 16. Jahrhunderts anders wahrgenommen hat als ihr reformatorisches Gegenüber. Ausgangspunkt der evangelischen Theologie ist das Entsetzen darüber, dass sich die Instanzen „Amt" und „Tradition" grundlegend auf dem falschen Weg befinden können. Sie haben sich damit in den Augen der Reformatoren als menschliche Größen entlarvt, denen man nicht mehr trauen kann. Seitdem prägt denn auch ein tiefgehendes Misstrauen gegenüber allen Institutionen und menschlichen Autoritäten und Überlieferungen die evangelische Frömmigkeit.

Die sich neu konstituierende römisch-katholische Kirche hat diese Zeit anders erlebt. Für sie war die Reformation eine Kirchenspaltung, die so tiefgreifend war, dass sie nicht wie die Ketzerbewegungen früherer Zeiten unterdrückt bzw. durch innerkirchliche Erneuerungen rückgängig gemacht werden konnte. Was folgte, war vielmehr ein über hundertjähriger blutiger Konflikt, der sich entlang der konfessionellen Grenzen Europas ständig neu entzündete. Am Ende dieser Tragödie hatte die Kirche nicht nur einen Großteil ihres mittelalterlichen Einflusses eingebüßt, sondern war selbst da, wo sie scheinbar eine Vormachtstellung einnehmen konnte, vom Wohlwollen der jeweiligen weltlichen Machthaber abhängig.

Wer die katholische Antwort auf die Normenfrage verstehen will, muss daher diese Problematik im Blick haben. Im Mittelpunkt des Interesses der römisch-katholischen Theologie steht die Bewahrung der Einheit:

Jedes Problem soll auf eine für alle Seiten akzeptable Weise gelöst werden, ohne dass es zu einer neuen Kirchenspaltung kommt. Damit grenzt
man sich freilich gleichzeitig vom reformatorischen Schriftprinzip ab,
das man für die im 16. Jahrhundert erfolgte Spaltung direkt verantwortlich macht.

Im Konzil von Trient (1545-1563) gab sich der Katholizismus deshalb eine neue Grundlage, so dass man mit einigem Recht behaupten
kann, die römisch-katholische Kirche sei erst dort entstanden – weswegen die auch bei evangelischen Christen immer wieder zu hörende Behauptung Unsinn ist, im Mittelalter seien alle Christen „katholisch"
gewesen. Mit gleichem Recht könnte man sie „evangelisch" nennen, denn
beide Strömungen trennten sich erst *nach* dieser Zeit. Hinzu kommt,
dass man einiges in der heutigen römisch-katholischen Kirche nur in
Abgrenzung gegenüber der Reformation verstehen kann, so wie auch
manches Evangelische sich vor allem dadurch erklären lässt, dass es in
der katholischen Kirche anders gehandhabt wird. Aus diesem Grund
bekreuzigen sich evangelische Christen nicht, während Katholiken auf
den Kelch beim Abendmahl verzichten. Beides wurde in der Zeit der
Gegenreformation zu konfessionellen Kennzeichen – obwohl niemals
irgendeine Autorität den jeweils anderen Gebrauch verboten hat.

Doch kommen wir zurück zur Normenfrage: Nach römisch-katholischer Auffassung ist das Schriftprinzip die eigentliche Ursache für Kir-
chenspaltungen aller Art, vor allem wenn man – wie in der Reformation
geschehen – die „Laien" zur Bibelauslegung ermutigt. Ein „Laie" ist im
römisch-katholischen Sprachgebrauch übrigens ein Christ, der nicht zum
Priester bzw. Bischof geweiht wurde und damit auch über keine kirchliche Lehrerlaubnis verfügt. Im Gegensatz zum alltäglichen Sprachgebrauch
geht es dabei also nicht um den Unterschied von „Ungelehrten" und
„Fachleuten" (was in unserem Fall Theologen wären), sondern nur um
die Frage, ob einer offiziell ein Amt ausübt und damit auch zur Lehre
beauftragt ist oder nicht. Auch ein Theologe ist im katholischen Sinn
ein Laie, sofern er nicht zum Priester geweiht wurde; während umgekehrt ein Bischof über die Lehrerlaubnis verfügt, selbst wenn er (was
selten vorkommt) nicht Theologie studiert hat.

Von vornherein war der römisch-katholischen Theologie nun daran
gelegen, die Einheit zu wahren. Und tatsächlich gelang es der Kirche,

das Normenproblem so zu lösen, dass nicht nur alle Lehrfragen entschieden werden, sondern dies auch in größtmöglicher Einmütigkeit
geschieht. Den Ausgangspunkt bildet dabei die in Trient formulierte
Lehre von der zweifachen Quelle apostolischer Offenbarung. Das ist zum
einen die Schrift, zum anderen aber auch die auf die Apostel zurückgeführte mündliche Überlieferung. Gegen die reformatorische Vorrang-
stellung der Schrift setzt die katholische Theologie also deren Einordnung in die Tradition. Norm sind demnach allein die Apostel, die jedoch auf zweierlei Weise dafür gesorgt haben, dass das Christentum in
ihrem Sinne weitergeführt wird: So haben sie nicht nur ein schriftliches
Neues Testament hinterlassen, sondern auch Menschen autorisiert, als
Bischöfe eingesetzt und sie mündlich unterwiesen. Beides steht gleich-
rangig nebeneinander, womit auch klar sein dürfte, warum die römisch-
katholische Kirche auf die apostolische Sukzession so großen Wert legt.
Denn nur wenn sich ihre Bischöfe tatsächlich in einer ununterbrochenen Kette von Handauflegungen bis auf die Apostel zurückführen lassen, können sie einigermaßen glaubwürdig den Anspruch erheben, die
mündlich weitergegebene apostolische Tradition unverfälscht bewahrt
zu haben.

Die Bischöfe werden damit auch zugleich zum Schlüssel für die Auslegung sowohl der schriftlichen wie auch der mündlichen Tradition. Als
Nachfolger der Apostel, denen die Weitergabe der Überlieferung anvertraut ist, haben sie allein das kirchliche Lehramt inne. Sie bestimmen
deshalb darüber, wie die Bibel und die Tradition zu verstehen sind, womit auch sie allein für alle verbindliche Aussagen treffen können. In der
römisch-katholischen Kirche geschieht das in der Regel durch ein Konzil, wobei man bis heute bemüht ist, eine möglichst große Einheit unter
den anwesenden Bischöfen zu erreichen. So wurden auf dem letzten allgemeinen Konzil, dem Zweiten Vatikanum (1962-65), die Konzilsbeschlüsse normalerweise mit weit über neunzig Prozent Zustimmung
getroffen, wobei mehr als zweitausend Bischöfe aus aller Welt anwesend
waren.

Der Einheit dient ebenso, dass der Papst sozusagen im Alleingang verbindliche Entscheidungen treffen kann. Hierüber gibt es allerdings im
evangelischen Bereich große Unkenntnis. Das Dogma von der Unfehlbarkeit des Papstes, das auf dem Ersten Vatikanischen Konzil (1869/70)

verabschiedet wurde, besagt keinesfalls, dass der Bischof von Rom in all seinen Äußerungen unfehlbar ist. Das ist er vielmehr nur, wenn er ausdrücklich klar macht, dass er sich unfehlbar äußert, wenn er also in der ihm verliehenen Lehrvollmacht *„ex cathedra"* („vom Lehrpult aus") spricht. Hiervon hat nur einer der seit 1870 amtierenden Päpste ein einziges Mal Gebrauch gemacht: Pius XII. erklärte 1950, dass Maria leiblich in den Himmel aufgenommen worden sei. So unverständlich und schwierig also die Lehre von der Unfehlbarkeit eines Menschen für evangelische Christen sein mag, so selten machten die Päpste bisher von ihr Gebrauch.

Die Verbalinspirationslehre – das Erbe des nachreformatorischen Protestantismus

Begeben wir uns zurück in die Zeit der Reformation, in der alle Versuche, der römisch-katholischen Kirche eine einheitliche evangelische gegenüberzustellen, kläglich gescheitert sind. Das Jahrhundert endete mit der Bildung lutherischer und reformierter Kirchen, die in seltener ökumenischer Einheit zusammen mit der römisch-katholischen die Anhänger des „linken Flügels" blutig unterdrückten. Auf evangelischer Seite saß damit der römisch-katholische Vorwurf tief, dass es so viele Schriftauslegungen wie Pastoren gebe, was sich noch verschlimmere, wenn man auch „Laien" die Bibel auslegen lasse.

Die Antwort darauf bestand zum einen in einem schrittweisen Abbau der Autorität der Laien in Auslegungsfragen und der damit verbundenen Aufwertung des theologischen Studiums bzw. der Theologischen Fakultäten als Lehrinstanz. Dass ein evangelischer Pfarrer bis heute kein Priestergewand, sondern den Rock eines Universitätsprofessors der Reformationszeit im Gottesdienst trägt, macht den hohen Stellenwert deutlich, den die theologische Ausbildung in den evangelischen Kirchen genießt. Während den katholischen Laien die Priester gegenüberstehen, sind es bei den evangelischen die Fachleute, die Theologen, die nach und nach ein Auslegungsmonopol für sich beanspruchten.

Für sich genommen reicht das jedoch keineswegs aus, denn damit hätte man den sich auf die apostolische Sukzession und die Tradition berufenden römisch-katholischen Bischöfen nicht mehr als ein paar Gelehrte gegenübergestellt, die an einer staatlichen Universität ausgebildet worden waren. Deshalb wurde neben der Professionalisierung der Pastoren an einer dogmatischen Ausgestaltung des Schriftprinzips gearbeitet. Wenn katholische Theologen behaupteten, dass man zur Auslegung der Schrift zwingend auf geweihte Bischöfe angewiesen sei, mussten evangelische Theologen dem eine Theorie entgegenstellen, nach der sich allgemeingültige Aussagen allein aus der Schrift ableiten ließen. Die Bibel sollte damit für sich selbst stehen und ihre Autorität nicht erst von dem jeweiligen Ausleger bzw. Amtsträger bekommen.

Den Ausgangspunkt nahm man in der Lehre von der Verbalinspiration, wonach jedes Wort der Bibel dieselbe Autorität genießt, als habe Gott selbst es gesprochen. Neu war dieses Verständnis schon damals nicht, vielmehr gehörten solche Auffassungen von Anfang an zum Grundbestand sowohl des Juden- wie auch des Christentums. Allerdings hatte man sich bisher nur wenige Gedanken darüber gemacht, wie man sich den Inspirationsprozess vorzustellen habe. Hier setzten nun die protestantischen Theologen der Gegenreformationszeit an, indem sie eine Alternative aufstellten, die die Kirche bis heute teuer zu stehen kommt: Sie unterschieden zwischen Gotteswort und Menschenwort und rückten die Bibel ausschließlich in den Bereich des Ersteren. Gott ist danach der einzige Autor der Heiligen Schrift, wohingegen die Verfasser der biblischen Schriften nicht mehr als seine „Sekretäre" sind, denen er seine Worte „diktiert" hat. Dem Wort der römisch-katholischen Bischöfe hoffte man damit das Wort Gottes entgegenstellen zu können.

Die Bibel wird also im wahrsten Sinne des Wortes ein „himmlisches Buch". Die Motivation hinter dieser Lehre ist verständlich, schließlich wollte man einer innerlich einigen und gefestigten katholischen Kirche, die mit Hilfe ihrer Bischöfe zu allen möglichen Fragen verbindliche Lehren festlegen konnte, ein ähnlich tragfähiges Fundament entgegenstellen. Die klassische Verbalinspirationslehre besteht denn auch aus fünf Aspekten. Der erste ist ein Axiom, also eine Aussage, die weder bewiesen noch widerlegt werden kann. Die anderen vier sind davon abgeleitet. Und alle vier richten sich mehr oder weniger unmittelbar gegen die römisch-katholische Theologie:

a) Der Ursprung der Bibel ist göttlich, denn Gott selbst ist der eigentliche Autor der Schrift.

b) Weil Gott ihr Autor ist, ist die Bibel wie Gott selbst in jeder Hinsicht irrtumslos und widerspruchsfrei, schließlich kann Gott weder irren noch sich widersprechen. Damit steht die Bibel über allen kirchlichen Größen, also auch über Bischöfen und Konzilien.

c) Da sich mit Gott in ihr ein Wesen offenbart, das in jeder Beziehung vollkommen ist und über alle Möglichkeiten der Kommunikation verfügt, hat die Bibel eine eindeutige Klarheit, das heißt, sie lehrt alles, was man zum Heil wissen muss, eindeutig. Eine Ergänzung durch die Tradition ist daher nicht notwendig.

d) Mit Gott spricht in ihr die höchste denkbare Autorität, weshalb zu ihrer Auslegung keine menschlichen Instanzen (wie die Tradition und/oder das kirchliche Lehramt) nötig sind.

e) Als Gottes Offenbarung beglaubigt die Bibel sich selbst durch das Zeugnis des Heiligen Geistes, das heißt, der Geist benutzt sie, um Menschen zum Glauben zu führen, ohne das Lehramt oder die Tradition zu Hilfe zu nehmen.

Der Angriff auf die Schrift – Aufklärung und Bibelkritik

Indem sie die Heilige Schrift allein auf Gott zurückführte, erschien die Verbalinspirationslehre für eine Weile als uneinnehmbares Bollwerk. Schließlich setzte sie allen menschlichen Autoritäten, sei es nun Tradition oder Amtsträgern, eine göttliche entgegen, auf der allein die Theologie aufgebaut werden sollte. Mit dem entsprechenden Selbstbewusstsein traten (und treten) die Vertreter dieser Auffassung demnach in theologischen Diskussionen auf.

Das ist freilich unangebracht, denn ihre Argumentation weist eine entscheidende Schwäche auf: Sie beruht ausschließlich darauf, dass alle Gesprächspartner die Schrift als unfehlbares Gotteswort ansehen. Sollten sich allerdings in der Bibel menschliche Anteile nachweisen lassen, würde unweigerlich auch die Autorität einer jeden Dogmatik in Frage gestellt werden, die sich nur als Ableitung der als unfehlbar betrachteten Bibel versteht. Im Konflikt mit dem katholischen Gegenüber erwies sich das noch nicht als Problem, denn auch dort sah (und sieht) man in der Bibel Gottes Wort. Problematisch wurde es freilich, als sich im protestantischen Bereich selbst Stimmen regten, die die Autorität der Bibel in Zweifel zogen.

Aus diesem Grund trat die Auseinandersetzung bald nach dem Aufkommen der Verbalinspirationslehre in ein neues Stadium. Ging es in den Jahrhunderten davor nur um die Frage, welche Bibelauslegung sachgemäß sei bzw. ob man zu ihrer Auslegung der Tradition und des Amtes bedürfe, so war nun die Bibel selbst oder vielmehr ihre Unfehlbarkeit das Ziel der Attacken. Damit wurde jetzt nicht mehr das Verhältnis der Schrift zu den anderen Normen diskutiert, sondern die Bedeutung der Schrift überhaupt – wobei der Konflikt noch dadurch verschärft worden war, dass die evangelische Theologie Tradition und Amt als eigenständige Instanzen verworfen hatte und beides nur als Umsetzung der Schriftauslegung betrachtete. Verlöre man nun auch noch die Bibel, wäre der christliche Glaube der Beliebigkeit preisgegeben, weil es keine Institution mehr gäbe, an der er sich auszurichten hätte.

Man kann die ganze Heftigkeit der Bibelkritik des 18., 19. und teilweise auch des 20. und 21. Jahrhunderts nur verstehen, wenn man sie auf diesem Hintergrund betrachtet. Ähnlich verhält es sich mit den konservativen Reaktionen, die unter anderem in der zweiten Hälfte des 20. Jahrhunderts in die „Chicagoer Erklärung zur Irrtumslosigkeit der Bibel" gemündet haben. Die von der altprotestantischen Orthodoxie aufgestellte Verbalinspirationslehre wird darin mit den Mitteln rationalistischer Logik auf die Spitze getrieben, etwa wenn es heißt:

„Wir bekennen, dass die Schrift in ihrer Gesamtheit irrtumslos und damit frei von Fehlern, Fälschungen oder Täuschungen ist. Wir verwerfen die Auffassung, dass sich die biblische Unfehlbarkeit und Irrtumslosigkeit auf geistliche, religiöse oder die Erlösung betreffende Themen beschränke und Aussagen im Bereich der Geschichte und Naturwissenschaft davon ausgenommen seien. Wir verwerfen ferner die Ansicht, dass wissenschaftliche Hypothesen über die Erdgeschichte mit Recht dazu benutzt werden dürften, die Lehre der Schrift über Schöpfung und Sintflut umzustoßen" (Art. 12).

Die Logik ist klar: Wenn Gott unfehlbar und die Bibel sein Wort ist, ist auch die Bibel unfehlbar. Und da Gott sich in seinen Aussagen nicht nur auf „geistliche, religiöse oder die Erlösung betreffende Themen" beschränken lässt, sind folglich alle wie und von wem auch immer in der Bibel aufgestellten Behauptungen zu Biologie, Geschichte oder naturwissen-schaftlichen Themen wahr. Diese Logik macht freilich nur Sinn, wenn die Bibel als in jeder Hinsicht zeitloses Werk betrachtet wird, so über-zeitlich wie Gott selbst. Ob das so ist, muss näher untersucht werden.

Gottes Wort und Heilige Schrift

Das Wesen der biblischen Offenbarung

Wenn wir die Inspiration der Bibel verstehen wollen, ist es hilfreich, zum Vergleich einen Blick auf die heilige Schrift einer anderen Weltreli-gion zu werfen: den Koran. Nach muslimischer Auffassung gibt es vier verschiedene Stufen, in denen sich die Offenbarung einer heiligen Schrift vollzog: Zunächst einmal existiert sie als ewige Rede Gottes im Himmel, die unter Muslimen manchmal als „Mutter des Buches" bezeichnet wird. Aus dieser ewigen Rede entnimmt ein Engel (in der Regel der Erzengel Gabriel) jeweils Teile und flüstert sie einem der Gesandten Gottes ins Ohr. Wichtig ist hierbei, dass die Offenbarung Wort für Wort geschieht, dass also tatsächlich ein Text und nicht etwa eine Vision, eine Erkennt-nis oder ein bestimmtes Gefühl weitergegeben wird. Als Wortoffenbarung wird die Engelsrede denn auch von den Gesandten verkündigt und als letztem Schritt von Vertrauten in einem Buch ebenso wortwörtlich nie-dergeschrieben. Das Buch ist damit eine buchstabengetreue Kopie der himmlischen Rede Gottes, also Wort Gottes im umfassendsten Sinn.

Nach muslimischer Auffassung ist der Koran übrigens nicht die einzi-ge in dieser Weise geoffenbarte heilige Schrift. Vor Mohammed bekam schon Mose seine fünf Bücher (*taurat*), David den Psalter (*zabur*) und Jesus sein Evangelium (*indschil*) in entsprechender Form übermittelt. Da diese Bücher jedoch durch die Juden und Christen verändert worden seien, habe Gott Mohammed als „Siegel der Propheten" berufen, dem er mit dem Koran eine wortwörtliche Wiedergabe der himmlischen „Mut-ter des Buches" gegeben habe.

Dieses Inspirationsverständnis hat enorme Konsequenzen für die Aus-legung, was bereits bei der Frage der Übersetzung beginnt. Indem der Koran auf Hocharabisch geoffenbart worden ist, ist nämlich die Frage nach der Sprache Gottes geklärt, denn auch die himmlische Rede Gottes muss in dieser Sprache gehalten sein. Eine Übersetzung des Korans ist folglich nicht möglich, schließlich überträgt jede Übersetzung den Inhalt in einen anderen Kulturkreis und interpretiert ihn damit auch. Im Islam gelten Übersetzungen des Korans daher nicht als heilige Schrift, sondern nur als *tafsir*, „Auslegung".

Was schon in der Frage der Übersetzung Schwierigkeiten bereitet, gilt noch viel mehr für die eigentliche Interpretation des Korans. Wenn es sich bei diesem Buch nämlich um eine wörtliche Wiedergabe der ewigen Rede Gottes handelt, dann ist nicht nur die Sprache, sondern sind auch die Kultur, die jeweiligen Vorstellungen und die sonstigen Verhältnisse festgeschrieben. Bei einer ewigen Rede braucht man nicht nachzufragen, ob bestimmte Anschauungen zeitbedingt oder regional sein könnten. Ebenso uninteressant ist es, nach den historischen Hintergründen einiger Formulierungen zu forschen, denn der Koran ist als himmlische Rede in jeder Hinsicht zeitlos und damit nicht geschichtlich bedingt. Entsprechend umstritten ist denn auch innerhalb des Islams, auf welche Weise der Koran ausgelegt werden soll: Während einige bei manchen unklaren Stellen vorsichtig nach den „Gründen für das Herabsenden" fragen, lehnen andere dieses Vorgehen vehement ab. Besonders problematisch ist der Umgang mit Textabschnitten, die sich widersprechen, denn hier kommt man auf historischem Wege (die jüngere Stelle hebt die ältere auf) eigentlich nicht weiter, obwohl dieses Verfahren immer wieder angewandt wird. Ebenso verbietet sich ein Zugang, der die einen Texte für bildhaft, die anderen jedoch für wörtlich zu nehmen betrachtet.

Doch lassen wir die innermuslimische Diskussion hinter uns und wenden wir uns wieder der Bibel zu. Die Frage, der wir uns durch die Verbalinspirationslehre stellen müssen, ist ja die, ob die Bibel in ähnlicher Weise als Wort Gottes und heilige Schrift zu verstehen ist wie der Koran. Schon auf den ersten Blick spricht einiges dagegen. So ist die Bibel im Gegensatz zum Koran ein Buch mit einer sehr langen Entstehungsgeschichte, die auch nirgendwo verheimlicht wird. Während der Koran in nur 22 Jahren niedergeschrieben wurde, deckt die Bibel grob gesagt den Zeitraum zwischen 2000 v. Chr. (Abraham) und 50 n. Chr. (den ersten christlichen Gemeinden) ab. Abraham könnte vielleicht noch das Ende der Jungsteinzeit mitbekommen haben, die Richter lebten in der Bronzezeit, erst mit David kam Israel in die Eisenzeit. Auf die nomadischen Stämme der Väterzeit folgten die Hochkulturen Ägyptens und des Zweistromlandes, zwischen den Testamenten herrschten die Griechen und in der Zeit des Neuen die Römer.

Mit dieser langen Zeitspanne ist zudem eine ständige sprachliche, technische und kulturelle Veränderung verbunden, sodass man kaum von einer einheitlichen biblischen Kultur reden kann. Nehmen wir als Beispiel das Verständnis der Ehe: In der Väterzeit galt die Frau allgemein als Besitz des Mannes. In den Verhandlungen zwischen Laban und dem Knecht Isaaks wird Rebekka, die Isaaks Frau werden soll, bezeichnenderweise gar nicht offiziell gefragt; ein Mitspracherecht bekommt sie nur, als ihrem Bruder der Zeitpunkt der Abreise nicht genehm war (1. Mose 24,57f.). In dieses allgemeine Bild passt auch die Tatsache, dass Sara ohne Weiteres in sexuellen Angelegenheiten über ihre Magd Hagar verfügen konnte (1. Mose 16,1-4); das Kind, das diese dann zur Welt brachte, galt als Kind der Herrin. Daneben gab es auch die Möglichkeit zur Polygamie (Vielehe), die von verschiedenen Erzvätern praktiziert wurde.

Gerade Letzteres macht vor dem nomadischen Hintergrund der Frühzeit Sinn, weil in einer staatenlosen Gesellschaft das Überleben der Sippe nur durch eine entsprechende Anzahl kampffähiger Männer zu sichern war, womit Kinderreichtum zur Notwendigkeit wurde. Mit dem Übergang zu einer bäuerlichen Lebensweise verschwindet die Polygamie denn auch bzw. wandelt sich zu einem Statussymbol, das sich nur noch Könige leisten können. Wichtig wurde stattdessen die Levirats- oder Schwagerehe, bei der ein Mann die kinderlose Witwe seines verstorbenen Bruders heiratete, um dessen Nachkommenschaft zu sichern (5. Mose 25,5f.) und so die Familie und ihren Landbesitz zu erhalten.

Im Neuen Testament spielt die Leviratsehe dagegen nur noch in einer gelehrten Diskussion eine Rolle (Matthäus 22,24-27), wobei sie auch hier schon sehr hypothetisch klingt. Tatsächlich prallten in dieser Zeit verschiedene kulturelle Vorstellungen zusammen. Während man im Judentum nur dem Mann ein Scheiderecht einräumte, der Frau dagegen nicht, gewährte das römische Recht beiden Ehepartnern diese Möglichkeit. Das für Juden geschriebene Matthäusevangelium spricht denn auch nur von einer Scheidung durch den Mann (Matthäus 19,9), während das an die römische Gemeinde gerichtete Markusevangelium ebenso die Frau erwähnt (Markus 10,11f.). In ähnlicher Weise zeigt auch Paulus in 1. Korinther 7, dass er die Frau keineswegs für einen Besitz des Mannes hält, sondern entsprechend den römischen Auffassungen für ein eigenständiges Wesen, das gerade in Bezug auf Ehe und Ehescheidung über eigene Rechte verfügt (wobei auch die Römer die Frau nicht als gleichberechtigt ansahen).

Schon allein dieser kurze Überblick offenbart ein Bild, das zu erwarten war: Weil Kulturen nicht statisch über Jahrhunderte gleichbleiben, verändern sich auch die jeweiligen Vorstellungen, selbst dann, wenn es wie in der Frage nach dem Zusammenleben von Mann und Frau sehr gut möglich ist, den Kern der biblischen Botschaft herauszuarbeiten (das tut Jesus in Matthäus 19,1-9). Unmöglich ist freilich, sozusagen anhand dreier Verse *das* biblische Verständnis der Ehe darzustellen, denn dazu ist die Vielfalt der Formen zu groß. Damit jedoch erübrigt sich ein dem Islam entsprechendes Inspirationsverständnis.

Das Bild verfestigt sich, wenn man andere Aspekte mit in den Blick nimmt: Kann man etwa unter Voraussetzung dieses langen geschichtlichen Entstehungsprozesses der Bibel einen einheitlichen Kenntnisstand der Autoren in *allen* Lebensbereichen voraussetzen? Sollte man nicht vielmehr erwarten, dass die Verfasser die historischen und naturwissenschaftlichen Vorstellungen ihrer jeweiligen Zeit wiedergeben, weil sie nicht über ein für die damaligen Verhältnisse unmögliches Wissen verfügen konnten? Jede Rede von einer Irrtumslosigkeit der Bibel in allen Bereichen wird auf diesem Hintergrund bis zur Unkenntlichkeit relativiert.

Offenbarung und Irrtumslosigkeit

Noch schwerer wiegt, dass sich mit einer Verengung der Verbalinspiration auf die Irrtumslosigkeit die Betrachtung der Bibel auf einen Nebenschauplatz verlagert. Im Zentrum stehen nun nicht mehr die „geistlichen, religiösen oder die Erlösung betreffenden Themen", die die Haupt- und eigentlichen Aussagen der Bibel sind, sondern historische und naturwissenschaftliche Fragen, über die sich die Schrift nur am Rande äußert (die freilich in der „Chicagoer Erklärung" mit ihrer Aussage zu „Schöpfung und Sintflut" einen prominenten Platz einnehmen). Deshalb ist sie auch hier besonders angreifbar. Allerdings handelt es sich dabei wieder um einen Stellvertreterkonflikt, wo auf dem Boden der Historie bzw. der Naturwissenschaften ein theologischer Streit ausgetragen wird.

Betrachten wir ein Beispiel, an dem das besonders deutlich wird: In 3. Mose 11 werden im Rahmen der Speisegebote Kriterien aufgestellt, an denen man kultisch reine und unreine Tiere unterscheiden kann. Für die Israeliten damals wie für die Juden heute entscheidet sich daran die Frage, ob diese Tiere verzehrt werden dürfen oder eben als unrein abgelehnt werden müssen. 3. Mose 11,3 gibt eine entsprechende Definition:

„Alles, was gespaltene Klauen hat, ganz durchgespalten, und wiederkäut unter den Tieren, das dürft ihr essen."

In den darauffolgenden Versen werden einige Beispiele genannt, an denen diese Unterscheidung exemplarisch durchgeführt wird. Zu den Tieren, die nicht gegessen werden dürfen, gehört nun auch der „Hase, denn er ist auch ein Wiederkäuer, hat aber keine durchgespaltenen Klauen; darum soll er euch unrein sein" (3. Mose 11,6).

Nun wissen Menschen des 21. Jahrhunderts aus dem Biologieunterricht, dass Hasen nicht zu den Wiederkäuern gehören. In der modernen Biologie sind Wiederkäuer nämlich eine besondere Gattung, die sich durch einen mehrteiligen Wiederkäuermagen auszeichnet, mit dem zum Beispiel auch die für andere Säugetiere unverdauliche Zellulose aufgespalten werden kann. Hasen dagegen gehören zur Gattung der Hasenartigen, die zwar wie die Wiederkäuer, auch in der Lage sind Zellulose mit Hilfe von Mikroorganismen zu verdauen, das jedoch im Dickdarm, wenn der Verdauungsprozess zum zweiten Mal durchlaufen wird. Einfach gesagt: Während die Kuh ihre Nahrung noch einmal verkaut, frisst der Hase seinen eigenen Kot.

Nun könnte man ganz nüchtern an die Sache herangehen und würde zwei Dinge feststellen: Zum einen müssen wir davon ausgehen, dass Mose (oder wer immer 3. Mose 11 vor mehr als dreitausend Jahren aufgeschrieben hat) sicher eine andere Vorstellung von Wiederkäuern hatte als heutige Biologen, die sich in ihren Definitionen an den von der modernen Biologie geschaffenen Abgrenzungen orientieren. Zum ande-

ren spielt die Feststellung, ob der Hase ein Wiederkäuer im biologischen
Sinne ist oder nicht, bei der eigentlichen Frage überhaupt keine Rolle.
Auf jeden Fall gehört er zu den unreinen Tieren, weil er keine ganz durch-
gespaltenen Klauen hat. Ob er nun auch noch wiederkäut, ist also in
Bezug auf seine Reinheit unerheblich. Hinzu kommt, dass ein auf dem
Boden des Neuen Testaments stehender Christ die ganze Problematik
gelassen angehen könnte, schließlich gelten die alttestamentlichen
Reinheitsvorschriften für ihn nicht mehr (vgl. Markus 7,19 u. ö.).

Ganz anders sieht der Sachverhalt jedoch aus, wenn man ihn durch
die Brille einer Schriftinspirationslehre betrachtet, die eindeutig zwischen Menschen- und Gotteswort unterscheidet und in der Bibel nur
Letzteres erkennen möchte. Wenn nämlich Mose hier schlichtweg geirrt
haben sollte, dann hätte das zur Konsequenz, dass er entweder nicht
richtig zugehört hat, als Gott diktierte, oder aber aus eigener Erkenntnis
und nicht auf Diktat geschrieben hat. In beiden Fällen wäre die Auffassung, wonach die Schreiber der Bibel nur „Sekretäre" eines ihnen „dik-
tierenden" unfehlbaren Gottes sind, in einem ganz entscheidenden Punkt
geschwächt. Kommen noch mehr solcher Punkte hinzu (und es gibt
sie), erscheint die Bibel in einem ziemlich menschlichen Licht, was ihre
Eignung als göttliche Offenbarung vor dem Hintergrund der von der
nachreformatorischen Theologie aufgestellten Alternative Gottes- oder
Menschenwort stark in Frage stellt.

Weil das so ist, wird man bis heute immer wieder Theologen finden,
die sich in den ihnen fachfremden Bereich der Biologie begeben um
entweder genüsslich festzustellen, dass Hasen nicht wiederkauen, oder
aber gerade auf die Ähnlichkeit zwischen Wiederkäuern und Hasenartigen
hinweisen und die Biologie auffordern, ihre Definition entsprechend zu
erweitern. Beiden geht es dabei freilich nicht um den Hasen, sondern
um die Bibel bzw. die Frage nach ihrer Unfehlbarkeit selbst in neben-
sächlichen Behauptungen.

Was für die Biologie gilt, gilt übrigens auch für die Geschichtswissenschaft. Ob die Evangelien von den Menschen geschrieben wurden, mit
deren Namen sie in den ersten Jahrhunderten verbunden wurden, oder
ob bestimmte Paulusbriefe tatsächlich von dem Apostel verfasst wurden,
sind eigentlich schlichte historische Fragen, die man ausschließlich mit
den in der Geschichtswissenschaft in solchen Fällen angewandten Me-

thoden bearbeiten könnte. Tatsächlich aber werden sie oft mit Dogmatik überfrachtet. Dann können bestimmte Schriften nicht von den in ihnen genannten Autoren sein, weil sie deren (angeblicher) Theologie widersprechen, andere dagegen werden in ihrer „Echtheit" gerade mit dem Argument verteidigt, dass sie zentral für den Glauben sind. Hintergrund beider Beweisführungen ist jedoch eher die Frage nach der Autorität der Bibel als die nach ihrer historischen Entstehung. Wir kommen also nicht darum herum, uns noch etwas intensiver mit der Frage nach Menschen- und Gotteswort in der Bibel zu beschäftigen.

Gotteswort im Menschenwort

Ein Rabbiner, der unter Theologiestudenten über das Judentum referierte, wurde einmal gefragt, ob die historisch-kritische Betrachtung biblischer Texte, die im Protestantismus ja eine vergleichsweise bedeutende Stellung in der theologischen Ausbildung einnimmt, auch im Judentum eine Rolle spiele. Seine Antwort lautete in etwa so: „Wir haben das eine Weile gemacht, aber irgendwann aufgegeben, weil es nichts bringt. Schließlich müssen wir die Bibel für heute auslegen und nicht nur erklären, wie sie entstanden ist."

Auch wenn christliche Gemeinden (aus gutem Grund) nicht so pragmatisch an die Sache herangehen, in einem Punkt hat der Rabbi recht: Mit allen in der Zeit der Aufklärung und danach entwickelten Methoden können wir bestenfalls die Frage beantwortet, wie die Bibel historisch entstanden ist (und oft noch nicht einmal das). Dadurch ist aber – allen Behauptungen der Bibelkritik wie auch der auf die Verbalinspiration pochenden Theologie zum Trotz – noch nichts über ihre Autorität ausgesagt.

Damit sind wir bei der Frage, ob und inwiefern die Bibel Gottes Wort ist. Hier müssen wir zunächst feststellen, dass diese Begrifflichkeit in der Heiligen Schrift in erster Linie auf Jesus Christus selbst angewandt wird. Er ist „das Wort Gottes" (Johannes 1,1ff.; Offenbarung 19,13). Er bringt also nicht nur eine Botschaft von und über Gott, sondern ist selbst die Botschaft. Als Person ist er das „Fleisch" gewordene Wort Gottes. Jede Lehre über die Autorität der Bibel muss das berücksichtigen, denn dadurch verbietet sich ein an den Islam angelehntes Schriftverständnis. Die Bibel kann bei uns nicht in dem Maße das Wort Gottes sein, wie es dort der Koran ist. Unsere primäre Offenbarungsquelle ist eine Person, kein Buch. Das Christentum ist deshalb keine „Schriftreligion" im muslimischen Sinne (auch wenn dieser Ausdruck manchmal sogar von Christen gebraucht wird), im Zentrum steht nämlich nicht der in einem unfehlbaren Buch geäußerte Wille Gottes, sondern der Mensch gewordene Gott selbst, über den das Buch nur Zeugnis ablegt. Wenn wir also über die Autorität der Bibel nachdenken, dürfen wir mit ihr nicht die Autorität Jesu verdrängen.

Mit der Offenbarung Gottes in Jesus eng verbunden ist die Botschaft von der durch sie erfolgten Rettung, dem Evangelium, der „guten Nachricht". Schon in der apostolischen Zeit wurde daher der Begriff „Wort Gottes" auf die Verkündigung von Jesus übertragen. So schreibt der Apostel Paulus:

> *„Darum danken wir auch Gott ohne Unterlass dafür, dass ihr das Wort der göttlichen Predigt, das ihr von uns empfangen habt, nicht als Menschenwort aufgenommen habt, sondern als das, was es in Wahrheit ist, als Gottes Wort, das in euch wirkt, die ihr glaubt"* (1. Thessalonicher 2,13).

Damit aber sind wir bei einem interessanten Punkt: Gottes Wort wird hier als etwas Wirksames beschrieben, ein Geschehen, das zu Gott hinführt. Das Wort Gottes ist also nicht in erster Linie Schrift, sondern ein Handeln Gottes an den Menschen. Wie aber ist da nun die Heilige Schrift einzuordnen?

Beginnen wir ruhig etwas vorsichtig. Dass vieles in der Bibel Gottes Wort (also direkte Rede von Gott) zu sein vorgibt (wir sind ja vorsichtig), ist nicht zu bestreiten. Große Teile des Alten Testaments etwa sind als Gottesrede formuliert, sei es nun das Gesetz (z. B. 2. Mose 20,1) oder die Abschnitte der prophetischen Bücher, die mit Formeln wie „so spricht der Herr", „Wort des Herrn", „Spruch des Herrn" oder ähnlichem eingeleitet werden (z. B. Jeremia 1,4). Daneben gibt es jedoch auch vieles (und das ist das meiste!), was nicht als direkte Offenbarung Gottes beschrieben ist. Viele Begebenheiten werden einfach nur erzählt, ohne dass man den Standpunkt Gottes zu diesen Ereignissen erfährt (wie z. B. das Blutbad in Sichem, 1. Mose 34). Dass etwas in der Bibel steht, heißt also noch nicht, dass Gott es gut und richtig findet. Schließlich werden sogar Worte des Teufels überliefert (z. B. in 1. Mose 3,1 und Hiob 1,7).

Daneben gibt es Gebete, Lieder (Psalmen) und Briefe. Es gibt Texte, die einen ganz klar bezeichneten Verfasser haben (etwa die meisten neutestamentlichen Briefe), und es gibt andere, die man nur schwer irgendeinem Autor zuordnen kann (wie die alttestamentlichen Geschichtsbücher). Aber nirgendwo behauptet ein Buch, von Gott selbst diktiert worden zu sein. Der Evangelist Lukas legt seine Arbeitsweise sogar so offen dar, dass man eher an einen Historiker als an einen inspirierten Autor heiliger Schriften denken könnte (Lukas 1,1-4). Gleichzeitig schreibt er jedoch in einem Griechisch, das an die damals verbreitetste Übersetzung des Alten Testaments angelehnt ist, die Septuaginta. Bei aller historischen Sorgfalt hat Lukas also mit dem Evangelium und der Apostelgeschichte wohl bewusst einen heiligen Text verfassen wollen, der das Alte Testament ergänzen sollte.

Trotzdem dürfte klar sein, dass die zur Zeit der Gegenreformation aufgestellte Alternative Gottes- oder Menschenwort weder sachgemäß noch sinnvoll ist. Wenn das eine das andere ausschließt, dann hat die Aufklärung mit ihrer Bibelkritik recht, denn die Heilige Schrift ist ein durch und durch menschliches Buch, das nirgendwo behauptet, vom Himmel gefallen zu sein.

Doch auch wenn damit die „menschliche Seite" stark betont wird, fällt noch etwas anderes auf: Wenn man einen Blick ins Neue Testament wirft, sieht man einen Umgang mit dem Alten, der weit über den Gebrauch „normaler" Schriften hinausgeht. Ganz unbefangen wird dort das gesamte Alte Testament mit Gott in Verbindung gebracht – und das nicht nur bei den Texten, wo es der alttestamentliche Befund ausdrücklich nahelegt. So werden etwa Psalmen (also Gebete mit oft klar bezeichneten menschlichen Autoren) als Gotteswort bzw. Worte des Heiligen Geistes zitiert (Hebräer 1,5-13; 3,7 u. ö.). Ebenso benutzt Paulus die Geschichtsbücher des Alten Testaments als letztgültige Autorität, aus deren Darstellungen er dogmatische Schlüsse ableitet (vgl. Römer 4). Jesus schob sogar Worte Adams Gott in den Mund (vgl. Matthäus 19,5). Hinzu kommen verschiedene andere Dinge: Paulus nennt das Alte Testament „heilige Schrift" (Römer 1,2), der Hebräerbrief spricht davon, dass „Gott vorzeiten vielfach und auf vielerlei Weise geredet hat zu den Vätern durch die Propheten" (Hebräer 1,1), nach Petrus haben „getrieben vom Heiligen Geist ... Menschen im Namen Gottes geredet" (2. Petrus 1,21).

Die Autoren des Neuen Testaments gehen dabei keineswegs nur von einer Inspiration der Inhalte aus, sondern legen Wert auf den genauen Wortlaut des Alten Testaments – was ja auch Sinn macht, schließlich kann ein Text nur auf der Wortebene inspiriert sein. So konnte etwa Paulus den Wortlaut einer Stelle zum entscheidenden Punkt in einem theologischen Argumentationsgang machen (Galater 3,16). Jesus ging sogar noch einen Schritt weiter, wenn er selbst den kleinsten Buchstaben im Gesetz bis zum Ende der Welt für unvergänglich hält (Matthäus 5,18). Und so verwundert es kaum, dass die „Schrift" als eine Größe betrachtet wird, die uns mit der Autorität Gottes gegenübertritt (vgl. Galater 3,8) und deshalb zu Recht „Heilige Schrift" genannt wird.

Es ließen sich noch weitere Belege anführen, doch das Bild ist auch so schon klar: Wenn Paulus in 2. Timotheus 3,16f. schreibt, „alle Schrift" sei „von Gott eingegeben", dann verkündigt er keine Sondermeinung, sondern das, was alle Schreiber des Neuen Testaments (und Jesus) glaubten. Schauen wir uns also diesen Vers einmal genauer an. Paulus schreibt:

> *„Alle Schrift, von Gott eingegeben, ist nütze zur Lehre, zur Zurechtweisung, zur Besserung, zur Erziehung in der Gerechtigkeit, dass der Mensch Gottes vollkommen sei, zu allem guten Werk geschickt."*

Mit „Schrift" muss hier ganz klar das Alte Testament gemeint sein, denn bis auf an zwei Stellen bezeichnet „Schrift" im Neuen Testament immer nur das Alte. Die beiden Ausnahmen sind übrigens in unserem Zusammenhang sehr interessant. Auch sie nennen zunächst einmal das Alte Testament „Schrift", rechnen dann aber wohl noch neutestamentliche Bücher zur „Schrift" hinzu. 1. Timotheus 5,18 scheint aus dem Lukasevangelium als „Schrift" zu zitieren, 2. Petrus 3,16 wiederum zählt die Briefe des Apostels Paulus neben dem Alten Testament zur „Schrift". Allein aus diesem Befund wird deutlich, wie sich der Begriff „Schrift" und mit ihm seine inhaltliche Füllung langsam auch auf neutestamentliche Bücher ausdehnte. Doch in 1. Timotheus 3,16 ist sicher nur das

Alte Testament gemeint. Von ihm nun sagt Paulus, es sei „*theopneustos*", so der griechische Begriff, also „gottgeatmet" oder „von Gottes Geist durchdrungen" (je nachdem, ob man „*pneuma*" mit „Atem" oder mit „Geist" wiedergibt). Die lateinische Bibelübersetzung, die „*Vulgata*", übersetzte „*theopneustos*" übrigens mit „*divinitus inspirata*" und prägte damit den Begriff „Inspiration".

Wie diese genau zu verstehen ist, darüber streiten sich die Ausleger. Soviel ist allerdings klar: Paulus' Schwerpunkt liegt auf dem funktionalen Aspekt. Die Schrift ist „gottgeatmet" und damit „nütze", um Menschen vollkommen zu machen. Dem Apostel geht es also nicht in erster Linie um die Frage, *wie* die Schrift entstanden ist (das war zu seiner Zeit unumstritten), sondern *wozu* sie geschrieben wurde. Weil der Geist Gottes hinter der Bibel steht, atmet er uns beim Lesen entgegen und verändert unser Leben. Mit anderen Worten: Die Autorität der Schrift zeigt sich im veränderten Leben ihrer Leser. Sie ist „gottgeatmet", weil sie uns eine andere Wirklichkeit offenbart.

Kann man nun dieses Wort auch auf das Neue Testament beziehen? In gewisser Weise ja. Denn wie 1. Timotheus 5,18 und 2. Petrus 3,16 zeigen, ist der Begriff „Schrift" offen für neue Bücher. So wie in alttestamentlicher Zeit zunächst nur die Mosebücher „Schrift" waren, zu denen andere hinzukamen, so wurden in neutestamentlicher Zeit weitere Bücher zur „Schrift". Man sah sie analog zum Alten Testament, also ebenfalls „gottgeatmet" und mit der entsprechenden Autorität versehen. Das gilt umso mehr, wenn man sich den zweiten Teil von Paulus' Aussage anschaut: Die Schrift ist „nütze zur Lehre, zur Zurechtweisung, zur Besserung, zur Erziehung in der Gerechtigkeit, dass der Mensch Gottes vollkommen sei, zu allem guten Werk geschickt." Das trifft für das Neue Testament ebenso zu wie für das Alte, denn der Geist Gottes „atmet" uns in den beiden Testamenten der Bibel gleichermaßen „entgegen".

Die Bibel ist damit beides zugleich, Gottes- und Menschenwort. Und beides ist sie hundertprozentig, weswegen es unmöglich ist, zwischen beidem zu unterscheiden. Gott spricht zu uns durch die Worte der menschlichen Autoren, und er tut dies so, dass wir nicht sie, sondern ihn hören. Sie ist gott-menschlich in einer Weise wie auch Jesus es war und damit in all ihrer irdischen Menschlichkeit eine Brücke zur unsichtbaren Welt Gottes. Als solche ersetzt sie Jesus nicht, aber sie weist auf ihn hin und führt damit das Zeugnis der ersten Auferstehungszeugen fort. Wenn wir uns Gott nähern wollen, müssen wir uns mit ihr beschäftigen.

Ehrfurcht vor der Bibel

Als gläubige Christen muss uns das unweigerlich in die Anbetung führen: Der große und unfassbare Gott lässt sich zu uns herab. Der Ewige geht ein in die Zeit und hinterlässt ein Zeugnis, ein Buch, das durch die Jahrtausende hindurch auf ihn hinweist und zeigt, wie der Weg zu ihm aussieht. Jenseits aller theologischen Diskussionen bleibt es damit *sein* Buch, menschliche Worte, die er zu seinen macht und benutzt, um mit uns in Kontakt zu treten. Der richtige Umgang mit der Bibel beginnt deshalb mit einer Ehrfurcht, die der Bezeichnung „Heilige Schrift" angemessen ist. In ihr haben wir es mit einem Werk zu tun, das immer Gott gehört. Wir sollen es lesen und studieren, müssen es auslegen und versuchen zu verstehen, aber wir können es nicht besitzen. Es gehört Gott – und nicht unserer Konfession, Gemeinde oder theologischen Richtung, ja es gehört noch nicht einmal der Christenheit als Ganzes. Jede Auslegung muss deshalb darauf bedacht sein, diese Fremdheit zu wahren, die damit zusammenhängt, dass die Bibel nicht unser Buch ist und daher auch nicht als Waffe im Kampf mit theologischen Gegnern gebraucht werden darf.

Es gibt eine Episode im Buch Josua, die das verdeutlicht. Israel war gerade dabei, das „Gelobte Land" in Besitz zu nehmen, als seinem Anführer Josua ein Mann mit einem gezogenen Schwert entgegentrat.

> *„Und Josua ging zu ihm und sprach zu ihm: Gehörst du zu uns oder zu unsern Feinden? Er sprach: Nein, sondern ich bin der Fürst über das Heer des HERRN und bin jetzt gekommen. Da fiel Josua auf sein Angesicht zur Erde nieder, betete an und sprach zu ihm: Was sagt mein Herr seinem Knecht?" (Josua 5,13f.).*

Die Heilige Schrift tritt uns entgegen wie dieser Engel mit seinem gezogenen Schwert, einer scharfen Waffe, die das Bleibende vom Vergehenden scheidet, die ewige Wirklichkeit Gottes von der Realität der Vergänglichkeit abgrenzt. Es ist ein Kampf, den Gott führt, der lebendige Gott, ein Kampf, den er seit der Auferstehung Jesu sichtbar aufgenommen hat und zu Ende bringen wird. Es ist ein Kampf, bei dem er uns nicht braucht, weil sich das Unvergängliche immer gegen die Vergänglichkeit durchsetzen wird, aber es ist ein Kampf, in dem er uns gebrauchen will. Wie damals bei der Landnahme bleibt es trotzdem sein Kampf. Auch wenn er dabei Israel zur Seite steht, wird es niemals Israels Kampf, geschweige denn er selbst Israels Gott, beschränkt auf ein Volk, nur dazu da, um es zu segnen und zu beschützen. Und so ist auch die Bibel keine Vergrößerung unserer Möglichkeiten, keine Allzweckwaffe, die uns hilft unliebsame Gegner mundtot zu machen. Sie gehört weder uns noch unseren Feinden. Deshalb kann unsere Antwort auf die Bibel nur im Kniefall und der Frage bestehen: „Was sagt mein Herr seinem Knecht?"

Gleichzeitig bleibt die Bibel immer nur ein „Engel", ein „Verkündiger" (so die Bedeutung des griechischen *angelos*), ein Herold Gottes unter den Menschen. Sie ist nicht Gott selbst und hat daher keine Anbetung verdient, sondern soll nur auf den hinweisen, dem allein die Anbetung gebührt. Im Gegensatz zu Jesus ist sie also nur der Botschafter, nicht die Botschaft selbst. Auch das sollten wir in unserem Umgang mit der Bibel nicht vergessen.

Das Erbe der Apostel

Die Bibel muss ausgelegt werden

Ein wichtiger Schritt in Bezug auf die Bibel mag zwar darin bestehen, sie als ein besonderes Buch zu betrachten. Das hilft allerdings nur wenig, wenn sie nicht gelesen wird. Interessanterweise geben bei Umfragen regelmäßig mehr als ein Drittel der Mitglieder von evangelischen Landeskirchen an, dass sie die Aussagen der Bibel für „wahr" halten, während immerhin noch rund ein Fünftel denkt, dass es zum Evangelischsein dazugehört, die Bibel tatsächlich zu lesen.

Unter freikirchlichen Christen mögen diese Werte höher sein, die Problematik ist allerdings auch da zu erkennen. Denn einer großen Wertschätzung, die sich in Worten wie „bibeltreu", „biblisch" und „schriftgemäß" als höchstem Lob ausdrückt, steht nicht selten eine ebenso große Unkenntnis über biblische Zusammenhänge gegenüber. Wenn die Bibel gelesen wird, dann meist nur in kleineren (oft unzusammenhängenden) Abschnitten zur persönlichen Erbauung oder zur Vorbereitung von Predigten und Andachten. Man braucht allerdings kein Literaturwissenschaftler zu sein, um zu erkennen, dass das sicher kein sachgemäßer Umgang mit einem Buch ist. Die Bibel ist kein Lexikon, in dem man hin und wieder einen Artikel nachschlägt, sondern im wahrsten Sinne des Wortes ein Geschichtsbuch, in dem man längere Passagen am Stück lesen sollte, weil man sonst den Überblick verliert.

Damit kommen wir zu einer Frage, die gerade unter evangelischen Christen immer wieder umstritten ist. Während die Reformation den „Laien" im wahrsten Sinne des Wortes die Bibel gab, haben nachfolgende Generationen versucht, diese Offenheit wieder einzugrenzen. Die Gründe hierfür sind verständlich, wenn man betrachtet, dass vieles, was als „Auslegung" vertreten wird, in Wirklichkeit nur den eigenen Vorstellungen entspricht, die der jeweilige „Ausleger" in den biblischen Text hineingelesen hat. Gerade in einer individualistischen Gesellschaft, in der weder Tradition noch Gemeinschaft als Anhaltspunkte und Hilfen für das richtige Verständnis der Schrift angesehen werden, gibt es tatsächlich eine unüberschaubare Menge von Bibelauslegungen, die diesen Namen eigentlich nicht verdienen.

Auf der anderen Seite hat sich mit den theologischen Fakultäten und ihren Absolventen in der evangelischen Kirche praktisch durch die Hintertür ein Lehramt zu etablieren versucht, das nicht mehr (wie in der römisch-katholischen Kirche) auf einer offiziellen Beauftragung beruht, sondern auf einer theologischen Ausbildung. Damit steht jedoch nicht die geistliche Autorität im Vordergrund, sondern das Fachwissen – wobei beides keineswegs austauschbar ist, wie die Praxis zeigt.

Der verständliche Impuls, die verwirrende Vielfalt evangelischer Schriftauslegung dadurch zu begrenzen, indem man sie Fachleuten überlässt, stößt zudem da auf Ablehnung, wo der Eindruck entsteht, dass die Fachleute nicht wirklich auslegen, sondern ihren Wissensvorsprung vor allem zum Durchsetzen eigener Interessen nutzen. Hier hat die von der Aufklärung herkommende bibelkritische Theologie einen nicht zu unterschätzenden Beitrag zur eigenen Irrelevanz in den Gemeinden geleistet, schließlich lag und liegt ihr Hauptaugenmerk nicht auf dem geistlichen Wachstum der „Laien", sondern auf der Fortschreibung des akademischen Betriebes. Ähnlich verdächtig ist eine Exegese, die vor allem die eigene Überzeugung legitimieren soll, sei sie nun kirchlich, freikirchlich, charismatisch, evangelikal, liberal, konservativ oder was auch immer. Hier hört die Bibel auf, kritisches Gegenüber zu sein, und wird vom Gotteswort zum Werkzeug in der Hand von Menschen, die sie benutzen, um ihren eigenen Standpunkt oder die Ideologie ihrer Gruppe durchzusetzen. Eine wirkliche Auslegung muss dagegen den Text oft genug erst einmal „fremd machen", indem sie darauf hinweist, dass der Text nicht „uns gehört", sondern das Glaubenszeugnis längst vergangener Generationen in einer in vielen Punkten fremden Welt ist.

Ebenso verständlich wie der Ruf nach einer wie auch immer geordneten Schriftauslegung ist jedoch auch der Gegenimpuls mancher „Laien", die auf jegliche Hilfsmittel verzichten wollen und darauf pochen, dass die Bibel sich selbst auslegt. Das ist tatsächlich ein reformatorisches Prinzip, allerdings hatte es in der Reformation eine andere Stoßrichtung: Mit „Schrift muss durch Schrift ausgelegt werden" stellte man die mittelalterliche Praxis in Frage, Bibelstellen vor allem durch die Brille der Tradition zu lesen und damit die Tradition faktisch der Bibel gleich-, wenn nicht gar vorzuordnen. Die Reformatoren wollten dagegen das biblische Wort so unverfälscht wie möglich zur Kenntnis nehmen.

Selbstverständlich war für sie freilich, dass hierzu ein gewisses Fachwissen nötig ist. Dazu gehört zunächst einmal eine entsprechende Übersetzung der Bibel. Das Alte Testament wurde größtenteils in Hebräisch geschrieben, der Ursprache Israels. Die jüngeren Teile wurden allerdings schon in Aramäisch verfasst, der Verwaltungssprache des babylonischen Reiches, die sich seit dem Exil in Palästina als Umgangssprache durchgesetzt hatte. In dieser Sprache lehrte auch noch Jesus. Das Neue Testament ist allerdings nicht in ihr aufgezeichnet worden, sondern in Griechisch, der Umgangssprache der Osthälfte des Römischen Reiches.

Jede dieser Sprachen vermittelt einen eigenen Denkhorizont und damit ein bestimmtes Verständnis der Welt und des Lebens, denn Sprache ist niemals einfach nur ein austauschbarer Zeichensatz. Alle drei Sprachen sind zudem ausgestorben (wobei Hebräisch als Ivrit zu Beginn des 20. Jahrhunderts neu belebt worden ist) bzw. grundlegend verwandelt worden. Altgriechisch hat mit Neugriechisch so viel gemeinsam wie Italienisch mit Latein. Hinzu kommt, dass keine der Sprachen die unsere ist. Wenn wir die Bibel lesen wollen, sind wir also auf Übersetzungen angewiesen. Übersetzen heißt jedoch, Zusammenhänge in einen anderen Kontext zu übertragen, womit zwangsläufig eine Auslegung verbunden ist.

Die bloße Übersetzung reicht aber oft noch nicht aus, wenn man die wirkliche Bedeutung eines Wortes oder eines Sinnzusammenhangs in der damaligen Zeit verstehen will. Dazu ist ein Vergleich mit der jeweiligen Umwelt nötig, damit wir sehen können, wie die Zeitgenossen den Sachverhalt verstanden haben. Der Prozess der Annäherung an das Verständnis der damaligen Zeit ist übrigens komplizierter, als es auf den ersten Blick scheinen mag: So muss sich nicht nur der Text sozusagen auf uns „zubewegen", indem er Einblicke in seinen Hintergrund gewährt, umgekehrt müssen auch wir selbst dem Text näherkommen, indem wir uns darüber klar sind, was uns von seinem ursprünglichen Verständnis trennt. Es ist ja keineswegs so, dass wir quasi im „neutralen Raum" leben und uns nur die Zeit der Bibel erarbeiten müssten. Wir sind ja auch von unserer Zeit geprägt, von ihren Vorstellung und Werten, von dem, was „man" für „normal" hält. Jedes biblische Thema hat zudem eine Auslegungsgeschichte, die mehr oder weniger unser heutiges Verständnis prägt. Auch wenn wir das vielleicht nicht wahrhaben wollen, lesen evangelische Christen die Bibel unbewusst durch eine evangelische Brille, als Kinder der Aufklärung haben wir davor zudem oft noch eine rationalistische und individualistische.

Sich selbst und seine Zeit zu erkennen ist freilich oft noch schwieriger als die Zeit der Bibel zu verstehen. Wie sollen wir etwa damit umgehen, dass für einen antiken Menschen die Welt ganz selbstverständlich von jenseitigen Mächten bevölkert war, die untrennbar mit dem Schicksal der Menschen verwoben waren? Krankheit hatte auf diese Weise immer neben der körperlichen auch eine geistliche Dimension, ja sogar einen personalen Charakter und war nach den Vorstellungen der Antike damit ein Gegenüber, das man ansprechen konnte (vgl. Lukas 4,39). Selbst wenn wir mit der Bibel die Existenz jenseitiger Mächte bejahen, bleibt dennoch die aufklärerische Schere im Kopf. Krankheit wird bei uns immer ein durch Mikroorganismen ausgelöstes Phänomen sein, zu dem unter Umständen noch eine geistliche Komponente hinzukommt. Eine antike integrierte Sicht von Krankheit bleibt uns jedoch fremd.

Oder wie können wir uns in einen antiken Menschen hineinversetzen, wenn es um das Thema „Gemeinschaft" geht? Für ihn ist Gemeinschaft keine Option, sondern die grundlegende Lebenswirklichkeit. Jeder Mensch definiert sich immer in Bezug auf irgendeine Gemeinschaft, indem er entweder zu einer gehört oder aber von allen verstoßen ist. Aber selbst im letzten Fall sieht er sich nicht als Individuum, sondern als eine Art sozialen Krüppel, einen Ausgestoßenen, der nur noch am Rande der Gesellschaft sein Dasein fristen kann. Wir heute können das zwar verstehen, aber uns nicht wirklich hineinversetzen, da steht uns unser Individualismus im Wege, der immer Gemeinschaft zunächst als Summe von Individuen betrachtet und nicht den Einzelnen als Teil einer Gemeinschaft.

Damit dürfte deutlich geworden sein, dass ein Verstehen über die Jahrtausende und die kulturellen Grenzen hinweg zwar möglich ist, uns aber nicht einfach so in die Wiege gelegt wird, sondern das Ergebnis eines Weges ist, bei dem teilweise harte Arbeit verlangt wird. Es ist freilich ein Weg, der jeden Aufwand lohnt, denn schließlich geht es um nichts weniger als um das Überleben. In einer Welt, in der alles vergeht, zeigt uns nur die Bibel, was bleibt und wie wir Anteil an dem Bleibenden bekommen können.

Paradoxerweise führt das sogar dahin, dass wir die Bibel als Gotteswort umso besser verstehen, je ernster wir ihre „menschliche Seite" nehmen. Erst wenn wir erkennen, vor welchem Hintergrund ihre Autoren geschrieben haben, verstehen wir auch in seiner ganzen Tiefe, was Gott uns dadurch sagen möchte. Die Auslegung der Bibel, ihre zeitliche Einordnung und die Erhellung ihres Hintergrundes sind deshalb keine Spielereien für Theologen oder gar nur ein bibelkritisches Herummäkeln am scheinbar so „klaren Wort", sondern absolut notwendig.

Gleichzeitig nimmt uns das in eine Verantwortung, die wir anders nicht haben. Wer von der klassischen Verbalinspiration her argumentiert, kann sich mit seiner angeblich unfehlbaren Dogmatik wunderbar hinter dem „Wort Gottes" verschanzen und anderen Ansichten mit einem „das ist nicht meine Meinung, sondern die Aussage der Heiligen Schrift" begegnen. Wer dagegen ernst nimmt, dass die Bibel zunächst in ihrer Zeit verstanden werden muss und erst in einem zweiten Schritt die daraus gewonnen Erkenntnisse auf die aktuelle Situation übertragen werden können, der kann sich nicht mehr so sicher sein. Selbst bei sorg-fältigster Auslegung bleiben oft mehrere Möglichkeiten in Bezug dar-auf, was uns der jeweilige Text heute sagen könnte. Damit müssen wir schließlich demütig bekennen, dass wir die letztgültige Antwort nicht wissen, sondern bestenfalls vorletzte Entscheidungen treffen können. Das letzte Wort wird Gott selbst haben, dem können und dürfen wir nicht vorgreifen. Aber bis es gesprochen wird, tragen wir die Verantwortung für unsere Theologie, daraus entlässt uns Gott nicht.

Schrift und Tradition

Vor diesem Hintergrund wird verständlich, warum der christliche Glau-be, so gleich er über die Jahrhunderte geblieben ist, sich dennoch an vielen Punkten verändert hat. Gleichzeitig zeigt sich daran die Grenze des reformatorischen Schriftprinzips. So schön und „sauber" es auf den ersten Blick erscheinen mag, man ist damit zwar sehr nahe am ursprüng-lich offenbarten Willen Gottes, allerdings sollte man sich keine Illusio-nen über die Schattenseiten dieser Vorgehensweise machen. Weil keiner von uns die Bibel auf demselben Hintergrund liest wie sein Nachbar, geschweige denn die Generationen vor ihm, werden die Ergebnisse immer unterschiedlich ausfallen. Es ist kein Zufall, dass gerade auf dem Boden des Schriftprinzips eine Vielzahl von Konfessionen, Gruppen und „Sek-ten" entstanden ist. Das zeugt zwar von großer Lebendigkeit und Offen-heit – und das ist ein Wert, der nicht hoch genug geschätzt werden kann! – aber die Einheit bleibt dabei zwangsläufig auf der Strecke.

Es ist daher auch kein Zufall, dass als regulierendes Element schon früh Bekenntnisse formuliert worden sind. Neben den altkirchlichen ist dabei vor allem an die umfangreichen der Reformation zu denken. Zu ihnen haben Reformierte und Lutheraner einen unterschiedlichen Zu-gang. Während die Reformierten in ihnen zeitbedingte Auslegungen der Heiligen Schrift sehen, die, als Aussagen der „Väter" in hohen Ehren gehalten, aber in Streitfällen den Griff zur Bibel als einziger Grundlage der Theologie nicht ersetzen können, sehen es die Lutheraner anders. Martin Luther, seine Mitarbeiter und Nachfolger haben schon sehr früh Bekenntnisse aufgeschrieben, um der von ihnen geprägten Kirche eine einheitliche Theologie zu geben und damit die negativen Seiten des Schriftprinzips auszugleichen. Entsprechend werden diese Schriften von heutigen Lutheranern als an der Bibel geprüft und für gut befunden eingestuft. Die Bekenntnisse haben damit einen verbindlichen und kirchenkonstituierenden Charakter. Auch wenn die Heilige Schrift die oberste Norm bleibt, für einen Lutheraner ist sie mit Hilfe der Bekenntnisse zu lesen und auszulegen.

Theologisch gesehen schließt sich damit ein Kreis, der vielleicht besser offen geblieben wäre: Einer auf die Tradition und die Bischöfe aufbauenden römisch-katholischen Kirche steht eine evangelische gegenüber, die sich eine eigene, in der Praxis kaum weniger hinterfragbare Bekenntnistradition gegeben hat, die wiederum von Theologen verwaltet wird, die als Fachleute einen deutlichen Abstand zu den Laien haben. Eins der grundlegendsten Erkenntnisse der Reformation war jedoch, dass „Päpste und Konzilien irren" können und oft geirrt haben, was man sicher auch von Bekenntnissen und Theologen sagen muss. Vielleicht geschieht das nicht einmal aus Unglaube oder gar Böswilligkeit, sondern schlichtweg weil die Väter in einer anderen Zeit gelebt und geglaubt haben. In unserer Wirklichkeit gibt es eben keine Unfehlbarkeit. Tradition und Amt bleiben damit menschliche Größen, durch die Gott reden kann und geredet hat, allerdings nicht in solcher Weise wie durch die Bibel, sondern immer nur als ihre Auslegung. Das Erbe der Apostel kann deshalb durch sie nicht unverfälscht bewahrt werden. So wie die Bibel allerdings Türen in die Wirklichkeit Gottes öffnet, so können Tradition und Amt Hilfen sein, die damit geöffneten Wege besser zu verstehen. Dennoch bleibt es die Aufgabe jeder neuen Generation, nach diesen Türen Ausschau zu halten und sie zu öffnen. Und die Bibel ist der beste Ausgangspunkt dazu.

Wichtige Begriffe

■ *Dogma*: „Lehrsatz" (griech.), beschreibt im evangelischen Bereich einen theologischen Lehrsatz, im römisch-katholischen einen verbindlich zu glaubenden, unumstößlichen Lehrsatz

■ *Inspiration* (von lat. *divinitus inspirata*, „gottgehaucht"): Lehre, wonach die Bibel nicht nur menschliches, sondern vor allem Gottes Wort ist

- *Kanon*: „Richtschnur" (griech.), gemeint sind die Schriften des Alten und Neuen Testaments
- *Konzil* (von lat. *concilium*, „Rat(sversammlung)"): Versammlung der Gemeindeleiter (in der Regel Bischöfe) eines Gebietes oder der gesamten Kirche. Bei den altkirchlichen Konzilien waren Vertreter aus dem gesamten Römischen Reich anwesend, deswegen spricht man hier auch von „ökumenischen Konzilien" (von griech. *oikoumene*, „Erdkreis"). Die römisch-katholische Kirche gebraucht diesen Ausdruck auch für „allgemeine Konzilien", in denen (fast) alle Bischöfe der katholischen Kirche zusammenkommen
- *Personalinspiration* (von lat. *persona*, „Person"): Lehre, wonach die Autoren der Bibel von Gott geleitet wurden, der ihnen die biblischen Texte jedoch nicht diktierte
- *Realinspiration* (von lat. *res*, „Ding, Sache"): Lehre, wonach die Inhalte der Bibel, nicht jedoch der genaue Wortlaut von Gott eingegeben ist
- *Sukzession, apostolische*: Ordnung innerhalb der römisch-katholischen, anglikanischen, orthodoxen sowie einiger anderer Kirchen, wonach sich die heutigen Bischöfe in einer ununterbrochenen Kette von Handauflegungen bis auf die Apostel zurückführen lassen
- *Synode*: „Zusammenkunft" (griech.), der griech. Ausdruck für „Konzil". Das Wort wird allerdings eher für die Bischofsversammlungen eines begrenzten Gebietes (römisch-katholisch) oder für das Zusammentreffen von Funktionsträgern innerhalb der evangelischen Kirchen verwandt
- *Verbalinspiration* (von lat. *verbum*, „Wort"): Lehre, wonach der biblische Text wortwörtlich von Gott eingegeben wurde

3.
Gott und seine Schöpfung

oder:

*Der Weisheit Anfang ist die Furcht des HERRN,
und den Heiligen erkennen, das ist Verstand*

Anbetung und Demut

Wer sich mit Gott beschäftigt, stößt sehr schnell auf die grundlegende Schwierigkeit, die wir bereits ganz zu Anfang erkannt haben: Von uns aus können wir uns keinen Einblick in die jenseitige Wirklichkeit Gottes verschaffen. Denn wenn Gott transzendent ist, dann können wir von ihm nichts wissen, es sei denn, er offenbart es uns. Während wir also Jesus Christus als historischer Persönlichkeit mit den Mitteln der Geschichtswissenschaften auf die Spur kommen können, während wir die Kirche als sichtbare Größe untersuchen und das Glaubensleben ihrer Mitglieder studieren können, kommen wir bei Gott erst einmal nicht weiter. Es gibt keinen „methodisch sauberen" Weg zu ihm. Egal, wie wir es anstellen, Gott wird niemals Gegenstand unserer Untersuchungen sein können, weil er eben nicht Teil unserer Welt ist.

Diesen von unserer Seite her unüberbrückbaren Unterschied zwischen Gott und Mensch hat übrigens auch Jesus angesprochen, als er gegenüber dem Schriftgelehrten Nikodemus betonte: „Es sei denn, dass jemand von neuem geboren werde, so kann er das Reich Gottes nicht sehen" (Johannes 3,3). Der Bereich Gottes, sein Reich, ist für den Menschen also nicht wahrnehmbar, es sei denn, Gott offenbart es ihm durch seinen Geist. Der „Weg des Denkens", der von den Philosophen und einigen Theologen beschritten wurde, bringt uns deshalb nur bis zu einem bestimmten Punkt, aber nicht ans Ziel. Aus der Schöpfung lässt sich zwar mit einigem Scharfsinn auf den Schöpfer schließen, aber wirklich erkennen lässt er sich dadurch nicht. Wie bei einem Kriminalfall können wir zwar vielleicht so etwas wie ein „Persönlichkeitsprofil des Täters" erstellen, aber wir erfahren nicht seinen Namen und wissen damit auch nicht, wer er tatsächlich ist.

Die Suche nach Gott hat deshalb zuallererst etwas mit Demut zu tun, um ein oft missbrauchtes Wort zu verwenden. Klassischerseits geht es bei der Demut jedoch nicht darum, dass sich einer kleiner macht als er tatsächlich ist und besonders duckmäuserisch auftritt. Wahre Demut ist vielmehr Ausdruck einer realistischen Selbsteinschätzung. Ein demütiger Mensch erkennt seinen Platz in der Welt und verhält sich entsprechend. Das gilt besonders in unserem Verhältnis zu Gott. So kann die christliche Gotteslehre schlichtweg nicht da ansetzen, wo sie es für richtig hält, sondern nur dort, wo Gott sich gezeigt und dadurch etwas von seinem Wesen offenbart hat.

Auf diese Weise stehen wir vor einer nicht zu unterschätzenden Herausforderung: Wir müssen aus dem, wie Gott sich in der Geschichte hat erkennen lassen, Schlussfolgerungen über sein Wesen anstellen. Das darf jedoch nicht in einer Weise geschehen, die Gott auf das bereits Erkannte festlegt, denn Gott ist immer noch größer als alle unsere Vorstellungen von ihm. Einen ewigen Gott kann unser vergänglicher und damit begrenzter Verstand nicht fassen, wie sehr wir uns auch darum bemühen mögen. Auch das ist eine Erkenntnis der Demut.

Selbst Mose und Elia, die beiden größten Propheten des Alten Testaments, konnten Gott nicht sehen. Ihnen war es jedoch vergönnt „hinter Gott herzusehen" (2. Mose 33,23), sie sahen ihn „vorübergehen" (2. Könige 19,11). In dieser bildhaften Sprache verbergen sich tiefgreifende Erkenntnisse: Selbst die Menschen, die Gott am nächsten sind, können ihn nicht fassen. Sie können seinem Wirken nur nachsinnen, seine Bewegung erahnen. Denn Gott ist ein dynamischer Gott, anders als die „toten" Götzen ist er „lebendig", er redet und handelt, aber er lässt sich von uns nicht in ein Raster pressen. Wir können ihm nachschauen, aber nicht vorhersagen, wie er handeln wird. Wir können seinen Weg erkennen, aber nicht wissen, welche Richtung er einschlagen wird.

Damit verbunden ist eine Grundentscheidung unserer Theologie: Wenn Gott unvorstellbar groß ist, können wir gar nicht zu groß von ihm denken. Theologisch bedeutet dies, dass wir uns gegen alles wenden, was Gott verkleinert, was ihn eingrenzt, was seine Größe schmälert. Gott lässt sich nicht begrenzen. Hierin liegt der tiefere Sinn des alttestamentlichen Bilderverbotes, das Israel ja nicht nur dazu anhielt, sich keine Götzenbilder zu machen, sondern sogar die Darstellung des eigenen Gottes untersagte (2. Mose 20,4-6). Weder sollte das, was kein Gott ist, als solcher verehrt werden, noch sollte der unfassbare Gott mit Hilfe eines Standbildes sozusagen „dingfest" gemacht werden können.

Ein solches Bild kann nämlich immer nur die bereits erkannten, „hellen" Züge Gottes versinnbildlichen und Gott damit auf sie begrenzen. Trotz sorgfältigster Überlegungen wird es allerdings immer auch eine „dunkle Seite" Gottes geben, und zwar eine, die sehr viel größer ist als die „helle", „sichtbare", weil sie unsere Vorstellungswelt übersteigt. „Dunkel" ist sie freilich nicht, weil Gott sie vor uns verborgen halten möchte, sondern nur, weil wir sie (noch) nicht erkennen können.

Gott ist damit zunächst einmal ein Abgrund der Nichterkenntnis, ein Meer von unsagbarer Tiefe, in das wir bestenfalls einige wenige Zentimeter hineinblicken können. Er ist deshalb prinzipiell nicht verfügbar oder beherrschbar, wir können ihn nicht domestizieren und haben ihn erst recht nicht in der Tasche. Gerade deswegen kann er nicht „unser Gott" in demselben Sinne sein, wie es ein Götze wäre. Wir haben ihn nicht gemacht und können ihn nicht „einfangen" oder in ein System pressen.

Angesichts der Größe Gottes werden wir uns folglich unserer Kleinheit erst wirklich bewusst – und umso unverständlicher wird es, dass er sich überhaupt mit uns abgibt. Die Erkenntnis Gottes gründet daher in seiner Anbetung. Wenn Gott sich nicht zu uns herabbeugen würde, könnten wir ihn noch nicht einmal wahrnehmen; wenn er sich nicht offenbarte, könnten wir nichts von ihm wissen. Gleichzeitig bleibt er trotz allem der Ewige, den wir mit unserem zeitlichen Dasein gar nicht erfassen können. Gott werden wir uns deswegen niemals sozusagen „auf Augenhöhe" nähern können. Zu keiner Zeit haben wir das Recht, von ihm etwas zu fordern oder gar einzuklagen.

Dieser gewaltige Unterschied zwischen Gott und Mensch wird interessanterweise gerade im Buch Hiob thematisiert, das sich mit der Frage des Leides beschäftigt, die ja für nicht wenige Menschen ein Ausgangspunkt für die Anklage und Ablehnung Gottes ist. Die Antwort Gottes hierauf besteht im Verweis auf seine unbeschreibliche Größe:

„Und der HERR antwortete Hiob aus dem Wettersturm und sprach: Wer ist's, der den Ratschluss verdunkelt mit Worten ohne Verstand? Gürte deine Lenden wie ein Mann! Ich will dich fragen, lehre mich! Wo warst du, als ich die Erde gründete? Sage mir's, wenn du so klug bist! Weißt du, wer ihr das Maß gesetzt hat oder wer über sie die Richtschnur gezogen hat?" (Hiob 38,1-5).

„Hiob aber antwortete dem HERRN und sprach: Siehe, ich bin zu gering, was soll ich antworten? Ich will meine Hand auf meinen Mund legen" (Hiob 40,3f.).

Ein solcher Dialog ist sicher für manche ein Anstoß. Entzieht sich Gott da nicht schlichtweg seiner Verantwortung? Muss er sich für sein Tun allein deshalb nicht rechtfertigen, weil er größer ist als der Mensch?

Doch was ist, wenn es tatsächlich so wäre? Bei Gott haben wir es schließlich mit einem Sein zu tun, das jegliche Vorstellungskraft sprengt. Allein die Tatsache, dass Gott hier mit Hiob redet, stellt eine geradezu unfassbare Selbsterniedrigung Gottes dar, der sich dabei auf die menschliche Kommunikation und den begrenzten menschlichen Verstand einstellen muss. Was das bedeutet, können wir aus anderen Bereichen bestenfalls erahnen. Wie kann ein Mensch einer Katze erklären, dass er sie weggeben muss, weil eins seiner Kinder eine Allergie entwickelt hat? Das Haustier hat keine Ahnung von Medizin, erst recht nicht von allergischen Reaktionen. Die Kommunikation zwischen Mensch und Tier ist zudem sehr beschränkt: Die Menschen können zwar die Gemütslage der Katze deuten und umgekehrt. Das wird freilich kaum ausreichen um die Botschaft zu vermitteln: „Wir mögen dich, wir müssen dich aber trotzdem weggeben. Es geht nicht anders." Und das, obwohl Mensch und Katze einander vergleichsweise nahestehen. Von anderen Tieren, wie Fischen oder Insekten, trennt uns ein sehr viel weiterer Abstand. Hier ist die Kommunikation nahezu unmöglich.

Betrachten wir den Dialog zwischen Gott und Hiob, dann müssen wir feststellen, dass der Abstand zwischen beiden unvorstellbar groß ist. Hier redet der Schöpfer mit dem Geschöpf, der das Leben ist mit einem Sterblichen, der Unvergängliche mit dem Vergänglichen. Obwohl Gott sich herabbeugt, bleibt die Kommunikation sehr schwierig, weil der Mensch einfach nicht verstehen kann, was Gott antreibt. Die angemessene Reaktion auf die Größe Gottes besteht daher nicht in der Anklage oder gar einer Leugnung des Unterschiedes, sondern in der Anbetung:

„O welch eine Tiefe des Reichtums, beides, der Weisheit und der Erkenntnis Gottes! Wie unbegreiflich sind seine Gerichte und unerforschlich seine Wege! Denn ‚wer hat des Herrn Sinn erkannt, oder wer ist sein Ratgeber gewesen'? (Jesaja 40,13) Oder ‚wer hat ihm etwas zuvor gegeben, dass Gott es ihm vergelten müsste? (Hiob 41,3) Denn von ihm und durch ihn und zu ihm sind alle Dinge. Ihm sei Ehre in Ewigkeit! Amen" (Römer 11,33-36).

Der Anfang allen theologischen Denkens besteht in der Demut. Wir werden von Gott nur wenig erkennen, solange wir versuchen, ihn unseren Vorstellungen von ihm anzugleichen. Erst wenn wir in Demut auch den unergründlichen Abgrund seiner „dunklen Seite" wahrnehmen, wird die „helle" umso klarer hervortreten.

TRANSZENDENZ GOTTES → UNBEGRENZTHEIT → UNERFORSCHBAR → UNSER WISSEN NUR DURCH OFFB. → DEMUT + ANBETUNG

„Ich bin"

Diese „helle" Seite hat sich in der Geschichte seines Volkes offenbart, die in der Bibel überliefert ist. Beginnen wollen wir unsere Überlegungen mit dem Urereignis Israels, sozusagen dem Startpunkt des alttestamentlichen Gottesvolkes: dem Auszug aus Ägypten. Im Alten Testament lesen wir vorher von der Erschaffung der Welt, allerdings ist sie auch erst im Zusammenhang mit und damit im Licht des Auszugs aus Ägypten überliefert und aufgeschrieben worden. Nicht von ungefähr heißt schon das Buch, das über die Erschaffung der Welt berichtet, „Mose". Wer auch immer die Texte vor ungefähr dreitausend Jahren verfasst haben mag, deutlich ist, dass die Schöpfung und die Urgeschichte auf den Auszug hingeordnet sind und hierdurch im wahrsten Sinne des Wortes „Vorgeschichte" sind. Der Gott, der die Welt geschaffen hat, ist der Gott, der Israel aus Ägypten geführt hat.

Die Uroffenbarung Gottes an Israel geschieht denn auch nicht in der Leere des Universums bei der Erschaffung der Welt, sondern gegenüber einem Schafhirten, der einmal als Königssohn galt und wegen eines Mordes fliehen musste. Dort, am brennenden Dornbusch, bekam Mose den Namen Gottes offenbart, womit die Gottesbeziehung überhaupt erst beginnen konnte. Im biblischen Denken, wie in der Antike überhaupt, hat der Name eine besondere Bedeutung. Wer seinen Namen verrät, gibt damit seine Persönlichkeit preis (wie wir es noch aus dem Märchen „Rumpelstilzchen" kennen), offenbart sein Wesen. Wenn ich den Namen eines Geistes kenne, kann ich ihn ansprechen und bannen, weswegen das Herausfinden des Namens von Dämonen nicht nur in antiken Exorzismen (also der Austreibung von Dämonen oder bösen Geistern) eine große Rolle spielte. Umgekehrt kann nur der einen Gott anrufen, der seinen

1. OFFENBARUNG GOTTES → NAME

Namen kennt, denn allein über den Namen haben wir wirklich Zugang zu einer Person.

Aus diesem Grund ist es alles andere als unwichtig, wer der Namensgeber ist. Vom Neuen Testament her kennen wir es, dass Menschen von Jesus einen neuen Namen bekommen. Geschehen ist das bei Simon, den Jesus „Petrus" („Fels"), und bei den Brüdern Jakobus und Johannes, die er „Boanerges" („Donnersöhne") nannte (Markus 3,16f.). Verheißen ist es allen Gläubigen, wenn Gott seine Herrschaft durchgesetzt hat (Offenbarung 2,17). Wer Personen und Dinge benennt, macht damit seinen Besitzanspruch deutlich. Umgekehrt verleiht der Name eines Höhergestellten dem Niedrigeren Vollmacht. Ein Richter ist nur ein Mensch, „im Namen des Volkes" darf er jedoch Recht sprechen. Noch größere Vollmacht haben Christen, die „im Namen Christi" zu Gott beten.

Es ist daher kein Zufall, dass der Name Gottes offenbart werden muss. Wir Menschen haben nicht das Recht, Gott zu benennen. Wir können ihn mit seinen Titeln oder Eigenschaften anrufen, ihn „Schöpfer des Universums" oder „Allmächtiger" nennen, können ihm aber keinen Namen geben, denn das steht uns nicht zu, weil wir ihn nicht besitzen. Er wird niemals in diesem Sinne „unser Gott". Diese Problematik zeigte sich übrigens auch bei den Göttern der Völker, die Israel umgaben. Die „Baale" Kanaans waren namenlose Gottheiten, denn „Baal" heißt schlicht „Herr", es ist die Anrede von Untergebenen. Die hellenistischen Götter Griechenlands und Roms trugen dagegen Namen, die oft aus ihrer Funktion abgeleitet worden waren, wie zum Beispiel Kronos, der Gott der Zeit (griech. *kronos*), oder Zeus, was vom griechischen *theos* („Gott") abgeleitet ist.

Der Name Gottes

Im Gegensatz dazu trägt Gott einen Eigennamen, JHWH, wie er in der hebräischen Konsonantenschrift lautet. Gesprochen wurde er vermutlich „Jahwe" – wobei man den Namen allerdings schon lange vor Christi Geburt aus Ehrfurcht gar nicht mehr in den Mund nahm, um ihn nicht zu missbrauchen. Man sprach und spricht stattdessen von *haschem*, „dem Namen", oder liest an der Stelle, an der der Gottesname im Alten Testament auftaucht, *adonaj*, „Herr", was sich als „HERR" bis in unsere Bibelübersetzungen erhalten hat (und mit den Konsonanten JHWH zusammen fälschlicherweise als „Jehova" gelesen wurde).

Doch betrachten wir die Offenbarung des Gottesnamens in 2. Mose 3,13-15 etwas genauer:

> „*Mose sprach zu Gott: Siehe, wenn ich zu den Israeliten komme und spreche zu ihnen: Der Gott eurer Väter hat mich zu euch gesandt!, und sie mir sagen werden: Wie ist sein Name?, was soll ich ihnen sagen? Gott sprach zu Mose: Ich werde sein, der ich sein werde. Und sprach: So sollst du zu den Israeliten sagen: ‚Ich werde sein', der hat mich zu euch gesandt. Und Gott sprach weiter zu Mose: So sollst du zu den Israeliten sagen: Der HERR, der Gott eurer Väter, der Gott Abrahams, der Gott Isaaks, der Gott Jakobs, hat mich zu euch gesandt. Das ist mein Name auf ewig, mit dem man mich anrufen soll von Geschlecht zu Geschlecht.*"

Was die Lutherbibel mit „Ich werde sein, der ich sein werde" bzw. „Ich werde sein" übersetzt, lautet im Hebräischen *ähjäh aschär ähjäh*, womit JHWH mit dem Verb *hjh*, „sein", in Verbindung gebracht wird. Da im Hebräischen Gegenwart und Zukunft mit derselben grammatischen Form ausgedrückt werden, sind zwei Übersetzungen möglich: „Ich werde sein, der ich sein werde", wie es die Lutherbibel in Hinblick auf die noch ausstehende Rettung Israels formuliert, oder grundlegender als „Ich bin, der ich bin", wie es die andere Bibelübersetzungen tun (Züricher, Einheitsübersetzung, Elberfelder). Etwas philosophischer gibt es die vorchristliche griechische Übersetzung der Septuaginta als *ego eimi ho on*, „Ich bin der Seiende", wieder.

An dieses grundlegende „Ich bin" Gottes knüpfen auch die „Ich bin"-Worte Jesu im Johannesevangelium an, die das Sein Gottes konkretisieren: „Ich bin das Brot des Lebens" (Johannes 6,35). „Ich bin das Licht der Welt" (Johannes 8,12). „Ich bin die Tür" (Johannes 10,9). „Ich bin der gute Hirte" (Johannes 10,14). „Ich bin die Auferstehung und das Leben" (Johannes 11,25). „Ich bin der Weg, die Wahrheit und das Leben" (Johannes 14,6). „Ich bin der Weinstock" (Johannes 15,5). Oder ganz grundlegend: „Ich bin's" (Johannes 4,26; 6,20; 8,18; 18,5f., vgl. 8,58).

Wenn wir an unsere anfänglichen Überlegungen zur Auferstehung Jesu zurückdenken, wird deutlich, warum Gott sich selbst als „Ich bin" offenbart. Er ist tatsächlich der Einzige, der das mit Recht von sich sagen kann. Er ist der Ewige, der Unvergängliche, der Bleibende. Er allein hat Sein im eigentlichen Sinne, existiert aus sich heraus, ist das Leben selbst. Jedes andere Sein ist nur abgeleitetes Sein, hat das Leben nur auf Zeit, ist vergänglich. In dieser Welt steckt in allem Werden auch das Vergehen, trägt jede Geburt in sich schon den Tod. Gott gegenüber kann deshalb alles Sein in den Ausruf des Psalmisten einstimmen:

„Meine Tage sind dahin wie ein Schatten, und ich verdorre wie Gras.
Du aber, HERR, bleibst ewiglich und dein Name für und für"
(Psalm 102,12f.).

Auch vor diesem Hintergrund können wir also gar nicht zu groß von Gott denken. Sein Sein sprengt all unsere Vorstellungskraft. Nicht einmal annähernd können wir ergründen, wie er wirklich ist. Insofern ist die Selbstbezeichnung „Ich bin" keine Ausflucht, so als wollte Gott sich nicht festlegen, sondern gerade eine genaue Beschreibung seiner selbst. Während die Generationen vor Mose ihn nur als Gott der Väter Abraham, Isaak und Jakob kennengelernt hatten, offenbarte Gott Mose in seinem Namen sein wahres Sein (2. Mose 5,2f.).

Gott als Person

Indem Gott seinen Namen offenbart, zeigt er also seine Persönlichkeit. Insofern ist es angemessen, von einem personalen Gott zu reden. Gott ist mehr als das Sein selbst, ist mehr als die Urkraft des Universums, ist mehr als der Urgrund von allem. Im Gegensatz zur Vorstellung von einer unpersönlichen Dynamik ist Gott Person, denn er hat einen Willen, handelt zielgerichtet und offenbart sogar so etwas wie einen Charakter.

Damit aber sind wir schon bei den Grenzen dessen angekommen, was wir über die Persönlichkeit Gottes aussagen können, denn die Begrifflichkeit spielt uns hier einen Streich. Unser Wort „Person" kommt von dem lateinischen *personare*, „hindurchtönen". Mit *persona* war ursprünglich eine Theatermaske gemeint, die ein Schauspieler trug und mit der er eine bestimmte Rolle übernahm. Bis heute ist unser Verständnis von Persönlichkeit daher untrennbar mit den Rollen verbunden, die wir spielen. Zuhause sind wir so, an unserem Arbeitsplatz ein wenig anders, abends mit Freunden in der Kneipe wieder anders. Ein enthusiastischer Fußballfan kann im „wirklichen Leben" ganz schüchtern sein, einer, der sonst nicht auf den Mund gefallen ist, ist in manchen Situationen völlig unkommunikativ und zurückgezogen. Was unsere „eigentliche Persönlichkeit" ist, wissen wir oft gar nicht, wir sind viel zu sehr gefangen in den Rollen, die wir übernommen haben.

Daher lässt sich der Personbegriff nur mit Abstrichen auf Gott übertragen. Einerseits grenzt er ihn zwar von der „unpersönlichen" Kraft ab, andererseits verführt er uns dazu, Gott bestimmte Rollen zuzuschreiben. So haben wir schnell das Gefühl, Gott zu kennen und zu wissen, wie er „eigentlich" ist. Wie schnell ist mit der Persönlichkeit auch die Rolle verbunden, die er doch bitte in meinem Leben übernehmen soll. Genau das widerspricht dem Bilderverbot. Gott ist nicht irgendwer, sondern der „Ich bin".

Und sein Sein ist so dicht, dass nichts Vergängliches neben ihm Bestand hat. Im Alten Testament wird an verschiedenen Stellen gesagt, dass kein Mensch Gott sehen und leben kann (vgl. 2. Mose 33,20). Das hat mit der Energie zu tun, die zum unvergänglichen Sein Gottes gehört. Wenn selbst die vergänglichen Atome eine unvorstellbare Kraft in sich tragen, wieviel mehr muss dann im Sein ihres unvergänglichen Schöpfers liegen? Neben Gott verdampft alles wie Nebel in der Sonne oder löst sich auf wie Rauch im Sturm. Entsprechend ist die Bildersprache des Alten Testaments, nach der der Mensch im Angesicht der Wirklichkeit Gottes nicht mehr ist als „Gras, das am Morgen noch sprosst, das am Morgen blüht und sprosst und des Abends welkt und verdorrt" (Psalm 90,6f.). Dagegen ist selbst das Wort Gottes „wie ein Feuer und wie ein Hammer, der Felsen zerschmeißt" (Jeremia 23,29). Schon das Wort Gottes ist also stärker als die Welt und beständiger als das Universum. „Des HERRN Wort bleibt in Ewigkeit", wusste der Prophet Jesaja (40,8), und es bleibt, auch wenn „Himmel und Erde vergehen" (Matthäus 24,35). Und damit sind wir bei dem Augenblick, in dem dieses Wort zum ersten Mal vernehmbar gesprochen wurde: der Erschaffung der Welt.

Die Erschaffung des Alls

„Am Anfang schuf Gott Himmel und Erde. Und die Erde war wüst und leer, und es war finster auf der Tiefe; und der Geist Gottes schwebte auf dem Wasser. Und Gott sprach: Es werde Licht! Und es ward Licht. Und Gott sah, dass das Licht gut war." (1. Mose 1,1-4)

So beginnt das Alte Testament und mit ihm die ganze Heilige Schrift. In sechs Tagen werden hiernach Himmel und Erde erschaffen, am siebten Tag ruhte Gott. Der Rhythmus der Woche ist damit Teil der Schöpfung, der Takt des Lebens. Mit der Schöpfung beginnt also die Zeit, werden Tag und Nacht als Einteilung gemacht und von Gott auch so benannt (1. Mose 1,4,f.).

Bemerkenswert sind die Kontraste in der Schöpfungsgeschichte: Gott schafft durch sein Wort, er spricht und ruft damit das Nichtseiende ins Dasein (vgl. Römer 4,17). Nichts scheint ihm unmöglich, seine Macht kennt keine Grenzen. Er muss nur sprechen, und es geschieht. Trotzdem dauert die Erschaffung der Welt sechs Tage, ist ein Prozess, der Zeit braucht. Er wird eingeteilt durch den Wechsel von Tag und Nacht. Und am Ende eines jeden Tages scheint Gott zu verweilen und sein Werk zu bestaunen – bis er am Ende sogar einen ganzen Tag lang nichts anderes tut (1. Mose 1,31-2,3).

Es ist dieser Kontrast, der das Wirken Gottes seither durchzieht, die Spannung zwischen dem vertrauensvollen „Sprich nur ein Wort!" (Matthäus 8,8) und dem verzweifelten „HERR, wie lange willst du zusehen?" (Psalm 35,17). Gott kann alles, aber er tut es zu seiner Zeit. Dass er zu seinem Ziel kommen wird, hat er uns verheißen und offenbart, wann das dagegen sein wird, hat er im Dunkeln gelassen.

Eng damit verbunden ist auch ein anderes Verständnis der Allmacht Gottes. Sie äußert sich gerade nicht darin, dass er jede Aufgabe sozusagen durch ein Fingerschnipsen löst. Allmacht im biblischen Horizont heißt vielmehr, dass Gott alle seine Ziele erreicht und alle seine Verheißungen wahrmacht – und darüber nie ein Zweifel bestehen kann. Allerdings nimmt er sich Zeit, vielleicht benötigt die Aufgabe sie sogar. Genaueres können wir nicht wissen, weil wir nur darüber spekulieren können, ob zum Beispiel die Welt auch schneller hätte geschaffen werden können.

Die natürliche Welt

Vielleicht verstellt uns die moderne Welt auch den Blick für die eigentlichen Zusammenhänge der Schöpfung. Wir haben uns daran gewöhnt, die Dinge technisch zu betrachten: Stoßen wir auf ein Problem, so analysieren wir es, indem wir es in verschiedene kleinere Teilprobleme zerlegen. Für jedes dieser Probleme suchen wir nach einer Lösung, wobei sich aus den einzelnen kleinen Lösungen die große ergeben kann. Hierzu ist oft ein Durchbruch nötig, ein Geniestreich, der enorme Kreativiät erfordert. Als Menschen anfingen, schwere Lasten zu transportieren, muss irgendeiner auf die Idee des Rades gekommen sein, das seither die Fortbewegung beherrscht. Auch das ist typisch für einen technischen Lösungsansatz: Wenn ein Problem erst einmal gelöst ist, ist keine große Kreativität mehr nötig. Jeder, der das entsprechende Handwerkszeug hat, kann ein Rad nachbauen, wenn er dafür einen Prototypen oder das Prinzip verstanden hat. Wie einfach Technik ist, sehen wir an Elektronikbaukästen, mit denen selbst Kinder Radios, Lichtschranken und ähnliches bauen können. Alles, was man braucht, ist ein Schaltplan und die entsprechenden Bauteile. Ein tieferes Verständnis der Funktionsweise des Gerätes, der Radiowellen oder auch nur von Elektrizität ist dazu nicht nötig.

So hilfreich Technik im Alltag ist, so sehr verändert sie freilich auch unsere Sicht der Welt. Wer als Kind mit einem Elektronikbaukasten spielt, gewinnt leicht den Eindruck, er verstehe oder beherrsche die Elektrizität, dabei kann er nur Baupläne in die Wirklichkeit übertragen. Technik verleitet zudem zu einer gewissen „Instant-Mentalität": Entweder ist das Problem da oder die Lösung. Und die Lösung muss normalerweise nicht erst mühevoll erfunden werden oder langwierig wachsen, sondern einfach nur gekauft werden.

Doch selbst wenn sich die Lösung nicht so einfach finden lässt, gibt uns das technische Denken zumindest eine Erwartung, wie sie erreicht werden wird: Wir zerlegen unser Problem in einzelne Teilbereiche und hoffen auf den großen Durchbruch. Ist der erst einmal gefunden, dann gehen wir nicht nur ganz selbstverständlich davon aus, dass er sich auf ähnliche Probleme in gleicher Weise anwenden lässt. Wir vermuten auch, dass die Lösung in der Hinsicht nachhaltig ist, dass das Problem tatsächlich für alle Zeiten beseitigt ist. Die gefundene Lösung braucht bestenfalls wie ein technisches Gerät ab und zu ein bisschen „Wartung".

Was dieses Denken in Bezug auf die Schöpfung oder den zwischenmenschlichen Bereich anrichtet, können wir jeden Tag beobachten. Wer zum Beispiel an ein Beziehungsproblem technisch herangeht, wird nicht das Ganze betrachten, sondern vor allem einzelne Bereiche. Für jeden dieser Bereiche finden sich sicher Lösungen, allerdings lösen sie das große Problem wahrscheinlich nur bedingt. Damit beginnt die Suche nach der allumfassenden Lösung, die von den Klappentexten mancher Werke in der Selbsthilfe-Abteilung des Buchhandels verheißen wird. Sollte sich unter den dortigen Titeln tatsächlich einer finden, der unser Problem löst, erwarten wir, dass sich die Sache damit nicht nur erledigt hat, sondern dass sich die Lösung ebenfalls für alle Bekannten anbietet, die unter ähnlichen Schwierigkeiten leiden. Und falls wieder Erwarten dieselbe Problematik bei uns nach einiger Zeit auch wieder auftritt, war die gefundene Lösung vielleicht doch nicht die „richtige", und der ganze Weg beginnt von vorn.

In einem Universum von Mikrowellengerichten und Instantpulver, in der selbst Gärten dank fertig gekaufter Büsche und Rollrasen innerhalb weniger Tage angelegt werden können, fällt es uns schwer, die technische Perspektive zu verlassen und gegen eine natürliche einzutauschen. Es ist jedoch kein Zufall, dass sich in der Bibel kein technisches Beispiel findet, wohl aber unzählige Vergleiche aus der Natur. Das hat nichts mit Technikfeindlichkeit zu tun, sondern mit der dahinterstehenden Weltsicht. Ein Gärtner nimmt seine Umwelt anders wahr als ein Ingenieur. Wo ein Ingenieur Einzelprobleme sieht, erkennt ein Gärtner vor allem das Ganze, in dem verschiedene kleine Faktoren miteinander in Verbindung stehen. Wer Äpfel ernten möchte, kommt deshalb mit einem technischen Ansatz nur bedingt weiter. Das Wachstum einer Pflanze braucht nicht nur sehr viel mehr Zeit als der Bau einer Maschine, es erfordert auch eine andere Form des Umgangs. In der Pflege eines Baumes gibt es keinen herausragenden Tag, der mit dem Durchbruch eines Erfinders vergleichbar wäre. Es geht vielmehr um einen kontinuierlichen Prozess, bei dem man erst langfristig das Ergebnis erkennen kann. Eine einmal erreichte „Lösung" (in unserem Fall die Ernte) entbindet zudem in keiner Weise von der weiteren Arbeit. Wenn der Baum weiterhin einen optimalen Ertrag bringen soll, dann kann man ihn nicht einfach wachsen lassen und sich auf ein paar „Wartungsarbeiten", wie hier und da ein bisschen Wasser, beschränken.

Während des ganzen Prozesses ist schließlich eine ganz andere Form von Intelligenz gefragt. Ist ein technisches Problem erst einmal gelöst, kann oft selbst eine ungelernte Kraft die entsprechende Maschine bedienen (was wir zum Beispiel jeden Tag im Haushalt tun). Bei natürlichen Prozessen ist das nicht so einfach. Ein Gärtner muss nicht nur wissen, wieviel Wasser und Dünger eine Pflanze im Jahr braucht, er muss jeden Tag aufs Neue einschätzen, wieviel heute nötig ist. Das kann zudem von Pflanze zu Pflanze unterschiedlich sein. Damit bekommt Erfahrungswissen einen sehr viel höheren Stellenwert als im technischen Bereich. Erlerntes Wissen, eigenes Analysieren und Intuition gehen dabei so sehr Hand in Hand, dass sie kaum noch zu unterscheiden sind.

Wenn wir uns daher mit der Welt beschäftigen, die Gott geschaffen hat, führt uns eine technische Betrachtungsweise in die Irre. Es ist vielmehr ein Universum voller Prozesse, in dem alles miteinander verbunden ist. Nichts ist plötzlich da, sondern braucht eine Zeit, um zu werden. Statt der großen Durchbrüche, die ein für allemal die Welt verändern, können wir eher kleines Wachstum erwarten, das jedoch oft eine reiche Ernte mit sich bringt, wenn die Zeit reif ist. Zeit ist sowieso ein grundlegender Faktor. Schon die Erschaffung des Universums wird in der Bibel als Prozess geschildert, der seine Zeit braucht (wobei er unglaublich schnell vonstatten ging). Wenn wir die technische Sichtweise hinter uns lassen und uns der ursprünglichen Schöpfung wieder annähern wollen, beginnt das also mit einer Entdeckung der Zeit, der Prozesse, des langsamen Werdens. Sie machen die grundlegende Ordnung der Welt aus, die wir nur zu unserem Schaden ignorieren.

Denn mit der Schöpfung beginnt nicht nur der Raum, sondern auch die Zeit, die alle geschöpflichen Prozesse bestimmt. Sie ist Gottes Zeit, gehört ihm so wie das All. Er gab ihr einen Anfang und wird ihr auch ein Ende setzen mit derselben Souveränität, mit der er die Einteilung von Tag und Nacht vorgenommen hat. Vielleicht ist das der tiefere Sinn der Aussage Jesu, dass selbst der Sohn nicht weiß, wann das Ende kommen wird, sondern nur der Vater (Matthäus 24,36). Das Ende steht wie der Anfang ausschließlich in der Entscheidungsgewalt Gottes des Vaters.

Gerade in einer Zeit, in der die von der Natur entfremdete Technik unser Leben so sehr bestimmt, dass wir uns als außerhalb der natürlichen Zusammenhänge verstehen, ist es zudem notwendig, nicht nur darauf hinzuweisen, dass der Mensch ein Teil der geschaffenen natürlichen Welt ist, sondern dass diese Welt von Gott her mit einem eigenen Wert ausgestattet ist. „Gut" wird sie in den Augen Gottes nicht erst durch die Gegenwart des Menschen, „gut" sind vielmehr Licht, Gestirne, Lande und Meer, Pflanzen und Tiere an sich (1. Mose 1,4.10.12.18.21.25), also auch ohne den Menschen, weswegen es falsch wäre, ihren Wert allein in Beziehung zum Menschen zu bestimmen. Sie sind nicht nur Umwelt des Menschen, sondern gute Schöpfung Gottes, die als solche ein eigenständiges Existenzrecht hat.

Indem Gott den Anfang der Welt setzt, wird zugleich deutlich, dass es vorher nichts gab außer ihm. Alles neben ihm ist sein Werk. Gott wird damit herausgehoben aus allem, er ist der ganz Andere, der niemals eins war mit der Schöpfung oder gar ein Teil von ihr. Wenn es neben Gott allerdings nur die von ihm geschaffene Welt gibt, ist damit zwangsläufig der Gedanke verbunden, dass alles aus dem Nichts geschaffen wurde, was oft mit der lateinischen Formel „ex nihilo" ausgedrückt wird. Wie schon der biblische Schöpfungsbericht in 1. Mose 1f. verdeutlicht, gab es keine Urmaterie, die nur noch geformt werden musste. Vielmehr schafft Gott das gesamte Universum durch sein Wort (Hebräer 11,3) und unterscheidet sich damit so sehr vom Menschen, dass die hebräische Sprache für dieses Schaffen einen eigenen Begriff kennt. Während wir nur vorgegebenes Material umgestalten können, ruft Gott durch sein Wort ins Dasein – womit dieses Wort ein stärkeres Gewicht bekommt als die geschaffene Welt (Matthäus 5,18; 24,35).

Der dreieinige Gott

Gleichzeitig macht die Schöpfungsgeschichte aber auch deutlich, dass die Welt nicht zweckfrei geschaffen wurde. Das Ziel der Schöpfung ist vielmehr die Erschaffung des Menschen, in deren Zusammenhang Gott uns einen kleinen Einblick in sein Wesen gewährt:

„Und Gott sprach: Lasset uns Menschen machen, ein Bild, das uns gleich sei, die da herrschen über die Fische im Meer und über die Vögel

unter dem Himmel und über das Vieh und über alle Tiere des Feldes und über alles Gewürm, das auf Erden kriecht. Und Gott schuf den Menschen zu seinem Bilde, zum Bilde Gottes schuf er ihn; und schuf sie als Mann und Frau" (1. Mose 1,26f.).

Gott redet hier von sich im Plural, nennt sich ein „Wir". Das ist umso bemerkenswerter als das Hebräische keinen *pluralis majestatis* kennt, mit dem sich die Könige in anderen Sprachen als „Wir von Gottes Gnaden" bezeichneten. (Als Gegenbeispiel wird manchmal 2. Samuel 24,14 aufgeführt, wo David sagt: „Lass uns in die Hand des HERRN fallen". Ob der König damit freilich ausschließlich sich selbst meint, ist zweifelhaft, wahrscheinlicher ist, dass er vom Volk Israel als Ganzes redet. Insofern ist es nicht möglich, aus dieser einen Stelle zu schließen, der *pluralis majestatis* komme auch im Hebräischen vor, zumal die Könige überall sonst von sich im Singular sprechen.)

Hier blitzt damit etwas auf, das den Gott der Bibel von allen anderen Göttern unterscheidet: Im Gegensatz zu allen übrigen Gottesbildern, seien sie nun religiös oder philosophisch, ist Gott dreieinig. Die hebräische Bezeichnung *elohim* („Gott") ist ein Plural (der Singular, ebenfalls für Gott verwandt, ist *el*), wird in Bezug auf den Gott Israels jedoch singularisch gebraucht und entsprechend mit einem Verb in der Einzahl versehen. Gott ist also einer und trotzdem nicht in der Einzahl. Entscheidend ist freilich, wie wir beides zusammendenken: Gott sind nicht drei, die eins werden, sondern er ist vielmehr einer und doch drei. Die Betonung in Dreieinigkeit liegt auf dem Ende, der Einigkeit, nicht auf der Drei am Anfang.

Das hat große Auswirkungen auf unser Verständnis von Gott. Er ist einer und doch niemals einsam. Er ist Liebe (1. Johannes 4,16), ohne dass er dazu ein Gegenüber braucht. Er schuf das All, obwohl er es um seiner selbst willen nicht nötig gehabt hätte. Weil er dreieinig ist, ist Gott in jeder Hinsicht vollkommen im Sinne von sich selbst genügend. Grundzug seines Wesens ist deshalb die Beziehung, weswegen man sicher nicht fehlgeht, wenn man diesen Grundzug auch in der von Gott geschaffenen Welt vermutet. Falsch wäre es jedoch, sich Gott als drei vorzustellen, die eins werden. Das wäre nicht nur das Denken des Individualismus, nach dem jeder der drei in erster Linie eine eigenständige Persönlichkeit ist, die sich erst auf einer höheren Ebene mit den anderen verbindet. Es widerspräche zudem dem Glaubensbekenntnis Israels: „Höre Israel, der HERR ist unser Gott, der HERR ist einer" (5. Mose 6,4; vgl. Jakobus 2,19). (Die Lutherübersetzung lautet an dieser Stelle „der HERR allein". Diese Variante ist möglich und angesichts der Selbstverständlichkeit, mit der der Monotheismus, also der Glaube an nur einen Gott, in der Reformationszeit im Abendland verbreitet war, sicher auch geboten. Die Abgrenzung geschieht hier – entsprechend Luthers Auslegung des ersten Gebotes im „Kleinen Katechismus" – gegen die Vergöttlichung anderer Dinge oder Menschen, die eben nicht Gott sind. In der Antike war die Frontstellung dagegen in Bezug auf das polytheistische Heidentum, das von mehreren Göttern ausging.)

Der Mensch als Ebenbild Gottes

Obwohl er es nicht nötig hatte, schuf Gott also nicht nur das All, sondern machte die Erde auf den Menschen hin, den er „zu seinem Bilde" als Beziehungswesen schafft. Der Mensch ist Gott damit ähnlich, wobei über diese Gottesebenbildlichkeit viel diskutiert worden ist. Jede Zeit sah in ihr das, was sie für die herausragendsten Fähigkeiten des Menschen hielt, sei es nun Verstand, Kreativität oder Herrschaft über die Erde. Es mag sein, dass auch in dem allen eine Ähnlichkeit zu Gott zu finden ist, aber die Schöpfungsgeschichte versteht sie anders: „Gott schuf den Menschen zu seinem Bilde, zum Bilde Gottes schuf er ihn; und schuf sie als Mann und Frau" (1. Mose 1,27). Die Parallelität dieses Satzes ist bemerkenswert: Wie bei Gott selbst, der einer ist und doch drei, wechselt auch die Beschreibung des Menschen von der Einzahl in den Plural. Er ist einer und doch zwei, nämlich Mann und Frau.

Die Einteilung in männlich und weiblich durchzieht die Schöpfung und ist nicht nur auf den Menschen beschränkt. Beim Menschen gibt es allerdings die Besonderheit, dass sie mit seiner Gottesebenbildlichkeit in Verbindung gebracht wird. Das hat große Auswirkungen auf die Frage, was der Mensch ist. Seit der Aufklärung sind wir es gewohnt, die Frage individualistisch zu beantworten: Der Mensch ist ein Einzelwesen, das mit unveräußerlichen Rechten ausgestattet ist. Da aber jeder Mensch nur über begrenzte Fähigkeiten und Gaben verfügt, ist eine Gemeinschaft nötig, die vor allem als Ergänzung des Einzelnen verstanden wird. Durch sie ist zum Beispiel Arbeitsteilung oder gemeinsame

Nutzung von Ressourcen möglich. Entscheidend ist für dieses Verständnis, dass sich freie Individuen zur Erreichung gemeinsamer Ziele zu einem Zweckbündnis zusammenschließen, sei es nun durch eine von beiden Seiten ausgehandelte Übereinkunft oder durch ein gedachtes Konstrukt wie den „Gesellschafts-" oder „Generationenvertrag".

Die Bibel sieht das anders. Wie Gott im Zusammenhang der Schöpfung als Plural auftritt, so ist hier auch der Mensch zu Anfang eine Einheit aus Mann und Frau. Die Gemeinschaft kommt also vor dem Einzelnen, womit nicht die Gemeinschaft als Zusammenschluss von Einzelwesen, sondern der Einzelne nur als Teil der Gemeinschaft verstanden werden kann. Deutlich wird das an dem später von Paulus gebrauchten Bild vom Leib und den Gliedern (1. Korinther 12,12). Ein Körper ist mehr als der Zusammenschluss seiner Glieder, ist nicht die freie Zusammenfügung verschiedener Körperteile und Sinnesorgane, um anstehende Herausforderungen besser bewältigen zu können. Vielmehr ist der Körper alles, die einzelnen Glieder sind ohne ihn zum Untergang verurteilt. Der Arm kann allein genauso wenig existieren wie das Auge oder das Ohr. Ähnlich wie bei Jesu Vergleich vom Weinstock und den Reben (Johannes 15,5) beschreibt auch hier die Gemeinschaft das Ganze, auf das der Einzelne hingeordnet ist.

Gemeinschaft, Beziehung ist damit das Grundmuster der Schöpfung, weil es zum Wesen Gottes gehört. Die Gemeinschaft steht am Anfang, die Vereinzelung kommt erst durch die Sünde, auf die wir weiter unten eingehen werden. Diese Vorordnung der Einheit vor dem Einzelnen findet sich übrigens auch in der zweiten Schilderung von der Erschaffung des Menschen. Hier macht Gott aus einem Menschen zwei und führt sie wieder zusammen, sodass sie in einander sich selbst erkennen und die Einheit wieder vollenden, von der sie gekommen sind (1. Mose 2,21-24).

Doch so wichtig und grundlegend die zwischenmenschlichen Beziehungen sind, der Mensch gleicht nicht darin Gott, dass er sich selbst genügt. Mann und Frau sind vielmehr auf die Gottesbeziehung hin geschaffen, die mit dem Bild des Gartens beschrieben wird (1. Mose 2,8), in dem Gott und Menschen sich begegnen (1. Mose 3,8f.).

Damit lässt sich am alttestamentlichen Bild des Gartens ein Grundmodell dessen erkennen, was Jesus später als Reich Gottes gepredigt hat: Es geht um einen Raum, in dem Gott und Mensch eine Beziehung pflegen, die von Gott her geprägt ist und gerade dadurch den Menschen zu seiner eigentlichen Bestimmung führt. Schon diese erste Gemeinschaft im Garten bekam von Gott ja einen Rahmen: Er schuf nicht nur den Garten mit all seinen Lebewesen, er gab dem Menschen den Auftrag, fruchtbar zu sein (1. Mose 1,28) und den Garten zu gestalten (1. Mose 1,28; 2,15). Gleichzeitig zog er mit dem Baum der Erkenntnis aber auch eine Grenze, an der die Gottesbeziehung, und damit das Leben selbst, ein Ende finden würde (1. Mose 2,16f.).

Siehe, es war sehr gut

Jedes Nachdenken über die Erschaffung der Welt wäre unvollständig, wenn es nicht auch die Freude des Schöpfers über seine Schöpfung zum Thema hätte. Das erste Kapitel der Bibel ist ein Hymnus, ein Lied, in dem die Entstehung des Alls und damit die Kreativität Gottes besungen wird. Als Refrain taucht immer wieder „Gott sah, dass es gut war" auf, bis schließlich das große Finale lautet: „Und Gott sah an alles, was er gemacht hatte, und siehe, es war sehr gut" (1. Mose 1,31).

Wie die Heilige Schrift an anderen Stellen deutlich macht, handelt es sich dabei nicht um das nüchterne Urteil eines Werkmeisters, der einen letzten prüfenden Blick über sein Werkstück schweifen lässt. Der Vergleichspunkt ist eher die Freude eines Kindes, das das, was es gemacht hat, strahlend überall herumzeigt. Die „Morgensterne lobten miteinander und alle Gottessöhne jauchzten" (Hiob 38,7), als das All entstand, und Gottes Weisheit, die in der späteren Theologie oft mit Christus identifiziert wird, „spielte auf seinem Erdkreis und hatte [ihre] Lust an den Menschenkindern" (Sprüche 8,31). Die Psalmen reden von einem Jubel der Schöpfung, von einem Himmel, der sich freut, von einer fröhlichen Erde, einem brausenden Meer und jauchzenden Bäumen (Psalm 96,11f.)

Etwas von diesem Schöpfungsjubel ist bis heute in allem zu finden, was lebt, es findet sich in der Verspieltheit der Tiere genauso wie in der puren Lebensfreude, die viele Lebewesen auszeichnet. Gott ist ein Schöpfer, wie es keinen größeren gibt, und das Universum ist sein Meisterwerk. Wenn wir über die Schöpfung und das Leben nachdenken, sollten wir das nicht aus den Augen verlieren.

Gott der Vater

Bevor wir uns der Schöpfung eingehender zuwenden, müssen wir noch einen Blick auf eine Bezeichnung Gottes werfen, die heute vielerorts kritisch gesehen wird. Schon im Alten Testament, vielmehr aber noch im Neuen, wird Gott als Vater betrachtet. Durch Jesus und das von ihm formulierte Vaterunser ist dieser Begriff nicht nur zu einem Synonym für eine Person der Dreieinigkeit geworden, sondern geradezu zu *der* christlichen Gottesbezeichnung. Die familiäre Anrede „Abba, lieber Vater!" ist für Paulus sogar ein Ausdruck der Beziehung, die die Gläubigen vom Rest der Welt unterscheidet (Römer 8,15, Galater 4,6). Auffallend ist dabei, dass Gott zwar mütterliche Eigenschaften zugeschrieben werden, etwa wenn es heißt, „ich will euch trösten, wie einen seine Mutter tröstet" (Jesaja 66,13), allerdings wird er nie als „Mutter" bezeichnet. Gott mag wie eine Mutter handeln, aber er bleibt sowohl im Alten wie auch im Neuen Testament der Vater.

Seit dem Mittelalter wird dieser Sachverhalt mit Hilfe der von dem griechischen Philosophen Aristoteles († 322 v. Chr.) eingeführten Unterscheidung der männlichen und weiblichen Wesensart interpretiert. Männlichkeit – um es nicht mit Geschlechtlichkeit zu verwechseln, soll im Folgenden von Maskulinität die Rede sein – ist hiernach gleichbedeutend mit aktiv und gebend, während Weiblichkeit – oder besser: Femininität – als passiv und empfangend gesehen wird. Innerhalb dieses Rahmens muss Gott zwangsläufig maskulin verstanden werden, schließlich ist er gegenüber der Schöpfung der Initiator, der aktiv schafft, sowohl die Welt wie auch das Heil. Nicht nur das Gottesvolk, sondern auch der einzelne Gläubige tritt ihm deshalb als feminin, also empfangend und damit in gewisser Weise passiv gegenüber.

Aristoteles war freilich kein alt- oder neutestamentlicher Autor, und seine Lehre schöpft aus ganz anderen Quellen als dem biblischen Verständnis des Menschen. Zudem spricht einiges gegen sie, nicht zuletzt der Sachverhalt, dass in der Heiligen Schrift zwar das Gottesvolk als Ganzes feminin angesprochen wird (in der prophetischen Verkündigung wird Israel als treulose Ehefrau bezeichnet, so in Hesekiel 16, im Neuen Testament erscheint die Gemeinde als „Braut Christi", etwa in Offenbarung 21,2), nicht jedoch der oder die einzelne Gläubige. Dort wird vielmehr geschlechtsneutral von „Kindern Gottes" (z. B. in Römer 8) geredet, womit die einzelnen Gläubigen nicht ohne Weiteres ausschließlich feminin betrachtet werden können.

Hinzu kommt, dass nicht erst die Frauenbewegung, sondern auch die moderne Psychologie die von Aristoteles aufgestellte Unterscheidung infrage gestellt haben. Je mehr sich im Alltag die Geschlechterrollen angleichen, desto weniger macht es Sinn, von einem angeblich passiven femininen und einem aktiven maskulinen Wesen zu reden. Vielmehr wird immer deutlicher, dass solche Unterscheidungen nicht Ausdruck unterschiedlicher Persönlichkeiten sind, sondern eher das Abbild gesellschaftlicher Verhältnisse, die die Frauen zu einer passiven Rolle zwangen, die sie zunehmend nicht mehr einnehmen müssen. Damit tut sich freilich die Frage auf, ob die Bezeichnung Gottes als Vater ebenfalls einen kulturellen Hintergrund hat und wir ihn deshalb heute gleichermaßen als Mutter ansprechen sollten.

Um diese Frage beantworten zu können, müssen wir etwas weiter ausholen. Hier wie so oft hilft es, einen Blick auf das zu werfen, von dem sich die Rede von Gott dem Vater abgrenzen will. Der alte Orient war voll von Gottheiten, die sowohl männlichen wie auch weiblichen Geschlechtes waren. Im Alten Testament begegnen die weiblichen als Astarte, die männlichen als Baal (z. B. in 1. Könige 18,19). Beiden gemeinsam ist nicht nur, dass sie lokal begrenzt waren (jeder Baal herrschte nur über eine bestimmte Region), sie waren auch und vor allem Fruchtbarkeitsgottheiten. Hier spielte Astarte die entscheidende Rolle. Sie stand sozusagen für die Erde (das Wort „Erde" ist nicht von ungefähr in vielen Sprachen wie im Deutschen feminin), die aus sich selbst heraus Frucht hervorbringt. Entsprechend wurde Astarte in heiligen Hainen verehrt, im Alten Testament „Höhen" genannt, Orten der Fruchtbarkeit in einer eher öden Gegend. Zu dem dort gefeierten Gottesdienst gehörte auch die Tempelprostitution, mit der die Fruchtbarkeit der Erde geweckt werden sollte.

Astarte und die anderen weiblichen Gottheiten verkörperten damit also kein passives, empfangendes Prinzip, sondern vielmehr ein aktives, gebärendes. Sie standen für die immer wiederkehrende Fruchtbarkeit des Landes, die sie aus sich selbst hervorbrachten wie eine Mutter das Kind. Wie die Archäologie zeigt, wurden weibliche Fruchtbarkeitsgottheiten deshalb weniger als attraktive Geliebte dargestellt, sondern mit ausgeprägten mütterlichen Merkmalen wie breiten Hüften und großem Busen. Astarte ist damit die große Mutter, die die Einheit von allem Lebendigen verkörpert, ein Zug, der sich bis heute mit dem Gedanken einer Muttergottheit verbindet.

Die Rede von Gott als Vater ist nun gerade nicht als Ergänzung dieser Muttergottheiten zu verstehen (auch wenn Ausgrabungen zeigen, dass manche Israeliten Gott eine Astarte als Frau beigeordnet haben), sondern in Abgrenzung zu ihr. Das Alte Testament legt deshalb größten Wert darauf, dass Israel den Gottesdienst anders gestaltet als seine heidnische Umwelt. Jegliche Vermischung oder Annäherung an die Gottesdienste der Völkerwelt gilt daher als Götzendienst, entsprechend dürfen nicht einmal Bäume im Tempel gepflanzt werden, weil sie an die heiligen Haine erinnern könnten. Gott ist nicht irgendein Baal, sondern als Vater steht er über der Geschlechtlichkeit.

Dass die Abgrenzung so scharf ist, hat sicher nicht nur mit der möglichen Gefahr der Vermischung zu tun. Hier liegt auch ein grundsätzlich anderes Gottesbild vor. Während die weiblichen Gottheiten die feminin gedachte Erde verkörpern, die aus sich selbst heraus das Leben hervorbringt und mit ihm verbunden bleibt, ist der Gott der Bibel von Anfang an jenseitig und wird zu keiner Zeit eins mit der Welt. Gott ist heilig, weil er ganz anders ist als die Welt, unendlich getrennt von ihr. Folgerichtig werden Menschen und Dinge heilig, indem sie dem Alltagsgebrauch entzogen und ausschließlich in den Dienst Gottes gestellt werden (1. Mose 28,17; 2. Mose 12,16; 3. Mose 26,2; 16,4).

Das Grundkonzept der Heiligkeit ist damit gerade nicht die Einheit, sondern die Trennung. Im Gottesdienst wird entsprechend nicht alles eins, vielmehr verlassen die Gläubigen die profane Welt und begeben sich ganz in den Bereich Gottes (weswegen auch das Gottesvolk als Ganzes heilig sein soll, 5. Mose 7,6). Dieses Konzept lässt sich vom Jerusalemer Tempel bis in den christlichen Kirchenbau hinein verfolgen, wo das Gebäude jeweils als Abbild des Himmels verstanden wird, in dessen Wirklichkeit der Gläubige eintritt, um mit dem heiligen Gott in Kontakt zu kommen.

Ein ähnliches Verständnis finden wir in dem biblischen Bericht von der Erschaffung der Welt: Im Gegensatz zu Schöpfungsmythen anderer

Völker, bei denen eine feminine Gottheit das Leben aus sich selbst hervorbringt, schafft Gott durch sein Wort eine Welt, die niemals Ausfluss seiner selbst ist, sondern ihm von Anfang an als ein Gegenüber entgegentritt. Damit aber hat er zu ihr auch keine mütterliche Beziehung, sondern eine väterliche. Wie ein Vater zum Kind muss Gott auch zur Welt erst eine Beziehung aufbauen – und umgekehrt. Während ein Kind sich von der anfänglichen Einheit mit der Mutter wegentwickelt und gerade dadurch seine eigene Identität findet, die Beziehung also immer weiter wird, tritt Gott der Welt wie ein Vater gegenüber. Hier begegnen sich zwei unterschiedliche Identitäten, die ihre Gemeinsamkeiten erst noch entdecken und entwickeln müssen. Es gibt kein ursprüngliches Einssein, das getrennt worden wäre, vielmehr beginnt die Beziehung mit der Fremdheit und hat als Ziel die Einheit.

Vor diesem Hintergrund ist verständlich, warum die biblischen Autoren über mehr als zweitausend Jahre an einem väterlichen Gottesbild festgehalten haben. Gottes Maskulinität zeigt sich jedoch nicht nur in der Art der Liebe, die eben nicht wie die mütterliche von der Einheit ausgeht, sondern von der Verschiedenheit und die Einheit erst herstellen muss. Maskulin ist auch seine Vorgehensweise. Gott trennt: zuerst die Ordnung vom Chaos, dann den Menschen von der übrigen Schöpfung, schließlich Abraham und seine Nachkommen von der restlichen Menschheit. Sünde wird als Auflehnung beschrieben, die Gott nicht in erster Linie traurig macht, sondern zornig, auch das ein eher maskuliner Ausdruck der Liebe.

Die Erlösung selbst trägt einen epischen Charakter. Bei einer Muttergottheit bestünde sie darin, dass sich alle ihrer ursprünglichen Einheit neu bewusst werden (weswegen Muttergottheiten gerade für Teile der Umweltschutzbewegung sehr attraktiv sind). Gott der Vater rettet die Welt jedoch, indem er Mensch wird und so den Kampf mit den Mächten der Zerstörung aufnimmt. Jesus selbst hat seine Mission als das Eindringen des Stärkeren in das Haus des Starken beschrieben (Matthäus 12,25-29). Es ist ein Kampf, der in klassisch maskuliner Weise allein und fern der Heimat geführt wird. „Der HERR ist der rechte Kriegsmann" (2. Mose 15,3), weiß schon das Alte Testament. Und auch Jesus ist „nicht gekommen, Frieden zu bringen, sondern das Schwert" (Matthäus 10,34).

Bei all dem kann es freilich nicht darum gehen, überkommene Geschlechterrollen festzuschreiben oder gar Gott auf ein Geschlecht festzulegen. Als Schöpfer von Mann und Frau steht er über jeder Geschlechtlichkeit. Aber wenn es um die Frage geht, wie sein Verhältnis zu uns zu verstehen ist, trifft ihn nach Aussage der Bibel „Vater" besser als „Mutter". Seine Liebe ist väterlich und erst in zweiter Linie mütterlich.

Dies anzuerkennen hat sicher nichts mit der Bestärkung irgendeiner patriachalen Ordnung zu tun. Von Jesus ist bekannt, dass ihm die die ganze Antike bestimmende Vorherrschaft der Männer über die Frauen fremd war. Sein Leben war vielmehr geprägt von Provokationen, die eben diese Ordnung durchbrachen und ignorierten. Eine Kranke würdigte er mit dem in der gesamten antiken jüdischen Literatur unbekannten Titel „Tochter Abrahams" (Lukas 13,16). Er ließ zu, dass ihm eine Prostituierte die Füße wusch (Lukas 7,36-50). Von einer samaritanischen Frau erbat er sich sogar einen Becher Wasser, obwohl ihn das kultisch verunreinigte (Johannes 4,7-9). Maria durfte einen Platz einnehmen, der eigentlich nur männlichen Schülern gebührte (Lukas 10,38-42). Und nicht zuletzt erschien er nach seiner Auferstehung als erstes Frauen, obwohl diese nach antiken Maßstäben vor Gericht nur über eine begrenzte Aussagefähigkeit verfügten.

In dieses Bild passt auch, dass Jesus keinen Platz für einen irdischen Vater kennt. Der Ausdruck „Vater", der in seiner Zeit untrennbar mit patriarchalen Vorstellungen verbunden war, ist ausschließlich für Gott selbst reserviert. Getreu seinem Ausspruch: „Ihr sollt niemanden unter euch Vater nennen auf Erden; denn einer ist euer Vater, der im Himmel ist" (Matthäus 23,9). tauchen irdische Väter bei Jesus nur in der Abgrenzung gegenüber den irdischen Wirklichkeiten auf. Bezeichnend sind Sätze wie der in Markus 10,29f. überlieferte:

„Wahrlich, ich sage euch: Es ist niemand, der Haus oder Brüder oder Schwestern oder Mutter oder Vater oder Kinder oder Äcker verlässt um meinetwillen und um des Evangeliums willen, der nicht hundertfach empfange: jetzt in dieser Zeit Häuser und Brüder und Schwestern und Mütter und Kinder und Äcker mitten unter Verfolgungen – und in der zukünftigen Welt das ewige Leben."

Väter werden zwar verlassen, kommen aber „in dieser Zeit" nicht mehr hinzu. „Wer Gottes Willen tut", der ist für Jesus „Bruder" und „Schwester" und „Mutter" (Markus 3,35), aber eben nicht „Vater", denn dieser Titel bleibt ausschließlich Gott vorbehalten.

Gerade aus diesem Grund wäre es falsch angesichts der vielfachen negativen Erfahrungen mit menschlichen Vätern, auf den Vatertitel für Gott zu verzichten. Zur Zeit Jesu waren die Männer nicht besser, weswegen Jesus den umgekehrten Weg ging und niemand auf Erden „Vater" nennen wollte. Sein Vaterbild ist damit von Gott her geformt, nicht das Gottesbild vom Vater her. Wo sie Jesus treu geblieben ist, hat die christliche Theologie das aufgenommen und von Gott als dem „rechten Vater über alles, was da Kinder heißt im Himmel und auf Erden" (Epheser 3,15), gesprochen, ohne diese Bezeichnung im Sinne einer männlichen Vorherrschaft zu füllen. Tun wir dies, missbrauchen wir den Titel und damit den Namen Gottes. Wir machen ihn zu einem Götzen, der unsere Vorstellungen stützt, anstatt ihn den Vater sein zu lassen, von dem alles Irdische sein Leben empfangen hat.

Gerade in Hinblick auf den Vaterbegriff und die damit verbundene Verzerrung des Gottesbildes tut sich freilich ein Problem auf, mit dem wir uns im Folgenden näher beschäftigen werden. Die Welt ist nicht mehr das, was sie einmal war – und vielleicht noch viel wichtiger: Sie ist auch nicht so, wie sie sein sollte. Und damit sind wir bei der kosmischen Katastrophe der Vergänglichkeit, die das Universum bestimmt.

Wichtige Begriffe

- *Monotheismus* (von griech. *monos*, „einzig" und *theos*, „Gott"): Glaube, dass es nur einen Gott gibt
- *Polytheismus* (von griech. *polys*, „viel" und *theoi*, „Götter"): Glaube, dass mehrere Götter existieren
- *ex nihilo*: „aus dem Nichts" (lat.)
- *Exorzismus* (von griech. *exorkismos*, „(das) Hinausbeschwören"): Austreibung eines bösen Geistes oder Dämons

4.
Die vergängliche Wirklichkeit

oder:

Herr, ich bin nicht wert,
dass du unter mein Dach gehst.

Der Hintergrund

Von Fakten und Meinungen

Auf die Geschichte von der Erschaffung der Welt folgt in der Bibel die Erzählung vom Sündenfall, die zusammen mit den Darstellungen vom Brudermord Kains (1. Mose 4,1-16), der Sintflut (1. Mose 6-9) und dem Turmbau zu Babel (1. Mose 11,1-9) sowie verschiedenen Genealogien („Geschlechtsregistern") eine größere Erzähleinheit bildet. Während sich in ihr grobe Umrisse wie in der Schöpfungsgeschichte und einzelne Szenen wie die vom Sündenfall miteinander abwechseln, beginnt mit der Berufung Abrams (der später Abraham heißen wird) in 1. Mose 12 erkennbar etwas Neues. Ab da verfolgen wir nicht mehr das Schicksal der Welt als Ganzes, sondern das einer einzelnen Familie. Hierbei geht es zunächst um die Linie Abrahams und seiner Nachkommen Isaak, Jakob und Josef, die ab 2. Mose 1,7 zum Volk Israel geworden sind.

Damit liegt auch der Fokus des Alten Testaments fortan auf der Geschichte des so entstandenen Gottesvolkes – was im Vergleich zu dem weltweiten Horizont der ersten elf Kapitel der Genesis eine unverkennbare Beschränkung des Blickwinkels darstellt, besonders wenn man bedenkt, dass Israel im alten Orient zu den eher unbedeutenden Völkern gehörte. Hochkulturen und Weltreiche entstanden nicht nur woanders, Israel hatte seit seiner Gründung auch darunter zu leiden, dass es politisch oft nicht mehr als ein Spielball der von Ägypten und Mesopotamien ausgehenden Großreiche war.

Das wirft die Frage auf, wie die ersten elf Kapitel der Bibel zu verstehen sind. Kann ein solch universaler Blick nur als Vorgeschichte eines kleinen Volkes angesehen werden? Oder handelt es sich bei ihnen gar nicht um Geschichtsschreibung im engeren Sinn? Sind diese Texte also einer anderen Gattung zuzuordnen?

Hierüber ist innerhalb der evangelischen Welt seit dem Aufkommen des US-amerikanischen Fundamentalismus in den 20er Jahren des letzten Jahrhunderts ein erbitterter Streit entbrannt, der nach dem Zweiten Weltkrieg auch Deutschland erreicht hat. Zunächst ging es um die Frage, ob die Evolutionstheorie, die von Charles Darwin ab 1858 der Öffentlichkeit vorgestellt worden war, mit der biblischen Schöpfungslehre vereinbar sei. Im Laufe der Zeit spitzte sich der Konflikt allerdings auch unter den Kritikern der Evolutionslehre immer weiter zu, bis schließlich die Alternative Evolution oder Sieben-Tage-Schöpfung die Szene zu dominieren schien. Entsprechend ist für viele Christen die Entscheidung für eins dieser beiden Extreme der Prüfstein für den Glauben, wobei das, was für den einen unaufgebbares Merkmal der „Bibeltreue" ist, vom anderen als „Fundamentalismus" abgelehnt wird.

So verkürzt darf man es jedoch nicht sehen. Gerade für eine Auslegung, die die Schrift so verstehen möchte, wie sie ihre ersten Leser vermutlich verstanden haben, stellt sich diese Alternative nämlich gar nicht. Denn klar ist, dass 1. Mose 1-11 nicht „historisch" oder „naturwissenschaftlich" im heutigen Sinn gemeint sein *kann*. Schließlich sind solche Begriffe im wahrsten Sinne des Wortes neuzeitlich, mit ihnen versuchen wir sozusagen einen „neutralen" oder „objektiven" Standpunkt einzunehmen, der unverkennbar die „Fakten" von ihrer „Interpretation" unterscheiden möchte. Die Naturwissenschaft bemüht sich denn auch, ein Bild von der Entstehung der Welt zu entwickeln, das „weltanschaulich neutral" sein soll und damit von jedem „unvoreingenommenen Betrachter" übernommen werden kann.

Ob das tatsächlich möglich ist, muss allerdings bezweifelt werden. Wie wir bereits ganz zu Anfang gesehen haben, liegt diesem Ansatz die von der Aufklärung vorgenommene Verkürzung der Wirklichkeit auf die sichtbare Welt zugrunde. Alle das Jenseits betreffenden Fragen werden deshalb von vornherein in den Bereich der „Interpretation" verbannt, der mit den eigentlichen „Fakten" insofern nichts zu tun hat, als er nur „subjektive" Deutungen beisteuert, nicht jedoch „objektive" Erkenntnisse. Wer vor diesem Hintergrund die Entstehung des Universums zu erklären versucht, wird infolgedessen unabwendbar bei einem Modell landen, in dem Gott oder andere jenseitige Mächte keine Rolle spielen. Das liegt jedoch nicht daran, dass ein solches Modell an sich „wissenschaftlicher" oder auch nur „allgemeingültiger" ist als ein „religiöses", sondern schlichtweg an der Methodik. Wenn alles, was jenseitig ist, im Prozess konsequent ausgeschlossen wird, dann kann es schließlich auch im Ergebnis nicht auftauchen.

Hinzu kommt noch ein weiteres Problem, das ebenfalls mit der Methodik zu tun hat. Unser wissenschaftliches Weltbild blendet grundsätzlich die Sinnfrage aus und verweist sie in den privaten Bereich der

Überzeugungen. So darf ein Wissenschaftler natürlich bestimmte Ansichten über Sinnfragen haben und äußern, dies allerdings nur privat und nicht als „offizieller" Repräsentant seiner Zunft (auch wenn Medienvertreter sehr wohl wissen, welche Wissenschaftler man zu welchen Themen befragen und mit ihren Titeln und Institutionen in Szene setzen sollte). In wissenschaftlichen Veröffentlichungen haben solche Fragen jedoch keinen Platz.

In Bezug auf die Entstehung des Universums ist es deshalb „unwissenschaftlich" zu sagen, das Universum sei entstanden, um Leben zu ermöglichen. Damit würde man schließlich hinter dem ganzen Ablauf einen Plan vermuten, der wiederum die Frage nach dem jenseitigen Planer aufwerfen würde. Da dieser Schritt methodisch ausgeschlossen ist, muss man im Zuge der wissenschaftlichen Analyse zwingend davon ausgehen, dass alle Phänomene der Welt nur dem Gesetz von Ursache und Wirkungen unterliegen, das insofern „blind" ist, weil seine Ergebnisse jeweils zufällig sind. Mit anderen Worten: Unser Universum ist nur eines von Milliarden möglicher Universen, dass es gerade dieses geworden ist, ist Zufall. Ähnlich verhält es sich mit dem Leben in ihm. Auch das wird auf einen Prozess zurückgeführt, der wiederum insofern zufällig ist, als die Ausdifferenzierung und Weiterentwicklung der Lebewesen auf Mutationen beruht, die nicht zielgerichtet sind.

Während also die Idee eines geplanten Universums daher bestenfalls den Einzug in die Religionsbücher schafft, wird dagegen die Behauptung einer zufälligen Entstehung der Welt in naturwissenschaftlichen Werken als „gesicherte Erkenntnis" gehandelt. So einfach ist es freilich nicht. Prinzipiell sind beide Ansichten nämlich zunächst einmal gleich wahrscheinlich, wobei wir im alltäglichen Leben Ersterer sogar den Vorzug geben würden. Wer auf ein strukturiertes System stößt, sei es nun eine Maschine, ein komplizierter Ablauf von Ereignissen oder auch nur ein symmetrisch angeordneter Garten, geht ohne langes Nachdenken nicht nur von Planung aus, sondern auch von deren gezielter Umsetzung durch entsprechende Kräfte. Erst wenn das völlig ausgeschlossen erscheint, sind wir bereit an ein zufälliges Entstehen zu glauben, das jedoch auch nur bis zu einem gewissen Punkt. Und der ist selbst bei einem einfachen Flaschenzug oder den verkohlten Überresten eines Lagerfeuers überschritten. Niemand, der so etwas sieht, kann sich das entsprechende Phänomen ohne planerisches menschliches Einwirken vorstellen.

Wenn es um die Entstehung der Welt geht, tun wir jedoch genau das. Ja mehr noch, unsere wissenschaftlichen Modelle bestehen sogar nur aus „Erklärungen", die nichts weiter sind als die Beschreibung der physikalischen und chemischen Abläufe, die bei einem geplanten Vorgehen ebenfalls stattfinden würden. Es ist so, als würde man das Vorhandensein eines Lagerfeuers damit erklären, dass dort Holz entzündet wurde, und den Flaschenzug mit dem Zusammenkommen von Seil und Umlenkrollen. Erschreckend, wenn auch konsequent ist, dass dieses Vorgehen auch vor dem Menschen selbst nicht Halt macht: Auch hier werden bestimmte Verhaltensweisen entweder mit genetischen Grundlagen, evolutionsbedingten Reaktionsmustern, bestimmten Gehirnaktivitäten oder Ähnlichem „erklärt". Zwischen Verliebten „stimmt" dann die „Chemie" in Form von Sexuallockstoffen und Endorphinen, während visionäre Erfahrungen mit außergewöhnlichen Aktivitäten in einem bestimmten Hirnbereich in Verbindung gebracht werden.

All diese „Erklärungen" sind zwar nicht falsch, allerdings sind es bestenfalls Beschreibungen. Die Frage, ob es Liebe gibt, können sie genauso wenig beantworten wie die nach der Existenz einer geistigen Welt. Das heißt freilich nicht, dass es beides nicht gibt. Vielmehr existiert die Antwort nur deshalb nicht, weil von vornherein die Frage ausgeblendet wird. Solche Fragen gelten nämlich als „unwissenschaftlich" und sind damit rein privater Natur, womit eine gewisse Abwertung verbunden ist. In diesem Bereich geht es also nur um Meinungen, die beliebig sind. Eine „wahre" im Sinne einer allgemeinverbindlichen Antwort erwarten wir dort nicht.

Das heißt nicht, dass die Sinnfrage nicht zu beantworten wäre bzw. dass die Antwort zwingend in einer privaten Überzeugung bestehen muss. Nehmen wir als Beispiel die Frage: Was ist ein Auto? Eine im obigen Sinn „wissenschaftliche" Antwort würde in etwa darin bestehen, dass man die verschiedenen mechanischen Elemente und unterschiedlichen elektrischen Schaltkreise im Auto analysiert und im Rahmen von Ursache und Wirkung ihre Funktion darlegt: Wenn man am Lenkrad dreht, bewegen sich die Vorderräder. Tritt man dagegen auf das rechte Pedal, drehen sich die Hinterräder.

So lange aber die Sinnfrage ausgeblendet bleibt, geht man jedoch am Eigentlichen vorbei. Ein Auto ist zwar eine Ansammlung mechanischer Teile und elektrischer Schaltkreise, die durch den Zusammenhang von Ursache und Wirkung miteinander verbunden sind, aber es ist eben keine zufällige Ansammlung, sondern eine durchdachte, geplante. Seine Konstrukteure wollten ein Fortbewegungsmittel schaffen. Und dieser Sinn ist nicht einfach nur die private Meinung des einen oder anderen Ingenieurs, die zufällig recht populär ist und damit von der Öffentlichkeit ohne große Widersprüche hingenommen wird. Es ist vielmehr der *einzige* Grund, warum überhaupt Autos geschaffen wurden.

Mit der Sinnfrage sind weitere Fragen verbunden, die ebenfalls nicht unerheblich sind. Denn erst wenn ich weiß, dass Autos Fortbewegungsmittel sind, kann ich sagen, ob ein bestimmtes Auto ein gutes Gefährt ist. Erst dann kann ich nämlich die verschiedenen Eigenschaften wie Aussehen, Kraftstoffverbrauch, Bequemlichkeit, Zuverlässigkeit usw. gegeneinander abwägen. Wer an einem Fortbewegungsmittel interessiert ist, wird deshalb kaum überzeugt sein, wenn ihn ein Händler darauf hinweist, dass der Wagen zwar nicht fährt, aber unglaublich gut aussieht und sehr gemütlich ist.

Erst wenn wir den Sinn kennen, können wir zudem über den bestimmungsgemäßen Gebrauch entscheiden. Als Übernachtungsmöglichkeit ist ein Auto zweckentfremdet, weswegen man in dieser Hinsicht von ihm auch nicht allzu viel erwarten kann. Mit dem Sinn ergibt sich schließlich die weitere Entwicklung. In Bezug auf Autos wird sie immer etwas mit der Fortbewegung zu tun haben. Wer Autos nur in Richtung auf ihre Eignung als Übernachtungsmöglichkeit weiterentwickelt, wird daher keine große Zukunft haben. Die Sinnfrage ist also so zentral, dass sie nur zum eigenen Schaden ignoriert werden kann.

Nun könnte man einwenden, dass das Universum nicht mit einem Auto oder irgendeinem anderen von Menschen geschaffenen Gegenstand vergleichbar ist. Alles, was Menschen tun, hat schließlich insofern einen Sinn, als es mit Zweck- und Zielvorstellungen verbunden ist. Wir handeln nicht einfach zufällig, sondern wollen etwas erreichen (selbst dann, wenn uns die Ziele nicht bewusst sein mögen). Beim Universum sind wir uns dagegen sicher, dass man nicht ohne Weiteres auf einen Sinn schließen kann.

Warum eigentlich nicht? Die Unterscheidung zwischen menschlichen Produkten und dem Universum wirkt doch recht willkürlich. Nur weil das Universum unübersichtlich und außerordentlich komplex ist und wir seine Entstehung nicht mitbekommen haben, muss das doch nicht bedeuteten, dass alles zufällig ist. Ebenso wenig ist es ein Gegenargument, dass wir den Konstrukteur nicht kennen. Wenn Archäologen irgendwo einen bis dahin unbekannten Gegenstand ausgraben, kennt auch niemand den oder die Erfinder. Trotzdem steht die Sinnfrage im Zentrum der weiteren Überlegungen. Denn wenn sich Menschen die Mühe gemacht haben, aus Holz, Steinen oder Eisen ein Objekt zu formen, dann muss es doch zu irgendetwas gut (gewesen) sein. In diesem Fall unterstellen wir also ohne Weiteres einen Sinn, weil das wie schon erwähnt der allgemeinen Lebenserfahrung entspricht: Je komplexer ein System ist, desto mehr Planung vermuten wir in der Regel dahinter. Das wiederum lässt die Sinnfrage noch stärker in den Vordergrund treten als bei einfachen Systemen. Mit welcher Begründung sollten wir also annehmen, dass das große Ganze, das Universum, eine Ausnahme ist?

Das alles ist kein Gottesbeweis, erst recht nicht der Beleg dafür, dass die Welt in sieben Tagen entstanden sein muss. Es ist vielmehr eine Anfrage an das vorherrschende Verständnis von Wissenschaft, in dem die Sinnfrage willkürlich ausgeblendet wird. Dieselben Menschen, die an ihre eigene Tätigkeit immer wieder diese Frage anlegen, die zielgerichtet handeln und nach dem Zweck ihres Tuns fragen, behaupten, dass solche Überlegungen nicht mehr relevant sind, wenn es um das große Ganze geht.

Gleichzeitig erleben wir jedoch, dass die Sinnfrage enorme Auswirkungen auf die Zukunft hat. Auch hier tut sich wieder eine seltsame Schere in den Köpfen auf. Denn dieselben Menschen, die die Entstehung und Entwicklung des Lebens als Kette von Zufällen „erklären", engagieren sich für die Erhaltung des jetzigen Zustandes, obwohl der, da es ja keinen tieferen Sinn gibt, kaum „idealer" sein kann als irgendein beliebiger anderer. Warum also sollten wir uns für den Fortbestand der Arten einsetzen? Schließlich sind schon unzählige andere ausgestorben, lange bevor wir gelebt haben. Ist es nur Sentimentalität, wenn wir die Eisbären und Elefanten schützen wollen, aber den Säbelzahntigern und Mammuts nicht nachtrauern, von den Dinosauriern ganz zu schweigen?

Eine Welt, die die Sinnfrage für privat erklärt, steht zudem vor enormen Herausforderungen, wenn sie zwischen verschiedenen Handlungsmöglichkeiten abwägen muss. Wenn ich nicht weiß, wozu ein Auto gut ist, ist es de facto unmöglich, mich zwischen dem schönen, dem geräumigen und dem sparsamen zu entscheiden. Wenn ich den Sinn einer Sache nicht kenne, kann ich ihr also keinen Wert zumessen, der über eine bloße Geschmacksfrage hinausginge. Bezeichnenderweise liegt die „Lösung" deshalb meistens im ökonomischen Bereich, denn mit Hilfe der Geldwirtschaft hat sich unsere Welt ein Mittel geschaffen, anhand dessen die unterschiedlichen Dinge und Handlungen als „gut" oder „schlecht" eingestuft werden können. „Sinn" macht damit, was zur Steigerung des Wohlstandes (im Sinne von in Geld messbarem Vermögen) beiträgt, während das, was ihn reduziert, als falsch abgelehnt wird. Entsprechend beherrschen ökonomische Interessen die Diskussion und nicht Sinnfragen – inklusive solch unangenehmer Nebenerscheinungen wie der, dass der Verkauf legaler Suchtmittel, Glücksspiel, Prostitution, Waffenhandel und ähnliches in diesem Rahmen „sinnvoll" erscheinen, weil sie das Volksvermögen als Ganzes steigern, während Kindererziehung in der Familie, die Pflege notleidender Angehöriger und ehrenamtliches Engagement in Vereinen überhaupt nicht in der Bilanz auftauchen und damit aufs Ganze gesehen wenig „Sinn" machen.

Wenn wir aus diesem Kontext ausbrechen wollen, kommen wir nicht umhin, die Sinnfrage nicht nur zu thematisieren, sondern in den Mittelpunkt zu stellen. Dazu ist ein Welterklärungsmodell nötig, in dem sie nicht länger methodisch ausgeblendet und als irrelevant abgetan wird.

Auf dem Weg zu einer anderen Weltsicht

Vor dem Hintergrund des oben Ausgeführten kommen wir zu zwei Ergebnissen. Zum einen ist die Sinnfrage zu zentral, als dass sie in den privaten Bereich beliebiger Meinungen verbannt werden könnte. Zum anderen bedeutet das jedoch nicht, dass sie in einer für alle einsichtigen Weise zu lösen ist. Es hat ja seinen Grund, warum die Frage in wissenschaftlichen Überlegungen in der Regel ausgeblendet wird. Schließlich ist es in diesem Bereich sehr viel schwieriger eine Gewissheit, oder auch nur Übereinstimmung, zu erzielen als in dem, den man den der „Fakten" nennt.

Zu fragen ist, ob eine einheitliche Antwort auf die Sinnfrage überhaupt nötig ist. Vielleicht müssen wir in dieser Hinsicht Abschied nehmen vom Zerrbild der Moderne, die als Alternative zur eigenen Verleugnung des Sinns ein als finster empfundenes Mittelalter an die Wand malt, in dem die einheitliche Deutung der Wirklichkeit mit Hilfe von Inquisition und Ketzerprozessen durchgesetzt worden sei. Eine solche Welt ist sicher keine Alternative. Aber sie ist auch nicht die einzig mögliche.

Wenn wir noch ein paar Jahrhunderte weiter zurückgehen, stoßen wir auf eine Welt, die ähnlich pluralistisch war wie die heutige, aber die Sinnfrage gerade nicht ausblendete, sondern immer wieder thematisierte. Die Frage nach einem guten, gelingenden und damit zutiefst sinnvollen Leben stand im Mittelpunkt der antiken Philosophie, wobei es keinen Konsens darüber gab, wie die Antwort darauf aussehen sollte. Aber das macht die Frage ja nicht überflüssig.

Eines jedoch hatten die verschiedenen Ansätze gemeinsam: Sie fragten über die diesseitige Welt hinaus und gaben sich gerade nicht mit der mit den Sinnen erfahrbaren Wirklichkeit zufrieden. Das Universum wurde damit als ein diesseitig-jenseitiger Wirkungszusammenhang verstanden, in dem beides einander bedingt. Deutlich wird dies etwa an der Behandlung von Krankheiten, wo mögliche diesseitige und jenseitige Ursachen in einem betrachtet und angegangen wurden, wie es beispielsweise im folgenden Abschnitt aus dem zwischentestamentlichen Buch Jesus Sirach (um 180 v. Chr.) geschieht:

„Mein Kind, wenn du krank bist, so missachte dies nicht; sondern bitte den Herrn, dann wird er dich gesund machen. Lass ab von der Sünde und handle rechtschaffen und reinige dein Herz von aller Missetat. Opfre lieblichen Geruch und feinstes Mehl zum Gedenkopfer, und gib ein fettes Opfer, als müsstest du sterben. Danach lass den Arzt zu dir, denn der Herr hat ihn geschaffen; und weise ihn nicht von dir, denn du brauchst auch ihn. Es kann die Stunde kommen, in der dem Kranken allein durch die Hand der Ärzte geholfen wird; denn auch sie werden den Herrn bitten, dass er's ihnen gelingen lässt, damit es sich mit ihm bessert und er gesund wird und wieder für sich sorgen kann" (Sirach 38,9-14).

Interessant ist hier, dass der Arzt nicht etwa nur für die diesseitigen Ursachen von Krankheit zuständig ist, während der Kranke (und/oder der Priester) sich darum bemüht, durch Opfer mit Gott ins Reine zu kommen. Im Gegenteil, selbst wenn dem Kranken „allein durch die Hand der Ärzte geholfen wird", geschieht dies in integrierter Weise, „denn auch sie werden den Herrn bitten, dass er's ihnen gelingen lässt". Auch der Arzt wird damit in religiöser Hinsicht in die Pflicht genommen, eine Trennung zwischen diesseitiger Wissenschaft und jenseitigem Gott existiert für ihn also genauso wenig wie für den Priester und den Kranken.

Da die Antike nun die Wirklichkeit als untrennbare Einheit von Diesseits und Jenseits verstand, kam sie zwangsläufig auch in der Frage des Anfangs der Welt zu anderen Ergebnissen als die moderne Naturwissenschaft, zumal sie andere Fragen hatte. Nicht die Analyse der geschöpflichen Zusammenhänge von Ursache und Wirkung stand dabei im Mittelpunkt, sondern die Fragen nach dem Woher und Wohin der Welt und damit die nach ihrem Sinn. Diese Fragen beantwortet man jedoch nicht, indem man die Welt schlichtweg anders beschreibt, wie es naturwissenschaftliche Lehrbücher heute tun. Die Antwort besteht vielmehr in einem Mythos, einer Geschichte, die Diesseits und Jenseits verbindet und mit den Wirkzusammenhängen die dem Universum zugrundeliegende Ordnung offenlegt.

Vor einem Diesseits und Jenseits integrierenden Hintergrund kann man nämlich nicht ohne Weiteres zwischen scheinbar „objektiver Wirklichkeit" und ihrer „subjektiven Interpretation" unterscheiden. Damit jedoch stellte sich die Grundfrage nach der Entstehung der Welt anders als heute: Während wir nach einem Modell forschen, das die Welt vollkommen diesseitig erklärt, und damit der von Aufklärung durchgeführten Ausblendung eines Teils der Wirklichkeit Rechnung trägt, fragte der antike Mensch gerade nach einem Modell, in dem die jenseitigen Mächte eine bedeutende Rolle spielten, denn das entsprach seinem Wirklichkeitsverständnis.

Was „Fakt" und was „Interpretation" ist, lässt sich infolgedessen also nicht mehr einfach entscheiden. Denn das, was für uns heute „religiöse Interpretation" der „objektiven Fakten" ist, wäre für einen antiken Menschen gerade umgekehrt. Unsere Weltsicht erschiene ihm wie eine willkürliche Verkürzung der erfahrbaren Wirklichkeit, in der nämlich der jenseitige Teil (der für ihn „Fakt" ist) schlichtweg ausgeblendet wird. Damit jedoch müsste ihm unser „wissenschaftliches Weltbild" wie eine subjektive Interpretation der Wirklichkeit erscheinen, die tatsächlich sehr viel größer ist, als es unser Weltbild zulässt.

Der Anfang bestimmt die Welt

Wenn wir diese Erkenntnis auf den Anfang der Welt übertragen, müssen wir zunächst einmal feststellen, dass sich die Frage „Wie ist es denn nun wirklich gewesen?" nicht beantworten lässt. Der Anfang der Welt gehört nicht in unseren Erfahrungsbereich, womit wir über ihn keine Aussagen im Sinne von Beobachtungen machen können. Wir können nur aus Indizien Schlussfolgerungen ziehen, die wiederum ganz entscheidend von unserem Interpretationsrahmen abhängen. Mit anderen Worten: Für einen Atheisten ist die Welt ohne Gott entstanden, für einen religiösen Menschen spielen dagegen genauso selbstverständlich jenseitige Mächte eine entscheidende Rolle. Objektivität kann freilich keiner für sich beanspruchen, vielmehr kann jeder nur ein Modell entwickeln, das der von ihm wahrgenommenen Wirklichkeit nicht widerspricht. Auf dem allgemeinen „Markt der Überzeugungen" konkurrieren alle diese Modelle damit mehr oder weniger gleichwertig miteinander, wobei das vorherrschende Meinungsklima und die mit ihm verbundene Plausibilitätsstruktur den Ausschlag gibt, welches uns glaubwürdiger erscheint. In der von einer atheistischen Methodik geprägten Welt der Aufklärung spricht alles gegen Gott, in einem religiösen Umfeld dagegen für ihn.

Die Antike hat diese Problematik auch schon gesehen, weswegen in ihr verschiedene Schöpfungsmythen nebeneinander existierten. Dabei konzentrierte man sich auf die Frage nach dem Aufbau und der Ordnung der Welt. Denn letzten Endes geht es bei allen Modellen zur Entstehung der Welt ja genau darum: Was ist die letzte Wirklichkeit? Wie verhält sich die sichtbare Welt zu ihr? Und welche Rolle spielt der Mensch dabei?

Ein rein diesseitig-atheistisches Modell hält das Universum in den von der sichtbaren Realität vorgegebenen Grenzen für die letzte Wirklichkeit. Die Rolle des Menschen ist dabei zunächst unbestimmt. Unsere Spezies ist das Produkt eines zufälligen Entwicklungsprozesses, der mit dem Überschreiten eines gewissen Intelligenzniveaus nicht mehr länger zufällig ist. Seither kann der Mensch seine Umwelt gestalten und nach seinem Bild formen. Einen Auftrag dazu hat er nicht (von wem auch?), ebenso wenig ein Ziel, allerdings bleibt ihm nichts anderes übrig, als es dennoch zu tun, denn er kann gar nicht mehr anders.

Ethik und Moral betreffen in diesem Modell zwangsläufig nur das zwischenmenschliche Leben, und auch dabei geht es nur um die Grenzen. Leitbilder, wie ein gelungenes Leben aussehen sollte, kann es nicht geben, weil es kein Ziel gibt. Im Kern kann es daher nur um die freie Entfaltung der Persönlichkeit bei gleichzeitiger Achtung der Persönlichkeit des Anderen gehen. Wo dabei jeweils die Grenze zu ziehen ist, bestimmt letztlich der Stärkere: entweder durch pure Willkür und Gewalt Einzelner oder durch Beschluss der Mehrheit oder durch seinen Einfluss auf das Meinungsklima.

Ganz anders ist die Welt geordnet, wenn man wie die Bibel von einer integrierten Wirklichkeit ausgeht, in der Jenseits und Diesseits untrennbar miteinander verbunden sind. Dann beschreibt das irdische menschliche Leben nämlich nur einen Ausschnitt im ganzen Dasein, wobei der Anfang und das Ende im Dunkeln liegen. Niemand weiß, woher er gekommen ist, als er geboren wurde; ebenso wenig können wir sagen, wohin wir gehen, wenn wir sterben. Und da die unsichtbare Wirklichkeit, das Jenseits, die verborgene Welt größer ist als die sichtbare, bleibt ein Großteil des Lebens (vermutlich sogar der entscheidende Bereich) verborgen.

Auf einen Teil der damit verbundenen Fragen gibt nun 1. Mose 1-11 eine Antwort. Hier wird das Woher der Welt und des Menschen in den Blick genommen, das Verborgene offenbar gemacht. Wie es sich für die Offenbarung des eigentlich Unfassbaren gehört, geschieht es in Bildern. Ob hinter diesen Bildern in unserem Sinne „historisch wahre" Geschichten stehen, können wir nicht mehr herausfinden. Es ist auch unerheblich, denn Bilder wären es in jedem Fall. Schließlich handelt es sich keineswegs um „zufällige Begebenheiten", die auch ganz anders hätten passiert sein können. Vielmehr bekommen wir in ihnen einen Einblick in die Wirklichkeit hinter unserer Welt, eine Wirklichkeit, die uns ganz bewusst und gewollt offenbart worden ist, damit wir unsere Welt besser verstehen können. Wie die Gleichnisse Jesu sind diese Geschichten also

nicht einfach nur Erzählungen von Dingen, die sich irgendwo zugetragen haben, sondern haben eine tiefere Bedeutung. Und wie es dort keine
Rolle spielt, ob die Geschichte vom verlorenen Sohn „tatsächlich" passiert ist oder wo der reiche Kornbauer begraben liegt, so auch hier.

Der Streit, ob die Welt in sieben Tagen geschaffen wurde oder in mehreren Milliarden Jahren, geht deshalb am eigentlichen Kern der Problematik vorbei (und lässt sich vor dem Hintergrund des oben Ausgeführten zudem gar nicht lösen). Denn entscheidend an 1. Mose 1 ist nicht
der Zeitraum, sondern die Frage, ob die Welt *geschaffen* wurde oder einfach *entstanden* ist. Auch der Zeitraum von sieben Tagen beschreibt
schließlich in erster Linie die Ordnung der Welt: Hier geht es um den
Wochenrhythmus, der das Leben der Menschen prägen soll, um den
Ausgleich von Arbeit und Ruhe, von Schaffen und Feiern. Wie in der
ganzen Schöpfungsgeschichte soll also auch hier untermauert werden,
dass die Welt ursprünglich auf Gott hingeordnet war. Doch das blieb sie
nicht. Und damit sind wir bei der kosmischen Katastrophe, die in der
christlichen Theologie „Sündenfall" genannt wird.

Die Tür im Garten

*„Aber die Schlange war listiger als alle Tiere auf dem Felde, die Gott
der HERR gemacht hatte, und sprach zu der Frau: Ja, sollte Gott gesagt
haben: Ihr sollt nicht essen von allen Bäumen im Garten? Da sprach
die Frau zu der Schlange: Wir essen von den Früchten der Bäume im
Garten; aber von den Früchten des Baumes mitten im Garten hat
Gott gesagt: Esset nicht davon, rühret sie auch nicht an, dass ihr nicht
sterbet! Da sprach die Schlange zur Frau: Ihr werdet keineswegs des
Todes sterben, sondern Gott weiß: an dem Tage, da ihr davon esst,
werden eure Augen aufgetan, und ihr werdet sein wie Gott und wissen, was gut und böse ist. Und die Frau sah, dass von dem Baum gut
zu essen wäre und dass er eine Lust für die Augen wäre und verlockend, weil er klug machte. Und sie nahm von der Frucht und aß und
gab ihrem Mann, der bei ihr war, auch davon und er aß" (1. Mose
3,1-6).*

Zwei Bäume

Die Geschichte vom Sündenfall ist in der Bibel nur ein kurzer Abschnitt, ihre Konsequenzen sind jedoch unübersehbar. Nach der vorausgegangenen Schöpfungserzählung hatte Gott im Garten Eden, der den gemeinsamen Raum von Schöpfer und Geschöpfen darstellt, zwei Bäume gepflanzt: den „Baum des Lebens" und den „Baum der Erkenntnis des Guten und Bösen" (1. Mose 2,9). Diese beiden Bäume symbolisieren die beiden Pole, zwischen denen sich das Dasein im Garten abspielt. Der „Baum des Lebens" steht für das ungebrochene Leben, das nur durch Gott möglich ist. Nachdem die ersten Menschen von dem „Baum der Erkenntnis" gegessen hatten, war ihnen deshalb der Zugang zum „Baum des Lebens" versperrt (1. Mose 3,22), weil sie sich aus der Gottesbeziehung verabschiedet hatten. Erst in der zukünftigen Herrlichkeit wird dieser Weg wieder offen sein, dann allerdings in einer am Anfang der Bibel unvorstellbaren Fülle: Die Offenbarung des Johannes spricht von mehreren „Bäumen des Lebens, die tragen zwölfmal Früchte, jeden Monat bringen sie Frucht" (Offenbarung 22,3). Damit rahmt der „Baum des Lebens" sozusagen die gesamte Geschichte ein. Er steht für das Leben mit und durch Gott, das am Anfang der Zeit nicht erlangt werden konnte, um an ihrem Ende in unvergleichlich größerer Qualität von ihm geschenkt zu werden.

Der „Baum der Erkenntnis des Guten und Bösen" taucht im Gegensatz dazu nur zu Beginn der Bibel auf; in der Beschreibung der himmlischen Herrlichkeit in der Offenbarung fehlt er bezeichnenderweise. Denn dieser Baum ist so etwas wie die Tür aus dem Garten Eden. Wer von ihm isst, verlässt die ursprüngliche Gottesbeziehung. Wie der „Baum des Lebens" ist damit auch jener Baum ein Symbol, an dem sich die Gottesbeziehung entscheidet. Und ebenso wie beim anderen Baum sind nicht die Früchte ausschlaggebend, sondern die mit ihnen verbundene Symbolik. Keinem der Bäume wohnt deshalb irgendeine magische Qualität inne, die von sich aus Leben oder Erkenntnis vermitteln könnte. Beides entscheidet sich vielmehr an und in der Beziehung mit Gott, für die die jeweiligen Bäume Zeichen sind.

Der „Baum der Erkenntnis" steht daher für das Vertrauen in Gott und den Gehorsam gegenüber seinen Geboten:

> *„Gott der HERR gebot dem Menschen und sprach: Du darfst essen von*
> *allen Bäumen im Garten, aber von dem Baum der Erkenntnis des*
> *Guten und Bösen sollst du nicht essen; denn an dem Tage, da du von*
> *ihm isst, musst du des Todes sterben" (1. Mose 2,16f.).*

Eigentliches Gegenüber des Menschen ist damit nicht der Baum, sondern das Gebot Gottes. Am Umgang mit dem Baum zeigt sich nur, wie der Mensch zu Gott steht. Jede Auslegung, die dem Baum besondere Qualitäten zumisst – etwa, dass er tatsächlich einen Erkenntnisgewinn oder gar Weisheit vermittelt – geht deshalb an der Aussage des Textes vorbei. Das wird nicht zuletzt daran deutlich, dass die einzige Einsicht, die der Mensch nach dem Essen der Frucht bekommt, die der eigenen Nacktheit ist (1. Mose 3,7). Die kann er jedoch vorher schwerlich übersehen haben, geändert hat sich also allein seine Einstellung zu ihr. War er vorher im Einklang mit Gott und den anderen Wesen im Garten, steht er nun nach dem Essen der verbotenen Frucht nackt und bloß vor seinem Schöpfer, dessen Gebot er übertreten hat.

Die Schlange, die in der Geschichte die Rolle des Verführers spielt, setzt denn auch nicht bei der Frucht, sondern bei dem Gebot an: „Ja, sollte Gott gesagt haben: ihr sollt nicht essen von allen Bäumen im Garten?" (1. Mose 3,1). Die Frage markiert eindeutig die Stoßrichtung: Mit der böswilligen Übertreibung und Verzerrung des Gebotes soll Misstrauen zwischen den Geschöpfen und ihrem Schöpfer gesät werden. Eine weitere Behauptung ergänzt das Bild: „Gott weiß: an dem Tage, da ihr davon esst, werden eure Augen aufgetan, und ihr werdet sein wie Gott und wissen, was gut und böse ist" (1. Mose 3,5). Die Schlange zeichnet den Schöpfer des Himmels und der Erde auf diese Weise als herrschsüchtigen Tyrannen, der seinen Geschöpfen nicht nur Lebenswichtiges vorenthält, sondern sie auch durch Manipulation auf Abstand hält. Eigentlich könnten sie ihm jedoch auf Augenhöhe begegnen, wenn sie sich nur trauten.

Schon durch die Beschuldigungen der Schlange ist der Garten also ein anderer geworden. War zuvor nur Gottes Wort zu hören, steht nun Aussage gegen Aussage und damit der Mensch vor einer Entscheidung. Entweder er vertraut Gott und misstraut der Schlange oder umgekehrt. Beide gleichzeitig können jedoch nicht recht haben, womit ein allgemeines

Vertrauen unangebracht wäre. Das ursprüngliche Vertrauensgefüge, das den Garten auszeichnete, ist also schon jetzt zerstört.

Eine Frage des Vertrauens

Das wirft die Frage auf, wann der eigentliche Sündenfall passiert ist. Denn die Schlange befindet sich zum Zeitpunkt der Geschichte ja offensichtlich bereits außerhalb des für den Garten bisher prägenden Beziehungssystems, schließlich arbeitet sie zielgerichtet gegen Gott, indem sie den Menschen ebenfalls aus dem Gefüge herauszulösen versucht. Die Bibel gibt auf diese Frage nach dem eigentlichen Ursprung des Bösen keine Antwort. Hier wird nur geschildert, wie es zu den Menschen kam. Damit verbunden ist jedoch auch eine Abwertung der Schlange. Sie ist für diesen Prozess längst nicht so wichtig, wie man gerne glauben möchte. Im Prinzip bringt sie die Zweifel nur auf den Punkt, die der Mensch eines Tages auch ohne äußere Einwirkungen gehabt hätte. Ist Gott tatsächlich vertrauenswürdig? Hält er uns nicht etwas vor? Beruht Herrschaft bei ihm nicht ähnlich wie bei uns auf einem von dem Herrschenden sorgsam gewahrten Vorsprung an Informationen und Möglichkeiten? Die Schlange ist in dieser Entwicklung nicht mehr als ein Katalysator. Sie stößt sie an und beschleunigt sie. Aber sie hätte ohne sie genauso stattfinden können.

In der Frage, wem man vertrauen kann, entscheidet sich der Mensch für die schlechteste Möglichkeit: Er vertraut niemandem, weder Gott noch der Schlange. Damit aber steigt er, vermutlich ohne es zu wollen oder auch nur sich dessen bewusst zu sein, ebenfalls aus dem Beziehungsgefüge des Gartens aus. Er vertraut seinem eigenen Urteil und macht sich selbst zum Maßstab und auf diese Weise zum Mittelpunkt aller Dinge. Bevor er von der Frucht aß, um wie Gott zu werden, hat er sich damit schon zum Gott erklärt. Ob er von dem Baum isst oder nicht, hängt nun nicht mehr an Gottes Gebot oder dem Rat der Schlange, sondern nur noch an seinen eigenen Überlegungen und Entscheidungen: „Und die Frau sah, dass von dem Baum gut zu essen wäre und dass er eine Lust für die Augen wäre und verlockend, weil er klug machte. Und sie nahm von der Frucht und aß und gab ihrem Mann, der bei ihr war, auch davon, und er aß."

Ein kleiner Schritt für einen Mann ...

Damit beginnt die Reise ins Unbekannte, in die Vergänglichkeit, hinaus aus dem Garten und der ursprünglichen Gottesbeziehung. Nackt erkennen Mann und Frau, dass sie ab jetzt auf sich selbst gestellt sind. Das Gottvertrauen ist zerstört, beide werden sich fremd. Fortan ist der Mensch das Maß aller Dinge, wie schon der griechische Philosoph Protagoras († 411 v. Chr.) lehrte, mit allen Konsequenzen. Worin die bestehen, wird im weiteren Verlauf der Geschichte aufgezählt: Die erste Folge ist die Entfremdung der Menschen untereinander, die sich Feigenblätter zum Schutz vor ihrer Nacktheit machen (1. Mose 3,7). Die Entfremdung zeigt sich auch darin, dass sie einander nicht mehr länger vertrauen, sondern sich gegenseitig beschuldigen (1. Mose 3,12), eine Entwicklung, die bereits ein Kapitel später in den Brudermord und völlig übertriebene Rachefantasien führt (1. Mose 4,8.23f.). In diesen Bereich gehört sicher auch das hemmungslos behauptete „Recht" des Stärkeren, das die Beziehung der Geschlechter untereinander prägen wird (1. Mose 3,16).

Hieran wird erkennbar, wie das menschliche Streben nach dem „Sein wie Gott" zu verstehen ist: Es ist der Wunsch des Einzelnen nach Autonomie („sich selbst Gesetz sein") und Unabhängigkeit, das nicht nur die Gemeinschaft mit Gott zerstört, sondern gerade auch die untereinander. Damit wird die Welt zum Kampfplatz, in dem jeder auf subtile oder offene Weise versucht, die Oberhand zu gewinnen und zu behalten. Interessant ist, dass sich dadurch auch das Gottesbild verändert: Der Mensch übernimmt hier stillschweigend die Auffassung der Schlange, die den Schöpfer als einen herrschsüchtigen Tyrannen dargestellt hat. So wie dieser Gott wollte der Mensch werden – was ihm in gewisser Weise auch gelungen ist. Umgekehrt verwundert es nicht, dass sich die ersten Menschen buchstäblich vor Gott in die Büsche schlagen (1. Mose 3,8). In ihren Augen war er schließlich ein auf seinen Machtvorsprung bedachter Despot, der einen solch offensichtlichen Auflehnungsversuch wie das Essen der verbotenen Frucht kaum ungestraft lassen würde.

Die weitere Entwicklung in der Urgeschichte zeigt, dass der Mensch den Gedanken nicht aufgegeben hat, wie Gott zu werden und in dessen Bereich vorzustoßen. Nur wenig später versucht er „einen Turm [zu] bauen, dessen Spitze bis an den Himmel reiche", um sich „einen Namen [zu] machen" (1. Mose 11,4) – womit er dem Namen Gottes den Rang ablaufen würde. In geradezu satirischer Weise zeigt die Bibel die Untauglichkeit solcher Versuche auf, den Unterschied zwischen Gott und Mensch von Seiten des Menschen her überwinden zu wollen: „Da fuhr der HERR hernieder, dass er sähe die Stadt und den Turm, die die Menschenkinder bauten" (1. Mose 11,5).

... ein großer für den Kosmos

Doch kommen wir zurück auf die Geschichte vom Sündenfall. In ihr reagiert Gott ganz anders als erwartet: Statt den Menschen zur Rechenschaft zu ziehen, wendet er sich ihm weiter zu. Da ein allwissendes Wesen keine Fragen stellt, um Informationen zu bekommen, müssen die Fragen Gottes auf der Beziehungsebene interpretiert werden. „Wo bist du?" (1. Mose 3,9) fragt damit sehr viel tiefgehender als nur nach dem Ort. Wo ist der Mensch durch seine Tat gelandet, was ist sein neuer Platz im Garten? Wo wollte er hin, und hat er es erreicht? Die zweite Frage bietet die Chance, das durch den Ungehorsam des Menschen entstandene Beziehungsproblem zu klären: „Hast du nicht gegessen vom dem Baum, von dem ich dir gebot, du solltest nicht davon essen?" (1. Mose 3,11). Hätte der Mensch seine Schuld eingestanden, wäre eine tiefere Gottesbeziehung wieder möglich gewesen. Die Motive für die Tat hätten aufgedeckt werden können, womit einem Neuanfang nichts mehr im Wege gestanden hätte.

Doch der Mensch vergab die Chance und reagierte so, wie wir es seitdem gewöhnt sind: Er suchte das Böse außerhalb von sich selbst und stahl sich damit aus der Verantwortung: „Die Frau, die du mir zugesellt hast, gab mir von dem Baum und ich aß" (1. Mose 3,12). Schuld an dem Beziehungsproblem sind damit die Frau und letztlich Gott selbst, der sie dem Menschen gegeben hat. Die Frau dagegen sieht die Verantwortung ausschließlich bei der Schlange (1. Mose 3,13). Damit jedoch wird jede Erneuerung der Beziehung in ihrer alten Form unmöglich, weil die Menschen sich weigern, ihren Anteil am Scheitern anzuerkennen und aufzuarbeiten.

Als Konsequenz lässt Gott die Menschen ihrer Wege ziehen. Allerdings lässt er sie nicht im Stich, sondern versorgt sie mit dem Lebensnotwendigen (1. Mose 3,21) und gibt ihnen sogar die Verheißung, dass einer ihrer Nachkommen die Schlange besiegen wird (1. Mose 3,15). Damit wäre es falsch, von einer umfassenden Trennung von Mensch und Gott zu sprechen. Im Gegenteil, Gott verlässt den Menschen nicht nur nicht, er traut ihm weiterhin etwas zu. Die Rettung der Welt wird eines Tages durch einen Menschen geschehen (vgl. Römer 5,18).

Über die durch das Misstrauen geschaffenen Fakten kann und will Gott allerdings nicht hinweggehen. Der Garten hat sich verändert, er wird nie mehr so sein wie vor der Verführung durch die Schlange. Entsprechend ändern sich mit dem Eintritt in die Vergänglichkeit die Lebensumstände. Als Erstes bekommt das die Schlange zu spüren: Weil sie Misstrauen gesät hat, wird sie aus jeglicher Gemeinschaft ausgeschlossen (1. Mose 3,14). Man könnte darin eine Strafe sehen, tatsächlich handelt es sich aber um eine Konsequenz, die wir aus verschiedenen Lebenszusammenhängen kennen. Wer anderen nicht vertraut und aktiv Gemeinschaft zerstört, endet einsam und von allen verstoßen.

Weil die Welt nun ein Ort ist, in dem jeder sein will wie Gott, muss freilich nicht nur die Schlange die Folgen tragen, sondern auch die Menschen. Aus dem „Bebauen und Bewahren" des Gartens (1. Mose 2,15) wird ein für sie letztlich sinnloser Kampf ums Dasein:

> *„Verflucht sei der Acker um deinetwillen! Mit Mühsal sollst du dich von ihm nähren dein Leben lang. Dornen und Disteln soll er dir tragen, und du sollst das Kraut auf dem Felde essen. Im Schweiße deines Angesichts sollst du dein Brot essen, bis du wieder zu Erde werdest, davon du genommen bist. Denn du bist Erde und sollst zu Erde werden" (1. Mose 3,17-19).*

Entsprechend schwierig und schmerzhaft wird es, das Leben in eine Welt zu bringen, die ihrem Schöpfer, der das Leben selbst ist, mit Misstrauen und Vorurteilen begegnet (1. Mose 3,16). Damit verändert sich nicht zuletzt die Art und Weise, wie Beziehungen gelebt werden. Ist das ursprüngliche Vertrauen zerstört, treten Verlangen und Herrschaft an seine Stelle (1. Mose 3,16). Die Sehnsucht nach dem anderen bleibt erhalten, aber vertrauen kann man ihm nicht mehr uneingeschränkt. Schließlich will auch er sein wie Gott und damit Herr über alle anderen.

Die von Gott angedrohte Folge „an dem Tage, da du von [dem Baum der Erkenntnis] isst, musst du des Todes sterben" (1. Mose 2,17), tritt jedoch bezeichnenderweise nicht ein. Gott erfüllt zwar alle seine Verheißungen, aber er macht nicht alle seine Drohungen wahr. Schon bei der ersten tut er es nicht. Er entlässt den Menschen zwar in die Vergänglichkeit (1. Mose 3,22-24), erhält aber weiterhin die Welt und wendet sich dem Menschen fürsorglich zu, indem er die kaum schützenden Feigenblätter durch dauerhaftere Felle ersetzt (1. Mose 3,21).

Gerade Letzteres ist eine zutiefst symbolische Handlung: Gott stellt sich hier auf die neue Situation ein, in der der Mensch nicht mehr wie zuvor vertrauensvoll nackt sein kann, sondern Schutz braucht. Bezeichnend ist auch, dass dieser Schutz durch Felle passiert. Der Tod, der vorher auch in der Tierwelt nicht da war (vgl. 1. Mose 1,30), tritt nun ein. Aber das erste Lebewesen, das sterben muss, ist nicht der Mensch, sondern ein Tier. Hier blitzt ganz verschwommen und nebulös zum ersten Mal der Gedanke der Stellvertretung auf, der im biblischen Verständnis von Erlösung und Gemeinschaft eine herausragende Rolle spielt.

Selbst den Tod könnte man aus diesem Blickwinkel als ein Gnadenwirken Gottes betrachten. Eine Welt, die in ihrer Grundstruktur Kampf bedeutet und in der das Leben ständig bedroht ist, soll nicht in Ewigkeit so fortbestehen. Mit dem Tod wird deshalb der Horizont des Menschen begrenzt und seine Möglichkeit zur Zerstörung deutlich eingeschränkt. Andererseits eröffnet das vorausgehende Leben die Chance, über die Gottesfrage nachzudenken und an der Beziehung zu ihm zu arbeiten.

Die Erhaltung der Welt

Weil Gott die Welt zu keinem Zeitpunkt sich selbst überlassen hat, wäre es falsch, sein Wirken auf den eigentlichen Schöpfungsakt zu reduzieren. Denn wenn er das Leben selbst ist und uns der Weg zum „Baum des Lebens" versperrt ist, kann das Weiterexistieren der Welt nicht aus ihr selbst heraus, sondern nur von Gott her geschehen. Die ältere Theologie hat deshalb an dieser Stelle vom „Vorsehungswirken" Gottes gesprochen. Der Begriff wurde allerdings von den Nationalsozialisten missbraucht, ein besserer ist freilich noch nicht gefunden worden.

Inhaltlich geht es um eine Frage, die in der Voraufklärungszeit durch die Philosophie des Deismus aufgeworfen wurde. Danach hat Gott die

Welt zwar geschaffen, aber dann sich selbst überlassen. Bezeichnend für uns Menschen ist, dass man auch damals schon dachte, die größte technische Erfindung komme der Schöpfung so nahe, dass man Letztere mit ihr vergleichen könne. Wir heute scheinen in den von unseren Computern künstlich erzeugten virtuellen Welten ein recht genaues Abbild der Schöpfung Gottes zu sehen, weswegen wir in der Verkündigung immer wieder Vergleiche daraus anstellen. In der Zeit des Deismus entsprach dem die Uhr. Und so wurde Gott zum großen Uhrmacher, der die Welt erschuf, aufzog und dann sich selbst überließ. Präzise wie ein Uhrwerk läuft danach die Schöpfung ohne Zutun Gottes von selbst weiter, bis sie eines Tages „stehen bleibt". Ein Eingreifen Gottes ist nicht nur nicht nötig, es passiert auch nicht – denn das würde sowohl seinem Wesen als Uhrmacher wie auch dem Wesen der Welt als Uhr widersprechen.

Die Schöpfung ist jedoch keine Uhr (und auch kein Computer), vielmehr ist diese Begrifflichkeit irreführend. Denn sie setzt ein technisches Verständnis der Welt voraus, die der eigentlichen Schöpfung nicht entspricht. Typisch für Technik ist ja, dass ein Gegenstand nicht langsam wächst, sondern nur zusammengesetzt wird. Ist zudem der ihm zugrundeliegende Plan bekannt, muss man kein Genie sein, um ihn nachzubauen. Klassisch für technische Geräte ist auch, dass sie mit einer scheinbaren „Bedürfnislosigkeit" ausgestattet sind. Ist die Uhr erst einmal aufgezogen, läuft sie ohne weiteren Energieeinsatz, ebenso fährt das Auto, wenn der Tank voll ist, oder funktioniert die Taschenlampe, wenn eine Batterie eingesetzt ist. Technische Geräte müssen zwar gewartet werden, das muss jedoch nicht kontinuierlich geschehen. Ein technisches Verständnis der Schöpfung führt daher nahezu zwangsläufig zum Gottesbild des großen Uhrmachers, der ein Meisterwerk schafft und es dann nur noch wohlwollend betrachtet bzw. hier ein wenig nachjustiert und dort ein bisschen Öl aufträgt.

Ein ganz anderes Bild bekommen wir freilich, wenn wir die kreatürlichen Prozesse selbst betrachten, wie das die Bibel tut. Wie wir bereits gesehen haben, ist dort der Vergleichspunkt für die Schöpfung nicht ein technisches Produkt, sondern ein Garten. Und jeder Gärtner weiß, dass man einen Garten nicht einfach „herstellen" kann, um ihn dann sich selbst zu überlassen. Damit Wachstum überhaupt stattfinden kann, ist ein kontinuierlicher Einsatz verschiedener Ressourcen wie Wasser, Dünger und Sonnenlicht nötig. Pflanzen verfügen über keinen Tank, weswegen es auch nicht hilft, sie einmal sehr intensiv zu wässern, um sich für ein paar Wochen den täglichen Gang mit der Gießkanne zu ersparen. Vielmehr sind sie die ganze Zeit auf ihre Umgebung angewiesen, die ihnen immer die benötigten Stoffe zur Verfügung stellen muss, wenn das Wachstum keinen Schaden nehmen soll.

Gehen wir daher vom Bild des Gartens aus, erhalten wir ein vollkommen anderes Verständnis von Gott als wenn wir technisch an die Schöpfung herangehen. Die Natur ist in keiner Weise „aufgezogen", „vollgetankt" oder sonst wie von Gott mit einer zunächst unerschöpflichen Energie versehen worden, vielmehr „trägt [er] alle Dinge mit seinem kräftigen Wort" (Hebräer 1,3). Gott erhält damit nicht nur das Universum, sondern auch jedes Lebewesen in ihm in jedem Augenblick. Wir sind folglich in jeder Sekunde von der Versorgung Gottes abhängig. Deutlich wird das daran, dass in den biblischen Ursprachen Hebräisch und Griechisch „Atem" und „Geist" dasselbe Wort sind. 1. Mose 2,7 spricht davon, dass Gott dem Menschen seinen Atem/Geist eingab, der ihn zum „lebendigen Wesen" macht. Das Leben selbst ist demzufolge immer mit Gott verbunden.

Wichtig ist hierbei, dass wir nicht mit der Aufklärung die diesseitige Schöpfung als prinzipiell „gottlos" verstehen, das heißt als einen Raum, in dem Gott normalerweise nicht wirkt, sondern erst dann, wenn er durch ein Wunder eingreift. Dem biblischen Verständnis ist diese Trennung fremd, vielmehr geht es davon aus, dass die Wirklichkeit Gottes die diesseitige durchdringt. Wie beim auferstandenen Jesus, den seine engsten Gefährten nicht erkannten, weil ihre Augen „gehalten" waren (Lukas 24,16; vgl. Johannes 20,14), braucht es jedoch auch hier eine Erleuchtung Gottes, um seine Wirklichkeit hinter und in der sichtbaren zu erkennen.

Gott hat mit dem Sündenfall die Schöpfung also nicht verlassen, sondern nur der Vergänglichkeit preisgegeben (vgl. Römer 8,20f.). In ihr bewahrt sie ihr Schöpfer nicht nur auf verschiedene Weise, er überlässt sie auch nicht sich selbst, sondern wirkt weiter in ihr. Das biblische Weltbild ist damit offen für „Wunder", also Ereignisse, die sich nicht mit dem „normalen" kreatürlichen Wirken erklären lassen, allerdings rechnet es in der Regel nicht damit. Gott hat der Schöpfung eine Ordnung gegeben, innerhalb der sich das Leben abspielen soll.

Das Böse

Hat Gott das Böse geschaffen?

Treten wir einen Schritt zurück, und betrachten wir den Anfang der Bibel unter der Fragestellung, was uns darin über das Böse mitgeteilt wird. Gut und Böse sind für uns zunächst ja moralische Kategorien, nach denen die jeweiligen Handlungen beurteilt werden sollen. Raub, Mord und ähnliche Verbrechen sind demnach böse, während Barmherzigkeit und Hilfsbereitschaft gut sind. Auf den ersten Blick scheint die Bibel dieses Konzept zu stützen und zu lehren, schließlich widmet sich ein nicht geringer Teil des Alten Testaments Geboten, die man dahingehend interpretieren kann.

Das passt allerdings nicht zu dem Anfang der Heiligen Schrift, womit diese Auslegung auch für das spätere Gesetz des Mose fragwürdig wird. Gut und Böse sind in der Geschichte vom Garten Eden nämlich kein moralischer Maßstab, sondern Beziehungsbegriffe. Gut ist das Verbleiben in der Nähe Gottes, das Vertrauen auf ihn, die Anerkennung seiner unumschränkten Autorität als Schöpfer und Sinngeber des Universums. Böse ist alles, was diese Beziehung (und mit ihr die anderen) beeinträchtigt oder gar zerstört. Der „Baum der Erkenntnis des Guten und Bösen" befreit ja gerade nicht von einer scheinbaren naiven Unschuld, in der der Mensch nicht weiß, was gut und böse ist. Der Erkenntnisgewinn, der aus dem Essen der verbotenen Frucht kommt, besteht vielmehr darin, dass der Mensch sich selbst als böse erkennt, weil er statt auf Gott nur auf sich selbst vertraut. Der Mensch möchte sein, wie er sich Gott vorstellt: ein autonomes Wesen, das niemanden braucht, weil es ein unumschränkter Herr seines Lebens ist. In einer Welt, die durch vertrauensvolle Beziehungen geprägt und deshalb gut ist, gleicht das einem Amoklauf. Böse ist also, wer sich selbst zum Zentrum macht und alle Verbindungen mit anderen unter diesem Blickwinkel betrachtet.

Das wirft die Frage auf, ob es so etwas wie das Böse an sich gibt, oder ob das Böse nicht nur eine Negation ist, eine bloße Verneinung des Guten. Wenn böse wie gut ein Beziehungsbegriff ist, dann kann keines von beiden für sich allein stehen, sondern wird jeweils vom anderen her definiert. Im Streit der Philosophie, ob das Böse eine eigenständige Größe ist oder nur die „Beraubung des Guten" (lat. *privatio boni*, entspre-

chend heißt die Auffassung „Privationslehre"), wie es der Kirchenvater
Augustin († 430) meinte, unterstützt der Anfang der Bibel Letzteres.
Insofern ist die Frage, ob Gott das Böse geschaffen habe, gleichzeitig zu
verneinen und zu bejahen. Zu verneinen ist sie, weil Gott die gesamte
Schöpfung als ein Beziehungsgefüge auf sich hin geschaffen hat, womit
sie ausschließlich „sehr gut" (als Beziehungsbegriff) war. Allerdings hat
Gott die Geschöpfe mit der Möglichkeit versehen, sich selbst zum Mittelpunkt zu machen und damit das ursprüngliche Beziehungsgefüge zu
sprengen.

Auch die Existenz der Schlange unterliegt folglich einer gewissen Notwendigkeit („gewiss" deshalb, weil wir nur darüber spekulieren können,
ob es auch hätte anders gewesen sein können). Wenn nämlich das Gute
in einer engen Beziehung mit Gott und dem Rest der Schöpfung besteht, ist derjenige automatisch als der Böse gesetzt, der am wenigsten in
dieses Beziehungsgefüge integriert ist und sich sogar zerstörerisch dazu
verhält.

Interessanterweise zeichnet die Bibel für die Schlange denn auch einen
Weg in eine immer größere Beziehungslosigkeit: Im Garten wird sie als
Folge ihrer Tat „aus allem Vieh und allen Tieren auf dem Felde verstoßen" (1. Mose 3,14). Im Buch Hiob taucht sie dann als *satanas* (hebr.
„Ankläger") im Thronrat Gottes auf. Als Ankläger mag sie eine notwendige Funktion vor Gericht erfüllen, allerdings überzieht sie und klagt
indirekt Gott selbst an, indem sie ihm vorwirft, sich Hiobs Anbetung
durch Segen zu erkaufen (Hiob 1,6-11). Im Neuen Testament wird aus
dem „Verkläger der Brüder" (Offenbarung 12,10) schließlich der *diabolos*
(griech. „Durcheinanderwerfer"). Die Versuchung Jesu in der Wüste ist
denn auch nicht mehr der kraftvolle Frontalangriff der Schlange im Garten, sondern nur noch ein Versuch zu verwirren, um Jesus von seinem
Weg abzubringen. Im Thronrat Gottes ist der Teufel nach dem Neuen
Testament freilich nicht mehr zu Hause, schon Jesus sah ihn „vom Himmel fallen wie einen Blitz" (Lukas 10,18). In der Offenbarung wird er
demnach als „Drache" dargestellt, dessen einziges Ziel die Zerstörung
ist, weil er „weiß, dass er wenig Zeit hat" (Offenbarung 12,12).

Aus dem Verführer im Garten ist damit ein Amokläufer geworden, was
freilich seiner Gefährlichkeit keinen Abbruch tut. Denn gerade wenn
wir im Bösen die Beziehungslosigkeit sehen, ist eine Macht, die auf nichts

mehr Rücksicht nehmen muss, weil sie an Beziehung nicht mehr interessiert ist, besonders böse – und das auch im moralischen Sinn.

Doch kommen wir zurück zur ursprünglichen Frage, ob Gott eine Welt hätte schaffen können, in der das Böse grundsätzlich ausgeschlossen ist. Es ist sicher etwas müßig darüber nachzudenken, schließlich können wir die Möglichkeiten Gottes nicht einmal annähernd ausloten. In unserem begrenzten Vorstellungsrahmen gäbe es als Alternative freilich nur die totale Abhängigkeit. Ein Wesen, das nicht in der Lage ist, eigenständig zu denken und zu handeln, sondern sich (wenn das überhaupt möglich ist) nur als Umwelt eines anderen versteht, kann die Beziehung auch nicht verlassen. Damit wäre ihm die Möglichkeit zum Bösen grundlegend entzogen – was allerdings nur auf Kosten seiner Fähigkeit zum Guten geschehen kann, denn auf der Beziehungsebene betrachtet gehört beides ja zusammen. Wir wären damit bei den berühmt-berüchtigten Marionetten, die Gott offensichtlich nicht hat schaffen wollen.

Das Böse betrifft alle

Auch wenn das Böse damit keine eigenständige Größe ist, sondern nur als Negativ des Guten existiert, ist es alles andere als harmlos. Da es sich nicht um eine absolute moralische Kategorie handelt, sondern um einen Beziehungsbegriff, kann sich zudem keiner von ihm verabschieden. Wären bestimmte Handlungen immer böse und andere immer gut, fiele die Wahl leicht. Gut und böse wären dann eine Frage von richtig und falsch, womit Ethik zu einer Art Betriebsanleitung für das Leben degeneriert, in der für jedes Problem ein überall gleichermaßen gültiges Handlungsmuster vorgelegt wird.

Betrachtet man Gut und Böse dagegen als Beziehungsbegriffe, wird die Lage nicht nur weitaus schwieriger, sondern vor allem unübersichtlicher. Auch wenn alles, was Gemeinschaft fördert, zunächst einmal als gut erscheint, muss es das nicht wirklich sein. Denn es gibt auch Gemeinschaften, die sich absolut setzen und nicht das Ganze mit seinen Beziehungen, sondern nur sich selbst im Blick haben. Wir kennen das in der Ideologie der „-ismen" (Nationalismus, Rassismus, Kommunismus, Fundamentalismus usw.), wo das Zentrum, um das sich die Gemeinschaft schart, so absolut gesetzt wird, dass die Welt nur noch danach beurteilt wird, wie sie sich zu den Werten dieser Gemeinschaft verhält.

Auf solche Weise aber wird die Gemeinschaft zum Götzen und ist nicht selten bereit, ihren unumschränkten Herrschaftsanspruch auch mit Gewalt durchzusetzen. Der allgemeine Kampf bekommt so freilich nur eine neue Facette, wird aber nicht beendet, weil die entsprechende Gemeinschaft nicht weniger böse ist als ein einzelner Mensch, der genauso vorgeht.

Verschärft wird die Problematik des Bösen durch den Sachverhalt, dass sich der ursprüngliche Vertrauenszustand, der eindeutig gut war, nicht mehr herbeiführen lässt. In einer Welt, die von gegenseitigem Ausnutzen, Machtkämpfen und dem Missbrauch anderer zur Durchsetzung der eigenen Herrschaftsinteressen geprägt ist, ist Misstrauen notwendig. Gemeinschaft im Sinne des Gartens ist zwar das eigentliche Ziel, das Gute, doch ist sie nicht mehr möglich. Denn was 1. Mose 3,16 für die Beziehung zwischen Mann und Frau aussagt, gilt im Prinzip für alle zwischenmenschlichen Verbindungen jenseits des Gartens: Sie stehen in der Spannung von „Verlangen" und Herrschaft, zwischen der Erkenntnis, dass kein Mensch eine Insel ist, die für sich allein existieren kann, und der Tatsache, dass jede Beziehung unter dem Schatten der Machtfrage gelebt wird. Wir sehnen uns nach Nähe, aber wir haben gleichzeitig auch solche Angst vor der mit ihr notwendig verbundenen Verletzlichkeit, dass wir sie beherrschen wollen, um sie kontrollieren zu können. An die Stelle der ursprünglichen Vertrauensbeziehung tritt deshalb der Vertrag, der Verlangen und Herrschaft in ein für beide Seiten erträgliches Verhältnis setzen soll und damit auf Misstrauen und nicht, wie die Gemeinschaft des Gartens, auf Vertrauen aufbaut.

Das Leben als Kampf

Trotzdem ist auch mit den verschiedensten Vertragsverhältnissen, Zweckbündnissen und Absprachen der Kampf ums Dasein nie zu Ende. Die Beziehungen sind abgekühlt, weswegen es im übertragenen Sinn Winter geworden ist in der Welt, um ein Bild zu gebrauchen, das der englische Philosoph C.S. Lewis in seinen „Narnia"-Büchern verwendet hat. So wie der Frühling im Jahreskreis die Zeit des Wachsens und Gedeihens ist, so ist der Winter eine Zeit des Todes: Viele Tiere sind gestorben oder überwintern zurückgezogen, die Bäume sind kahl, die klirrend kalte Landschaft wird von einer Schneedecke zugedeckt.

In dieser Welt wird das Leben selbst zum Kampf. Was im Sommer noch leicht von der Hand ging, ist nun nur noch mit großem Energieeinsatz möglich – und das beginnt schon bei der Erhaltung der eigenen Körpertemperatur. Wir schützen uns deshalb durch dicke Kleidung, in der wir zwar der Kälte nicht mehr ausgeliefert sind, andererseits aber auch weniger von uns preisgeben. Wir ziehen uns zurück in unsere warmen Häuser, in denen wir manchmal nur noch einzelne Zimmer heizen und sorgfältig darauf achten, dass die Türen geschlossen bleiben. Trotz aller Freuden, die für die Wintersportler mit ihr verbunden sind, bleibt die kalte Jahreszeit eine Zeit des Todes, der zum Opfer fällt, wer sich nicht entsprechend auf sie einstellt. Zur Kälte kommt die Dunkelheit hinzu, die das Sehen erschwert. Die Tage sind kurz und neblig, scheint in ihnen einmal die Sonne, blendet sie oft stärker als im Sommer, sodass selbst bei hellem Licht das Erkennen nicht einfach ist.

Interessant ist die Frage, ob die Welt im Winter eine andere ist als im Sommer oder Frühjahr. Geographisch gesehen sicher nicht, denn unter der Schneedecke sind immer noch die alten Wiesen und Wege; auch die Bäche und Flüsse sind vielleicht zugefroren, aber weiterhin vorhanden. Trotzdem ist nahezu alles anders geworden: Die Parks und Freibäder sind leer, die Balkone verweist, die Menschen haben sich zurückgezogen, und die, die man trifft, sind dick eingemummelt. Das Vogelgezwitscher ist verstummt, ebenso die vertrauten Geräusche der verschiedenen Insekten. Was im Sommer grün war, ist nun weiß und bei Tiefschnee kaum noch erkennbar. Manche Landschaften verändern sich so stark, dass aus den Flüssen im Winter „Straßen" werden, auf denen die Menschen zu Fuß oder sogar in Lastwagen unterwegs sind. Viele kleine Wege verschwinden ganz und gar, sodass die eine oder andere Ecke nicht mehr erreichbar ist. Mag sie auch unter dem Schnee dieselbe geblieben sein, durch ihn und die Kälte verändert sich die Welt jedoch so grundlegend, dass der Winter eine andere Wirklichkeit ist als der Sommer oder der Frühling.

Betrachtet man nun die Welt in dieser Perspektive, sieht man auch das Leid aus einem anderen Blickwinkel. Letztlich geht es dann nicht um die individuelle Katastrophe, sondern um das zerstörte Beziehungsgefüge einer sterbenden Welt, in dem das Einzelschicksal nur einen kleinen Ausschnitt darstellt. Das gilt jedoch auch für die Frage nach der Schuld.

In einem allgemeinen Kampf ums Überleben und um die knappen Energieressourcen werden wir zwangsläufig aneinander schuldig. Wer sich selbst als Maß aller Dinge betrachtet, wird mit Sicherheit mit anderen in Konflikt geraten, denen es genauso geht.

Gleichzeitig können wir aber auch kaum anders. Es ist wie bei Kindern, die ohne Bezugspersonen auf der Straße aufwachsen und kriminell werden. Dieser Hintergrund entschuldigt sicher nicht die einzelnen Taten, bei denen sie jeweils auch anders hätten handeln können. Natürlich hätte man diesen Diebstahl ebenso wenig begehen müssen wie jenen Betrug. Insofern liegt auch bei ihnen eine individuelle Schuld vor, denn die Umstände entbinden nicht von der Verantwortung. Umgekehrt aber bleibt ihnen oft auch keine andere Möglichkeit, als auf kriminelle Weise ihren Lebensunterhalt zu bestreiten. Auf der Straße zu existieren ist schließlich kein Lebensweg, den sie in Abwägung des Für und Wider frei gewählt haben, sondern ein Schicksal, das ihnen aufgezwungen wurde.

Deshalb wäre unsere Situation nicht wirklich erfasst, wenn man den Blick nur auf die Einzelwesen und ihre moralische Verantwortung richtet. Jenseits der individuellen Schuldigkeit verbirgt sich eine Dimension des Bösen, die viel größer ist: Das Beziehungsgefüge ist zerstört, und mit dieser Wirklichkeit müssen wir leben. Auch wenn nach der Schöpfungsgeschichte Vertrauen geboten und Misstrauen geächtet ist, können wir doch unsere Kinder nicht nach diesem Vorbild erziehen, denn sie, wie wir, leben in einer Welt, in der Misstrauen angebracht ist, weil Vertrauen zu oft missbraucht wird. Damit jedoch tragen wir das Problem ohne es zu wollen in die nächste Generation. Das Böse wird nicht aus der Welt geschafft, sondern pflanzt sich weiter fort.

Die Sünde

Unterschiedliche Formen

In der christlichen Theologie hat sich für diesen ganzen Komplex der Begriff „Sünde" eingebürgert. Er bezeichnet sowohl die Trennung von Gott, in die jeder Mensch von Geburt an hineingestellt ist, wie auch die einzelnen Taten, die sich aus dieser Zerstörung des ursprünglichen

Beziehungsgefüges ergeben. Das Wort selbst ist eng mit „Sund" verwandt, einem Meeresarm, der eine Insel vom Festland abtrennt – womit
bei dem Begriff „Sünde" die Betonung auf der grundlegenden Beziehungs-
problematik, nicht auf den einzelnen Handlungen liegt. Der Begriff ist
allerdings nicht biblisch, weil er nicht aus einer der biblischen Sprachen
abgeleitet ist. Wir erfahren damit zunächst also nur, wie das Problem
der Welt in der deutschsprachigen Theologie verstanden wurde und wird,
nicht jedoch ob dieses Verständnis mit dem des Alten und Neuen Testaments übereinstimmt.

Im Hebräischen wie im Griechischen existieren verschiedene Worte,
die in den deutschen Bibeln jeweils in der Regel mit „Sünde" bzw. „sündigen" übersetzt werden: Das häufigste Wort des Alten Testaments ist
„Verfehlung" (*chet*, im Neuen Testament entspricht ihm *harmatia*, weswegen die Sündenlehre auch oft „Harmatologie" genannt wird). Gedacht ist dabei an den schlichten Tatbestand der Zielverfehlung. Aus
welchem Grund auch immer bewegt sich jemand in die falsche Richtung oder auf ein falsches Ziel zu, sodass er den eigentlich anzustreben-
den Endpunkt nicht erreicht. (Der englische Begriff *sin* entstammt
übrigens diesem Kontext: Ursprünglich beschrieb *sin of the arrow* („die
Sünde des Pfeils") den Abstand zwischen dem Zentrum einer Zielschei-
be und dem Ort, an dem der abgeschossene Pfeil steckte. Von dort aus
übertrug man das Wort auch auf andere Zielverfehlungen.)

Wichtig ist, dass damit keine moralische Bewertung verbunden ist. Es
kann ja durchaus verschiedene Ursachen haben, warum einer sein Ziel
nicht erreicht. Vielleicht wusste er gar nicht, was das Ziel ist, in diesem
Fall reicht es, ihn darauf hinzuweisen. Vielleicht wusste er es, erreichte
es aber nicht, weil er nicht konnte. Dann muss man ihm helfen. Doch
vielleicht kannte er das Ziel, hätte es auch erreichen können, wollte aber
nicht. Erst in diesem Fall ist so etwas wie eine Zurechtweisung nötig.
Und erst hier stellt sich die Frage nach der Schuld.

Damit kommen wir in einen weiteren Bereich der Sünde, „Rechtsbruch" bzw. „Auflehnung" (hebr. *päscha*, griech. *parakoä*, was im Neuen
Testament meist mit „Ungehorsam" übersetzt wird). Hierbei handelt es
sich um die bewusste und gewollte Verweigerung des Gehorsams, womit wir es mit der Rebellion gegen eine Autorität zu tun haben. Der
Schwerpunkt liegt nicht mehr länger auf der Zielverfehlung, sondern

auf der gestörten Beziehung zwischen einem „Oben" und einem „Unten",
die daraus resultiert, dass sich „Unten" gegen „Oben" auflehnt. Da es
sich hierbei um eine gewollte und bewusste Aktion handelt, ist die Zielverfehlung nicht mehr das eigentliche Problem, sondern der dahinterstehende
Machtkampf. Entsprechend anders muss er angegangen werden.

Setzt die „Auflehnung" eine Beziehung voraus, die trotz aller Schwierigkeiten darauf beruht, dass es ein für beide Seiten wahrnehmbares
„Oben" und „Unten" gibt, tritt mit der „Verkrümmung" (hebr. *avon*)
eine noch tiefergehende Beziehungsstörung ein. Hier geht es um ein
Vergehen, das Folge einer grundlegend falschen Gesinnung ist, weswegen das Wort im Deutschen oft mit „Schuld" wiedergegeben wird. Der
Mensch ist so sehr in sich selbst verkrümmt, dass er das Ziel gar nicht
mehr wahrnimmt. Im Bild gesprochen betreibt also einer im wahrsten
Sinne des Wortes „Nabelschau", weswegen er nur noch sich selbst sieht
und nicht mehr das, was um ihn herum geschieht. Entsprechend schwierig wird es, ihn auf das eigentliche Ziel hinzuweisen, schließlich müsste
er dazu von sich weg und nach vorne schauen. Bei der „Verkrümmung"
geht es also um eine sehr viel tiefgreifendere Problematik als um eine
einzelne falsche Tat oder eine Zielverfehlung.

Noch einen Schritt weiter geht das griechische Wort *anomia*,
„Gesetzlosigkeit", das im Neuen Testament die äußerste Form der Sünde bezeichnet. Ein Gesetzloser handelt im wahrsten Sinne des Wortes
„autonom" (griech. „sich selbst Gesetz sein"), er lehnt sich nicht mehr
gegen die Autorität auf, sondern nimmt sie gar nicht mehr wahr – ebenso
wenig wie die anderen Beziehungen, in denen er steht.

Sünde als Ordnungsproblem

Mit dem Wortfeld ist gleichzeitig der Rahmen abgesteckt, innerhalb
dessen das Alte Testament Sünde versteht. Grundlage ist die von Gott
gesetzte Ordnung, wozu einerseits die Ordnung des Kosmos gehört,
andererseits aber vor allem das mosaische Gesetz, das Gott seinem Volk
am Sinai gegeben hat. Hier wie überall denkt das Alte Testament integriert, das heißt, es geht davon aus, dass die mit der Schöpfung verbundene göttliche Ordnung der Welt nicht einfach nur eine persönliche
Überzeugung, sondern erfahrbare Wirklichkeit ist. Entsprechend erwartet man, dass sie sich selbst durchsetzt und jeder Verstoß gegen sie des-

halb eine entsprechende Folge nach sich zieht. Der Fluch der bösen Tat fällt damit immer auf den Täter zurück, auch wenn zwischen Tat und Folge große Zeiträume liegen können. In der Theologie spricht man hier von einem „Tun-Ergehens-Zusammenhang", womit ausgedrückt wird, dass das Schicksal („Ergehen") als Folge des Handelns („Tun") verstanden wird.

Falsch wäre es allerdings, diesen Zusammenhang individualistisch zu interpretieren. Es geht zwar auch um das Schicksal des Einzelnen (das unter Umständen durch lange zurückliegende Verfehlungen („Sünden der Jugend", vgl. Psalm 25,7; Hiob 13,26) „eingeholt" wird), im Zentrum steht jedoch das Ergehen der Gemeinschaft. Die falsche Tat eines Einzelnen hat damit unmittelbare Auswirkungen auf die Gemeinschaft als Ganzes, die dadurch von negativen Folgen bedroht wird.

An einem für uns besonders fremdartigen Beispiel wird dieser Zusammenhang vielleicht etwas deutlicher: Wurde irgendwo in Israel ein Ermordeter gefunden, so ging man davon aus, dass die Gemeinschaft, in deren Region sich das Verbrechen zugetragen hatte, unter einem Fluch stand. Hierbei spielte es keine Rolle, ob der Mord tatsächlich von einem Angehörigen dieser Gemeinschaft begangen worden war (das konnte man unter Umständen gar nicht klären), entscheidend war vielmehr, dass die gottgegebene Ordnung innerhalb ihres Verantwortungsbereiches verletzt worden war. Eine solche Störung der Ordnung musste sich deshalb negativ auf die Gemeinschaft auswirken, die die Folgen irgendwo zu spüren bekommen hätte. Auch hier müssen wir wie die Antike integriert denken: Solche Folgen bestehen nicht nur in dem ungestörten Weiterwirken des Mörders (das wäre ein neuzeitlich verkürzter Ansatz), sondern gerade darin, dass die Ordnung sich gegen die Gemeinschaft stellt, womit es zu Missernten, Fehlgeburten, Krankheiten und Ähnlichem kommt. Das konnte nur abgewendet werden, wenn die Gemeinschaft ein bestimmtes Ritual durchführte, das die Ordnung wiederherstellte, indem es den Fluch auf ein Tier „umleitete" (vgl. 5. Mose 21,1-9).

Sünde ist damit immer ein Ordnungsproblem und gleichzeitig ein Problem der Gemeinschaft, die gegen die Ordnung verstößt. Das zeigt sich auch in dem Bereich, in dem Sünde im Alten Testament am deutlichsten zu Tage tritt: im Umgang mit dem Gesetz vom Sinai. Um es richtig zu verstehen, müssen wir allerdings ein wenig ausholen.

Wie ein Vergleich mit anderen Texten des Alten Orients zeigt, ist das mosaische Gesetz in der Form eines Vasallenvertrages verfasst worden. Mit solchen Verträgen schlossen ein Großkönig und einzelne kleinere Könige einen Bund, in dem der Großkönig dem kleineren Schutz und Hilfe zusagte, während sich der kleinere zur Treue gegenüber dem großen verpflichtete. Da zwei so unterschiedliche Machthaber nicht auf Augenhöhe miteinander verhandeln konnten, verstand man auch das durch den Vertrag geschlossene Verhältnis nicht als ein gegenseitiges Geben und Nehmen, sondern als einen großmütigen Akt des Großkönigs, der den kleineren zu Dankbarkeit verpflichtete. Das ganze Verhältnis ging damit vom größeren aus, der durch eine besondere Tat (Stichwort: Schutz) überhaupt erst die Grundlage für die Beziehung gelegt hatte.

Betrachtet man nun das Gesetz des Mose aus diesem Blickwinkel, so enthält es in 2. Mose 20,2 den in solchen Fällen üblichen „historischen Prolog", in dem der bundesstiftende Großkönig (in diesem Fall Gott) an die Wohltaten erinnert, die er dem Vasallen (Israel) unverdient hat zukommen lassen: „Ich bin der HERR, dein Gott, der ich dich aus Ägyptenland, aus der Knechtschaft, geführt habe." Am Anfang der Beziehung zwischen Gott und seinem Volk steht damit nicht die Verpflichtung Israels, sondern Gottes unverdiente Rettung. Dass Israel überhaupt als eigenständige Größe existiert, verdankt es seinem Gott, der es aus dem „Sklavenhaus" (so die wörtliche Übersetzung) befreit hat.

Unter diesem Vorzeichen sind die nachfolgenden Bestimmungen zu lesen, die Israel als Gottesvolk zu einer besonderen Lebensweise verpflichten. Vom Anfang her betrachtet kann es sich bei ihnen nämlich nicht um Gebote handeln, die die Gottesbeziehung erst ermöglichen, sondern nur um solche, die die bereits vorhandene Beziehung regeln, die auf einer unverdienten Wohltat Gottes beruht. Mit anderen Worten: Auch das Gesetz ist nicht in dem Sinne „gesetzlich" misszuverstehen, als ob ein Mensch durch seine Befolgung das Bundesverhältnis mit Gott überhaupt erst schließen könnte. Nein, zum Gottesvolk gehört man durch die Beschneidung, die am achten Tag nach der Geburt vollzogen und damit nur passiv empfangen werden kann. Das Gesetz des Mose zeigt nur auf, wie das Gottesvolk sich verhalten soll.

Vor diesem Hintergrund sind auch die im Gesetz an verschiedenen

Stellen (vor allem in 5. Mose 28) erwähnten Segensverheißungen und
Fluchandrohungen zu verstehen. Gottes Segen ist dabei vorausgesetzt,
ihn schafft man sich nicht durch Einhalten des Gesetzes. Zum Bundesverhältnis gehört jedoch die Treue, die der Vasall mit einem solchen
Vertrag dem Großkönig geschworen hat. Ein Übertreten des Gesetzes
wird deshalb als Treuebruch verstanden, der umso schwerer wiegt als der
Vasall angesichts der vom Großkönig im Vertrag aufgeführten Wohltaten keinen Grund dazu hat. Auch die Ahndung des Treuebruchs (Stichwort: Fluch) geschieht damit innerhalb des durch den Bund geschaffenen Verhältnisses, denn erst dadurch wird der Treuebruch als solcher
offensichtlich. Bestünde kein Bund, gäbe es auch keinen Treuebruch.
Und hätte Gott Israel nicht aus Ägypten geführt, wäre das Volk nicht
zur Treue seinem Gott gegenüber verpflichtet gewesen.

Die Aufforderung von 2. Mose 19,6, „ein Königreich von Priestern
und ein heiliges Volk sein", spricht damit das Zentrum der von Israel
geforderten Bundestreue an. Das alttestamentliche Gottesvolk soll sich
als Gottes Eigentum von den übrigen Völkern der Welt unterscheiden
(das heißt: trennen), was vor allem durch die Beachtung der Reinheitsgebote geschieht (3. Mose 11-15). Damit die Trennung vollständig sein
kann, muss sie jedoch praktisch jeden Bereich des Lebens einschließen,
womit sich nicht wenige Möglichkeiten der „Zielverfehlung" im Sinne
einer Übertretung der Reinheitsvorschriften ergeben. Aufgabe der Priester ist es deshalb, das Volk nicht nur über die entsprechenden Bestimmungen aufzuklären, sondern auch im Fall der Verletzung die Ordnung
durch festgelegte Rituale wiederherzustellen.

Wie im weiter oben aufgeführten Beispiel auch, geht es also hier nicht
in erster Linie um die Schuldfrage, sondern um die verletzte Ordnung,
weswegen die Gleichsetzung von Sünde und Schuld die Problematik
verkürzt. Im Alten Testament wird Sünde nämlich zunächst einmal ganz
praktisch verstanden, ohne moralische Wertung. Es handelt sich um einen Fehler in der vom Gesetz abgesteckten Gottesbeziehung, der sich
im täglichen Leben des Menschen zeigt (vgl. Psalm 51,6). Da das Gesetz freilich neben den Reinheitsgeboten auch die zwischenmenschlichen Beziehungen regelt, finden sich auch hier Verstöße gegen die gott-
gesetzte Ordnung – und damit Sünde in Verbindung mit Schuld. Diese
Übertretungen, wie die Unterdrückung der Armen oder andere Verstö-

ße im sozialen Bereich, werden vor allem von den Propheten angeprangert, die darauf hinweisen, dass Gottes Gebote weit mehr umfassen als den Kultus (vgl. Amos 5,21-24). Als schwerste Sünde wiegt schließlich der Abfall von Gott, der sich in der Anbetung anderer Gottheiten äußert (Götzendienst). Doch selbst wenn an dieser Stelle Sünde als Störung der Gottesbeziehung am deutlichsten wird, bleiben auch die anderen Bereiche auf Gott bezogen. Da Israel eine besondere Beziehung zu Gott pflegen soll, ist Sünde im Alten Testament immer Sünde gegen Gott.

Täuschen wir uns jedoch nicht: Anhand der angedrohten Folgen können wir erkennen, dass auch Verfehlungen gegen das Gesetz des Mose als Verstoß gegen die Ordnung Gottes betrachtet wurden, womit es für einen Israeliten keine Rolle spielt, ob er sich an der Schöpfungsordnung oder am Gesetz des Mose versündigt hat, zumal sich beides oft nicht trennen lässt. Entsprechend wird in beiden Bereichen der Tun-Ergehens-Zusammenhang betont. So sagt etwa der Prophet Micha denen, die „Äcker an sich reißen und Häuser nehmen" folgendes Gericht an: „Meines Volkes Land kriegt einen fremden Herrn!" (Micha 2,2.4). Das Unrecht, das sie anderen tun, trifft damit die Reichen selbst. Ähnlich verhält es sich mit der Anbetung fremder Götter, wo das Gesetz eindeutig herausstellt:

> *„Wenn ihr ... im Lande wohnt und versündigt euch und macht euch Bildnisse von irgendeiner Gestalt, sodass ihr übel tut vor dem HERRN, eurem Gott, und ihn erzürnt, ... [wird] der HERR euch zerstreuen unter die Völker, und es wird von euch nur eine geringe Zahl übrig bleiben unter den Heiden, zu denen euch der HERR wegführen wird. Dort wirst du dienen den Götzen, die das Werk von Menschenhänden sind, Holz und Stein, die weder sehen noch hören noch essen noch riechen können" (5. Mose 4,25.27f.).*

Auch hier besteht die „Strafe" vor allem in der Konsequenz: Wer anderen Göttern dient, wird ihnen dort dienen müssen, wo es nach antikem Verständnis am ehesten angebracht ist, nämlich im „Heimatland" der Götter, also fern von Israel. Tun und Ergehen bilden damit auch hier eine Einheit.

Sünde als Grundhaltung des Menschen

In der prophetischen Verkündigung verschiebt sich freilich der Fokus, in dem Sünde betrachtet wird. Im Mittelpunkt steht nicht mehr das einzelne Gebot, dessen Übertretung unter Umständen durch ein entsprechendes Opfer ausgeglichen werden kann, sondern die Grundhaltung des Menschen. „Gehorsam ist besser als Opfer", ließ schon der Prophet Samuel den abtrünnigen König Saul wissen und prägte damit den im Alten Testament wohl am meisten wiederholten Grundsatz (1. Samuel 15,22; vgl. Jesaja 1,11-17; Jeremia 7,22; Hosea 6,6; Amos 5,21-22; Micha 6,6-8; Sacharja 7,5-7). Die einzelne Tat wird damit nicht mehr länger für sich betrachtet, sondern als Symptom für eine tiefer liegende Problematik gesehen. Es geht um das, was das Alte Testament mit dem „Herz" des Menschen verbindet, seinen Personkern. „Dieses Volk naht sich mir mit seinem Munde und mit seinen Lippen ehrt es mich, aber ihr Herz ist fern von mir", wirft Gott nach Jesaja 29,13 Israel vor.

Wie sehr eine gottferne Grundhaltung jegliche äußere Gebotserfüllung ins Gegenteil verkehrt, macht wiederum der Prophet Amos deutlich, der wie kaum ein anderer die scheinbare Frömmigkeit Israels kritisiert:

> „Ich bin euren Feiertagen gram und verachte sie und mag eure Versammlungen nicht riechen. Und wenn ihr mir auch Brandopfer und Speisopfer opfert, so habe ich kein Gefallen daran und mag auch eure fetten Dankopfer nicht ansehen. Tu weg von mir das Geplärr deiner Lieder; denn ich mag dein Harfenspiel nicht hören! Es ströme aber das Recht wie Wasser und die Gerechtigkeit wie ein nie versiegender Bach" (Amos 5,21-24).

In ähnlich abwertender Weise äußert sich auch der Psalmist, wenn er schreibt:

> „Höre, mein Volk, lass mich reden; Israel, ich will wider dich zeugen: Ich, Gott, bin dein Gott.
> Nicht deiner Opfer wegen klage ich dich an – sind doch deine Brandopfer täglich vor mir.
> Ich will von deinem Hause Stiere nicht nehmen noch Böcke aus deinen Ställen.

Denn alles Wild im Walde ist mein und die Tiere auf den Bergen zu Tausenden.

Ich kenne alle Vögel auf den Bergen; und was sich regt auf dem Felde, ist mein.

Wenn mich hungerte, wollte ich dir nicht davon sagen; denn der Erdkreis ist mein und alles, was darauf ist.

Meinst du, dass ich Fleisch von Stieren essen wolle oder Blut von Böcken trinken?

Opfere Gott Dank und erfülle dem Höchsten deine Gelübde,

und rufe mich an in der Not, so will ich dich erretten und du sollst mich preisen" (Psalm 50,7-15).

Damit wächst das Alte Testament weit über den bloßen Gesetzesgehorsam hinaus, den man ihm manchmal unterstellt. Hier wie später im Neuen Testament geht es in erster Linie um die Grundhaltung des Menschen und erst in zweiter um die daraus folgenden Taten.

Bezeichnend ist jedoch, dass das Alte Testament so etwas wie die „sündige Verstrickung" des Menschen, wenn überhaupt, nur am Rande thematisiert. Zwar betont es bereits ganz zu Anfang, dass „das Dichten und Trachten des menschlichen Herzens böse ist von Jugend auf" (1. Mose 8,21), verhält sich allerdings im Umgang mit der Sünde insgesamt eher pragmatisch. Sünde ist zunächst die einzelne Tat, die einen Verstoß gegen die Ordnung darstellt und als solche behandelt werden muss. Entsprechend wird sorgfältig zwischen einer unbewussten Übertretung „aus Versehen" und einer vorsätzlichen Tat „mit erhobener Hand" (4. Mose 15,30) unterschieden. Kann Erstere durch die jeweils gebotenen Rituale wieder aus der Welt geschafft werden, ist für Zweitere so etwas nicht vorgesehen. In diesem Fall muss der Sünder für die Folgen seines Tuns geradestehen (vgl. 4. Mose 15,22-31).

Das Verständnis der Zeitgenossen Jesu

Der Blickpunkt des Alten Testaments liegt damit vor allem auf den einzelnen Sünden, nicht auf der grundlegenden Trennung des Menschen von Gott. Das Judentum zur Zeit Jesu (und darüber hinaus) sah dementsprechend im Sündenfall auch keine globale Abkehr der Menschheit von Gott, die die weitere Geschichte entscheidend verändert hat, sondern eine exemplarische Versuchungserzählung, anhand derer wir lernen können, wie Versuchungen aussehen und wie sie zu meiden sind. Nach dieser Auffassung kommt jeder Mensch mit einer „reinen Seele", aber auch dem „bösen Trieb" auf die Welt. Nun liegt es an ihm, Letzteres zu bekämpfen und somit Ersteres rein zu erhalten. Dabei berief man sich auf 1. Mose 4,7, wo Gott zu Kain sagt:

> *„Ist's nicht also? Wenn du fromm bist, so kannst du frei den Blick erheben. Bist du aber nicht fromm, so lauert die Sünde vor der Tür, und nach dir hat sie Verlangen; du aber herrsche über sie."*

Jedem Menschen stehen damit immer zwei Wege offen, der der Sünde und der der Gerechtigkeit, die in der Bibel als Gegenpol zur Sünde verstanden wird. Und es liegt an ihm und in seiner Verantwortung, für welchen er sich entscheidet.

Diese Auslegung wurde vor allem von den Pharisäern vertreten, der zur Zeit Jesu einflussreichsten jüdischen Strömung. Das Bild der Pharisäer ist leider durch die christliche Tradition so stark verzerrt worden, dass die Bezeichnung heute vielerorts abwertend gebraucht wird. Tatsächlich waren die Pharisäer jedoch eine Laienbewegung, die sich ernsthaft bemühte, das, was sie als Wille Gottes erkannt hatte, im Alltag auch gegen Widerstände umzusetzen. Die Pharisäer waren damit die „Frommen" und unterschieden sich auf diese Weise von den Teilen ihres Volkes, die sich an eine hellenistische Lebensweise angepasst hatten und damit nicht wenige Züge der alttestamentlichen Überlieferung verleugneten. Pharisäer und Christen waren sich in vielem sogar so ähnlich, dass es zu Bündnissen kommen konnte (etwa als Jesus von Pharisäern vor den Nachstellungen des Herodes gewarnt wurde; Lukas 13,31). Nicht wenige Pharisäer beschäftigten sich intensiv mit dem Christentum (am prominentesten war Nikodemus; Johannes 3), der bedeutendste Konvertit war kein Geringerer als der Völkerapostel Paulus selbst.

Doch kommen wir zurück auf das pharisäische Verständnis von Sünde: Da die Pharisäer davon ausgingen, dass der Mensch sündlos (wenn auch mit einem „bösen Trieb") geboren wurde, zielte ihr Wirken vor allem darauf ab, die ursprüngliche Reinheit zu erhalten bzw. möglichst wenig zu beflecken. In der Praxis geschah dies, indem man ein Gebot nahm und einen „Zaun" darum zog, so dass es unmöglich war, das Gebot zu übertreten. Hierzu war zunächst eine genaue Definition des im Gebot beschriebenen Bereiches nötig. So wurde etwa „Arbeit", die am Sabbat verboten war (vgl. 2. Mose 20,8-11), mit verschiedenen Tätigkeiten in Verbindung gebracht, die so grundlegend waren, dass sie alle anderen möglichen Arbeiten miteinschlossen (zum Beispiel „zusammenfügen" und „trennen"). War nun das Gebot genau definiert, konnte man den „Zaun" darum ziehen, der dafür sorgte, dass man nie in Gefahr geriet, das Gebot zu übertreten. Im Fall des Sabbats bedeutete dies, dass man keine der aufgeführten Tätigkeiten verrichten durfte, womit dem Gebot Genüge getan wäre.

Vor diesem Hintergrund verwundert es nicht, dass die Pharisäer sich in vielen Bereichen von der übrigen Bevölkerung fernhielten (Pharisäer ist als Begriff vermutlich mit dem aramäischen Wort für „sich absondern" verwandt). Das galt umso mehr, als im Mittelpunkt ihrer Gesetzesauslegung die Reinheitsgebote standen, mit denen sich die Angehörigen des Gottesvolkes vor kultisch Unreinem schützen sollten. Unreinheit wurde dabei vom Alten Testament her wie eine ansteckende Krankheit verstanden, was heißt, dass sich der Reine beim Unreinen verunreinigt, nicht jedoch seine Reinheit auf ihn übergeht. In einer Welt, die sich auch in den jüdischen Kerngebieten immer weiter vom alttestamentlichen Ideal entfernte, blieb damit oft als einziger Weg die Absonderung.

Wenn wir das Bild von der winterlichen Welt noch einmal aufgreifen, dann versuchten die Pharisäer also in ihren Häusern den Sommer zu bewahren. Durch hohen Energieeinsatz und eine entsprechende Abschottung gegen die Kälte wollten sie Räume schaffen, in denen der Sommer so gut es eben ging gelebt werden konnte. Wer den wirklichen Sommer kennt, zweifelt allerdings an so einem Ansatz, denn das, was den Sommer auszeichnet, das Licht, die Farben und das unbeschwerte Draußensein von früh bis spät, all das lässt sich in einem geschlossenen Raum nicht herstellen. Selbst bei großem Energieeinsatz entsteht bestenfalls eine Sauna-Atmosphäre, die nur sehr bedingt an die Hitze des Sommers erinnert.

Jesus und die Sünde

Im Gegensatz zu den Pharisäern übernimmt das Neue Testament das Sündenverständnis der alttestamentlichen Prophetie, wobei der Schwerpunkt auf der Problematik des sündigen Herzens liegt. Hier setzt auch Jesus an, der durch seine Verkündigung das Sündenbewusstsein bei seinen Zuhörern verschärfte. Interessant ist an dieser Stelle vor allem die Bergpredigt, die einige Spitzen gegen die pharisäische Auffassung enthält. Dort dehnt Jesus den Geltungsbereich des Gebotes ins schier Unermessliche aus, etwa wenn er Zorn und Beschimpfungen mit Totschlag gleichsetzt (Matthäus 5,22) oder schon den begehrlichen Blick Ehebruch nennt (Matthäus 5,28). Damit bleibt er zwar in der Linie der prophetischen Gerichtsankündigungen des Alten Testaments, geht inhaltlich aber weit über sie hinaus. Die sündige Tat, die für die Propheten Symptom einer falschen Herzenshaltung war, spielt hierbei kaum noch eine Rolle. Jesus beschäftigt sich vielmehr nahezu ausschließlich mit dem Herzen, das auch dann noch von Gott abgewandt ist, wenn es gar nicht zum sündigen Tun kommt.

Wenn das Böse, wie wir gesehen haben, in der Beziehungslosigkeit besteht, ist diese Vorgehensweise nur konsequent. Denn dann beginnt das eigentliche Problem nicht erst bei der Tat (die unter Umständen durch entsprechende soziale Beschränkungen nie umgesetzt werden kann), sondern schon mit der innerlichen Abschottung vor dem anderen, mit seiner bewussten Ablehnung, mit dem sorgsam genährten Hass. Das ist insofern gefährlich, als damit eine Geisteshaltung unterstützt wird, die das Böse nur beim anderen sieht und damit nicht erkennt, dass gerade diese Haltung böse, weil beziehungszerstörend ist.

Um diese Problematik aufzudecken, ging Jesus offensiv mit den Reinheitsvorschriften um. Während sie von den Pharisäern vor dem Hintergrund des Gesetzes so verstanden wurden, dass zum Beispiel der kultisch reine Körper vor unreinen (also den nach 3. Mose 11 verbotenen) Speisen geschützt werden sollte, drehte Jesus das Verhältnis um:

> *„Merkt ihr nicht, dass alles, was von außen in den Menschen hineingeht, ihn nicht unrein machen kann? Denn es geht nicht in sein Herz, sondern in den Bauch und kommt heraus in die Grube. Damit erklärte er alle Speisen für rein. Und er sprach: Was aus dem Menschen*

herauskommt, das macht den Menschen unrein; denn von innen, aus dem Herzen der Menschen, kommen heraus böse Gedanken, Unzucht, Diebstahl, Mord, Ehebruch, Habgier, Bosheit, Arglist, Ausschweifung, Missgunst, Lästerung, Hochmut, Unvernunft. Alle diese bösen Dinge kommen von innen heraus und machen den Menschen unrein" (Markus 7,18-23).

Unrein ist damit nicht die Umwelt (Nahrung), sondern der Mensch selbst. Von ihm geht die Unreinheit aus, weswegen ihn eine im mosaischen Sinn unreine Speise gar nicht mehr verunreinigen kann.

In geradezu ironischer Weise setzte Jesus sich zudem mit den für das pharisäische Gesetzesverständnis typischen Nebenerscheinungen auseinander: Weil man nicht bei Gott schwören durfte – sonst hätte man ja gesündigt, wenn der Schwur nicht einzuhalten war (vgl. 4. Mose 30,3) –, aber in einer Zeit lebte, in der die meisten Verträge mündlich geschlossen wurden und damit das Schwören nötig war, nahm man bei Formeln Zuflucht, die für beide Partner mit Gott in Verbindung standen, jedoch nicht Gott selbst bezeichneten. Jesus nennt ausdrücklich den „Himmel", die „Erde", „Jerusalem" und sogar das eigene „Haupt" (Matthäus 5,34-36).

Gleichzeitig macht er mit seiner Aufforderung „Eure Rede aber sei: Ja, ja; nein, nein. Was darüber ist, das ist von Übel" (Matthäus 5,37) auf das grundlegende Problem dieses Sündenverständnisses aufmerksam: Durch den „Zaun" wird nicht die Sünde eingeschränkt, sondern paradoxerweise gerade das Gebot. Um einen „sündenfreien", sicheren Bereich definieren zu können, muss man nämlich das Gebot in eine „handhabbare" Form gießen. Das geschieht, indem man seinen Geltungsbereich begrenzt. Sollte mit dem Verbot des falschen Eides die Wahrhaftigkeit gerade in diesem äußerst sensiblen Bereich gestärkt werden, wird sie durch eine genaue Definition dessen, wann eine Aussage wahr sein muss und wann nicht, in Wirklichkeit limitiert. Wir kennen diese Problematik unter dem Stichwort des „Kleingedruckten", das scheinbar eindeutige Aussagen des Vertragstextes so uminterpretiert, dass sie ins Gegenteil verkehrt werden.

Jesus fordert dagegen dazu auf, die Wahrheit in jedem Bereich des Lebens so ernst zu nehmen, dass Schwören überflüssig wird. Er will also

gerade nicht einen Bereich der Wahrheit aus dem allgemeinen der Un-
wahrheit herausnehmen, sondern die Wahrheit auf jeden Lebensbereich
ausdehnen. Im Gegensatz zu den Pharisäern vertritt er damit kein de-
fensives, sondern ein offensives Konzept. Sein Ziel ist es nicht, in einer
verdorbenen Welt Orte der Reinheit zu bewahren, vielmehr erhebt er
im Namen der Reinheit Anspruch auf die ganze Welt, in der es keinen
„Schutzraum" für die Verdorbenheit mehr geben soll, die sich in unseren Herzen eingenistet hat.

Wie sehr Jesus das eigentliche Problem in unserer Beziehungslosigkeit
sieht, lässt sich daran erkennen, dass er Zeit seines Lebens jegliche Form
von Ausgrenzung offensiv und öffentlich angegangen ist. Im Gegensatz
zu den Pharisäern traf er sich mit Prostituierten, Kollaborateuren („Zöllnern") und Nichtjuden und suchte ihre Gemeinschaft in einer Weise,
dass er „ein Fresser und Weinsäufer, ein Freund der Zöllner und Sünder"
genannt wurde (Matthäus 11,19). Hierbei steht die Überwindung der
Beziehungslosigkeit im Mittelpunkt, nicht das moralische Interesse, wie
etwa die Begegnung mit Zachäus deutlich macht (vgl. Lukas 19,1-10).

Besonders auffällig ist das auch in Jesu Begegnung mit der Ehebrecherin.
Obwohl Johannes 8,1-11 wohl nicht zum ursprünglichen Text des
Johannesevangeliums gehört, kann doch kein Zweifel daran bestehen,
dass die Szene historisch ist, so sehr entspricht sie der von Jesus geübten
Praxis: Auf der einen Seite verurteilt er die Sünde als solche – Ehebruch
ist nicht nur ein Verstoß gegen das 7. Gebot (2. Mose 20,14), sondern
auch ein Vergehen gegen die Beziehung und damit auch in einer engen
Definition böse – viel wichtiger ist es ihm jedoch, der Frau eine neue
Chance zu geben: „Geh hin und sündige hinfort nicht mehr" (Johannes
8,11). Sein Ziel ist nicht das Verdammen, sondern das Zurechtbringen,
also die Herstellung der Beziehung.

Gleichzeitig wird in diesem Abschnitt auch das pharisäische Verständnis von Reinheit indirekt kritisiert. In den Augen der Ankläger tat die
Frau etwas Falsches, während sie selbst richtig lebten. Jesu Aufforderung: „Wer unter euch ohne Sünde ist, der werfe den ersten Stein auf
sie" (Johannes 8,7) führte sie jedoch ins Nachdenken. Dass niemand
seine Hand erhob, zeigt, wie sehr ihnen klar geworden war, dass man
den reinen Bereich des Gebotes nicht mit einem Zaun von der unreinen
Welt trennen kann.

Nicht von ungefähr vermutet Jesus bei den „Frommen" daher die größten Probleme. Während die „Sünder" in der Regel wissen, dass ihr Lebensstil nicht dem entspricht, was Gott geboten hat, halten die „Frommen" zwar oft große Stücke auf sich, zeigen durch ihre Abschottung gegen die „Sünder" jedoch ihre eigene Beziehungslosigkeit und offenbaren damit das Böse in sich selbst:

> *„Weh euch, Schriftgelehrte und Pharisäer, ihr Heuchler, die ihr seid wie die übertünchten Gräber, die von außen hübsch aussehen, aber innen sind sie voller Totengebeine und lauter Unrat! So auch ihr: von außen scheint ihr vor den Menschen fromm, aber innen seid ihr voller Heuchelei und Unrecht"* (Matthäus 23,27f.).

Ergänzt wird dies durch die geradezu ätzende Karikatur eines pharisäischen Gebetes, mit dem Jesus die Litanei als selbstgerechtes Geplapper entlarvt (Lukas 18,11f.). Als Gegenpol tritt einer der verhassten Zöllner auf, der Gott nur um Gnade bittet (ohne etwa einen veränderten Lebenswandel zu versprechen) und damit mit ihm ins Reine kommt. Selbstgerechtigkeit ist damit in den Augen Jesu eine weit größere Sünde als das Brechen von Geboten.

Sünde bei Paulus

An dieser Stelle setzt der Apostel Paulus an, der eine systematische Erörterung der Sündenproblematik vorlegt. Prägend ist dabei sein eigener Hintergrund als ehemaliger Pharisäer. Als solcher war er zwar „nach der Gerechtigkeit, die das Gesetz fordert, untadelig" (Philipper 3,6), gerade aufgrund dieses Wissens aber in der Selbstgerechtigkeit gefangen bis Jesus ihm in seiner Bekehrung begegnete (Apostelgeschichte 9,3-5). Es ist gut möglich, dass sich Paulus in der von Jesus gezeichneten Karikatur des Pharisäers selbst wiedererkannte.

In seiner Sündenlehre laufen jedenfalls alttestamentliche Grundlagen und die Weiterführung durch Jesus zusammen. Vom Alten Testament übernimmt Paulus zunächst die Sichtweise der Sünde als Rechtsbruch, die er allerdings an entscheidender Stelle verschärft. Während das Alte Testament, und mit ihm die Pharisäer, Gott Israel gegenüber durch den geschlossenen Bund verpflichtet sahen, womit nicht jeder Rechtsbruch

geahndet werden würde, predigte Paulus den Schöpfer als absolut gerechten Richter:

> *„Denn es ist kein Ansehen der Person vor Gott. Alle, die ohne Gesetz
> gesündigt haben, werden auch ohne Gesetz verloren gehen; und alle,
> die unter dem Gesetz gesündigt haben, werden durchs Gesetz verurteilt
> werden. Denn vor Gott sind nicht gerecht, die das Gesetz hören, son-
> dern die das Gesetz tun, werden gerecht sein" (Römer 2,11-13).*

Hier orientiert sich Paulus an einer Auffassung, die vor ihm schon Jakobus in seinem Brief deutlich aussprach: „Wenn jemand das ganze Gesetz
hält und sündigt gegen ein einziges Gebot, der ist am ganzen Gesetz
schuldig" (Jakobus 2,10). Wie vor irdischen Gerichten gilt also auch
hier „kein Ansehen der Person vor Gott", vielmehr wird jeder Rechtsbruch als solcher angesehen, womit sich ein Rechtsbrecher nicht auf das
durch ihn gebrochene Rechtsverhältnis berufen kann.

Dieser unerbittliche Maßstab muss, zusammen mit der von Jesus durchgeführten Erweiterung des Geltungsbereichs der Gebote, unweigerlich
zur Erkenntnis der eigenen Sündhaftigkeit führen, wofür im Prinzip eine
sündige Tat ausreicht:

> *„Ich lebte einst ohne Gesetz; als aber das Gebot kam, wurde die Sünde
> lebendig, ich aber starb. Und so fand sich's, dass das Gebot mir den
> Tod brachte, das doch zum Leben gegeben war" (Römer 7,9f.).*

Bezeichnend ist hier wie anderswo, dass der Apostel nur von „der Sünde", nicht aber „den Sünden" spricht (was von manchen Übersetzungen
(wie der Lutherbibel) leider verschleiert wird, da sie verschiedene griechische Wörter mit „Sünde" übersetzen). In der Mehrzahl tauchen sie
bei ihm nur in Zitaten oder übernommenen Formeln auf. Das Augenmerk liegt also bei Paulus nicht auf den einzelnen Taten, sondern auf
dem Gesamtzusammenhang.

Auch hier darf man nicht individualisieren. Der Einzelne sündigt zwar,
führt damit aber nur die Herrschaft der Sünde fort, unter der die ganze
Menschheit steht, seit ihre ersten Vertreter sein wollten wie Gott. Sünde
in der Einzahl ist damit die unheilvolle Wirklichkeit der

Beziehungslosigkeit und Autonomie, die von dem „Gesetz (= Gesetzmä
ßigkeit) der Sünde" (Römer 7,25) geprägt wird, aus dem sich keiner
selbst befreien kann. In diesem Zusammenhang kann der Apostel sogar
von der Sünde als einer fast personal gedachten Größe reden: Die Sünde
„herrscht", ja sie ist „lebendig" und listig, indem sie „das Gebot nimmt"
und „betrügt" (Römer 6,12; 7,8.11). Den Einzelnen entbindet das freilich
nicht von seiner Verantwortung. Er ist es vielmehr, der die Sünde „herrschen lässt" und sich damit zu ihrem „Knecht" macht (Römer 6,12.19ff.).
Im Gegenteil bestärkt der Einzelne durch seine Sünde den großen
Zusammenhang. Alle haben gesündigt (Römer 5,12), womit sich niemand unter Hinweis auf den Sündenfall aus seiner persönlichen Verantwortung befreien kann. Als Wurzel der Sünde macht Paulus dabei das
Autonomiestreben des Menschen aus, das er Ungehorsam nennt (vgl.
Römer 5,19). Die Unabhängigkeit von Gott liefert dem Apostel sogar
eine neue Sündendefinition, die weit über die Verkündigung des Alten
Testaments hinausgeht: „Was nicht aus dem Glauben (also dem Gottvertrauen) kommt, das ist Sünde" (Römer 14,23). Sünder sind daher
„Feinde" Gottes (Römer 5,10), die deshalb als Konsequenz den Tod erleiden müssen (Römer 6,23).

Die Mächte

Ein erweiterter Personbegriff

Auch wenn das Kapitel über die Sünde damit in unseren Augen abgeschlossen erscheinen mag, für das Neue Testament ist es das noch lange
nicht. Denn für einen antiken Menschen fehlt noch ein Blick auf die
jenseitig-diesseitige Dimension der Sünde, die das Neue Testament unter dem Oberbegriff der „Mächte" behandelt. Weil dieser Aspekt nicht
nur grundlegend für das biblische Verständnis der Welt ist, sondern
auch in unserer Kultur weitgehend verloren ging, muss hier ein wenig
weiter ausgeholt werden.

Im letzten Abschnitt haben wir bereits festgestellt, dass Sünde bei
Paulus so etwas wie eine personale Größe ist. Für einen neuzeitlichen
Menschen ist das kaum vorstellbar, denn für uns ist Sünde
Beziehungslosigkeit, die sich in entsprechenden Taten äußert. Sünde ist

damit für uns eine Abstraktion hinter dem sichtbaren Handeln, wohingegen ihr in der Bibel eine personale Qualität zugeschrieben wird. Neben ihr tauchen andere auf, die wie bereits erwähnt gemeinhin unter dem Oberbegriff der „Mächte" oder „Gewalten" zusammengefasst werden (vgl. Römer 8,38; Epheser 1,21 u. ö.). Hierunter gehören die für uns ebenfalls abstrakten Größen Krankheit, Tod, „Mammon" oder Staat. Hinzu kommen mit dem Teufel, den Engeln und Dämonen andere personale Elemente, die keinerlei abstrakte Entsprechung in unserem Denken haben – und damit in der Neuzeit für viele Menschen überhaupt nicht mehr existieren. Das wirft die Frage auf, wie wir damit umgehen sollen.

Zunächst einmal müssen wir grundlegend feststellen, dass die Antike einen anderen Personbegriff hatte als wir heute, worin sich die Bibel nicht vom Rest der damaligen Welt unterscheidet. Von der heutigen Psychologie her ist Personalität mit der Fähigkeit verbunden, sich selbst zu reflektieren, also sich seines Ichs bewusst zu sein und eine kritische Distanz zum eigenen Handeln einnehmen zu können. Ein Mensch ist danach Person, ein Tier jedoch nicht. Im Alltag unterscheiden wir etwas schwammiger zwischen Person und Sache, womit dem Haustier unter Umständen personale Züge zugemessen werden, Krankheit, Tod und ähnliches aber eindeutig nicht personal verstanden werden können. Allerdings gibt es aber auch bei uns eine interessante Ausnahme, die „juristische Person", also eine Körperschaft, ein Verein oder eine Aktiengesellschaft, die sozusagen wie eine Einzelperson auftritt und deshalb zum Beispiel Verträge schließen kann. Hierbei handelt es sich also im eigentlichen Sinn um eine Sache, die aber ein Zusammenschluss von (in der Rechtssprache: natürlichen) Personen darstellt und deshalb wie eine Einzelperson handeln kann.

Die juristische Person kann damit als Brücke dienen, um die antiken Vorstellung von Personalität zu verstehen. Für einen Menschen des ersten Jahrhunderts bestand das Personale nämlich in der Fähigkeit, ein bestimmtes Ziel zu verfolgen bzw. anderen dabei sogar den eigenen Willen aufzwingen zu können. Eine Person war damit, vereinfachend gesagt, so etwas wie eine „Willensverdichtung". Den Hintergrund bildet dabei die antike Vorstellung von einer festen Weltordnung, die in einer engen Verklammerung von Diesseits und Jenseits besteht. Damit existiert außer Gott, dem Schöpfer selbst, nichts nur diesseitig oder nur jenseitig, alles ist vielmehr in beiden Orten zu Hause, weswegen es zum Beispiel auch keine Trennung von Religion und nichtreligiösem Bereich geben kann.

So betrachtet trägt auch eine Krankheit personale Züge, womit sie als „Macht" diesseitig-jenseitig auftritt. Der Mensch erlebt sie schließlich als eine fremde Macht, die versucht in ihm die Herrschaft zu übernehmen und ihm damit ihren „Willen" aufzuzwingen. Wichtig für das Verständnis ist es, dass dieser Zusammenhang bei jeder Krankheit besteht. Wir können daher nicht – wie es heutzutage manchmal geschieht – der einen Krankheit einen personalen Hintergrund zuschreiben („dämonische Besessenheit"), eine andere dagegen nur innerweltlich-diesseitig verstehen („einfache Erkältung"). Für einen antiken Menschen bestand die Unterscheidung nicht, vielmehr gab es nur unterschiedliche Grade, wieweit die Krankheit einem ihren „Willen" aufzwingen kann. Während es den einen gelingt, den Angriff der fremden Macht erfolgreich abzuwehren oder in seinen Auswirkungen zu begrenzen, werden andere vollkommen überwältigt und erliegen ihm ganz. Damit jedoch trägt jede Krankheit das Potential zur Besessenheit in sich. Was als „einfache Erkältung" (im modernen Sinn) beginnt, kann sich schließlich durch verschiedene Komplikationen zu einer lebensbedrohlichen Lungenentzündung entwickeln, die den Menschen so sehr „besitzt", dass seine Persönlichkeit „verloren geht", weil er nur noch von der Krankheit bestimmt wird.

Ausgehend von diesem Verständnis können wir uns nun den anderen Mächten zuwenden. Beginnen wir bei den Göttervorstellungen. Auffallend ist, dass die heidnischen Religionen der Antike mit ihren Göttern in der Regel bestimmte Vorstellungen verbanden wie „Fruchtbarkeit", „Liebe", „Schicksal", „Kriegsglück" oder Ähnliches. Wir gehen daher nicht falsch in der Annahme, dass es sich bei den jeweiligen Göttern um „personale Verdichtungen" der entsprechenden Begriffe handelt. Wie bei der Krankheit, geht es ja auch bei ihnen um real erfahrbare Kräfte, die Menschen in ihren Bann ziehen und beherrschen. Deshalb werden sie personal verstanden und können so in Form einer Götterstatue verehrt bzw. gebannt werden. Entsprechend einfach und naheliegend ist es auch, die unterschiedlichen Götter miteinander zu identifizieren und die jeweiligen Kulte zu vermischen. Die griechische Aphrodite „ist" somit im wahrsten Sinne des Wortes die römische Venus, weil beide die Personifizierung der Liebe darstellen.

Daneben tauchen aber auch andere Wesen auf, die je nach Sprachgebrauch Dämonen, Engel, Geister oder Götter genannt werden und an einzelne Familien, Orte und Staaten gebunden sind, wobei sie jeweils den Geist des Gemeinwesens personifizieren (vgl. auch die „Engel der Gemeinden" in Offenbarung 2,1 u. ö.). Hierbei handelt es sich also um die geistliche Grundlage einer bestimmten Gemeinschaft, um das, was wir heute mancherorts als „System" charakterisieren. Jede Familie ist ein solches „System", das dafür sorgt, dass sich die Einzelnen nicht als unabhängige Individuen verhalten, sondern bestimmte Rollen übernehmen, die wiederum das „System" weitertragen, das auf diese Weise größer ist als die Einzelindividuen und oft auch sehr viel dauerhafter.

Ähnlich ist das bei allen anderen menschlichen Verbindungen. Jede Firma hat ihren „Geist", ebenso jeder Verein, jede Gemeinde, jede Religionsgemeinschaft, sogar Organisationen wie die Feuerwehr. Selbst ein Regierungschef kann nicht machen, was er möchte, vielmehr sorgt das „System" dafür, dass er in der Regel Entscheidungen trifft, die im „nationalen Interesse" sind und damit wiederum dem bisherigen „System" nicht widersprechen. Wird dies personifiziert gedacht, sind wir bei der antiken Vorstellung.

Die Rede von den Mächten hilft uns deshalb die ganze Komplexität der Sünde besser zu verstehen, die eben nicht nur in der individuellen Verfehlung besteht, sondern auch in dem mindestens ebenso großen überindividuellen Bereich der Strukturen. Gerade Letzterer ist freilich in den vergangenen Jahrzehnten enorm an Bedeutung gewachsen. Phänomene wie Imperialismus, Kolonialismus, Faschismus, aber auch die in vieler Hinsicht systematische Zerstörung der Schöpfung durch hemmungsloses Wirtschaftswachstum, die Ausbeutung der Armen und Ähnliches können so ganz klar als das benannt werden, was sie sind, nämlich Sünde, ohne dass eine individuelle Schuldzuweisung nötig wäre.

Mit dem individuellen Blickwinkel kämen wir hier auch kaum weiter. Denn wer ist zum Beispiel schuld daran, dass die Herstellung eines bestimmten Produktes unter ausbeuterischen Arbeitsbedingungen und miserablen Umweltstandards geschieht? Sind es die Manager des jeweiligen Unternehmens, die auf den Konkurrenzkampf verweisen, der sie dazu zwingt, die Herstellungskosten zu drücken? Sind es die Käufer, die bei den allermeisten Produkten überhaupt nicht nachvollziehen können, unter welchen Bedingungen sie entstanden sind, und deshalb zwangsläufig nur danach entscheiden, ob die jeweilige Ware für sie persönlich einem angemessenen Preis-Leistungs-Verhältnis entspricht? Oder liegt die Schuld bei der Werbewirtschaft, die nur dadurch existiert, dass sie das „Bedürfnis" nach dem entsprechenden Produkt überhaupt erst weckt? Obwohl sich in diesem System kein Schuldiger finden lässt, liegt dennoch ein Verbrechen vor, denn Menschen werden nicht nur ihrer natürlichen Lebensgrundlage beraubt, sondern auch in ausbeuterischen Verhältnissen zugrunde gerichtet.

Die Rede von den Mächten hilft uns auch, Phänomene zu verstehen, die sich mit einem nur individuellen Verständnis kaum erkennen lassen. Nehmen wir etwa das Beispiel der Gewalt. Jedem Konfliktlösungsseminar, egal vor welchem weltanschaulichem Hintergrund es stattfindet, liegt die Erkenntnis zugrunde, dass sich Gewalt nicht durch mehr Gewalt aus der Welt schaffen lässt. Im Gegenteil, durch eine gewalttätige Reaktion wird eine Spirale in Gang gesetzt, in der wiederum Gewalt provoziert wird. Noch schlimmer ist, dass sich die Gewalt dabei in der Regel aufschaukelt, also die Reaktion etwas stärker ausfällt als die sie provozierende Aktion. Durch Gewalt lassen sich Konflikte also nicht lösen, bestenfalls lassen sie sich einigermaßen kontrollieren, indem der Stärkere dem Schwächeren seinen Willen aufzwingt. Das geht jedoch nur unter enorm hohen Kosten für den Stärkeren (sowohl in Bezug auf Waffen, Kontrollmöglichkeiten u. Ä.) und bleibt zudem mit einer dauernden Unsicherheit behaftet: Eines Tages könnte der jetzt Schwächere den Stärkeren besiegen und dann grausam Rache nehmen. Konfliktlösungen können daher nicht auf Gewalt aufbauen, sondern nur auf einem Ausgleich der Interessen, eben indem aus Gegnern Verhandlungspartner werden, die die Tatsache akzeptieren, dass sie miteinander leben müssen ohne den jeweils anderen ändern zu können. Es darf also keine Stärkeren und Schwächeren geben, sondern höchstens berechtigte und unberechtigte Ansprüche, die jedoch auf beiden Seiten. Gelöst ist der Konflikt, wenn es zu einem von beiden Seiten als gerecht empfundenen Ausgleich kommt.

Soweit die Theorie. In einer Welt, die jedes Jahr einen beträchtlichen Teil ihrer Ressourcen in die Waffenproduktion steckt, obwohl sie sich jetzt schon mehrmals selbst vernichten könnte, in der unzählige kleine und große Kriege toben, in der unter einem immer dramatischere Ausmaße annehmenden Terrorismus ganze Staaten zusammenbrechen, wo in nahezu jedem Land die Gewaltproblematik innenpolitisch einen so großen Stellenwert hat, dass sie wahlentscheidend sein kann, sollte man also erwarten, dass sozusagen auf allen Kanälen die eigentlichen Konfliktlösungsstrategien vermittelt werden. Tatsächlich geschieht jedoch das genaue Gegenteil: Unsere Schulbücher reden bei Kriegen immer noch ganz unbefangen von „Siegen" und „Niederlagen" und sprechen Gewalt damit einen Erfolg zu. In unseren Medien werden Konflikte praktisch immer durch Gewalt gelöst, sei es nun in Büchern, im Fernsehen oder bei Computerspielen. Unsere Mode orientiert sich an militärischen Vorbildern oder am Stil von Gangs, wobei selbst biedere Autohersteller ihren Familienkutschen den „bösen Blick" verpassen, damit der Wagen aggressiver wirkt. Unsere Musik beschreibt in vielen Texten Gewalt, in nicht wenigen verherrlicht sie sie sogar. Unsere Politik ist voll von Schuldzuweisungen, die das Böse im anderen verorten und damit gewalttätigen Lösungen Vorschub leisten. Und nicht zuletzt reagieren Politiker nahezu reflexartig auf fast jedes Problem mit der Forderung nach schärferen Gesetzen und härteren Strafen – auch das ist eine Form von Gewalt, in der der Stärkere durch Zwang und Kontrolle den Schwächeren in sein System nötigen will.

Nehmen wir ein anderes Beispiel. Unsere Gesellschaft krankt an der immer weiter um sich greifenden Beziehungsarmut und -unfähigkeit, die sich in ganz unterschiedlichen Bereichen zeigt: einer hohen Scheidungsrate, immer mehr Alleinerziehenden und „Patchwork"-Familien, einer steigenden Zahl von Singles, die sich gar nicht mehr langfristig binden wollen. Indirekt zeigt sie sich jedoch auch in überlasteten Sozialsystemen, dem Missbrauch staatlicher Leistungen bis hin zu so erschreckenden Phänomenen wie der Verwahrlosung von Kindern oder der Tatsache, dass Menschen tagelang tot in ihrer Wohnung liegen können, weil keiner sie vermisst. Auch das hat mit einer immer schwächer werdenden Wahrnehmung der Nachbarschaft, und damit Beziehungslosigkeit, zu tun. Auch hier sind sich nahezu alle Experten einig, dass dies ein Trend ist, der uns jetzt schon enorme Probleme bereitet und in der Zukunft katastrophale Folgen haben wird. Eine Gesellschaft der Individuen kann nicht funktionieren, dazu sind wir viel zu sehr aufeinander angewiesen. Werte wie gegenseitige Rücksichtnahme und Einstehen füreinander sind daher kein verzichtbarer Luxus, sondern die absolut notwendigen Grundlagen eines jeden Zusammenlebens.

Auch hier sollte man also vermuten, dass sie deshalb im Mittelpunkt des gesellschaftlichen Handelns stehen. Doch auch hier ist das genaue Gegenteil der Fall: Bei uns gelten die als Stars, die beziehungslos handeln. Unsere Medien sind voll von Sex ohne Bindung, von Reichtum ohne Verantwortung, von Vergnügen ohne Bedenken der Folgen für die anderen. Männer, die ihre Frauen wegen einer jüngeren verlassen, werden als „Alphatiere" zu Vorbildern verklärt; Frauen, die sich auf bindungslosen Sex mit wechselnden Partnern einlassen, gelten als „modern" und „emanzipiert", tun sie es nicht, werden sie als „verklemmt" und „altmodisch" belächelt. Viel häufiger als ein positives Gemeinschaftsbild wird in unseren Medien das negative vermittelt: Es gibt kaum ein Buch oder Film, in dem sich der Held nicht mühevoll von der „einengenden" Gemeinschaft befreit und dadurch „zu sich selbst" findet. Liebe wird vor allem als Verliebtheit dargestellt, oft sogar als rauschhafte Extase, äußerst selten dagegen als Beziehungsarbeit und Verantwortung füreinander. Kinder gelten als „Karrierehindernis", weswegen bei der Frage nach der „Vereinbarkeit von Familie und Beruf" der Schwerpunkt auf Letzterem gelegt wird, wie man auch daran sieht, dass Arbeitslosigkeit als größeres Problem gilt als Kinderlosigkeit. In der Bildungsdebatte ist zwar viel vom „sozialen Lernen" die Rede, dennoch trägt bei uns ein intelligenter Egoist die besseren Schulnoten nach Hause und bekommt so mehr Berufs- und damit Entfaltungschancen eingeräumt als ein wenig intellektueller, aber sozial hoch engagierter Schüler. Auch hier passiert also tatsächlich das Gegenteil dessen, was allgemein als notwendig angesehen wird.

Die Beispiele ließen sich noch vermehren, aber die Problematik dürfte auch so schon klar geworden sein. In beiden Fällen geht es um einen, die verschiedenen Bereiche durchziehenden, grundlegenden „Mythos", der von niemandem planvoll geschaffen wurde, aber dennoch unser Leben bestimmt, obwohl er sich nach allgemeiner Erkenntnis als unwahr und

sogar verheerend erwiesen hat. Indem die Antike und mit ihr das Neue
Testament von Mächten redet, gibt sie diesen unpersönlichen Strukturen sozusagen ein Gesicht, das uns gleichzeitig hilft, ihre Auswirkungen
und Bindungskraft klarer zu sehen und zu verstehen. Als Mächte sind
sie nicht nur allgegenwärtig, sondern auch alles durchdringend, weit
mehr als es die Begrenzung solcher Phänomene auf persönliche
Verantwortlichkeiten überhaupt wahrnehmen könnte.

Vor dem Hintergrund der Mächte erklärt sich auch die das Altertum
durchziehende enge Verbindung von Göttern und Gemeinwesen bzw.
ihren Repräsentanten, deren Höhepunkt der Kaiserkult darstellt. War
der Kaiser zunächst nur der oberste Priester (lat. *pontifex maximus*), wurden ihm ab Mitte des ersten nachchristlichen Jahrhunderts immer mehr
göttliche Eigenschaften zugeschrieben. Das Gemeinwesen verkörperte
sich damit in ihm selbst, weswegen ihm auch die entsprechende Verehrung zukam. Wenn ein Mensch der Antike den Kaiser anbetete, hatte
das also nur wenig mit dem christlichen Verständnis der Anbetung Gottes zu tun. Vielmehr ging es um die Verehrung der im Kaiser verdichtet
gedachten, „personalen" Kraft des römischen Imperiums, die das Leben
seiner Bürger bestimmte. Wer sich dieser Verehrung entzog, traf damit
nicht im modernen Sinn eine „religiöse" Entscheidung, sondern lehnte
nach Auffassung seiner Zeitgenossen das Gemeinwesen selbst ab, indem
er sich gegen seinen personalen Kern, und dadurch seinen Willen, wandte.

Gehen wir noch einen Schritt weiter und betrachten wir das Gesagte
vor dem Hintergrund der antiken Ordnungsvorstellung, nach der alles
diesseitig-jenseitig miteinander verbunden ist, wie weiter oben bei dem
Tun-Ergehens-Zusammenhang bereits festgestellt wurde. Über dieses
Ordnungsgefüge stehen auch die Mächte miteinander in Verbindung –
mythologisch gesprochen versammeln sie sich zu einem „Rat" im Himmel (vgl. Hiob 1,6) –, weswegen eine Störung an einer Stelle Folgen an
einer anderen nach sich zieht. Der mangelnde Respekt gegenüber den
das Gemeinwesen tragenden Göttern kann daher zur Freisetzung der
Zerstörungsmächte Krankheit, Hunger und Krieg führen. Umgekehrt
kann die Anrufung eines höheren und damit mächtigeren Gottes gerade
vor diesen Mächten Schutz bieten. Verständlich ist deshalb, warum antike Menschen im Krankheitsfall nicht nur „Seelenforschung" betrieben

(und nach den „Sünden der Jugend" fragten), sondern sich auch in den Schutz des Heiligtums eines mit Heilung verbundenen Gottes begaben.

Engel, Teufel und Dämonen

Wenden wir uns nun der Frage nach Engeln, Teufel und Dämonen zu. Geht es bei Krankheit, Liebe, Gewalt und Ähnlichem nur um die Frage, ob es sich dabei um Abstraktionen (heutiges Verständnis) oder um personale Mächte (antike Vorstellung) handelt, stellt sich bei den Engeln, dem Teufel und den Dämonen die Existenzfrage generell, schließlich entsprechen ihnen keine Abstraktionen im heutigen Sinn. Wenn wir die oben ausgeführte Definition des Bösen als Beziehungsbegriff ernst nehmen, kann der Teufel zudem nicht dessen Personifizierung sein, das würde nämlich die Existenz eines Bösen an sich voraussetzen, eben dem klassischen „Gegenspieler" eines als Personifikation des Guten gedachten Gottes.

Entsprechend schwer tun wir uns auch mit diesen Mächten. Entweder sehen wir in ihnen nur „religiöse Vorstellungen", oder wir schreiben ihnen personale Eigenschaften zu, die wir aber als ausschließlich jenseitig betrachten. Der Teufel wäre damit wie die Engel und Dämonen ein Wesen, das zunächst und nahezu ausschließlich im Jenseits zu Hause ist, allerdings – wie Engel und Dämonen auch – immer wieder einmal „Ausflüge" ins Diesseits unternimmt, um die Menschen zu versuchen und zu verwirren. Diese Vorstellung ist der Antike jedoch fremd, rein jenseitige Mächte gibt es in ihrem Denken ebenso wenig wie rein diesseitige.

Vielmehr ging man davon aus, dass jeder Mensch einen *daimonon* hatte, der seine Geschicke lenkte. Wie sehr dabei jedoch „Person" und „Sache" ineinandergreifen, zeigt sich darin, dass *daimonion* (mit einem zweiten „I") das „Genie" bezeichnete. Es geht also um das, was wir heute vielleicht als „Geist", „Vernunft" oder „Seele" eines Menschen bezeichnen, seinen Willenskern. Die antike Vorstellung ist hier wieder integriert, denn der *daimonon* ist ein jenseitig-diesseitiges Wesen, je nach Betrachtung also die jenseitige Hilfe im Diesseits oder der Teil des Menschen, der über das Diesseits hinaus ins Jenseits ragt. Je nachdem, wie ein Mensch lebte, konnte dieser „Dämon" gut oder schlecht sein. In der Bibel findet sich diese Vorstellung übrigens auch, etwa wenn Jesus von den „Engeln" der Kinder spricht, die allezeit bei Gott sind (Matthäus 18,10) – woraus später die populäre Vorstellung des Schutzengels abgeleitet wurde.

Wir kennen solche Gedanken heute noch aus dem künstlerischen Kontext, wo davon die Rede ist, dass einen „die Muße küsst". Damit wird der Sachverhalt beschrieben, dass die wenigsten Menschen auf Anhieb kreativ sein können. Es gibt Tage, an denen hätte man Zeit, um zum Beispiel ein Bild zu malen, ein Musikstück zu komponieren oder einen Text zu verfassen, aber es stellen sich schlichtweg keine kreativen Gedanken ein. An anderen Tagen dagegen „küsst" einen die „Muße", und das Werk geht schnell von der Hand. Die „Muße" kann man nicht herbeirufen, vielmehr kommt sie über einen, wobei das sogar in ungünstigen Momenten passieren kann. Denn wenn der Künstler gerade einer ganz anderen Beschäftigung nachgeht, muss er entweder alles stehen und liegen lassen und seiner Eingebung folgen oder aber damit rechnen, dass der Einfall verloren geht. In den seltensten Fällen lässt er sich dagegen auf einen „passenden" Zeitpunkt verschieben.

Betrachtet man diese Umstände auf einer anderen Ebene, so beschreiben wir mit „Muße" die Tatsache, dass Kreativität unverfügbar ist. Sie kann nicht produziert werden, sondern muss sich von selbst einstellen. Damit sind wir jedoch der antiken Vorstellung vom *daimonon* sehr nahe. Hier wie dort geht es um etwas „Personales" in dem Sinn, dass es zwar mit einem bestimmten Menschen eng verbunden ist (es handelt sich ja um *mein* Bild, *meine* Komposition oder *meinen* Text), andererseits aber auch ein Eigenleben hat, womit es dem unmittelbaren Zugriff des Menschen entzogen ist. Und auch im Bereich der Kreativität kennen wir an die antike Besessenheit erinnernde Phänomene, wenn etwa ein Künstler wie unter Zwang Bilder malen oder Musik komponieren „muss".

Wie den Genius oder die Muße heute, stellte man sich in der Antike den Dämon als in der Regel gut vor. Bei dem Phänomen Besessenheit handelt es sich daher zunächst einmal um einen „entarteten" Dämon, der von dem Menschen Besitz ergreift und ihn beherrscht (weswegen der Dämon/Geist im Neuen Testament mit den Adjektiven „unrein" oder „böse" versehen wird). Es geht damit also letztlich um einen fremden Willen, der die Herrschaft über einen Menschen übernommen hat. Da auch eine schwere Erkrankung in dieses Schema passt, sind die Grenzen zwischen Krankheit und Besessenheit zwangsläufig fließend: So wird Saul von einem „bösen Geist vom HERRN" geplagt (1. Samuel 16,14), der sich in einer depressiven Stimmung oder Ähnlichem äußerte, weswegen das Harfespiel Davids eine Hilfe war. Im Matthäusevangelium haben wir es mit einem „Mondsüchtigen" zu tun, der ebenfalls als besessen bezeichnet wird, nach moderner Auffassung jedoch vermutlich ein Epileptiker war. Hinzu kommen Stumme und Blinde (Matthäus 12,22), also Menschen, die ebenfalls nach heutiger Meinung nicht besessen, sondern körperlich behindert waren.

Neben ihnen finden sich allerdings auch Menschen wie der besessene Gerasener, der offensichtlich nicht „bei Sinnen" war und durch seine Besessenheit über übermenschliche Kräfte verfügte (Markus 5,2-5). Bei ihm wie bei anderen zeigt sich, dass es falsch wäre, in „Besessenheit" einfach nur eine antike Beschreibung dessen zu sehen, was wir heute „Krankheit" nennen. In dem Gerasener äußert sich eine fremde Macht (die bezeichnenderweise den Namen der römischen Besatzungstruppen, „Legion", trägt; Markus 5,9), die Jesus erkennt und von ihm vertrieben wird. Nachdem sie den Besessenen verlassen hat, ändert sich dessen Persönlichkeit denn auch grundlegend (Markus 5,6-15). Für moderne Gemüter noch schwieriger einzuordnen sind Geschichten, in denen sich die Besessenheit nur verbal zeigt. So trifft Jesus in einer Synagoge auf einen Mann, der ihn nur schreiend offenbart: „Ich weiß, wer du bist: der Heilige Gottes!" (Markus 1,23), ohne dass außergewöhnliche Begleitumstände wie eine psychische Erkrankung oder Ähnliches berichtet werden.

Hier stoßen wir damit erneut auf die in unseren Köpfen festsitzende Trennung von Diesseits und Jenseits, die den antiken Menschen fremd war. Wir können uns zwar vorstellen, dass ein Mensch zum Beispiel von Rachegedanken in einer Weise besessen ist, dass sie sein ganzen Denken und Tun bestimmen und sich darüber seine Persönlichkeit verändert. Allerdings fällt es uns schwer, in der Rache eine überindividuelle jenseitige Größe zu sehen, die von einzelnen Menschen und Gemeinschaften Besitz ergreift. In der Antike gehörte beides zusammen. Entsprechend sahen die Menschen damals ihr Leben von Mächten bedroht und bestimmt, die wir heute vielleicht eher als psychologische Zwänge oder Ähnliches deuten würden. Besser damit umgehen können wir freilich trotzdem nicht.

Ähnlich wie mit den Dämonen verhält es sich auch mit den Engeln. Ein *angelos* ist von der ursprünglichen Wortbedeutung ein Bote, weswegen es falsch wäre, in Engeln ausschließlich jenseitige Wesen zu sehen. Diese Definition ist erst durch unsere Trennung von Diesseits und Jenseits entstanden. In der Antike können Engel durchaus auch im Diesseits auftauchen, ja sogar so menschlich sein, dass sich ähnlich wie bei den Dämonen und den Besessenen die Grenze zwischen Geist- und menschlichem Wesen verwischt. So ruft der Hebräerbrief mit dem Argument zur Gastfreundschaft auf, dass „dadurch einige ohne ihr Wissen Engel beherbergt haben" (Hebräer 13,2). Will man dabei nicht an herumreisende Engel denken – die ja als Geistwesen eigentlich keine Herberge brauchen und insofern nur zur Prüfung der Gastfreundlichkeit irgendwo auftauchen würden – lässt sich die Stelle nur dadurch erklären, dass hier ein Mensch zum Engel „geworden" ist. Auch hier stellt man sich also Diesseits und Jernseits im antiken Sinn als Einheit vor.

Die Frage nach der Existenz von Engeln, Teufel und Dämonen lässt sich damit nicht leicht beantworten. Für einen aufgeklärten Menschen existieren sie nicht, denn er leugnet sowieso die Existenz eines Jenseits und betrachtet es als bloße religiöse Vorstellung. Ein antiker Mensch wiederum trennt Diesseits und Jenseits nicht, weswegen sich für ihn die Existenz von Engeln, Teufel und Dämonen aus dem Vorhandensein bestimmter Kräfte im Diesseits zwingend ergibt. Irgendwo dazwischen befinden sich heute viele Christen: Einerseits denken wir innerhalb des Weltbildes der Aufklärung, womit für uns diesseitige Ereignisse in der Regel auch eine diesseitige Ursache haben. Da die Bibel allerdings von Engeln und Dämonen redet, erweitern wir in manchen Punkten unser Weltbild um das Jenseits, das hier und da Auswirkungen auf das Diesseits hat, bei Weitem jedoch nicht immer. Besessenheit ist damit eine ebenso große Ausnahme wie ein Engelsbesuch, eben ein „Wunder". Die Frage nach der Existenz von „jenseitigen Wesen" wird dadurch vielerorts zu einer rein akademischen Diskussion, in der sich zwei Weltbilder gegenüberstehen, die kaum unterschiedliche Auswirkungen auf das Alltagsleben haben.

In der Antike ging es aber gerade darum, im Alltag erfahrbaren Mächten einen Namen zu geben, um mit ihnen umgehen zu können. Der einzelne antike Mensch sah sich nämlich gerade nicht als selbstbestimmtes Wesen, sondern als kleiner (und nicht besonders bedeutender) Teil eines von den unterschiedlichsten Mächten beherrschten Kosmos. Wenn wir also von Engeln, Dämonen und dem Teufel reden, tun wir das nicht in neutestamentlicher Weise, wenn wir sie nur als Ausnahmeerscheinungen betrachten. Dann können wir es ebenso gut lassen, wie es zum Beispiel das Alte Testament über weite Strecken tut. Am Alte Testament können wir zudem lernen, worauf es eigentlich ankommt. Denn seine Autoren sprachen deshalb nur am Rande von Engeln, noch viel seltener vom Teufel und gar nicht von Dämonen, weil sie die Zentralität Gottes nicht in Frage stellen wollten. In einer Welt, die von dem Glauben an unterschiedliche Mächte geprägt war, hielten sie die Auffassung hoch, dass es die Schöpfung letztlich immer mit dem Schöpfer selbst zu tun hat, nicht mit irgendwelchen „Zwischenwesen", die eigentlich keine sind, sondern ebenfalls Geschöpfe. Deshalb degeneriert der Teufel in der Geschichte vom Sündenfall zur Schlange, deshalb weist der Prophet Amos seine Landsleute darauf hin, es sei kein „Unglück in der Stadt, das der HERR nicht tut" (Amos 3,6), deshalb ringt Hiob immer nur mit Gott, obwohl seine Schicksalsschläge nach der Rahmenerzählung auf den Satan zurückzuführen sind.

Was für die Mächte der Finsternis gilt, gilt in gewisser Weise auch für die Engel. Sie sind Boten Gottes und stehen deshalb im Alten Testament für Gott selbst, weswegen in der weiteren Erzählung oft nur noch vom „HERRN" geredet wird (z. B. in Richter 6,12.14). Für das Neue Testament sind sie „allesamt dienstbare Geister, ausgesandt zum Dienst um derer willen, die das Heil ererben sollen" (Hebräer 1,14), und damit keiner Anbetung würdig, sondern ein „Mitknecht und der Mitknecht deiner Brüder, der Propheten" (Offenbarung 22,9). Auf keinen Fall sollen sie Gott in irgendeiner Weise Konkurrenz machen.

Im Zentrum des Universums steht damit immer Gott, die Mächte gehören dagegen zur geschaffenen Welt, die entweder gefallen und der Sünde unterworfen ist (Teufel, Dämonen) oder eben nicht (Engel). Keinesfalls darf es daher so aussehen, als gäbe es einen großen Kampf zwischen Gott und Teufel. Ein solcher Dualismus, der die Welt in zwei miteinander streitende Bereiche aufteilt, wird in der Bibel an vielen Stellen verneint. Denn im Buch Hiob taucht der Teufel nur als Bittsteller bei Gott auf (Hiob 1,6-12; 2,1-6). Das Neue Testament redet vorwiegend vom Sieg über die Finsternismächte. Der Teufel ist aus dem Himmel gestoßen worden (Lukas 10,18), die Mächte werden wie unterworfene fremde Kämpfer im Triumphzug zur Schau gestellt (Kolosser 2,15). Die unter Christen mancherorts verbreitete Vorstellung vom Teufel als dem Herrscher der Welt findet sich dagegen nur in seiner eigenen Aussage und das ausgerechnet in der Versuchung Jesu (Matthäus 4,8f.). Was von solchen Behauptungen zu halten ist, dürfte seit 1. Mose 3 hinlänglich bekannt sein.

Falsch wäre es aus diesem Grund auch, hinter den Mächten die einer großen Macht (etwa des Teufels) zu vermuten, die ihren „Kampf" mit Gott und den Menschen in irgendeiner Weise koordiniert. Wie im Garten nach der Erschaffung der Welt äußert sich das Böse in der Zerstörung von Beziehungen, womit jede Form einer Gemeinschaft der Bösen schwierig wird, weil sie genau die Beziehungsfähigkeit voraussetzt, deren Fehlen das Böse überhaupt erst ausmacht. Denkbar sind also höchstens lose Zweckbündnisse zur Erreichung eines gemeinsamen (destruktiven) Ziels. Die Mächte sind demnach Chaosmächte, die wie die berüchtigten „Warlords" in Bürgerkriegsländern genauso miteinander streiten wie sie gegen alle anderen kämpfen. Dabei kann der Böse durchaus Opfer des Nochböseren werden.

Der Staat

Auch wenn der Teufel vermutlich die Macht ist, über die heutige Christen am meisten reden, in der Bibel nehmen zwei andere Mächte größeren Raum ein. Dies geschieht vermutlich deshalb, weil beide im Gegensatz zum Teufel, der seit der Sündenfall-Geschichte eindeutig als böse identifiziert ist, auch eine „neutrale" Seite haben. Das macht es uns einerseits schwer, das Böse in ihnen zu erkennen, andererseits spiegelt es die ganze Problematik der gefallenen Schöpfung wider. Neben dem „Mammon", auf den wir weiter unten einen Blick werfen wollen, geht es daher im Folgenden um das, was wir heute als Staat bezeichnen, der in der Bibel jedoch unter verschiedenen Namen auftaucht.

Theologisch betrachtet ist der Staat eine Notwendigkeit der gefallenen Welt. Im Garten Eden war er nicht vorhanden und überflüssig, weil Gott die alleinige Ordnungsmacht war. So waren alle Beziehungen nicht nur auf den Schöpfer hin, sondern auch von ihm her geordnet und des-

halb von gegenseitigem Vertrauen geprägt, was eine weitere Ordnungs-
gewalt entbehrlich machte. Mit dem Eintritt in die Vergänglichkeit änderte sich das schlagartig. In einer Welt, die von Wesen bewohnt wird,
die alle sein wollen wie Gott, und in der Beziehungen unter den Stichworten Verlangen und Herrschaft gelebt werden, muss es eine Größe
geben, die für Ordnung und Ausgleich sorgt. Damit sind wir beim Staat,
der irdischen und diesseitigen Ordnung des Gemeinwesens.

Als schlichte Ordnungsmacht wird er denn auch in Römer 13 betrachtet, dem wohl bekanntesten biblischen Text über den Staat:

> *„Jedermann sei untertan der Obrigkeit, die Gewalt über ihn hat. Denn
> es ist keine Obrigkeit außer von Gott; wo aber Obrigkeit ist, die ist von
> Gott angeordnet. Wer sich nun der Obrigkeit widersetzt, der wider-
> strebt der Anordnung Gottes; die ihr aber widerstreben, ziehen sich
> selbst das Urteil zu. Denn vor denen, die Gewalt haben, muss man
> sich nicht fürchten wegen guter, sondern wegen böser Werke. Willst du
> dich aber nicht fürchten vor der Obrigkeit, so tue Gutes; so wirst du
> Lob von ihr erhalten. Denn sie ist Gottes Dienerin, dir zugut. Tust du
> aber Böses, so fürchte dich; denn sie trägt das Schwert nicht umsonst:
> Sie ist Gottes Dienerin und vollzieht das Strafgericht an dem, der Böses
> tut. Darum ist es notwendig, sich unterzuordnen, nicht allein um der
> Strafe, sondern auch um des Gewissens willen. Deshalb zahlt ihr ja
> auch Steuer; denn sie sind Gottes Diener, auf diesen Dienst beständig
> bedacht. So gebt nun jedem, was ihr schuldig seid: Steuer, dem die
> Steuer gebührt; Zoll, dem der Zoll gebührt; Furcht, dem die Furcht
> gebührt; Ehre, dem die Ehre gebührt" (Römer 13,1-7).*

Paulus wirft hier einen bemerkenswert pragmatischen Blick auf einen
Staat, an dessen Spitze damals Nero stand, ein Kaiser, der nicht nur ein
Muttermörder war, sondern sich zunehmend größenwahnsinnig gebär-
dete, sich schon zu Lebzeiten als Gott anbeten ließ und wenige Jahre
später die erste Christenverfolgung veranlassen würde. Trotz dieser Mängel
bleibt die „Obrigkeit" für den Apostel eine „Anordnung Gottes". In der
Welt der Sünde trägt sie ihren Teil dazu bei, dass Böses verhindert bzw.
bestraft wird. Insofern dient selbst der schlechteste Kaiser immer noch
Gott, auf den die Ordnung der Welt zurückgeht.

In diese Richtung geht auch ein Rat aus dem 1. Petrusbrief, der ebenfalls in eine für die Christen bedrohliche Situation hineingeschrieben wurde. Auch hier wird der Staat nicht verteufelt, sondern werden die Leser aufgefordert „aller menschlichen Ordnung untertan" zu sein (1. Petrus 2,13). Diese beiden Texte haben zusammen mit der alttestamentlichen Vorstellung von David als dem idealen König im Christentum eine lange Wirkungsgeschichte entfaltet. Vor allem in Zeiten, in denen Staat und Kirche eng verbunden waren, wurden beide Texte dazu verwandt, um den Staat mit seinen Herrschaftsansprüchen zu legitimieren und zu stabilisieren.

Ob man aus pragmatischen Texten solch grundlegende theologische Linien ziehen kann, wie das mancherorts geschehen ist, ist jedoch nicht unumstritten. Gerade weil der Staat aus der Not der Sünde geboren und eine ausschließlich irdische Größe ist, aber mit seinem Ordnungsanspruch durchaus mit Gott in Konkurrenz tritt, beurteilt die Bibel ihn nämlich sehr differenziert. So ist es bezeichnenderweise der Brudermörder Kain, der die erste Stadt baut und damit das erste menschliche Gemeinwesen schafft (1. Mose 4,17). Später wird ein anfänglicher Versuch zur Staatsgründung in Israel mit einer Fabel bedacht, die einen der königskritischsten Texte der gesamten Antike darstellt (Richter 9,7-15). Der Herrscher wird darin mit einem Dornbusch verglichen, der deshalb regiert, weil er im Gegensatz zu Weinstock und Ölbaum zu nichts nutze ist, aber seinen Anspruch mit Gewalt durchzusetzen weiß. Ein zweiter Anlauf zur Errichtung des Königtums in Israel wird von Gott sogar als Putschversuch gewertet: Sie haben „mich verworfen, dass ich nicht mehr König über sie sein soll" (1. Samuel 8,7). Doch während Samuel das Königtum in den düstersten Farben als Knechtschaft und willkürliche Steuerlast schildert, besteht das Volk darauf, einen König zu bekommen, „dass wir auch seien wie alle Heiden" (1. Samuel 8,20).

Von der Konkurrenz des Staates mit Gott, die in diesen Texten durchscheint, sind es nur noch wenige Schritte bis zum Tier der Offenbarung, das „lästert gegen Gott, ... seinen Namen und sein Haus und die im Himmel wohnen" (Offenbarung 13,6). Das Tier ist damit der Dämon des Staates, seine „Willensverdichtung" als antigöttliche Macht. Wichtig ist es, hierbei „anti-" nicht nur als „gegen-", sondern von seiner ursprünglichen griechischen Bedeutung her als „anstelle von" zu verstehen. Der Antichrist „ist der Widersacher, der sich erhebt über alles, was Gott oder Gottesdienst heißt, sodass er sich in den Tempel Gottes setzt und vorgibt, er sei Gott" (2. Thessalonicher 2,4).

Damit wird die dunkle Seite angesprochen, die das menschliche Gemeinwesen von Anfang an begleitet: Nicht nur die einzelnen Menschen wollen sein wie Gott, ihre Zusammenschlüsse erheben ebenfalls diesen Anspruch. So hatte in der heidnischen Antike jedes Volk seine eigenen Götter, die man zwingend anzubeten hatte (vgl. Naamans Bitte in 2. Könige 5,18); in der Spätantike wurden die Kaiser selbst als Götter verehrt. Zudem ist die Kirchengeschichte voll von Beispielen, in denen der Staat die Kirche zum Instrument seiner Macht gemacht hat, während die Neuzeit das Phänomen des totalen Staates kennt, der über jeden Lebensbereich seiner Bürger bestimmen will.

Mit dieser dunklen Seite des Staates ist seine Beziehungslosigkeit verbunden. Menschliche Gemeinwesen tendieren dazu, sich nicht nur über das Gemeinsame zu definieren, sondern gerade auch in Abgrenzung zu anderen. Dahinter steht ein Verständnis der Welt, das klar zwischen „uns" und „denen" unterscheidet. Nationalismus oder die enge Verbindung mit einer bestimmten Ideologie sind dabei nur extreme Formen eines allgemein verbreiteten Phänomens. Keinem Staat fällt es schwer, „seine" Bürger gegen „die" zu mobilisieren, die einem seiner Vertreter Unrecht getan haben, womit das Böse nur außerhalb des eigenen Gemeinwesens verortet wird. International handeln Staaten (oder auch Staatenverbünde) zudem nicht weniger autonom als egoistische Einzelpersonen. Taten, die auf der Ebene des Einzelnen als moralisch verwerflich beurteilt werden, werden auf staatlicher Ebene anders betrachtet. Niemand könnte guten Gewissens die Nachbarskinder verhungern sehen, während der eigene Kühlschrank gefüllt ist. Handelt es sich jedoch um ein „Flüchtlingsproblem" und die damit verbundene „illegale Zuwanderung", sieht die Sache anders aus. Wer einem als gewalttätig bekannten Menschen eine Waffe verkauft, macht sich unter Umständen strafbar, handelt es sich dagegen um ein entsprechendes Regime und bei dem Verkäufer um einen Staat, kann es sogar im „Interesse der nationalen Sicherheit" sein, so zu handeln – freilich nur, solange die entsprechenden Waffen nicht gegen die eigenen Verbündeten eingesetzt werden.

Nicht vergessen sollten wir in diesem Zusammenhang, dass Staaten für einen Großteil der Gewalt und des Unrechts, das auf Erden geschieht, verantwortlich sind. Sie führen Kriege im „nationalen Interesse", inhaftieren Menschen aus Gründen der „Staatssicherheit", sind für Folter und Hinrichtungen verantwortlich. Damit soll nicht gesagt werden, dass jede staatliche Zwangsmaßnahme ein Unrecht darstellt, allerdings wird das staatliche Gewaltmonopol allzu oft nicht für die Durchsetzung von Gerechtigkeit benutzt, sondern für die Erreichung der Zwecke der Oberschicht missbraucht. Und gerade deren „Sicherheitsinteressen" bestehen oft in nichts anderem als der Erhaltung der bestehenden Ungerechtigkeit mit den Mitteln der Gewalt.

Grundlegend zur Beurteilung des Staates bleibt nach der Bibel jedoch die Erkenntnis, dass die Herrschaft des „Tieres" nicht nur auf Gewalt aufbaut, sondern vor allem auf Verführung. Offenbarung 13 spricht davon, dass ihm „Anbetung" entgegengebracht wird, und dass „es verführt, die auf Erden wohnen, durch die Zeichen, die zu tun ... ihm Macht gegeben ist" (Offenbarung 13,14). Das Tier ist damit der Staat als Heilsbringer, womit er die Stelle Gottes einnimmt, weil die Menschen von ihm Glück und Erfüllung erwarten. So betrachtet wohnt jedem menschlichen Gemeinwesen ein Wesensmerkmal des Tieres inne, denn es besteht immer die Gefahr, dass es sich über den pragmatischen Ordnungsgedanken hinaus zum Selbstzweck und letzten Ziel erklärt und sich damit eine Position anmaßt, die nur Gott zusteht.

Gerade diese Entwicklung ist durch die in den letzten Jahrhunderten herrschende Diesseitigkeit noch verstärkt worden. An die Stelle der himmlischen Seligkeit, die im Gefolge der Aufklärung als „Jenseitsvertröstung" abgelehnt wurde, ist die Suche nach dem Heil im Hier und Jetzt getreten. Schon die amerikanische Unabhängigkeitserklärung sah 1776 neben „Leben" und „Freiheit" im „Streben nach Glück" ein grundlegendes Menschenrecht. Auch wenn das zunächst individualistisch verstanden wird, führt es paradoxerweise jedoch auf lange Sicht zu einer Stärkung des Staates. Denn das Individuum braucht zur Verwirklichung seines „Strebens nach Glück" den Staat, weil dieser einen Rahmen schaffen muss, in dem dem Individuum die entsprechenden Entfaltungsmöglichkeiten geboten werden.

Was das Individuum an seiner vollen Entfaltung hindert, sind nämlich die kleinen sozialen Einheiten wie die Familie, die erweiterte Familie („Sippe") oder die (dörfliche) Gemeinschaft. Da es sich bei ihnen um generationenübergreifende soziale Gefüge handelt, müssen in ihnen die Folgen des jeweiligen Tun sehr viel mehr bedacht werden als auf der Ebene des Einzelnen. Rechte kann es deshalb dort nur im Zusammenhang mit Pflichten geben, denn das Glück des Einzelnen lässt sich in einem Sozialgefüge nicht losgelöst von dem des Ganzen betrachten. Glück ist damit Aufgabe der Gemeinschaft, zu der jeder seinen Teil beizutragen hat und an deren Ergebnis er umgekehrt auch Anteil bekommt. Die Familie etwa lässt niemanden hängen, erwartet aber im Gegenzug, dass die Einzelnen ebenfalls für notleidende Familienmitglieder aufkommen.

Das „Streben nach Glück" als individuelle, von der Gemeinschaft losgelöste Lebensaufgabe lässt sich dagegen nur umsetzen, wenn die Rechte des Einzelnen gegenüber seinen sozialen Einheiten betont werden. Individuelles Glück lässt sich eben leichter und schneller verwirklichen, wenn man nicht die Folgen für die Gemeinschaft beachten muss. Damit ist der Weg zum modernen kapitalistischen und pluralistischen Staat vorgezeichnet, in dem jeder Bürger ein möglichst großes Stück des allgemeinen „Glückskuchens" zu ergattern versucht, ohne Rücksicht auf die Gemeinschaft. Ja, vieles von dem, was in unserem System als Erfolg betrachtet wird, beruht schlichtweg darauf, dass der Einzelne einen Teil der gemeinschaftlichen Ressourcen nur für seine eigenen Zwecke gebraucht und der Gemeinschaft die negativen Folgen seines Handelns aufbürdet.

Durch die Vernachlässigung und teilweise Leugnung der Pflichten des Einzelnen gegenüber den kleinen sozialen Einheiten wie den Familienangehörigen, den Nachbarn und allgemein den „Nächsten" entsteht jedoch ein Vakuum, das von anderer Seite gefüllt werden muss, sonst droht in Notlagen der Fall ins Bodenlose. Hier springt der Staat in die Bresche, der nicht nur durch Gesetzgebung den Rahmen für die individuelle Entfaltung vorgibt, sondern auch ein soziales Netz schafft, das in entscheidenden Bereichen die (als solche nicht mehr funktionierenden) kleinen sozialen Einheiten ersetzen soll.

Charakteristisch für den Aufstieg der modernen Nationalstaaten ist daher die Schwächung der kleinen sozialen Einheiten, die nicht nur in ihren Möglichkeiten fortwährend eingeschränkt werden, sondern oftmals gar nicht mehr operieren können. Durch solche „Fortschritte" wird freilich nicht nur das generationenübergreifende soziale Netz der kleinen Einheiten systematisch angegriffen und zerstört (wobei seine Funktion durch die staatlichen Sozialsysteme kaum ersetzt werden kann), es wird auch eine Entwicklung weiter beschleunigt, bei der sich auf den Staat immer größere Heilserwartungen richten, schließlich muss er nicht nur für die Probleme aufkommen, sondern auch das Glücksstreben seiner Bürger zunehmend erfüllen. Mit anderen Worten: Er übernimmt auch noch die klassische Aufgabe der Religion, nur dass er nicht für das jenseitige, sondern das diesseitige Heil verantwortlich ist. Es ist von daher kein Wunder, dass in den nachaufklärerischen Utopien der Staat eine zentrale und tragende Rolle spielt. Von dort bis zum „totalen Staat" des Sozialismus und Faschismus ist es nur ein kleiner Schritt, denn um das Heil seiner Bürger wirklich erreichen zu können, muss der Staat auch allumfassende Kontrolle ausüben können.

Doch wir brauchen gar nicht so weit zu gehen. Auch der moderne Sozialstaat ist in gewisser Weise eine Entwicklung in Richtung auf das Tier der Offenbarung, das sich an die Stelle Gottes setzt. Nicht von ungefähr wird er in Wahlkämpfen gern heilsversprechend als „vorsorgend" oder gar „fürsorglich" charakterisiert, werden Politikern auf Plakaten und in Werbespots messianische Züge angedichtet und Parteitage nach dem Muster von Gottesdiensten zelebriert, während seine politischen Vertreter bei nahezu jedem gesellschaftlichen Problem staatlichen Handlungsbedarf ausmachen. Das Ergebnis ist eine fortschreitende Bürokratisierung, weil der Staat die Aufgaben der kleinen sozialen Einheiten nur durch einen enormen Verwaltungsaufwand eher schlecht als recht ersetzen kann.

Im Bildungswesen eines weltanschaulich neutralen Staates kann es zudem per Definition keine echte Werteerziehung geben, weil ein solcher Staat keinen Sinn vorgeben darf. Wenn jedoch die Familien und kleinen Gemeinschaften diese Aufgabe nicht mehr erfüllen können, weil etwa die Erziehung zunehmend an den Staat delegiert wurde, bleibt ein Vakuum, das wiederum von der Ökonomie gefüllt wird. Wert ist damit das, was einen ökonomischen Wert hat, wie die gedankliche Gleichsetzung von „Wert" und „Geldwert" zeigt. Auf die Folgen dieses Ansatzes werden wir im nächsten Abschnitt eingehen.

Über all dem sollte man freilich den Staat nicht verteufeln. Er bleibt eine Notwendigkeit der gefallenen Welt und damit eine Macht, die von Gott auf erstaunlich pragmatische Weise in den Dienst genommen wird, indem er die von den Menschen gegen seinen Willen geschaffenen Fakten akzeptiert und für seine Zwecke gebraucht. Das geschieht etwa mit dem Königtum Israels. Schon der zweite Herrscher begründet eine Linie, aus der der verheißene Retter kommen wird (interessanterweise aber erst, als seine Familie jeglichen politischen Einfluss verloren hatte). Und mag Kain auch die erste Stadt gegründet haben, die letzte wird als himmlisches Jerusalem von Gott her kommen (vgl. Offenbarung 21,2).

Der Mammon

Weitaus kritischer als den Staat beurteilt die Bibel die Geldwirtschaft. Zwar wird Reichtum im Alten Testament an einigen Stellen als Zeichen des Segens Gottes gewertet, etwa bei Hiob, der nach seiner Wiederherstellung „vierzehntausend Schafe kriegte und sechstausend Kamele und tausend Joch Rinder und tausend Eselinnen" (Hiob 42,12). Hier und bei anderen Texten sollte man freilich den Hintergrund berücksichtigen: Sie alle sind in der nomadischen Zeit zu Hause, als Wohlstand nahezu ausschließlich auf Fruchtbarkeit beruhte und damit auf den natürlichen Gaben Gottes. Entsprechend wird der Segen vor allem an dem für den Fortbestand der Sippe unverzichtbaren Kinderreichtum sowie dem Viehbestand festgemacht. Denn hier gilt ganz wörtlich: „Der Segen des HERRN allein macht reich, und nichts tut eigene Mühe hinzu" (Sprüche 10,22). Von Überfluss oder gar Luxus in unserem Sinn kann dabei freilich keine Rede sein.

Interessanterweise versuchte das mosaische Gesetz dieses Prinzip aufrechtzuerhalten, als Israel sesshaft geworden und von einer nomadischen in die bäuerliche Lebensweise übergegangen war. Das Land, also das eigentliche Kapital und Hauptproduktionsmittel, bleibt danach Gottes Eigentum, wird den Stämmen, Sippen und Familien aber zur Nutzung überlassen: „Darum sollt ihr das Land nicht verkaufen für immer; denn das Land ist mein, und ihr seid Fremdlinge und Beisassen bei mir" (3. Mose 25,23). Ausgeklügelte Bestimmungen regeln vor diesem Hintergrund die Problematik der Verschuldung, wenn ein Bauer nur sein Land als Sicherheit geben kann. In diesem Fall muss ein naher Verwandter den Schuldner „auslösen", sodass der Landbesitz wenigstens innerhalb der Sippe bleibt (3. Mose 25,25). Erst wenn das nicht möglich ist, kann das Land an einen anderen verkauft werden.

Damit allerdings auch das nicht für immer geschieht, führt das Gesetz jedes fünfzigste Jahr als besonderes „Erlassjahr" ein (auch „Jobel-" oder „Halljahr" genannt, um es vom alle sieben Jahre stattfindenden „Sabbatjahr" zu unterscheiden), „da soll ein jeder bei euch wieder zu seiner Habe und zu seiner Sippe kommen" (3. Mose 25,10). Entsprechend soll sich der Landpreis nach der Zeit richten, die noch bis zum Erlassjahr verstreichen wird (3. Mose 25,15f.). Im Prinzip wird also auch auf diese Weise das Land nicht verkauft, sondern nur sein Ertrag abgetreten. Das Land selbst muss nach spätestens einem halben Jahrhundert wieder an die ursprüngliche Sippe zurückgegeben werden, die von da an auch seine Nutzungsrechte zurückbekommt. Das gilt übrigens sogar für die Häuser, sofern sie in einem Dorf stehen, also zusammen mit dem Ackerland eine wirtschaftliche Einheit bilden (3. Mose 25,31).

Anders ist das bei Stadthäusern, deren Bewohner beruflich naturgemäß flexibler sind. Hier findet keine Wiederherstellung im Erlassjahr statt (3. Mose 25,29f.). Bezeichnend ist auch hier wieder die Ausnahme: Mit Häusern von Angehörigen des Stammes Levi, der für priesterliche Aufgaben vorgesehen ist und deshalb bestimmte Städte als Wohnsitz zugewiesen bekam, wird – obwohl es sich um Stadthäuser handelt – so verfahren wie mit dem Landbesitz. Sie erhalten mit dem Erlassjahr ihr Eigentum zurück (3. Mose 25,32f.). Damit wird sichergestellt, dass der Stamm Levi auf Dauer erhalten bleibt und nicht aufgrund wirtschaftlicher Nachteile untergeht.

Wären diese Bestimmungen tatsächlich eingehalten worden, dann wäre Israel von dem die Menschheit durchziehenden Konflikt zwischen Arm und Reich weitestgehend verschont geblieben, weil ungefähr einmal pro Generation der Ursprungszustand der gerechten Verteilung wiederhergestellt worden wäre. In diese Richtung zielen auch das Zinsverbot (3. Mose 25,37), sowie die äußerst humanen Bestimmungen rund um die Schuldknechtschaft (3. Mose 25,39-54).

Schon das alttestamentliche Gottesvolk hat diese Gebote freilich in einer Weise missachtet, dass große Zweifel darüber bestehen, ob überhaupt jemals ein Erlassjahr gefeiert worden ist. Die in 3. Mose 26,31-36 angedrohte Strafe Gottes, im Falle einer Missachtung werde Israel aus seiner

Heimat vertrieben werden, damit „das Land ruhen und seine Sabbate nachholen" könne, wird in 2. Chronik 36,21 wieder aufgenommen: Durch das babylonische Exil hatte „das Land die ganze Zeit über, da es wüste lag, Sabbat, bis es an seinen Sabbaten genug hatte, auf dass siebzig Jahre voll wurden." Rechnet man die alttestamentliche Bestimmung, wonach alle sieben Jahre ein Sabbatjahr durchzuführen ist, auf die hier angegebenen siebzig Jahre hoch, kommen wir auf eine Zeitraum von fast fünfhundert Jahren. Der Chronist geht also davon aus, dass während der israelitischen Königszeit nicht ein einziges Sabbatjahr gefeiert worden ist (zur Illustration: David bestieg um das Jahr 1000 v. Chr. herum den Thron, die Babylonier eroberten Jerusalem 597 und 587 v. Chr.). Deutlich wird auch hier, dass sich die Sünde des vorexilischen Israels nicht auf kultische Vergehen beschränkte.

In der Tat finden wir bei den Propheten beredte Klage über die sich in der Königszeit immer weiter auftuende Schere zwischen Arm und Reich. Es wurde nicht nur das „Erlassjahr" missachtet, womit es keine Möglichkeit zum Ausgleich mehr gab, auch die Bestimmungen zum Landbesitz wurden mit Füßen getreten. Während der als böse geschilderte König Ahab noch Skrupel hatte, Land zu enteignen (ein Zögern, das seine kanaanäische Frau Isebel nicht kannte, weil bei den umliegenden Völkern Land ebenso wie bei uns heute gehandelt werden konnte; 1. Könige 21,1-7), mehrten sich in der Folgezeit solche Landverkäufe, die letztlich zu einer grundlegenden Neustrukturierung der Besitzverhältnisse führten (vgl. Jesaja 5,8; Micha 2,2).

Seit dem Alexanderzug im vierten vorchristlichen Jahrhundert kam eine neue Komponente hinzu: Kriege und Eroberungen dienten zunehmend dem Ziel der persönlichen Bereicherung einer kleinen Oberschicht. Gerade das Römische Reich hat sich hierin unrühmlich hervorgetan, war doch seine Politik vor allem auf die Gewinnmaximierung der herrschenden Klasse abgestellt, in deren Profitinteresse Menschen wie Waren und Ländereien gehandelt wurden. Das Ergebnis war eine unvorstellbar reiche Luxusklasse (allein dem Kaiser gehörte knapp die Hälfte des Römischen Reiches als Privatbesitz!), der ein unüberschaubares Heer an Armen gegenüberstand, das zumindest in Rom durch kostenlose Nahrungsmittel und Vergnügungen („Brot und Spiele") ruhig gehalten wurde.

Die veränderten Verhältnisse zeigten sich auch im neutestamentlichen Palästina, sodass Jesus zum Beispiel in seinen Gleichnissen wie selbstverständlich davon ausgeht, dass das Ackerland reichen Großgrundbesitzern gehört, die es von einem Verwalter bewirtschaften lassen, der dazu Tagelöhner anheuert. Die Eigentümer, die oft mehrere solcher Landgüter besaßen, kamen nur einmal im Jahr vorbei, um den erwirtschafteten Gewinn einzustreichen. Auf die Dauer führte das zu einer solchermaßen fortschreitenden Verarmung der Bevölkerung, dass die antirömische Stimmung und, damit verbunden, der jüdische Aufstand in den Jahren 66-73 n. Chr. nicht zuletzt hierin ihre Ursache haben.

Das Neue Testament ist dementsprechend sehr viel kritischer gegenüber Reichtum als das Alte. Man kann fast den Eindruck gewinnen, als ob insbesondere im Lukasevangelium (vgl. Lukas 16,19-31) und im Jakobusbrief (vgl. Jakobus 2,5-7) Reichtum an sich als so negativ angesehen wird, dass ein Reicher kaum Chancen hat, ins Reich Gottes einzugehen (Markus 10,23-25). In eine ähnliche Richtung zielt auch die von Jesus durchgeführte Personifizierung des Reichtums als „Mammon", die später von Paulus in der Gleichsetzung von Habgier und Götzendienst (Kolosser 3,5) fortgeführt wird:

„Niemand kann zwei Herren dienen: Entweder er wird den einen hassen und den andern lieben, oder er wird an dem einen hängen und den andern verachten. Ihr könnt nicht Gott dienen und dem Mammon" (Matthäus 6,24).

Die Bezeichnung des Geldes als „Mammon" geht wohl auf Jesus selbst zurück, der sich dabei an das aramäische *aman*, „das, worauf man vertraut" bzw. das entsprechende Hauptwort *mamona*, „Vermögen, Besitz" anlehnte. Interessant ist auch hier wieder der Kontext, in dem das „Schätzesammeln" mit dem „Sorgen" in Verbindung gebracht wird. Der von Jesus angesprochene Loyalitätskonflikt zwischen Gott und dem „Mammon" ist also einer, der sich auf die grundlegenden Lebensfragen bezieht, eben darauf, wem oder was wir unsere Existenz verdanken: Sehen wir uns als von Gott abhängig oder versuchen wir uns über unseren Besitz zu definieren? Mit anderen Worten: Ist das Haben entscheidend oder das Sein?

Diese Problematik hat sich mit dem Aufkommen des modernen Kapitalismus dramatisch verschärft. Frühere Generationen sahen die Welt als geschlossen und damit ihre Ressourcen als limitiert an, weswegen die *oikonomia* (griech. „Haushalterschaft") im Wesentlichen darin bestand, die begrenzten Güter zu verteilen. Dem kapitalistischen Wirtschaftssystem liegt dagegen (zumindest in der Theorie) ein unbegrenztes Wachstum zugrunde. Hier werden nicht knappe Ressourcen verteilt, sondern Produkte geschaffen, für die wiederum Absatzmöglichkeiten gesucht werden müssen. Aus einer Bedarfs*deckungs*wirtschaft ist damit eine Bedarfs*weckungs*wirtschaft geworden, in der enorme Summen in die Werbung gesteckt werden müssen, um überhaupt das „Bedürfnis" nach neuen Produkten zu wecken.

Grundlage des wirtschaftlichen Handelns ist dabei die Produktion, was sich zum Beispiel in der immer weiter auseinanderklaffenden Einkommensschere zeigt: Berufsgruppen, die etwas mit der Produktion und den dadurch erreichten Absatzgewinnen zu tun haben, verzeichneten in den letzten zweihundert Jahren unglaubliche Einkommenszuwächse. Je weiter jedoch ein Gewerbe von den Profiten der Produktion entfernt ist, desto geringer fallen auch die Einkommen aus. Das führt zu der absurden Tatsache, dass Arbeitnehmer im Sozialbereich sehr viel schlechter bezahlt werden als Fachkräfte in der Industrie. Wer sich um die Herstellung oder den Vertrieb von Handys, Fernsehern, Autos und Ähnlichem kümmert, ist also der Gesellschaft mehr wert als einer, der alte Menschen pflegt, Kranke betreut oder Kinder erzieht.

Im Bezug auf die Erhaltung der Schöpfung mindestens genauso problematisch ist es, dass im bestehenden System grundlegende Ressourcen erst dann einen Wert bekommen, wenn sie als persönliches Eigentum deklariert werden. Mit anderen Worten: Ein Stück Wiese, ein Wald, ein Fluss, ein Meer oder ein Gebirge sind so lange „wertlos", wie niemand ihren Besitz beansprucht. Erst wenn einer tatsächlich oder zumindest symbolisch einen Zaun um sie herumbaut, tauchen sie im Wirtschaftskreislauf als eigene Größe auf. Gerade dieses Denken hat zur unglaublichen Ressourcenverschwendung verbunden mit einer ebenso unglaublichen Verschmutzung von Luft, Land und Wasser in erheblichem Maß beigetragen.

Durch die Tatsache, dass in unserem System Geld längst nicht mehr nur ein Zahlungsmittel ist, sondern in jeder Hinsicht ein Wert an sich, von dem her alles andere seinen Wert bekommt, muss dieser Ansatz unweigerlich in große Schwierigkeiten führen. Denn letztendlich wird damit alles zur Ware, die sich auf dem jeweiligen „Markt" behaupten muss: Menschen ebenso wie Produkte, moralische Werte ebenso wie religiöse Symbole und Inhalte. Grundlage ist dabei zumindest stillschweigend der Profit, der jeweils erreicht werden kann.

Damit jedoch geht auch die Schere zwischen denen, die haben, und denen, die nichts haben, immer weiter auseinander. Einer in jeder Hinsicht gesicherten Oberschicht steht so zwangsläufig eine Unterschicht gegenüber, die aus Menschen besteht, die nicht in das Raster der Produktion passen. Chancenlos und ohne Perspektive sind sie damit nicht nur vom allgemeinen „Markt" ausgeschlossen, sondern ebenso der Willkür einer Gesellschaft ausgeliefert, die auch Sozialleistungen zunehmend unter wirtschaftlichen Gesichtspunkten betrachtet. Noch schlimmer geht es freilich den Ärmsten der Armen in den Entwicklungsländern, für die es kein soziales Netz gibt. In unserem System werden sie buchstäblich dem Verhungern preisgegeben.

Weil die Wirtschaft von der Produktion lebt, müssen zudem ständig neue Produkte entwickelt und verkauft werden, was nicht nur das Lebenstempo erhöht, sondern auch die Haltbarkeit der einzelnen Güter herabsetzt. Die Wegwerfgesellschaft mit ihrer unverantwortlichen Ressourcenverschwendung ist daher eine feste Grundlage des ganzen Systems. Global betrachtet geschieht damit in der Menschheit das, was man im Körper als Krebs bezeichnen würde: Einzelne Zellen wachsen unkontrolliert auf Kosten des Ganzen und plündern dazu ungehindert die Ressourcen. Da die Ressourcen aber nicht unbegrenzt sind, ist der Kollaps des gesamten Systems nur eine Frage der Zeit.

Trotz dieser kaum übersehbaren zerstörerischen Seite ist der Mammon heute mit Sicherheit zu einer echten Konkurrenz zu Gott als Quelle von Heil im umfassenden Sinn geworden, weswegen nicht nur die Werbung religiöse Züge trägt. Geschicktes Marketing verkauft kein Produkt mehr, sondern ein Lebensgefühl, die Zugehörigkeit zu einer „Gemeinde", Selbstwert und Identität. Computermessen und Modenschauen werden deshalb zu Offenbarungsveranstaltungen, in denen die Götter über „in" und „out" und damit Sein oder Nichtsein entscheiden, was durch die Medien ans gläubige Volk weitergegeben wird.

In dieselbe Richtung geht die bei Konzernen zu beobachtende Tendenz, das „Markenimage" über eine bestimmte Produktpalette hinaus auszudehnen. So bringen Bekleidungshersteller Parfüms, Küchengeräte und Ähnliches auf den Markt, um ein allumfassendes „Markenbewusstsein" zu generieren, das den Konsumenten umso mehr Teil einer „Gemeinde" werden lässt, in der ihm zunehmend das eigene Urteil abgenommen und durch die quasi religiöse Gebundenheit an ein Label ersetzt wird. Im Zentrum dieser Religion steht jedoch nicht Gott, sondern der Mammon. Oder um es mit den Worten des 1968 gestorbenen amerikanischen Mönches Thomas Merton auszudrücken: „Geld hat in der modernen Gesellschaft auf dämonische Weise die Rolle an sich gerissen, die der Heilige Geist in der Kirche spielen sollte" (zitiert nach Richard Foster: Geld, Sex und Macht, Wuppertal 1993, S. 22).

Der Gedanke an eine „Gemeinde" sollte freilich nicht darüber hinwegtäuschen, dass für Jesus „Mammon" Synonym für ein ichbezogenes Leben ist. Geld ist schließlich das Mittel, mit dem man in zwischenmenschlichen Beziehungen die Herrschaftsverhältnisse zu den eigenen Gunsten beeinflussen kann. Das „funktioniert" so gut, dass Reichtum Menschen in die Beziehungslosigkeit führt. In ironischer Weise wird dieser Zusammenhang von Jesus in einem Gleichnis aufgenommen:

„Es war ein reicher Mensch, dessen Feld hatte gut getragen. Und er dachte bei sich selbst und sprach: Was soll ich tun? Ich habe nichts, wohin ich meine Früchte sammle. Und sprach: Das will ich tun: Ich will meine Scheunen abbrechen und größere bauen und will darin sammeln all mein Korn und meine Vorräte und will sagen zu meiner Seele: Liebe Seele, du hast einen großen Vorrat für viele Jahre; habe nun Ruhe, iss, trink und habe guten Mut! Aber Gott sprach zu ihm: Du Narr! Diese Nacht wird man deine Seele von dir fordern; und wem wird dann gehören, was du angehäuft hast? So geht es dem, der sich Schätze sammelt und ist nicht reich bei Gott" (Lukas 12,16-21).

Beachten wir die Details: Nicht der „reiche Mensch" arbeitet hier, sondern sein „Feld hatte gut getragen". Reichtum wird von Jesus also nicht als legitim erworbene Frucht eigener Anstrengung betrachtet, mit der man folglich tun und lassen könnte, was man will, sondern als Schicksal. Folglich ist Reichtum genauso Aufgabe wie jede andere Gabe Gottes. An dieser Stelle versagt der reiche Mensch im Gleichnis gründlich, denn er hat keine Beziehungen – und ist damit böse im Sinne von beziehungslos und ichbezogen. In seiner Einsamkeit braucht er noch nicht einmal ein Gegenüber im Gespräch, sondern er „dachte bei sich selbst" und redet dann auch zu sich selbst. Reichtum verkürzt also den Blickwinkel, ja, wenn wir die Armut der Welt betrachten, lässt er sich überhaupt nur mit einem verkürzten Blickwinkel genießen. Nur wer den Blick wegwendet von dem Elend der Armen kann sich so zurücklehnen: „Liebe Seele, du hast einen großen Vorrat für viele Jahre; habe nun Ruhe, iss, trink und habe guten Mut!"

All das verblasst jedoch angesichts der Vergänglichkeit des Menschen, der im Gleichnis nicht als ungerecht oder lieblos, sondern als „Narr" bezeichnet wird. In den Augen Jesu ist es schlichtweg dumm, in dieser vergänglichen Wirklichkeit auf den ebenso vergänglichen Reichtum zu setzen. Denn Gott, der ihn gegeben hat, wird ihn auch wieder nehmen und anderen geben, wie im Gleichnis angedeutet. Was dagegen bleibt, sind die Beziehungen, sowohl zu Gott wie auch zu den Nächsten. Gerade hier wirkt der Mammon jedoch verheerend, wie im Gleichnis demonstriert wird.

Wichtig ist es deshalb, Geld in dieser Perspektive zu betrachten. Im Neuen Testament werden der Mammon und die mit ihm verbundene Habgier, die in unserem Wirtschaftssystem die Triebkraft aller Leistung ist, als wider- und antigöttliche Mächte behandelt, die als solche nicht nur Einzelne, sondern den ganzen Kosmos zerstören. Die Reichen sind damit ebenso Opfer des Systems dieser Mächte wie die Armen. Während die einen materielle Not leiden, werden die anderen in die Beziehungslosigkeit geführt. Beiden wird damit das Leben vorenthalten, das Gott ihnen von der Schöpfungsordnung her eigentlich zugedacht hat. Der Mammon gleicht deshalb aus neutestamentlicher Sicht einer Droge, die auch dann zerstört, wenn man sich gut damit fühlt und den Eindruck hat, man könne mit ihr umgehen.

De facto kann man es jedoch nicht. Jesus warnte deshalb seine Jünger: „Seht zu und hütet euch vor aller Habgier; denn niemand lebt davon, dass er viele Güter hat" (Lukas 12,15). Paulus spricht in diesem Zusammenhang sogar von „Götzendienst" (Kolosser 3,5), also der Anbetung eines fremden Gottes. Vielleicht noch eindringlicher ist einer der geldkritischsten Texte der Heiligen Schrift, den der Apostel seinem Mitarbeiter Timotheus mit auf den Weg gab:

„Wir haben nichts in die Welt gebracht; darum werden wir auch nichts hinausbringen. Wenn wir aber Nahrung und Kleider haben, so wollen wir uns daran genügen lassen. Denn die reich werden wollen, die fallen in Versuchung und Verstrickung und in viele törichte und schädliche Begierden, welche die Menschen versinken lassen in Verderben und Verdammnis. Denn Geldgier ist eine Wurzel alles Übels; danach hat einige gelüstet und sie sind vom Glauben abgeirrt und machen sich selbst viel Schmerzen. Aber du, Gottesmensch, fliehe das! Jage aber nach der Gerechtigkeit, der Frömmigkeit, dem Glauben, der Liebe, der Geduld, der Sanftmut! Kämpfe den guten Kampf des Glaubens; ergreife das ewige Leben, wozu du berufen bist" (1. Timotheus 6,7-12).

Verhängnisvoll ist, dass der „Mammon" im Gegensatz zu Gott zur vergänglichen Welt gehört und deshalb mit ihr vergehen wird. Das Leben, das er verheißt, kann er deshalb nicht geben, womit alle enttäuscht werden, die auf ihn setzen. Hier wie anderswo zeigt sich, dass Jesus den schon im Alten Testament verkündigten Tun-Ergehens-Zusammenhang nicht aufhebt, sondern auf die Ewigkeit ausdehnt. Die Grundordnung der Schöpfung, so wie Jesus sie versteht, ist die eines gerechten Ausgleichs. Seinem: „Selig seid ihr Armen; denn das Reich Gottes ist euer", steht daher notwendigerweise ein: „Weh euch Reichen! Denn ihr habt euren Trost schon gehabt", gegenüber (Lukas 6,20.24), wie es im Gleichnis vom reichen Mann und dem armen Lazarus in ganz plastischer Weise ausgedrückt wird (Lukas 16,19-31). Als Begründung für die Qual des Reichen in der Hölle wird im Gleichnis bezeichnenderweise nur sein Reichtum genannt, wie auch der arme Lazarus allein aufgrund seiner Armut Wohltaten empfängt:

„Gedenke, Sohn, dass du dein Gutes empfangen hast in deinem Leben, Lazarus dagegen hat Böses empfangen; nun wird er hier getröstet und du wirst gepeinigt" (Lukas 16,25).

In einer begrenzten Welt existieren Armut und Reichtum nicht unabhängig voneinander. Im Gegenteil, der Überfluss des einen wird immer mit der Knappheit bei anderen erkauft. Auch wenn es dem reichen Mann im Gleichnis nicht bewusst sein mag und er sich in seinen Augen moralisch nichts vorzuwerfen hat, hatte sein Reichtum vermutlich eine simple Ursache: Er besaß weitaus mehr Land, als er zum einfachen Leben brauchte. So ließ er es von Tagelöhnern bewirtschaften, die wiederum keinerlei Möglichkeit hatten, Land zu erwerben um sich selbst versorgen zu können, weil diese Form der Wirtschaft ihnen nicht nur keine Ersparnisse ermöglichte, sondern auch in die Verschuldung trieb, was sie wiederum zu billigen Arbeitskräften des Reichen werden ließ. Es ist ein Teufelskreis, bei dem der eine immer wohlhabender und viele andere immer ärmer werden. Zudem ist es ein Kreislauf, der sich nur mit Gewalt aufrechterhalten lässt, selbst wenn sie sich die Form des Rechts gibt. Das Urteil über den reichen Mann im Gleichnis ist daher alles andere als ungerecht: Er hat tatsächlich Gutes empfangen, mehr als ihm zustand. Im Himmel kommt es deshalb zu einem Ausgleich.

Jesu Gleichnis vom reichen Mann und dem armen Lazarus ist also eine tiefgreifende Gesellschaftskritik. Wenn man solche Ausführungen nicht einfach als Wutausbruch eines zu kurz Gekommenen abtun möchte, dann ergeben sich daraus sehr ernste Konsequenzen. Jesus setzt hier nämlich voraus, dass es im Rahmen der Diesseits und Jenseits bestimmenden Schöpfungsordnung so etwas wie ein festgesetztes Maß an positivem und negativem Ergehen gibt. Der Reiche hätte demnach den positiven Teil schon im Diesseits mehr als ausgeschöpft, weswegen er im Jenseits zum Ausgleich leiden muss. Bei dem Armen ist das Verhältnis gerade umgekehrt. So wie der Arme sich einen „Schatz im Himmel" erwirbt, lädt sich also der Reiche eine Hypothek auf, die er abtragen muss. Irdischer Reichtum ist damit für Jesus ein Leben auf Pump: Kurz- und mittelfristig ermöglicht er zwar einen höheren Lebensstandard, die langfristigen Folgen sind jedoch verheerend.

Bezeichnend ist, dass Jesus an keiner Stelle darlegt, wie arm einer sein muss, um den Schatz im Himmel zu erwerben bzw. ab welchem Lebensstandard man ihn verliert. Gerade weil der Mammon eine alles verschlingende Macht ist, der Jesus den Kampf angesagt hat, möchte er niemanden in Sicherheit wiegen. Statt dessen fragt er eindringlich:

„Was hülfe es dem Menschen, wenn er die ganze Welt gewönne und nähme Schaden an seiner Seele? Oder was kann der Mensch geben, womit er seine Seele auslöse?" (Matthäus 16,26).

Man sollte diese Worte also nicht vorschnell im Sinne einer falschverstandenen Rechtfertigungslehre interpretieren, die sich ganz darauf verlässt, dass Jesus es schon richten wird, egal, wie wir uns verhalten. Vielmehr geht es hier tatsächlich um die ernste Warnung, dass man sein Leben verlieren kann, wenn man auf die vergänglichen Werte setzt, denn das griechische Wort *psyche* meint hier wie anderswo im Neuen Testament nicht den „inneren" immateriellen Teil eines Menschen, sondern den ganzen Menschen, seinen Personkern, und gleicht damit dem alttestamentlichen „Herz".

Gegen den Mammon setzt Jesus die Freundschaft, in der etwas geschaffen wird, das über die Vergänglichkeit hinaus in die Welt Gottes reicht. Im Gleichnis von dem ungerechten Verwalter werden die Jünger daher dazu aufgefordert, die vergänglichen Güter dieser Welt ohne Abstriche in den Dienst der Gemeinschaft zu stellen: „Macht euch Freunde mit dem ungerechten Mammon, damit, wenn er zu Ende geht, sie euch aufnehmen in die ewigen Hütten" (Lukas 16,9).

Auch hier zeigt sich erneut, worin die widergöttliche Seite des Mammons besteht. Er lenkt nicht nur vom Eigentlichen, von Gott ab, indem er die vergängliche Welt als einzige Realität betrachtet, er nutzt auch die vom Sündenfall geschaffene Wirklichkeit der Herrschaftsverhältnisse dahingehend aus, dass Beziehungen, die auf echter gegenseitiger Bedürftigkeit aufbauen, zunehmend weniger werden. Darüber hinaus zerstört er durch die mit ihm verbundene Ungerechtigkeit und Ausbeutung vertrauensvolle Beziehungen an sich. Auf diesem Hintergrund ist es kein Wunder, dass nicht nur die ersten Christen (vgl. Apostelgeschichte 2,45; Philipper 4,11-13), sondern auch verschiedene Aufbruchsbewegungen innerhalb der Kirchengeschichte von einem Armutsideal geprägt waren.

Die Verbindung von Geld und Macht hat übrigens in der Bilderwelt der Offenbarung ebenfalls einen Namen: Dem Tier steht die „Hure Babylon" zur Seite, die nicht nur als unermesslich reich geschildert wird, sondern auch als gotteslästerlich und gewalttätig (Offenbarung 17). In ihr vereinigen sich damit die widergöttlichen Mächte Staat und Mammon, um schließlich von Gott vernichtet zu werden (Offenbarung 18).

Die weitere Entwicklung

Der Streit um den freien Willen

In den ersten Jahrhunderten nach dem Entstehen des Neuen Testaments schien das Sündenverständnis zu verflachen, indem es zunehmend privatisiert wurde. Als Sünde galten dementsprechend in erster Linie moralische und sittliche Verfehlungen, die durch Bußübungen aus der Welt zu schaffen waren. Das änderte sich jedoch mit dem Auftreten des britischen Mönches Pelagius († nach 418). Pelagius, der ein sehr asketisches Leben führte, war nach Rom gekommen und entsetzt über die unmoralischen Zustände, die seinerzeit dort herrschten. Zusammen mit anderen bildete der begabte Redner und gute Seelsorger dort eine Gemeinschaft, die sich um ein heiliges Leben bemühte.

Ähnlich wie die Pharisäer zur Zeit Jesu lehrte Pelagius, dass jeder Mensch im gleichen sündlosen Zustand wie Adam geboren werde. Tod und Sünde hingen damit nicht zusammen, vielmehr wäre Adam auch ohne zu sündigen gestorben. Da man jedoch sündlos geboren werde, könne man sich diesen Zustand bewahren, indem man das Evangelium beachte, so wie die Menschen vor Christus auf das Gesetz zu hören gehabt hätten. De facto lehrte Pelagius also, dass der Mensch für sein Heil wie für sein Unheil selbst verantwortlich ist.

In diesem Zusammenhang gebrauchte der Brite ein Stichwort, das fortan mit seiner Theologie verbunden bleiben sollte: „freier Wille". Jeder Mensch verfügt nach Ansicht dieses Mönches über einen freien Willen, kann sich also für das Gute wie das Schlechte entscheiden, womit beides in seiner Verantwortung liegt. Wichtig ist dabei, den freien Willen nicht als ein bloßes Wollen zu verstehen (im Sinne von: „Ich will im Lotto gewinnen"), sondern in Verbindung mit der Fähigkeit, das Gewollte auch zu erreichen („Ich will in die Stadt gehen"). Im Alltag kennen wir beides, wobei wir es oft mit Grauzonen zu tun haben. „Ich möchte eine Arbeit haben, mit der ich mich ernähren kann", etwa lässt sich weder hier noch dort eindeutig einordnen. So hängt sicher viel an der Ausbildung, die wiederum nicht wenig mit der Zielstrebigkeit des Menschen zu tun hat. Insofern entspricht der Satz dem freien Willen im Sinne eines Pelagius, da die angestrebte Arbeit im Bereich der Möglichkeiten des Menschen liegt. Andererseits wissen wir jedoch auch, dass vieles Glück ist – und damit gerade nicht im Bereich unserer Möglichkeiten liegt. Denn wenn es keine entsprechenden Stellen gibt, nützt die ganze Ausbildung nichts.

Spannend ist die Frage, wie das in Hinblick auf Moral, Ethik oder ganz generell ein gottgefälliges Leben aussieht. Wer hier schnell darauf verweist, dass die Welt schlecht ist und ich eben auch, steht nicht zu Unrecht im Verdacht, die eigenen Möglichkeiten gewaltig zu unterschätzen. Wer sich anstrengt, zusammenreißt und immer wieder bemüht, wird auch auf diesem Gebiet einige Erfolge erzielen, die Pharisäer sind das beste Beispiel dafür (wenn auch eins, das unter Christen nicht den besten Klang hat). Aber reicht das schon aus? Leugnen solche Überlegungen nicht eine grundsätzliche dunkle Seite im Menschen, die wir damit nicht überwinden können? Oder um es theologisch zu sagen: Gehen wir damit nicht hinter die Verkündigung Jesu und des Neuen Testaments zurück in eine vorchristliche Zeit?

Pelagius machte sich denn auch mit seiner Lehre im Großen und Ganzen mehr Feinde als Freunde. Bezeichnenderweise waren seine Gegner in der Regel über den Vorwurf erhaben, einen unmoralischen Lebenswandel zu führen, vielmehr handelte es sich um herausragende geistliche Leiter wie die Kirchenväter Hieronymus († 419) und Augustin († 430). Hinzu kam, dass mehrere Synoden Pelagius' Lehre verurteilten. Maßgeblich für die weitere Entwicklung war vor allem die Erwiderung Augustins, der mit seiner Theologie das Fundament für das abendländische Sündenverständnis legte. Augustin unterschied dabei vier verschiedene Dimensionen der Sünde, die zeitlich aufeinander folgen:

Den Anfang machten die ersten Menschen im Garten Eden. Sie hatten im wahrsten Sinne des Wortes einen freien Willen, denn ihnen standen beide Möglichkeiten offen. Sie konnten von dem Baum der Erkenntnis essen und damit sündigen oder aber in der Gemeinschaft mit Gott bleiben und nicht sündigen. Sünde war für sie also nicht mehr als eine Möglichkeit. Mit einem Schlagwort nannte der Kirchenvater diesen Zustand „*posse peccare*" (lat.: „sündigen können").

Mit der Übertretung des göttlichen Gebotes und dem darauf folgenden Sündenfall änderte sich die Situation nach Augustins Verständnis grundlegend. Die Menschen waren nun Sünder und wurden aus dem Garten vertrieben. Da der Rückweg verschlossen blieb, ging auch der freie Wille (im Sinne einer tatsächlichen Wahl zwischen zwei Alternativen) verloren, denn die Möglichkeit der Gemeinschaft mit Gott war ihnen genommen. Was blieb, war die Sünde, die Augustin als „Selbstliebe" und „Begierde" definierte. Unglücklicherweise verband er Letzteres in erster Linie mit dem sexuellen Verlangen (das hat biographische Gründe, der Kirchenvater hatte in diesem Bereich vor seiner Bekehrung einige Erfahrungen gesammelt), womit er auch die Weitergabe der Sünde an Adams Nachkommen als „Erbsünde" mit der Sexualität in Zusammenhang brachte. Doch auch wenn diese Verbindung vor dem Hintergrund der biblischen Botschaft äußerst fragwürdig ist (die zwar die außereheliche Sexualität verdammt, jedoch die innereheliche und vor allem die Zeugung eines Kindes feiert), die von Augustin gezogene Linie ist klar: Kein Nachkomme Adams hat die Möglichkeit in den Garten zurückzukehren und damit die Sünde hinter sich zu lassen. Wir leben daher in dem Zustand des „*non posse non peccare*" („nicht nicht-sündigen können"), aus dem sich kein Mensch selbst befreien kann. Ein freier Wille im pelagianischen Sinn existiert daher nicht.

Er wird nach Augustin übrigens auch durch die Gnade Gottes bestenfalls teilweise wiederhergestellt. Zwar bekommt ein Mensch bei seiner Bekehrung den Heiligen Geist und damit die Kraft, der Sünde zu widerstehen (*„posse non peccare*"; „nicht-sündigen können"), womit es prinzipiell möglich ist, nicht zu sündigen, allerdings ist das kein Dauerzustand. Das tritt erst mit der Verherrlichung im Himmel ein, wenn der Mensch vor Gott in einem Zustand lebt, in dem Sünde unmöglich geworden ist (*„non posse peccare*"; „nicht sündigen können").

Aufs Ganze betrachtet hat der freie Wille im pelagianischen Sinn bei Augustin nur im Garten Eden seinen Platz, also zu einer Zeit, die für uns heute keine Rolle mehr spielt. Wir sind nämlich von Adam in Bezug auf die Sünde soweit entfernt wie von unserer Verherrlichung im Himmel. Nach dem Sündenfall ist der freie Wille also zumindest stark beeinträchtigt, wenn nicht sogar ganz hinfällig geworden. Ein Sünder hat keine Möglichkeit mehr, sich aus seinem Zustand zu befreien. Und auch die Gnade Gottes versetzt ihn nach Augustin nicht mehr in die ursprüngliche Lage der Wahlfreiheit zurück, sondern gibt ihm durch die Verherrlichung im Himmel einen Zustand, in dem die Möglichkeit zur Sünde nicht mehr besteht.

Offen blieb freilich die Frage, ob der freie Wille nach dem Sündenfall nicht mehr existiert oder nur mehr oder weniger stark beeinträchtigt worden ist. An dieser Stelle gab es in der Reformationszeit nicht nur einen tiefgreifenden Konflikt zwischen den Reformatoren und den mit ihnen eigentlich sympathisierenden Humanisten, der sich an Erasmus von Rotterdams († 1536) 1524 veröffentlichter Schrift *De libero arbitrio* („Vom freien Willen") und Luthers Erwiderung *De servo arbitrio* („Vom geknechteten Willen") ein Jahr später festmachen lässt. Die Frage nach dem freien Willen spaltete in der Folgezeit nicht nur die abendländische Kirche in eine katholische und eine evangelische Konfession, auch innerhalb der evangelischen Theologie tat sich in den letzten Jahrhunderten ein Graben auf.

Das reformatorische Sündenverständnis

Zwischen Augustin und Luther liegen rund tausend Jahre Theologiegeschichte, in denen die von Augustin vorgezeichneten Linien mit unterschiedlicher Intensität verfolgt wurden. Dogmatisch hielt man an der durch verschiedene Synoden als rechtmäßig eingestuften Verdammung der pelagianischen Auffassung von Willensfreiheit fest. In der seelsorgerlichen und sonstigen Praxis zeigten sich allerdings gewisse Unschärfen. Moral lässt sich nun einmal wesentlich leichter vermitteln, wenn man auf den Willen des Menschen und seine Fähigkeit zur Veränderung abzielt, da mag die Dogmatik lehren, was sie will. Damals wie heute war und ist also ein den Pharisäern nahe stehendes Verständnis von Sünde weit verbreitet. Sünde ist danach vor allem das sündige Tun; die von Augustin so betonte „Erbsünde", die grundlegende Trennung von Gott, wurde dadurch in den Hintergrund gedrängt.

Um dieses Phänomen zu beschreiben, dass einer dogmatisch Augustin hochhält, in der Praxis jedoch Pelagius, spricht man vom „Semi-Pelagianismus" (von lat.: *semi*, „halb"). Danach kann sich der Mensch zwar nicht selbst aus Sünde befreien, allerdings seinen Teil dazu tun, Sünde abzulegen bzw. gar nicht erst zu sündigen. Solange man Sünde vor allem als falsche Handlung betrachtet, ist dem sicher zuzustimmen. In dem Augenblick, wo man die einzelne sündige Tat jedoch nicht mehr als einzelnes Ereignis, sondern als Symptom für ein wesentlich tiefergehendes Problem begreift, verändern sich grundlegend die Koordinaten.

Genau das ist in der Reformation geschehen, die gleichermaßen aus der Theologie des Apostels Paulus wie aus der des Kirchenvaters Augustin schöpft. Erinnern wir uns: Für Paulus existierte die Sünde nur in der Einzahl, die sündigen Taten waren nichts weiter als die Konsequenz aus der grundlegenden Herrschaft der Sünde über den Menschen. In Augustins Begrifflichkeit haben wir es hier mit der „Erbsünde" zu tun, dem grundlegenden Problem, dass Menschen beziehungsgestört und deshalb in sich verkrümmt leben. In diesen Bahnen hat auch Luther gedacht, für den die einzelnen Tatsünden folglich nichts weiter waren als die Konsequenzen und Symptome der grundlegenden Beziehungslosigkeit. Im Gegensatz zur pharisäisch/pelagianischen Auffassung, wonach ein Mensch durch seine sündigen Taten zum Sünder *wird*, *ist* er es bei Luther schon immer gewesen. Weil er Sünder ist, sündigt er, nicht umgekehrt. So heißt es in den von Luther selbst verfassten Schmalkaldischen Artikeln von 1537:

> *„Hier müssen wir bekennen, ... daß die Sünde von Adam ... hergekommen sei, durch dessen Ungehorsam alle Menschen Sünder geworden sind und dem Tod und dem Teufel unterworfen. Dies heißt Erbsünde oder Hauptsünde. Solcher Sünde Früchte sind danach die bösen Werke, die in den zehn Geboten verboten sind ... Solche Erbsünde ist eine so ganz tiefe, böse Verderbtheit der Natur, daß keine Vernunft sie kennt, sondern sie muß aus der Offenbarung der Schrift geglaubt werden"* (Art. III,1).

Indem Luther Erb- und Tatsünde als Baum und „Früchte" charakterisiert, radikalisiert er das Sündenverständnis und sieht in der Erbsünde die abgrundtiefe Verdorbenheit des Menschen. Hierbei geht es bei ihm allerdings nicht nur um eine schlichte Zustandsbeschreibung („Trennung von Gott"), sondern um eine moralische Qualität. Luther spricht ausdrücklich von einer „ganz tiefen, bösen Verderbtheit der Natur". Dass wir sündigen, macht also nicht nur deutlich, wie weit wir von Gott entfernt sind, sondern gerade, wie heillos und verloren wir sind.

Andererseits weiß auch Luther, dass das alles ein Glaubenssatz ist, den die „Vernunft" nicht „kennt". Ein Mensch, der nicht von der „Offenbarung der Schrift" und ihrem Sündenverständnis geprägt ist, hält sich im Grunde für gut, weil er nur die Tatsünden erkennt und nicht die dahinterstehende Erbsünde. Entsprechend hält er auch seine Verfehlungen für ein Problem, das man durch bloße Verhaltensänderungen angehen kann.

Ähnlich wie Luther formuliert es die auf Johannes Calvin zurückgehende reformierte Kirche, die neben dem Luthertum den zweiten großen Flügel der evangelischen Theologie darstellt. Im Heidelberger Katechismus von 1563, der für die reformierte Kirche Deutschlands wichtigsten Bekenntnisschrift, heißt es, der Mensch sei „von Natur geneigt, Gott und [seinen] Nächsten zu hassen" (Frage 5). Durch den Fall Adams sei die menschliche Natur „vergiftet worden" (Frage 7), „verderbt, daß wir ganz und gar untüchtig sind zu einigem Guten und geneigt zu allem Bösen" (Frage 8).

Und die im angelsächsischen Reformiertentum hoch angesehene *Westminster Confession* von 1647 schreibt:

„Unsere ersten Eltern ... haben durch das Essen der verbotenen Frucht gesündigt. [...] Durch diese Sünde sind sie aus ihrer ursprünglichen Gerechtigkeit und Gemeinschaft mit Gott gefallen und so Tote in Sünden geworden und gänzlich verderbt in allen Fähigkeiten und Teilen von Seele und Leib. Weil sie die Wurzel der ganzen Menschheit sind, ist die Schuld dieser Sünde zugerechnet und derselbe Tod in Sünden und die verderbte Natur übertragen auf ihre Nachkommenschaft, die von ihnen durch natürliche Zeugung abstammen. Dieser ursprünglichen Verderbnis, durch die wir äußerst ungeneigt, unfähig und feindlich sind gegenüber allem Guten und gänzlich geneigt zu allem Bösen, entspringen alle tätlichen Übertretungen" (Kap. 6).

Aus dieser grundsätzlichen Verlorenheit kann sich der Mensch nach reformatorischer Auffassung nicht selbst befreien. Verständlicherweise ist deshalb nicht nur Luther in seiner bekannten Schrift gegen Erasmus scharf mit dem freien Willen ins Gericht gegangen, auch Calvin und andere Reformatoren haben ihn strikt abgelehnt. Ein freier Wille im Sinne einer Wahlmöglichkeit zwischen Gutem und Bösem kann nicht existieren, wenn der Mensch durch die Erbsünde in seiner Natur grundlegend „verdorben" ist. Hierbei berief man sich unter anderem auf Epheser 2,1, wo es heißt: „Ihr wart tot durch eure Übertretungen und Sünden". Ein Toter hat eben keine Aktionsmöglichkeiten. Sünder zu sein bedeutet demnach geistlich tot zu sein ohne die Möglichkeit, aus dieser Verlorenheit wieder herauszukommen.

Das römisch-katholische Verständnis

Grundlegend anders sah und sieht man das innerhalb der römisch-katholischen Theologie, in der das Zutrauen auf die Fähigkeiten des Menschen wesentlich größer ist als in der evangelischen. Zwar gesteht man auch hier zu, dass der freie Wille durch den Sündenfall dahingehend beeinträchtigt ist, dass kein Mensch von sich aus das Heil erlangen kann. Allerdings ist damit nach römisch-katholischer Auffassung im Gegensatz zur evangelischen nicht die Natur des Menschen verändert worden. Vielmehr wurden nur seine Möglichkeiten beschnitten.

So erklärte 1547 das Konzil von Trient, auf dem sich die römisch-katholische Kirche in Abgrenzung zur Reformation neukonstituiert hat,

> *„daß alle Menschen im Sündenfall Adams ihre Unschuld verloren haben …, unrein und … der Natur nach Söhne des Zorns geworden sind … Trotzdem war der freie Wille in ihnen keineswegs ausgelöscht, wenn auch an Kraft geschwächt und hinfällig" (NR 791).*

Nicht „verdorben", sondern nur „unrein", „an Kraft geschwächt und hinfällig" ist also der freie Wille des Menschen. Was die Reformation als „tot" und damit in jeder Hinsicht handlungsunfähig charakterisiert, liest sich hier eher wie eine schwere Krankheit, für die es durchaus Heilung geben kann.

Dieser Unterschied hat enorme Konsequenzen in verschiedenen Bereichen. Hier ist zunächst an das zu denken, was man „natürliche Theologie" nennt, also die Frage, ob ein Mensch auch ohne besondere Offenbarung des Heiligen Geistes Gott erkennen kann. Die römisch-katholische Theologie gesteht ihm dies zu, weswegen sie im Gegensatz zur evangelischen Theologie aus der Schöpfungsordnung ein „Naturrecht" ableiten kann, das für alle Menschen Gültigkeit beansprucht. Vor diesem Hintergrund ist sie sehr viel offener für interreligiöse Dialoge als ihr reformatorisches Gegenüber. So kann sie etwa mit Vertretern anderer Religionen (oder auch Nichtreligiösen) darüber sprechen, welche Menschenrechte sich aus der Schöpfungsordnung ableiten lassen, ohne dass diese direkt aus der biblischen Offenbarung abgeleitet werden müssten. Allerdings sieht auch die römisch-katholische Kirche wie die evangelische in dieser Form der Gotteserkenntnis noch keinen Weg zum Heil. Hier geht allein um das Erkennen der schöpfungsmäßigen Ordnung.

Damit verbunden ist ein grundlegend unterschiedliches Verständnis der Welt. Für die katholische Theologie ist die Welt ein Ort, in der Göttliches und Menschliches nebeneinander existieren, womit man das eine vom anderen trennen kann. Für denjenigen, der vom reformatorischen Verständnis ausgeht, ist das dagegen nicht so einfach. Weil alles durch den Sündenfall ein anderes Vorzeichen bekommen hat, ist die Wirklichkeit immer und in jedem Bereich durch unsere Beziehungslosigkeit beeinträchtigt und gebrochen. Etwas an sich Gutes kann es daher nicht geben, weder im Willen, noch im Verstand, Gefühl oder wo auch immer. Selbst das Streben nach Heiligkeit kann von Selbstliebe geprägt sein, wie nicht nur Luther erfuhr, sondern auch schon Paulus vor ihm, den gerade das in eine gottferne Selbstgerechtigkeit führte (vgl. Philipper 3,4-11).

Weil das so ist, kann nach reformatorischem Verständnis auch nichts Unfehlbarkeit beanspruchen. Weder kommt dies der Kirche als Ganzes zu, noch ihren obersten Repräsentanten, den Bischöfen und Konzilien oder dem Papstamt. Bezeichnenderweise kann dies noch nicht einmal die Schrift selbst. Die Reformatoren waren sich der Gefahr bewusst, die in einer Behauptung der Irrtumslosigkeit der Schrift liegt, schließlich kann auch der Teufel das offenbare Gotteswort für seine Zwecke missbrauchen (z. B. in Matthäus 4,6). Sie hielten daher die Schrift für inspiriert, aber nicht für unfehlbar, weswegen sie großen Wert darauf legten,

dass sie ihrem Geist nach ausgelegt werden müsse (vgl. etwa das lutherische „was Christum treibt"). Die Lehre von der Irrtumslosigkeit der
Schrift kam erst in einer Zeit auf, als sich die aus der Reformation entstandenen Kirchen gegen eine von anderen behauptete Unfehlbarkeit
glaubten verteidigen zu müssen. Das war zunächst die von der römisch-
katholischen Kirche bekundete nicht hinterfragbare Autorität des Lehr-
amtes wie auch später die von der Aufklärung vertretene Herrschaft der
Vernunft. Erst in diesen Herausforderungen entfernten sich auch Teile
der evangelischen Theologie von der von den Reformatoren erkannten
Brechung der Wirklichkeit durch die Sünde und wandten sich einer
vermeintlichen Unfehlbarkeit zu, die die eigene Theologie absichern sollte. Wer jedoch die Sünde ernst nimmt, weiß, dass das ein Ding der
Unmöglichkeit ist.

Doch kommen wir zurück zur römisch-katholischen Lehre. Das Fest-
halten am freien Willen hat darüber hinaus Auswirkungen auf die
Rechtfertigungslehre, mit der wir uns weiter unten noch ausführlicher
beschäftigen werden. Hier soll nur darauf hingewiesen werden, dass ein
„geschwächter" Mensch sehr viel mehr Möglichkeiten zur Mitwirkung
an seinem Heil hat als ein „toter". Gleichzeitig liegt damit auch der
Schwerpunkt im Verständnis der Sünde etwas mehr auf den Tatsünden
als bei den Evangelischen, die sich von der Reformation her in der Regel
auf die „Erbsünde" konzentrieren.

Die Entwicklung bis heute

Eine sehr viel grundlegendere Wende im Sündenverständnis kam durch
die Aufklärung. War die Reformation von einer sehr pessimistischen Sicht
des Menschen geprägt, fiel die Aufklärung gerade ins andere Extrem. Als
vernunftbegabtem Wesen traute man dem Menschen praktisch alles zu,
wenn er erst einmal die Fesseln abgelegt hat, die ihm von Autoritäten
wie der Kirche angeblich angelegt worden sind. In diesem Zusammenhang wurde nicht nur der Glaube an das Gute im Menschen populär,
sondern auch Freiheit in erster Linie als positive Befreiung und Grenzer-
weiterung verstanden. Wenn das eigentlich Gute im Menschen selbst
liegt und ihn seine Umwelt daran hindert es auszuleben, muss das Ziel
in der Befreiung des Individuums liegen, seiner Lösung von allen Fesseln
und Grenzen. Die Freiheit im Sinne einer Befreiung von allen Bindun-

gen wird damit zum Zweck an sich, obwohl dadurch inhaltlich noch keine Richtung vorgeben ist, in der sich das befreite Individuum entwickeln könnte. Eine solche Richtung im Sinne einer Zielfestlegung kann und darf es auch nicht geben, weil das dem Grundprinzip der Freiheit als Befreiung von allen Bindungen widersprechen würde. In der Logik der Aufklärung (die zum Beispiel den Menschenrechtserklärungen dieser Zeit zugrunde liegt) kann es deshalb außer Freiheit keine absoluten Werte geben, weil alles andere wieder einer Bindung entsprechen würde.

Das hat enorme Auswirkungen auf das Sündenverständnis. Denn hier wird aus dem, was die Bibel negativ darstellt – das Herauslösen des Menschen aus einer beide Seiten bindenden Beziehung –, etwas grundsätzlich Positives. Das, was im Alten Testament als Sündenfall beschrieben wird, ist somit eine zwar schmerzhafte, aber notwendige Emanzipationsgeschichte, durch die der Mensch mündig wird, sein Leben selbst in die Hand nimmt und damit in einen Prozess eintritt, der dem gleicht, den jeder Jugendliche durchmachen muss, der sich von seinem Elternhaus löst. Einige aufklärerische Kreise haben deshalb konsequenterweise die Schlange als Lucifer (lat. „Lichtbringer") aufgewertet. Auch wenn das keineswegs für den Hauptstrom der Aufklärung zutrifft, liegen hier die Wurzeln des modernen Satanismus, in dem der Teufel als Befreier und Entgrenzer verstanden wird, der dem Menschen hilft, sein eigentliches Potential zu entfalten.

Insgesamt führte die aufklärerische Ansicht vom Menschen als eigentlich gutem Wesen zwangsläufig zu einer Verflachung der Sündenproblematik, weil seine unheilvolle Verstrickung in einen von Gott getrennten Weltzusammenhang geleugnet wurde und sich der Blick notwendigerweise auf die einzelnen Tatsünden konzentrierte. Da man die Erbsündenlehre ablehnte, wurden Sünde und Schuld zu austauschbaren Begriffen, die Ethik ging in der bloßen Moral auf. Entsprechend appellativ war die Predigt. Wer mit einem eigentlich guten Menschen rechnet, der sich moralischer Verfehlungen schuldig macht, glaubt in der Regel auch, dass die falschen Verhaltensweisen durch entsprechende auf die Einsicht abzielende Argumentationen abzustellen sind.

Das passierte jedoch nicht. Ausgehend vom Gedanken, dass der einzelne Mensch weiterhin gut ist, wurde das Problem immer mehr bei den übergeordneten menschlichen Strukturen vermutet. Sünde wurde deshalb zunehmend als „Entfremdung" gesehen, die dazu führt, dass der einzelne Mensch nicht mehr seinem ursprünglich guten Kern entsprechend handelt. Damit verbunden war eine Entpersonalisierung der Sünde. „Böse" war nun nicht mehr in erster Linie der einzelne Mensch, sondern die „Verhältnisse", die „Gesellschaft" bzw. die „Strukturen".

Auch wenn damit der biblische Gedanke der Mächte sehr viel ernster genommen wird, als dies in der klassischen Morallehre geschieht, die eher auf den privaten Bereich abzielt, werden die Mächte durch die Leugnung einer jenseitigen Wirklichkeit gleichzeitig nicht tiefgehend genug erkannt. In geradezu naiver Weise hoffte und hofft man vielmehr, sie durch eine bloße Änderung der Verhältnisse überwinden zu können. Paradoxerweise führte gerade dadurch die Hoffnung auf eine Befreiung des Individuums zu seiner Versklavung. Weil sich die Strukturen nur gesamtgesellschaftlich verändern lassen, fällt diese Aufgabe nach Ansicht einflussreicher Denker wie Karl Marx dem Staat zu, der durch ein allen auferlegtes Zwangssystem für die „Befreiung" sorgen soll. Das 19. und 20. Jahrhundert hat denn auch mit dem Sozialismus und dem Kommunismus revolutionäre Bewegungen hervorgebracht, die darauf abzielen, die Verhältnisse durch Einschränkung der persönlichen Freiheit so zu verändern, dass der einzelne Mensch nicht mehr entfremdet lebt, womit nach dieser Auffassung auch das Problem der Sünde gelöst wäre.

Nicht verschwiegen werden soll, dass im Zuge der Emanzipation der Philosophie von der Theologie Sünde und Beziehungslosigkeit auch positiv gesehen werden konnte. Nietzsche etwa sah im Sündenbewusstsein ein „jüdisches Gefühl und eine jüdische Erfindung", die mit dem Bild Gottes als eines „ehrsüchtigen Orientalen im Himmel" zu tun habe. Statt „Zerknirschung, Entwürdigung, Sich-im-Staube-wälzen" solle der Mensch sein Leben selbst in die Hand nehmen und die Schwachheit überwinden.

Von dieser Form der Philosophie, die die Schaffung eines „Übermenschen" forderte, der nicht länger auf die Schwachen Rücksicht nimmt, lässt sich eine Linie bis zum Nationalsozialismus ziehen. Mit Letzterem ist freilich eine Neuentdeckung einer vergessenen Dimension der Sünde verbunden: des unerklärbar abgrundtief Bösen im Menschen. Der Hass der Nationalsozialisten auf die Juden, ihr in bürokratischer Gründlichkeit durchgeführter Massenmord an Millionen von Menschen, lässt sich mit der Annahme eines „guten Personkerns" im Menschen nicht vereinbaren. In Auschwitz offenbarte die Sünde ihre dämonische Dimension, die mehr ist als das Zusammenspiel einzelner böser Taten. Vielleicht ist uns gerade an dieser Stelle die antike Vorstellung von den Mächten noch am naheliegendsten.

Interessanterweise ist nach dem Zweiten Weltkrieg in der Theologie die Frage aufgekommen, ob man nach Auschwitz noch an Gott glauben könne. Das mit zwei Weltkriegen, verschiedenen Völkermorden und anderen Verbrechen vermutlich grausamste Jahrhundert der Weltgeschichte sollte freilich eher das Nachdenken darüber anstoßen, ob man noch vom Guten im Menschen reden kann. Lassen sich diese Erfahrungen nicht vielmehr mit der reformatorischen Einsicht in die grundlegende Verdorbenheit des Menschen vereinbaren als mit der aufklärerischen Behauptung, er sei im Grund gut? Ist hier also nicht eher die Aufklärung gescheitert als der Gottesglaube?

Während sich die von der Aufklärung herkommende Theologie mit dem Komplex der Erbsünde schwertut, haben eher evangelikale Kreise interessanterweise oft ähnliche Probleme. Seit der Heiligungsbewegung im 19. Jahrhundert, deren Anhänger versuchten, ein „sündloses" Leben zu führen, stehen auch hier immer wieder die Tatsünden im Mittelpunkt des Interesses. Heiligkeit im Sinne von Sündlosigkeit lässt sich nämlich nur erreichen, wenn Sünde nicht in der Einzahl als Beziehungsstörung verstanden wird, sondern Sünden in der Mehrzahl auf der Handlungsebene klar definiert werden, womit wir zwangsläufig bei einem an die Pharisäer und Pelagius erinnernden Ansatz sind.

Die Heiligungstheologie ist nicht zuletzt aus diesem Grund zwar zu Beginn des 20. Jahrhunderts verworfen worden, beeinflusst jedoch mit ihrem Sündenverständnis bis heute konservative Kreise der evanglischen Kirchen. Sünde wird dabei vor allem in den Kategorien eines „richtigen" bzw. „falschen" Verhaltens gefasst, womit die Gleichsetzung von Sünde und persönlicher Schuld verbunden ist, die allerdings, wie wir gesehen haben, eine starke Verkürzung der biblischen Botschaft darstellt. Unglücklicherweise ist damit zudem oft eine unterschiedliche Gewichtung der einzelnen Sünden verbunden, weshalb manche „öffentliche" wie Ehebruch oder andere sexuelle Verfehlungen stärker bekämpft und geahndet werden als „heimliche" wie Habgier oder Neid. Hier zeigt sich, wie verkürzt und privatisiert Sünde betrachtet wird, wenn wir die mit den Mächten verbundene Problematik ausblenden. Letztlich führt das zu dem berechtigten Vorwurf der Heuchelei.

Wichtige Begriffe

■ *Deismus* (von lat. *deus*, „Gott"): Lehre, wonach Gott zwar die Welt geschaffen, sie dann aber sich selbst überlassen hat

■ *Dualismus* (von lat. *duo*, „zwei"): Vorstellung, wonach in der Schöpfung zwei gleichstarke Kräfte (z. B. Gut und Böse) miteinander ringen

■ *Harmatologie* (von griech. *harmatia*, „Sünde"): Lehre von der Sünde

■ *Privationslehre* (von lat. *privatus*, „absondern, rauben"): Lehre, wonach das Böse keine eigenständige Existenz hat, sondern eine „Beraubung" des Guten ist

■ *Sündenfall*: Die in 1. Mose 3 beschriebene Zerstörung der Gemeinschaft zwischen Gott, Mensch und Natur

■ *Tun-Ergehens-Zusammenhang*: Vorstellung, wonach alles Tun Konsequenzen im Ergehen des Täters nach sich zieht

5.
Jesus Christus

oder:

Ich bin der Erste und der Letzte und der Lebendige

Die Vorgeschichte

Die messianische Erwartung

Große Ereignisse werfen ihre Schatten voraus. Das gilt erst recht für das größte Ereignis der Weltgeschichte, die Menschwerdung Gottes. So sollte es uns nicht wundern, dass schon lange vor der Geburt Jesu Verheißungen Gottes ausgesprochen wurden, die sein Wirken im Vorhinein beschreiben und deuten sollten. Weil Jesus der Christus, der Gesalbte Gottes ist, werden diese Vorankündigungen nach dem hebräischen Wort für Gesalbter, „Messias", messianisch genannt.

Wie viele solcher Verheißungen sich im Alten Testament finden, ist umstritten. Neben relativ klaren und eindeutigen, die auch schon in vorchristlicher Zeit so verstanden worden sind, nennt das Neue Testament einige, die uns beim Lesen des Alten nicht als solche aufgefallen wären. Das geschieht etwa, wenn Matthäus Jesu Flucht nach Ägypten mit Hosea 11,1 verbindet (Matthäus 2,15), was sich im Kontext des Prophetenbuches mit Sicherheit auf Israels Auszug aus Ägypten bezieht.

Hierin zeigt sich wieder etwas vom anderen Wirklichkeitsverständnis der Antike. Während wir Geschichte als eine Abfolge von mehr oder weniger zufälligen Ereignissen betrachten, in denen das eine oder andere Teil eines Planes sein mag und deshalb vorausgesehen werden kann, betrachtete man in der Antike auch die Geschichte als ein Ordnungsgefüge, in dem alles miteinander in Verbindung steht. Wir sahen das bereits beim „Tun-Ergehens-Zusammenhang"; bei „messianischen Weissagungen" wie der von Matthäus zitierten Hosea-Stelle wird das ebenfalls deutlich. Dabei geht es schlichtweg um die Parallelität: Wie Israel aus Ägypten in eine besondere Beauftragung von Gott gerufen wurde, so geschieht das auch mit Jesus. Ähnlich werden später die Versuchungsgeschichte (Matthäus 4,1f.) mit der Wüstenwanderung des Gottesvolkes und die Bergpredigt (Matthäus 5,1) mit dem Empfang des mosaischen Gesetzes auf dem Sinai parallel gesetzt (ohne dass das im Evangelium ausdrücklich erwähnt werden muss).

Mit dem Prinzip der Parallelität arbeitet auch Paulus, wenn er Abraham als Vater des Glaubens zum Vorläufer eines Christen macht (Römer 4) oder Adam und Christus gegenüberstellt (Römer 5,12-19). Der Autor des Hebräerbriefes kennt einen ähnlichen Auslegungsschlüssel, „Typologie" genannt. Ausgehend von den in Christus geschehenen Heilstatsachen sucht er ihre „Vorschatten" (griech. *typos*) in der Geschichte des Alten Testaments und findet sie im Tempel, im Priestertum und vor allem in dem Priesterkönig Melchisedek (Hebräer 4,14-5,10; 7,1-10,18). Wie bei einem Ankommenden der Schatten schon schemenhaft durch die Tür fällt, bevor er selbst im Raum steht, so wirft nach diesem Verständnis auch Christus seinen Schatten voraus.

Vom modernen Blickwinkel aus betrachtet mögen solche Zuordnungen willkürlich erscheinen, auf dem Hintergrund der antiken Vorstellung von der Welt als Ordnungsgefüge machen sie dagegen Sinn. Denn wenn die Geschichte tatsächlich keine zufällige Abfolge von Ereignissen ist, sondern eine Ordnung hat, dann ist es durchaus naheliegend, dass sich innerhalb dieser Ordnung bestimmte Wesenszüge zeigen, die sich notwendigerweise nicht nur wiederholen, sondern auch steigern können. Antike Geschichtsschreiber (und nicht nur die des Alten und Neuen Testaments) sahen deshalb ihre Hauptaufgabe darin, solche Elemente herauszuarbeiten, damit die Leser ihr Leben danach ausrichten konnten.

Entscheidend war dabei auch die Frage, wie alt ein solches Merkmal tatsächlich ist. Im Gegensatz zu unserer Zeit, in der aufgrund des (mancherorts leider nur vermuteten) technischen Fortschritts „neu" in der Regel mit „besser" gleichgesetzt wird, suchte die Antike nach dem, was von Anfang an dagewesen ist. Denn wenn etwas zu den Grundmustern der Welt gehören soll, muss es recht bald nach ihrer Erschaffung aufgetreten sein. „Neuerungen" ließen dagegen auf etwas schließen, das später hinzukam und insofern nicht die gleiche Gültigkeit für sich beanspruchen kann.

Hierin liegt der Hintergrund für den sowohl bei jüdischen, heidnischen wie auch christlichen Schriftstellern geführten „Antiquitätsbeweis", eben dem Versuch nachzuweisen, dass es sich bei der eigenen Auffassung um die ältere handelt, selbst wenn das „eigentliche" Gründungsereignis neueren Datums war. In geradezu klassischer Weise wird dieser Beweis in Römer 4 und dem Hebräerbrief gegenüber dem Judentum geführt. Während das auf den ersten Blick mehr als tausend Jahre ältere Judentum „nur" auf Mose zurückgeht, war nach Paulus schon der unbeschnittene (und damit „vorjüdische") Abraham „Vater des Glaubens", womit der Wahrheitsanspruch des Christentums schwerer wiegt als der des Judentums (Römer 4,9-12). In ähnlicher Weise zeigt der Autor des Hebräerbriefes auf, dass das Priestertum Jesu nicht wie das jüdische auf Levi gründet, sondern auf Melchisedek, „dem auch Abraham, der Erzvater, den Zehnten gab. [...] Und sozusagen ist auch Levi, der doch selbst den Zehnten nimmt, in Abraham mit dem Zehnten belegt worden" (Hebräer 7,4.9), womit also auch das levitische Priestertum dem melchisedekischen Christi untersteht.

Vor diesem Hintergrund der Geschichte als Ordnungsgefüge, in dem sich die grundlegenden Züge an verschiedenen Stellen zeigen bis sie schließlich in Jesus ihre Vollendung erfahren, sind auch die messianischen Verheißungen zu verstehen. In ihnen offenbart sich nicht ein roter Faden, der irgendwie in das Chaos der Geschichte eingewebt ist, vielmehr blicken wir in ihnen nach antik-christlichem Verständnis auf die grundlegende Ordnung, auf das Fundament, auf dem der ganze Rest aufgebaut ist. Wer sie zu interpretieren versteht, kennt daher nicht nur Christus, sondern die Geschichte von Anfang bis zum Ende. Diese Vorstellung von Jesus als dem Zentrum und Deutungsschlüssel für die Geschichte finden wir übrigens auch in Offenbarung 5ff., wo die Weltgeschichte als „Buch mit sieben Siegeln" erscheint, das nur Christus aufzutun vermag.

Doch kommen wir zurück zu den messianischen Weissagungen des Alten Testaments. Da hier nicht der Raum ist, den verstreuten Hinweisen nachzugehen, beschränken wir uns auf einige wenige Texte, die bereits von den Zeitgenossen Jesu auf den Messias gedeutet wurden und die auch im Neuen Testament ihren Niederschlag gefunden haben. Beginnen wollen wir mit einem Wort, das die Zeitgenossen Jesu inspiriert hat wie kaum ein anderes. Es ist eine Verheißung an David, dem nicht nur in der Rückschau größten König Israels:

„Wenn nun deine Zeit um ist und du dich zu deinen Vätern schlafen legst, will ich dir einen Nachkommen erwecken, der von deinem Leibe kommen wird; dem will ich sein Königtum bestätigen. Der soll meinem Namen ein Haus bauen, und ich will seinen Königsthron bestätigen ewiglich" (2. Samuel 7,12f.).

David war nicht nur der zweite König Israels, der die von Saul nur müh-
sam regierten zwölf Stämme zu einem einheitlichen Reich zusammen-
fasste, das unter seinem Enkel Rehabeam bereits zerbrach und nie wieder
existieren sollte, er war auch ein Mann nach Gottes Herzen, wie 1. Samuel
13,14 es ausdrückt. So verwundert es nicht, dass vor allem in den dunklen Stunden Israels Hoffnungen auf der David von Gott gegebenen Verheißung ruhten, wobei diese Verheißung durch die Propheten immer
wieder erneuert wurde (Jesaja 11,1; Jeremia 23,5; 30,9; 33,15; Hesekiel
34,23f.; 37,24f.; Hosea 3,5; Micha 5,1f.). Die Kraft dieser Verheißung
war so stark, dass selbst Hunderte von Jahren, nachdem der letzte Nachkomme Davids auf dem Thron gesessen hatte, die Angehörigen der
Davidsfamilie ihren Stammbaum bewahrten. Ein Teil von ihnen siedelte
sogar an speziellen Orten, die nur von Davididen bewohnt wurden. Ob
Nazareth ein solcher Ort war, ist umstritten, allerdings ist es möglich,
den Namen von *nezer*, „Spross", abzuleiten, womit Nazareth in Erinnerung an die Verheißung von Jesaja 11,1 ein von Mitgliedern der
Davidssippe bewohntes „Sprossdorf" gewesen wäre. Vielleicht spielt
Matthäus in 2,23 auf diese Verbindung an.

„Sohn Davids" im Sinne von Nachfolger Davids ist denn sicher auch
die weitverbreitetste Messias-Bezeichnung in neutestamentlicher Zeit
(vgl. Matthäus 9,27; 12,23; 15,22; 20,30f.; 21,9; 22,42). Mit diesem
Titel verbanden sich übrigens nicht nur die allgemein unterstellten politischen Erwartungen (wie der erfolgreiche Kampf gegen die römischen
Besatzungstruppen und die Wiederherstellung Israels als souveräner
Staat), sondern interessanterweise gerade die Hoffnung auf Heilung. Das
mag überraschen, allerdings wurden schon dem alttestamentlichen David
heilende Fähigkeiten zugeschrieben (1. Samuel 16,23). Diese Verbindung wird bei dem für die Zukunft erwarteten „Sohn Davids" noch
deutlicher, etwa wenn er in Hesekiel 34,16 sagt: „Ich will das Verlorene
wieder suchen und das Verirrte zurückbringen und das Verwundete verbinden und das Schwache stärken".

Der „Sohn Davids" wird damit vor allem als guter Hirte verstanden,
der sich aufopfernd um seine Schafe kümmert, ein Bild, das Jesus nicht
nur aufgenommen, sondern in Verbindung mit Psalm 23 auch auf sich
selbst bezogen hat (Johannes 10,1-18). Vor dem Hintergrund der Erwartung eines neuen, heilenden Davids wird verständlich, warum der

Ausruf „Sohn Davids, erbarme dich meiner/unser!" von Blinden und der Mutter eines Besessenen zu hören war (Matthäus 9,27; 20,30; 15,22) und warum das Volk nach einer besonders außergewöhnlichen Heilung verwundert fragte: „Ist dieser nicht Davids Sohn?" (Matthäus 12,22). Betrachtet man Davids Nachfolger dagegen nur als rein politischen Messias, macht diese Anrufung keinen Sinn.

Doch auch wenn „Sohn Davids" die zu Jesu Lebzeiten häufigste messianische Erwartung war, das Neue Testament hat sie kaum aufgenommen. Zwar leugnet es nicht die Verbindung zwischen Jesus und David (die wird zum Beispiel in den Stammbäumen Matthäus 1,1-17 und Lukas 3,23-38 vorausgesetzt, wobei Matthäus mit seinem dreifachen 14er-Schema noch an den Zahlwert des Wortes „David", 14, erinnert), allerdings taucht der Titel außerhalb der Evangelien nur noch in Römer 1,3 auf. Statt dessen wird der Gedanke des Heilens und die Zuwendung zu den Schwachen mit dem leidenden Gottesknecht aus Jesaja 52,13-53,12 verbunden, dem im Neuen Testament am häufigsten zitierten alttestamentlichen Text. Nicht nur Jesus selbst sah in ihm eine Deutung für sein Handeln (Lukas 23,37), auch die Evangelisten verstanden sein Werk als eine Erfüllung der Prophetie Jesajas (z. B. Matthäus 8,17), weitere Stellen im Neuen Testament spielen auf sie an (z. B. Römer 4,25; 2. Korinther 5,21; 1. Petrus 2,25). Allerdings ist unklar, welche Rolle dieser Text in der zeitgenössischen messianischen Erwartung gespielt hat, denn die in dieser Hinsicht älteste jüdische Bezugnahme stammt aus dem 3. oder 4. nachchristlichen Jahrhundert, inwieweit sie auf ältere Traditionen zurückgeht, ist umstritten.

Anders ist das mit einem Wort, das einst von Mose gesprochen wurde: „Einen Propheten wie mich wird dir der HERR, dein Gott, erwecken aus dir und aus deinen Brüdern; dem sollt ihr gehorchen" (5. Mose 18,15). In neutestamentlicher Zeit, als das Auftreten des letzten Propheten schon mehrere Jahrhunderte zurücklag und man allgemein davon ausging, dass die Stimme der Propheten verloschen sei, knüpfte sich an die Ankündigung des Mose nicht nur die Erwartung einer Erneuerung der alttestamentlichen Prophetie. Vielmehr hoffte man auf einen, der kommen würde, um Israel wie seinerzeit Mose zu befreien und in einen neuen Gottesbund zu führen. Entsprechend taucht in den Evangelien beides auf, die Feststellung, dass Jesus *ein* Prophet ist, und die Frage, ob er nicht *der* Prophet ist (Markus 6,15; Johannes 6,14).

Die in unserem Zusammenhang interessanteste messianische Verheißung stammt freilich aus dem Danielbuch. In mehreren Visionen sieht der Seher Daniel den Ablauf der Weltgeschichte vor sich, deren Weltreiche als eine Folge von immer grausameren Tieren dargestellt werden. Gleichzeitig erblickt er aber auch Gott im Himmel, den er als „Uralten" beschreibt, der die Dinge in der Hand hält, auch wenn die Geschichte auf den ersten Blick nicht danach aussieht. Dann geschieht plötzlich etwas völlig Unerwartetes, mit dem die Weltgeschichte an ihr Ende gelangt:

> *„Ich sah in diesem Gesicht in der Nacht, und siehe, es kam einer mit den Wolken des Himmels wie eines Menschen Sohn und gelangte zu dem, der uralt war, und wurde vor ihn gebracht. Der gab ihm Macht, Ehre und Reich, dass ihm alle Völker und Leute aus so vielen verschiedenen Sprachen dienen sollten. Seine Macht ist ewig und vergeht nicht, und sein Reich hat kein Ende" (Daniel 7,13f.).*

In einem Bild wird hier von einem Wesen gesprochen, das buchstäblich Himmel und Erde in sich vereinigt. Einerseits kommt es aus dem Himmel, gehört also ganz zu Gott und seinem Bereich. Auf der anderen Seite sieht es aber aus „wie eines Menschen Sohn". Das aramäische *bar nascha* (hebr. *ben adam*), das hier mit „Menschensohn" übersetzt wird, bezeichnet zunächst schlichtweg einen Angehörigen der Gattung Mensch, allerdings vermutlich mit Hinblick auf seine Vergänglichkeit. In dieser Weise taucht es etwa in Psalm 8,5 auf, auch der Prophet Hesekiel wird so von Gott angesprochen (Hesekiel 2,2 u. ö.). Deutlich ist damit zugleich auch, dass die in Daniel 7 erwähnte Gestalt nicht in diese Reihe passt, denn hier geht es nicht um einen sterblichen Menschen, sondern um ein himmlisches Wesen, das wie ein Mensch ist. Aus diesem Grund wurde „Menschensohn" schon in vorneutestamentlicher Zeit zu einem Titel für dieses aus dem Himmel kommende Wesen, das auf Erden mit der uneingeschränkten Vollmacht Gottes auftreten würde. Denn davon ist die Rede, wenn es bei Daniel heißt, Gott habe dem Menschensohn „Macht, Ehre und Reich" gegeben.

Besonders interessant ist, dass „Menschensohn" als Bezeichnung Jesu fast ausschließlich in den Evangelien auftaucht, und dort nur im Munde Jesu selbst. Wir haben es also mit *der* Selbstbezeichnung Jesu zu tun, die von seinen Anhängern nicht aufgenommen wurde, außer an den Stellen, wo sie den Menschensohn aus Daniel 7 im Blick hatten, den sie mit Jesus identifizierten (Apostelgeschichte 7,56; Offenbarung 14,14). Damit stellt sich die Frage, wie Jesus diese Bezeichnung verstanden wissen wollte.

Auf den ersten Blick mag es so aussehen, als ob er mit der Rede vom Menschensohn bewusst eine eindeutige Aussage über seine Person vermeiden (schließlich wird der Begriff ja von der Spannung zwischen „Mensch" und „himmlisches Wesen" geprägt) oder aber gerade seine Menschlichkeit betonen wollte. In diesem Sinne lassen sich etwa Aussagen wie „Die Füchse haben Gruben und die Vögel unter dem Himmel haben Nester; aber der Menschensohn hat nichts, wo er sein Haupt hinlege" (Lukas 9,58) verstehen. Hier ginge es in diesem Fall um die allgemeine Feststellung der Heimatlosigkeit des Menschen.

Betrachtet man jedoch die anderen Menschensohn-Worte Jesu, fällt auf, dass viele von ihnen nur dann Sinn machen, wenn sie sich auf das in Daniel 7 prophezeite himmlische Wesen beziehen. Schließlich taucht das Wort im Zusammenhang mit der Sündenvergebung auf (Matthäus 9,6), der Herrschaft über den Sabbat (Matthäus 12,8) und der Sendung von Engeln (Matthäus 13,41). Eindeutig auf ein endzeitliches Wesen (wie in Daniel prophezeit) bezieht es sich in Matthäus 10,23 und 12,32. Wir müssen daher davon ausgehen, dass Jesus „Menschensohn" ausnahmslos als Titel im Sinne von Daniel 7 gebraucht hat.

Von allen möglichen messianischen Anknüpfungspunkten hat er sich damit den geheimnisvollsten ausgesucht. Unter einem „Gesalbten" (Christus/Messias) konnte man sich in neutestamentlicher Zeit einiges vorstellen, schließlich wurden im Alten Testament Könige und Priester als Zeichen der Amtseinführung gesalbt; ähnliche Orientierungshilfen boten die Bezeichnungen „Prophet" und „Sohn Davids". Der Menschensohn bleibt jedoch schon im Alten Testament eher unbestimmt, da er nur in Daniel 7 erwähnt wird und keinen irdischen Vorläufer hat. Das ist auch kaum möglich, da es sich bei dem Menschensohn um ein himmlisches Wesen handelt, das aus dem Bereich Gottes kommt, um am Ende

der Zeiten die Weltregierung zu übernehmen und das Gericht zu vollziehen. Jesus hat also als Selbstbezeichnung ausgerechnet den messianischen Titel des Alten Testaments benutzt, der ihn am deutlichsten in die
Nähe Gottes rückt.

Johannes der Täufer

Indem Jesus den Titel „Menschensohn" für sich übernahm, identifizier-
te er sich mit der von Gott gesandten Gestalt des endzeitlichen Weltrichters. Als solchen hat ihn auch die neben Jesus wohl eigentümlichste
Gestalt des Neuen Testaments erkannt und gepredigt: Johannes der Täufer. Rund fünfhundert Jahre nachdem der letzte alttestamentliche Prophet geweissagt hatte (Maleachi lebte vermutlich zur Zeit der Wieder-
einweihung des Tempel 515 v. Chr.), trat mit Johannes ein Mann auf,
der in Kleidung und Verhalten an Elia anknüpfte (vgl. Matthäus 3,4
mit 2. Könige 1,8) und damit nicht nur an die Hochzeit der alttestamentlichen Prophetie, sondern an den mächtigsten Propheten selbst,
dessen Rückkehr für das Ende der Zeiten verheißen worden war (Maleachi
3,23). Nach fast einem halben Jahrtausend Schweigen war also nicht
nur die Stimme der Propheten wieder zu hören, sondern auch der Anfang vom Ende der Zeiten proklamiert.

In dieser Richtung ist auch die Botschaft des Johannes zu verstehen.
In ihr enthält schon der Ort seines Auftretens eine wichtige Symbolik.
Johannes predigt in der Wüste (Matthäus 3,1), für das alttestamentli-
che Gottesvolk ein Ort, an dem Gott sprach. Nachdem sie von ihm aus
Ägypten geführt worden waren, versorgte er sie dort, gab ihnen sein
Gesetz und schloss mit ihnen einen Bund. Die Wüste war zugleich ein
Ort des Gerichts. In ihr musste die Generation sterben, die an Gottes
Verheißungen gezweifelt hatte und deshalb das „Gelobte Land" nicht
sehen durfte. Das murrende Volk in der Wüste war daher zur Zeit Jesu
ein Sinnbild für die äußerste Gottesferne. Wenn Propheten wie Hosea
also forderten, Israel müsse in die Wüste zurück um einen neuen Anfang
mit Gott zu machen (Hosea 2,16), war das die schlimmstdenkbare
Gerichtsandrohung. An sie knüpft nun Johannes mit der Wahl seines
Predigt- und Taufortes an.

Entsprechend war seine Botschaft eine Gerichtspredigt, auch wenn
sich sein „Kehrt um, denn das Himmelreich ist nahe herbeigekommen!"

(Matthäus 3,2) auf dem Hintergrund der Verkündigung Jesu heute nicht mehr so liest. Betrachten wir allerdings die Bilder, die Johannes gebraucht, wird klar, dass es sich bei dem „Himmelreich" nicht um ein wie auch immer geartetes Schlaraffenland handeln kann. Vielmehr spricht Johannes von der Axt, die bereits an der Wurzel der Bäume liegt (Matthäus 3,10). Nun wird ausgeholt, und dann kommt der Schlag: Wer keine Frucht bringt, wird abgehauen und ins Feuer geworfen. Ähnlich ist das Bild vom Drescher, der mit der Worfschaufel in der Hand auf die Tenne tritt, um die Spreu vom Weizen zu trennen (Matthäus 3,12). Wie diese Vergleiche deutlich machen, steht das Gericht unmittelbar bevor. Wenn überhaupt, ist Umkehr nur noch für eine kurze Zeit möglich.

Auch dafür verwendet Johannes ein Symbol, das für seine Zeitgenossen eindeutig war: die Taufe. Aus dem Alten Testament kennen wir verschiedene Vorschriften, nach denen sich die Menschen durch Tauchbäder zu reinigen hatten, wenn sie mit etwas Unreinem oder Sündigem in Berührung gekommen waren (z. B. 3. Mose 14,8). Johannes predigt nun ein solches Tauchbad für das ganze Leben, womit nichts, was ein Mensch vorweisen könnte, vor Gott Bestand hat.

All das ist verbunden mit der Gestalt des Einen, des Großen, den Johannes schon am Horizont ausmachen kann: die des Christus, der mit Feuer und mit Heiligem Geist taufen wird. Nach seiner Botschaft ist Gott also aufgebrochen, um die Welt zu richten. Wie die Armeen eines siegreichen Feldherrn kommt Gott auf Israel zu, womit nur noch ein kleines Zeitfenster bleibt, um umzukehren und sich mit ihm zu versöhnen. Johannes steht damit ganz in der Erwartung des Weltrichters aus Daniel 7. Der Messias, den er predigt, wird die Welt zur Rechenschaft ziehen und das Zeitalter der Sünde beendigen. Mit ihm bricht die Herrschaft Gottes in bisher nie gekannter Weise an.

Mit diesem Wissen können wir uns nun Jesus selbst zuwenden.

Die Botschaft Jesu

Das Reich Gottes

In seiner Verkündigung knüpft Jesus an die Botschaft Johannes des Täufers an: „Tut Buße, denn das Himmelreich ist nahe herbeigekommen!"

(Matthäus 4,17, vgl. 3,2). Doch auch wenn der Aufruf identisch ist, können wir bei Jesus eine deutliche inhaltliche Verschiebung feststellen. Vielleicht hat das mit der Zielgruppe zu tun, an die die jeweilige Predigt gerichtet ist. Bei Johannes lesen wir, dass „viele Pharisäer und Sadduzäer" zu ihm kamen (Matthäus 3,7). Er hatte es also mit dem religiösen „Establishment" zu tun, dem er in alttestamentlich-prophetischer Weise die Heilsgewissheit nehmen wollte. Es ist ja leider ein durchgehender Zug in der Geschichte, dass Menschen oft dort am gottfernsten sind, wo sie sich seiner am sichersten glauben. Als Israel in einer auswegslosen Schlacht die Bundeslade holen ließ, um Gott zu seinem Beistand zu zwingen, ging sie verloren (1. Samuel 4,1-11); ebenso wurde der Tempel zerstört, als sich das alttestamentliche Gottesvolk zu sehr auf ihn verließ (Jeremia 7,1-15). In ähnlicher Weise sollte später der Pharisäer Paulus schmerzlich erfahren, dass er seine Frömmigkeit als Bollwerk gegen Gott genutzt hatte (Apostelgeschichte 9,1-5).

Dass das so ist, hat etwas mit der Struktur des Reiches Gottes zu tun. Weil die Welt nicht so ist, wie sie von Gott her sein sollte, bedeutet die Aufrichtung der Herrschaft Gottes immer eine Überwindung der bisherigen Strukturen. Es gibt keinen Kompromiss mit der Wirklichkeit der Sünde, Ziel ist vielmehr ihre völlige Umgestaltung in die Wirklichkeit Gottes. Damit aber kann es in der Welt keinen Ort geben, an dem sich das Gottesvolk endgültig einrichten kann, keinen Platz, an dem man sich zurücklehnen könnte, weil hier ja noch alles in Ordnung ist. Der Blick kann nicht zurückgehen, sondern immer nach vorn, hin auf das Reich, das Gott errichten wird: „Wer seine Hand an den Pflug legt und sieht zurück, der ist nicht geschickt für das Reich Gottes" (Lukas 9,62).

Weil das Gottesreich aber deshalb immer mit Aufbruch zu tun hat, mit freudiger Erwartung, mit Sehnsucht und Risiko, findet seine Predigt mehr Anklang unter denen, die nichts zu verlieren haben, als bei denen, die es sich – sei es nun materiell, religiös oder wie auch immer – ganz gut eingerichtet haben in der Welt, so wie sie ist. In den Gleichnissen macht Jesus diesen Zusammenhang besonders deutlich:

„Das Himmelreich gleicht einem Schatz, verborgen im Acker, den ein Mensch fand und verbarg; und in seiner Freude ging er hin und ver-

kaufte alles, was er hatte, und kaufte den Acker. Wiederum gleicht das Himmelreich einem Kaufmann, der gute Perlen suchte, und als er eine kostbare Perle fand, ging er hin und verkaufte alles, was er hatte, und kaufte sie" (Matthäus 13,44-46).

Was Jesus hier beschreibt, sind Menschen, die alles auf eine Karte setzen. Im Prinzip handelt es sich ja um riskante Investitionen. Der Goldgräber und der Kaufmann brechen völlig mit ihrer Vergangenheit, indem sie alles verkaufen, was sie besitzen, selbst die grundlegenden Dinge, selbst das, was sie bisher für unverkäuflich gehalten haben. Das Reich Gottes hat damit zunächst einmal etwas mit Verlassen zu tun, es ist ein Bruch mit der Welt, mit dem bisherigen Leben:

„Wenn jemand zu mir kommt und hasst nicht seinen Vater, Mutter, Frau, Kinder, Brüder, Schwestern und dazu sich selbst, der kann nicht mein Jünger sein. Und wer nicht sein Kreuz trägt und mir nachfolgt, der kann nicht mein Jünger sein. Denn wer ist unter euch, der einen Turm bauen will und setzt sich nicht zuvor hin und überschlägt die Kosten, ob er genug habe, um es auszuführen, – damit nicht, wenn er den Grund gelegt hat und kann's nicht ausführen, alle, die es sehen, anfangen, über ihn zu spotten, und sagen: Dieser Mensch hat angefangen zu bauen und kann's nicht ausführen? Oder welcher König will sich auf einen Krieg einlassen gegen einen andern König und setzt sich nicht zuvor hin und hält Rat, ob er mit zehntausend dem begegnen kann, der über ihn kommt mit zwanzigtausend? Wenn nicht, so schickt er eine Gesandtschaft, solange jener noch fern ist, und bittet um Frieden. So auch jeder unter euch, der sich nicht lossagt von allem, was er hat, der kann nicht mein Jünger sein" (Lukas 14,26-32).

Mit starken Worten fordert Jesus hier den grundlegenden Bruch mit der in der Antike nahezu alles entscheidenden Familienbeziehung. Wie eine Ehefrau verlangt das Reich Gottes die Loslösung aus der Familie der Eltern (1. Mose 2,24), darüber hinaus aber auch den Bruch mit der eigenen Familie. Und auch hier geht es wieder um eine riskante Investition, wie die Vergleiche mit dem Turmbau und vor allem mit dem Kriegführen zeigen. Gleichzeitig machen sie aber auch deutlich, dass es sich beim Eintritt ins Gottesreich nicht um eine spontane Gefühlsregung handelt, sondern um einen Entschluss, der ähnlich nüchtern getroffen werden muss wie eine wirtschaftliche oder kriegerische Entscheidung.

Das zeigt zugleich, wie sehr man sich in Jesus täuscht, wenn man seine Botschaft als eine für „Alte und Kranke" abqualifiziert. Er richtet sich zwar in erster Linie an die Verlierer dieser Welt, die sich in den bestehenden Verhältnissen nicht eingerichtet und ihre Schäfchen nicht ins Trockene gebracht haben, vielleicht auch, weil sie es nicht konnten. Allerdings wendet er sich nicht an die, die sich nur als Opfer verstehen, sondern gerade an solche, die bereit sind, aktiv für eine grundlegende Umwandlung einzutreten und dafür auch hohe Risiken in Kauf nehmen.

Ein solches Risiko lohnt natürlich nur, wenn dem Einsatz ein entsprechender Gewinn gegenübersteht. Auch davon reden die Gleichnisse Jesu: Es geht um einen „Schatz", der bisher verborgen ist und der den Preis des dafür zu erwerbenden Ackers sicher um ein Vielfaches übersteigt, um eine „Perle", die so kostbar ist, dass sie den Verkauf der Güter rechtfertigt. Selbst in Bezug auf den Bruch mit den bisherigen Bindungen verheißt Jesus einen alle Vorstellungen übersteigenden Ausgleich:

> *„Wahrlich, ich sage euch: Es ist niemand, der Haus oder Brüder oder Schwestern oder Mutter oder Vater oder Kinder oder Äcker verlässt um meinetwillen und um des Evangeliums willen, der nicht hundertfach empfange: jetzt in dieser Zeit Häuser und Brüder und Schwestern und Mütter und Kinder und Äcker mitten unter Verfolgungen – und in der zukünftigen Welt das ewige Leben" (Markus 10,29f.).*

Eine selbstlose Askese, ein Abgeben um des Abgebens willen, der Bruch mit den bisherigen Bedingungen als Selbstzweck ist Jesus also fremd. Er spricht stattdessen vom Reich Gottes als einer lohnenden Investition, als einem „Schatz im Himmel" (Matthäus 6,20; 19,21), es geht um den „Lohn", die „Vergeltung" des Vater (Matthäus 6,4.18). Seinen Jüngern verspricht er sogar „Throne" im Himmel (Matthäus 19,28).

Hierin zeigt sich etwas vom tiefen Realitätssinn Jesu: Seine Botschaft ist kein Appell der Schwachen an die Mitmenschlichkeit der Starken, sondern eine Erneuerung des Tun-Ergehens-Zusammenhangs vor dem

Hintergrund einer als tatsächlich existierend verstandenen Wirklichkeit Gottes. Wer diese Auffassung teilt, dem wird Jesu Botschaft unmittelbar einleuchten. Wer an ihr zweifelt, dem erscheint sie wie die Heilsversprechungen dubioser Aktienverkäufer, die unglaubliche Renditen geloben. Nicht von ungefähr ist damit das Vertrauen die zentrale Frage: „Wenn der Menschensohn kommen wird, meinst du, er werde Glauben finden auf Erden?" (Lukas 18,8).

Diese Frage wird dadurch noch verschärft, dass Jesus das von Johannes als unmittelbar bevorstehend geschilderte Weltende hinausschiebt. Nur in seinem oben zitierten Vergleich vom König, der einem fremden Heer mit unterlegenen Kräften entgegenzieht und auf dem Weg eine Einigung versucht, erinnert er in der Bildersprache an Johannes. Aber schon der daneben erwähnte Turmbau setzt eine gewisse zeitliche Perspektive voraus. Noch mehr gilt das für die übrigen Gleichnisse vom Reich Gottes. Wo der Täufer mit Bildern unmittelbar drohender Gefahr arbeitete, spricht Jesus eher von einem prozesshaften Geschehen. Das Reich Gottes kommt nicht über Nacht (vgl. Lukas 17,20f.), sondern es wächst wie die Saat (Markus 4,26-29; Matthäus 13,24) und der Baum (Markus 4,30-32), es breitet sich aus wie Sauerteig Mehl durchsäuert (Matthäus 13,33).

Auch wenn damit der noch verbleibende Zeitrahmen größer wird, wird die von Johannes betonte Dringlichkeit nicht aufgehoben. Auch für Jesus kommt das Ende der Welt über die Menschen wie ein Blitz (Matthäus 24,27), „plötzlich ... wie ein Fallstrick" (Lukas 21,34). Das ist der Zeitpunkt, an dem die Bilanz gezogen wird, an dem der „Weizen" in Scheunen gebracht und das „Unkraut" verbrannt wird (Matthäus 13,30.40-43), die „guten Fische" gesammelt und die „schlechten" weggeworfen (Matthäus 13,48), die „Bösen" und die „Gerechten" geschieden werden (Matthäus 13,49). Wie „Schafe" und „Böcke" werden die Menschen eingeteilt werden (Matthäus 24,31-46), der eine wird „angenommen", der andere „preisgegeben" werden (Matthäus 24,40f.).

Untrennbar verbunden mit der Verkündigung Jesu ist deshalb die Botschaft vom Gericht, das allerdings nicht nur punktuell, sondern ebenfalls prozesshaft vollzogen wird. Das in die Wirklichkeit dieser Welt hineinbrechende Gottesreich führt unausweichlich zur Scheidung der Menschen, die sich dieser neuen Realität entweder stellen oder sie ignorieren. Im Gegensatz zu Daniel und Johannes trennt Jesus damit deutlich zwischen dem Kommen des Gottesreiches und dem Ende der Welt. Die Zeit dazwischen ist die Zeit der Entscheidung und Bewährung, wie es der Apostel Paulus später in Athen verkündigen wird:

> *„Zwar hat Gott über die Zeit der Unwissenheit hinweggesehen; nun aber gebietet er den Menschen, dass alle an allen Enden Buße tun. Denn er hat einen Tag festgesetzt, an dem er den Erdkreis richten will mit Gerechtigkeit durch einen Mann, den er dazu bestimmt hat, und hat jedermann den Glauben angeboten, indem er ihn von den Toten auferweckt hat" (Apostelgeschichte 17,30f.).*

Die Zeit der Entscheidung und Bewährung ist also zugleich eine Zeit der Gnade, eine Übergangszeit, die Frist, die Gott, der die Verhältnisse nun endgültig zum Guten wenden möchte, noch eingeräumt hat. Mit dem Auftreten von Jesus tritt die Welt jedoch in ihre letzte Phase.

Durch diese Botschaft eröffnet Jesus freilich eine Spannung, die die Geschichte des Christentums durchziehen wird, nämlich die Frage, wie sich Weltende und Reich Gottes zueinander verhalten. Die jüdische Apokalyptik, also die Lehre vom Ende der Welt, war bis dahin davon ausgegangen, dass das Reich Gottes eines Tages die Welt ablösen und damit beenden wird. In diesem Sinne sah es auch noch Johannes der Täufer, der vielleicht gerade darüber stolperte und an Jesus zweifelte (Matthäus 11,1-6). Indem Jesus das Ende der Welt und das Kommen des Reiches auseinanderrückt, eröffnet er eine neue Sicht für das Wirken Gottes in der Welt. Hiernach bricht das Reich an, breitet sich aus, aber das Ende der Welt ist damit noch nicht da. Erst mit ihm wird freilich das Reich Gottes zu seiner vollen Entfaltung gelangen, hieran hält auch Jesus fest (Lukas 21,31).

Indem Jesus einen Teil der für das Weltende erwarteten Ereignisse in die Weltzeit „vorzieht", verwischt die vorher eindeutige zeitliche Abgrenzung, womit unklar wird, in welcher Beziehung Welt und Reich Gottes zueinander stehen. Wird die Welt nach und nach ins Reich Gottes umgewandelt werden? Oder gibt es eine plötzliche Ablösung der einen durch das andere? Jesu Beschreibung seiner Jünger als „in der Welt" aber „nicht von der Welt" (Johannes 15,19) lässt auf eine tiefgreifende

Trennung zwischen Reich Gottes und Welt schließen, das Gleichnis vom Unkraut unter dem Weizen lebt dagegen gerade von der Tatsache, dass man beides bis zum Ende nicht unterscheiden kann (Matthäus 13,24-30).

Mit diesen Spannungen wird die Lage jedoch insgesamt wesentlich unübersichtlicher. War die Apokalyptik bis dato bemüht, klare Grenzen zu ziehen zwischen diesem Zeitalter und dem kommenden der Herrschaft Gottes, die sich ebenso unter den Menschen zeigten, die man als „Kinder des Lichts" und „Kinder der Finsternis" auseinanderhalten konnte, verschwimmen die Linien bei Jesus. Reich Gottes und Welt laufen nebeneinander her, womit auch die Grenzziehungen unter den Menschen nicht mehr eindeutig sind, schließlich müssen sich auch die „Kinder des Lichtes" auf eine längere Wartezeit einstellen, in der sie weiterhin den Gesetzmäßigkeiten dieses Zeitalters unterliegen. An die Stelle der von Johannes gepredigten Dringlichkeit tritt damit die „Wachsamkeit", die die Nachfolger Jesu auszeichnen soll (Lukas 21,16).

Es verwundert allerdings nicht, dass die Kirchengeschichte voll ist von Versuchen, diese Spannungen nach einer Seite hin aufzulösen, indem man entweder das Reich Gottes in einer diesseitigen Kirche aufgehen ließ oder sich im Gegenteil völlig von der Welt zurückzog, deren Ende man jeden Augenblick erwartete.

Festzuhalten bleibt jedoch der im Vergleich mit Johannes bedeutendste Perspektivwechsel in der Verkündigung Jesu: Für ihn ist das Reich Gottes eine für alle Menschen positive Größe. Wenn Gott seine Herrschaft aufrichtet, profitieren alle davon, weil das prinzipiell besser ist als jede Macht, die bisher die Geschicke bestimmt hat. Gerade in der Bergpredigt schildert Jesus Gott nicht als unbarmherzigen Richter, der die Sünde gnadenlos verfolgt, sondern als liebenden Vater, dem an der Entwicklung seiner Kinder gelegen ist. Gott wird genau deshalb zum Vorbild in der Feindesliebe, „denn er lässt seine Sonne aufgehen über Böse und Gute und lässt regnen über Gerechte und Ungerechte" (Matthäus 5,43).

Weil Gott jedoch der liebende Vater ist, verkündigt Jesus das Reich Gottes als einen Ort, an dem die Verhältnisse geradegerückt werden. Er knüpft dabei an die alttestamentliche Vorstellung der Gerechtigkeit an, die in der Bibel den höchsten Wert darstellt. Als solche ist sie zunächst einmal nicht weit entfernt von den Idealen der vergänglichen Welt, weswegen die Autoren des Neuen Testaments (und die Kirchenväter) darauf verweisen können, dass Christen ein „rechtschaffenes Leben unter den Heiden" führen, die deren „gute Werke" anerkennen müssen (1. Petrus 2,12).

In der Praxis rückt das Reich Gottes mit seinem Gerechtigkeitsziel freilich nahezu unausweichlich in Kontrast zur Welt, ja manches in ihm äußert sich geradezu als Gegensatz. So konnte schon Maria, die Mutter Jesu, über die Ankündigung seiner Geburt mit den Worten jubeln:

> *„[Gott] übt Gewalt mit seinem Arm und zerstreut, die hoffärtig sind in ihres Herzens Sinn.*
> *Er stößt die Gewaltigen vom Thron und erhebt die Niedrigen.*
> *Die Hungrigen füllt er mit Gütern und lässt die Reichen leer ausgehen"* *(Lukas 1,51-53).*

Betrachtet man in diesem Sinn die Bergpredigt als programmatische Rede Jesu, so sind ihre Seligpreisungen eine regelrechte Kampfansage an die bestehenden Verhältnisse. Gepriesen werden die, die „geistlich arm" sind, „Leid tragen", die „Sanftmütigen", „Barmherzigen", „Friedfertigen", eben die, die „reinen Herzens sind", die „da hungert und dürstet nach der Gerechtigkeit", um deretwillen sie „verfolgt" und „geschmäht" werden (Matthäus 5,3-12). In der Feldrede des Lukasevangeliums folgen auf die Seligpreisungen sogar noch Weherufe über die Reichen, die Satten und die, die bei allen beliebt sind (Lukas 6,24-26).

Entsprechend rechnet Jesus nicht damit, dass das Reich Gottes von allen mit offenen Armen begrüßt werden wird. Nicht nur sein eigenes Leiden kündigt er mehrmals an (Matthäus 16,21; 17,22f.; 20,17-19), auch seinen Nachfolgern verheißt er Verfolgung (Lukas 21,12) und das Kreuz (also die ehrlose Hinrichtung; Matthäus 16,24): „Wenn euch die Welt hasst, so wisst, dass sie mich vor euch gehasst hat" (Johannes 15,18). Das Reich Gottes kommt damit als eine friedfertige Revolution daher, in der die ursprüngliche Ordnung der Schöpfung wiederaufgerichtet werden soll. So spricht Jesus über die Herrschaft im Reich Gottes folgendermaßen: „Ihr wisst, dass die Herrscher ihre Völker niederhalten und die Mächtigen ihnen Gewalt antun. So soll es nicht sein unter euch; sondern wer unter euch groß sein will, der sei euer Diener; und wer

unter euch der Erste sein will, der sei euer Knecht" (Matthäus 2(
27). Vom Reich Gottes profitieren deshalb gerade die in der vergänglichen Welt Benachteiligten, die Schwachen, die Armen, die Außenseiter
der Gesellschaft.

Ihnen wendet sich Jesus denn auch besonders zu. Bezeichnend ist auch
hier wieder, dass er nicht nur keine Berührungsängste hat – wie seine
Offenheit gegenüber den Kollaborateuren mit der Besatzungsmacht
(Zöllnern) zeigt, kümmert es ihn nicht, ob einer durch eigene Schuld
zum Außenseiter geworden ist – sondern sich selbst als „Arzt" betrachtet, der sich mit einem Kranken beschäftigt (Matthäus 9,12). Wie ein
Rettungssanitäter an einer Unfallstelle gibt er sich nicht mit denen ab,
die anscheinend unverletzt sind, sondern kümmert sich um die, die offensichtlich versorgt werden müssen. In diesem Zusammenhang sind
die Heilungen und Exorzismen Jesu zu sehen, die von ihm ausdrücklich
als Vorzeichen des herannahenden Gottesreiches verstanden werden
(Matthäus 11,28). An ihnen wird zugleich deutlich, dass das Reich
Gottes nicht nur den „inneren" Zustand des Menschen anspricht, sondern auch eine konkrete Veränderung der Lebensverhältnisse bewirkt:
„Blinde sehen und Lahme gehen, Aussätzige werden rein und Taube
hören, Tote stehen auf und Armen wird das Evangelium gepredigt"
(Matthäus 11,5). Jesus geht es also um Heil im umfassendsten Sinn.

Bezeichnend ist dabei, dass Jesus die Heilungen nicht als Anknüpfungspunkt für einen Bekehrungsaufruf oder eine weitergehende religiöse Unterweisung nutzt. Wie gerade die ausführlich berichteten Heilungs-
wunder des Johannesevangeliums zeigen, wussten manche Geheilte nicht
einmal, wem sie ihre Heilung verdankten (Johannes 5,13), andere wurden mit ihren theologischen Fragen anscheinend alleingelassen (Johannes
9,12.17.25). Auch das macht deutlich, dass Jesus in „körperlichen"
Heilungen nicht nur den Aufhänger für die „eigentliche, geistliche" Erlösung sah, sondern beides zusammen betrachtete. Oder um es modern
auszudrücken: Diakonie und Mission waren bei ihm eins.

Die Erneuerung des Gottesvolkes

Zentral für Jesu Verständnis vom Reich Gottes ist die Berufung der zwölf
Apostel, die die Keimzelle eines neuen Gottesvolkes darstellen. Was Jesus
ins Leben gerufen hat, ist also nicht in erster Linie eine neue Lehre oder

ein neues Verständnis der alten, sondern eine neue Gemeinschaft. Deutlich wird das nicht zuletzt daran, dass der Missionsbefehl am Ende des ersten Evangeliums diese Gemeinschaft im Mittelpunkt hat:

> *„Mir ist gegeben alle Gewalt im Himmel und auf Erden. Darum gehet hin und machet zu Jüngern alle Völker: Taufet sie auf den Namen des Vaters und des Sohnes und des Heiligen Geistes und lehret sie halten alles, was ich euch befohlen habe. Und siehe, ich bin bei euch alle Tage bis an der Welt Ende"* (Matthäus 28,18-20).

Die letzten Worte des irdischen Jesus sprechen also von einer Erweiterung der zwischen ihm und seinen Jüngern/Aposteln bestehenden Gemeinschaft, indem die Jünger andere Menschen in diese Gemeinschaft hineinnehmen. Taufe und Lehre sind dazu die Mittel, aber kein Selbstzweck, ohne die Eingliederung in den durch Jesus geschaffenen Kreis bleiben sie leer. Ähnlich beschreibt das auch die Apostelgeschichte, nach der die ersten Christen „beständig in der Lehre der Apostel [blieben] und in der Gemeinschaft und im Brotbrechen und im Gebet" (Apostelgeschichte 2,42).

Umstritten ist, ob Jesus mit der Berufung der Apostel als neues Gottesvolk das alte, Israel, ersetzen wollte. In diesem Sinne ist es in der Kirchengeschichte oft verstanden worden, weswegen man die dem alttestamentlichen Gottesvolk geltenden Verheißungen auf die Kirche übertrug. Ob das theologisch zu rechtfertigen ist, sei dahingestellt. Indem Jesus nämlich gerade die Zwölfzahl der Stämme Israels aufnimmt, tritt er ja in eine Kontinuität mit Israel. Sehr viel naheliegender ist es daher, die Apostel als Grundlage eines endzeitlich erneuerten Israels zu verstehen, das eine Fortführung des alttestamentlichen Gottesvolkes ist. So hat das wohl auch Paulus verstanden, der die Heidenchristenheit, die nicht zuletzt durch sein Wirken zu diesem Zeitpunkt schon die Mehrheit stellte, als „wilde Zweige" betrachtete, die in den „Ölbaum" Israel „eingepfropft" wurden (Römer 11,17-24).

Mit der Bildung eines Jüngerkreises verhielt sich Jesus freilich zunächst nicht anders als es damals üblich war. Bis zur Entwicklung unseres modernen Schulsystems, das den Schwerpunkt auf die intellektuellen Fähigkeiten legt und das gemeinsame Leben vernachlässigt, war gerade

Letzteres ein zentraler Bestandteil der Ausbildung. Wie ein Meister im Mittelalter erwartete auch ein Rabbi des ersten Jahrhunderts, dass seine Schüler ihr Leben ebenso mit ihm teilten wie er das seine mit ihnen. Bei Jesus war das nicht anders. Insofern gehört es zu den Selbstverständlichkeiten der antiken Bildung, dass Jesus seine Apostel berief, damit „sie bei ihm sein sollten" (Markus 3,14).

Andere Züge waren dagegen alles andere als selbstverständlich. So berichtet Lukas, dass auch Frauen Jesus nachfolgten (Lukas 8,1-3), für die damalige Kultur ebenso revolutionär wie überhaupt Jesu freimütiger Umgang mit dem anderen Geschlecht (vgl. Johannes 4,9.27; Lukas 10,38-42). Während man sich bei anderen Lehrern um einen Platz bewerben konnte, war das bei Jesus nicht möglich, die Evangelien berichten jedenfalls von keinem Ansinnen dieser Art, das erfolgreich gewesen wäre. Stattdessen beruft Jesus seine Schüler/Jünger und erhebt das zum Prinzip: „Nicht ihr habt mich erwählt, sondern ich habe euch erwählt und bestimmt, dass ihr hingeht und Frucht bringt und eure Frucht bleibt, damit, wenn ihr den Vater bittet in meinem Namen, er's euch gebe" (Johannes 15,16). In diesem Satz wird etwas von dem Sendungsbewusstsein Jesu deutlich. Wie Gott Menschen beruft, so erwählt auch er in Vollmacht diejenigen, die ihm nachfolgen und mit ähnlicher Vollmacht ausgestattet werden sollen.

Wenn wir uns nun die Namen und Lebensläufe derer anschauen, die wir nachvollziehen können, entdecken wir, dass sie kaum dem oft vermittelten Klischee vom sozialen Außenseiter entsprechen. Petrus und Andreas waren selbständige Unternehmer mit einem eigenen Fischerboot, Johannes und Jakobus Unternehmerkinder, deren Vater sogar Tagelöhner angestellt hatte (Matthäus 4,18-22). Matthäus hatte als Zöllner ein festes Auskommen (Matthäus 9,9). Dass Matthäus anderswo „Levi" heißt (Markus 2,14), zeigt, dass er aus dem gleichnamigen Stamm kam, was wie die Berufung von Judas Iskariot, der möglicherweise aus Kerijot in Juda stammte (*isch kariot* = „Mann aus Kerijot"?), die Frage aufwirft, ob Jesus bei der Auswahl des Zwölferkreises auch in Bezug auf die Herkunft an die ursprünglichen zwölf Stämme anknüpfte.

Eine weitere interessante Besonderheit besteht darin, dass Jesus kein festes Schulhaus hatte, obwohl er in Kapernaum so etwas wie eine Heimatbasis zu haben schien, denn dieser Ort wird als „seine Stadt" bezeichnet

(Matthäus 9,1). Trotzdem legt er großen Wert darauf, dass Jüngerschaft eine Wanderexistenz miteinschließt:

> *„Und es trat ein Schriftgelehrter herzu und sprach zu ihm: Meister, ich will dir folgen, wohin du gehst. Jesus sagt zu ihm: Die Füchse haben Gruben und die Vögel unter dem Himmel haben Nester; aber der Menschensohn hat nichts, wo er sein Haupt hinlege"* (Matthäus 8,19f.).

Sollte auch das eine Anspielung auf das alttestamentliche Gottesvolk sein, das seine Prägung während der Wüstenwanderung erfuhr?

Zentral bleibt jedoch der Gedanke, der später als *imitatio Christi* geschichtswirksam geworden ist: Ein Jünger ist im wahrsten Sinne des Wortes ein Nachfolger Jesu, einer, der nicht nur bei ihm ist, sondern ihm auch immer ähnlicher wird. Jesus selbst vollführt nicht nur die Fußwaschung ausdrücklich als nachahmenswertes „Beispiel" (Johannes 13,15), er fordert seine Jünger auch an anderen Stellen dazu auf, von ihm zu lernen (Matthäus 11,29). Wie bereits im Zusammenhang mit ihrer Berufung erwähnt (Markus 3,14f.), sollten sie als seine Gesandte (griech. *apostolos*) zu den Menschen gehen, wobei sie durch ihr ganzes Wesen die Sendung Jesu durch Gott den Vater widerspiegeln sollten (Johannes 20,21). Das schließt die Vollmacht über die Finsternismächte mitein (Matthäus 10,1). Für den Rest des Neuen Testaments ist schließlich die Gleichgestaltung in das „Ebenbild Christi" das Ziel des christlichen Lebens (Römer 8,29; 1. Johannes 3,2).

Die Stellung Jesu

Es ist an der Zeit, die verschiedenen Linien zusammenzuführen. Wie wir gesehen haben, bezeichnete Jesus sich selbst als „Menschensohn", womit er an Daniel 7 anknüpfte. Dort wird mit „Menschensohn" der endzeitliche Richter bezeichnet, der mit göttlicher Vollmacht ausgestattet ist. Dass Jesus sich tatsächlich in diesem Sinne verstanden hat, machen verschiedene seiner Worte deutlich. So sah er sich als Richter der Welt (Matthäus 13,41; 25,31-46), der aus diesem Grund schon jetzt Sünden vergeben kann (Matthäus 9,6). Doch seine Vollmacht geht noch sehr viel weiter, sie umfasst auch eine Konkretisierung bzw. Neudefinition der Gebote Gottes (Matthäus 5,21f. 27f. 33f. 38f. 43f.; 12,8).

Als Menschensohn richtet er damit die Herrschaft Gottes in bisher nicht gekannter Weise auf. Er selbst sieht sich als der, „der den guten Samen sät" (Matthäus 13,37), und damit das Reich Gottes heraufbringt. Die Herrschaft Gottes tritt also in seiner Person in eine neue Phase. Und vom ihm aus breitet sie sich über die von Jesus ins Leben gerufene Gemeinschaft des erneuerten Gottesvolkes über die Welt aus (Matthäus 28,19).

Wie wir jedoch gesehen haben, erwartet Jesus die endgültige Aufrichtung des Gottesreiches erst für das Ende der Geschichte. Sie ist verbunden mit seiner Wiederkunft (Matthäus 10,23; 16,27). Das Wirken des irdischen Jesus eröffnet damit eine Zeit der Gnade, Entscheidung und Bewährung, die durch die „vorzeitige" Ankunft des endzeitlichen Weltrichters ermöglicht wird. Jesu Hauptaugenmerk liegt daher folgerichtig auf der Errettung und Erlösung: „Der Menschensohn ist gekommen, zu suchen und selig zu machen, was verloren ist" (Lukas 19,10).

Weil das Reich Gottes freilich in vielen Punkten eine grundlegende Veränderung der Strukturen der Welt bedeutet, die es sich ohne Gott eingerichtet hat, rechnete Jesus mit einem tiefgreifenden Konflikt. Er verglich seine Mission mit dem Eindringen eines Stärkeren in das Haus des Starken (Matthäus 12,29) und sagte:

> *„Ihr sollt nicht meinen, dass ich gekommen bin, Frieden zu bringen auf die Erde. Ich bin nicht gekommen, Frieden zu bringen, sondern das Schwert. Denn ich bin gekommen, den Menschen zu entzweien mit seinem Vater und die Tochter mit ihrer Mutter und die Schwiegertochter mit ihrer Schwiegermutter. Und des Menschen Feinde werden seine eigenen Hausgenossen sein. Wer Vater oder Mutter mehr liebt als mich, der ist meiner nicht wert; und wer Sohn oder Tochter mehr liebt als mich, der ist meiner nicht wert. Und wer nicht sein Kreuz auf sich nimmt und folgt mir nach, der ist meiner nicht wert. Wer sein Leben findet, der wird's verlieren; und wer sein Leben verliert um meinetwillen, der wird's finden" (Matthäus 10,34-39).*

Hieran wird deutlich, dass Jesus einen Konflikt auf Leben und Tod erwartete, der nicht nur ihn selbst, sondern auch seine Nachfolger miteinschloss. In Analogie zu den alttestamentlichen Propheten, die für die

Botschaft Gottes leiden mussten, rechnete er auch selbst mit seinem Tod
(Matthäus 17,12), den er seinen Jüngern mehrmals ankündigte
(Matthäus 16,21; 17,22f.; 20,17-19). Gedeutet wird er unter anderem
im Gleichnis von den bösen Weingärtnern (Matthäus 21,33-44), wo er
als größte Auflehnung gegen Gott beschrieben wird, die die Ablehnung
der alttestamentlichen Propheten konsequent zu Ende führt. In Anlehnung an Psalm 118 erinnert Jesus in diesem Zusammenhang an den in
der ganzen Bibel zu findenden Zug, dass Gott den- und dasjenige erhöht, der oder das von den Menschen verworfen wird.

Wir haben es hier also auch wieder mit einem tiefgreifenden Tun-Ergehens-Zusammenhang zu tun. Weil Jesus sein Leben gibt, wird er es
finden. Und weil er es im Auftrag Gottes gibt, wird er erhöht werden.
Die Vollmacht Jesu, seine Erhöhung über die Welt und Einsetzung als
endzeitlicher Richter sind also eng mit seinem Leiden verbunden.

Doch es wäre falsch, diesen Zusammenhang auf Jesu persönliches
Schicksal zu begrenzen. Vielmehr sah er in seinem Tod ein „Lösegeld"
für die vielen (Matthäus 20,28). „Wenn das Weizenkorn nicht in die
Erde fällt und erstirbt, bleibt es allein; wenn es aber erstirbt, bringt es
viel Frucht" (Johannes 12,24). Jesus rechnete also damit, dass sein Leiden „Frucht" bringen würde. In welcher Form das genau geschehen würde,
ließ er freilich offen. Allerdings legte er einige Anknüpfungspunkte, die
später theologisch weitergedacht wurden: Zentral unter ihnen ist sicher
das letzte Mahl, das Jesus mit seinen Jüngern gefeiert hat. Hierbei identifiziert er sich selbst mit dem Brot und sein vergossenes Blut mit dem
Wein, wobei Letzteres als „Bundesblut" bezeichnet und mit der Sündenvergebung in Verbindung gebracht wird (Matthäus 26,26-28). Jesus
wollte also mit dieser Mahlfeier ein ähnlich einschneidendes Ereignis
setzen wie den Auszug aus Ägypten, der das Heilsereignis des alttestamentlichen Gottesvolkes ist. Seine Identifizierung mit den zu verzeh-
renden Nahrungsmitteln schafft zudem eine mystische Einheit zwischen
ihm und seinen Jüngern, womit sie nicht nur an seinem Schicksal, sondern auch an der daraus für ihn herkommenden Erhöhung und Bevollmächtigung Anteil haben (vgl. Johannes 6,53-58). Verbunden mit dem
Passa ist der Gedanke der Stellvertretung, wonach das Passalamm anstelle des Erstgeborenen stirbt (2. Mose 12,13). Auch dieser Zug sollte
später weiter ausgeführt werden.

Das Bild bliebe unvollständig, wenn wir es mit dem Tod Jesu abschlössen. Jesus selbst hat seine Überwindung des Todes nie als rein persönliches Ergehen verstanden, sondern als Wendepunkt der Weltgeschichte. Mit ihr besiegt das Leben den Tod und das nicht nur bei Jesus, sondern endgültig: „Jetzt ergeht das Gericht über diese Welt ... Und ich, wenn ich erhöht werde von der Erde, so will ich alle zu mir ziehen" (Johannes 12,31f.). Leben, Tod und Auferstehung Jesu müssen daher zusammenbetrachtet werden.

Wer ist dieser Mann?

Wenden wir uns nun von Jesu unmittelbaren Aussagen weg und ihren Deutungen im Neuen Testament zu, einem Buch, das ohne Jesus nicht nur nicht entstanden wäre, sondern das auch aus einer nachösterlichen Perspektive (Jesus war ja zum Zeitpunkt der Niederschrift schon von den Toten auferstanden) das zu verstehen versucht, was mit und durch Jesus geschehen ist. Betrachten wir nun die Evangelien genauer, dann können wir noch etwas von dem Staunen ahnen, das die Menschen erfüllt haben muss, die mit Jesus in Kontakt kamen. An ihm schieden sich die Geister: Während die einen sein Wirken als Werk dämonischer Mächte abtaten (so seine Gegner in Matthäus 12,24), sahen andere darin gerade die Kraft Gottes. Interessanterweise konnte offensichtlich aber niemand bestreiten, dass Jesus über eine Kraft verfügte, die weit über das hinausging, was in einem rein diesseitigen Bezugsrahmen erklärbar ist. Wie viele unterschiedliche Deutungsmuster dabei angeboten wurden, macht eine Begebenheit deutlich, die bei den ersten drei Evangelien jeweils in der Mitte steht:

> *„Und Jesus ging fort mit seinen Jüngern in die Dörfer bei Cäsaräa Philippi. Und auf dem Wege fragte er seine Jünger und sprach zu ihnen: Wer sagen die Leute, dass ich sei? Sie antworteten ihm: Einige sagen, du seist Johannes der Täufer; einige sagen, du seist Elia; andere, du seist einer der Propheten. Und er fragte sie: Ihr aber, wer sagt ihr, dass ich sei? Da antwortete Petrus und sprach zu ihm: Du bist der Christus! Und er gebot ihnen, dass sie niemandem von ihm sagen sollten.*

Und er fing an, sie zu lehren: Der Menschensohn muss viel leiden und
verworfen werden von den Ältesten und Hohenpriestern und Schriftge-
lehrten und getötet werden und nach drei Tagen auferstehen" (Markus
8,27-31).

„Wer ist Jesus?" – so lautet also die Urfrage im Neuen Testament. Ist er
ein Prophet wie einer der alttestamentlichen Propheten? Ist er Elia, der
wiederkommen soll (vgl. Maleachi 3,23f.), also der Vorläufer des von
Gott verheißenen Retters, des Messias? Oder ist er dieser Messias selbst?
Petrus bekennt schließlich als Erster, dass er in Jesus den Christus, den
Gesalbten, den im Alten Testament verheißenen Messias Gottes sieht.

Dieser Titel macht allerdings nur vor alttestamentlich-jüdischem Hintergrund Sinn, sobald die Mehrheit der Nachfolger Jesu aus der Heidenwelt stammten, wurden andere Ausdrücke gebraucht, um das Phänomen zu beschreiben, das uns in Jesus begegnet ist. Zwei von ihnen –
„Menschensohn" als Selbst- und „Messias"/„Christus" als Fremd-
bezeichnung – haben wir schon kennengelernt. Im Neuen Testament
kommen noch andere hinzu.

Der Herr

Am häufigsten unter ihnen ist sicher die Bezeichnung „Herr". Auch wenn
„Herr" (griech. *kyrios*) wie bei uns heute eine höfliche Anrede sein konnte, wurde dieser Titel bei Griechen und Römern doch vor allem als
Würdetitel eines Herrschers gebraucht, der wie die römischen Kaiser
gottgleiche Verehrung für sich beanspruchte. Im Judentum war „Herr"
(hebr. *adonai*) dagegen die gebräuchliche Anrede Gottes, dessen Namen
JHWH man nicht aussprechen wollte, um nicht gegen das dritte Gebot
zu verstoßen (vgl. 2. Mose 20,7). Entsprechend hat sich bis heute die
Übersetzung „HERR" für JHWH in der Lutherbibel gehalten.

Das urchristliche Grundbekenntnis „Jesus ist der Herr" (vgl. 1. Korinther 12,3) ist damit nicht nur eine Herausforderung an die „Herren
der Welt", über denen Jesus als „König der Könige und Herr der Herren" (Offenbarung 19,6) steht. Gleichzeitig – und das ist angesichts der
Tatsache, dass Paulus wie die meisten Autoren des Neuen Testaments
Jude war, viel wichtiger – identifiziert es Jesus mit JHWH, dem Gott des
Alten Testaments. Das ist auch der Fall, wenn Paulus in Römer 10,13

das Wort aus Joel 3,5, „wer des Herrn Namen anrufen wird, der soll errettet werden", auf Jesus deutet, obwohl in der zitierten Stelle von JHWH, und damit von Gott selbst, die Rede ist.

Der Sohn Gottes

In die gleiche Richtung geht der Titel „Sohn Gottes". Zwar kannte die griechische Mythologie Göttersöhne, also Wesen, die von einem Gott und einer menschlichen Mutter gezeugt waren (wie Herakles/Herkules). Das ist mit Sicherheit jedoch nicht der Hintergrund dieser Anrede, denn Jesus wird nirgendwo in die Nähe eines dieser Halbgötter gerückt, die zwar göttliche Fähigkeiten haben, aber durch und durch Menschen sind. Insofern liegt es näher, auch hier wieder im Alten Testament nach Deutungsmöglichkeiten zu suchen. Dort ist mit Gottessohn wohl ein Wesen gemeint, das zum Hofstaat Gottes gehört (vgl. 1. Mose 6,2; Hiob 1,6; 2,1). Als Titel tauchte „Sohn Gottes" schließlich in Psalm 2 auf, wo es sich auf einen von Gott eingesetzten Herrscher bezieht – was allerdings für das Alte Testament im Gegensatz zum übrigen Orient äußerst auffallend ist. Der „gewöhnliche" israelitische König wurde so niemals angesprochen.

In jedem Fall beschreibt „Sohn Gottes" im Alten Testament im Gegensatz zum Griechentum nicht in erster Linie die biologische Abhängigkeit (die wird zwar nicht ausgeschlossen, aber auch nicht thematisiert), sondern die enge Beziehung zwischen dem Träger dieses Titels und Gott selbst. Hauptaspekt ist dabei der Nachfolgegedanke, der sich auch mit dem Stichwort „Vollmacht" ausdrücken lässt: So wie der Sohn Davids ganz in die Fußstapfen seines „Vaters" tritt, repräsentiert auch der Sohn Gottes Gott in jeder Hinsicht. Schon die Geburtsgeschichte macht deutlich, dass der „einziggeborene Sohn Gottes" (Johannes 1,18; 3.16.18) mehr ist als ein Mensch (vgl. Matthäus 1,18-25). Mit dem Titel „Gottessohn" wird daher ausgesagt, dass Jesus mit der vollen Autorität Gottes ausgestattet ist. Deutlich wird dies unter anderem in einem der Gleichnisse Jesu, wo er klar zwischen den „Knechten", die nur als Abgesandte auftreten, und dem „Sohn", der mit der ganzen Vollmacht des Vaters kommt, unterscheidet (Matthäus 21,34-38).

Gott

An einigen Stellen wird schließlich sogar die Gottheit Jesu in eindeutigen Worten ausgesagt. Der Apostel Thomas nennt den Auferstandenen „Mein Herr und mein Gott!" (Johannes 20,28). Der Anfang des Johannesevangeliums spricht von Jesus als dem „Wort, und das Wort war bei Gott, und Gott war das Wort" (Johannes 1,1), um dann wenig später auszuführen: „Und das Wort ward Fleisch und wohnte unter uns, und wir sahen seine Herrlichkeit, eine Herrlichkeit als des eingeborenen Sohnes vom Vater, voller Gnade und Wahrheit" (Johannes 1,14). Dass der Evangelist mit der Fleischwerdung des Wortes, die auch als Inkarnation bezeichnet wird, nichts anderes als die vollkommene Identität von Gott und Jesus aussagen will, macht ein weiterer Vers deutlich: „Niemand hat Gott je gesehen; der Eingeborene, *der Gott ist* und in des Vaters Schoß ist, der hat ihn uns verkündet" (Johannes 1,18; Hervorhebung von mir).

Auch wenn diese Stellen vergleichsweise selten sind, muss man miteinrechnen, dass sie von Juden geschrieben wurden, denen von der alttestamentlichen Tradition her nicht nur jegliches Götterbild, sondern auch jede Vergöttlichung von Menschen und irdischen Dingen untersagt ist. Dass sie es mit Jesus dennoch taten, zeigt, wie ernst es ihnen damit gewesen ist. Gleichzeitig zeigt sich darin auch, dass die Rede von der Göttlichkeit Jesu keine Erfindung der späteren griechischen Kirche ist, sondern zu den grundlegendsten Glaubenssätzen des Christentums gehört und als solcher auch schon von seinen judenchristlichen Vertretern formuliert worden ist.

Die weitere Entwicklung

Jesus als vollkommenes Geschöpf – die Lehre des Arius

So sehr das Neue Testament die Gottheit Jesu betont, es lässt offen, wie sie mit seiner für seine Zeitgenossen ebenso offensichtlichen wie unbestreitbaren Menschheit in Einklang zu bringen ist. Vom philosophischen Gottesverständnis her – das auch unser Denken weithin bestimmt – lässt sich beides nicht ohne Weiteres, wenn überhaupt miteinander vereinbaren. Wie schon die alten Griechen definieren wir Gott ja oft gerade als „nichtmenschlich", das heißt, wir beschreiben ihn, indem wir menschliche Eigenschaften verleugnen oder überhöhen: Im Gegensatz zu uns ist Gott „allmächtig", „allwissend", „unsterblich" und „unbegrenzt". Damit stellt sich natürlich die Frage, wie Gott in Jesus Mensch werden konnte, ohne aufzuhören Gott zu sein. Wie kann Jesus gleichzeitig als Gott „unsterblich" und „allmächtig", als Mensch jedoch „sterblich" und „ohnmächtig" sein? Wie kann seine Gottheit das All füllen, seine Menschheit jedoch nur einen bestimmten Ort auf der Erde?

Diese Fragen wären vielleicht nicht aufgetaucht, wenn nicht zugleich eine Veränderung im Denken eingetreten wäre. Im Gegensatz zum Judentum waren die Griechen nicht in erster Linie am Tun interessiert, sondern an einer Beschreibung der Welt. Während das vom jüdischen Denken geprägte Neue Testament also vor allem über das nachdenkt, was in Jesus Christus *geschehen* ist (vgl. 1. Korinther 2,2; 15,14; Galater 6,14), beschäftigte sich die im Griechentum beheimatete Alte Kirche in erster Linie mit dem *Wesen* Christi. So sagte um 75 n. Chr. Clemens, der Bischof von Rom: „Brüder, so müssen wir über Jesus Christus denken wie über Gott" (2. Clemensbrief 1,1). Damit war aber mehr die Aufgabe beschrieben als die Lösung, denn schließlich galt es den griechisch denkenden Zeitgenossen plausibel zu machen, wie ein Wesen gleichzeitig Gott und Mensch und damit zeitgleich allmächtig und ohnmächtig, sterblich und unsterblich sein könne.

Einen ersten Versuch in dieser Richtung unternahm der ägyptische Kirchenälteste Arius († ca. 336) aus Alexandria. Mit Hilfe des Johannesevangeliums, das in seinem Anfang vom göttlichen „Wort" (griech. *logos*) redet, das Mensch geworden ist, unterschied Arius zwischen Gott, der als unsterbliches, unbegrenztes und unveränderliches Wesen nicht Mensch werden kann, und seinem „Wort", dem Logos, in dem er eine Art „Zwischenwesen" zwischen Gott und Schöpfung sah. So war es nach Arius der Logos, der auf Gottes Geheiß hin die Welt geschaffen hat (vgl. Johannes 1,3). Dem Logos könne man deshalb zwar einige göttliche Eigenschaften zuschreiben, allerdings war Arius davon überzeugt, dass der Logos kein ewiges Wesen ist. Vielmehr habe es eine Zeit gegeben, in der der Logos noch nicht war. Insofern ist er wie die übrige Schöpfung eine Kreatur Gottes, wenn auch eine herausragende, weil Gott durch sie das All geschaffen hat.

Dieser Logos hat nun nach Arius in Jesus menschliche Gestalt angenommen. In den Augen des Alexandriners war damit die Problematik wunderbar gelöst: Zwischen Gott und Mensch wird einerseits in philosophischer Hinsicht sauber unterschieden, indem Jesus zu keiner Zeit mehr war als ein Geschöpf. Andererseits ist Jesus dennoch alles andere als ein gewöhnlicher Mensch, weil er ja mit dem göttlichen Logos ausgestattet war und damit gottgleiche Eigenschaften besaß. Arius nannte Jesus deswegen auch ein „vollkommenes Geschöpf", womit er irgendwo zwischen Gott und Mensch zu verorten wäre, da er mit der Geschöpflichkeit menschliche, mit der Vollkommenheit jedoch göttliche Eigenschaften besäße. Dennoch bliebe Jesus damit ganz in der Sphäre der Geschöpflichkeit und ein Wesen, das Gott aus dem Nichts geschaffen habe.

Die Lehre des Arius fand neben begeisterten Anhängern auch erbitterte Gegner. Tatsächlich sind die theologischen Konsequenzen dieser Ansicht kaum überschaubar. Zum einen hätte das Folgen für die Offenbarung selbst. Jesus mag ein besonderer Mensch gewesen sein und ein „vollkommenes Geschöpf", er wäre trotzdem nur quantitativ von den Propheten zu unterscheiden gewesen, nicht jedoch qualitativ. Hier wäre ein Mensch noch intensiver von Gott begleitet worden als dort, aber beide Male wäre Gott nicht Mensch geworden. Arius war sich dieser Konsequenzen übrigens durchaus bewusst. So betonten seine Anhänger, dass der Logos zwar einen besseren Einblick in das Wesen Gottes habe als jeder Mensch, allerdings keinen vollkommenen.

Hinzu kommt eine weitere Folge, die von Arius sicher ebenfalls gewollt ist, auch wenn darüber keine Zeugnisse vorliegen. Wenn Gott nicht selbst Mensch geworden ist, sondern nur ein besonderes Geschöpf, der Logos, dann „funktioniert" die Offenbarung nur in einer Richtung, nämlich von Gott zu den Menschen. Oder um es etwas salopp auszudrücken: Gott hätte durch die Menschwerdung des Logos nichts hinzugewonnen. Vom griechischen Ansatz her macht das durchaus Sinn, denn Gott wird dort nicht nur als in jeder Hinsicht vollkommen gedacht (womit er nichts dazulernen kann), der Prozess des Lernens ist ihm sogar unmöglich, weil er unveränderlich ist. Lernen verändert jedoch, sonst findet es nicht statt.

Mit der Frage, ob Gott durch die Menschwerdung eine Veränderung erfahren hat, sind wir also beim Kern unseres Gottesverständnisses. Wer von einem griechischen Bild der Vollkommenheit ausgeht, wird mit dem ganzen Komplex Probleme haben, denn ein Gott, der lernt und sich dabei zwangsläufig verändert, kann nach griechischer Logik vorher nicht vollkommen gewesen sein. Was auf den ersten Blick plausibel klingt, muss bei näherem Hinschauen allerdings bezweifelt werden. Denn in „Vollkommenheit" haben wir es mit keiner inhaltlichen Definition zu tun. Was muss einer wissen, um vollkommenes Wissen zu haben? Die Antwort „alles" ist nicht wirklich weiterführend, weil sich die Welt in jedem Augenblick verändert und damit neues Wissen hinzukommen muss. Ein unveränderlicher Gott müsste also alles schon im Voraus wissen, um in diesem Sinne vollkommen zu sein.

Lässt sich das noch mit dem Gottesbild der Bibel vereinbaren (wenn auch schon etwas schwerer mit Jesus als Gott, vgl. Matthäus 24,36), wird es noch schwieriger, wenn wir Wissen nicht nur als Informationsgewinnung verstehen. In der Bibel wird „erkennen" interessanterweise als Beziehungsgröße benutzt, die sogar den sexuellen Verkehr miteinschließt (1. Mose 4,1 u. ö.). Hier geht es also offensichtlich um ein Wissen jenseits des Informationsaustausches, um ein tieferes Verstehen und sich Hineinversetzen in den anderen. Wie ist es aber mit diesem nicht-intellektuellen Bereich? Kann hier Gott durch seine Menschwerdung etwas dazulernen?

Im griechischen Verständnis, das nach dem Sein fragt, spielt dieser Bereich keine Rolle. Ein vollkommener Gott kann auch hier keine Erfahrungen machen, die er vorher nicht schon gewusst hätte. Betrachtet man die Sache allerdings aus dem Blickwinkel der Beziehung, macht es sehr wohl einen Unterschied, ob einer meine Situation sozusagen nur statistisch erfasst hat, indem er alle relevanten Daten aufgenommen hat, ob er sich also nur im Zuge eines Perspektivwechsels in sie hineinversetzen kann oder ob er sie tatsächlich am eigenen Leibe erlebt (hat).

Interessanterweise sagt die Bibel Letzteres von Gott aus und stellt das in den Kontext des Lernens, womit wir bei einer mit dem griechischen Bild nicht vereinbaren Veränderlichkeit Gottes wären:

„Weil nun die Kinder von Fleisch und Blut sind, hat auch er's gleichermaßen angenommen, damit er durch seinen Tod die Macht

nähme dem, der Gewalt über den Tod hatte, nämlich dem Teufel ...
Daher musste er in allem seinen Brüdern gleich werden, damit er barm-
herzig würde und ein treuer Hoherpriester vor Gott, zu sühnen die
Sünden des Volkes. Denn worin er selber gelitten hat und versucht
worden ist, kann er helfen denen, die versucht werden."

So führt der Autor des Hebräerbriefes aus (Hebräer 2,14.17f.), um später zu ergänzen, Jesus sei „versucht worden in allem wie wir doch ohne
Sünde" (Hebräer 4,15). Ja, Jesus hat, „obwohl er Gottes Sohn war, doch
an dem, was er litt, Gehorsam gelernt" (Hebräer 5,8). Der Kern dieser
Aussagen ist klar: Hier geht es nicht um die Frage, was uns Jesus von
Gott offenbart, sondern darum, was Gott durch Jesus von uns erfährt.
Erst indem er selbst Mensch wird, erlebt er am eigenen Leib, was Versu-
chung, Leiden und Tod bedeuten. Und erst dadurch kann er uns ganz
anders beistehen, wenn wir in solchen Nöten sind. Wenn Gott nicht
Mensch geworden ist, bleibt ihm das alles fremd, weil er es nur aus der
Außenperspektive kennen kann.

Daneben hat die Lehre des Arius auch enorme Konsequenzen für die
Frage der Erlösung. Wenn Jesus nur Mensch war, dann wäre auch nur
ein Mensch am Kreuz gestorben, selbst wenn er die erste und vollkom-
menste Kreatur Gottes gewesen wäre. Im Endeffekt hieße das jedoch,
dass ein Mensch die Menschheit erlöst hätte, womit sie es selbst getan
hätte. Der gewaltige Riss der Sünde, der vom Menschen ausgegangen
ist, wäre auch vom Menschen wieder beseitigt worden.

Jesus als wahrer Gott und wahrer Mensch –
die Antwort des Konzils von Nicäa

Vor diesem Hintergrund ist der Sturm der Entrüstung verständlich, der
über Arius hereinbrach. Er führte dazu, dass die Kirche, die erst seit
wenigen Jahren einen legalen Status im Römischen Reich genoss, zum
ersten Mal ein Konzil einberief, eine allgemeine Bischofsversammlung,
zu der jede größere Gemeinde Vertreter nach Nicäa entsenden sollte.
Eingeladen hatte der Kaiser Konstantin, von den 1800 persönlich ange-
schriebenen Bischöfen nahmen dreihundert die Einladung an. Zusammen mit ihren Stellvertretern und Diakonen waren etwa zweitausend
Würdenträger 325 in Nicäa versammelt, um unter anderem über die

arianische Lehre zu entscheiden. Feierlich verkündeten sie folgendes Bekenntnis:

> *„Wir glauben an einen Gott,*
> *den Vater, den Allmächtigen,*
> *den Schöpfer alles Sichtbaren und Unsichtbaren.*
> *Und an den einen Herrn Jesus Christus, den Sohn Gottes,*
> *der als Einziggeborener aus dem Vater gezeugt ist, das heißt: aus dem Wesen des Vaters,*
> *Gott aus Gott, Licht aus Licht, wahrer Gott aus wahrem Gott,*
> *gezeugt, nicht geschaffen, eines Wesens mit dem Vater;*
> *durch den alles geworden ist, was im Himmel und was auf Erden ist;*
> *der für uns Menschen und wegen unseres Heils herabgestiegen und Fleisch geworden ist, Mensch geworden ist,*
> *gelitten hat und am dritten Tage auferstanden ist,*
> *aufgestiegen ist zum Himmel,*
> *kommen wird um die Lebenden und die Toten zu richten.*
> *Und an den Heiligen Geist.*
>
> *Diejenigen aber, die da sagen ‚es gab eine Zeit, da er nicht war‘ und ‚er war nicht, bevor er gezeugt wurde‘, und er sei aus dem Nichtseienden geworden, oder die sagen, der Sohn Gottes stamme aus einer anderen Hypostase oder Wesenheit, oder er sei geschaffen oder wandelbar oder veränderbar, die verdammt die allgemeine Kirche.“*

In diesem Bekenntnis wird der Arianismus deutlich abgelehnt. Jesus Christus ist hiernach „aus dem Wesen des Vaters, Gott aus Gott, Licht aus Licht, wahrer Gott aus wahrem Gott, gezeugt, nicht geschaffen, eines Wesens mit dem Vater". Deutlicher kann man die Identität von Jesus und dem Vater nicht ausdrücken. Offensichtlich wird das auch in dem Zusatz, in dem alle verworfen werden, die für Jesus einen zeitlichen Anfang behaupten. Er kommt vom Vater her und hat gerade deshalb keinen Anfang, sondern ist Gott wie der Vater auch.

In der Lehrentwicklung bringt damit das Konzil die Betonung der Gottheit Jesu voran (seine Menschheit war nicht umstritten), allerdings löst es das von Arius aufgeworfene Problem nicht einmal im Ansatz.

Seine Frage war ja, wie sich das griechische Verständnis von Gott als einem ewigen, unbegrenzten und unveränderlichen Wesen mit seiner Menschwerdung vereinbaren ließe. Das Konzil von Nicäa verwirft zwar die Antwort des Arius, gibt selbst aber keine, sondern flüchtet sich in hymnische Formulierungen. Der grundlegende Konflikt schwelt damit auch nach dem Konzil weiter.

Doch betrachten wir zunächst das Bekenntnis von Nicäa auf einer anderen Ebene, denn in ihm zeigt sich einiges, was typisch ist für dogmatische Texte. Zum einen wird dort in klassischer Weise mit einer Zweiteilung gearbeitet: auf ein positives Bekenntnis folgt ein negatives Verwerfungsurteil. Mit Letzterem wird deutlich, gegen welche Auffassung sich der erste Teil abgrenzen soll, womit es schwieriger wird, das Bekenntnis sozusagen „gegen den Strich" zu deuten. Dieser Stil wird auch in späteren Bekenntnissen vielerorts beibehalten.

Zum anderen arbeiteten schon die Konzilsväter in Nicäa mit einer etwas verwirrenden Begrifflichkeit. So wird darin Christus als „aus dem Vater gezeugt" bezeichnet. Auf den ersten Blick könnte man dabei eine Anspielung auf die in Matthäus 1,20 und Lukas 1,35 vorausgesetzte Jungfrauengeburt entdecken. Darum kann es sich freilich nicht handeln, denn beide Texte berichten nur, wie Jesus in die Welt gekommen ist. Als Mensch hat er jedoch immer einen Anfang, die Frage, die Arius aufgeworfen hatte, war dagegen, ob es auch eine Zeit gab, in der der Logos nicht war. Hierauf antworteten die Väter in Nicäa mit ihrem Bekenntnis der „Zeugung aus dem Vater".

Wichtig ist auch hier wieder die Abgrenzung, also die Frage, was denn die verworfene Alternative wäre. Sie besteht in dem Wort „geschaffen" (vgl. „gezeugt, nicht geschaffen"), womit eine Formulierung des Arius aufgenommen wurde. Für ihn war Christus ja ein „vollkommenes Geschöpf" – also in jeder Hinsicht makellos, aber immer noch Kreatur und Teil der von Gott geschaffenen Welt. Damit aber bestünde zwischen ihm und uns jedoch kein qualitativer Unterschied. Die Konzilsväter bemühten sich deshalb, einen Begriff zu finden, der diesen Abstand zum Ausdruck bringt. Und hier bietet sich nur „gezeugt" an, denn alles, was von einem Wesen ausgeht, ist entweder sein „Werk" oder sein „Nachkomme". Entweder wird es „geschaffen" oder „gezeugt", eine dritte Möglichkeit gibt es nicht. Um jeden Gedanken an eine bloße

Geschöpflichkeit Christi zu verwerfen, musste das Konzil deshalb die „Zeugung" vertreten, auch wenn sie unsere Vorstellungswelt sprengt.

Wenn wir uns mit dogmatischen Texten beschäftigen, ist es deshalb unerlässlich den Hintergrund zu betrachten. So scheinbar zeitlos diese Texte sprechen, so sehr sind sie doch in Konflikten entstanden, in denen jedes Wort auf die Goldwaage gelegt werden musste, um nicht missverstanden zu werden. Deshalb ist es hilfreich, sich zudem die Alternativen zu betrachten, etwa wie bei der Frage „gezeugt" oder „geschaffen". Wer sich hier gegen das Letztere aussprechen möchte, muss (dogmatisch gesehen) das Erstere bekennen, auch wenn das (im Gegensatz zur Kreatürlichkeit Jesu) kaum vorstellbar ist. Denn wie soll ein Gott einen anderen zeugen, der zudem noch – wie wir sehen werden – er selbst ist?

Gott und Mensch in Jesus – der christologische Streit

Wie oben bereits angedeutet, waren mit dem Konzil von Nicäa die christologischen Streitigkeiten keineswegs zu Ende, denn schließlich wurde die eigentliche Frage nicht entschieden, die Arius seinerzeit zu seiner umstrittenen Lehre gebracht hatte: Wie kann Gott Mensch werden? Das Nicänum beantwortete sie auch nicht, legte allerdings mit seiner eindeutigen Betonung der Wesensgleichheit von Vater und Sohn die Richtung fest, in der fortan weitergearbeitet werden musste. Jede Aussage, die Jesus allein in dem Bereich der Geschöpflichkeit verortet, galt und gilt als Irrlehre. Das sagt aber noch nichts darüber aus, wie man sich die Menschwerdung Gottes nun vorstellen soll.

In der Zeit nach dem Konzil entwickelten sich drei verschiedene Richtungen, die den in Nicäa vorgelegten Ansatz weiterdachten und mit Inhalt füllten. Den Anfang machte Apollinaris von Laodicea († ca. 395). Wie Arius ging er von einem göttlichen Logos in Jesus aus (dass der unsterbliche, unbegrenzte Gott Mensch werden sollte, konnte sich auch Apollinaris nicht vorstellen), verstand die Einheit von Logos und Mensch aber naturhaft. Hierbei half ihm die klassisch-griechische Einteilung des Menschen in Körper, Seele und Geist. Bei Jesus sei nun an die Stelle des menschlichen der göttliche Geist getreten. Jesus sei also ein Mensch mit menschlichem Leib und menschlicher Seele gewesen, allerdings mit einem göttlichen Geist. Mit diesem Denkmodell ließ sich zwar die Einheit Jesu erhalten, allerdings blieb die Frage offen, inwieweit man dann von Jesus als einem wirklichen Menschen reden konnte. Hat er dann nicht nur eine menschliche Hülle, anstatt ganz Mensch zu sein?

In Antiochia, einem der großen theologischen Zentren der Alten Kirche, in dem auch einst Arius seine Ausbildung genossen hatte, betonte man weiterhin die Menschheit Jesu. Wichtig war den Antiochenern die Ethik, die man infrage gestellt sah, wenn die Gottheit Jesu zu sehr betont und damit sein Vorbildcharakter zweifelhaft werden sollte. Denn wie sollte man die Gläubigen dazu auffordern, dem Beispiel Jesu zu folgen, wenn dieser ihnen vor allem als Gott vor Augen gemalt würde? In Antiochia wurde der Arianismus deshalb mehr weiterentwickelt als wirklich abgelehnt. Jesus sei demnach ganz Mensch gewesen und geblieben, allerdings sei er in jeder Phase seines Lebens vom göttlichen Logos begleitet worden und so ständig mit Gottes Willen vereint gewesen. Die antiochenische Formel lautete: „Eine Person in zwei Naturen", weswegen sie als Dyophysitismus (von griech. *dyo physeos*, „zwei Naturen") bekannt geworden ist. Gegenüber dem Konzilsbekenntnis bedeutete das einen kleinen, aber deutlichen Rückschritt. Gott wäre nicht wirklich Mensch geworden, hätte sich aber mit dem Menschen Jesus so eng verbunden, dass beide willentlich (wenn auch nicht wesensmäßig) eins seien.

Interessanterweise entzündete sich an einem vergleichsweisen Nebenschauplatz der Streit um die antiochenische Christologie. Nestorius († um 451), Bischof der Hauptstadt Konstantinopel und ein begnadeter Prediger, hatte in flammenden Reden gegen den in Kleinasien aufgekommenen Marienkult gewettert. Kleinasien, dessen Zentrum Ephesus schon aus der Apostelgeschichte als Heiligtum der Göttin Artemis/Diana bekannt ist (Apostelgeschichte 19), konnte auf eine lange Kette weiblicher Gottheiten zurückblicken, und Nestorius sah im Marienkult nur eine neue Variante. In seinen Predigten beging er jedoch den Fehler, Maria den Titel „Gottesgebärerin" (griech. *theotokos*, volkstümlich „Mutter Gottes") abzusprechen. Statt dessen solle man lieber von der „Christusgebärerin" reden. Auf diese Weise aber sprach er Christus die Gottheit ab, was seinen Gegnern Munition gab, um ihn verurteilen und verbannen zu lassen.

In dem Streit zeigte sich damit ein Phänomen, das nicht allein auf diese Auseinandersetzung beschränkt blieb: Aussagen über Maria sind oft eigentlich Aussagen über Christus. Auch hier ging es vornehmlich um die Frage, ob und inwieweit Jesus Gott ist. Während die Anhänger des Titels „Christusmutter" vor allem seine Menschlichkeit betonen wollten, indem sie zwischen Gott und Christus unterschieden, legte ihre Gegner gerade Wert auf die Göttlichkeit Christi, die sie mit dem entsprechenden Marientitel unterstreichen wollten. Wenn daher die Kirche nach diesem Streit auf dem Titel „Mutter Gottes" besteht, soll damit Maria nicht erhöht, sondern vor allem die Gottheit Christi ausgesagt werden. Damit aber bekommen solche Lehren für evangelische Christen eine andere Perspektive, auch wenn sie die Begrifflichkeit selbst nicht nachvollziehen können.

Kommen wir zurück zum christologischen Streit. Wie im arianischen Streit trat auch diesmal wieder Alexandria als großer Gegenspieler von Antiochia auf. Die ägyptische Theologie war nicht an der Frage interessiert, inwieweit Jesus Vorbild für uns sein kann. Vielmehr ging es ihr ausschließlich um das Heil, die Versöhnung mit Gott. Hier hatte man eine Lehre entwickelt, wonach der göttliche Logos vollkommen in den Menschen Jesus eingedrungen war, um dann so eins mit ihm zu werden, dass die menschliche Natur nach und nach aufgehoben und vergöttlicht worden sei. Einen ähnlichen Prozess nahm man auch bei den Gläubigen an, nur dass er dort schrittweise geschieht und auf Erden noch nicht abgeschlossen ist. Alexandria ging denn auch folgerichtig von einer Ein-Naturen-Lehre aus, die Monophysitismus genannt wird. Jesus war demnach nur Gott (zumindest soweit es uns betrifft), seine Menschheit war nur ein „Durchgangsstadium".

Unvermischt und ungetrennt – das Konzil von Chalcedon

Der Streit zog sich über einige Zeit hin. Zu einem vorläufigen Ende – zu dem die Trennung der unterlegenen Monophysiten von der Reichskirche beitrug – kam er auf dem Konzil von Chalcedon (451). Hier sollte eine Formel gefunden werden, in der einerseits die Einheit der Person Jesus ausgesagt werden, andererseits aber auch seine Gottheit und Menschheit betont werden sollte. Sie lautet wie folgt:

„Wir folgen also den heiligen Vätern und lehren alle einmütig, einen und denselben Sohn zu bekennen, unseren Herrn Jesus Christus. Der-

selbe ist vollkommen in der Gottheit und derselbe vollkommen in der Menschheit, derselbe wirklich Gott und wirklich Mensch aus einer vernünftigen Seele und einem Körper. Er ist dem Vater wesensgleich nach der Gottheit und derselbe uns wesensgleich nach der Menschheit, in jeder Hinsicht uns ähnlich, ausgenommen die Sünde. Vor aller Zeit wurde er aus dem Vater der Gottheit nach gezeugt, in den letzten Tagen aber wurde derselbe um unsert- und unseres Heiles willen aus der Jungfrau und Gottesgebärerin (theotokos) *Maria der Menschheit nach geboren.*

[Wir bekennen] einen und denselben Christus, den Sohn, den Herrn, den Einziggeborenen, der in zwei Naturen, unvermischt, ungewandelt, ungetrennt, ungesondert geoffenbart ist. Keineswegs wird der Unterschied der Naturen durch die Einigung aufgehoben, vielmehr wird die Eigenart jeder Natur [gerade] bewahrt, und beide vereinigen sich zu einer Person (prosopon) *und Hypostase.*

[Wir bekennen] nicht einen in zwei Personen gespaltenen oder getrennten, sondern einen und denselben einziggeborenen Sohn, den göttlichen Logos, den Herrn Jesus Christus, wie vorzeiten die Propheten über ihn und [dann] Jesus Christus selbst uns unterwiesen haben und wie es das Glaubensbekenntnis der Väter uns überliefert hat."

Mit dem Bekenntnis von Chalcedon erreichte die altkirchliche Lehrentwicklung in Bezug auf Christus tatsächlich ihr Ende. Wer das Bekenntnis aufmerksam liest, weiß auch warum: Es kommt einem Denkverbot gleich. Positiv wird zwar festgehalten, dass in Jesus Christus die menschliche und die göttliche Natur eine Person geworden sind und diese Einigung von Gott ausgegangen ist. Jesus ist damit wirklich und wahrhaftig Gott und Mensch. Beides ist nicht unterscheidbar, womit das beliebte Spiel ein Ende finden sollte, Jesus je nach Menschheit bzw. Gottheit unterschiedliche Eigenschaften zuzuschreiben („Er wurde versucht, weil er Mensch ist" – „Er konnte Wunder tun, weil er Gott ist"). Durch die Formel „ungetrennt und ungesondert" ist das ausgeschlossen.

Umgekehrt wird aber auch festgehalten, dass Gott und Mensch in Jesus weder „gemischt" noch „gewandelt" werden. Es entsteht also keine neue Kategorie, kein „Gottmensch" oder wie auch immer, sondern Jesus ist beides zugleich, Gott und Mensch. Wie man sich das vorstellen soll –

und damit die Ausgangsfrage des ganzen Konflikts –, wurde auch in Chalcedon nicht beantwortet. Die beste Antwort ist wohl „gar nicht", schließlich ist die Vereinigung von zwei Wesen nach der Formel „unvermischt, ungewandelt, ungetrennt, ungesondert" nicht vorstellbar.

Abgesehen von der bis heute bestehenden Kirchenspaltung (die Monophysiten (wozu etwa die Kopten gehören) sind seitdem eigenständig), bleibt damit ein etwas fahler Nachgeschmack. Vielleicht musste dieser Weg, im griechischen Sinn von einer Gottsubstanz und -wesenheit zu reden, zwangsläufig in eine Sackgasse führen, weil er mit dem der Bibel zugrundeliegenden hebräischen Denken nicht vereinbar ist. Wenn wir wegschauen von solchen Fragen und uns wie die Hebräer nicht auf das Sein, sondern auf das Geschehen konzentrieren, ist die Identität des Vaters und des Sohnes nämlich sehr viel einfacher zu denken: Im Sohn handelt der Vater, oder um es mit den Worten Jesu zu sagen: „Wenn ihr mich erkannt habt, so werdet ihr auch meinen Vater erkennen. Und von nun an kennt ihr ihn und habt ihn gesehen ... Wer mich sieht, sieht den Vater!" (Johannes 14,7.9).

Mit der Trennung von Monophysiten und Reichskirche in der Folge des Konzils von Chalcedon war freilich nicht nur die erste bis heute anhaltende Kirchenspaltung vollzogen, gleichzeitig kam damit auch die Lehrentwicklung zu einem Ende. Die unterschiedlichen Parteien organisierten sich in unterschiedlichen Kirchen, womit es einerseits nicht mehr nötig war, sich auf eine Lehre zu einigen, und andererseits der unmittelbare Anlass zum Konflikt wegfiel. Die altkirchliche Christologie wurde vielleicht auch deshalb in der Folgezeit nicht mehr infrage gestellt.

Abschließende Gedanken

Nirgendwo zeigt sich die Spannung, die die Welt als gefallene Schöpfung Gottes durchzieht, so sehr wie in der Christologie. Die Welt gehört Gott, aber sie hört ihn oft nicht. Sie ist sein Werk, aber sie geht eigene Wege. Sie ist gut geschaffen, aber so sehr vom Bösen geprägt, dass es keinen ausschließlich guten Bereich in ihr gibt. Sie kommt vom ewigen Gott, ist aber vergänglich.

In diese Welt steigt Gott hinab und wird Mensch, kommt in die Gottesferne, das Böse, die Vergänglichkeit. Der, der „nicht ein Mensch ist" (4.
Mose 23,19), wird einer von uns. Der, von dem man sich „kein Bildnis
noch irgendein Gleichnis machen" soll (2. Mose 20,4), ja, den kein
Mensch sehen und leben kann (2. Mose 33,20), „wohnte unter uns"
(Johannes 1,14) und ließ sich betrachten und mit Händen betasten (1.
Johannes 1,1). Das zu durchdenken ist nicht nur für diejenigen schwierig, die eher einem griechischen Gottesbild anhängen. Auch für einen
am Alten Testament geschulten Gläubigen ist das keineswegs einfach.

Denn wie kann ein Wesen gleichzeitig als Gott Schöpfer und als Mensch
Geschöpf sein? Wie kann der, der „alle Dinge trägt mit seinem kräftigen
Wort" (Hebräer 1,3), Teil dieser Dinge geworden sein? Wie kann das
Leben selbst am Kreuz sterben? Auf diese Fragen gibt es keine Antwor-
ten außer der, die schon Paulus gegeben hat:

> *„O welch eine Tiefe des Reichtums, beides, der Weisheit und der Er-*
> *kenntnis Gottes! Wie unbegreiflich sind seine Gerichte und unerforsch-*
> *lich seine Wege! Denn ‚wer hat des Herrn Sinn erkannt, oder wer ist*
> *sein Ratgeber gewesen'? (Jesaja 40,13) Oder ‚wer hat ihm etwas zuvor*
> *gegeben, dass Gott es ihm vergelten müsste'? (Hiob 41,3) Denn von*
> *ihm und durch ihn und zu ihm sind alle Dinge. Ihm sei Ehre in Ewigkeit!*
> *Amen" (Römer 11,33-36).*

Es hat dennoch in der Theologiegeschichte nicht an Versuchen gefehlt,
diese Spannung aufzulösen oder aufzugeben. Aufgelöst wird sie, wenn
man sie zu erklären versucht, aufgegeben, wenn man Jesus nur noch
nach einer Seite hin betrachtet, in ihm nur den Menschen oder nur
Gott sieht.

Doch all diese Wege führen in die Sackgasse, weil sie dem Wesen Jesu
nicht gerecht werden. Er ist eben beides, Gott und Mensch, und beides
zugleich. Das hat die frühe Kirche erkannt und in den ihr zur Verfügung
stehenden philosophischen Begriffen auszudrücken versucht. Ob ihr das
gelungen ist, sei dahingestellt, ob es ihr freilich auf anderem Wege besser
hätte gelingen können, ist ebenfalls zu bezweifeln. Moderne Ansätze, die
von einem Menschen Jesus mit der „Identität" oder dem „Bewusstsein"
Gottes reden, bringen uns jedenfalls dem Geheimnis auch nicht näher.

Noch komplizierter wird es, wenn man sich überlegt, was die Menschwerdung mit Gott gemacht hat, eine Frage, die der Hebräerbrief zumindest anreißt. Wenn Gott tatsächlich wurde wie wir, kann er nicht mehr der alte geblieben sein, sondern hat sich verändert. Inwieweit, muss offen bleiben. Er wurde in allem versucht wie wir, doch ohne Sünde, mehr erfahren wir nicht von Gottes Eingang in die gottferne Welt.

Was bleibt, ist die Spannung, die die Welt bis zu ihrem Ende durchziehen wird. Sie ist von Gott geschaffen, von ihm getrennt, aber nicht verlassen. Er äußert sich in ihr in der Geschichte, in der beides seinen Ort hat, Gottes Offenbarung und weltliche Geschicke, und beides manchmal schier untrennbar miteinander verwoben. Und er wird Mensch, ganz Teil von ihr, aber gibt zu keiner Zeit auf, Gott zu sein. Aufgeschrieben ist das in der Bibel, einem menschlichen Buch, das aber Gottes Wort ist. Was bleibt, ist die Spannung. Wer sie auflöst, versteht nichts vom Wesen Gottes.

Wichtige Begriffe

- *Chalcedonense*: Bekenntnis des Konzils von Chalcedon (451)
- *Christologie* (von griech. *christos*, „Gesalbter"): Lehre von Jesus Christus
- *Dyophysitismus* (von griech. *dyo*, „zwei" und *physis*, „Natur"): Lehre, wonach die göttliche und die menschliche Natur in Jesus nebeneinander existieren
- *Immanenz* (von lat. *immanere*, „darin bleiben"): Innerweltlichkeit, der Gegenbegriff zu Transzendenz
- *Inkarnation*: „Fleischwerdung", Menschwerdung Gottes
- *Logos*: „Wort" (griech.), in der theologischen Diskussion Bezeichnung für Gott den Sohn, der in Jesus Mensch geworden ist (vgl. Johannes 1)
- *Monophysitismus* (von griech. *monos*, „einzig" und *physis*, „Natur"): Lehre, wonach die Gottheit Jesu seine Menschheit umschlungen und umgewandelt hat, sodass Jesus nur noch eine göttliche Natur besitzt
- *Transzendenz* (von lat. *transcendere*, „überschreiten"): Jenseitigkeit, das, was die mit den Sinnen erfahrbare Welt übersteigt

6.
Die tiefere Wirklichkeit

oder:

Siehe, das Reich Gottes ist mitten unter euch

Die Vorbereitung durch das Gesetz

Wie wir bereits beim Nachdenken über die vergängliche Wirklichkeit festgestellt haben, ist Sünde ein außerordentlich vielschichtiges Beziehungsproblem, das sich bei Weitem nicht in der persönlichen Verantwortlichkeit erschöpft (auch wenn diese keine unwichtige Rolle spielt). Deshalb darf auch Gottes Antwort nicht eindimensional gedacht und gepredigt werden. Leider geschieht das, wenn Sünde auf ein persönliches Fehlverhalten reduziert und Erlösung damit zwangsläufig privatisiert wird. Die oft gehörte Aussage „Jesus ist für meine/deine Schuld gestorben" – so wahr sie auch sein mag – behandelt somit bestenfalls einen Ausschnitt der Thematik und deckt daher auch nur einen Teil der biblischen Erlösungsvorstellungen ab. Im Zentrum der biblischen Verkündigung steht freilich niemals die Frage nach der persönlichen, privaten Erlösung („Wie komme ich in den Himmel?"), vielmehr geht es um die Aufrichtung der Macht Gottes, um sein Reich und damit verbunden eine Welt, in der Gerechtigkeit herrscht. Wenn wir daher Abschied nehmen wollen von einer auf das Individuum verkürzten Erlösungslehre, die eine Verfälschung der biblischen Botschaft darstellt, kommen wir nicht umhin, uns mit der Frage nach der Erlösung in einer ebensolchen Tiefe zu beschäftigen wie mit der Problematik der Sünde, denn beides hängt unmittelbar zusammen.

Beginnen wollen wir nicht im Neuen, sondern im Alten Testament. Ausgangspunkt unserer Überlegungen bildet das Gesetz des Mose, das den Schwerpunkt des Alten Testaments und die grundlegende Lebensordnung der Zeitgenossen Jesu darstellte. Ginge es nach der Meinung mancher Christen heute, sollte es vermutlich dennoch keinen Platz in der Erlösungslehre haben. Nicht wenigen erscheinen die im 2. bis 5. Mosebuch festgehaltenen Bestimmungen ja eher wie ein Stück israelitische Religionsgeschichte, die seit zweitausend Jahren durch Jesus abgetan und erledigt ist. Für uns gelten bestenfalls noch die ethischen Anweisungen, der Rest der Gebote (vor allem die Opfergesetze) hat keine Bedeutung mehr.

Die Autoren des Neuen Testaments und Jesus sahen das anders. Wir werden daher im ganzen Neuen Testament kein negatives Wort über das Gesetz des Mose finden. Selbst Paulus, der immer wieder gern als Gesetzeskritiker gehandelt wird, erklärt ausdrücklich: Das Gesetz ist „heilig, und das Gebot ist heilig, gerecht und gut" (Römer 7,12). Und von Jesus ist das bekannte Wort überliefert: „Ihr sollt nicht meinen, dass ich gekommen bin, das Gesetz ... aufzulösen; ich bin nicht gekommen aufzulösen, sondern zu erfüllen" (Matthäus 5,17).

Um zu verstehen, wie man das Gesetz hochschätzen, aber trotzdem jede Form von Gesetzlichkeit ablehnen kann, hilft uns ein Schlüsseltext für das neutestamentliche Verständnis des Gesetzes. In Galater 3,15-24 schreibt der Apostel Paulus:

„Liebe Brüder, ich will nach menschlicher Weise reden: Man hebt doch das Testament eines Menschen nicht auf, wenn es bestätigt ist, und setzt auch nichts dazu. Nun ist die Verheißung Abraham zugesagt und seinem Nachkommen. Es heißt nicht: und den Nachkommen, als gälte es vielen, sondern es gilt einem: ‚und deinem Nachkommen' (1.Mose 22,18), welcher ist Christus. Ich meine aber dies: Das Testament, das von Gott zuvor bestätigt worden ist, wird nicht aufgehoben durch das Gesetz, das vierhundertdreißig Jahre danach gegeben worden ist, sodass die Verheißung zunichte würde. Denn wenn das Erbe durch das Gesetz erworben würde, so würde es nicht durch Verheißung gegeben; Gott aber hat es Abraham durch Verheißung frei geschenkt. Was soll dann das Gesetz? Es ist hinzugekommen um der Sünden willen, bis der Nachkomme da sei, dem die Verheißung gilt, und zwar ist es von Engeln verordnet durch die Hand eines Mittlers. Ein Mittler aber ist nicht Mittler eines Einzigen, Gott aber ist Einer. Wie? Ist dann das Gesetz gegen Gottes Verheißungen? Das sei ferne! Denn nur, wenn ein Gesetz gegeben wäre, das lebendig machen könnte, käme die Gerechtigkeit wirklich aus dem Gesetz. Aber die Schrift hat alles eingeschlossen unter die Sünde, damit die Verheißung durch den Glauben an Jesus Christus gegeben würde denen, die glauben. Ehe aber der Glaube kam, waren wir unter dem Gesetz verwahrt und verschlossen auf den Glauben hin, der dann offenbart werden sollte. So ist das Gesetz unser Zuchtmeister gewesen auf Christus hin, damit wir durch den Glauben gerecht würden."

Der Apostel benutzt hier das Bild des Hauses, der kleinsten sozialen Einheit der Antike. In einem solchen Haus waren die Rollen klar verteilt: An oberster Stelle stand der Hausvater, der dafür zu sorgen hatte, dass alle, die zum Haus gehörten, versorgt waren und ihre Aufgaben erfüllten. Er selbst konnte dabei nicht schalten und walten, wie er wollte, sondern war ebenfalls bestimmten Regeln unterworfen. So konnte er das Haus zum Beispiel nicht verkaufen, wie er es selbst auch nicht gekauft hatte. Vielmehr hatte er es als Sohn von seinem Vater übernommen, um es wiederum an seinen Sohn weiterzugeben, der deshalb schon frühzeitig auf diese Position vorbereitet wurde.

An dieser Stelle setzt Paulus ein, indem er das Gottesvolk mit einem solchen Sohn vergleicht. Wie jener das Haus wird auch Israel das „Erbe" eines Tages übernehmen. Diese Verheißung ist ihm gewiss. Es handelt sich dabei also nicht um irgendein vages Versprechen, sondern eine ausgemachte Sache, auf die sich der Erbe hundertprozentig verlassen konnte. Und nicht nur er, sondern auch alle anderen im Haus wussten, dass sie es in ihm mit ihrem zukünftigen Hausvater zu tun hatten, der jetzt freilich noch in den Kinderschuhen steckte.

Um den Jungen auf seine spätere Rolle vorzubereiten, unterwarfen ihn die Eltern einer besonderen Ausbildung, die umso breiter und strenger war, je vornehmer das Haus war. In begüterten Häusern gab es dafür einen Hauslehrer, der allerdings nicht wie heute angestellt wurde, sondern ein Sklave war. Dieser *paidagogos* (griech. wörtlich: „Kinderführer", was Luther nicht von ungefähr mit „Zuchtmeister" übersetzt) mochte damit zwar einen wesentlich niedrigeren Stand haben als der von ihm zu erziehende Junge, in der Praxis war er es aber, der bis zur Volljährigkeit des Kindes dessen Erziehung übernahm, wozu in der Antike auch die Anwendung der Prügelstrafe gehörte.

In der alltäglichen „Hackordnung" war der Sohn damit weit davon entfernt, sich als zukünftiger Hausvater zu fühlen, vielmehr stand er unter der Vormundschaft eines Sklaven. Das änderte freilich nichts an seinem Status. So war zum Beispiel klar, wann er das Haus übernehmen würde, und ebenso klar war auch, dass sich nicht jeder durch irgendwelche besonderen Leistungen zum Hausvater hocharbeiten konnte. Das war eine Position, die man nur erben konnte.

Paulus vergleicht nun nicht nur das Gottesvolk mit dem zukünftigen

Hausvater, sondern vor allem das Gesetz des Mose mit dem es ausbildenden Sklaven. Als solcher hat es eine klar definierte Aufgabe: Es soll das Gottesvolk „erziehen", also dafür sorgen, dass es sich seiner Stellung entsprechend verhält und seine Verpflichtungen verantwortlich wahrnehmen kann. Als „Sklave" hat das Gesetz jedoch keine eigene Entscheidungskompetenz. Es darf weder festlegen, wer der zukünftige Hausvater sein soll, noch wer dafür nicht in Frage kommt. Mit anderen Worten: Es kann die Verheißung des künftigen Erbes weder schaffen noch aufheben. Seine Aufgabe besteht allein in der Vorbereitung auf die Erfüllung der Verheißung.

Damit scheidet das Gesetz jedoch grundsätzlich als Heilsweg aus, wie der Apostel an verschiedenen Stellen betont (z. B. Römer 4,13-15), denn seine Aufgabe ist es nicht, einem im Unheil lebenden Menschen das Heil zu verschaffen. Als Gesetz kann es das auch gar nicht, denn ein Gesetz beschäftigt sich von seiner Natur her mit dem Fehlverhalten und seiner Ahndung und beschreibt auf diese Weise bestenfalls indirekt das angemessene Verhalten (vgl. Römer 3,20; 7,7). Da es in der Regel mehr Verbote als Gebote enthält, zeigt ein Gesetz nur die Grenze auf, ab der ein Verhalten nicht mehr tolerierbar ist und geahndet werden muss.

Wer sich jedoch innerhalb dieser Grenzen bewegt, kann deshalb vom Gesetzgeber keine Belohnung (oder im religiösen Sinne das Heil) erwarten. Entweder er befindet sich schon vorher im Zustand des Heils, dann verliert er es nicht, oder er hat das Heil gar nicht, dann kann er es durch die Befolgung des Gesetzes auch nicht verlangen. Niemand wird Hausvater, weil er sich an die Anweisungen des Hauslehrers hält. Oder um es an einem modernen Beispiel auszudrücken: Indem einer nie die Straßenverkehrsordnung übertritt, erwirbt er sich kein Recht auf einen Führerschein. Umgekehrt gilt jedoch, dass sich Führerscheinbesitzer an die Straßenverkehrsordnung zu halten haben, ansonsten müssen sie mit Strafe rechnen.

Auch wenn das Gesetz kein Heilsweg ist, ist es dennoch notwendig. In einer von Gott getrennten Welt, in der Beziehungen von Sehnsucht und Herrschaft bestimmt sind, braucht Freiheit Grenzen, sonst artet sie in die Willkür der Mächtigen aus, durch die die Schwachen unter die Räder kommen. Das Gesetz erfüllt diese Aufgabe, und seine Offenbarung ist deshalb für Juden bis heute ein Grund zu ausgelassener Freude. Auch

Paulus nennt das Gesetz in einer Reihe mit der „Kindschaft", der „Herr-lichkeit", dem „Bund", dem „Gottesdienst" und den „Verheißungen" (Römer 9,4), was zeigt, dass er in ihm ebenfalls eine positive Größe sieht.

Indem es der Freiheit Grenzen setzt, macht das Gesetz diese nämlich überhaupt erst möglich. Um noch einmal auf das Bild des Straßenver-kehrs zurückzukommen: Das Gesetz sorgt dafür, dass gang- und befahr-bare Wege von Acker, Wiese und Wald getrennt werden, und es stellt sicher, dass die Interessenkonflikte der unterschiedlichen Verkehrsteil-nehmer möglichst reibungsfrei gelöst werden. Auf diese Weise macht es Fortbewegung zwar möglich, es gibt aber kein Ziel vor. Wenn einer nicht weiß, wo er hinwill oder -soll, hilft ihm der Verweis auf die Straßenver-kehrsordnung nur wenig. Die sagt ihm nur, wie er sich verhalten soll, wenn er auf dem Weg ist.

Das Gesetz des Mose ist damit im wahrsten Sinne des Wortes Vorbe-reitung auf die eigentliche Erlösung. Es gibt den Rahmen vor, aber nicht das Ziel. Wie der von Paulus angeführte Sklave dient es der Erziehung zu Mündigkeit und Verantwortlichkeit, sagt allerdings nicht, was einer mit der dadurch gewonnenen Freiheit anfangen soll. An dieser Stelle tritt das Neue Testament deshalb unweigerlich mit allen in Konflikt, die das Gesetz für einen Selbstzweck halten, ein Ziel in sich, die also gesetz-lich damit umgehen. So akzeptierte schon Jesus das von seinen Zeitge-nossen im Rahmen des Arbeitsverbot am Sabbat verhängte „Heilungs-verbot" nicht und heilte mit Verweis auf die Barmherzigkeit Kranke (Matthäus 12,9-14). In ähnlicher Weise ging Paulus mit denen scharf ins Gericht, die im Gesetz einen Heilsweg sahen (Galater 3,10-12).

Wie ein gesetzliches Missverständnis aussieht, macht eine Stelle im Evangelium deutlich. So wurde Jesus von einigen Pharisäern gefragt:

„Ist's erlaubt, dass sich ein Mann aus irgendeinem Grund von seiner Frau scheidet? Er aber antwortete und sprach: Habt ihr nicht gelesen: Der im Anfang den Menschen geschaffen hat, schuf sie als Mann und Frau und sprach (1. Mose 2,24): ‚Darum wird ein Mann Vater und Mutter verlassen und an seiner Frau hängen, und die zwei werden ein Fleisch sein? So sind sie nun nicht mehr zwei, sondern ein Fleisch. Was nun Gott zusammengefügt hat, das soll der Mensch nicht scheiden! Da

fragten sie: Warum hat dann Mose geboten, ihr einen Scheidebrief zu geben und sich von ihr zu scheiden? Er sprach zu ihnen: Mose hat euch erlaubt, euch zu scheiden von euren Frauen, eures Herzens Härte wegen; von Anfang an aber ist's nicht so gewesen. Ich aber sage euch: Wer sich von seiner Frau scheidet, es sei denn wegen Ehebruchs, und heiratet eine andere, der bricht die Ehe" (Matthäus 19,3-9).

Hier wird das unterschiedliche Gesetzesverständnis von Jesus und den Pharisäern deutlich: Letztere sahen in der Befolgung des Gesetzes das Ziel an sich. Wer das Gesetz nicht übertrat, galt nach diesem Denken als sündlos. Deshalb war es nötig, das jeweilige Gebot genau zu definieren, um den Bereich der Sünde von dem der Nichtsünde abzugrenzen. Auch in der Frage der Ehescheidung war daher eine Klärung notwendig. Das Gesetz sah für diesen Fall zwar einen Scheidebrief vor, also ein Dokument, das die Ehe offiziell für aufgelöst erklärte und der Frau eine weitere Eheschließung ermöglichte (der Mann hatte im Alten Testament diese Möglichkeit aufgrund der Polygamie (Vielehe) sowieso), aber es erklärte nicht, aus welchem Grund eine Ehe geschieden werden durfte.

Unter den Pharisäern gab es deshalb dazu zwei unterschiedliche Meinungen: Die einen folgerten, dass eine Ehe aus jedem beliebigen Grund geschieden werden dürfe, da das Gesetz keine Vorgaben mache. Hierbei ging es salopp gesagt nur um den Wortlaut des Gebotes, der nach der Devise ausgelegt wurde: „Was nicht ausdrücklich verboten ist, das ist erlaubt." Andere dagegen fürchteten bei so viel Freiheit eine Erosion der Moral und wollten deshalb die Scheidung nur in begründeten Fällen erlauben, etwa wenn Ehebruch vorlag.

Jesus dagegen interpretiert das Gesetz völlig anders, auch wenn man seine Antwort als Bestätigung der zweiten Auffassung missverstehen könnte. Für ihn steht jedoch die Beziehung zwischen Mann und Frau im Mittelpunkt, die von Gott her als untrennbar gedacht ist. Ehescheidung ist danach eine undenkbare Option. In einer sündigen, also beziehungsgestörten Welt unterliegen zwischenmenschliche Beziehungen allerdings nicht nur großen Belastungen, sondern können auch an unserer Beziehungsunfähigkeit scheitern. Deshalb gibt es nach Jesus auch die Möglichkeit der Ehescheidung („eures Herzens Härte wegen"), das jedoch nicht als Erlaubnis, die unter Umständen sogar gleichberechtigt neben dem Fortbestand der Ehe anzusehen ist, sondern als Eingrenzung der Auswirkungen der Sünde.

Wäre die Ehescheidung verboten, würden Beziehungen nämlich trotzdem zerrüttet werden (das ist schlichtweg die Wirklichkeit der Sünde), in der patriarchalen Gesellschaft der jüdischen Antike wäre die Frau allerdings die Leidtragende. Sie wäre zwar von ihrem Mann verstoßen, könnte allerdings keinen anderen heiraten, weil sie mit ihrem ersten Mann offiziell liiert bliebe. Damit jedoch hätte sie de facto nur noch die Wahl zwischen Bettelei und Prostitution. Der Scheidebrief dient dazu, die Folgen für das weitere Schicksal der Frau abzumildern, indem er ihr einen Neuanfang als Ehefrau eines anderen ermöglicht. Scheidung ist also nach Jesus eine Möglichkeit, die zwar in der ursprünglichen Schöpfung Gottes nicht vorgesehen ist (er verweist ja mit seinem Zitat auf die Situation vor dem Sündenfall), in der gefallenen Welt aber notwendig wird. Hier wie anderswo zeigt sich demnach, dass das Gesetz nicht in erster Linie den unveränderlichen Willen Gottes vorgibt, sondern sich mit den durch die Sünde aufgekommenen Grenzfällen des menschlichen Zusammenlebens beschäftigt. Daraus Rückschlüsse auf den ursprünglichen Willen Gottes zu ziehen, ist zwar möglich, allerdings nicht so einfach, wie die Pharisäer meinten.

Auch die christliche Auslegung hat diese Problematik leider manchmal nicht gesehen und aus Jesu Antwort eine Verschärfung des Gesetzes gemacht, nach dem Motto: War früher die Ehescheidung mit Scheidebrief erlaubt, so ist sie heute gänzlich verboten. Das wird freilich dem Wesen Jesu nicht gerecht, der nicht nur weit davon entfernt ist, einen Menschen anhand seiner Vergangenheit für die Zukunft festzulegen, sondern weiterhin die Scheidung als Möglichkeit sieht („es sei denn wegen Ehebruchs").

Zudem trifft diese Ansicht auch nicht das neutestamentliche Verständnis des Gesetzes. Denn die Autoren des Neuen Testaments sind an dieser Stelle realistischer als mancher christlicher Moralprediger (und Politiker) und wissen genau, dass durch ein bloßes Verbot Sünde nicht aus der Welt geschafft wird (auch in der Frage der Ehescheidung spricht Paulus in 1. Korinther 7 eine Erlaubnis aus). Sie zielten deshalb nicht auf eine Verschärfung der Verbote, sondern auf eine Veränderung des Menschen, die jedoch ein Gesetz nicht herbeiführen kann. Damit stan-

den sie übrigens im breiten Strom der biblischen Verkündigung. Auch
das Alte Testament erwartete die Erlösung nicht durch eine Gesetzesverschärfung, sondern durch eine Umwandlung bzw. Neuschaffung des
Herzens (vgl. Jeremia 31,31-34; Hesekiel 36,26f.)

Doch kommen wir zurück zu unseren ursprünglichen Überlegungen.
Das Gesetz ist mehr als nur der Rahmen der Freiheit. Auch das ist im
paulinischen Bild vom „Zuchtmeister" enthalten: Der Erzieher bereitet
seinen Schutzbefohlenen in jeder Hinsicht auf die zukünftige Rolle vor.
In diesem Sinn sind die Gebote des mosaischen Gesetzes zu verstehen,
die wir unter den Überschriften „Opfergesetze" oder „Heiligkeitsgesetz"
kennen. In ihnen wird ein Interpretationsrahmen gegeben, anhand dessen sich das, was später unter dem Stichwort „Erlösung" geschehen wird,
einordnen lässt. Mit dieser Thematik beschäftigt sich der Brief an die
Hebräer sehr intensiv. Auch wir werden an entsprechender Stelle darauf
zurückkommen.

Bei näherer Betrachtung lässt sich zudem eine weitere Facette ausmachen: Wer das zweite bis fünfte Mosebuch am Stück durchliest, wird
schnell erkennen, dass hinter den einzelnen Bestimmungen keine Systematik zu stehen scheint. Zwar werden Gebote, die dasselbe Thema behandelt, vielerorts zusammengruppiert, andernorts erscheinen jedoch
ähnliche Bestimmungen sehr verstreut. Eine aus modernen Gesetzbü-
chern bekannte Systematik, nach der etwa zunächst religiöse Verfehlungen, dann Vergehen gegen Leib und Leben und schließlich Eigentums-
delikte behandelt würden, gibt es nicht. Das verstärkt den Eindruck,
dass eine solche Trennung in verschiedene Bereiche für das Gesetz des
Mose nicht nur nicht beabsichtigt ist, sondern gar nicht existiert. Deutlich wird das etwa an Texten wie 3. Mose 19, wo religiöse (VV. 3-8.19.26-
28.30f.) mit sozialen (VV. 3.9-18.33-36) und anderen Bestimmungen
(VV. 20-25.29) gemischt und unter dem Stichwort „Heiligkeit" verhandelt werden (V. 1).

Indem das Gesetz die verschiedenen Bereiche gerade nicht trennt, vermittelt es eine Vorstellung von Heiligkeit, in der sich die verschiedenen
Bereiche eben nicht trennen lassen. Wie es um die Gottesbeziehung
steht, zeigt sich damit gerade auch in der Beziehung zum Nächsten und
am Umgang mit alltäglichen Dingen. Es geht also nicht um einzelne
Aspekte einer jeweiligen Beziehung, sondern um die Beziehungsfähigkeit

an sich. Ziel ist eine Persönlichkeit, die im umfassendsten Sinn mit Gott lebt. Dieser Zug wird später nicht nur in der Verkündigung der Propheten aufgegriffen und verstärkt (etwa wenn sie Israels Gottesdienst aufgrund seiner soziale Verfehlungen verwerfen), sondern auch von Jesus noch einmal unterstrichen, indem er Gottes- und Nächstenliebe als zwei Seiten einer Medaille betrachtet (Lukas 10,25-28; vgl. 1. Johannes 4,7-21).

Noch ein letzter Gedanke ist wichtig, damit wir ein vollständiges Bild vom neutestamentlichen Verständnis des Gesetzes bekommen: Das Gesetz des Mose sollte zu keiner Zeit eine Lebensordnung für die ganze Welt sein, sondern galt ausschließlich dem alttestamentlichen Gottesvolk, das sich durch seine Befolgung gerade von seiner Umwelt unterscheiden sollte. Diese Auffassung liegt nicht nur dem „Aposteldekret" zugrunde, mit dem sich die ersten Christen gegen eine universale Geltung des Gesetzes aussprachen (Apostelgeschichte 15,22-29), sie prägt auch das Verständnis des Paulus, der sich an verschiedenen Stellen dagegen wandte, auch die Heidenchristen auf das Gesetz zu verpflichten. Ihre Gottesbeziehung wird durch Christus gestaltet, nicht durch Mose, weswegen der mosaische Rahmen auch nicht nötig ist. Und damit sind wir bei der Frage, wie das Neue Testament die in Christus geschehene Erlösung interpretiert.

Das Kreuz Christi und seine Deutung im Neuen Testament

Eine Schwerpunktverschiebung

Für den Leser des Neuen Testaments tut sich ein seltsames Bild auf: Der Gedanke der Nachfolge Jesu und der Aufrichtung des Reiches Gottes, der die Evangelien beherrscht, tritt in den übrigen Schriften scheinbar in den Hintergrund. An seiner Stelle wird das Kreuz Christi und das damit verbundene Erlösungswerk so stark betont, dass der Apostel Paulus seine Predigt mit den Worten zusammenfassen kann:

„Denn ich hatte mich entschlossen, bei euch nichts zu wissen außer Jesus Christus, und zwar als Gekreuzigten" (1. Korinther 2,2 nach der Einheitsübersetzung).

Aus dem Verkündiger ist also der Verkündigte geworden, inhaltlich hat sich damit der Schwerpunkt vom Reich Gottes auf Jesus selbst verschoben. Das ist jedoch nicht die einzige Veränderung: Auch das Leben Jesu selbst wird nun ausschließlich von seinem Tod her gesehen und gedeutet, was ebenfalls ein Blickwinkel ist, den seine unmittelbaren Zeitgenossen nicht hatten. Drastisch könnte man daher formulieren: Während Jesus kam, um das Reich Gottes herbeizuführen, predigt das übrige Neue Testament einen Jesus, der kam um zu sterben. Über diese Veränderung ist schon mancher gestolpert, schließlich lassen sich dadurch Jesus und die ersten Christen theologisch voneinander unterscheiden. Und damit stellt sich die Frage, ob die Apostel – allen voran Paulus – Jesus missverstanden oder sogar verfälscht haben, als sie aus seiner Botschaft vom Reich Gottes eine Heilslehre machten.

So sehr, wie es manchmal behauptet wird, heben sich die Evangelien und die Briefe des Neuen Testaments freilich nicht voneinander ab. Vielmehr hat die Schwerpunktverschiebung in erster Linie mit den unterschiedlichen Situationen zu tun, in denen die jeweilige Verkündigung entstanden ist. Jesus sammelte als Sohn Gottes das endzeitliche Gottesvolk um sich und proklamierte durch seine vollmächtigen Taten die Herrschaft Gottes. Im Zentrum seines Lebens stand daher die Schaffung einer Gemeinschaft, die seinen Fortgang überdauern und die mit ihm angebrochene neue Wirklichkeit in der Welt verkörpern und ausbreiten sollte.

Nach seinem Tod und seiner Auferstehung musste es deshalb zu einer Veränderung kommen. Das Prinzip der Nachfolge, das zu Jesu irdischen Zeiten durch ein Lehrer-Schüler-Verhältnis konkret erfüllt war, musste nun inhaltlich umschrieben werden, weil die bisherige Form nicht mehr aufrecht zu erhalten war. Oder um es anders auszudrücken: Als Jesus seine Apostel nach der Auferstehung dazu aufforderte, alle Völker zu Jüngern zu machen (Matthäus 28,19), stand dahinter eine andere Jüngervorstellung als in der Zeit vor der Passion, wo das Jüngerdasein grundlegend als „mit ihm gehen" definiert war (vgl. Markus 3,14; Johannes 6,66). Matthäus 28,20 nennt daher auch nicht die physische Gemeinschaft mit Jesus als zentrales Jüngerkriterium, sondern das „Halten" all dessen, „was ich euch befohlen habe". Damit jedoch rücken automatisch Überlegungen zur Person Jesu, seinem Wirken und seiner

Stellung im Heilsgeschehen in den Mittelpunkt der Jüngerschaft, womit theologische Lehrfragen eine zentralere Rolle einnehmen. Aus dem Verkündiger musste daher der Verkündigte werden, weil er als Verkündiger nicht mehr körperlich anwesend war.

Entscheidend ist dabei, dass wir in all dem nur eine Schwerpunktverschiebung erkennen, nicht jedoch eine Veränderung der Botschaft. Jesu Werk wurde nicht erst durch den Apostel Paulus mit einer von jenem nie gewollten Kreuzestheologie verknüpft, ebensowenig hat Paulus die Nachfolge oder das Reich Gottes aufgegeben. Das eine ist vielmehr im anderen vorhanden. So hat bereits Jesus, wie wir gesehen haben, seinem Tod sehr wohl eine entscheidende Bedeutung im Heilsgeschehen beigemessen. Ebenso legen die Evangelien mit ihrer ausführlichen Schilderung der letzten Woche Jesu ein so großes Augenmerk auf das Kreuz, dass sie mit Recht einmal „Passionsgeschichten mit ausführlicher Einleitung" genannt worden sind.

Umgekehrt predigt auch Paulus die Nachfolge Christi, spricht dabei aber sprachlich korrekter von einer „Verwandlung ins Ebenbild Christi" (vgl. Römer 8,29; Kolosser 3,10) oder einer der „Gemeinschaft in Christus Jesus entsprechenden Gesinnung" (vgl. Philipper 2,5). Der Gedanke der Nachfolge, die nur bei sichtbaren Vorbildern möglich ist, wird konsequenterweise auf die Apostel (Philipper 3,17; 2. Thessalonicher 3,9) oder andere Christen übertragen (1. Thessalonicher 1,7; 1. Timotheus 4,12). Das Reich, die Herrschaft Gottes schließlich taucht dort auf, wo Paulus als Ziel seiner Arbeit beschreibt,

> *„die Heiden zum Gehorsam zu bringen durch Wort und Werk, in der Kraft von Zeichen und Wundern und in der Kraft des Geistes Gottes. So habe ich von Jerusalem aus ringsumher bis nach Illyrien das Evangelium von Christus voll ausgerichtet" (Römer 15,18f.).*

Nicht übersehen sollten wir zudem eine weitere Problematik, die unser Bild beeinträchtigt: Während wir durch die Evangelien eine recht gute Beschreibung des Wirkens Jesu haben, wissen wir von Paulus trotz der Apostelgeschichte vor allem durch seine Briefe, bei den anderen Autoren des Neuen Testaments haben wir gar nichts anderes. Briefe haben von der Sache her freilich immer einen Gelegenheitscharakter, denn in ihnen antwortet ein den ersten Lesern bekannter Schreiber auf eine beiden vertraute Situation. Handelt es sich dabei – wie in den neutestamentlichen Gemeinden oft der Fall – um Fragestellungen mit weitreichenden theologischen Konsequenzen, werden die Briefe zwangsläufig einen eher erörternden Charakter haben, der jedoch nur ein Ausschnitt aus dem Denken und Wirken des Autors darstellt.

Mit anderen Worten: Wir wissen nur wenig davon, wie Paulus, Petrus, Johannes und die anderen Apostel gelebt und gewirkt haben oder ob zum Beispiel Paulus seinen Mitarbeiterkreis auf den Grundlagen aufgebaut hat, die Jesus mit seinen Jüngern gelegt hat. Genauso wenig wissen wir, wie die ausführlichen Antworten Jesu auf dogmatische Anfragen der Pharisäer ausgesehen haben oder wieviel von der nach seiner Auferstehung an die Apostel ergangenen Unterweisung (vgl. Lukas 24,45-47; Apostelgeschichte 1,3) in die Verkündigung des Neuen Testaments eingeflossen ist und uns nun mutmaßlich als Theologie des Paulus oder Johannes begegnet. Dass so etwas passiert ist, darüber kann jedoch kein Zweifel bestehen.

Die unterschiedliche Schwerpunktsetzung lässt sich also nicht leugnen, allerdings handelt es sich bei ihr um die unumgängliche Konsequenz der unterschiedlichen Verkündigungssituationen, weswegen man bei aller notwendigen Unterscheidung keinen dogmatischen Bruch zwischen Jesus und den ersten Christen behaupten kann.

Das Kreuz als Konsequenz des Tun-Ergehens-Zusammenhangs

Bevor wir uns der Theologie der neutestamentlichen Briefe zuwenden, wollen wir jedoch noch einen kurzen Rückblick auf die Verkündigung Jesu werfen, in der deren Grundlagen gelegt worden sind. Jesus selbst hatte ja einen Diesseits und Jenseits umgreifenden Tun-Ergehens-Zusammenhang gelehrt, in dem das diesseitige Leiden mit jenseitiger Freude belohnt werden würde. Bekannt sind hier Worte wie: „Wer sein Leben erhalten will, der wird's verlieren; wer aber sein Leben verliert um meinetwillen, der wird's finden" (Matthäus 16,25) oder „Wer sich selbst erhöht, der wird erniedrigt; und wer sich selbst erniedrigt, der wird erhöht" (Matthäus 23,12).

Wendet man nun die darin zum Ausdruck kommende Verbindung zwischen Erniedrigung und Erhöhung auf Jesus selbst an, so ist das Kreuz das notwendige Durchgangsstadium und der Wendepunkt: Um „als Sohn Gottes in Kraft ... eingesetzt" zu werden (Römer 1,3), „musste" (Matthäus 16,21) Christus leiden und sterben. Die Leidensankündigung Jesu, in der das „Muss" des Leidens hervorgehoben wird, steht nicht von ungefähr im Kontext des eben zitierten Matthäus 16,25, denn beides gehört zusammen.

Kleinsein vor Größe

Erhöhung ohne vorherige Erniedrigung erscheint im Gegenzug im Neuen Testament nur als vom Teufel vorgeschlagener Weg (vgl. Matthäus 4,8f.). Größe ohne vormaliges Kleinsein ist angemaßte Macht, die nichts mit von Gott verliehener Vollmacht zu tun hat. Sie ist der Weg der gefallenen und damit vergänglichen Welt und wird in der mit dem Reich Gottes verbundenen Wirklichkeit keinen Bestand haben. Dort verhalten sich Erhöhung und Erniedrigung zueinander wie die Ausschläge eines Pendels: Je tiefer einer sich erniedrigt, desto höher wird er aufsteigen. „Wenn jemand will der Erste sein, der soll der Letzte sein von allen und aller Diener" (Markus 9,35). „Viele aber werden die Letzten sein, die die Ersten sind, und die Ersten sein, die die Letzten sind" (Markus 10,31). Daher sagt auch erst der auferstandene, nicht schon der irdische Jesus: „Mir ist gegeben alle Gewalt im Himmel und auf Erden" (Matthäus 28,18).

Dieselbe Verbindung zwischen Erniedrigung und Erhöhung Jesu finden wir auch in einem urchristlichen Hymnus, der entweder auf Paulus zurückgeht oder von ihm zitiert wird:

„[Christus], der in göttlicher Gestalt war, hielt es nicht für einen Raub, Gott gleich zu sein, sondern entäußerte sich selbst und nahm Knechtsgestalt an, ward den Menschen gleich und der Erscheinung nach als Mensch erkannt. Er erniedrigte sich selbst und ward gehorsam bis zum Tode, ja zum Tode am Kreuz. Darum hat ihn auch Gott erhöht und hat ihm den Namen gegeben, der über alle Namen ist, dass in dem Namen Jesu sich beugen sollen aller derer Knie, die im Himmel und auf Erden und unter der Erde sind, und alle Zungen bekennen sollen, dass Jesus Christus der Herr ist, zur Ehre Gottes, des Vaters" (Philipper 2,6-11).

Auch hier wird die Erhöhung Jesu aus seiner Erniedrigung begründet. Der kaum vorstellbaren göttlichen Selbsterniedrigung, die in der Selbstentäußerung und Annahme der Knechtsgestalt besteht, entspricht auf der anderen Seite die ebenso wenig vorstellbare Erhöhung des Menschen Jesus zum Herrn des Universums, dem sich alle Knie beugen werden.

Interessant ist dabei die Wortwahl, in der der „Knechtsgestalt" (griech. *morphe doulou*) die „Gottesgestalt" (griech. *morphe theou*) als *harpagmos* gegenübergestellt wird. Die Deutung dieses nur an dieser Stelle des Neuen Testaments vorkommenden griechischen Begriffs ist schwierig, denn prinzipiell gibt es zwei Möglichkeiten: Eine Übersetzungsvariante ist „Raub" im Sinne einer bereits vorhandenen Beute, wofür sich Luther entschieden hat. Sieht man das Wort hingegen synonym mit *harpagma* (wofür es einige Belege aus außerneutestamentlichen Quellen gibt), dann bezeichnet es etwas, was man sich erst in Zukunft aneignen und für sich selbst ausbeuten möchte. Der Unterschied besteht also in der Frage, ob Jesus das „Gott gleich sein" schon vorher hatte („Raub") oder sich erst später aneignen wollte.

Theologisch wird meist Ersteres vorgezogen, weswegen sich die deutschen Bibelübersetzungen auch in der Regel in dieser Richtung entschieden haben. Denn das Neue Testament geht an anderen Stellen davon aus, dass Jesus nicht erst Gott *wurde*, sondern schon vor aller Zeit *war* (vgl. Johannes 1,1-18; 8,23.58; Kolosser 1,15-17; Offenbarung 1,17f.). Damit könnte auch diese Stelle nur von einer „Entäußerung" sprechen, also dem „Ablegen" der immer schon vorhandenen „Gottesgestalt".

Betrachtet man freilich nicht den Kontext des Neuen Testaments, sondern nur Philipper 2,6-11 (was naheliegt, falls es sich tatsächlich um ein von Paulus zitiertes Lied handelt), macht es allerdings mehr Sinn davon auszugehen, dass Jesus die „Gottesgestalt" erst verliehen bekam. Denn in unserem Text liegt der Schwerpunkt auf der Gegenüberstellung von Erniedrigung und Erhöhung, womit der Weg im Mittelpunkt steht, wie Jesus zu seiner vollmächtigen Stellung gekommen ist. Hier wie anderswo geht es also darum, dass Jesus „erhöht" wird und damit etwas bekommt, was er vorher (anscheinend oder scheinbar) nicht hatte (vgl. Römer 1,4; Hebräer 1,2-4). Entsprechend übersetzt zum Beispiel die weitverbreitete englische *New International Version* Philipper 2,6 mit: He „*did not consider equality with God something to be grasped.*" („Er hielt die Gottgleichheit nicht für etwas, das sich ergreifen lässt.") Jesus hat danach seine göttliche Vollmacht nicht schon immer gehabt, sondern erst erlangt, jedoch gerade nicht ohne Leiden und sozusagen für sich „privat"; vielmehr hat er sie als Folge seines Niedrigseins und Dienens verliehen bekommen.

Eine „mittlere" Stellung zwischen beiden Positionen nimmt übrigens Hebräer 2,9f. ein, wo Psalm 8 auf Jesus gedeutet wird und es heißt:

> „*Den aber, der ‚eine kleine Zeit niedriger gewesen ist als die Engel‘, Jesus, sehen wir durch das Leiden des Todes ‚gekrönt mit Preis und Ehre‘; denn durch Gottes Gnade sollte er für alle den Tod schmecken. Denn es ziemte sich für den, um dessentwillen alle Dinge sind und durch den alle Dinge sind, dass er den, der viele Söhne zur Herrlichkeit geführt hat, den Anfänger ihres Heils, durch Leiden vollendete.*"

Jesus erscheint hier als der Erbe des Reiches, der sich dennoch zuerst in Niedrigkeit und Leiden bewähren muss, ehe er sein Erbe antreten kann. Das mag zwar auf den ersten Blick beide Positionen versöhnen, wirft aber auf den zweiten neue Fragen auf, denn auch das lässt sich mit unserer Vorstellung von einem Jesus, der „immer schon" und „in jeder Hinsicht" Gott war, kaum vereinbaren.

Daran wird wieder einmal deutlich, dass wir uns in der Theologie von einem rationalistisch geprägten Weltverständnis verabschieden müssen. Dass Jesus im Vollsinn Gott ist, aber seine göttliche Vollmacht erst durch seine Erniedrigung erwarb, lässt sich mit einer in Seinskategorien argumentierenden Logik („Ist er nun Gott oder ist er es nicht?") nicht ergründen. Das ist freilich nichts Neues: Auch Gottheit und Menschheit in Jesus lassen sich so nicht erfassen. Ebenso wenig lässt sich der Gedanke der Nachfolge, der ja auf der Imitation eines Vorbildes beruht, damit vereinbaren, dass Jesus menschgewordener Gott und folglich grundlegend jeder Nachahmung entzogen ist. Wollen wir uns nicht zwischen dem Meister und dem Erlöser Jesus entscheiden (was keine neutestamentliche Alternative ist), müssen wir daher beides zusammendenken.

Eine Hilfe kann dabei die Erkenntnis sein, dass wir uns von Gott eigentlich überhaupt keine Vorstellungen machen können, weil es nichts in unserer vergänglichen Wirklichkeit gibt, das sich auch nur annähernd mit ihm vergleichen ließe. Damit operieren wir jedoch geradezu zwangsläufig mit Gottesbildern, die mit den jeweiligen Aussageabsichten zusammenhängen und deshalb notwendigerweise nicht deckungsgleich sein können (womit wir uns übrigens in guter Gesellschaft mit anderen Bereichen der menschlichen Erkenntnis befinden, in denen die Vergleichbarkeit ebenfalls nicht gewährleistet ist. Das gilt insbesondere für den subatomaren Bereich, wo nicht nur unterschiedliche und damit teilweise widersprüchliche Atommodelle nebeneinander existieren, sondern auch das Licht einmal als Welle und ein anderes Mal als Teilchenstrom betrachtet werden muss).

Nehmen wir eine Frage, mit der sich die Alte Kirche schwer getan hat, nämlich die nach der Geschöpflichkeit Jesu. War Jesus ein Geschöpf? Diese Frage lässt sich de facto nicht beantworten, es sei denn in einer Weise, die nicht wirklich weiterhilft, weil sie die Einheit der Person Jesu in Frage stellt („Als Gott war er es nicht, als Mensch dagegen schon.") Zu Recht haben daher die Väter die Formulierung in Richtung der Aussageabsicht verändert: War Jesus *nur* Geschöpf? War er also nicht Gott? Diese Frage lässt sich beantworten – allerdings sprengt die Antwort unseren Vorstellungsrahmen: Jesus ist „gezeugt, nicht geschaffen". Dieselben Väter konnten freilich auch mit Vehemenz jede Form der Christologie bekämpfen, die Jesus auf seine Gottheit reduzieren wollte, indem sie im selben Bekenntnis darauf beharrten, dass er „Mensch geworden, Fleisch geworden" und Geschöpf ist.

Für unseren Zusammenhang bedeutet dies, dass wir beides zusammenhalten müssen: Jesus ist der Mensch gewordene Gott, der seine göttliche Vollmacht aufgrund seiner Erniedrigung bekam. Rationalistisch betrachtet macht diese Aussage wie bereits erwähnt keinen Sinn, vor dem Hintergrund unserer alltäglichen Wirklichkeit freilich schon. Denn sie sagt uns, dass wir uns Jesu Gottheit nicht als etwas vorstellen dürfen, was ihm im Sinne antiker Halbgötter und heutiger Comic-Superhelden „in die Wiege gelegt" worden wäre, womit er unendlich weit von unserer Lebenswirklichkeit entfernt gewesen wäre, obwohl er sie auf den ersten Blick geteilt hat. In Bezug auf die Vollmacht ist er vielmehr wie alle anderen auch der göttlichen Ordnung des Tun-Ergehens-Zusammenhangs unterworfen, in dem es Autorität und Hoheit nur durch Erniedrigung geben kann.

Gleichzeitig wäre es falsch, diese ausdrückliche Betonung der Menschheit Christi gegen seine Gottheit auszuspielen. In Jesus wurde nicht ein Mensch Gott, weswegen auch wir nicht Gott werden können. Vielmehr wurde Gott Mensch, die Bewegung verläuft also umgekehrt. Allerdings wurde er wirklich und mit aller Konsequenz Mensch, einer von uns, der seine Jünger „Brüder" nennt (Johannes 20,17) und der „versucht worden ist in allem wie wir" (Hebräer 4,15). Daran, dass er den aus dem von ihm verkündigten Tun-Ergehens-Zusammenhang folgenden Weg konsequent zu Ende gegangen ist, zeigt sich zudem, dass es sich bei der Menschwerdung Gottes nicht um irgendeine Form von Schein oder Vorstellung handelt. Bei Jesus stimmen vielmehr Leben und Lehre vollkommen überein: Er hat gelebt, was er gelehrt hat, und gelehrt, was er gelebt hat.

Das Kreuz als Zeichen der Versöhnung

Der Zusammenhang von Erniedrigung und Erhöhung Jesu weist über ihn selbst hinaus. Das Neue Testament betont an verschiedenen Stellen, dass es sich hierbei nicht um einen Vorgang handelt, von dem allein Jesus profitieren würde, sondern um ein Geschehen für andere. So bildet das „für euch" einen Grundbestandteil der von Jesus selbst gegebenen Deutung des Kreuzes im Abendmahl (vgl. Lukas 22,19f.), anderswo taucht es als ein „für viele" auf (vgl. Matthäus 26,28), woran deutlich wird, dass die Frucht von Selbsterniedrigung und Erhöhung Jesu auch nicht auf seinen unmittelbaren Jüngerkreis beschränkt werden kann.

Die Hingabe „für euch" ist ein Ausdruck der Liebe Jesu, denn „niemand hat größere Liebe als die, dass er sein Leben lässt für seine Freunde" (Johannes 15,13). Wenn man Christus als menschgewordenen Gott betrachtet, zeigt sich in ihr die Liebe des Schöpfers zu seiner Schöpfung (vgl. Johannes 3,16), deren Ernsthaftigkeit daran deutlich wird, dass sie nicht einer gottzugewandten, sondern der gefallenen Schöpfung gilt: „Gott aber erweist seine Liebe zu uns darin, dass Christus für uns gestorben ist, als wir noch Sünder waren ..., als wir noch Feinde waren" (Römer 5,8.10).

Von Gott her betrachtet ist die Feindschaft damit überwunden. Das

Kreuz bildet das nicht nur ab, vielmehr saugt das ganze Geschehen die Feindschaft der Geschöpfe gegen ihren Schöpfer geradezu auf. Unter dem Kreuz tobten sich die widergöttlichen Mächte aus, über ihnen litt der, der nach eigenen Worten dort sein „muss", nicht nur „willig und tat seinen Mund nicht auf wie ein Lamm, das zur Schlachtbank geführt wird" (Jesaja 53,7), er beantwortete Schmähungen und Misshandlungen auch mit seinem: „Vater, vergib ihnen; denn sie wissen nicht, was sie tun!" (Lukas 23,34). Dieser Satz fasst das Elend der vergänglichen, sündigen Welt ebenso zusammen wie die göttliche Antwort darauf.

Es ist nur konsequent, wenn daraufhin das Kreuz im Neuen Testament als *das* Zeichen der Versöhnung zwischen Schöpfer und Schöpfung verkündigt wird:

> *„Gott war in Christus und versöhnte die Welt mit sich selber und rechnete ihnen ihre Sünden nicht zu und hat unter uns aufgerichtet das Wort von der Versöhnung" (2. Korinther 5,19).*

Mit dem Kreuz Jesu ist also die seit dem Sündenfall zerstörte Beziehung zwischen Schöpfer und Schöpfung wieder versöhnt. Interessant ist hier die Wortwahl, denn sie macht deutlich, dass es um ein Beziehungsgeschehen geht. Paulus bezeichnet mit demselben Wort „versöhnen" in 1. Korinther 7,11 die erneute Hochzeit von zwei schon einmal miteinander verheiratetet gewesenen Geschiedenen. Hier wie dort geht es also um die Wiederaufnahme einer Beziehung, wobei das Trennende beseitigt worden ist, die „Übertretungen" (so die wörtliche Übersetzung) also „nicht zugerechnet" werden.

Der Vergleichspunkt mit einer zerstörten Ehe hilft uns, das neutestamentliche Verständnis der am Kreuz geschehenen Versöhnung näher zu beleuchten. Hierbei kann es in keiner Weise um das gehen, was Bonhoeffer einst als „billige Gnade" gebrandmarkt hat: „Gnade als Schleuderware, verschleuderte Vergebung, verschleuderter Trost ... ohne Preis, ohne Kosten" (Dietrich Bonhoeffer: Nachfolge (1937), Gütersloh 2002, S. 29). Soll eine zerstörte Beziehung wiederhergestellt werden, muss zwar zunächst das aus dem Weg geräumt werden, was sie hat scheitern lassen. Dann beginnt aber der für beide Seiten schmerzhafte Prozess wieder aufeinander zuzugehen. Vergebung spielt daher bei der Versöhnung eine wichtige Rolle – ohne Vergebung würde Versöhnung nicht stattfinden können – allerdings bleibt die Versöhnung nicht in der Vergebung stehen. Vielmehr muss nicht nur das Trennende beseitigt werden, sondern vor allem das, was uns immer noch in die Trennung führen könnte. Bleibt es bei der Vergebung, wird das eigentliche Problem also gar nicht bearbeitet. Es wird zwar der Schutt der Vergangenheit beseitigt, jedoch nicht mit dem Bau eines tragfähigeren Gebäudes begonnen.

Wie wir gesehen haben, ist die Problematik der Sünde so komplex, dass sich die Schwierigkeiten nicht mit einem Akt der Vergebung im Sinne eines „vergeben und vergessen" beseitigen lassen können. Schöpfer und Schöpfung trennt mehr als eine zerrüttete Vergangenheit, denn die Mächte (im neutestamentlichen, umfassenden Sinne), die dazu beigetragen haben, die Beziehung zu zerstören, sind immer noch aktiv und lassen auch für die Zukunft nichts Gutes erhoffen.

Wie die Sünde, die Trennung von Gott, versteht das Neue Testament daher auch die Versöhnung mit Gott als kosmisches Ereignis. Gott hat in Christus nicht einzelne Menschen, sondern „die Welt" (griech. *kosmos*) mit sich versöhnt. Wie ein siegreicher Feldherr in der römischen Antike hat Gott mit dem Kreuz „die Mächte und Gewalten ihrer Macht entkleidet und sie öffentlich zur Schau gestellt und hat einen Triumph aus ihnen gemacht in Christus" (Kolosser 2,15). Die heilende Kraft der Versöhnung bleibt deshalb nicht bei der Gottesbeziehung des Einzelnen oder einer Gemeinschaft stehen, sondern umfasst die gesamte Schöpfung.

Hier geht es also um die grundsätzliche Überwindung unserer Beziehungsunfähigkeit, die in der Gottesbeziehung ihren Anfang nimmt und sich von da aus auf alle weiteren Beziehungen ausdehnt. Schon Jesus hatte ja im Gleichnis vom „Schalksknecht" die Weitergabe der von Gott erfahrenen Vergebung eingefordert und einen Zusammenhang zwischen der eigenen Versöhnungsbereitschaft und der Vergebung Gottes hergestellt (Matthäus 18,21-35). Die Versöhnung Gottes mit der Welt liefert dadurch den Ausgangspunkt, von dem aus die Schöpfung heil werden kann.

Grundlegend ist dabei, diesen Prozess als von Gott ausgehend zu verstehen. Gott selbst war in Christus und versöhnte so die Welt mit sich. Hier zeigt sich also die volle Konsequenz der Menschwerdung Gottes:

Am Kreuz hängt kein Dritter, kein unschuldiges Opfer, das den Zorn des Schöpfers aufnimmt, sondern Gott selbst. Versöhnung lässt sich nicht delegieren. Nicht nur aus diesem Grund halten deshalb das Neue Testament wie die kirchliche Überlieferung vehement an der Gottheit Christi fest.

Das Kreuz als vollkommenes Opfer

Eng mit dem Versöhnungsgeschehen verbunden ist die Interpretation des Kreuzes als vollkommenes Opfer. Sie klingt auch im letzten Abendmahl an, in dem Jesus das Passamahl umgestaltet und neu deutet. Symbol für das Opfer ist schon im Alten Testament das Lamm, weswegen Jesus an verschiedenen Stellen als „Lamm Gottes" (Johannes 1,29) oder als „Lamm, das geschlachtet ist" (Offenbarung 5,12) bezeichnet wird. In diesem Kontext gehört ebenso die Rede vom versöhnenden Blut Christi, die nicht nur im Abendmahl auftaucht, sondern zum Beispiel auch in Römer 3,29; Epheser 1,7 oder Hebräer 9 und 10, wo Jesus als vollkommenes Opfer beschrieben wird, das alle bisherigen und künftigen Opfer qualitativ überragt.

Um das Kreuz Christi als Opfer zu verstehen, müssen wir uns freilich zunächst mit den Opfervorstellungen an sich beschäftigen. In der Antike und darüber hinaus gehörten Opfer zu den Selbstverständlichkeiten jeder Religion, das Judentum machte darin keine Ausnahme. So kennt das Alte Testament verschiedene Opfervorschriften, wobei die regelmäßigen Opfer, die ohne bestimmten Anlass zu vollziehen sind (2. Mose 29,38-42), sowie Brand- und Dankopfer (3. Mose 1,1-17; 3,1-17) im Mittelpunkt stehen. Allein dieser Befund zeigt, dass die oft gezogene Verbindung zwischen Opfer und Sünde bzw. Schuld das Bild so sehr verzerrt, dass es einseitig wird. Zwar kennt das Alte Testament auch Sünd- und Schuldopfer (3. Mose 4,1-5,25), im Alltag des antiken Judentums traten sie freilich gegenüber den sehr viel häufigeren Opfern aus anderen Gründen eher in den Hintergrund.

Opfer sind im Alten Testament (wie in anderen Religionen auch) also nicht in erster Linie ein Weg, Schuld aus der Welt zu schaffen, sondern allgemeiner Ausdruck der Gottesbeziehung. Opfer sind das, was ein Mensch Gott bringen kann, um ihn auf sich aufmerksam zu machen, einer Bitte Nachdruck zu verleihen oder um seine Dankbarkeit zu zeigen. Damit gehören sie wie das Gebet zum Grundbestand der Religion. Und wie beim Gebet spielen auch in dieser Form der Beziehungspflege zwischen Mensch und Gott gelegentlich Schuld und Vergebung eine Rolle, dominieren sie jedoch nicht.

Im Gegensatz zum Gebet, bei dem der Einzelne oder die Gemeinschaft selbst vor Gott tritt, ist für das Opfer der Gedanke der Stellvertretung grundlegend. Im Alten Testament zeigt er sich in verschiedenen Aspekten. So steht das Opfer zunächst einmal für das Ganze, was zum Beispiel am Erstlingsopfer deutlich wird. Schon Kain und Abel opferten von den Früchten des Feldes bzw. den Erstlingen der Herde (1. Mose 4,3f.), Israel tat es ihnen nach (3. Mose 2,14; 4. Mose 15,20; 18,17). Die Erstgeburt galt als heilig, gehörte also Gott und musste deshalb geopfert (5. Mose 15,19-23) bzw. beim Menschen ausgelöst werden (2. Mose 13,11-13; 34,20). Wie Paulus in Römer 11,16 erinnert, besteht eine untrennbare Verbindung zwischen diesem Teil und dem Ganzen: Weil alles Gott gehört, gibt Israel den ersten Teil. Damit aber wirkt das Opfer immer über sich selbst hinaus. Da es das Ganze repräsentiert, gilt seine Wirkung auch für das Ganze.

Diese Vorstellung ist für uns vermutlich erst einmal fremd. In einer von Rationalismus und Individualismus geprägten Weltanschauung ist für die Einheit von Opfer und Opfernden kein Platz, vielmehr unterscheiden wir immer zwischen beidem. Stellvertretung denken wir daher in Kategorien des Ersatzes: Wir geben einen Teil, um den Rest zu behalten. In dem Sinn opfert sich einer für alle, damit die anderen nicht geopfert werden müssen.

Für einen antiken Menschen besteht dagegen eine grundlegende mystische Einheit zwischen Opfer und Opfernden. In dem Opfer gibt die opfernde Gemeinschaft, die sich als Organismus versteht, einen Teil von sich selbst, weshalb die Wirkungen des Opfers auch unmittelbar auf die Opfernden übergehen. Deutlich wird das etwa darin, dass durch die rituelle Handauflegung eine Identifikation von Opferndem und Opfer hergestellt wird (vgl. 3. Mose 3,2.8.13; 8,14-22). Stellvertretung geschieht damit im Vollsinn, denn in dem Opfer als Teil ist das Ganze repräsentiert.

Unterschiedlich ist unser Verständnis auch in der Frage, wie die Wirkung des Opfers zu verstehen ist. Nach einer rationalistischen Weltanschauung kann ein Opfer nicht mehr als ein Zeichen sein, denn die Wirklichkeit lässt sich durch einen „symbolischen Akt" nicht verändern. Die Wirkung des Opfers wird daher entweder psychologisiert („damit vergewissert sich der Opfernde des Heils") oder ganz geleugnet („entscheidend ist die mit dem Opfer verbundene Einstellung" – die durch das Opfer freilich nur sichtbar, nicht jedoch verändert wird).

In der antiken Einheit von Diesseits und Jenseits betrachtete man das Opfer dagegen sehr wohl als ein aus sich selbst heraus wirksames Geschehen, wobei es unterschiedliche Vorstellungen darüber gab, ob das Opfer selbst die Wirklichkeit veränderte (damit wären wir beim magischen Denken) oder ob es diese Veränderung nur anstieß und abbildete, die eigentliche Umwandlung aber durch Gott geschah (was dem alttestamentlichen Verständnis entspricht). In beiden Fällen jedoch hängen Wirklichkeitsveränderung und Opfer so eng zusammen, dass beides untrennbar miteinander verwoben ist. Bemerkenswert ist in diesem Zusammenhang, dass das Neue Testament nur an einer einzigen Stelle die alttestamentlichen Opfer als bloße „Erinnerung an die Sünden" bezeichnet – allerdings nur, um sie im Gegenzug als Vorschatten des eigentlich wirksamen Opfers Christi zu charakterisieren (Hebräer 10,1-10).

Doch kommen wir zurück zu den unterschiedlichen Dimensionen des Opfers. Um Stellvertreter der Gemeinschaft sein zu können, muss das Opfer nach dem Alten Testament in jeder Hinsicht ohne Fehler sein (3. Mose 22,17-25). Als Opfer muss es schließlich das Ganze repräsentieren, nicht nur einen verkümmerten oder kranken Teil, unter Umständen sogar einen, der aus dem Ganzen sowieso ausgeschieden werden soll. Darin zeigt sich jedoch gleichzeitig ein weiterer Aspekt der Stellvertretung: Hier tritt ein makelloses Wesen an die Stelle eines anderen, der mit dem Opfer seinen Wunsch nach ebensolcher Heiligkeit ausdrückt.

Noch deutlicher wird dieser Zusammenhang beim Sünd- und Schuldopfer, wo ein regelrechter Wechsel stattfindet: Die Schuld des Menschen wird auf ein reines Tier übertragen, durch dessen Opfer ist sie gesühnt, womit wiederum die Reinheit des Tieres auf den schuldigen Menschen übergeht. Ganz plastisch passiert dies zum Beispiel beim Sündenbock, der die Übertretungen des Volkes in die Wüste trägt und so verschwinden lässt (3. Mose 16,21f.). Damit findet Stellvertretung im vollsten Sinne statt.

Im Neuen Testament wird nun das Kreuz Christi innerhalb dieser Linien als Opfer gedeutet. So zeigt sich der Gedanke, dass Christus als Opfer für das Ganze steht, zum Beispiel in der paulinischen Überzeugung, „wenn einer für alle gestorben ist, so sind sie alle gestorben" (2. Korinther 5,14). Grundlegend ist dabei also die Vorstellung einer Einheit von Christus und Gemeinde. Indem er sich für alle opfert, haben alle Teil an der Wirkung des Opfers. Verbindet man dies mit dem oben ausgeführten Zusammenhang von Erniedrigung und Erhöhung, dann vollzieht die Gemeinschaft auch diese Bewegung Christi mit. Paulus schreibt:

> „Wisst ihr nicht, dass alle, die wir auf Christus Jesus getauft sind, die sind in seinen Tod getauft? So sind wir ja mit ihm begraben durch die Taufe in den Tod, damit, wie Christus auferweckt ist von den Toten durch die Herrlichkeit des Vaters, auch wir in einem neuen Leben wandeln. Denn wenn wir mit ihm verbunden und ihm gleich geworden sind in seinem Tod, so werden wir ihm auch in der Auferstehung gleich sein. Wir wissen ja, dass unser alter Mensch mit ihm gekreuzigt ist, damit der Leib der Sünde vernichtet werde, sodass wir hinfort der Sünde nicht dienen. Denn wer gestorben ist, der ist frei geworden von der Sünde. Sind wir aber mit Christus gestorben, so glauben wir, dass wir auch mit ihm leben werden, und wissen, dass Christus, von den Toten erweckt, hinfort nicht stirbt; der Tod kann hinfort über ihn nicht herrschen. Denn was er gestorben ist, das ist er der Sünde gestorben ein für alle Mal; was er aber lebt, das lebt er Gott. So auch ihr, haltet dafür, dass ihr der Sünde gestorben seid und lebt Gott in Christus Jesus" (Römer 6,3-11).

Durch die Selbstopferung nimmt Christus also die von ihm repräsentierte Gemeinschaft mit hinein in seine Überwindung des Todes. In ihm stirbt sie seinen Tod, weshalb sie auch sein Leben leben wird. Jesu Tod am Kreuz bedeutet deshalb Leben für die Welt. Der durch den Ungehorsam der ersten Menschen losgetretene Kreislauf der Sünde und des Todes wird damit also umgedreht:

> *„Denn wenn wegen der Sünde des Einen der Tod geherrscht hat durch den Einen, um wie viel mehr werden die, welche die Fülle der Gnade und der Gabe der Gerechtigkeit empfangen, herrschen im Leben durch den Einen, Jesus Christus. Wie nun durch die Sünde des Einen die Verdammnis über alle Menschen gekommen ist, so ist auch durch die Gerechtigkeit des Einen für alle Menschen die Rechtfertigung gekommen, die zum Leben führt. Denn wie durch den Ungehorsam des einen Menschen die Vielen zu Sündern geworden sind, so werden auch durch den Gehorsam des Einen die Vielen zu Gerechten"* (Römer 5,17-19).

Indem der Eine in den Tod geht, erwirkt er das Leben für die Vielen. Dieser von Martin Luther „fröhlicher Wechsel" genannte Zusammenhang findet sich auch dort, wo die Sündopferthematik auf das Kreuz Christi übertragen wird. Wie der Sündenbock, der die Schuld des Volkes in die Wüste trug, wurde Christus „zum Fluch ... für uns ... damit der Segen Abrahams unter die Heiden komme in Christus Jesus und wir den verheißenen Geist empfingen durch den Glauben" (Galater 3,13f.). „Denn [Gott] hat den, der von keiner Sünde wusste, für uns zur Sünde gemacht, damit wir in ihm die Gerechtigkeit würden, die vor Gott gilt" (2. Korinther 5,21).

Das Kreuz als Sieg über die Mächte

Vor diesem Hintergrund verwundert es nicht, dass das Kreuz an verschiedenen Stellen des Neuen Testament als Befreiung bejubelt wird. Indem Jesus ans Kreuz gegangen ist, hat er die Seinen von der mit der Sünde verbundenen Vergänglichkeit befreit. So kann Paulus ausrufen:

> *„Tod, wo ist dein Sieg? Tod, wo ist dein Stachel? Der Stachel des Todes aber ist die Sünde, die Kraft der Sünde ist das Gesetz. Gott aber sei Dank, der uns den Sieg gibt durch unsern Herrn Jesus Christus!"* (1. Korinther 15,55-57).

Kreuz und Auferstehung Jesu werden damit zusammengesehen. Mit ihnen ist der Kampf gegen die Vergänglichkeit, die seit Adam als Fluch über der Schöpfung lastet (1. Mose 3,19), endgültig ausfochten und vom Leben gewonnen worden. Die Macht des Todes ist gebrochen.

In eine ähnliche Richtung geht eine Deutung des Kreuzes, die Jesus selbst gegeben hat:

„Der Menschensohn ist nicht gekommen, dass er sich dienen lasse, sondern dass er diene und sein Leben gebe als Lösegeld für viele" (Markus 10,45).

Vorausgesetzt sind hier die antiken Verhältnisse, in denen jeder Mensch durch eigenes Verschulden oder unglückliche Umstände in Sklaverei geraten konnte. Die Gründe dafür waren vielfältig: Manche wurden als Sklaven geboren, andere von Räubern oder im Krieg verschleppt, wieder andere mussten zum Bezahlen von Schulden sich selbst oder Familienmitglieder verkaufen. Eine Vorstufe von Letzterem war das Schuldgefängnis (das in mittelalterlichen Städten als „Schuldturm" weiterexistierte). Dorthin wurde ein Schuldner von seinen Gläubigern gebracht und erst wieder freigelassen, wenn die jeweiligen Angehörigen die entsprechende Summe aufgebracht hatten.

Jesus spricht nun von seinem Leben als „Lösegeld", das „für viele" gegeben wird. Mit ihm ist also die Schuld bezahlt und die Sklaverei aufgehoben. Offen bleibt freilich, wer der Sklavenbesitzer war. Da er in dem von Jesus gemachten Bildwort nicht erwähnt wird, spielt er für die Aussage auch keine Rolle. Er muss daher offen bleiben, nicht zuletzt deshalb, weil sich im ganzen Universum niemand finden ließe, dem Gott seine Schöpfung „abkaufen" müsste, um sie wieder zu besitzen. Neben Gott existieren schließlich nur Geschöpfe, auch die Mächte inklusive des Teufels und der Dämonen gehören in diesen Bereich.

Von diesen Mächten kann folglich keine als „Sklavenbesitzer" auftreten, denn das Neue Testament interpretiert das Kreuz nicht als Geschäft mit den Mächten, sondern als Sieg über sie. Betrachten wir nun die Passionsereignisse aus dieser Perspektive, sind die Mächte klar erkennbar, denn kaum einer der an der Kreuzigung Jesu Beteiligten tut dies sozusagen aus persönlicher Feindschaft gegen Jesus. Die Hohenpriester und Schriftgelehrten treffen nach Johannes 11,47-53 eine nüchterne Entscheidung, die wir heute vermutlich als „Realpolitik" bezeichnen würden. Die von ihnen heraufbeschworene Gefahr, „lassen wir ihn so, dann werden sie alle an ihn glauben, und dann kommen die Römer und nehmen uns Land und Leute" (Johannes 11,48), entspricht ja durchaus der Wirklichkeit. Sollte es durch Jesus zu einer messianischen Bewegung gegen die Besatzungsmacht kommen, hätte das Blutbad des jüdischen Aufstandes 66-73 n. Chr. einige Jahrzehnte früher stattgefunden. Die „Lösung", die der Hohepriester Kaiphas vorschlägt, erscheint daher als notwendige Alternative: „Es ist besser für euch, ein Mensch sterbe für das Volk, als dass das ganze Volk verderbe" (Johannes 11,50).

Noch stärker zeigen sich die Mächte im eigentlichen Prozess Jesu. In dem Statthalter Pontius Pilatus hat es der Christus schließlich nicht mit einem Privatmann, sondern mit dem Vertreter des Kaisers und damit der Macht des römischen Imperiums zu tun. Gerade Letztere ist es jedoch, die Pilatus zwingt, Jesus zu verurteilen. Die von den Hohenpriestern vorgetragene politische Anklage („König der Juden"; Johannes 18,33) wirft zwangsläufig die Loyalitätsproblematik auf. Es geht damit letztlich um die Frage, wer die oberste Autorität in Palästina und darüber hinaus ist, Jesus oder der römische Kaiser. Pilatus, der Jesus aus privater Abneigung gegen die jüdischen Vertreter gerne freilassen würde, muss deshalb in dieser Frage als Vertreter der Macht handeln und Jesus verurteilen (vgl. Johannes 19,12-16).

Ähnlich verhält es sich mit den Soldaten, die die Kreuzigung tatsächlich ausführten. Sie taten, wie ihnen befohlen war, selbst ihr Hauptmann, der wenig später bekennen sollte: „Wahrlich, dieser Mensch ist Gottes Sohn gewesen!" (Markus 15,39). Ja, sogar bei Judas Iskariot, dem man noch am ehesten ein rein privates Interesse am Tod Jesu unterstellen könnte, lässt das Neue Testament Gebundenheiten erkennen, die etwas mit den Mächten zu tun haben. So wird „Geldgier" als Motiv seines Verrates angedeutet (Matthäus 26,14-16, vgl. Johannes 12,6. Die Tatsache, dass es sich bei den versprochenen „dreißig Silberlingen" (griech. *argyria*, „Silberstücke") unter Umständen um keine große Summe handelte (Genaueres lässt sich jedoch aufgrund der fehlenden Münzbezeichnung nicht feststellen), spricht nicht gegen dieses Motiv. Wer die Habgier kennt, weiß, dass es bei ihr nicht um eine nüchterne Abwägung von Kosten und Nutzen geht, sondern um ein Habenwollen um jeden Preis). Vielleicht war Judas auch von der Macht seiner Messias-

vorstellung so besessen, dass er sich im Gegensatz zu Petrus (vgl. M
16,21-23) nicht auf eine Änderung einlassen konnte, sondern Jesus dazu
herausfordern wollte, sich als Befreier Israel zu offenbaren. Tatsache ist
jedenfalls, dass die Evangelien davon sprechen, der Teufel sei in ihn gefahren (Lukas 22,3; Johannes 13,27), womit auch hier eindeutig eine
der Chaosmächte benannt wird, die die Schöpfung Gottes zerstören.

Das Neue Testament geht daher davon aus, dass die „Herrscher dieser
Welt ... den Herrn der Herrlichkeit ... gekreuzigt" haben (1. Korinther
2,8). Damit aber trifft der Vorwurf des Apostels Petrus auch sie: „Ihr ...
habt den Heiligen und Gerechten verleugnet und darum gebeten, dass
man euch den Mörder schenke; aber den Fürsten des Lebens habt ihr
getötet" (Apostelgeschichte 3,14f.). Die Mächte der Welt, der Mammon, der Staat, die religiös-politischen Strukturen, die sich den An-
schein von Ordnungsinstanzen geben und deshalb bedingungslose Un-
terwerfung fordern, haben sich durch das Kreuz Jesu als das offenbart,
was sie tatsächlich sind: gottfeindliche Zerstörungsmächte, die die Schöpfung gefangenhalten und in den Abgrund treiben. Wie das Bekenntnis
Jesu vor dem Hohen Rat, „Von nun an werdet ihr sehen den Menschensohn sitzen zur Rechten der Kraft und kommen auf den Wolken des
Himmels" (Matthäus 26,64), den Hohenpriester zur Stellungnahme
herausforderte und ihn damit zwang, die Grauzone der „Neutralität" zu
verlassen, so ist das Auftreten Jesu insgesamt eine Provokation der Mächte.
Sie werden dadurch gezwungen, Stellung zu beziehen, ihr wahres Wesen zu zeigen und damit das komfortable Zwielicht zu verlassen, in dem
sie als vorgeblich göttliche Schöpfungsordnungen ihre eigenen Interessen verfolgen konnten. Das Kreuz Christi ist nun ihre Stellungnahme, mit
der sie sich als Feinde Gottes offenbaren. Gott hat deshalb „die Mächte und
Gewalten ihrer Macht entkleidet und sie öffentlich zur Schau gestellt und
hat einen Triumph aus ihnen gemacht in Christus" (Kolosser 2,15).

Im Kreuz Christi haben die Mächte damit nicht nur ihr eigentliches
Wesen offenbart, sondern gleichzeitig auch ihre Herrschaft verloren. Wie
der Satan sind sie aus dem Himmel vertrieben worden (Offenbarung
12,7-9), als gottfeindliche Mächte haben sie dort keinen Platz mehr. In
der Auferstehung Jesu zeigt sich zudem eine Brechung ihrer Macht, die
letztlich auf der Vergänglichkeit und dem Tod beruht. Es geschieht eine
Umkehr der bis dahin als unveränderlich verstandenen Ordnung: Das

Leben siegt über den Tod, die Friedfertigkeit über die Gewalt, die Vergebung über die Rache. In der Auferstehung zeigt sich damit die eigentliche Wirklichkeit der Schöpfung, die Wirklichkeit Gottes, die von den Mächten nur verdeckt wird. Es ist der Hauch des Frühlings mitten im Winter, der damit durch die Welt weht, das erste Morgengrauen, das anzeigt, dass die Nacht ein Ende haben wird.

Die Aufrichtung der neuen Wirklichkeit durch die Auferstehung Jesu

Jesus als Anfang der neuen Schöpfung

Wie bereits beim Verhältnis von Erniedrigung und Erhöhung Jesu deutlich wurde, gehören Kreuz und Auferstehung zusammen. Sie bilden sozusagen die beiden Seiten der Pendelbewegung. Die Auferstehung Jesu ist damit weit mehr als eine Bestätigung seines Opfers am Kreuz. Sie ist vielmehr der sichtbare Beleg dafür, dass die von Jesus gepredigten Grundsätze des Reiches Gottes nicht einfach nur religiöse Hoffnungen, sondern Realität sind. In der Auferstehung zeigt sich folglich der Anbruch von Gottes unvergänglicher Wirklichkeit.

Aus diesem Grund verknüpft das Neuen Testament nicht nur die Erhöhung Jesu mit seiner Auferstehung, sondern sieht in ihr eine enge Verbindung mit seiner Bevollmächtigung. Mit ihr kommt das Leben in einer neuen Dimension in die vergängliche Welt, wie in den Auferstehungsberichten der Evangelien erkennbar wird, in denen der auferstandene Jesus Dinge tut, die der irdische nicht tun konnte (z. B. Lukas 24,31.36f.). Wie beim Kreuz darf man freilich auch in der Auferstehung keine „private" Angelegenheit erblicken, die nur Jesus selbst zugute kommen würde. Das „für euch" des Kreuzes zeigt sich auch in der Auferstehung. So macht Paulus eine Reihenfolge aus, nach der auf Jesus die übrigen Toten folgen werden:

> *„Nun aber ist Christus auferstanden von den Toten als Erstling unter denen, die entschlafen sind. Denn da durch einen Menschen der Tod gekommen ist, so kommt auch durch einen Menschen die Auferstehung*

der Toten. Denn wie sie in Adam alle sterben, so werden sie in Christus alle lebendig gemacht werden. Ein jeder aber in seiner Ordnung: als Erstling Christus; danach, wenn er kommen wird, die, die Christus angehören; danach das Ende, wenn er das Reich Gott, dem Vater, übergeben wird, nachdem er alle Herrschaft und alle Macht und Gewalt vernichtet hat. Denn er muss herrschen, bis Gott ihm ,alle Feinde unter seine Füße legt' (Psalm 110,1). Der letzte Feind, der vernichtet wird, ist der Tod" (1. Korinther 15,20-26).

Wie wir bereits im Zusammenhang mit dem Opfer gesehen haben, bezeichnet „Erstling" den ersten Ertrag, den ein Feld hervorbringt bzw. den erstgeborenen Nachkommen. Die „Erstlinge" sind damit Zeichen der Fruchtbarkeit: Da, wo sie sind, ist eine sehr viel größere Ernte für die Zukunft zu erwarten. Indem Paulus den auferstandenen Christus also als „Erstling unter denen, die entschlafen sind", bezeichnet, ordnet er die Auferstehung Jesu in einen größeren Kontext ein: Sie ist der Anfang einer neuen Welt, die in der Auferstehung Jesu zum ersten Mal Frucht gebracht hat.

Darüber hinaus erinnert die Rede vom „Erstling" nicht von ungefähr an das Erstlingsopfer, das (wie wir gesehen haben) nicht für sich steht, sondern das Ganze repräsentiert. In der durch das Opfer am Kreuz gestifteten mystischen Einheit zwischen Christus und seinen Nachfolgern geht Christus voraus und wird den Rest mit sich ziehen.

Dass es sich bei dem durch die Auferstehung Wirklichkeit gewordenen neuen Leben tatsächlich um eine qualitative Veränderung, nicht nur um eine quantitative Verlängerung des irdischen Daseins handelt, macht Paulus ebenfalls in seinem Auferstehungskapitel deutlich:

„Es wird gesät verweslich und wird auferstehen unverweslich. Es wird gesät in Niedrigkeit und wird auferstehen in Herrlichkeit. Es wird gesät in Armseligkeit und wird auferstehen in Kraft. Es wird gesät ein natürlicher Leib und wird auferstehen ein geistlicher Leib. Gibt es einen natürlichen Leib, so gibt es auch einen geistlichen Leib. Wie geschrieben steht: Der erste Mensch, Adam, ,wurde zu einem lebendigen Wesen' (1. Mose 2,7), und der letzte Adam zum Geist, der lebendig macht. Aber der geistliche Leib ist nicht der erste, sondern der natürliche; danach

der geistliche. Der erste Mensch ist von der Erde und irdisch; der zweite Mensch ist vom Himmel. Wie der irdische ist, so sind auch die irdischen; und wie der himmlische ist, so sind auch die himmlischen. Und wie wir getragen haben das Bild des irdischen, so werden wir auch tragen das Bild des himmlischen. Das sage ich aber, liebe Brüder, dass Fleisch und Blut das Reich Gottes nicht ererben können; auch wird das Verwesliche nicht erben die Unverweslichkeit" (1. Korinther 15,42-50).

Bemerkenswert ist an diesem Text die Gegenüberstellung der vergänglichen Wirklichkeit („Verweslichkeit") mit der ewigen Realität Gottes („Unverweslichkeit"), die sich in der Auferstehung Jesu nicht nur gezeigt hat, sondern durch sie in die Welt gekommen ist. So wie die seit dem Sündenfall bestehende Wirklichkeit vergänglich, niedrig, ja armselig ist, wird die neue mit Begriffen wie „Herrlichkeit" und „Kraft" charakterisiert. Beim durch die Auferstehung Jesu angebrochenen ewigen Leben geht es also nicht um eine bloße Verlängerung des irdischen Zustandes, sondern um eine ganz neue Qualität von Leben, ein Leben, das alle bisherigen Kategorien sprengt.

Gleichzeitig unterstreicht unser Abschnitt noch einmal die Unausweichlichkeit, mit der das mit der Wirklichkeit Gottes verbundene Leben die vergängliche Welt ablösen wird. Paulus benutzt den Vergleich von Samen und Pflanze: So wie beide nicht miteinander vergleichbar sind – die Pflanze überragt den Samen bei Weitem an Größe und Kraft –, so sehr sind sie dennoch miteinander verbunden. Die Pflanze wächst nicht zufällig, sondern keimt aus dem Samen. Weil die Auferstehung Jesu den von ihm postulierten Zusammenhang von Erniedrigung und Erhöhung, von Vergänglichkeit und Unvergänglichkeit eindrücklich demonstriert hat, kann auch der Apostel von der eigenen Auferstehung wie von einem Automatismus reden: „wie wir getragen haben das Bild des irdischen, so werden wir auch tragen das Bild des himmlischen" Menschen.

Jesus als Mittler

Doch bis dahin dauert es noch eine Weile. Auch das Neue Testament hält an der Aussage des Danielbuches fest, wonach die allgemeine Totenauferstehung erst für das Ende der Zeiten zu erwarten ist (Daniel 12,1f.).

Entsprechend tritt Paulus allen Spekulationen entgegen, die Toten-auferstehung habe (als geistiges Ereignis?) schon stattgefunden (2. Timotheus 2,18). Vielmehr spricht er vom weiteren Leben in der vergänglichen Welt als einer Art „Zwischenstadium" zwischen dem Mit-sterben mit Christus und der Auferstehung am Ende der Zeiten:

> *„Denn wenn wir mit [Christus] verbunden und ihm gleich geworden sind in seinem Tod, so werden wir ihm auch in der Auferstehung gleich sein. Wir wissen ja, dass unser alter Mensch mit ihm gekreuzigt ist, damit der Leib der Sünde vernichtet werde, sodass wir hinfort der Sün-de nicht dienen. Denn wer gestorben ist, der ist frei geworden von der Sünde. Sind wir aber mit Christus gestorben, so glauben wir, dass wir auch mit ihm leben werden" (Römer 6,5-8).*

Die Nachfolger Christi sollen daher wie er selbst nicht in der vergängli-chen Wirklichkeit verhaftet sein, sondern der Wirklichkeit Gottes. Wie bei ihm soll ihr Denken und Handeln also von dem bestimmt sein, was kommt, nicht von dem, was ist. Verbunden mit Christus sind sie „ihm gleich geworden in seinem Tod", aber noch nicht in seiner Auferste-hung. Erst in der Zukunft „werden wir ihm auch in der Auferstehung gleich sein".

Das bedeutet freilich nicht, dass Christus in dieser Zwischenzeit ab-wesend ist. Da der als vergänglicher Mensch Gekreuzigte nun über ein Leben verfügt, das alle irdischen Dimensionen sprengt, verbindet er beide Wirklichkeiten in sich. Er ist damit im Vollsinn Priester, ein Mittler zwischen Gott und den Menschen, der den Menschen gegenüber Gott vertritt und vor Gott die Menschen. Nirgendwo wird diese Eigenschaft Christi so sehr betont wie im Hebräerbrief, in dem Jesus einerseits der „große Hohepriester" genannt wird, der auf dem „Thron der Gnade" sitzt, andererseits aber „versucht worden ist in allem wie wir" (Hebräer 4,14-16). Auch hier kommen wir wieder zurück auf die Christologie: Jesus ist beides in vollkommener Weise: menschgewordener Gott und göttlicher Mensch.

Damit überragt sein Priestertum zwangsläufig jedes irdische Priester-tum, das eben nur von der Seite des Menschen her agieren kann, wenn auch in der Vollmacht Gottes.

„Daher kann [Jesus] auch für immer selig machen, die durch ihn zu Gott kommen; denn er lebt für immer und bittet für sie. Denn einen solchen Hohenpriester mussten wir auch haben, der heilig, unschuldig, unbefleckt, von den Sündern geschieden und höher ist als der Himmel. Er hat es nicht nötig wie jene Hohenpriester, täglich zuerst für die eigenen Sünden Opfer darzubringen und dann für die des Volkes; denn das hat er ein für alle Mal getan, als er sich selbst opferte. Denn das Gesetz macht Menschen zu Hohenpriestern, die Schwachheit an sich haben; dies Wort des Eides aber, das erst nach dem Gesetz gesagt worden ist, setzt den Sohn ein, der ewig und vollkommen ist" (Hebräer 7,23-28).

Das durch die Auferstehung Jesu in Kraft gesetzte Priestertum ergänzt und vollendet damit das Opfer am Kreuz. Gleichzeitig macht es Jesus zu dem, der von sich sagen kann: „Ich bin der Erste und der Letzte und der Lebendige. Ich war tot, und siehe, ich bin lebendig von Ewigkeit zu Ewigkeit und habe die Schlüssel des Todes und der Hölle" (Offenbarung 1,17f.), wobei seine Schlüsselgewalt als Priester nicht in erster Linie im Zuschließen, sondern im Aufschließen besteht. In der Auferstehung zeigt sich, dass Jesus tatsächlich von der Macht des Todes und der Hölle befreit.

Jesus als ewiger Mensch

Ein letzter Aspekt soll unsere Betrachtungen abschließen. Die Auferstehung vollendet die Inkarnation, die Menschwerdung Gottes, indem sie die Menschheit Jesu in Ewigkeit bewahrt. Gott ist nicht nur Mensch geworden, sondern auch geblieben. Das Leben in der vergänglichen Welt war für ihn also kein Durchgangsstadium, das er wieder hinter sich gelassen hätte, sondern etwas, was ihn im wahrsten Sinne des Wortes für immer geprägt hat. Im Unterschied zu manchen christlichen Phantasien, nach denen der Auferstehungsleib von (an irdischen Maßstäben gemessener) makelloser Schönheit ist, behält der auferstandene Jesus seine Wundmale, die sein Leiden am Kreuz ihm zugefügt hat (vgl. Johannes 20,27). Der menschgewordene Gott hat damit nicht nur über seine irdische Wirksamkeit hinaus ein menschliches Antlitz, er behält auch die Erinnerung an die Leiden, die mit dem Leben in der vergänglichen

Welt untrennbar verbunden sind. Darin offenbart sich eine angesichts ihrer Sündhaftigkeit und Vergänglichkeit schier unglaubliche Adelung der gefallenen Welt: Gott hat sie nicht nur auf sich genommen, sondern sich selbst auch von ihr prägen lassen. Solch einem Hohenpriester können wir uns wirklich mit Zuversicht nahen, wie der Autor des Hebräerbriefes es ausdrückt.

Gleichzeitig ist die Auferstehung Jesu das größte Zeichen der Hoffnung, das es in der vergänglichen Wirklichkeit geben kann. Sie ist der sichtbare Beweis, dass mit dem Tod nicht alles aus ist. Durch die Auferstehung Jesu wird auch unser Tod zur Durchgangsstation ins Leben, hinaus aus der Vergänglichkeit in die vor Leben strotzende Wirklichkeit Gottes. Auch in diesem Sinn fordert Jesus uns zur Nachfolge auf.

Die Engführung der Erlösung

Auf dem Weg zu einer Verrechtlichung des Kreuzes

In der nachneutestamentlichen Zeit veränderte sich nach und nach das Verständnis der Erlösung, wobei man auch in diesem Bereich eine Trennung zwischen östlicher und westlicher Theologie ausmachen kann. So steht für die Ostkirche die Umwandlung des Menschen in eine erneuerte Gottesebenbildlichkeit im Vordergrund, eine Erneuerung, die nach orthodoxem Verständnis vor allem durch den Gottesdienst und die Sakramente geschieht. Hier werden Ansätze aufgenommen, die bereits im Vorfeld des Konzils von Chalcedon (451) in der alexandrinischen Christologie eine Rolle gespielt haben.

Im Westen wurde (wie an dem Streit zwischen Pelagius und Augustin um die Sündhaftigkeit des Menschen deutlich wird) der Gedanke der Nachfolge Christi mehr betont, womit nicht das eher passive Umgewandeltwerden, sondern das aktive Tun im Mittelpunkt stand. Erlösung verstand man entsprechend als eine Abkehr vom falschen Handeln in der Vergangenheit und als Anfang eines heilig(er)en Lebens. Vor diesem Hintergrund interpretierte man das Kreuz auch bald immer einseitiger als Sünd- bzw. Schuldopfer, die anderen Opferaspekte traten dagegen zurück. Mit der Reformation verfestigte sich diese Verengung weiter, was nicht zuletzt an der Begriffswahl deutlich wird. In den Mittelpunkt des Nachdenkens über das Kreuz rückte die „Rechtfertigung", also ein Wort, das ausschließlich in den paulinischen Briefen auftaucht und auch dort (wie wir gesehen haben) keineswegs den alleinigen Deutungshorizont des Erlösungsgeschehens bildet.

Es wäre allerdings falsch, diese inhaltliche Veränderung allein auf die Reformatoren zurückzuführen. Schon lange vor ihnen formulierte der posthum als Irrlehrer verdammte alexandrinische Kirchenvater Origenes († um 254) ein Verständnis der Erlösung, das in entscheidenden Punkten über die Botschaft des Neuen Testaments hinausging. So wurde die dort erwähnte „Knechtschaft der Sünde" von Origenes als Schuldsklaverei interpretiert, eine Deutung, die mit der von Paulus erwähnten „Knechtschaft der Vergänglichkeit", der die gesamte Schöpfung unterworfen ist (Römer 8,19-23), nur bedingt zu tun hat.

Noch problematischer ist freilich die Annahme Origenes', dass die Menschheit aufgrund ihrer Sünde Eigentum Satans wurde, also in seine Schuldsklaverei geriet. Das vom Satan geforderte „Lösegeld" wurde demnach durch Jesu Tod am Kreuz bezahlt. Im Austausch gegen die sündige Menschheit wurde nun Jesus Eigentum Satans, allerdings nicht für lange: Denn einem Unschuldigen gegenüber kann der Teufel keinerlei Besitzrechte geltend machen. Da der Satan Jesus nach seiner Auferstehung also nicht im Tod halten konnte, stand er am Ende ohne Gefangenen und ohne Lösegeld da.

Auch wenn ähnliche Ansätze bis heute mancherorts verbreitet sind, wirft diese Deutung des Kreuzes mehr Probleme auf, als sie löst. Entscheidend dabei ist sicher die Frage, mit welchem Rechtstitel sich der Teufel zum Eigentümer der sündigen Menschheit aufschwingen sollte, schließlich ist er nach der Bibel selbst Sünder und gehört damit zur gefallenen Schöpfung. Als Gegenüber, mit dem Gott in Verhandlungen eintreten müsste, ist er jedenfalls nirgendwo erkennbar. Origenes Ansatz ist damit eine unglaubliche Aufwertung des Teufels, der dadurch in jeder Hinsicht zum „Gegenspieler Gottes" wird.

Aufgrund dieser Probleme entwickelte Anselm von Canterbury († 1109) denn auch in späteren Jahrhunderten eine Theologie, die wie die Bibel in Bezug auf die Erlösung ganz und gar ohne Teufel auskommt. Vor dem Hintergrund der mittelalterlichen Gesellschaftsvorstellung predigte Anselm Gott als himmlischen Herrscher, der von einem ähnlichen

Hofstaat wie der irdische Kaiser umgeben ist und wie dieser durch Gesetze und Dekrete regiert. So betrachtet stellt die Sünde der Menschen nicht nur einen fortwährenden Verstoß gegen die göttliche Ordnung, sondern geradezu eine Rebellion gegen die Herrschaft Gottes dar, die sich kein irdischer Monarch bieten lassen dürfte. Damit verbunden ist nach Anselm eine Frage der Ehre: Wer seine Majestät auf solche Weise ungestraft mit Füßen treten lässt, verliert an Ansehen und Würde. Um seiner Ehre willen kann Gott daher die Sünde der Menschen nicht ungesühnt lassen, er muss Genugtuung fordern (lat. *satisfactio*, weswegen dieser und ähnliche Ansätze „Satisfaktionslehre" genannt werden).

Im Gegensatz zu Origenes gibt es bei Anselm also keinen Konflikt zwischen Gott und dem Teufel, sondern einen zwischen Gott und der von ihm gesetzten und mit seiner Ehre verbundenen Rechtsordnung, nach der jede Rebellion gegen seine Majestät geahndet werden muss. Konsequenterweise müsste daher Gott die von ihm geschaffene Menschheit ausrotten, was er allerdings nicht tun wollte, da er sie als seine Schöpfung liebt. Um seiner Ehre willen muss er jedoch auf einer Genugtuung beharren, die ihm freilich kein irdisches oder himmlisches Wesen geben konnte. Deshalb wurde Gott selbst Mensch, um durch seinen Tod am Kreuz sowohl der von ihm geforderten Gerechtigkeit, wonach Sünde bestraft werden muss, wie auch seiner Barmherzigkeit gerecht zu werden, nach der er den Sünder freisprechen möchte.

Auch diese Deutung des Kreuzes hat bis heute Bestand, womit sie den ihr zugrundeliegenden Ehrbegriff überdauert hat. An seiner Stelle taucht in zeitgenössischen Ansätzen in der Regel die Heiligkeit auf, die es Gott nicht erlaube, über die Sünde der Menschen einfach hinwegzusehen. Als heiliger Gott, so heißt es, könne er nämlich Sünde auf keinen Fall dulden, was der Fall wäre, wenn er sie ohne entsprechende Sühneleistung vergebe. Als liebender Vater wolle er jedoch den Sünder nicht verdammen. Auch bei diesem Ansatz geht Jesus ans Kreuz, um die Schuld der Menschen zu tragen und gleichzeitig Gottes Heiligkeit und Liebe genüge zu tun.

Auch wenn sich diese Verkündigung auf einige Züge der neutestamentlichen Botschaft stützen kann, ist sie doch eine erhebliche Verkürzung derselben. Sie gibt einen Teil des Evangeliums wieder, nicht weniger, aber auch nicht mehr. Mit der Eingrenzung der Erlösung auf das

Kreuz und hier speziell auf seinen Aspekt als Schuldopfer gehen zudem meist noch andere Engführungen einher: Wer im Kreuz vor allem eine Sühneleistung sieht, muss zwangsläufig Sünde in Schuldkategorien beschreiben und die durch das Kreuz erwirkte Rettung in erster Linie als Vergebung. Auch dabei handelt es sich jedoch (wie wir gesehen haben) um Verkürzungen, die verfälschend wirken. Sünde ist mehr als Schuld, weshalb auch die Erlösung mehr sein muss als Vergebung. Werden Schuld und Vergebung schließlich nur noch persönlich verstanden, geht der kosmische Aspekt des Neuen Testaments verloren. Aus der Erlösung der Welt wird so ein bloßes Nichtahnden privaten Fehlverhaltens.

Hinzu kommt, dass der heute oft als Deutung für das Kreuz herangezogene Konflikt zwischen der Heiligkeit und der Liebe Gottes in den Augen eines nicht christlich geprägten Zeitgenossen gar nicht durch den Tod Jesu gelöst werden *kann*. Wenn tatsächlich kein Mensch in der Lage ist, den heiligen Maßstäben Gottes auch nur ansatzweise zu genügen, wie immer wieder gepredigt wird, würden wir analog zu anderen Kontexten eher erwarten, dass Gott um seiner Liebe willen die Maßstäbe so verändert, dass sie erfüllbar werden. Statt dessen ans Kreuz zu gehen und die Maßstäbe (inklusive der damit verbundenen Schwierigkeiten) aufrecht zu erhalten, löst das Problem nicht: Der Mensch mag sich nun zwar der Liebe und Vergebung Gottes gewiss sein, an Heiligkeit hat er aber nicht hinzugewonnen, weswegen es ihm immer noch unmöglich ist, nach den Maßstäben Gottes zu leben.

Problematisch ist sicher auch das damit verbundene Gottesbild. Wie der biblische König Darius mit dem „Gesetz der Meder und Perser" in Daniel 6, hätte sich Gott durch die von ihm als unumstößlich aufgestellte Rechtsordnung selbst in eine scheinbar ausweglose Situation gebracht – nur mit dem Unterschied, dass Darius von seinen Höflingen bewusst manipuliert wurde, Gott dagegen ohne Not gehandelt hätte. Der Gott der Bibel ist freilich sehr viel flexibler: Er kann seine den ersten Menschen gegenüber ausgesprochene Drohung („an dem Tage, da du von [dem Baum der Erkenntnis des Guten und Bösen] isst, musst du des Todes sterben"; 1. Mose 2,17) nicht wahrmachen und sich ihnen statt dessen weiterhin liebevoll zuwenden, ohne dass dafür irgendeine Form von Genugtuung nötig wäre.

Damit wird jedoch massiv die Frage aufgeworfen, warum auf dem Hin-

tergrund dieses Ansatzes der Tod Jesu überhaupt nötig war. Das gilt
umso mehr als Gott ganz selbstverständlich von jedem Christen erwartet, dass er vergibt, ohne eine entsprechende Sühneleistung zu fordern
(vgl. Matthäus 18,21-35). Je mehr das Kreuz zudem im Sinne einer
„Strafe" für die Sünden verstanden wird, desto mehr gerät eine solche
Auffassung mit dem landläufigen Gerechtigkeitsempfinden in Konflikt.
Der Gedanke der Stellvertretung lässt sich in Bezug auf Bestrafung nur
sehr schwer mit Gerechtigkeit verbinden; handelt es sich um ein todes-
würdiges Vergehen, ist es sogar ganz unmöglich, denn die Todesstrafe
lässt sich nicht „delegieren".

Am Entstehen der in der Neuzeit vielerorts zu findenden Kritik am
Kreuz als Erlösungsmittel hat diese Theologie also einen maßgeblichen
Anteil. Abgelehnt wird dabei in der Regel ja nicht das Kreuz selbst,
sondern seine Deutung als „Strafe für die Sünden", die wie oben dargelegt tatsächlich den allgemeinen Gerechtigkeitsvorstellungen widerspricht. Damit jedoch steht die christliche Theologie vor der Alternative, entweder diese Form der Kreuzestheologie aufzugeben oder aber den
Gerechtigkeitsbegriff. Da jedoch gerade Letzterer in der Bibel sehr eng
mit Gott verbunden wird, liegt auf der Hand, in welche Richtung eine
an der Bibel orientierte Theologie gehen muss.

Sünder und Gerechter in einem

Die Entwicklung, die mit Anselm angestoßen wurde, fand in der Reformation ihren Höhepunkt. Sie baute auf einer bereits im Mittelalter statt-
gefundenen Veränderung des Gottesbildes auf. In einer Zeit, die von
Pest, Hungersnöten, Kriegen und politischer wie religiöser Instabilität
geprägt war, fand die Deutung von Christus als endzeitlichem Richter,
der sein Volk heimsucht, bis in den Kirchenbau hinein weite Verbreitung. Die großen Kathedralen, die mit ihren gotischen Hochgewölben
den Himmel symbolisieren sollten, betrat man durch ein Tor, auf dem
das Endgericht dargestellt war.

Vor diesem Hintergrund verwundert es nicht, dass die Grundfrage des
reformatorischen Aufbruchs lautete: „Wie bekomme ich einen *gnädigen*
Gott?" Gleichzeitig zeigt sich in dieser Frage auch eine Zuspitzung der
Verrechtlichung: Gott erscheint in ihr endgültig als Richter, der un-
barmherzig jede Verfehlung ahndet, wenn er nicht zu einem Gnadenakt

(auch das ist eine Handlung mit Rechtshintergrund) bewogen werden kann. Konsequent betrachtet denn auch die lutherische Reformation das Kreuz vor allem in diesen Kategorien. Aus seinem ursprünglichen Zusammenhang gelöst erscheint das Opfer Jesu nun im Kontext des Rechtes. In der „Apologie des Augsburger Bekenntnisses" von 1530 wird Römer 5,1 („Da wir nun gerecht geworden sind durch den Glauben, haben wir Frieden mit Gott durch unsern Herrn Jesus Christus") entsprechend ausgelegt:

> „‚Rechtfertigen' bedeutet aber an dieser Stelle nach dem forensischen [gerichtlichen; T.W.] Sprachgebrauch, ‚einen Angeklagten freisprechen und ihn für gerecht erklären', aber um einer fremden Gerechtigkeit willen, nämlich der Christi, welche fremde Gerechtigkeit uns durch den Glauben mitgeteilt wird." (Art. IV, Nr. 305)

Noch eindrücklicher erklärt es Martin Luther selbst im „Großen Katechismus" aus demselben Jahr in der Auslegung des zweiten Artikels des Glaubensbekenntnisses:

> „Denn nachdem wir geschaffen waren und Gutes aller Art von Gott dem Vater empfangen hatten, kam der Teufel und brachte uns in Ungehorsam, Sünde, Tod und alles Unglück, dass wir in Gottes Zorn und Ungnade lagen, zu ewiger Verdammnis verurteilt, wie wir es verschuldet und verdient hatten. Da war kein Rat, keine Hilfe noch Trost, bis sich dieser eine und ewige Gottessohn unseres Jammers und Elends aus grundloser Güte erbarmte und vom Himmel kam, um uns zu helfen."

Hier wird deutlich, dass Luther mit dem mittelalterlichen Gottesbild nicht nur nicht gebrochen hat, sondern es voraussetzt und bestätigt. Gott ist der Richter, der die Sünde bis ins Kleinste sieht und ohne Unterschied verfolgt. Im Gottesbild setzen sich die Reformatoren daher nicht von ihren Gegnern ab, wohl aber in der Frage, wie dieser Richter gnädig zu stimmen sei. Während die Altgläubigen auf die Kirche verweisen, die durch Sakramente, Frömmigkeitsübungen und Bußleistungen bis hin zum Ablass entsprechende Wege vorgibt, vertrauen die Reformatoren allein auf Christi „Verdienst" am Kreuz, das den Freispruch vor

Gott erwirkt: Der Richter begnadigt den Angeklagten, indem er ihm eine „fremde Gerechtigkeit" zurechnet, eben eine Gerechtigkeit, die nicht die des Angeklagten, sondern Christi Gerechtigkeit ist. Und sie bleibt es auch. Zumindest für die lutherische Reformation gilt das *simul iustus et peccator* („gleichzeitig Gerechter und Sünder"), die Rechtfertigung ist also nur „forensisch" zu verstehen, sie gilt allein in den Augen Gottes. In diesem Leben wird der Gläubige dagegen die Sünde niemals wirklich überwinden können (wenn er auch Fortschritte machen sollte).

Dieser Ansatz hat durchaus biblische Bezüge, erweist sich als Ganzes jedoch als eine weitere Engführung der bereits bei Anselm angestoßenen Problematik. Das beginnt beim Gottesbild. Auch die Bibel redet zwar von Gott als endzeitlichem Richter, im Gegensatz zu Mittelalter und Reformation ist das Bild dort jedoch positiv besetzt. Gott kommt als Richter, um auf Erden Gerechtigkeit zu schaffen, um den Unterdrückten zu ihrem Recht zu verhelfen, das ihnen die „Herren dieser Welt" vorenthalten. Vor dem Richtergott von Mittelalter und Reformation müssen dagegen alle zittern, denn er behandelt alle gleich in ihrer Sünde, seien sie nun Unterdrücker oder Unterdrückte, alle sind „verloren und verdammt".

Das hängt damit zusammen, dass der Maßstab des göttlichen Gerichtes in der von ihm aufgestellten Rechtsordnung gesucht wird. In der Bibel geht es freilich nicht in erster Linie um eine abstrakte Ordnung, sondern um Erneuerung und Wiederherstellung der in der Schöpfung angelegten Beziehungen. Gerade wenn wir den Sündenfall als Beziehungsabbruch verstehen, können wir Sünde nicht als Verstoß gegen eine Ordnung werten, sondern müssen sie als Beziehungszerstörung und -unfähigkeit betrachten. Das hat jedoch mit Rechtszusammenhängen erst einmal gar nichts zu tun. Auch an dieser Stelle tritt daher konsequenterweise durch Luther eine Verschiebung auf: Die „Erbsünde" wird ebenfalls nicht in Beziehungskategorien definiert („Beziehungslosigkeit gegenüber Gott, den Mitmenschen und der übrigen Schöpfung"), sondern in Seinskategorien. Aus ihr wird eine „tiefe, böse Verderbnis der Natur" (Schmalkaldische Artikel (1537), Teil III, Art. 1).

Vor diesem Hintergrund kann natürlich auch das Gesetz nicht so positiv gewürdigt werden, wie das noch bei Paulus der Fall war. Zwar ist es ursprünglich von Gott gegeben „um der Sünde zu steuern". „Dies alles hat jedoch infolge der Bosheit, die die Sünde im Menschen bewirkt hat, zu üblen Folgen geführt." Während die einen in ihrer Auflehnung gegen Gott dadurch bestärkt wurden, seien andere gerade selbstgerecht geworden. „Das vornehmste Amt oder Kraft des Gesetzes ist aber, dass es die Erbsünde mit ihren Früchten und allem offenbare und dem Menschen zeige, wie sehr tief und abgründig seine Natur gefallen und verderbt ist" (Schmalkaldische Artikel (1537), Teil III, Art. 2).

Verstärkt wird diese negative Sicht noch dadurch, dass auch Teile des Neuen Testaments im Sinne einer Gesetzesverschärfung interpretiert werden: „Das ist nun die Donneraxt Gottes; mit ihr haut er sowohl die offenkundigen Sünder als auch die falschen Heiligen in einen Haufen und lässt keinen Recht haben. Er treibt sie allesamt in Schrecken und Verzagen hinein" (Schmalkaldische Artikel (1537), Teil III, Art. 3). Die noch von Paulus offen ausgesprochene Behauptung: „nach der Gerechtigkeit, die das Gesetz fordert, [bin ich] untadelig gewesen" (Philipper 3,6), muss daher in lutherischen Ohren selbstgerecht wirken.

Auch hier wird biblische Sprache gebraucht, allerdings in einem anderen Kontext, denn wiederum geht es nicht wie in der Bibel um Beziehungszusammenhänge, sondern um Seinsfragen und Schuld. Letzteres miteinander zu verbinden, ist zudem recht fragwürdig: Wenn das Gesetz prinzipiell nicht erfüllbar ist, weil der Mensch in seiner „Natur gefallen und verderbt" ist, ist es schwierig, ihm gleichzeitig die Gesetzesübertretung als Schuld vorzuhalten. Not und Schuld werden damit in eins gesehen, sind aber nicht dasselbe. Betrachtet man beides auf der Beziehungsebene, hängen sie zwar oft so zusammen, dass sie sich tatsächlich manchmal nicht trennen lassen. Auf der Rechtsebene ist damit freilich eine erneute Schwierigkeit im Gottesbild verbunden: Ein derart unbarmherziger Richter, der den Angeklagten verdammt, obwohl er weiß, dass dieser gar nicht anders konnte, ist mit dem liebenden Vater grundsätzlich nicht vereinbar.

Die von der Reformation (und Anselm) vorgenommene Übertragung des Opfers in den Rechtszusammenhang ist eine weitere Entfernung von der biblischen Erlösungsvorstellung. Denn nicht nur in unserem Rechtssystem, auch in der Heiligen Schrift hat das Opfer im Bereich des Rechtes nichts zu suchen. Nirgendwo im Alten Testament findet sich ein Hinweis darauf, dass eine Verurteilung durch einen irdischen Richter aufgrund einer Verfehlung auch durch ein Opfer hätte abgegolten werden können. Im Gegenteil, wenn es sich um eine echte Schuld im Sinne einer willentlichen Verfehlung handelte, gab es kein Opfer, auch vor Gott nicht. Selbst die Schuld- und Sündopfer standen nur dem zur Verfügung, der aus Versehen oder ohne sich dessen bewusst zu sein gegen die Ordnung verstieß.

Opfer und Recht haben auch tatsächlich nichts miteinander zu tun. Beim Opfer geht es, wie wir gesehen haben, um einen Beziehungszusammenhang. Beim Recht dagegen geht es um Gerechtigkeit und damit um Sühne und Strafe. Wird das Opfer zur Strafe, ist es also kein Opfer mehr, sondern eine Sühneleistung. Als solche repräsentiert es nicht mehr das Ganze, sondern nur noch einen Teil. Die Sühne soll den entstandenen Schaden wiedergutmachen, nicht mehr. Die Strafe dagegen soll „wehtun" und damit einen pädagogischen Effekt für die Zukunft haben bzw. abschreckend wirken. Beides passt aber nicht in den Opferkontext, denn Opfer sollen weder Gott für die durch die Sünde entstandenen Beeinträchtigung entschädigen, noch sollen sie die Opfernden dazu erziehen, in Zukunft entsprechende Taten zu unterlassen.

Ein weiterer gravierender Unterschied besteht darin, dass ein Gericht zwangsläufig vergangenheitsorientiert arbeiten muss. Letztlich geht es dabei immer um die Aufarbeitung und (hoffentlich) die Beseitigung der Schuld. Bei einer als Gerichtsverhandlung gedachten Erlösung kann daher nicht mehr herauskommen als eine Vergebung der Schuld. Damit jedoch beschränkt sie sich nicht nur auf einen kleinen Ausschnitt der mit der Sünde angesprochenen Problematik, auch in Bezug auf die Zukunft hat sie nicht viel auszusagen. Es bleibt nicht mehr als die Hoffnung, dass der durch den unverdienten Freispruch mit einer neuen Chance bedachte Angeklagte diese auch nutzen wird.

Ob und in welchem Umfang er dies auch tatsächlich tut, hängt sicher davon ab, wie ernst er die Gerichtsverhandlung und die im Raum stehende Strafe nimmt. Auch hier entfernt sich der Rechtszusammenhang vom biblischen Vorbild. In der Bibel wird die ewige Verdammnis als Konsequenz geschildert, als fortdauernde Beziehungslosigkeit und Einsamkeit, auf die diejenigen zugehen, die sich vor dem der Schöpfung und dem Reich Gottes zugrundeliegenden Beziehungszusammenhang verschließen (vgl. Matthäus 24,51).

Wohl gemerkt, die Begrifflichkeit ist biblisch, nur der Kontext ist es nicht. Wir müssen daher die Erlösungslehre aus der Verengung auf den Rechtszusammenhang wieder herausführen, indem wir nicht nur Kreuz und Auferstehung zusammenbetrachten, sondern das Ganze auch in den in der Bibel mit den Opfern verbundenen Beziehungskontext stellen.

Zum Schluss einige Gedanken zu Lukas 4

Politiker, Professoren und kirchliche Würdenträger halten Antrittsreden, in denen sie darlegen, was ihnen wichtig ist. Jesus war nichts von alledem, eine Antrittsrede hielt er trotzdem, eine Rede, in der sein messianisches Programm zum Ausdruck kam. Der Evangelist Lukas berichtet von ihr und platziert sie bezeichnenderweise vor jegliche Wundertätigkeit Jesu:

> *„Und er kam nach Nazareth, wo er aufgewachsen war, und ging nach seiner Gewohnheit am Sabbat in die Synagoge und stand auf und wollte lesen. Da wurde ihm das Buch des Propheten Jesaja gereicht. Und als er das Buch auftat, fand er die Stelle, wo geschrieben steht (Jesaja 61,1-2): ‚Der Geist des Herrn ist auf mir, weil er mich gesalbt hat, zu verkündigen das Evangelium den Armen; er hat mich gesandt, zu predigen den Gefangenen, dass sie frei sein sollen, und den Blinden, dass sie sehen sollen, und den Zerschlagenen, dass sie frei und ledig sein sollen, zu verkündigen das Gnadenjahr des Herrn.‘ Und als er das Buch zutat, gab er's dem Diener und setzte sich. Und aller Augen in der Synagoge sahen auf ihn. Und er fing an, zu ihnen zu reden: Heute ist dieses Wort der Schrift erfüllt vor euren Ohren" (Lukas 4,16-21).*

Sichtbar ist nichts erfüllt zu diesem Zeitpunkt, alles, was Jesus erwähnt, ist noch Programm, soll noch geschehen. Bisher geht es nur um die „Ohren", nicht die Augen. Das eigentliche Wirken Jesu beginnt mit dieser Antrittsrede, die von ihren ersten Hörern nicht verstanden wurde, die rückblickend jedoch den Schlüssel zu seinem irdischen Auftreten bildet.

In ihr nimmt er die messianische Erwartung des Alten Testaments auf, die in der zitierten Jesajastelle geradezu verdichtet ist. Weil es um den Messias geht, den Christus, den Gesalbten Gottes, gehören bei ihm Hören und Sehen zusammen, denn Gottes Wort ist ein schöpferisches Wort. So wie ganz zu Anfang durch dieses Wort Himmel und Erde geschaffen wurden, so hat auch das Wort des Messias eine die Wirklichkeit verändernde Kraft. Seine Predigt beschreibt damit nicht, was schön wäre und was man erreichen könnte, sondern setzt die Zukunft, indem sie die Wirklichkeit auf sein Ziel hin ausrichtet: Den Armen wird das Evangelium verkündigt werden, die Gefangenen werden frei werden, die Blinden sehend, die Zerschlagenen ledig, und über allen steht das Gnadenjahr des Herrn. Im Zentrum ist also eine Erinnerung an das große Erlassjahr, in dem überall der ursprüngliche Zustand wieder hergestellt werden soll – wobei „Erinnerung" als Ausdruck zu schwach ist. Es geht vielmehr um eine Erfüllung im Sinne des Matthäusevangeliums und des Hebräerbriefes: Das Erlassjahr des Alten Testaments war nur der Vorschatten des Eigentlichen, ein kraftloses Abbild des Heils der messianischen Zeit.

Ausgehend von diesem Zentrum lässt sich die ganze Rede verstehen: Im Erlassjahr sollten ja nicht aus purer Nostalgie die früheren Verhältnisse wiederhergestellt werden, weil das Alte angeblich besser ist als das Neue. Es ging vielmehr darum, die Nöte und Probleme des Lebens auszugleichen, die seit dem letzten Erlassjahr aufgetreten waren. Wer verschuldet war (ob nun aufgrund einer wirtschaftlichen Notlage oder finanziellem Leichtsinn, spielte keine Rolle), sollte sein Gut wiederbekommen. Sklaven wurden freigelassen, Landbesitz wieder an die ursprünglichen Eigentümer zurückgegeben.

Weil das Erlassjahr nur ein Vorschatten des Eigentlichen ist, belässt es schon die alttestamentliche Messiaserwartung nicht bei den materiellen Dingen, sondern dehnt das Gnadenjahr umfassend aus, wie es auch in unserem Abschnitt aus Jesaja geschieht. Körperliche Gebrechen werden danach in der messianischen Zeit ebenso verschwinden wie Schwermut und Bedrückung. Mit dem Messias wird also ein neues Zeitalter anbrechen, in dem sich keiner mehr gebeugten Hauptes durchs Leben schleppen muss.

In seiner Botschaft vom Reich Gottes nimmt Jesus diese Erwartung auf und zwar in jeder Hinsicht. Blinde machte er tatsächlich sehend, die

Zerschlagenen richtete er auf und wandte sich den „Zöllnern und Sündern" zu, die in ihrer Außenseiterrolle und ihren moralischen Verfehlungen gefangen waren. Und über all dem stand der Gedanke des Gnadenjahres: Gott besucht sein Volk, hilft ihm aus aller Not und setzt damit einen neuen Anfang.

In der Geschichte ist dieser umfassende Ansatz unglücklicherweise oft verkürzt worden. Das gilt insbesondere für die Verheißung an die Armen, denen das Evangelium verkündigt werden soll. Ob das Evangelium jedoch tatsächlich eine „gute Nachricht" (so die griechische Wortbedeutung) für die Armen ist, entscheidet sich daran, wie dieser Begriff gefüllt wird. In der Kirchengeschichte ist er leider immer mehr innerhalb des Rechtskontextes interpretiert worden, wobei die Frage der persönlichen moralischen Verfehlungen allzu oft im Vordergrund stand. Gott erscheint dabei als allwissender Richter, der gerade deshalb auch im Verborgenen geschehene Handlungen verfolgt und vor dem man sich selbst wegen der Gedanken verantworten muss. Gnade ist in diesem Kontext der unverdiente Freispruch.

Für die Armen ist das freilich keine gute Nachricht. In einer Welt, die von den (nicht nur im materiellen Sinn) Reichen beherrscht wird, besteht ihre Armut ja nicht nur in einem vergleichsweise geringeren Lebensstandard, sondern gerade in ihrer Einflusslosigkeit und damit den mangelnden Möglichkeiten, ihre Situation zum Besseren zu wenden.

Verkündet die Kirche vor diesem Hintergrund das Evangelium vor allem als Vergebung moralischer Verfehlungen, stehen die Armen vor einem doppelten Problem: Zum einen scheinen sie auf den ersten Blick diese Botschaft sehr viel nötiger zu haben als die Reichen, schließlich ist es sehr viel wahrscheinlicher, dass ein Armer aufgrund seiner Not zum moralischen Außenseiter wird oder ins Gefängnis kommt als ein Reicher. Zum anderen bedeutet eine solche Botschaft, dass den unter den gegenwärtigen Verhältnissen Leidenden die einzige Hoffnung genommen wird. Gott kommt, um nicht nur die Unterdrücker zur Rechenschaft zu ziehen, sondern alle und das anhand eines Maßstabes, nach dem keiner auch nur annähernd genügen kann. Das für sich ist keine gute Nachricht, denn vor diesem Gott müssen die Unterdrückten genauso zittern wie ihre Peiniger. Auch dass gleich darauf die Gnade in den Mittelpunkt der Verkündigung gestellt wird, ist keine wirkliche Wendung.

Denn es bedeutet im Endeffekt, dass die Unterdrücker für ihr Tun nicht zur Verantwortung gezogen werden.

Vor diesem Hintergrund wird verständlich, warum sich das Christentum lieber kraftlos in der Welt eingerichtet hat, anstatt der Wirklichkeit Gottes zu vertrauen. Indem nämlich Sünde auf moralische Verfehlungen und das Heil auf Vergebung reduziert werden, haben dieses Leben und das kommende nicht mehr viel miteinander zu tun. Was ich hier tue, hat nämlich keine Auswirkungen auf mein Ergehen im Jenseits. Entweder kommen alle in die Hölle, weil alle gesündigt haben, oder jeder kann an die Gnade Gottes appellieren und sich sicher sein, sie zu empfangen. Indem Welt und Reich Gottes aber getrennt werden, behält die Welt ihre Eigendynamik. In ihr gelten ausschließlich die durch den Sündenfall in Kraft gesetzten Maßstäbe. Auch die Christen müssen sich, wenn sie etwas erreichen wollen, an ihnen orientieren. Wer also nach „oben" will, muss im Prinzip denselben Weg gehen, den auch jeder Nichtchrist zu gehen hat. Dabei mag man zwar etwas verschämt auf allzu auffällige Statussymbole verzichten, an die von Jesus vorgelebte und seinen Nachfolgern befohlene Selbsterniedrigung reicht das jedoch nicht heran. Und damit haben die Armen auch keine gute Nachricht.

Der Gott des Alten Testamentes, dessen oberstes Ziel Gerechtigkeit im umfassendsten Sinn ist, ist freilich auch der des Neuen. Die messianische Hoffnung Israels prägt deshalb Jesu Verkündigung des Reiches Gottes. In ihr wird deutlich, dass die von Gott gesetzte Ordnung, wonach die Erniedrigung zur Erhöhung führt und die Selbsterhöhung entsprechend zur Erniedrigung, durch den Sündenfall nicht außer Kraft gesetzt worden ist. Der Tod unterbricht das Leben nur, er schließt es nicht ab und hat daher auch nicht das letzte Wort. Damit weitet sich die Perspektive und gibt den Blick auf die eigentliche Wirklichkeit frei.

Diese Wirklichkeit wird in der Antrittsrede Jesu ebenso beschrieben wie in den Seligpreisungen der Bergpredigt. In ihr werden die sehen, die hier blind sind; die frei sein, die hier gebunden sind; die aufgerichtet, die hier zerschlagen sind. Dort werden die Sanftmütigen das Erdreich besitzen, und nicht die Gewalttätigen, und die Armen und Verfolgten das Himmelreich. Dort werden die satt werden, die hier nach Gerechtigkeit hungern und dürsten, und die Leidtragenden getröstet werden.

Das ist die gute Nachricht für die Armen, für alle, die unter den Verhältnissen dieser Welt leiden.

Vor diesem Hintergrund macht nicht nur die Erniedrigung einen Sinn, sondern sogar das Leiden. Denn vielleicht werden im Reich Gottes alle sehend werden, aber denen, die hier blind sind, ist es ausdrücklich verheißen. Vermutlich werden dort viele getröstet werden, aber diejenigen, die hier Leid tragen, sind auf jeden Fall dabei. Wenn wir Jesus ernst nehmen, gibt es keinen sichereren Weg zur Erhöhung als die Erniedrigung und keinen besseren zur Freude dort als das Leiden hier.

Damit bekommt auch Glaube eine neue Bedeutung. Es geht nicht mehr um das Fürwahrhalten von theologischen Aussagen, auch nicht um das Akzeptieren eines Freispruchs, sondern ganz grundlegend um Gottvertrauen: Glaube ich, dass diese andere Wirklichkeit, von der ich nur vom Hörensagen weiß, tatsächlich existiert? Oder noch grundlegender: Vertraue ich darauf, dass Gott seine Verheißungen wahr macht, dass sein Wort tatsächlich die Wirklichkeit verändert? Wie wir an Jesus sehen, kann die Antwort nicht in einem einfachen „Ja" bestehen, sondern muss von ganzem Herzen gelebt werden. Es geht um Jüngerschaft, um Nachfolge, die von Jesus immer als Kreuzes- und damit Leidensnachfolge verstanden worden ist.

Mit der Nachfolge und der Jüngerschaft, die vom Neuen Testament her als ein Lehrer-Schüler-Verhältnis gesehen werden müssen, rückt der Beziehungsgedanke ins Blickfeld. So wie der Sündenfall Ausgangspunkt der Beziehungszerstörung war, von dem aus sich das Gott gegenüber gezeigte Misstrauen in alle Ebenen der Schöpfung verbreitete, so ist die in Jesus geschehene Menschwerdung Gottes der Ausgangspunkt der Versöhnung, von dem aus die Beziehungen geheilt und das Vertrauen wiederhergestellt wird. Dem Tod, der Vergänglichkeit, steht damit das Leben und die Auferstehung gegenüber. So wie der Sündenfall die große Scheidung war, ist Erlösung die große Wiedervereinigung. Gott wird Mensch und bleibt es, wird unser Bruder und geht uns voraus, identifiziert sich mit uns und nimmt uns durch sein Opfer in seine Wirklichkeit mit hinein.

Der Blick wendet sich dabei freilich nach vorn, nicht zurück. Es geht nicht um eine Wiederherstellung der anfänglichen Schöpfungswirklichkeit des Garten Edens, sondern um eine Erneuerung der Welt, die deshalb in der Offenbarung mit einem „neuen Himmel und einer neuen Erde" verbunden wird (Offenbarung 21,1). Da jeder Bereich des Universums der Sünde und Vergänglichkeit unterworfen ist, ist deshalb jeder Versuch, einen scheinbar „nicht gefallenen" Winkel auszumachen und zu bewahren, zum Scheitern verurteilt.

Auch das Gesetz des Mose hatte nie diese Funktion, sondern erhält sie erst durch ein gesetzliches Missverständnis, wonach damit der ursprüngliche Wille Gottes bewahrt werden könnte. Tatsächlich dient das Gesetz jedoch dazu, die Komplexität der Sünde als umfassende Beziehungslosigkeit nicht nur aufzuzeigen, sondern auch in ihren negativen Auswirkungen zu begrenzen. Damit bereitet es die tiefgreifende Erlösung durch Jesus Christus vor, der in seiner Verkündigung die Grundlagen des Gottesreiches verdeutlicht und in seinem Wirken seine Kraft offenbart. Im Zentrum steht dabei ein Tun-Ergehens-Zusammenhang, der über die vergängliche Wirklichkeit hinausreicht.

Innerhalb dieses Zusammenhangs sind auch Tod, Auferstehung und Erhöhung Jesu zu verstehen, wobei Letzteres die Folge von Ersterem ist. Seine Nachfolger, mit denen er in mystischer Weise durch sein stellvertretendes Opfer verbunden ist, werden deshalb nicht nur aufgefordert, es ihm gleich zu tun, sondern auch in diesen Zusammenhang hineingenommen. Jesus starb unseren Tod, und wir werden sein Leben leben. Die Sünde der Welt wird damit am Kreuz gewissermaßen ebenso „aufgesogen", wie das neue Leben durch die Auferstehung unaufhaltsam in die vergängliche Wirklichkeit einbricht.

So betrachtet ist das Kreuz Christi kein Abbruch der Beziehung, auch wenn er die Nachfolge in dem Sinne, wie sie die ersten Jünger erlebt haben, für immer beendete. Er ist vielmehr eine Verdichtung. Dem irdischen Jesus konnte man nur nachfolgen; am Kreuz verschmilzt er dagegen als Opfer mit uns, und wir werden durch die Auferstehung Teil seiner Wirklichkeit: „Christus in euch, die Hoffnung der Herrlichkeit" (Kolosser 1,27), oder wie Jesus selbst gebetet hat: „Ich habe ihnen die Herrlichkeit gegeben, die du mir gegeben hast, damit sie eins seien, wie wir eins sind, ich in ihnen und du in mir" (Johannes 17,22f.).

Das geschieht nicht in einem Schritt. So wie die Sünde prozesshaft zu denken ist („Beziehungszerstörung"), ist deshalb auch die Erlösung prozesshaft („Beziehungsaufbau"). Daher kann sie ebenso wenig auf die göttliche Vergebung beschränkt werden wie die Sünde auf die persönliche Schuld. Es geht vielmehr um einen umfassenden Prozess der Erneuerung der Welt in all ihren Beziehungen, denn das vom Sündenfall ausgehende Misstrauen betrifft alle Bereiche.

In unserem Denken wie in unserer Verkündigung müssen wir daher Abschied nehmen von dem der Bibel fremden Interpretationsrahmen der Gerichtsverhandlung. Es geht nicht um die Aufrichtung einer Ordnung (die wie der Zusammenhang von Erniedrigung und Erhöhung Jesu zeigt, nie aufgehoben, sondern nur ignoriert wurde), auch nicht um die Durchsetzung des göttlichen Planes (der wie die biblischen Verheißungen zeigen, nie in Frage stand), erst recht nicht um die Aufrichtung der Majestät Gottes (die als Grundlage in der gesamten biblischen Verkündigung vorausgesetzt wird). Es geht vielmehr um die Wiederherstellung einer Beziehung, um die Rettung aus der Vergänglichkeit, um eine Erneuerung des Lebens. Und es geht um Gerechtigkeit. Das ist die gute Nachricht für alle, die unter dieser Welt leiden. Gott hat die Welt nicht vergessen, sondern ist gekommen, um sie zu erneuern.

Wichtige Begriffe

■   *forensisch* (von lat. *forum*, „Marktplatz", wo auch Gericht gehalten wurde): eine nur forensisch verstandene Rechtfertigung kommt einem Freispruch vor Gott gleich, vermittelt allerdings kein verändertes Leben. Wird das mit einbezogen, spricht man von einer „effektiven Rechtfertigung" (von lat. *effectivus*, „bewirkend")

■   *Satisfaktionslehre* (von lat. *satisfactio*, „Genugtuung"): Lehre, wonach der Tod Jesu vor Gott als Ersatzleistung für den durch die Sünde zugefügten Schaden zu verstehen ist

■   *simul iustus et peccator* (lat.): lutherisches Verständnis, wonach der Christ „gleichzeitig Gerechter und Sünder" ist

■   *Soteriologie* (von griech. *soter*, „Retter, Befreier"): Lehre von der Erlösung

7.
Der Heilige Geist, seine Frucht und seine Gaben

oder:

Ich will euch nicht als Waisen zurücklassen;
ich komme zu euch

Eine wechselvolle Geschichte

Ein anderer Beistand

Jesu irdische Mission endete nicht mit seiner Auferstehung, sondern mit der Verheißung eines anderen *parakletos*. Die Bedeutung dieses griechischen Wortes ist vielfältig: Wörtlich betrachtet handelt es sich um einen „Herbeigerufenen", übertragen kann das jeder sein, der zur Unterstützung und Hilfe hinzugezogen wird, ein „Beistand", „Tröster", „Anwalt", „Fürsprecher", ja sogar einer, den wir heute als „Mentor" bezeichnen würden. Dieser „andere Tröster", der „Geist der Wahrheit, den die Welt nicht empfangen kann" (Johannes 14,16f.) ist nach dem Johannesevangelium niemand als Jesus selbst, freilich in anderer Weise: „Ich will euch nicht als Waisen zurücklassen; ich komme zu euch" (Johannes 14,18; vgl. 1. Johannes 2,1).

Das Wirken Jesu geht also über in das Wirken des Heiligen Geistes und wird in ihm fortgeführt. Paradoxerweise gehört deshalb die Lehre vom Heiligen Geist zu den schwierigsten Feldern der christlichen Theologie. Denn wenn der Geist das Wirken Jesu fortsetzt, wenn seine Hauptaufgabe darin besteht, Jesus zu „verherrlichen" (Johannes 16,14), dann scheint mit der Christologie und der Erlösungslehre doch eigentlich alles gesagt zu sein. Schließlich geht es bei dem Heiligen Geist nur noch um die „Verkündigung" des Werkes Christi, um seine persönliche Zuspitzung auf den einzelnen Gläubigen und die Kirche als Ganzes. Darüber nachzudenken scheint freilich eher eine Frage der praktischen Theologie zu sein.

Doch so einfach ist es nicht. Denn es ist schwierig, den Geist auf die Verkündigung und den Glauben zu beschränken. Weil er in unserer Welt das Synonym für die Wirklichkeit Gottes ist, durchzieht er alle Bereiche des Lebens und der Geschichte. Bei der Erschaffung des Universums schwebte er über den Wassern (1. Mose 1,2); den Ausblick auf die Ewigkeit in der Offenbarung des Johannes beendet er mit der Einladung: „Komm!" (Offenbarung 22,17). Im Alten Testament steht er für die Gegenwart Gottes und spricht durch die Propheten. Im Neuen Testament wird seine lebensverändernde Kraft mit besonderen Wirkungen, Gaben und Fähigkeiten verbunden (1. Korinther 12,1-11). Und die Folgen eines Kontaktes mit dem Geist reichen von „Weisheit und Verstand und Erkenntnis" (2. Mose 31,3) bis hin zu tranceartigen Zuständen (1. Samuel 19,23f.).

Das Wirken des Geistes ist damit so vielfältig wie das Wirken Gottes selbst. Auch das macht es uns schwer, die verschiedenen mit dem Geist verbundenen Einblicke in die Wirklichkeit Gottes auf einen Nenner zu bringen. Er hat keinen „typischen" Platz, ist nicht wie Gott der Vater mit der Schöpfung verbunden oder Gott der Sohn mit der Erlösung. Aus diesen Gründen spielte er über lange Jahrhunderte eine eher untergeordnete Rolle. Meist wird er im Zusammenhang mit der Kirche abgehandelt, in den ihn schon das Apostolische Glaubensbekenntnis stellt, dessen dritter Artikel lautet:

> *„Ich glaube an den Heiligen Geist, die heilige christliche Kirche, Gemeinschaft der Heiligen, Vergebung der Sünden, Auferstehung der Toten und das ewige Leben."*

Diese Aufzählung ist übrigens nicht so willkürlich, wie sie auf den ersten Blick scheinen mag. Vielmehr handelt es sich bei der christlichen Gemeinschaft und der persönlichen Sündenvergebung, die Auferstehung und ewiges Leben nach sich zieht, um etwas Geistgewirktes. Das Nachdenken über den Geist geschieht also in Verbindung mit der Erlösung und der Kirche, weswegen dieses Kapitel ebenfalls an dieser Stelle seinen Platz hat.

Doch auch aus anderen als den genannten Gründen ist der Heilige Geist ein schwieriges Thema. Über ihn kann man kaum emotionslos reden. Denn während es mancherorts notwendig zu sein scheint, Gott und Jesus wieder „fremd" zu machen, aus der „kumpelhaften Ecke" herauszurücken und die mit ihnen verbundene andersartige Wirklichkeit zu betonen, ist das beim Heiligen Geist nicht nötig. Für viele Christen ist er nämlich nicht nur ein unbekanntes Wesen, sondern geradezu angstbesetzt. Schließlich handelt es sich beim Heiligen Geist um so etwas wie die Dynamik Gottes, die sich nicht so leicht wie der Vater und der Sohn in dogmatischen Formeln einfangen lässt. Mit dem Geist werden deshalb schon im Neuen Testament Phänomene wie Zungenrede, Heilungen und Prophetie verbunden und im Alten das, was Luther mit „Verzückung" übersetzt, also etwas, was wir heute als Extase beschreiben würden.

Erschwerend kommt hinzu, dass sich das Verständnis von Religion gewandelt hat. Für uns heute ist Religion vor allem eine Antwort auf die Sinnfrage und eine Möglichkeit, das Leben und die Welt zu erklären, während in der Antike die (auch „außerweltliche") Erfahrung weit mehr im Mittelpunkt stand, wozu selbstredend auch Trance, Extase und mediale Kontakte gehörten. In unserer vom diesseitigen Rationalismus geprägten Welt wirken solche Elemente dagegen nicht nur bedrohlich und „sektiererisch", sondern werden geradezu als „unreif" und überflüssig betrachtet. Das zeigt, wie nötig eine Einordnung in das jeweilige Weltverständnis ist.

Das ist freilich nicht einfach, gerade auch weil der Heilige Geist in der Geschichte oft mit dem Gedanken einer radikalen Erneuerung der Kirche verbunden worden ist. Nicht wenige Aufbrüche beriefen sich auf den Geist, wobei das selten in systematischer Form geschah. Viel eher proklamierte man den Geist für sich selbst und beanspruchte damit eine höhere Erkenntnis, die unter Umständen durch besondere Erfahrungen begründet wurde. Auf solchermaßen vorgetragene Kritik reagierte die etablierte Kirche verständlicherweise in der Regel ausgesprochen gereizt bis ablehnend, was ebenfalls kaum dazu beigetragen hat, das biblische Zeugnis über den Heiligen Geist zu erhellen. Bevor wir uns mit den Aussagen der Heiligen Schrift beschäftigen, müssen wir deshalb einen Blick auf unser Vorverständnis werfen, dass im Laufe der Jahrhunderte geprägt worden ist.

„Neue Prophetie" in der Alten Kirche

Die erste größere Bewegung, die sich auf den Heiligen Geist berief, war die „Neue Prophetie", die in der zweiten Hälfte des zweiten Jahrhunderts in Kleinasien entstand und nach ihrem Gründer Montanus auch „Montanismus", nach ihrem Entstehungsort „phrygische Häresie" genannt wird. Seit der paulinischen Mission gehörte Kleinasien zu den Kerngebieten des Christentums, die Gemeinden dort waren also vergleichsweise alt und etabliert, weswegen das Auftreten einer neuen Strömung einen gewissen Wirbel auslöste. Interessant ist, dass sich der Streit nicht an der von der „Neuen Prophetie" gepflegten prophetischen Verkündigung als solcher entzündete. In Kleinasien wie anderswo hatte diese sowohl im Römer- (12,6) wie im 1. Korintherbrief (12,10) erwähnte Geistesgabe eine lange Tradition, ähnliche Phänomene fanden sich dort nicht nur in nichtchristlichen Religionen, auch aus den christlichen Gemeinden sind die Namen von Propheten überliefert.

Womit der Montanismus auffiel, war denn auch eher die Art, wie die Prophetie geübt wurde: Hier nahmen neben Montanus selbst zwei Frauen bedeutete Rollen als Prophetinnen ein, die durchaus nicht dem entsprachen, was Frauen in der übrigen Gesellschaft und den anderen Gemeinden erlaubt war. Hinzu kamen sehr rigorose ethische Forderungen sowie vielleicht etwas seltsame Aussprüche, nach denen Phrygien, wo die Bewegung ihr Zentrum hatte, in der Endzeit eine besondere Stellung haben werde. Genaueres ist über seine Lehre nicht bekannt, da wir über sie nur wenige Hinweise in gegnerischen Schriften besitzen. In ihnen wird jedoch bezeichnenderweise der Inhalt der Prophetien kaum kritisiert, wohl aber, dass weder Montanus, der nach gegnerischen Zeugnissen erst relativ kurze Zeit Christ war, noch seine Anhänger bereit waren, ihre Prophezeiungen einer Prüfung durch andere Gemeindeleiter zu unterziehen. Stattdessen beriefen sich die Montanisten vermutlich auf 1. Korinther 2,14f., wo Paulus zwischen *pneumatikoi* (griech. „geistliche (Menschen)") und *psychikoi* (griech. „seelische"; Luther: „natürliche (Menschen)") unterscheidet. In den Augen der Montanisten waren die Gegner „psychische", denen folglich ein Urteil über die Prophetie nicht zustand.

Interessant ist die Reaktion der Gegner: Im Großen und Ganzen beschränkte man sich darauf, einerseits die erwähnten Missstände zu kritisieren, während man andererseits deutlich machte, dass die Prophetie auch in der Kirche nicht „ausgestorben" sei. In diese Richtung geht etwa die Argumentation des Kirchenvaters Irenäus von Lyon († um 202), der auf entsprechende Weissagungen, Heilungen und sogar Totenauferweckungen verweist (Wider die Häresien 2,49,3).

Einer römischen Gruppe war das freilich nicht genug. Sie sprach sich dafür aus, das Johannesevangelium nicht länger in den Gemeinden zu lesen, da es durch seine Verheißung des Geistes die Verwirrung überhaupt erst ausgelöst habe. Mit ihrer Position konnten sie sich zwar nicht durchsetzen, sondern riefen einen Sturm der Entrüstung hervor, allerdings erinnert ihre radikale Vorgehensweise an andere „Feuerwehren" der Kirchengeschichte, die ebenfalls gern jede Bezugnahme auf den Geist aus der Kirche verbannen wollten, um Missbräuche zu verhindern.

Das „dritte Reich" und der „linke Flügel"

Sieht man einmal vom Streit um das *filioque* ab, der in der zweiten Hälfte des ersten nachchristlichen Jahrtausends östliches und westliches Christentum über der Frage entzweite, ob der Geist vom Vater „und dem Sohn" (lat. *filioque*) ausgehe oder nur vom Vater, war es lange Zeit still um den Heiligen Geist. Das Mittelalter, das Kirche und Reich Gottes in vieler Hinsicht gleichsetzte, betrachtete auch den Geist in diesen Bahnen. Das änderte sich im zwölften Jahrhundert mit dem Auftreten eines Mönches, der so wenig Aufsehen um sich machte, dass wir kaum etwas von ihm wissen: Joachim von Fiore († 1202), Abt eines italienischen Klosters, hatte eines Tages eine Vision, die er als einen Strom hellen Lichtes beschrieb, das sich in seine Seele ergösse.

In ihr sah er eine Parallelität in der Heiligen Schrift, die analog zur Dreieinigkeit Gottes auf ein drittes, noch ausstehendes Zeitalter hinweise: Auf die Zeit des Gesetzes (Altes Testament) sei die der Gnade gefolgt (Neues Testament), die von einer noch größeren Gnadenzeit abgelöst werde. Während das Alte Testament von Joachim mit Stichworten wie „Wissen", „sklavische Knechtschaft" und „Furcht" charakterisiert wird und das Neue mit „Weisheit", „Sohnschaft" und „Glaube", werde das kommende dritte Zeitalter von „Fülle der Erkenntnis", „Freundschaft" und „Liebe" geprägt sein und alle in Offenbarung 21 geschilderten Freuden Wirklichkeit werden lassen. Joachim verband jedes dieser Zeitalter mit einer Person des dreieinigen Gottes. Auf das Zeitalter des Vaters sei das des Sohnes gefolgt, das in Kürze von dem des Geistes abgelöst werde.

In seinen Spekulationen verachtete Joachim von Fiore übrigens in keiner Weise die Bibel oder die Kirche (die er dem Zeitalter des Sohnes zurechnete), er erwartete allerdings, dass beides in dem kommenden „dritten Reich" nicht mehr nötig sein werde, weil jeder Mensch den einst von Jeremia verheißenen Zugang zu Gott haben werde:

„Ich will mein Gesetz in ihr Herz geben und in ihren Sinn schreiben, und sie sollen mein Volk sein und ich will ihr Gott sein. Und es wird keiner den andern noch ein Bruder den andern lehren und sagen: ‚Erkenne den HERRN', sondern sie sollen mich alle erkennen, beide, Klein und Groß, spricht der HERR; denn ich will ihnen ihre Missetat vergeben und ihrer Sünde nimmermehr gedenken" (Jeremia 31,34f.).

Joachim nimmt mit seinen Überlegungen also ein Unbehagen auf, das das späte Mittelalter und die Zeit danach kennzeichnete: Betrachtet man das Alte und das Neue Testament im Gegenüber von Verheißung und Erfüllung, dann tut sich eine Lücke bisher unerfüllter Verheißungen auf. Das gilt umso mehr, wenn man im Gefolge von Augustin die Zeit der Kirche mit dem in der Offenbarung des Johannes angekündigten „Tausendjährigen Reich" gleichsetzt, in dem der Satan gebunden ist und Christus mit den Heiligen herrscht (vgl. Offenbarung 20,1-6).

Auch wenn Joachim von Fiore keine Gemeinschaft ins Leben gerufen hat, in der seine Gedanken gepflegt wurden, kann man seinen Einfluss kaum unterschätzen. Er prägte nicht nur die Erwartung der Franziskaner, sondern auch verschiedener anderer Strömungen, die in den unruhigen Zeiten des späten Mittelalters und der frühen Neuzeit mit dem nahen Weltuntergang rechneten. Wie einflussreich Joachims Gedanken bis heute sind, lässt sich unter anderem daran erkennen, dass die Nationalsozialisten neben dem neutestamentlichen „Tausendjährigen Reich" auch seinen Begriff des „dritten Reiches" missbrauchten, um ihrer Herrschaft besondere Weihen zu geben.

Von dem durch Joachim ausgesprochenen Unbehagen über die Tatsache, dass Christus zwar gekommen ist, sein Reich jedoch noch aussteht, lässt sich eine Linie zum „linken Flügel" der Reformation ziehen, in dem der „etablierten" (und damit „abgefallenen") Kirche ein „urchristliches" Ideal entgegengesetzt werden sollte. Im Unterschied zu den Nachfolgern Luthers und Calvins spielte bei diesen von den Reformatoren als „Schwarmgeister" bzw. „Schwärmer" diffamierten Christen der Heilige Geist eine dynamische Rolle. Während Luther ihn an Wort und Sakrament und damit an die „ordentliche" Verkündigung gebunden sah, beriefen sich die „Täufer" und vor allem die „Spiritualen" auf ein „inneres Licht", das die „wahren" Gläubigen erhelle und von dem großen Heer der „Namenschristen" unterscheide.

In der Folgezeit entstanden immer wieder neue Bewegungen, die sich auf den Geist beriefen. Die herausragendste unter ihnen ist vielleicht die „Gesellschaft der Freunde", deren Vertreter wegen der in ihren Versammlungen auftretenden körperlichen Phänomene spöttisch „Quäker" genannt wurden (von engl. *to quake*, „beben" – Dass bei Geistbewegungen immer wieder auch körperliche Phänomene auftraten, wie sie heute aus

Teilen der charismatischen Bewegung bekannt sind, macht auch der Name einer anderen Gruppe aus dem 18. Jahrhundert deutlich: „Shaker" (von *to shake*, „schütteln"). Auch aus dem frühen Methodismus gibt es Berichte über umfallende Zuhörer und unkontrolliertes Weinen).

Gerade anhand der Quäker lässt sich ein Problembereich aufzeigen, der bis heute für Schwierigkeiten sorgt: Es geht um die Frage, in welchem Verhältnis die „innere" Geisterfahrung zur „äußeren" Heiligen Schrift steht. Ausgehend von ihrer Erkenntnis, dass das Wirken Gottes unermesslich viel größer ist als alle menschlichen Zeugnisse darüber, verzichteten sie auf die Formulierung von schriftlichen Bekenntnissen. Damit war jedoch die Frage nicht geklärt, welchen Stellenwert die in der Bibel festgehaltenen Zeugnisse gegenüber den aktuellen Erfahrungen und Einsichten haben sollten. Folglich entwickelten sich die Quäker im Laufe der Jahrhunderte auseinander: Neben einem evangelikalen Flügel, der an der Schrift als Norm und Erkenntnisgrundlage festhält (dessen bekanntester Vertreter Richard Foster ist), bildete sich auch ein Zweig heraus, der in der Bibel zwar ein Zeugnis des Heiligen Geistes sieht, das jedoch keinen Vorrang vor heutigen Zeugnissen des Geistes genießt. Entscheidend ist also letztlich das „innere Licht" des einzelnen Gläubigen.

Ein „neues Pfingsten"?

Das 19. und 20. Jahrhundert schließlich brachte eine Geistbewegung hervor, die nach und nach alle Konfessionen der Christenheit berührte. Sie hatte ihre Wurzeln in der an verschiedenen Stellen neu aufflammenden Endzeiterwartung des 19. Jahrhunderts, die mit der Hoffnung auf ein „neues Pfingsten" einherging, das die Christenheit in die Lage versetzen würde, ihren Auftrag zu Weltmission und Heiligkeit vor der Wiederkunft des Herrn zu vollenden. Nicht von ungefähr muss man dabei an Joachims Vision von einem dritten Zeitalter des Geistes denken, auch wenn beides nicht unmittelbar miteinander zu tun hat. Hier wie dort ging es jedoch um die Erkenntnis, dass sich die Christenheit nicht auf der Höhe des Geistes befindet, auf der sie sich nach Ansicht vieler befinden sollte. Trotz einer Anzahl von Erweckungen in verschiedenen Teilen der Welt war auch im 19. Jahrhundert eine große, die ganze Erde umfassende Veränderung ausgeblieben. Umso mehr hoffte man auf ein „zweites Pfingsten", das wie das erste im Gottesvolk eine bisher ungeahnte Dynamik entfalten würde.

1901 kam es dann zu Geistausgießungen in einer Bibelschule in Topeka (Kansas) und 1905 in einer Gemeinde in der Azusa Street in Los Angeles. Beides war mit einer Wiederentdeckung von Geistesgaben wie der Zungenrede verbunden, was eine massive Bewegung auslöste, die noch im selben Jahr nach Deutschland kam und Teile der Gemeinschaftsbewegung in ihren Bann zog.

Bei einer mehrwöchigen „Konferenz" im hessischen Großalmerode kam es schließlich zu unkontrollierten extatischen Ausbrüchen, weswegen die Versammlung, die im wilhelminischen Deutschland auch die nicht-christliche Öffentlichkeit beschäftigte, von der Polizei aufgelöst wurde. Führende Kreise der Gemeinschaftsbewegung machten in der Folgezeit gegen die neue Bewegung Front. 1909 trafen sich einige Vertreter in einem Privathaus und unterzeichneten die „Berliner Erklärung", die hier in Auszügen wiedergegeben werden soll (diese und die folgenden beiden Erklärungen finden sich unter http://www.glopent.net/iak-pfingstbewegung/Members/GerhardBially/berliner-erklaerung):

> „1. Wir sind nach ernster gemeinsamer Prüfung eines umfangreichen und zuverlässigen Materials vor dem Herrn zu folgendem Ergebnis gekommen: [...]
>
> b) Die sogen. Pfingstbewegung ist nicht von oben, sondern von unten; sie hat viele Erscheinungen mit dem Spiritismus gemein. Es wirken in ihr Dämonen, welche, vom Satan mit List geleitet, Lüge und Wahrheit vermengen, um die Kinder Gottes zu verführen. In vielen Fällen haben sich die sogen. ‚Geistbegabten' nachträglich als besessen erwiesen.
>
> c) An der Überzeugung, dass diese Bewegung von unten her ist, kann die persönliche Treue und Hingebung einzelner führender Geschwister nicht irre machen, auch nicht die Heilungen, Zungen, Weissagungen usw., von denen die Bewegung begleitet ist. [...]
>
> d) Der Geist dieser Bewegung bringt geistige und körperliche Machtwirkungen hervor; dennoch ist es ein falscher Geist. Er hat sich als solcher entlarvt. Die hässlichen Erscheinungen wie Hinstürzen, Gesichtszuckungen, Zittern, Schreien, widerliches, lautes Lachen usw. treten auch diesmal in Versammlungen auf. Wir lassen dahingestellt, wie viel

davon dämonisch, wie viel hysterisch oder seelisch ist, gottgewirkt sind solche Erscheinungen nicht.

e) Der Geist dieser Bewegung führt sich durch das Wort Gottes ein, drängt es aber in den Hintergrund durch sogen. ‚Weissagungen'. [...] In der Art ihrer Übermittlung gleichen die letzteren den Botschaften spiritistischer Medien. Die Übermittler sind meist Frauen. Das hat an verschiedenen Punkten die Bewegung dahin geführt, dass gegen die klaren Weissagungen der Schrift Frauen, sogar junge Mädchen, leitend im Mittelpunkt stehen.

2. Eine derartige Bewegung als von Gott geschenkt anzuerkennen, ist uns unmöglich. Es ist natürlich nicht ausgeschlossen, dass in den Versammlungen die Verkündigung des Wortes Gottes durch die demselben innewohnende Kraft Früchte bringt. Unerfahrene Geschwister lassen sich durch solche Segnungen des Wortes Gottes täuschen. Diese ändern aber an dem Lügencharakter der ganzen Bewegung nichts. [...]

Wir bitten hiermit alle unsere Geschwister um des Herrn und seiner Sache willen, welche Satan verderben will: Haltet euch von dieser Bewegung fern! Wer aber von euch unter die Macht dieses Geistes geraten ist, der sage sich los und bitte Gott um Vergebung und Befreiung. Verzaget nicht in den Kämpfen, durch welche dann vielleicht mancher hindurchgehen wird. Satan wird seine Herrschaft nicht leichten Kaufes aufgeben. Aber seid gewiss: Der Herr trägt hindurch! Er hat schon manchen frei gemacht und will euch die wahre Geistesausrüstung geben."

Die „Berliner Erklärung" ist damit im Kern eine Verteufelung der entstehenden Pfingstbewegung, die nahezu ausschließlich auf Satan zurückgeführt wird. Interessant ist dabei die Argumentation: Neben körperlichen Erscheinungen werden die Übermittlung von „Weissagungen", durch die die Bibel in den Hintergrund gedrängt werde, und die Rolle von Frauen als Belege für einen dämonischen Ursprung der Bewegung aufgeführt. Hierin zeigt sich die Zeitgebundenheit dieser Erklärung, denn vieles von dem, was im steifen wilhelmischen Deutschland für Entrüstung sorgte, erregt heute nicht einmal mehr Aufsehen. Schon in der Azusa Street hatte die Bewegung unter anderem deshalb Widerstand erfahren, weil ein schwarzer Pastor eine rassisch gemischte Gemeinde leitete.

Theologisch weitaus schwerwiegender ist, dass die Berliner Erklärung jeden Hinweis auf die positiven Auswirkungen der entstandenen Geistbewegung von vornherein ebenfalls dämonisiert. Weder die „persönliche Treue und Hingabe einzelner führender Geschwister", noch „Heilungen" oder die ebenfalls anerkannten „Segnungen des Wortes Gottes" in den entsprechenden Versammlungen erlauben eine Rücknahme des Verdammungsurteils. Im Gegenteil, wer auf sie verweist, entlarvt sich selbst als eines der „unerfahrenen Geschwister", die sich durch die Vermischung von „Lüge und Wahrheit" haben irreleiten lassen.

Eine weitere Diskussion ist damit nicht möglich, freilich nicht, weil die dargelegten Gründe so überzeugend wären, sondern weil hier im Stil von Verschwörungstheorien gearbeitet wird. Weil der Gegner von vornherein als teuflisch angesehen wird, wird alles, was diesem Eindruck widerspricht, ebenso pauschal als Hinweis darauf gewertet, dass ein bösartiger Gegner eben mit den Mitteln der Täuschung und Lüge arbeitet. Einer nüchternen Betrachtung der entsprechenden Phänomene wird damit der Boden entzogen. Sie ist auch nicht nötig, denn das Urteil steht ja bereits fest.

Es ist der entstandenen Pfingstbewegung hoch anzurechnen, dass sie trotzdem noch im selben Jahr auf die „Berliner Erklärung" mit einer „Mülheimer Erklärung" geantwortet hat, die zudem im Ton sehr viel nüchterner gehalten ist. Im Gegensatz zur „Berliner Erklärung" differenziert die „Mülheimer" nicht nur zwischen „Göttlichem" und „Dämonischem", sondern sieht daneben auch „Seelisches beziehungsweise Menschliches" am Werk. Auf dieser Grundlage können sich die Unterzeichner zwar von einzelnen Auswüchsen distanzieren, andererseits aber die Bewegung selbst würdigen.

Das tun sie im Unterschied zu den Unterzeichnern der „Berliner Erklärung" nicht anhand der sichtbaren Phänomene, sondern an der dahinterstehenden Theologie bzw. den sich langfristig zeigenden Früchten:

„Was ist der Grundzug und die treibende Kraft in dieser Bewegung? Es ist die Liebe zu Jesus und der Wunsch, daß Er voll und ganz zu Seinem Rechte in, an und durch uns komme. Wir wollen nichts anderes, als daß Er verherrlicht werde. Der Zweck dieser Bewegung ist, daß das

Blut Jesu durch völlige Erlösung Seine Kraft beweise und daß der Heilige Geist Raum und Herrschaft gewinne, um uns zuzubereiten für das Kommen des Herrn."

Vor diesem Hintergrund können nun auch die in Berlin kritisierten „körperlichen Machtwirkungen" betrachtet werden. Hier verweisen die Autoren auf die Heilige Schrift, die den Menschen als ein „Gefäß" des Geistes betrachte, nicht jedoch als eine „Maschine", die von ihm übernommen und gesteuert werde. Der Mensch kann daher „je nach seiner inneren Stellung dem Heiligen Geist widerstreben, oder auch in fleischlicher Weise nachzuhelfen suchen und so entsteht ein böses Gemisch von Göttlichem und Menschlichem, das vielfach Anstoß gegeben hat, und mit Recht."

Trotz dieser erkennbaren Distanz zu manchen Auswüchsen betonen die Unterzeichner jedoch auch, dass die Tatsache des Anstoßes kein Kriterium für die Geistgewirktheit eines bestimmten Phänomens sein dürfe. So hätten bereits die Apostel an Pfingsten den Eindruck der „Trunkenheit" hervorgerufen, ebenso spreche Paulus davon, „daß das Zungenreden auf Uneingeweihte einen abstoßenden Eindruck machen könne. In diesem allen sieht die Heilige Schrift keineswegs das Wirken eines fremden Geistes."

Besonders interessant ist die Frage der „Weissagungen", in der die Autoren einerseits ihre „allgemeine Unerfahrenheit" bekennen, andererseits aber ein so differenziertes Bild von der Übermittlung prophetischer Botschaften zeichnen, dass es hier ausführlich wiedergegeben werden soll:

„[Wir müssen sorgfältig unterscheiden] zwischen dem, was Gott je und je durch Seinen Geist einem Propheten gibt, und dem, was dieser selbst aus seinen eigenen Gedanken hervorbringen und event. hinzutun kann. Hierauf weist uns auch, was Paulus 1. Kor. 14,32 sagt. Wer ist nach diesem Wort der Weissagende? Offenbar der Geist des Propheten. Gott läßt also nicht in der Weise weissagen, daß er einen Propheten zur bloßen Maschine macht, sondern Er benutzt den Geist des Propheten. Was unter diesem Geist des Propheten zu verstehen ist, geht aus V. 14 hervor. Dort unterscheidet Paulus, nach Luthers Übersetzung, den Sinn

und den Geist eines Menschen. Unter dem Sinn versteht er das bewußte, und unter Geist das unbewußte Geistesleben des Menschen. In dieses unbewußte Geistesleben (modern auch ‚Unterbewußtsein‘ genannt), legt Gott die Gabe des Zungenredens oder der Weissagung nieder. Diese Gaben sind göttliche, anvertraute Schätze. Bei richtigem Gebrauch sollten sie niemals anders angewandt werden, als wenn der Heilige Geist von oben dazu Leitung und Auftrag gibt. Nun aber besteht zwischen unserem bewußten und unbewußten Geistesleben durch unsere Persönlichkeit ein natürlicher Zusammenhang. Was wir im bewußten Geistesleben denken oder wollen, schlägt sich, ohne daß wir es merken, in dem unbewußten Geistesleben nieder. Daher kommt es, daß der Prophet selbst auf seinen ‚Geist‘ einen Einfluß ausüben kann. Das eben meint Paulus, wenn er sagt, daß die Geister der Propheten den Propheten untertan sind.

Halten wir diese Richtlinie fest, so ergibt sich daraus folgendes: Wenn der Heilige Geist von oben den Propheten voll und ganz hinnehmen und beherrschen kann, so wird ihm nun eine göttliche Botschaft anvertraut, die niedergelegt wird in seinem unbewußten Geistesleben, die nun in prophetischer Rede von ihm ausgesprochen wird. Es kommt daher alles darauf an, ob ein mit Prophetengabe ausgerüsteter Mensch allein vom Geiste Gottes abhängig ist oder nicht. Hieraus erklärt sich der ... aus [Apg] 21,4 angeführte Vorgang, als jene Brüder dem Paulus sagten durch den Geist, er solle nicht nach Jerusalem hinaufgehen. Offenbar hatten sie etwas Göttlich-richtiges erkannt, nämlich, daß ihm Trübsal und Bande bevorstanden; aber weil sie sich in den Gedanken nicht finden konnten, daß Paulus gefangen genommen werden sollte, gaben sie ihre Botschaft nicht rein göttlich wieder, sondern der in ihrem bewußten Geistesleben gehegte Wunsch, den Apostel zu behalten, wurde der Vater des Gedankens, Paulus solle nicht nach Jerusalem ziehen. Auf diese Weise erklären sich manche betrübende Vorkommnisse, die sich auf dem Gebiete der unrichtigen Weissagungen je und je ereignet haben. Wir sind fern davon, jede Weissagung, die von einem Geistgetauften ausgesprochen wird, von vornherein als göttlich anzuerkennen, sondern wir prüfen sie vielmehr nach den eben besprochenen biblischen Richtlinien. Daraus geht auch hervor, daß wir den Weissagungen nicht einen solchen Wert beilegen können, daß

wir etwa eine ganze Reichsgottesarbeit, wie man anzunehmen scheint,
in die Abhängigkeit von solchen Botschaften stellen würden. Im Ge-
genteil würden wir, wo wir solches vorfänden, dies als eine Verirrung
bezeichnen. Außerdem ist zu bedenken, daß der Inhalt der Weissagun-
gen in der Regel Erbauung, Tröstung und Ermahnung für die Ge-
meinde enthält (1.Kor. 14,3).
Fassen wir dies Ergebnis zusammen, so sehen wir, dass die Gefahr
menschlicher Einwirkung in erster Linie und dämonischer Beeinflus-
sung erst in zweiter Linie kommen kann. Aufgrund der Schrift haben
wir also nicht ohne weiteres das Recht, dort einen Dämon zu vermu-
ten, wo eine Weissagung abgegeben wurde, die sich irgendwie als irrig
erweist.“

Damit geht die „Mülheimer Erklärung" von einem prinzipiell anderen
Verständnis von Geistbegabung aus als ihr Berliner Gegenüber. Letzteres betrachtete den Menschen im Grunde als willenloses Werkzeug in
der Hand einer höheren Macht. War diese nicht Gott (was sich nach
Ansicht der Autoren in unfehlbaren Weissagungen hätte äußern müssen), konnte es sich nur um den Teufel oder einen Dämon handeln.
Man beachte hier den Vergleichspunkt des „Spiritismus", anderswo ist
von „spiritistischen Medien" die Rede. Offensichtlich betrachteten also
die Autoren der Erklärung auch die biblische Prophetie als ein ähnliches
Phänomen, nur dass sich hier kein (unreiner) Geist, sondern Gott selbst
äußert.

Die „Mülheimer Erklärung" geht dagegen gar nicht davon aus, dass
ein Mensch eine Wortoffenbarung empfängt, die er nur wie ein Medium weitergeben muss. Vielmehr schenkt ihm Gott einen „Schatz" im
Unterbewussten, also eine Wahrnehmung, einen Eindruck oder ähnliches, das der Empfänger selbst in die menschliche Wirklichkeit sozusagen
übersetzen muss, um es anderen zugänglich zu machen. Selbst bei größ-
ter Sorgfalt können sich in diesem Prozess jedoch Missverständnisse einstellen, kommen Unerfahrenheit, Unreife oder Geltungsdrang beim
Übermittler hinzu, wird die Botschaft nahezu zwangsläufig menschlich
beeinflusst, wenn nicht gar verfälscht. Jede Weissagung bedarf deshalb
einer Prüfung durch unbefangene Personen, die sie auf etwaige ungeistliche
Motive hin untersuchen sollen.

Damit zeigt sich ein grundlegender Unterschied im Inspirationsverständnis beider Erklärungen. Die „Berliner Erklärung" trennt in rationalistischer Weise zwischen Gottes- und Menschenwort wie dies auch
die Verbalinspirationslehre der Nachreformationszeit getan hat. Eine
Weissagung ist damit entweder Gottes- oder Menschenwort, beides
zugleich kann sie nicht sein. Gerade in der Beurteilung von Geist-
phänomenen wirkt sich diese Trennung jedoch verheerend aus, da hier
ein jenseitiges Element sichtbar wird, das in der Erklärung als „geistige
und körperliche Machtwirkungen" beschrieben wird. Wird das jedoch
nicht als von Gott stammend betrachtet, muss es zwangsläufig vom Teufel her kommen, weil es eben nicht vom Menschen sein kann.

Es ist das große Verdienst der „Mülheimer Erklärung" den Unterschied
zwischen Prophetie und Wahrsagerei deutlich gemacht zu haben, der in
der „Berliner Erklärung" verwischt worden ist. Der Prophet ist und bleibt
eine menschliche Größe, er tritt damit zwar als „Übersetzer" und Inter-
pret des Geistes auf, wird allerdings nicht wie ein Medium zum Sprach-
rohr, das unter Ausschaltung jeglicher menschlichen Instanzen Botschaften aus dem Jenseits übermittelt, die als solche nicht hinterfragt werden
dürfen. Eine Weissagung ist deshalb immer Gotteswort im Menschenwort (bzw. Dämonenwort im Menschenwort). Menschliche Deutungen, Irrtümer, Abweichungen und Fehlinterpretationen sind deshalb bei
Propheten nicht nur möglich, sondern sogar wahrscheinlich. Sie ändern
freilich nichts am Gehalt oder dem Sender der Botschaft.

Trotz ihres theologischen Tiefgangs fand die „Mülheimer Erklärung"
unglücklicherweise weitaus weniger Aufnahme als die in dieser Hinsicht
wesentlich oberflächlichere „Berliner Erklärung", die bis heute nicht nur
weitverbreitet ist, sondern in manchen Kreisen immer noch als richtungs-
weisend angesehen wird. Ihre Folgen haben sich indes als verheerend
erwiesen. Zum einen haben sie einer immer wieder anzutreffenden Angst
vor „übernatürlichen" Phänomenen neue Nahrung geliefert (wer möchte es schon riskieren, sich mit dem Teufel einzulassen?), die umgekehrt
wiederum den Rationalismus in den Gemeinden gefördert hat. Zum
anderen hat die „Berliner Erklärung" Deutschland von der internationa-
len Entwicklung abgekoppelt. Denn nur in Deutschland haben sich die
theologisch eher konservativen Kreise gleich zu Anfang des zwanzigsten
Jahrhunderts in zwei einander ablehnende Lager gespalten, von denen

die eine Seite die andere sogar verteufelt. In anderen Ländern verlief die Entwicklung zwar auch nicht harmonisch, aber sehr viel konstruktiver, weil der Gesprächsfaden nie mit einer solchen Schärfe durchtrennt worden ist.

Es sollte fast neunzig Jahre dauern, bis der Hauptvorstandes der Deutschen Evangelischen Allianz und das Präsidiums des Bundes Freikirchlicher Pfingstgemeinden 1996 die Differenzen in einer „Kasseler Erklärung" ausräumen konnten. Der Preis dafür war auf beiden Seiten hoch. Die Allianz riskierte den Konflikt mit den Teilen ihrer Mitgliedschaft, für die die „Berliner Erklärung" weiterhin unumschränkte Gültigkeit hat und die in der Annäherung an die Pfingstler ein weiteres Zeichen des allgemeinen Niedergangs der evangelikalen Bewegung erkennen. Hier hilft es wenig, dass die Allianz die Frage nach der Autorität der „Berliner Erklärung" bewusst offen hält. Sie wurde nicht nur nie widerrufen, sondern gilt ausdrücklich weiterhin als Dokument, mit dem die Väter die Problematik ihrer Zeit richtig eingeordnet haben. Damit müsste freilich die darin erfolgte theologische Weichenstellung auch weiterhin gültig sein, womit eine Annäherung heute nicht möglich wäre. De facto haben also die Gegner recht, die der Allianz unterstellen, sie halte zwar das Bekenntnis zur „Berliner Erklärung" in Ehren, handele aber im Widerspruch zu ihr.

Die Pfingstler auf der anderen Seite haben die Einladung in die Allianz mit einer Distanzierung von „spektakulären Erscheinungen" wie dem in der „Kasseler Erklärung" ausdrücklich erwähnten „Ruhen im Geist" bezahlt, was wiederum zu einer Spaltung der Pfingstbewegung in „gemäßigte" und andere Pfingstler beiträgt. Es bleibt zudem zu fragen, wie man einerseits das „wilde", extatische Element biblischen Christentums wiederbeleben möchte, ihm andererseits jedoch von vornherein Beschränkungen auferlegen kann. Im Prinzip hätten also nicht bestimmte Phänomene im Voraus verurteilt werden, sondern klarere Kriterien herausgearbeitet werden müssen, anhand derer alle vermeindlichen Geistäußerungen gemessen werden. Solche Prüfsteine dürfen jedoch nicht nur für die in unserem Kulturkreis als „extrem" empfunden Phänomene gelten, sondern ebenso für die, die auch ein rationalistisch orientierter Christ für „normal" hält. Die „Kasseler Erklärung" geht einen Schritt in diese Richtung, indem sie festhält: „Alle Lehre, Weissagung und prophetische Rede ist am Wort der Schrift zu prüfen und zu beurteilen." Allerdings erläutert sie nicht, wie eine solche Prüfung auszusehen hat.

Charismatische Bewegung und „dritte Welle"

Obwohl diese Geistbewegung schon früh zur Bildung einer eigenen Konfession drängte und gedrängt wurde, haben die Pfingstkirchen in beispielloser Weise die anderen Konfessionen beeinflusst. Die Gründe hierfür sind zahlreich: So ist die Pfingstbewegung die seit ihrer Entstehung am schnellsten wachsende christliche Strömung, wobei sie ihren Schwerpunkt in den sogenannten Entwicklungsländern hat, in denen die klassischen Konfessionen oft genug einen schweren Stand haben, weil sie mit dem Kolonialismus in Verbindung gebracht werden. Besonders spektakulär ist das Wachstum der Pfingstkirchen in Südamerika, wo es bald mehr Pfingstler als Katholiken geben wird.

Eine entscheidende Ursache für diesen Anstieg ist sicher darin zu sehen, dass es den Pfingstkirchen wie kaum einer anderen Konfession gelingt, nicht nur „Laien" in verantwortliche Positionen zu integrieren, sondern auch alle sozialen Schichten anzusprechen, womit in den Entwicklungsländern vor allem die Armen gemeint sind. Ausgangspunkt des pfingstlichen Christentums ist die (Geist-)Erfahrung, nicht jedoch eine bestimmte Überzeugung oder Theologie, womit die Gemeinden und leitende Positionen in ihnen selbst für Analphabeten genauso zugänglich sind wie für Intellektuelle. Der Schwerpunkt auf einer Erfahrungsfrömmigkeit hat allerdings auch große Schattenseiten, auf die wir später zurückkommen werden.

Der Attraktivität der Pfingstbewegung tun sie freilich keinen Abbruch. Nicht wenige Angehörige anderer Konfessionen sehen in ihr denn auch eine Wiederentdeckung der für die frühe Christenheit so entscheidenden Dynamik des Geistes. Die ersten, die die darin verborgene Kraft für sich gewinnen wollten, waren deshalb nicht von ungefähr Pastoren der großen Konfessionen, also der Kirchen, denen vereinfachend gesagt das fehlte, was die Pfingstbewegung auszeichnete: Laienbeteiligung, Spontanität, Lebendigkeit und missionarische Erfolge jenseits der bürgerlichen Mittelschicht.

In der Zeit nach dem Zweiten Weltkrieg entstanden so innerhalb der großen Kirchen verschiedene Bewegungen, die einerseits Elemente pfingstlicher Frömmigkeit und Glaubenspraxis übernahmen, andererseits aber eine eigene Theologie entwickelten, um diese Elemente mit der überlieferten Lehre der jeweiligen Konfession in Einklang bringen. Im Unterschied zu den um die Jahrhundertwende entstandenen Pfingstkirchen, die eigenständige Organisationen bildeten, redet man deshalb bei diesem neuen Phänomen von der „charismatischen Bewegung". So treffend dieser Ausdruck ist – im Mittelpunkt steht nicht eine neue Geistausgießung („Pfingsten"), sondern bestimmte Geistesgaben („Charismen") – man würde ihn falsch verstehen, wenn man aus ihm auf eine einheitliche Bewegung schließen würde.

Auch wenn es mancherorts Spannungen geben mag, wollen sich Charismatiker im Gegensatz zu den Pfingstlern bewusst nicht von ihren Mutterkirchen lösen, sondern die von ihnen gemachten Erfahrungen integrieren. Die Folge sind sehr unterschiedliche Theologien: Ein lutherischer Charismatiker ist in erster Linie Lutheraner, ein reformierter bleibt reformiert, ein römisch-katholischer Charismatiker kann unter Umständen die Geistesgaben sogar mit einer ausgeprägten Marienfrömmigkeit kombinieren. Zentral sind bei allen jedoch die charismatischen Erfahrungen, mit denen die traditionelle Frömmigkeit erweitert und ergänzt wird, wobei Lobpreis, Prophetien, Zungenrede und das Gebet um Heilung einen besonderen Stellenwert bekommen. Ziel war dabei ursprünglich die charismatische Erneuerung der bestehenden Kirchen, die sich in Deutschland die „Geistliche Gemeinde-Erneuerung" (GGE) im evangelischen Bereich bzw. die „Katholisch-charismatische Erneuerung" (KCE) auf die Fahnen geschrieben haben. Angesichts der Stagnation der charismatischen Bewegung wird die Erreichung dieses Ziels jedoch immer zweifelhafter.

Betrachtet man die Ausgangslage, ist es verständlich, dass die Beurteilung der charismatischen Bewegung durchaus unterschiedlich ausfällt. Für die einen ist sie ein Weg Gottes, durch den Menschen innerhalb der bestehenden Kirchen angesprochen werden, die auf anderen Wegen nicht erreicht worden wären. So sollte man nicht unterschätzen, dass die in den Charismen zum Ausdruck kommende persönliche Zuwendung und Wertachtung von nicht wenigen als Ausdruck der Liebe Gottes verstanden wird. Heilungen und eintreffende Weissagungen öffnen zudem den Zugang zu ähnlichen Phänomenen in der Bibel, die dadurch wiederum

glaubwürdiger wird. Nicht zuletzt zieht die Lebendigkeit des Lobpreises gerade die Menschen an, die mit traditionellen Gottesdiensten nur
wenig anfangen können.

Die von den Charismatikern betriebene Integration pfingstlicher Erfahrung in den Kontext der traditionellen Kirchen hat allerdings auch
Kritik ausgelöst. Wer aus theologischen Gründen zum Beispiel die römisch-katholische Frömmigkeit ablehnt, wird gegenüber einem katholischen Charismatiker nicht milder gestimmt sein. Im Gegenteil, die in
den Bahnen der katholischen Theologie gedeutete charismatische Erfahrung wird ihn eher am Wert der Geisterfahrung an sich zweifeln lassen.
Das gilt umso mehr, als sich die von den Charismatikern praktizierte
Ökumene allzu oft in gemeinsamen Gottesdiensten erschöpft, in denen
man sich auf den beide Seiten verbindenden Lobpreis und die gemeinsamen Erfahrungen konzentriert und die theologischen Differenzen ausblendet. Für einen konservativen Evangelikalen sind die Charismatiker
daher nur andere Pfingstler – und dass sich der „Pfingstgeist" nun mit
der „liberalen", „volkskirchlichen" oder „römisch-katholischen" Theologie verbindet, lässt ihn nur umso sicherer darin werden, dass es sich um
einen „falschen" Geist handelt.

Seit den siebziger und achtziger Jahren des letzten Jahrhunderts beginnen allerdings die Grenzen zwischen Charismatikern und Evangelikalen zunehmend zu verschwimmen. Ausgangspunkt war eine Annäherung von evangelikaler Theologie an charismatische Erfahrungen im angelsächsischen Bereich. Typisch für diese Annäherung ist vielleicht die
Geschichte John Wimbers (1934-1997), eines evangelistisch sehr erfolgreichen evangelikalen Pastors, der 1977 nach einer längeren Predigtreihe über das Lukasevangelium ein regelmäßiges Gebet um Heilung in
seiner Gemeinde einrichtete, und dabei auch verschiedene Heilungen
erlebte. Im Zentrum der von ihm mit ins Leben gerufenen Bewegung
stand damit die Heilige Schrift, die von Erfahrungen wie Heilungen,
Prophetie, Zungenrede und Ähnlichem berichtet, woraus Wimber und
andere schlossen, dass solche Erfahrungen auch heute noch nicht nur
möglich sind, sondern von Gott erbeten werden sollen.

Die so entstandene Verbindung von evangelikaler Bibelfrömmigkeit
und charismatischer Offenheit wird gelegentlich „Dritte Welle" genannt,
um sie von den Pfingstlern und den Charismatikern der traditionellen

Kirchen zu unterscheiden. Von Pfingstlern und Charismatikern trennt sie eine Abwertung der Zungenrede, die bei der „Dritten Welle" nicht mehr als grundlegendes Kennzeichen für eine „Geisttaufe" angesehen wird (wobei Pfingstler und Charismatiker in dieser Frage vielerorts nachgezogen sind). Zentral sind vielmehr die Geistesgaben der Prophetie und Heilung, die beide evangelistisch eingesetzt werden (Wimber redet in diesem Zusammenhang von „Power Evangelism").

Mit dem Auftreten der „Dritten Welle" zeigt sich also eine Geistbewegung, in der die Erfahrung bewusst innerhalb der von der evangelikalen Bibelorientierung vorgegebenen Theologie gedeutet und angeregt werden soll. Der oft angeführte Vorwurf, Charismatiker orientierten sich eher an der Erfahrung als an der Schrift, trifft damit für die „Dritte Welle" nicht zu. Sie führte deshalb nicht nur zu einer immer tiefer greifenden Öffnung auch traditioneller evangelikaler Kreise für Elemente charismatischer Frömmigkeit (Lobpreiszeiten, Gebet unter Handauflegung, persönliches Segnen), sondern legte auch einen theologischen Graben offen, der auf den ersten Blick gar nichts mit der Kontroverse um die Pfingstbewegung zu tun hat.

Die Gegner der „Dritten Welle" unterscheiden sich von deren Anhängern nämlich nicht in ihrer Bibelfrömmigkeit, sondern in ihrem Verständnis der Heilsgeschichte. Während die Anhänger der „Dritten Welle" bekanntlich nach der Wiederherstellung eines neutestamentlichen Christentums streben, halten ihre Gegner gerade das für unmöglich. Hierbei spielt der Dispensationalismus (von lat. „dispensatio", „Verwaltung", „Haushalterschaft") eine entscheidende Rolle. John Nelson Darby (1800-1882), der Begründer der Brüderbewegung, vertrat die Ansicht, dass die Heilsgeschichte in verschiedene Abschnitte („Dispensationen") einzuteilen sei, in denen Gott jeweils anders auf die Welt und die Gemeinde eingehe und denen bestimmte Gaben und Zielsetzungen zuzuordnen seien. Für Darby stand dabei fest, dass eine durch menschliches Unvermögen verlorengegangene Gabe Gottes bis zum Ende der Zeiten nicht wiederhergestellt werden könne. Deshalb gründete er auch keine Gemeinden, sondern nur „Versammlungen", weil er der Überzeugung war, dass die Kirche abgefallen sei und damit nicht wieder erneuert werden könne.

Die Lehre des Dispensationalismus fand weit über die Brüderbewegung hinaus Verbreitung. In Deutschland war es unter anderem Robert Brockhaus, in dessen Verlag entsprechende Schriften gedruckt wurden und in dem auch die in konservativen Kreisen weitverbreitete „Elberfelder Bibel" erscheint. Deutlich dispensationalistisch geprägt sind auch die Anmerkungen der „Scofieldbibel", die seit 1993 mit dem Text der revidierten Elberfelder Bibel herausgegeben wird.

Hat man sich nun der Denkweise Darbys und der Lehre des Dispensationalismus angeschlossen, erübrigt sich jedes weitere Nachdenken über die charismatische Bewegung oder die „Dritte Welle". Denn die im Neuen Testament erwähnten Geistesgaben gehören nach dieser Ansicht einer anderen „Dispensation" an und sind folglich unwiederbringlich erloschen. Auf diesem Hintergrund wird die oft aufgeführte Argumentation verständlich, wonach das Neue Testament als Buch die in ihm erwähnten Geistesgaben abgelöst habe, weswegen sie heute nicht mehr „nötig" seien – obwohl die dazu oftmals als Beleg angeführte Stelle 1. Korinther 13,8-10 sich nur mit Mühe so lesen lässt. Denn dort wird neben dem „prophetischen Reden" auch die „Erkenntnis" und das „Wissen" als „Stückwerk" bezeichnet, das „aufhören" wird, wenn das „Vollkommene" kommen wird. Wer nun im „Vollkommenen" das Neue Testament selbst sieht (und nicht, wie es vom Kontext her naheliegt, die Wiederkunft Christi und die Aufrichtung des Reiches Gottes), kann also nicht einfach nur das „prophetische Reden" aufhören lassen. „Erkenntnis" und „Wissen" wären ebenfalls dahin. Das zeigt, wie nötig eine intensive Beschäftigung mit den biblischen Texten zum Heiligen Geist ist.

Der „Atem Gottes"

Geist und Leben

Bevor wir uns mit dem Heiligen Geist in der Bibel beschäftigen können, müssen wir allerdings einen Blick auf das Wort selbst werfen. Im Deutschen weckt der Begriff „Geist" ja im Wesentlichen drei verschiedene Gedankenverbindungen: Zum einen ist das das Wortfeld „Seele", hier geht es um den „inneren", nicht materiell zu fassenden „Kern" eines Menschen bzw. seiner Persönlichkeit. Eng damit verbunden ist eine andere Assoziation, „Verstand", „Bewusstsein", „Denkweise". Wir reden etwa von einem „Gemeinschaftsgeist", womit das ausgedrückt wird, was eine Gemeinschaft jenseits von äußeren Erkennungszeichen verbindet. Eine dritte gedankliche Verknüpfung mit „Geist" stellt das Gespenst dar, also eine Spukgestalt, die über keinen Körper verfügt.

Betrachtet man das Wortfeld als Ganzes, ist Geist also eine nicht materiell zu fassende Größe, die freilich mit der Persönlichkeit verbunden ist, wenn sie nicht sogar als ihr eigentlicher „Sitz" angesehen wird. So haben wir die Seele als Ort der religiösen und emotionalen Empfindungen, den Verstand als Bereich des vernünftigen Denkens, den Gemeinschaftsgeist als das über die Einzelnen hinausgehende verbindende Element und schließlich das Gespenst als leiblose Persönlichkeit. Mit anderen Worten: Dass auch der Geist Gottes etwas Personales sein muss, liegt für einen deutschsprachigen Leser auf der Hand. Es ergibt sich schlicht aus dem Wort „Geist". (Diese Beziehung ist übrigens insofern nicht zufällig, weil der deutsche Geistbegriff von der christlichen Vorstellung des Heiligen Geistes abgeleitet wurde: Der Geist ist eine Persönlichkeit, die die Einzelnen zusammenführt.)

Was im Deutschen freilich kaum mit „Geist" verbunden wird, ist der Gedanke der Dynamik. In den biblischen Ursprachen Hebräisch und Griechisch sieht das Bild jedoch anders aus. Die ursprüngliche Bedeutung des hebräischen *ruach* ist „Wind", wobei der Schwerpunkt nicht auf dem Naturphänomen, sondern auf der damit verbundenen Energie liegt, wie an verschiedenen Wortverbindungen mit *ruach* deutlich wird, die alle etwas mit „in Aktion treten" zu tun haben. *Ruach* bezeichnet demnach den Wind als Kraft, als geheimnisvolle Bewegung, deren Ausgangspunkt und Ziel wir nicht kennen. Diese Bedeutung liegt auch dem Wortspiel in Johannes 3,8 zugrunde (das sich auf deutsch nur noch wie ein Vergleich anhört): „Der Wind bläst, wo er will, und du hörst sein Sausen wohl; aber du weißt nicht, woher er kommt und wohin er fährt. So ist es bei jedem, der aus dem Geist geboren ist." Entsprechend wird *ruach* in deutschen Bibeln an verschiedenen Stellen mit „Wind", „Atem" oder Ähnlichem übersetzt, womit allerdings nicht mehr deutlich wird, dass dort dasselbe Wort steht, das anderswo als „Geist" wiedergegeben wird.

Ein ähnliches Bild zeigt sich im Griechischen, wo Geist *pneuma* heißt. Wir kennen den Begriff aus Fremdwörtern wie „pneumatisch", womit

etwas beschrieben wird, das mit Luftdruck funktioniert. Auch hier liegt
der Schwerpunkt also auf der Dynamik, der Kraft und der Bewegung,
auch hier ist die erste Assoziation „Wind". Im Unterschied zum Hebräischen, das nur männliche und weibliche Begriffe kennt (*ruach* ist weiblich), gibt es im Griechischen wie im Deutschen auch sächliche, wozu
auch *pneuma* gehört. Das unterstreicht noch einmal, wie sehr der Begriff
in den biblischen Sprachen mit Dynamik verbunden wird – und wie
wenig mit Personalität. Letztere muss deshalb durch eine interessante
grammatische Konstruktion verdeutlicht werden: In Johannes 14,26;
15,26 und 16,13f. wird das *pneuma* mit einem maskulinen Pronomen
verbunden („das *pneuma*, *der* ..."). Hier wird also aus einem sächlichen
Begriff ein männlicher, um die Personalität des Geistes zu unterstreichen.

Das ändert freilich nichts an der grundlegenden Verbindung von Geist
und Atem, womit der Heilige Geist als die von Gott ausgehende (personale) Dynamik gedeutet werden kann. Entsprechend stellen schon die
ersten Verse der Bibel die noch leblose Erde dem Geist Gottes gegenüber:

> *„Am Anfang schuf Gott Himmel und Erde. Und die Erde war wüst
> und leer, und es war finster auf der Tiefe; und der Geist Gottes schweb-
> te auf dem Wasser" (1. Mose 1,1f.).*

Liest man weiter, erkennt man den Kontrast, der sich etwa in der Erschaffung des Menschen nach 1. Mose 2,7 zeigt. So ist der Mensch
zunächst „Erde vom Acker" (wie der Name *adam*, der mit dem hebräischen *adamah*, „Ackerboden", verwandt ist, deutlich macht), also ähnlich „wüst und leer" wie die unbewohnte Erde. Dann aber „blies [Gott]
ihm den Odem des Lebens in seine Nase. Und so ward der Mensch ein
lebendiges Wesen."

Das Leben selbst wird damit auf Gott zurückgeführt. Auf die Erschaffung des Alls, das „Formen", folgt nun als zweiter Akt das „Einblasen"
des göttlichen Geistes. Unbelebtes und Belebtes werden deutlich unterschieden, indem Letzteres einen weiteren schöpferischen Schritt voraussetzt. Der Geist, der „Atem" Gottes ist damit eng verbunden mit der
Dynamik des Lebens, ja als Atem Gottes, der in allem Lebenden wirkt,

erscheint er als das Leben selbst. Im Alten Testament wird dieser Zusammenhang nicht nur bei der Schöpfung herausgestellt, sondern auch
in den Psalmen. Im Verbindung mit dem Lob des Schöpfers der beleb-
ten Welt etwa heißt es:

> *„Verbirgst du dein Angesicht, so erschrecken sie; nimmst du weg ihren
> Odem, so vergehen sie und werden wieder Staub. Du sendest aus dei-
> nen Odem, so werden sie geschaffen" (Psalm 104,29f.).*

Auch wenn damit das Leben selbst noch einmal in besonderer Weise als
von Gott kommend aus der übrigen Schöpfung herausgehoben wird,
bedeutet diese Verbindung von Geist und Leben freilich nicht, dass jedes Lebewesen im Sinne des Alten oder Neuen Testaments mit dem
Geist erfüllt ist. Wie viele andere Begriffe hat auch „Geist" in der Bibel
verschiedene Deutungsebenen. „Leben" etwa kann in der Heiligen Schrift
schlichtweg das irdische Dasein beschreiben, anderswo jedoch eine weit
über die irdischen Kategorien hinausgehende Gottesbeziehung („Ich bin
die Auferstehung und das Leben"; Johannes 11,25), der der „Tod" gegenübersteht, der ebenfalls nicht (nur) leiblich gemeint ist. Ähnlich verhält es sich mit „Licht" und „Finsternis". In diesem Sinne ist der Geist
im irdischen Kontext mit dem irdischen Leben verbunden, im geistlichen Zusammenhang jedoch mit dem geistlichen. So sagt Jesus zu
Nikodemus:

> *„Es sei denn, dass jemand geboren werde aus Wasser und Geist, so
> kann er nicht in das Reich Gottes kommen. Was vom Fleisch geboren
> ist, das ist Fleisch; und was vom Geist geboren ist, das ist Geist"
> (Johannes 3,5f.).*

Die Verbindung von Geist und Leben wird damit jedoch nicht aufgelöst, sondern gerade verstärkt. Etwas vereinfachend gesagt gilt die Glei-
chung, je mehr Geist, desto mehr Leben. Die Fülle des Geistes bewirkt
also die Fülle des Lebens. Konsequenterweise wird der Geist im Neuen
Testament deshalb auch mit der Auferstehung von den Toten in Verbindung gebracht. So ist nach dem Römerbrief nicht nur Jesus selbst „nach
dem Geist, der heiligt, eingesetzt [...] als Sohn Gottes in Kraft durch die

Auferstehung von den Toten" (Römer 1,4), auch die Auferstehung der Gläubigen geschieht „durch seinen Geist, der in euch wohnt" (Römer 8,11).

Zusammenfassend ist der Geist damit Ausdruck der schöpferischen Dynamik Gottes, die aus Totem Lebendiges macht. Damit soll nicht seine Personalität geleugnet werden, denn der Geist ist eine Person der Dreieinigkeit, wie wir noch sehen werden. Allerdings liegt der Schwerpunkt in der Bibel auf der Kraft, der Energie, der Bewegung des Geistes.

Die lebensverändernde Kraft

Vor diesem Hintergrund können wir nun einen Blick auf das Wirken des Geistes im Alten Testament werfen. Zentral ist auch hier wieder die Kraft, die sich im Menschen als „Begabung", also Gabe des Geistes und Befähigung äußert. Der Geist setzt in Bewegung, bringt Menschen in Aktion, eröffnet ihnen Möglichkeiten, die ihnen vorher verschlossen waren. Beispielhaft sei hier Saul erwähnt, der erste König Israels. Als Samuel ihn überraschend zum Herrscher salbte, gab er ihm die Verheißung mit auf den Weg: „Der Geist des HERRN wird über dich kommen, [...] da wirst du umgewandelt und ein anderer Mensch werden." (1. Samuel 10,6)

Was das bedeutete, lesen wir wenig später, als die Stadt Jabesch in Gilead belagert wird. Die angreifenden Ammoniter sind sich dabei ihrer Sache so sicher, dass sie den Stadtältesten erlauben, Boten auszusenden, die Hilfe zusammentrommeln sollen. Deren Bitten um Beistand verhallen zunächst einmal unerhört, denn als das Volk Israel von der Not Jabeschs erfuhr, „weinte" es nur, konnte sich aber zu keiner Handlung entschließen (1. Samuel 11,4). Anders ist dagegen die Reaktion Sauls:

„Da geriet der Geist Gottes über Saul, als er diese Worte hörte, und sein Zorn entbrannte sehr. Und er nahm ein Paar Rinder und zerstückte sie und sandte davon in das ganze Gebiet Israels durch die Boten und ließ sagen: Wer nicht mit Saul und Samuel auszieht, mit dessen Rindern soll man ebenso tun. Da fiel der Schrecken des HERRN auf das Volk, sodass sie auszogen wie ein Mann" (1. Samuel 11,6f.).

Indem der Geist Gottes „über Saul geriet" kommt also in eine scheinbar
ausweglose Situation eine neue Dynamik, die nicht nur Saul selbst, sondern das ganze Volk erfasst. Ebenso wichtig wie der Mut Sauls ist ja der
„Schrecken des HERRN", der auf das Volk fällt, ohne den der nachfolgende Feldzug nicht möglich wäre. Der Geistbesitz äußert sich hier also als
Kraftwirkung, die Menschen aus ihrer lähmenden Angst (und damit
ihrem Misstrauen gegenüber dem Beistand Gottes) herausführt und zu
bevorstehenden Aufgaben befähigt.

In dieser Richtung sind auch die anderen Geistbegabungen des Alten
Testaments zu deuten. So bekommt Josua, der Nachfolger Moses, durch
den Geist die Befähigung zur Leitung des Gottesvolkes (vgl. 4. Mose
27,18; 5. Mose 34,9), ebenso die Richter (vgl. Richter 3,10; 6,34; 11,29;
13,25 u. ö.). Wie sehr der Geistbesitz mit der zu bewältigenden Aufgabe verbunden war, wird zudem daran deutlich, dass der Geist in dieser
Zeit nicht für immer verliehen wurde. Mit seinem Amt verliert Saul
auch den Geist. Während er auf David blieb (vgl. 1. Samuel 16,13),
wurde er Saul also wieder genommen (1. Samuel 16,13f.). Davids Bitte
in Psalm 51,13, „nimm deinen heiligen Geist nicht von mir", erhält vor
diesem Hintergrund ihre Bedeutung.

Mit David beginnt freilich eine neue Linie. Bis zu ihm selbst war die
Leitung des Gottesvolkes und der damit verbundene Geistbesitz Sache
einer charismatischen Berufung, die unvorhersehbar war und in jeder
Generation neu ausgesprochen wurde. David dagegen erhält vom Propheten Nathan eine Verheißung Gottes: „Dein Haus und dein Königtum sollen beständig sein in Ewigkeit vor mir, und dein Thron soll ewiglich bestehen" (2. Samuel 7,16). Der mit dem Königtum verbundene Geistbesitz wird von nun an dynastisch weitergegeben. Mit der
Einsetzung eines neuen Königs wird damit ein ähnlich festes Salbungs-
ritual verbunden wie zuvor schon mit der des Hohenpriesters, der
ebenfalls in einer dynastischen Folge steht (vgl. 1. Könige 1,38-40 mit
2. Mose 29,1-37).

Beim König- wie beim Priestertum Israels haben wir es also mit einem
Phänomen zu tun, das später „Amtscharisma" genannt worden ist, also
der engen Verbindung von Amt und Geistbesitz. Die Salbung ist dabei
nicht nur als ein Zeichen zu verstehen, mit dem der von Gott schon
sichtbar Auserwählte sozusagen nur noch offiziell in sein Amt eingeführt

wird, vielmehr kommt in ihr alles zusammen: Die Salbung verleiht den
Geist und damit die für die Ausübung des Amtes nötige Autorität.

Wie eng beides miteinander verbunden wird, wird gerade da deutlich,
wo ein Amt von Menschen in nicht angemessener Weise ausgeübt wird.
David scheut sich davor, an Saul Hand anzulegen, weil er der „Gesalbte
des HERRN" ist (1. Samuel 24,6; 26,11.23). Entsprechend lässt er den
Mann hinrichten, der (fälschlicherweise) behauptet, Saul getötet zu haben (2. Samuel 1,16). In ähnlicher Weise sieht später der Apostel Johannes
in dem christusfeindlichen Hohenpriester Kaiphas den Geist Gottes am
Werk, indem er eine seiner Äußerungen folgendermaßen interpretiert:
„Das sagte er aber nicht von sich aus, sondern weil er in dem Jahr Hoherpriester war, weissagte er" (Johannes 11,51).

Wir lägen jedoch falsch, wenn wir das an diesen Punkten zum Ausdruck kommende Amtscharisma der Könige und Priester als besondere
Hervorhebung der jeweiligen Träger betrachten würden. Es ist eher das
Gegenteil der Fall. Die Antike dachte nicht individualistisch, und das
galt namentlich für Priester und Könige im Alten Testament. Sie sind im
wahrsten Sinne des Wortes Repräsentanten des Gottesvolkes, deren Persönlichkeit hinter dem Amtscharisma verschwinden soll. Originalität im
individualistischen Sinn war deshalb gerade nicht gefragt, sondern ein
Ausfüllen des Amtes im Sinne der Weiterführung übernommener Traditionen und Rituale.

In gewisser Weise sieht man dieses Geistverständnis auch bei anderen
Aufgaben des alttestamentlichen Gottesvolkes, deren Ausführung
ebenfalls mit dem Geist in Verbindung gebracht wird. So sollten auch
die Künstler, die die Stiftshütte anzufertigen hatten (vgl. 2. Mose 31,3;
35,31.34), kein eigenständiges Kunstwerk im heutigen Sinne anferti-
gen, sondern einen von Gott vorgegebenen Plan bis ins Kleinste umsetzen. In ähnlicher Weise sollten auch die zur Unterstützung Moses eingesetzten Ältesten ganz in seinem Sinne auftreten. Bei ihnen handelt es
sich fast um so etwas wie „Kopien" Moses, denn Gott sagt ausdrücklich,
er wolle „von deinem Geist, der auf dir ist, nehmen und auf sie legen,
damit sie mit dir die Last des Volks tragen und du nicht allein tragen
musst" (4. Mose 11,17). Auch wenn der Geist Gottes im Alten Testament nur auf Einzelnen ruht, macht er sie damit also nicht zu Individu-
en, sondern zu Repräsentanten des Ganzen. Gegenüber Gottes ist und

bleibt nicht der einzelne Gläubige, sondern das Gottesvolk in seiner Gesamtheit.

Das gilt auch für die vielleicht individualistischste Erscheinung des Alten Testaments, die Prophetie. Lassen sich Könige und Priester unter einem zunehmend dynastisch verstandenen Amtscharisma zusammenfassen, treten ihnen die jeweils als Einzelpersönlichkeiten direkt berufenen Propheten gegenüber. Um das Prophetendasein kann man sich nicht bewerben, es ist auch nicht vererblich. Wo dennoch Ansätze dazu vorhanden sind, etwa in dem sich im Umkreis des Königshauses etablierenden „Berufsprophetentum", spricht das Alte Testament von falscher Prophetie (1. Könige 22,1-27; Jeremia 14,13-16 u. ö.). Im Prophetentum als Gegenüber und Kritiker von König- und Priestertum zeigt sich damit die dem Alten Testament eigene Form der „Gewaltenteilung". Der Geist Gottes wirkt durch beide, Amtsträger wie individuell Berufene, und gerade in ihrem Mit- und vor allem Gegeneinander lässt sich der aktuelle Wille Gottes erkennen.

Da sich Könige und Priester im Laufe der Jahrhunderte immer weiter von ihrer Grundlage entfernen, kommt dem Prophetentum dabei ein immer größeres Gewicht zu. Der Apostel Petrus fasst denn auch das Wirken des Geistes in diesem Bereich mit den Worten zusammen:

„Es ist noch nie eine Weissagung aus menschlichem Willen hervorgebracht worden, sondern getrieben von dem heiligen Geist haben Menschen im Namen Gottes geredet" (2. Petrus 1,21).

Auch wenn dies kein Wort aus dem Alten Testament ist, drückt es doch das Selbstverständnis der alttestamentlichen Propheten aus. Schon Bileam prophezeite unter Einwirkung des Heiligen Geistes (4. Mose 24,2), ebenso Hesekiel (Hesekiel 11,5). Jesaja sprach von einer „Salbung" durch den Geist Gottes, die auf ihm liege (Jesaja 61,1), ein Wort, das Jesus später auf sich selbst übertrug (Lukas 4,18f.).

Das Wirken des Geistes in der Prophetie erschöpft sich freilich nicht darin, den Willen Gottes durch Worte und Zeichenhandlungen zu offenbaren. Vielmehr werden ein „neues Herz" (Hesekiel 36,26f.) und ein „neuer Bund" (Jeremia 31,33f.) verheißen, in dem der Geist Gottes auf das ganze Volk ausgegossen werden wird (Joel 3,1f.) – und zwar in einer

Fülle, die darauf schließen lässt, dass es dabei um mehr gehen wird als um die Bewältigung bestimmter Aufgaben. Zur alttestamentlichen Erwartung gehört auch, dass sich das Geistwirken nicht auf Israel beschränken, sondern auf alle Völker ausweiten wird.

Das Alte Testament verbindet mit dem Wirken des Geistes schließlich körperliche Phänomene, die in der Lutherübersetzung oft mit dem Wort „Verzückung" wiedergegeben werden (vgl. 4. Mose 11,25f.). Der Begriff ist eine Wortschöpfung des Mystikers Meister Eckart († 1328), der damit einen anderen Bewusstseinszustand beschreiben wollte, der für Außenstehende an körperlichen Phänomenen erkennbar ist („Verzückung" hat mit „zucken" zu tun). Wir heute würden diesen Zustand mit Fremdwörtern als „Extase" oder „Trance" beschreiben, also als Phänomene, bei denen einer „aus sich heraustritt" (so die wörtliche Bedeutung des griechischen *extasis*; „Trance" ist von dem lateinischen *transire*, in einen anderen Bewusstseinszustand „hinübergehen", abgeleitet).

Für unseren Zusammenhang ist interessant, dass dieser Zustand in der Frühzeit der Prophetie als *das* Kennzeichen eines Propheten galt. So berichtet 4. Mose 11,25, dass die siebzig Ältesten in „Verzückung gerieten wie Propheten". Von der Prophetenschar, die Saul begegnet, werden keine Wortoffenbarungen erwähnt, wohl aber gehen „vor ihnen her Harfe und Pauke und Flöte und Zither, und sie werden in Verzückung sein" (1. Samuel 10,6). Ähnliches wird auch in 1. Samuel 19,20 über eine „Prophetenschar" berichtet.

In der frühen Königszeit Israels zeigte sich das Wirken des Geistes somit in erster Linie im Bereich der extatischen Dynamik, wozu wie wir gesehen haben auch Musik als Hilfsmittel herangezogen wurde. Mit solchen Phänomenen war im Alten Testament unter Umständen (nicht immer!) auch ein Hinstürzen verbunden (vgl. 1. Samuel 19,24; Daniel 8,18 u. ö.), wobei die von manchen modernen Auslegern angeführte Unterscheidung von Umfallen nach vorn („Anbetung") und nach hinten („Gericht") nicht nachvollziehbar ist. Die Texte äußern sich in der Regel schlichtweg nicht darüber, in welche Richtung einer fiel.

Gerade der in dieser Hinsicht immer wieder angeführte Sturz Elis kann zwar als Vollzug des in 1. Samuel 3,12 angekündigten Gerichts gedeutet werden, allerdings spricht die Bibel in diesem Zusammenhang von keiner besonderen Machtwirkung Gottes. Als Eli eine Schreckensnachricht hörte, „fiel er rücklings vom Stuhl an der Tür und brach seinen Hals und starb, denn er war alt und ein schwerer Mann" (1. Samuel 4,18). Hier könnte man vielleicht an einen Herzinfarkt oder Schlaganfall denken, der zu einem unglücklichen Sturz führte. Im Falle Elis war dies Gericht, so wie die Frühgeburt seiner Schwiegertochter (1. Samuel 4,19f.). Allerdings kann man daraus genausowenig ableiten, dass nach der Bibel Frühgeburten generell als Gerichtshandeln Gottes anzusehen sind.

Ähnlich verhält es sich mit den Beispielen, bei denen Menschen „auf ihr Angesicht fallen". Hier haben wir es mit einer im ganzen alten Orient verbreiteten Geste der Huldigung zu tun, die nicht nur Gott, sondern auch Königen zuteil wurde. Damit ist sie ebenso kein Ausdruck einer Machtwirkung Gottes, sondern eine ähnliche Handlung wie in anderen Kulturkreisen das Verbeugen oder der Hofknicks – womit wiederum dem „Fallen nach vorn" keine besondere geistliche Qualität zukommt.

Zusammenfassend müssen wir also feststellen, dass das Alte Testament nahezu selbstverständlich davon ausgeht, dass sich der Heilige Geist nicht nur in besonderen Begabungen zeigt. Vielmehr werden zwei aus heutiger Sicht einander widersprechende Bereiche ebenfalls als Geistwirken gedeutet: Die „Amtsgnade" der Könige und Priester und das wilde Element der Prophetie, in der Extase und Trance eingeschlossen waren. Je nachdem, in welchen christlichen Kreisen man sich heute bewegt, erscheinen das eine oder andere (oder gar beides) befremdlich.

Auf antikem Hintergrund bildet das Alte Testament freilich keine Ausnahme. Auch andere Völker vermuteten bei ihren Königen und Priestern eine besondere Nähe zu jenseitigen Mächten (die sie häufig durch eine auf Götter zurückgeführte Abstammung deutlich machten), ebenso berichtet auch das Alte Testament von Trancezuständen bei den Propheten Baals (1. Könige 18,29). Aus der Tatsache, dass ein Phänomen weit verbreitet ist, lässt sich daher noch nichts über seine Qualität aussagen. Die manchmal aufgeführte Argumentation, dass Extase und Trance in anderen Religionen vorkommen, spricht daher noch nicht gegen diese Zustände. Mit der gleichen Begründung könnte man auch Predigt und Musik ablehnen, denn auch sie sind über den jüdisch-christlichen Kontext hinaus weit verbreitet. Der Hinweis zum Beispiel der „Berliner Erklärung", die Pfingstbewegung habe „viele Erscheinungen mit dem Spiritismus gemein", ist daher bestenfalls eine Tatsachenfeststellung, spricht als solche jedoch nicht gegen die Pfingstbewegung. Umgekehrt entbindet uns ein außergewöhnliches Phänomen nicht von der Aufgabe der Prüfung. Denn dass etwas als geistgewirkt gilt, bedeutet nicht zwangsläufig, dass es auch vom Geist Gottes gewirkt sein muss.

Der „Geist Jesu Christi"

Jesus der Gesalbte Gottes

Das Alte Testament endet offen; es ist ein Buch der Verheißung, nicht der Erfüllung. So verheißt es nicht nur das Kommen eines besonders mit dem Geist ausgerüsteten Retters, es redet auch davon, dass das ganze Gottesvolk und darüber hinaus die Heidenwelt mit dem Geist erfüllt werden würden. Im Mittelpunkt der Erwartung steht jedoch die Person des „Gesalbten", Hebräisch *meschiach* („Messias") und Griechisch *christos*. Wollen wir uns dem antiken Verständnis wieder annähern, müssen wir zunächst einmal feststellen, dass es sich bei „Christus" also nicht (wie wir heute oft meinen) um einen göttlichen, sondern gerade um einen menschlichen Titel handelt. Durch die Salbung wird im Alten Testament eine Person aus der Mitte des Gottesvolkes mit einem herausragenden Amt betraut und damit zu seinem Repräsentanten gemacht, weswegen sie auch schon im Alten Testament als „Messias" bzw. „Christus" bezeichnet wird (so in 1. Samuel 12,3; 2. Samuel 23,1 u. ö.).

In diesem Sinne ist Jesus als Christus also der vollkommene Repräsentant des Gottesvolkes. Während Könige und Priester, die Gesalbten des Alten Bundes, trotz ihres Amtscharismas immer noch eigenständige Persönlichkeiten waren, die entsprechend auch ihre eigenen Interessen verfolgten (und dabei ihr Amt unter Umständen missbrauchten; vgl. 1. Samuel 2,12-25), füllt Jesus dieses Amt in jeder Hinsicht aus. Bei ihm gibt es kein Privates in dem Sinne, dass er neben der Repräsentation des Gottesvolkes noch eigene Ziele verfolgt. Als königlicher Gesalbter ist er vielmehr in vollkommener Weise Anführer des Volkes, als Priester vertritt er es vor Gott.

Unklar war zur Zeit Jesu freilich, wie die königliche mit der priesterli-

chen Linie in einem Menschen vereinbart werden könnte. Da David
Judäer war und die Priester aus dem Stamm Levi kommen, lässt sich
beides nicht in einer Person denken, noch viel weniger als das Alte Testa-
ment jegliche Vermischung beider Ämter ablehnt. Was die jüdische
Theologie jedoch kaum lösen konnte, offenbart der Hebräerbrief, der
Jesu messianisches Priestertum in Anlehnung an Psalm 110 nicht auf
Aaron, sondern auf Melchisedek zurückführt (Hebräer 7).

Das Bild von Jesus als Geistträger wäre unvollständig, wenn wir nicht
noch den Zug in Blick nehmen würden, der seinen Zeitgenossen am
meisten ins Auge fiel. Auf die Frage: „Wer sagen die Leute, dass der
Menschensohn sei?", lautet die Antwort interessanterweise nicht „der
Sohn Davids" oder „ein Priester". Vielmehr wird die Verbindung zur
prophetischen Linie des Alten Testaments gezogen: „Einige sagen, du
seist Johannes der Täufer, andere, du seist Elia, wieder andere, du seist
Jeremia oder einer der Propheten." (Matthäus 16,13f.) Jesus selbst deutet seine Ablehnung denn auch an verschiedenen Stellen als Weiterführung
des den alttestamentlichen Propheten entgegengebrachten Widerstan-
des (Matthäus 13,57; 23,37; Lukas 13,33 u. ö.). In der Bergpredigt
schließlich erkennen wir, dass Jesu Selbstverständnis weit darüber hinausging, sich nur als einer der Propheten zu betrachten. Er ist *der* Prophet, von dem in 5. Mose 18,15 die Rede ist, der neue Mose, der einen
neuen Bund heraufführt. In ihm vereinigen sich damit die drei Stränge
des Geistes, die im Alten Testament als König-, Priester- und
Prophetentum voneinander unterschieden waren.

Das Leben Jesu ist denn auch von einer im Alten Testament gänzlich
unbekannten Intensität des Geistes verbunden: So wird nicht nur die
Schwangerschaft von Maria, der Mutter Jesu, auf den Heiligen Geist
zurückgeführt (Matthäus 1,18), wie ein Kraftfeld breitet sich die Dynamik des Geistes auch im Umfeld aus. Johannes der Täufer etwa „wird
schon von Mutterleib an erfüllt [...] mit dem heiligen Geist" (Lukas
1,15), ebenso später seine Mutter Elisabeth (vgl. Lukas 1,41) und sein
Vater Zacharias (vgl. Lukas 1,67) sowie Simeon im Tempel (vgl. Lukas
2,25-27).

Den Höhepunkt bildet freilich die Taufe Jesu, die zugleich den Beginn seines öffentlichen Wirkens darstellt. Hier fährt der Geist in solch
einer verdichteten Intensität auf Jesus herab, dass er geradezu sichtbar

wird, er kommt „in leiblicher Gestalt wie eine Taube" (Lukas 3,22). Eine Stimme aus dem Himmel zitiert dazu eine Kombination aus Psalm 2,7 und Jesaja 42,1, die Jesus als Sohn Gottes bestätigt. In Jesaja 42,1 wird der „Auserwählte" jedoch gerade dadurch ausgezeichnet, dass Gott ihm seinen Geist gegeben hat. Daher verwundert es nicht, dass sich Jesus auf den Geist bezieht, den er als die Kraft hinter seinen Exorzismen (Dämonaustreibungen) verkündet (Matthäus 12,28). Auch seine Auferweckung von den Toten schließlich gilt als Werk des Heiligen Geistes (vgl. Römer 1,3f.).

Diese Fülle der Belege zeigt, dass es gegenüber dem Alten Testament um weit mehr geht als um eine quantitative Steigerung des Geistbesitzes. Im Gegensatz zu allen alttestamentlichen Richtern, Künstlern, Königen, Priestern und Propheten ist Jesus nicht nur vom Heiligen Geist erfüllt, um eine bestimmte Aufgabe zu erledigen oder ein Amt auszufüllen, sondern ist vielmehr vom Geist in einer Weise durchdrungen, dass die Person Jesu von dem Wirken des Geistes durch ihn nicht mehr zu unterscheiden sind. So kann er allein nicht nur das Wort Gottes in Vollmacht reden (vgl. Matthäus 7,29: „Amen, ich sage euch ..."), auch die bereits zu Anfang dieses großen Abschnittes angesprochene Gleichsetzung von Jesus und dem Heiligen Geist in Johannes 14,18 hat hierin ihren Grund.

Der Heilige Geist und die Gemeinde

Als *der* Träger des Geistes unterscheidet sich Jesus damit qualitativ von allen Personen des Alten und Neuen Testaments sowie der Kirchengeschichte. Allerdings verheißt er denen, die ihm nachfolgen, dass auch sie vom Heiligen Geist erfüllt sein werden (vgl. Lukas 11,11ff.: denen, die ihn bitten, wird der Vater seinen Geist geben; sowie die Worte über den „Tröster" in Johannes 14,15ff. und 16,5ff.). Das Wirken des Geistes in der Gemeinde ist folglich nicht vom Wirken des Geistes in Jesus zu trennen. Beides gehört zusammen, weil die in Joel 3,1 verheißene Ausgießung des Geistes auf „alles Fleisch" erst durch Jesus möglich geworden ist.

An Pfingsten war es dann soweit. Auf die in Jerusalem versammelten Apostel wurde der Heilige Geist ausgegossen (Apostelgeschichte 2). Interessant ist hier die Beschreibung:

„Es geschah plötzlich ein Brausen vom Himmel wie von einem gewaltigen Wind und erfüllte das ganze Haus, in dem sie saßen. Und es erschienen ihnen Zungen, zerteilt wie von Feuer; und er setzte sich auf einen jeden von ihnen" (Apostelgeschichte 2,2f.).

Das Brausen erinnert an die Dynamik des Geistes, die sich bereits in dem Begriff *pneuma* wiederfindet. Wie bei Jesu Taufe wird der Geist zudem sichtbar, allerdings nicht mehr wie dort „in leiblicher Gestalt", sondern etwas abgeschwächter als „Zungen, zerteilt wie von Feuer". Die Grammatik störend wechselt Lukas dann vom Plural in den Singular, „er" setzte sich auf einen jeden von ihnen, nicht etwa „sie", wie es im Anschluss an die Zungen eigentlich heißen müsste. Der Geist ist einer, nicht verschiedene. Erfüllt werden damit nicht verschiedene Einzelpersonen, die jeweils für sich über den Geist verfügen, sondern eine Gemeinschaft als Ganzes. Das ist ein Zug, der sich an verschiedenen Stellen im Neuen Testament wiederfindet.

Doch bleiben wir beim Pfingstereignis. Verbunden mit dieser Geistausgießung waren wohl auch körperliche Phänomene, wie sie auch aus späteren Erweckungsbewegungen bekannt sind. So hatten die Apostel offensichtlich Probleme, gerade zu stehen. Oder wie soll man sich sonst erklären, dass sie von den Umstehenden für betrunken gehalten wurden (Apostelgeschichte 2,13)? Denn ihre Sprache war doch vermutlich klar, von Lallen keine Spur, sonst hätte Petrus seine vollmächtige Predigt nicht halten können, die durch ein Wunder Gottes jeder der Zuhörer in seiner eigenen Sprache verstehen konnte.

Damit erfüllte sich die in Joel 3,1f. gegebene Verheißung, wonach Gott sich ein neues geisterfülltes Volk schaffen werde. Von Anfang an ist dies mit Jesus verbunden, der durch seinen Tod am Kreuz und die damit verbundene Versöhnung mit Gott das überhaupt erst möglich gemacht hat. Die urchristliche Mission, ihre Botschaft von der rettenden Gnade Gottes in Christus, ist deshalb von Beginn an ein Werk des Heiligen Geistes. Der Geist wirkt Glauben in denen, die das Wort hören, und indem sie zum Glauben kommen, werden auch sie mit dem Heiligen Geist erfüllt (Apostelgeschichte 2,38). Die „Taten der Apostel" (so der Titel der Apostelgeschichte) müssten also eigentlich „Taten des Heiligen Geistes" heißen.

Wie eng dieser Zusammenhang zwischen Verkündigung und Wirken des Geistes war, macht der Apostel Paulus deutlich, der den Thessalonichern schreibt: „Unsere Predigt kam zu euch nicht nur in Worten, sondern in der Kraft und im Heiligen Geist" (1. Thessalonicher 1,5f.; vgl. Römer 15,18f.). Das darf man jedoch nicht missverstehen: Zentrum der urchristlichen Verkündigung war nicht etwa der Heilige Geist, sondern Jesus Christus. Eine geistgewirkte Predigt ist also eine, die Jesus in den Mittelpunkt stellt. Entsprechend ist auch der vom Geist Gottes gewirkte Glaube ein Glaube an Jesus als Erlöser. Und nicht zuletzt ist die durch den Geist versammelte Gemeinde die Gemeinde Jesu Christi.

In dieser Gemeinde sind alle Schranken zwischen Menschen überwunden. „Hier ist nicht Jude noch Grieche", schreibt Paulus, „hier ist nicht Sklave noch Freier, hier ist nicht Mann noch Frau; denn ihr seid allesamt einer in Christus Jesus" (Galater 3,28). Wie das alttestamentliche Gottesvolk eines war, ist auch das neutestamentliche „einer" in Christus. Die Grundlage bildet nun aber nicht mehr die gemeinsame Herkunft, sondern die durch Christus gewirkte Einheit im Geist. Nicht von ungefähr zählt der Apostel vor seiner Betonung der Einheit die für die Antike schier unüberbrückbaren Grenzen auf, die die Menschen voneinander trennten. Juden und Griechen hatten aufgrund der alttestamentlichen Reinheitsvorschriften nicht nur wenig Verbindung miteinander, sie haben sich oft genug sogar verachtet. Diese Mauer hat schon die Gemeinde des ersten Jahrhunderts eingerissen. Die Trennung von Sklaven und Freien wurde dagegen nur im Ansatz überwunden, ebenso die zwischen Mann und Frau. Beide Male sollte es Jahrhunderte dauern, bis die Christenheit die ganze Tragweite dieses Wortes verstanden hatte.

Zusammenfassend können wir also sagen, dass im Neuen Testament das im Alten Testament erwähnte Geistwirken gesteigert und entfaltet wird. Zentrum des Alten wie des Neuen Testaments ist damit Jesus, in dessen Person sich der Heilige Geist so sehr „verdichtet", dass sein Wirken von dem Jesu nicht mehr zu trennen ist. Die von Jesus gestiftete Gemeinde ist damit von Anfang an „geisterfüllter" als das alttestamentliche Gottesvolk. Die besondere Gottesnähe, die dort nur einzelnen Repräsentanten zugänglich war, zeigt sich nun in allen Gliedern der Gemeinde. Damit verbunden ist eine Ausweitung der Geistbegabung auf das ganze Gottesvolk. Umgekehrt tritt das extatische Element etwas wei-

ter in den Hintergrund, auch das ist eine Linie, die im Alten Testament
bereits angelegt ist, in dem die extatische Prophetie der frühen Königszeit durch die Wortprophetie eines Jesaja oder Jeremia abgelöst worden
ist. Dennoch ist auch das extatische Element im Neuen Testament
weiterhin enthalten.

Die Dreieinigkeit Gottes

Grundlegende Gedanken

Nachdem wir uns ausführlich mit Gott dem Vater, dem Sohn und dem
Heiligen Geist beschäftigt haben, ist ein kurzer Blick auf deren Beziehung nötig. In diesem Punkt unterscheidet sich das biblische Gottesbild von dem aller anderen Religionen, die entweder wie die antiken
heidnischen Religionen und der Hinduismus heute polytheistisch sind
(also an mehrere Götter glauben) oder wie das Judentum und der Islam
streng monotheistisch.

Gerade Letzterer hat große Schwierigkeiten mit dem christlichen
Gottesbild. Das liegt nicht nur daran, dass die christliche Lehre von
Mohammed im Koran falsch wiedergegeben worden ist (Sure 5,73.116f.:
„Ungläubig sind diejenigen, die sagen: ‚Gott ist der Dritte von dreien‘,
wo es doch keinen Gott gibt außer einem einzigen Gott. [...] Gott sprach:
‚O Jesus, Sohn Marias, warst du es, der zu den Menschen sagte: Nehmt
euch neben Gott mich und meine Mutter zu Göttern?‘ Er sagte: ‚Preis
sei dir! Es steht mir nicht zu, etwas zu sagen, wozu ich kein Recht habe
[...] Ich habe ihnen nichts anderes gesagt als das, was Du mir befohlen
hast, nämlich: Dienet Gott, meinem Herrn und eurem Herrn!‘"), sondern auch am Gottesbild, das mit der Vorstellung unvereinbar ist, dass
Gott Mensch werden könnte. So lautet die 112. Sure des Koran: „Sprich:
Er ist der einzige Gott. Der unwandelbare Gott. Er zeugt nicht und
ward nicht gezeugt. Und niemand ist ihm gleich." Mit der Betonung
der Unwandelbarkeit Gottes lehrt der Koran also ein statisches Gottesbild, das mit der Dynamik des in der Bibel offenbarten Gottes nicht
vereinbar ist.

Doch nicht nur der Islam hat Probleme mit der Dreieinigkeit, auch
verschiedene christliche Sondergemeinschaften wie die „Zeugen Jehovas"

haben sie. Diese halten Jesus nur für den „Sohn Gottes" bzw. ein „göttliches Wesen", aber nicht für Gott selbst. Zudem sprechen sie dem Heiligen Geist jegliche Personalität ab und sehen in ihm nur „Gottes wirksame Kraft". Allein schon die Tatsache, dass es sich beim Islam um eine auch in Deutschland sehr präsente Weltreligion und bei den „Zeugen" um eine missionarisch sehr aktive Gruppe handelt, fordert uns also heraus, über die Dreinigkeit Gottes nachzudenken.

Die Thematik ist allerdings mit einer besonderen Schwierigkeit verbunden: Die Bibel setzt einerseits die Dreieinigkeit Gottes an verschiedenen Stellen voraus, spricht sie aber nirgendwo ausdrücklich an. Gott offenbart sich als Vater, Sohn und Heiliger Geist, gleichzeitig handelt es sich aber – auch daran lässt die Bibel keinen Zweifel – nur um einen Gott. Jeglicher Polytheismus, jede „Aufteilung" der Welt in verschiedene Herrschaftsbereiche wird mit Nachdruck zurückgewiesen.

Damit könnte eigentlich schon alles gesagt sein, wäre da nicht das Problem, dass Dreieinigkeit außerhalb unserer Vorstellungswelt liegt. Das sagt freilich mehr über uns aus als über Gott. Wie wir weiter oben gesehen haben, ist die „Zweieinigkeit" des Menschen ein Abbild der göttlichen Dreieinigkeit. In der Wirklichkeit der Sünde ist dieses menschliche Ebenbild Gottes allerdings so sehr deformiert, dass es kaum noch Rückschlüsse auf das Wesen Gottes zulässt. In unserer Welt ist Einigkeit leider fast nur als Ergebnis von Herrschaft und Unterordnung vorstellbar, was für Gott aber gerade nicht zutrifft (und auch nicht vor die Menschheit vor dem Sündenfall). Wenn wir in einer gefallenen Welt über Gott nachdenken, bewegen wir uns daher zwangsläufig oft am Rande der Spekulation – erst recht leider da, wo es um das grundlegende Wesen Gottes geht. In diesem Abschnitt kann es deshalb nicht darum gehen, Dreieinigkeit darzustellen oder gar zu erklären. Denn mehr als einige Hinweise und Verstehenshilfen kann es nicht geben.

Dreieinigkeit in der Bibel

Wie bereits erwähnt, tauchen die Wörter „Trinität" (von lat. *trinitas*, „Dreiheit"), „Dreieinigkeit" oder „Dreifaltigkeit" nicht in der Bibel auf. Im Neuen Testament finden sich allerdings verschiedene trinitarische Formeln, von denen Matthäus 28,19 die bekannteste ist:

„Darum gehet hin und machet zu Jüngern alle Völker: Taufet sie auf den Namen des Vaters und des Sohnes und des heiligen Geistes [...]"

Hier werden Gott Vater, Sohn und Heiliger Geist in einem Atemzug genannt, wie das zum Beispiel auch in dem Segenswunsch 2. Korinther 13,13 geschieht („Die Gnade unseres Herrn Jesus Christus und die Liebe Gottes und die Gemeinschaft des heiligen Geistes sei mit euch allen!"). Neben solchen eindeutigen Formeln findet sich das Konzept der Dreieinigkeit implizit an verschiedenen anderen Stellen. Als es etwa um die Einheit in der Gemeinde geht, sagt Paulus: „Ein Leib und ein Geist, wie ihr auch berufen seid zu einer Hoffnung eurer Berufung; ein Herr, ein Glaube, eine Taufe; ein Gott und Vater aller, der da ist über allen und durch alle und in allen" (Epheser 4,4-6). Ähnlich kann er sein Kapitel über die Geistesgaben einleiten mit den Worten: „Es sind verschiedene Gaben; aber es ist ein Geist. Und es sind verschiedene Ämter; aber es ist ein Herr. Und es sind verschiedene Kräfte; aber es ist ein Gott, der da wirkt alles in allen" (1. Korinther 12,4-6).

Interessant ist, dass hier und anderswo gerade beim Thema „Gemeinschaft" trinitarische Bezüge hergestellt werden. Paulus führt hier also einen Gedanken weiter, den Jesus in seinem hohepriesterlichen Gebet ausgesprochen hat, in dem er dafür betete, dass „sie alle eins seien. Wie du, Vater, in mir bist und ich in dir, so sollen auch sie in uns sein, damit die Welt glaube, dass du mich gesandt hast. Und ich habe ihnen die Herrlichkeit gegeben, die du mir gegeben hast, damit sie eins seien, wie wir eins sind, ich in ihnen und du in mir, damit sie vollkommen eins seien und die Welt erkenne, dass du mich gesandt hast und sie liebst, wie du mich liebst" (Johannes 17,21-23).

Im Zentrum der Trinität steht damit die Gemeinschaft, es handelt sich also um eine Drei*einig*keit, wobei die Betonung auf der Einigkeit, nicht auf der Dreiheit liegt. Betrachten wir die Texte genauer, geht es um weit mehr als um das Wesen Gottes: In Johannes 17 geht es um eine Neuentwicklung des bereits in 1. Mose 2 angelegten Grundzuges der Welt. Mit der Erschaffung der Welt öffnete der dreieinige Gott seine Liebe für andere. Die Sünde hat diesen Bezug zwar zerstört, aber Jesu Werk stellt ihn wieder her. Was mit Dreieinigkeit ausgesagt wird, ist daher nicht nur ein Wesenszug Gottes, sondern auch das Ziel der Schöpfung.

Das macht deutlich, dass Dreieinigkeit keine bloße Lehre der Kirche ist, die keinen biblischen Bezug hat, wie es manchmal behauptet wird. Zugleich zeigt sich darin auch, dass es sich dabei nicht nur um ein neutestamentliches Konzept handelt, sondern um eins, das ebenso tief in die Grundstruktur des Alten Testaments eingewoben ist. Wenn wir genau hinschauen, werden wir es also auch dort finden.

Über das göttliche „Wir" in der Schöpfungsgeschichte wurde weiter oben schon gesprochen. Die Schöpfungserzählung ist freilich nicht der einzige Ort, an dem sich dieses „Wir" finden lässt. Die alttestamentliche Urgeschichte überliefert einige Gespräche Gottes mit sich selbst, in denen bezeichnenderweise der Plural auftaucht. So kommentiert der Schöpfer den Sündenfall mit den Worten: „Siehe, der Mensch ist geworden wie unsereiner" (1. Mose 3,22). In ähnlicher Weise fordert Gott sich anlässlich des Turmbaus zu Babel selbst auf: „Wohlan, lasst uns herniederfahren" (1. Mose 11,7).

Noch interessanter ist das „Wir" bei der Berufung Jesajas zum Propheten, denn hier taucht es im Zusammenhang mit einem *parallelismus membrorum* auf, einem Stilmittel der hebräischen Poesie, in dem die beiden Satzhälften mit unterschiedlichen Worten dasselbe aussagen: „Und ich hörte die Stimme des HERRN, wie er sprach: Wen soll ich senden? Wer will unser Bote sein?" (Jesaja 6,8). Nimmt man den Parallelismus ernst, dann entspricht das „ich" dem „uns" – womit wir wieder bei der Dreieinigkeit wären.

Endgültig gesprengt wird das Konzept eines strengen Monotheismus in den Psalmen. Nehmen wir etwa Psalm 45, der offensichtlich die Hochzeit eines Königs besingt. Mitten im Psalm wird das Gegenüber jedoch mit „Gott" angesprochen:

> „*Gott, dein Thron bleibt immer und ewig [...] Du liebst Gerechtigkeit [...] darum hat dich der Herr, dein Gott, gesalbt mit Freudenöl wie keinen deinesgleichen*" (Psalm 45,7-9).

Diese Verse sprechen damit von zwei Personen, die beide als „Gott" angesprochen werden, zum einen Gott, dessen Thron ewig steht, zum anderen aber auch von dem Herrn, seinem Gott, also einem Gott über Gott. Solche Worte könnte man als eine Vergöttlichung des Königs erklären, wie sie andernorts im Orient gang und gäbe war. Allerdings scheidet dieser Lösungsansatz aus, weil es nirgendwo sonst im Alten Testament Hinweise darauf gibt, dass Israel seinen König als gottgleich angesehen hat. Im Gegenteil ist gerade vor dem Hintergrund der alttestamentlichen Offenbarung die Vergöttlichung eines Menschen undenkbar (weswegen das Juden- wie das Christentum große Schwierigkeiten mit der hellenistischen Vergötterung des Herrschers hatten). Damit aber ist eine Deutung auf den König in diesem Psalm ebenso ausgeschlossen wie bei Psalm 110,1, wo es heißt:

„Der HERR sprach zu meinem Herrn: ‚Setze dich zu meiner Rechten, bis ich deine Feinde zum Schemel deiner Füße mache.'"

Hier redet David von seinem „Herrn", über dem JHWH (Luther: „HERR") steht. Wer aber sollte dieser Herr zwischen Gott und dem König sein? Indem er aufgefordert wird, sich zur Rechten des HERRN zu setzen, muss es sich um ein gottgleiches Wesen handeln, schließlich ist der Platz zur Rechten der der ausführenden Gewalt. Wer zur Rechten Gottes sitzt bekommt also wie der Kanzler vom König die Regierungsgewalt übertragen. Jesus verstand diese Worte daher nicht von ungefähr als Hinweis darauf, dass der Messias mehr als ein Sohn Davids sein würde, nämlich Gott selbst (vgl. Matthäus 22,41-46).

Eine besonders rätselhafte Gestalt des Alten Testaments ist der „Engel des HERRN". An vielen Stellen scheint es sich um einen Engel im eigentlichen Sinn zu handeln, an anderen um mehr als nur einen „Boten". Ein Beispiel findet sich in der Erzählung von Gideons Berufung (Richter 6,11-24). Hier wird nicht nur nach einer Einführung als „Engel des HERRN" (6,11f.) von dieser Person als „HERR" (also mit dem Gottesnamen JHWH) gesprochen (6,14.16), der „Engel" lässt offenbar auch zu, dass Gideon ihm opfert und ihn damit anbetet (6,17-21 – vgl. Offenbarung 19,10). Nicht nur hier (6,22f.), sondern auch später (Richter 13,21f.) glauben die Menschen zudem, Gott selbst begegnet zu sein.

Einer der dogmatisch umstrittensten Texte des Alten Testaments ist Sprüche 8,22-31, wo es von der Weisheit unter anderem heißt:

„Der HERR hat mich schon gehabt am Anfang seiner Wege, ehe er etwas schuf, von Anbeginn her. Ich bin eingesetzt von Ewigkeit her, im Anfang, ehe die Erde war [...] Als er die Himmel bereitete, war ich da [...]"

Hier wird von der Weisheit nicht nur die Präexistenz (ihr Dasein von der Schöpfung), sondern auch eine Beteiligung bei der Schöpfung ausgesagt und damit indirekt ihre Göttlichkeit. Der Evangelist Johannes zieht vor diesem Hintergrund die Linie von der Weisheit zu Jesus Christus: „Im Anfang war das Wort, und das Wort war bei Gott, und Gott war das Wort" (Johannes 1,1).

Der Vollständigkeit halber sollen hier noch zwei Stellen angeführt werden, in denen der Heilige Geist bzw. Gottes Geist von Gott selbst unterschieden und ihm Personalität zugesprochen wird: Jesaja 48,16, wo vom HERRN und seinem Geist die Rede ist, sowie Jesaja 63,10, wo davon gesprochen wird, dass man den Geist betrüben kann.

Trotz dieses Befundes geht die biblische Offenbarung weiterhin vom Glauben an nur einen Gott aus, jede Vorstellung eines von verschiedenen Göttern bewohnten Himmels wird als Götzendienst abgelehnt. So lautet das Grundbekenntnis Israels: „Höre Israel, der HERR ist unser Gott, der HERR allein" (5. Mose 6,4). Die Variante der Lutherübersetzung ist dabei sprachlich zwar möglich und vor dem Hintergrund von Luthers „Kleinem Katechismus" („woran du dein Herz hängst, das ist dein Gott") auch sinnvoll. Der eigentliche Kontext dieses Bekenntnisses war jedoch die Abgrenzung vom Heidentum der Umwelt Israels, weswegen der hebräische Text besser mit der HERR „ist einzig" (Einheitsübersetzung) oder „ist *ein* Herr" (Züricher Bibel) wiedergeben wird. Dieses Bekenntnis zum Monotheismus durchzieht das Alte Testament. Was Israel und das neutestamentliche Gottesvolk von seiner Umwelt unterscheidet, ist der Glaube an nur einen Gott (vgl. 2. Mose 15,11; Jesaja 45,5f.21f.; 44,6-8; Römer 3,30; 1. Korinther 8,6; Jakobus 2,19).

Falsche Ansätze zur Erklärung der Trinität

So klar die Bibel die Dreieinigkeit Gottes bezeugt, so wenig erklärt sie sie. Nicht nur für neugierige Menschen ist dieser Zustand unbefriedigend. Frustrierend erscheint vielmehr, dass Gottes Wesen uns gerade da besonders verborgen ist, wo es uns besonders nahe sein sollte, weil wir doch als Gottes Ebenbild geschaffen worden sind. Im Laufe der Kirchengeschichte hat es deshalb verschiedene Versuche gegeben, die Dreieinigkeit in eine allgemein verständliche Form „aufzulösen". So nachvollziehbar diese Ansätze sind, so problematisch sind sie jedoch auch. Als Faustregel kann man sich jedenfalls merken, dass ein Konzept, das die Dreieinigkeit einfach erklären will, mit ziemlicher Sicherheit eine Irrlehre ist.

Die älteste dieser vereinfachenden und damit irreführenden Konzeptionen stellt vermutlich der Adoptianismus dar, nachdem nur der Vater Gott im eigentlichen Sinne ist. Durch seinen Geist, der in diesem Fall nicht als eigene Person, sondern als Kraft oder Engelwesen gedacht wird, habe er den Menschen Jesus Christus gesalbt und damit adoptiert (in den Stand des Sohnes erhoben). Diese Irrlehre hat nicht nur Arius vertreten, auch die „Zeugen Jehovas" verbreiten ähnliche Ansichten. Attraktiv ist daran, dass an der Jenseitigkeit, Andersartigkeit und Unveränderlichkeit Gottes festgehalten werden kann, weil Gott nicht Mensch geworden wäre, sondern nur einen Menschen adoptiert hätte. Genau darin liegt aber auch die Schwierigkeit dieser Ansicht, wie wir im Zusammenhang mit der Christologie gesehen haben.

Bis heute weit verbreitet ist auch die Irrlehre des Modalismus (von lat. *modus*, „(Seins)Weise"). Jede Person der Dreieinigkeit ist danach nur eine Seinsweise desselben Gottes: Im Alten Testament war Gott also Vater, dann wurde er in Jesus Sohn, um nun Heiliger Geist zu sein. Ein ähnliches Denken findet sich in beliebten Modellen, mit denen Dreieinigkeit erklärt werden soll. So heißt es manchmal, Gott sei so wie Wasser, das sowohl fest (Eis), flüssig (Wasser) wie auch gasförmig (Dampf) sein könne, aber immer dasselbe Wasser sei. Auch hierbei handelt es sich um einen modalistischen Ansatz, denn dasselbe Wasser ist niemals alle drei Zustände zugleich, sondern nur einer von ihnen. Auf modalistisches Denken stoßen wir auch, wenn Gott mit einem Menschen verglichen wird, der gleichzeitig Polizist, Ehemann und Vater ist. Hat er die Uniform an, ist er Polizist, als Ehemann wirft er sich in Schale, um mit seiner Frau auszugehen, für die Kinder zieht er sich dagegen Freizeitkleidung an, um mit ihnen toben zu können. Auch damit wird das Wesen der Dreieinigkeit nicht getroffen, denn es geht nur um unterschiedliche

Rollen, die dieselbe Person spielt, nicht jedoch um drei Personen, die eins sind.

Weil zwischen Vater, Sohn und Heiliger Geist eine Einigkeit und Liebe ist, die alles in der Welt Vorstellbare übersteigt, muss sie prinzipiell unerklärbar bleiben. Die Bibel macht jedoch klar, dass damit nicht das letzte Wort gesprochen ist, denn diese Liebe ist gegenüber der Schöpfung offen. Nimmt man Jesu hohepriesterliches Gebet ernst, dann geht es bei der Erlösung um nichts weniger als um eine Erweiterung der innertrinitarischen Liebe durch diejenigen, die in Christus sind. Doch damit sind wir bei einem anderen Thema.

Erfahrungen mit dem Geist

„Zweite Erfahrung", „Geisttaufe" oder „Erfüllung mit dem Geist"

Vor dem Hintergrund der biblischen Erkenntnisse können wir uns nun den Fragen widmen, die durch die Geistbewegungen des zwanzigsten Jahrunderts neu aufgebrochen sind. Den Anfang macht dabei die von der Pfingstbewegung eingeführte Begrifflichkeit. Danach folgt auf die Bekehrung noch eine „Geisttaufe", eine einmalige und besondere Geisterfahrung, mit der das Christsein revolutioniert wird. Verbunden wird dies mit der Gabe der Zungenrede, also der Fähigkeit, in einer für Menschen unverständlichen Sprache zu beten. Bekehrung und „Geisttaufe" können zwar zusammenfallen, in der Regel tun sie dies aber nicht.

Solche Vorstellungen werden von vielen Christen nicht ohne Grund abgelehnt. Sie klingen stark nach einer Art „Stufenchristentum", wobei die „Geistgetauften" irgendwie näher an Gott und vollmächtiger zu sein scheinen als die „normalen Christen". Bevor wir ein solches Denken verwerfen, sollten wir uns allerdings unserer Motive bewusst sein. Die Vorstellung von einem „Stufenchristentum" mag uns nicht gefallen, das ist jedoch kein theologisches Argument. Das gilt umso mehr, als wir andernorts so etwas Ähnliches durchaus vertreten können. So unterscheiden nicht wenige Evangelikale wie schon der „linke Flügel" der Reformation zwischen Getauften, die nur Kirchenmitglieder sind, und „echten Christen" bzw. zwischen „Unbekehrten" und „Bekehrten" in der Kirche. Manchmal werden die „Unbekehrten" sogar schlichtweg als

„Nichtchristen" bezeichnet, obwohl sie das nach ihrem Selbstverständnis gar nicht sind. Vielmehr kann es sich bei ihnen sogar um sehr engagierte Kirchenmitglieder handeln, denen freilich das fehlt, was ein Evangelikaler als „persönliche Beziehung zu Jesus" oder ähnlich bezeichnen würde. Der Ausdruck „Nichtchrist" trifft das Gegenüber dabei freilich nicht wirklich, auch wenn er in der Diskussion immer wieder auftaucht. Bis auf die Geschwister mit baptistischem Hintergrund sind Evangelikale nämlich in der Regel bereit, das Getauftsein ihres Gegenübers anzuerkennen. Würde es sich bei ihm tatsächlich um einen „Nichtchristen" handeln, müsste man ihn nach einer etwaigen Bekehrung taufen. So aber wird er noch nicht einmal in die Gemeinde eingegliedert, in der er ja bereits Mitglied ist.

Mit etwas Distanz betrachtet, wird dabei allerdings das gleiche Stufenchristentum vertreten, das man den Pfingstlern andernorts vorwirft. Unterscheidet man hier innerhalb des christlichen Bereichs zwischen Kirchenmitgliedern und „Bekehrten", trennen die Pfingstler eben auch noch zwischen „Bekehrten" und „Geistgetauften". Hierbei handelt es sich also um kein grundlegend anderes Prinzip, sondern nur um eine „Stufe" mehr. So problematisch solche Unterteilungen im Einzelfall sein mögen, sie beruhen trotzdem auf einer grundlegenden Erkenntnis: Die Welt lässt sich nicht sauber in einen christlichen und einen nichtchristlichen Bereich einteilen, weil sie eben nicht nur schwarz oder weiß ist, sondern vor allem aus vielen Graustufen besteht. Insofern ist es sinnvoll, auch den Glauben prozesshaft zu verstehen, wie das etwa mit dem Begriff des „geistlichen Wachstums" ausgedrückt wird.

Auch an die mit dem Ausdruck „Geisttaufe" verbundene Erfahrung sollten wir deshalb offen herangehen, auch wenn die Wortwahl problematisch ist. Als Erfahrung lässt sie sich trotzdem nicht leugnen. Denn seit den Anfängen der Pfingstbewegung mit den Gebetsnächten in der Bibelschule von Topeka haben unzählige Menschen genau das erlebt: Sie hatten den Eindruck, dass ihr Christsein im Vergleich zu dem der ersten Gemeinden kraftlos und wenig vollmächtig war. Und dann haben sie eine Erfahrung mit dem Heiligen Geist gemacht, die ihr bisheriges Leben geradezu auf den Kopf gestellt hat. Seitdem gelang der missionarische Durchbruch, seitdem kann man Sünden lassen, die einen ein Leben lang bedrängt haben, seitdem erlebt man ein Gefühl der Gegenwart und Nähe Gottes, das man vorher nie gekannt hat. Der Unterschied zwischen „vorher" und „nachher" erscheint dabei manchen so groß, dass sich diese Erfahrung in ihren Augen nur mit der Bekehrung vergleichen lässt.

Solche Erlebnisse kann man Menschen nicht absprechen. Aber andererseits kann man aus Erfahrungen auch keine Theologie ableiten, denn es bleiben Einzelphänomene, selbst dann, wenn sie immer wieder auftreten. Das tun sie allerdings schon in der Apostelgeschichte. Obwohl nach dem Neuen Testament ein Christsein ohne Heiligen Geist nicht denkbar ist (vgl. etwa 1. Korinther 12,13), gibt es ein einheitliches Schema, wann ein Mensch den Geist empfängt. So wurden die Apostel, die Jesus ja schon nachfolgten, nicht vor Pfingsten mit dem Heiligen Geist erfüllt (Apostelgeschichte 2,4). Die ersten Christen in Samarien bekamen ihn ebenfalls erst eine Weile nach der Bekehrung, als Petrus und Johannes ihnen die Hände auflegten (Apostelgeschichte 8,14-17). Beim heidnischen Hauptmann Kornelius dagegen schnitt der Heilige Geist dem Apostel sozusagen das Wort ab, indem er noch während der Missionspredigt alle Anwesenden erfüllte (Apostelgeschichte 10,44-48).

Wenn von solchen Erfahrungen im Neuen Testament berichtet wird, dann können wir sie also heutigen Menschen kaum absprechen. Will man aus den unterschiedlichen Begebenheiten allerdings eine Regel ableiten, muss man willkürlich einen Standard setzen, neben dem es Ausnahmen geben kann. Je nach Blickwinkel sieht der Standard dabei unterschiedlich aus: Während die Pfingstbewegung Apostelgeschichte 2 als Maßstab nimmt und auf die Bekehrung eine „Geisttaufe" folgen lässt, orientiert sich die römisch-katholische Kirche an Apostelgeschichte 8 und lehrt, dass der Geist durch Handauflegung der Bischöfe (als Nachfolger der Apostel) verliehen wird. Das Sakrament der Firmung hat hier seinen Ursprung und seine Begründung. Konservative Evangelikale berufen sich schließlich auf Apostelgeschichte 10, wo Geistbegabung und Bekehrung in eins fallen.

Betrachten wir die Apostelgeschichte genauer, wird das Bild eher noch unübersichtlicher. Neben einigen spektakulären Bekehrungen wird dort nämlich auch von vielen ganz unspektakulären berichtet. Denken wir nur an Pfingsten. Hier kündigte Petrus an, dass alle, die an Jesus glauben, mit dem Heiligen Geist erfüllt werden würden (Apostelgeschichte 2,38). Das geschah auch offensichtlich, wie sich an der neuen Gemeinschaft zeigt, die daraus entstand (vgl. Apostelgeschichte 2,42-47; 4,32-35). Aber es war anscheinend nicht mit Feuerzungen und ähnlichen besonderen Phänomenen verbunden wie bei den Aposteln (Apostelgeschichte 2,2-4). Das bedeutet jedoch nicht, dass der Geist in den Neubekehrten weniger wirksam war. Sie hatten nur nicht dieselbe Erfahrung gemacht wie die Apostel.

Und noch etwas sehen wir in der Apostelgeschichte: Offensichtlich gibt es mehr als nur eine Erfahrung mit dem Heiligen Geist. Petrus wurde mindestens zweimal mit dem Heiligen Geist erfüllt (Apostelgeschichte 2,4; 4,31) und andere mit ihm. Es gibt also nicht nur eine zweite Erfahrung, die Erfüllung mit dem Heiligen Geist, sondern auch eine dritte und vielleicht sogar eine vierte und fünfte. Theologisch ist damit die Rede von einer „Geisttaufe" fragwürdig, weil das Neue Testament ansonsten daran festhält, dass die Taufe ein einmaliges Ereignis ist (im Zusammenhang mit den Sakramenten werden wir darauf zurückkommen). Macht ein Mensch mehrere solcher Erfahrungen, kann man daher nicht von einer „Geisttaufe" sprechen, sondern besser von einer „Erfüllung mit dem Geist". Hinzu kommt, dass Taufe als Begriff in der Bibel eindeutig festgelegt ist. Nur Johannes der Täufer unterscheidet zwischen „Wasser-" und „Geisttaufe" (Matthäus 3,11), ordnet Letztere aber Christus zu, womit die christliche Taufe beides zugleich ist.

Sieht man das Christsein prozesshaft als Wachstum, wird der Begriff „Geisttaufe" auch inhaltlich schwierig, weil er einen Unterschied zwischen „geisterfülltem" und anderem Christsein macht. Wachstum geschieht jedoch nicht im Sinne eines Entweder-oders, sondern ist die Entfaltung eines unscheinbaren Keimes. Dabei kann es einmal größere, ein andermal kleinere Wachstumsschritte geben. Paulus schreibt:

„So seht nun sorgfältig darauf, wie ihr euer Leben führt, nicht als Unweise, sondern als Weise, und kauft die Zeit aus; denn es ist böse Zeit. Darum werdet nicht unverständig, was der Wille des Herrn ist. Und sauft euch nicht voll Wein, woraus ein unordentliches Wesen folgt, sondern lasst euch vom Geist erfüllen. Ermuntert einander mit Psalmen und Lobgesängen und geistlichen Liedern, singt und spielt dem

*Herrn in eurem Herzen und sagt Dank Gott, dem Vater, allezeit für
alles, im Namen unseres Herrn Jesus Christus" (Epheser 5,15-20).*

Die Parallele „Wein trinken" – „Geisterfüllung" ist interessant. Mit seiner Warnung vor dem Trinken hat der Apostel wohl kaum jemanden vor
Augen, der einmal im Leben einen über den Durst getrunken hat. Vielmehr geht es um einen Lebensstil, in dem das Trinken zur Gewohnheit
geworden ist und man ein entsprechend „unordentliches Wesen" an den
Tag legt. Dagegen stellt Paulus die Erfüllung mit dem Heiligen Geist.
Auch das kann also nicht als ein einmaliges Ereignis verstanden werden,
sondern nur als gute Gewohnheit (in diese Richtung deutet auch die
Zeitform des griechischen Satzes, die zu einer zu wiederholenden Handlung auffordert). Christen sollen sich immer wieder für das Wirken des
Geistes öffnen und sich von ihm erfüllen lassen. Wie das gehen könnte,
beschreibt der Apostel vielleicht in den Zeilen danach. Und „Psalmen
und Lobgesänge und geistliche Lieder" erinnern dabei stark an die aus
manchen Gottesdiensten bekannte Lobpreiszeit ...

Doch kommen wir noch einmal zurück auf die „Erfüllung mit dem
Heiligen Geist". Wie auch immer man diese Erfahrung nennen mag, ob
„Geisttaufe" oder nicht, es bleibt eine Erfahrung, die manche Christen
machen und andere nicht. So etwas löst in der Regel Konflikte aus, weil
Neid entsteht bzw. das Bedürfnis, anderen auch zu dieser Erfahrung zu
verhelfen. An dieser Stelle kommen wir also nicht herum anzuerkennen,
dass Gott mit jedem Menschen einen eigenen Weg geht. Wir können
daher unseren Weg oder den anderer nicht zum Maßstab nehmen, sondern allein Gottes Wort. Hören wir also auf, über Erfahrungen zu streiten und beschäftigen wir uns statt dessen intensiver mit dem, was dabei
herauskommen soll, dem geistlichen Wachstum.

Umso kritischer sollten wir allerdings das Ergebnis prüfen, wobei es
hier nicht darum gehen kann, moderne mitteleuropäische Maßstäbe von
„geordneter Religiosität" anzulegen (wie das fälschlicherweise die Väter
der „Berliner Erklärung" taten). Vielmehr müssen wir schauen, ob die
im Neuen Testament erwähnte „Frucht des Geistes" sichtbar wird, mit
der wir uns nun beschäftigen wollen.

Die Frucht des Geistes

Ausgangspunkt der Rede von der „Frucht des Geistes" ist eine Diskussion in Galatien. Dort war man überzeugt, dass der christliche Glaube allein keinen ethisch-verantworteten Lebensstil hervorbringen könne, weswegen man das Gesetz des Mose zu Hilfe nahm, um die dort erwähnten Maßstäbe umzusetzen. In seinem Brief an die Galater widerspricht der Apostel Paulus dieser Auffassung vehement. Getreu dem von Jesus verkündigten Sündenverständnis, nach dem das eigentliche Problem nicht die falschen Handlungen, sondern die im Herzen des Menschen zu findende Beziehungslosigkeit ist, lehnt der Apostel eine gesetzliche Vorgehensweise ab, weil sie das wirkliche Problem nicht angeht. Die „Werke des Fleisches, als da sind: Unzucht, Unreinheit, Ausschweifung, Götzendienst, Zauberei, Feindschaft, Hader, Eifersucht, Zorn, Zank, Zwietracht, Spaltungen, Neid, Saufen, Fressen und dergleichen" (Galater 5,19-21), lassen sich auf diese Weise nicht bekämpfen. Notwendig ist vielmehr eine grundlegende Erneuerung des Lebens, die Paulus unter dem Stichwort der „Frucht des Geistes" beschreibt:

„Die Frucht aber des Geistes ist Liebe, Freude, Friede, Geduld, Freundlichkeit, Güte, Treue, Sanftmut, Keuschheit (Einheitsübersetzung: Selbstbeherrschung)" (Gal 5,22f.).

Im Gegensatz zum allgemeinen Sprachgebrauch ist hier übrigens nicht von den „Früchten" die Rede, sondern nur von der „Frucht". Es gibt nämlich nur eine, die sich aber in Liebe, Freude, Friede usw. zeigt. Denn die eigentliche Frucht ist ein Jesus-ähnlicher Charakter. Liebe, Freude und die anderen Eigenschaften sind nur Beschreibungen dieses Charakters. Insofern macht es keinen Sinn, die Frucht in mehrere Früchte zu zerteilen, so als ob die einen eher freundlich werden und andere eher gütig. Alles gehört zusammen, weil Jesus alles in sich vereinigt hat. Das schließt freilich nicht aus, dass der eine in dem einen Bereich mehr zu wachsen hat als der andere. Und damit sind wir bei einem weiteren Aspekt des Bildes.

Paulus spricht von einer Frucht, also von etwas, das wachsen muss, einem prozesshaften Geschehen, einer stetigen Entwicklung. Wenn wir uns nach mehr Heiligem Geist sehnen, sollte also das Hauptaugenmerk

auf dem geistlichen Wachstum liegen. Wie die Alternative aussieht, nämlich das Herausstreichen der Gaben und die Vernachlässigung der Frucht,
können wir im 1. Korintherbrief nachlesen. Und nicht umsonst platziert der Apostel Paulus bei dieser Gemeinde den Abschnitt über die
Liebe in die Mitte seiner Erörterungen über die Geistesgaben. Doch
damit sind wir beim nächsten Thema.

Die Geistesgaben

Neben der Frucht ist im Neuen Testament auch von besonderen Gaben
die Rede, die der Geist in der Gemeinde wirkt (vgl. Römer 12,6-10;
1. Korinther 12,4-10.28-30; Epheser 4,11). Auffallend an den entsprechenden „Gabenlisten" ist jedoch, dass keine von ihnen „vollständig"
ist, in dem Sinn, dass in ihr auch alle anderswo aufgezählten Gaben
enthalten wären. Das lässt darauf schließen, dass es mehr Geistesgaben
gibt als im Neuen Testament genannt werden. Da alle Geistesgaben dazu
dienen, Jesus Christus zu verherrlichen und sein Reich aufzubauen, ist
der Umkehrschluss erlaubt: Alles, was Christus und seinem Reich dient,
ist eine Geistesgabe.

Das bringt uns zur Frage nach dem Umgang mit den Geistesgaben.
Anhand von Zungenrede und Prophetie gibt uns Paulus Hinweise, wie
die Geistesgaben generell zu bewerten sind (vgl. 1. Korinther 12-14):
Kriterium für das Wirken des Geistes ist nicht das Außergewöhnliche,
sondern dass es im Namen Jesu zum Aufbau seines Leibes, der Gemeinde, geschieht. Die Gaben sind und bleiben Gaben des Geistes, Gottes
Gaben, das heißt, sie dienen der Verherrlichung Gottes (nicht des Begabten) und dem Aufbau der Gemeinde. Aus den Umständen in Korinth
kann man zudem schließen, dass eine charismatische Befähigung noch
kein Zeichen für eine besondere moralische Qualität oder eine besondere „Stellung" vor Gott ist. Mit anderen Worten, dass einer über die „Gabe
der Heilung" verfügt, bedeutet nicht, dass Gott deshalb bestimmte Sünden in dessen Leben duldet – und auch nicht, dass er über besondere
theologische Erkenntnisse verfügt.

Gerade an diesem Punkt tun sich jedoch Schwierigkeiten auf, die schon
die Korinther beschäftigten. Weil sie von den Gaben auf den Begabten
schlossen, kam den vermeintlich „geistlicheren" Zungenrednern und
Propheten auch in Bezug auf die Gemeindeleitung eine stärkere Stel-

lung zu als anderen Christen. Diese Verbindung lässt sich so jedoch nicht ziehen. Leiten sollen vielmehr die mit Leitungsgaben (auch wenn sie sich ganz unspektakulär äußern), lehren die mit Lehrgaben usw. Paulus führt diesen Zusammenhang im Römerbrief aus:

„Denn ich sage durch die Gnade, die mir gegeben ist, jedem unter euch, daß niemand mehr von sich halte, als sich's gebührt zu halten, sondern daß er maßvoll von sich halte, ein jeder, wie Gott das Maß des Glaubens ausgeteilt hat. Denn wie wir an einem Leib viele Glieder haben, aber nicht alle Glieder dieselbe Aufgabe haben, so sind wir viele ein Leib in Christus, aber untereinander ist einer des anderen Glied, und haben verschiedene Gaben nach der Gnade, die uns gegeben ist. Ist jemand prophetische Rede gegeben, so übe er sie dem Glauben gemäß. ⁷Ist jemand ein Dienst (Lutherübersetzung: Amt) gegeben, so diene er. Ist jemand Lehre gegeben, so lehre er. Ist jemand Ermahnung gegeben, so ermahne er. Gibt jemand, so gebe er mit lauterem Sinn. Steht jemand der Gemeinde vor, so sei er sorgfältig. Übt jemand Barmherzigkeit, so tue er's gern" (Römer 12,3-8).

Hier sieht man, dass zur Gabe beides gehört: einerseits die Begabung durch den Geist, andererseits aber auch die Beauftragung durch andere. Gaben müssen sich entfalten können. Dazu braucht es allerdings Gelegenheiten. Und die gibt es in unseren Gemeinden leider noch viel zu wenig.

Wichtige Begriffe

■   *Adoptianismus:* Irrlehre, wonach Jesus nur Mensch war, aber vom Vater adoptiert worden ist

■   *Charismatische Bewegung:* Bewegung innerhalb der bestehenden Kirchen, in der die Geistesgaben (griech. *charismata*) eine zentrale Rolle spielen

■   *Dispensationalismus* (von lat. *dispensatio,* „Haushalterschaft", „Verwaltung"): Lehre, wonach die Heilsgeschichte in verschiedene größere Einheiten („Dispensationen") einzuteilen ist, die jeweils eigenen Gesetzmäßigkeiten unterliegen

■   *Dritte Welle* (des Heiligen Geistes): Zusammenführung von evangelikaler und charismatischer Theologie

■   *Geisttaufe*: pfingstliche Vorstellung, nach der auf die Bekehrung eine Geisterfüllung als eigenes Ereignis folgen muss. Die Wirklichkeit einer solchen Geisttaufe wird oft an der Gabe des Zungenredens festgemacht

■   *Modalismus* (von lat. *modus*, „(Seins)Weise"): Irrlehre, wonach Vater, Sohn und Heiliger Geist nur unterschiedliche Erscheinungsweisen desselben Gottes sind

■   *Paraklet* (von griech. *parakletos*, „Herbeigerufener"): Anwalt, Tröster, Beistand

■   *Pfingstbewegung*: von einer als zweites Pfingsten gedeuteten Geisterfahrung ausgehende Bewegung, die eigene Kirchen gebildet hat

■   *pneuma*: griech. „Geist", „Wind", „Atem"

■   *Pneumatologie* (von griech. *pneuma*, „Geist"): Lehre vom (Heiligen) Geist

■   *ruach*: hebr. „Geist", „Wind", „Atem"

■   *Trinitat* (von lat. *trinitas*, „Dreiheit"): Dreieinigkeit oder Dreifaltigkeit (Gottes)

8.
Kinder des Reiches

oder:

Wie du, Vater, in mir bist und ich in dir, so sollen auch sie in uns sein, damit die Welt glaube

Der Glaube

Abraham als „Vater des Glaubens"

Mit dem Nachdenken über das Wirken des Heiligen Geistes ist das letzte Fundament gelegt: Wir wissen nun, dass Sünde ein Beziehungsbegriff ist und die Trennung von Gott in all ihren Facetten beschreibt. Wir haben uns mit dem Werk Jesu und seiner Predigt vom Reich Gottes beschäftigt. Es ist deutlich geworden, dass Jesus von einer anderen Wirklichkeit ausging, in der die von Gott mit der Erschaffung des Universum gesetzte Ordnung nie aufgehoben wurde und deshalb immer noch in Kraft ist. Wir haben geahnt, dass unsere diesseitige Perspektive eine so unglaubliche Verkürzung der eigentlichen Wirklichkeit darstellt, dass sie die Realität in vielen Punkten überdeckt und verfremdet. Und schließlich ist uns klar geworden, dass Jesus gekommen, gestorben und auferstanden ist, um uns in seine Wirklichkeit mithineinzunehmen, und dass der Heilige Geist die Verbindung dazu ist.

Vor diesem Hintergrund können wir nun darüber nachdenken, wo und wie wir als Einzelne und als Gemeinschaften in dieses große Bild hineinpassen. Beginnen wollen wir mit unserer Anbindung an die Wirklichkeit Gottes, die im Neuen Testament unter dem Stichwort „Glaube" beschrieben wird. In unserer Betrachtung steht dabei zunächst der Einzelne im Mittelpunkt. Davon sollten wir uns jedoch nicht täuschen lassen: In der Antike ist die Religion wie das Leben überhaupt niemals Sache des Einzelnen, sondern Aufgabe der Gemeinschaft. So geht auch das Neue Testament wie das Alte ganz selbstverständlich davon aus, dass sich Christen als Teil einer Gemeinschaft verstehen. Auch wenn viel über das Zusammenleben als Gemeinschaft gesagt wird, wird deswegen die Notwendigkeit von Gemeinschaft nirgendwo begründet.

Betrachtet man Sünde als Beziehungsbegriff ist eine theologische Begründung von Gemeinschaft zudem gar nicht nötig, denn dann muss man zwangsläufig auch die Erlösung in Beziehungskategorien verstehen. Schließlich geht es um die im Sündenfall zerstörten Beziehungen, wozu nicht nur die Gottesbeziehung, sondern auch die zwischenmenschlichen Beziehungen gehören. Im Zentrum dieses Kapitels steht daher nicht der Glaube des Einzelnen, sondern die von Jesus geschaffene neue

Gemeinschaft, in der der Einzelne ein Teil ist, der ohne das Ganze unvollständig wäre.

Anfangen wollen wir freilich mit dem Glauben selbst, denn er bildet die Grundlage der Gemeinschaft. In seinem Brief an die Römer, in dem der Apostel Paulus um das angemessene Gottesverhältnis des Menschen ringt, gibt er anhand des Stammvaters Abraham eine Definition des Glaubens. Der Text ist sprachlich sehr dicht, man merkt ihm an, dass Paulus mit Fachbegriffen redet, die bis heute ihre Gültigkeit haben. Allein schon deshalb lohnt es, genau hinzuschauen:

> *„Was sagen wir denn von Abraham, unserm leiblichen Stammvater? Was hat er erlangt? Das sagen wir: Ist Abraham durch Werke gerecht, so kann er sich wohl rühmen, aber nicht vor Gott. Denn was sagt die Schrift? ,Abraham hat Gott geglaubt und das ist ihm zur Gerechtigkeit gerechnet worden.' (1. Mose 15,6) Dem aber, der mit Werken umgeht, wird der Lohn nicht aus Gnade zugerechnet, sondern aus Pflicht. Dem aber, der nicht mit Werken umgeht, glaubt aber an den, der die Gottlosen gerecht macht, dem wird sein Glaube gerechnet zur Gerechtigkeit. [...] [Abraham] ist unser aller Vater – wie geschrieben steht (1. Mose 17,5): ,Ich habe dich gesetzt zum Vater vieler Völker' – vor Gott, dem er geglaubt hat, der die Toten lebendig macht und ruft das, was nicht ist, dass es sei. Er hat geglaubt auf Hoffnung, wo nichts zu hoffen war, dass er der Vater vieler Völker werde, wie zu ihm gesagt ist (1. Mose 15,5): ,So zahlreich sollen deine Nachkommen sein.' Und er wurde nicht schwach im Glauben, als er auf seinen eigenen Leib sah, der schon erstorben war, weil er fast hundertjährig war, und auf den erstorbenen Leib der Sara. Denn er zweifelte nicht an der Verheißung Gottes durch Unglauben, sondern wurde stark im Glauben und gab Gott die Ehre und wusste aufs allergewisseste: Was Gott verheißt, das kann er auch tun. Darum ist es ihm auch ,zur Gerechtigkeit gerechnet worden' (1. Mose 15,6). Dass es ihm zugerechnet worden ist, ist aber nicht allein um seinetwillen geschrieben, sondern auch um unsertwillen, denen es zugerechnet werden soll, wenn wir glauben an den, der unsern Herrn Jesus auferweckt hat von den Toten, welcher ist um unsrer Sünden willen dahingegeben und um unsrer Rechtfertigung willen auferweckt" (Römer 4,1-5.16b-25).*

An diesem Abschnitt ist einiges bemerkenswert. Beginnen wir mit dem Auffälligsten: Paulus führt den Glauben nicht auf Christus, sondern auf Abraham zurück. Damit macht er deutlich, dass es sich bei dem, was er (und das übrige Neue Testament) unter Glaube versteht, nicht um ein neues Konzept handelt, sondern um eines, das noch weit hinter das Volk Israel zurückgeht auf die Anfänge des Alten Testaments. Abraham lebte nicht nur mehrere hundert Jahre vor Mose, er ist sogar der Großvater Jakobs, dessen Namen Gott in „Israel" („Gott wird kämpfen"?) veränderte (1. Mose 32,28), womit erst dieser der eigentliche Ahnherr des alttestamentlichen Gottesvolkes wurde. Für uns vielleicht verblüffend, unterstreicht der Apostel damit indirekt etwas, was wir weiter oben schon herausgefunden haben: Jesus setzt keine neue Wirklichkeit in Kraft, sondern offenbart die alte, seit Erschaffung der Welt bestehende, die freilich durch die Sünde verdeckt und verborgen ist. Weil sie aber immer schon da war, kann nicht nur Jesus auf sie verweisen, sondern bereits Abraham in ihr leben. Er wird damit zum Vorbild und Vorläufer für alle, die seit Jesus in sie hineinkommen wollen.

Im Zusammenhang mit Abraham unterscheidet Paulus nun zwischen zwei Gottesverhältnissen, für die er eigene Fachbegriffe prägt: Auf der einen Seite sind dies die „Werke", auf der anderen der „Glaube". Die „Werke" werden durch die Stichworte „Lohn" und „Pflicht" näher beschrieben. Damit ist deutlich, dass der Apostel das meint, was man heute als „Arbeitsverhältnis" bezeichnen würde. Ein Arbeitnehmer handelt mit einem Arbeitgeber einen Vertrag aus, in dem genau festgelegt ist, welche Leistungen für welchen Lohn zu erbringen sind. Beide Seiten verpflichten sich dadurch, ihren Teil der Abmachung einzuhalten, solange auch die jeweils andere zu dem Vertrag steht.

Wie Paulus in unserem Abschnitt unterstreicht, lässt sich Abrahams Gottesverhältnis kaum mit dieser Begrifflichkeit umschreiben. Und wer die ersten drei Kapitel des Römerbriefes liest, erkennt auch warum. In einer von Gott getrennten Welt, in der die eigentliche Wirklichkeit durch die der Sünde überdeckt und verfälscht ist, ist es unmöglich, sich auf diese Weise Gott zu nahen. Es kann nicht gehen, weil dahinter ein falsches Verständnis von Beziehung steht. Wie wir weiter oben gesehen haben, ist unser Bild von Beziehung seit dem Sündenfall grundlegend durch die Stichworte Verlangen und Herrschaft geprägt. In dem seit

Paulus als „Werkgerechtigkeit" bezeichneten Gottesverhältnis wird dieses Verständnis nun auf die Gottesbeziehung übertragen. Gott ist danach Herr im Sinne eines Arbeitgebers, der deshalb von seinen Untergebenen entsprechende Leistungen verlangen kann, die er ihnen angemessen entlohnen wird.

Ein vom Schöpfer getrenntes Geschöpf kann jedoch niemals so viele Leistungen bringen, dass ihm vom Schöpfer dafür ein „Lohn" zustehen würde. Im Gegenteil, weil wir alle als Sünder nicht nur unter den die Schöpfung durchziehenden Trennungen leiden, sondern sie auch aktiv weiter betreiben, hätten wir nicht nur keinen Lohn, sondern sogar Strafe verdient. So macht Paulus schon zu Anfang seines Schreibens unmissverständlich klar, dass „Gottes Zorn [...] vom Himmel her offenbart [wird] über alles gottlose Wesen und alle Ungerechtigkeit der Menschen, die die Wahrheit durch Ungerechtigkeit niederhalten" (Römer 1,18). Sollten wir Gott also als Arbeitgeber betrachten und uns als Arbeitnehmer, dann würde uns mehr als nur die Kündigung drohen.

In der Bibel wird Gott dagegen zwar als „Herr" bezeichnet, die dahinterstehende Vorstellung ist jedoch nicht die eines Arbeitgebers, sondern die des Vater. Damit sind wir jedoch bei einem ganz anderen Bezugsrahmen, nämlich dem des antiken Hauses. Auch wenn es dort selbstverständlich war, dass die Mitglieder bestimmte Aufgaben zu erfüllen hatten, entsprach es dennoch keinem heutigen Betrieb. Das Haus war vielmehr eine Lebensgemeinschaft im umfassenden Sinne, wozu zum Beispiel selbstverständlich die Versorgung und Pflege in Not geratener Mitglieder (auch von Sklaven und Freigelassenen) gehörte. Die Hauptaufgabe des Hausherrn, des Vaters, bestand daher in der Fürsorge. Er repräsentierte das Haus nach außen und kümmerte sich nach innen darum, dass alle versorgt waren und jeder einen ihm angemessenen Platz einnahm. Damit soll das antike Haus keineswegs idealisiert werden, allerdings müssen die biblischen Begriffe vor diesem Hintergrund gesehen werden, sonst werden wir sie nicht verstehen.

Wenn wir die eigentliche Realität dieser Welt begreifen wollen, müssen wir daher von dem Vaterbild Gottes ausgehen, das Jesus seinen Zuhörern vor Augen gemalt hat. Diesem Vater gegenüber erscheint ein Arbeitsverhältnis nicht nur unangemessen, sondern geradezu verletzend, wie Jesus in seinem Gleichnis von den verlorenen Söhnen deutlich macht

(Lukas 15,11-32): Beide Söhne haben zu Anfang der Geschichte keine Ahnung davon, wie der Vater ist. Der jüngere hält ihn für überflüssig. Er hat die Warterei auf sein Erbe satt (die ja ein Warten auf das Ableben des Vaters ist) und bittet deshalb den Vater um dessen vorzeitige Auszahlung. Als er mit dem Versuch auf eigenen Beinen zu stehen scheitert, fällt ihm plötzlich wieder der Vater ein, allerdings bezeichnenderweise nicht als Vater, sondern als Arbeitgeber. Im Vergleich zu dem Fremden, der ihn ohne mit der Wimper zu zucken für einen Hungerlohn Schweine hüten lässt, obwohl diese Aufgabe für einen Juden eigentlich völlig undenkbar ist, erscheint ihm der Vater als in jeder Hinsicht vorteilhafte Alternative. Zu Hause angekommen, entdeckt er freilich, dass sich sein Vater gar nicht auf ein Arbeitsverhältnis einlässt – und das auch noch nie im Sinn gehabt hat. Er behandelt den Sohn vielmehr wie ihn ein Vater behandeln sollte: Er nimmt ihn wieder mit allen Rechten (und Pflichten!) in die Familie auf und gibt anlässlich seiner Rückkehr ein Fest.

Der ältere Sohn ist damit nicht einverstanden und stellt den Vater deshalb zur Rede. In diesem Zusammenhang wird nicht nur die für die damaligen Verhältnisse schier unglaubliche Respektlosigkeit des älteren Bruders deutlich (er weigert sich mit dem Vater unter ein Dach zu gehen und macht ihm ihn herabsetzender Weise Vorwürfe), offenbar wird auch, dass dieser Sohn seinen Vater ausschließlich als Arbeitgeber betrachtet – und noch dazu als einen, der seinem „Angestellten" jegliche Freude versagt. Ob der korrigierende Hinweis des Vaters auf das gemeinsame Eigentum dem Sohn die richtige Perspektive gegeben hat, lässt das Gleichnis offen. Während der eine verlorene Sohn zu einer Vaterbeziehung gefunden hat, bleibt der andere (zunächst) in der Verlorenheit einer freudlosen Arbeitsbeziehung.

Doch kommen wir zurück zum Römerbrief. Wie Paulus darlegt, begegnet Abraham Gott wie einem Vater, ohne allerdings diese Begrifflichkeit zu benutzen. Er sah Gott in der Rolle des Versorgers, der sich um seine Schutzbefohlenen kümmert und dazu alles einsetzt, was ihm zur Verfügung steht. Zu beachten ist, dass es im Falle Abrahams nicht nur um die alltägliche Versorgung, sondern um eine Verheißung ging. Gott hatte ihm einen Nachkommen versprochen – obwohl die Erfüllung des Versprechens nach menschlichem Ermessen unmöglich war. Diesen Aspekt streicht Paulus besonders heraus: Abrahams Leib „war schon erstorben, weil er fast hundertjährig war", Ähnliches galt für seine Frau Sara. In der diesseitigen Wirklichkeit der Sünde und des Todes gab es also nichts mehr zu hoffen.

Anders ist das jedoch in der eigentlichen Wirklichkeit, zu der Abraham durchgedrungen ist. In ihr haben wir es mit einem Gott zu tun, „der die Toten lebendig macht und ruft das, was nicht ist, dass es sei". Vor diesem Hintergrund „wusste" Abraham „aufs allergewisseste: was Gott verheißt, das kann er auch tun." In diesem Wissen bestand nach Paulus sein Glaube, den er mit der Alternative „Unglaube" in Kontrast setzt: „Er zweifelte nicht an der Verheißung Gottes durch Unglauben, sondern wurde stark im Glauben und gab Gott die Ehre".

Fassen wir zusammen: In seinem Verständnis des Glaubens bewegt sich Paulus ganz in der Linie dessen, was Jesus in seiner Verkündigung vorgegeben hat. Glaube ist demnach ein Verwurzeltsein in der Wirklichkeit Gottes, womit eine entsprechende Neuausrichtung des Lebens verbunden ist, die bei Abraham eben darin bestand, dass er sein Erbe nicht anderweitig geregelt, sondern auf den verheißenen Sohn gewartet hat. Im praktischen Leben äußert sich dieser Glaube demnach als Vertrauen auf die Verheißungen Gottes, was gerade da wichtig ist, wo ihre Erfüllung alles andere als absehbar ist wie bei der Verheißung Isaaks. Ähnlich definiert es übrigens auch der Brief an die Hebräer:

> *„Es ist aber der Glaube eine feste Zuversicht auf das, was man hofft, und ein Nichtzweifeln an dem, was man nicht sieht. [...] Aber ohne Glauben ist's unmöglich, Gott zu gefallen; denn wer zu Gott kommen will, der muss glauben, dass er ist und dass er denen, die ihn suchen, ihren Lohn gibt" (Hebräer 11,1.6).*

Vom Schatz im Acker und der kostbaren Perle

Wenn der Glaube aber das Verwurzeltsein in der unsichtbaren Wirklichkeit Gottes ist, die von der Realität der Sünde verdeckt und verfälscht wird, muss er mehr sein als ein bloßes Fürwahrhalten bestimmter Sätze oder die Überzeugung, von Gott angenommen zu sein. Gerade der nicht nur bei Paulus, sondern auch bei Jesus an verschiedenen Orten auftauchende Verweis auf die „Frucht" (Galater 5,22) bzw. „Früchte"

(Matthäus 7,16-20; 12,33; 13,3-9; Johannes 15,1-8 u. ö.) macht deutlich, dass es beim Glauben um ein das ganze Leben umfassendes Konzept geht. Der Gläubige lebt, denkt, handelt und hofft innerhalb der Wirklichkeit Gottes, nicht mehr in der der Sünde. Der vollkommene Gläubige ist damit nicht Abraham, der ja nur punktuell in der Wirklichkeit Gottes verwurzelt war, sondern Jesus selbst, dessen Leben von nichts anderem bestimmt war. Damit jedoch wird klar, warum Jesus *der* „Einstiegsort" in die Wirklichkeit Gottes ist. Wer sie entdecken will, wird bei dem anfangen müssen, der von sich sagt: „Ich bin der Weg und die Wahrheit und das Leben; niemand kommt zum Vater denn durch mich" (Johannes 14,6). Glaube ist damit Nachfolge Christi im umfassendsten Sinn.

Wenn der Glaube freilich im Vertrauen auf eine für den Nichtgläubigen letztlich unsichtbare, weil verborgene Wirklichkeit besteht, drängt sich die Frage auf, wie man ihn erlangen kann. Schon im Gespräch mit dem pharisäischen Schriftgelehrten Nikodemus stellt Jesus schließlich fest: „Es sei denn, dass jemand von neuem geboren werde, so kann er das Reich Gottes nicht sehen" (Johannes 3,3). Das Entstehen des Glaubens wird hier bezeichnenderweise mit einer Geburt verglichen, also dem Übergang in die Wirklichkeit dieser Welt. So wie man vorher keinen Einblick in sie hatte, so ist auch beim Eintritt in die Realität Gottes eine „neue Geburt" nötig, um hinter und über die sichtbare Welt hinaus zu schauen.

Wie das gehen kann, zeigt Jesus in zwei sehr kurzen Gleichnissen auf. Es sind die beiden bereits erwähnten vom Schatz im Acker und der kostbaren Perle, die auch für unseren Zusammenhang so bedeutsam sind, dass sie noch einmal abgedruckt werden sollen:

„Das Himmelreich gleicht einem Schatz, verborgen im Acker, den ein Mensch fand und verbarg; und in seiner Freude ging er hin und verkaufte alles, was er hatte, und kaufte den Acker. Wiederum gleicht das Himmelreich einem Kaufmann, der gute Perlen suchte, und als er eine kostbare Perle fand, ging er hin und verkaufte alles, was er hatte, und kaufte sie" (Matthäus 13,44-46).

Das Himmelreich, also die Wirklichkeit Gottes, ist in diesen Gleichnissen zunächst eine verborgene Größe. Der Mann auf dem Acker wie der Kaufmann wissen ja nicht, auf welche Kostbarkeit sie stoßen werden. Beim Mann auf dem Acker wird das Überraschungsmoment am deutlichsten. Offensichtlich handelt es sich um einen Tagelöhner, dem nicht einmal der Acker gehört, den er bearbeitet. Er schuftet im Auftrag und für den Profit eines anderen. Doch dabei macht er eine gänzlich unerwartete Entdeckung: Unter der Wirklichkeit des Ackers ist eine andere verborgen, die sein Leben auf eine völlig andere Grundlage stellen kann.

Das Gleichnis hat damit zwei Schwerpunkte. Zum einen geht es sicher darum, wie der Mann mit der sich ihm so überraschend auftuenden Möglichkeit umgeht. Wir sahen es bereits, er handelt zielstrebig und setzt alles auf eine Karte, indem er umgehend seinen gesamten Besitz verkauft um den Acker zu erwerben und den Schatz zu heben. Der andere Schwerpunkt des Gleichnisses wird dagegen gern übersehen: Das Himmelreich gleicht einem Schatz, der verborgen ist. Es ist also nicht offensichtlich und folglich auch nicht öffentlich zugänglich. So wie der Mann auf den Schatz stößt, muss der Schatz ihm begegnen: plötzlich, unerwartet, mitten in den alltäglichen Aufgaben.

Damit das nicht als Aufruf zum Fatalismus missverstanden werden kann, wurde dieses Gleichnis zusammen mit dem vom Kaufmann und der Perle überliefert. Auch hier steht das überraschende Auffinden eines Schatzes im Mittelpunkt. Im Gegensatz zu dem Mann auf dem Acker war der Kaufmann jedoch auf der Suche. Jesus beschreibt ihn als Fachmann, als Perlenhändler, der deshalb ganz genau wusste, womit er es zu tun hatte, als er auf die kostbare Perle stieß. Auch wenn das Überraschungsmoment bleibt – der Kaufmann kann einen solchen Fund nicht planen – liegt damit ein besonderes Augenmerk auf der Vorbereitung. Einen Schatz im Acker kann jeder erkennen, eine kostbare Perle erfordert dagegen eine gewisse Sachkenntnis.

Beide Gleichnisse gehen also nicht von einer Passivität des Menschen aus. Verlangt ist vielmehr eine realistische Einschätzung der Situation und der Mut, entsprechend zu handeln. In beiden Fällen wäre der Schatz verloren gegangen, wenn der jeweilige Finder nicht sein gesamtes bisheriges Leben dafür aufgegeben hätte. Beim Kaufmann ist zusätzlich sogar eine gewisse Vorbereitung nötig. Wäre er kein Spezialist in seinem Gebiet, hätte er den Schatz nicht entdeckt, obwohl er vor ihm lag. Aus beiden Gleichnissen geht dennoch hervor, dass das Himmelreich zugleich außerhalb der menschlichen Möglichkeiten liegt. Eine andere Wirklichkeit kann man nur entdecken, man kann sie sich jedoch nicht erarbeiten.

Umgekehrt fordert eine neuentdeckte Wirklichkeit nicht nur zu neuen Handlungen heraus, sondern gibt auch scheinbar unveränderlichen Tatsachen neue Vorzeichen, die wiederum die Welt in einem anderen Licht erscheinen lassen. Oder um es einfacher auszudrücken: Hätte man dem Tagelöhner auf dem Weg zur Arbeit geraten, er solle seinen gesamten Hausstand zu Geld machen, um einen Acker zu kaufen, hätte er das mit Sicherheit als unsinnig abgelehnt. Was soll er mit einem Acker, wenn er weder eine Bleibe hat noch Geld für Saatgut und Arbeitsgeräte?

Als ihm jedoch klar wird, dass der Acker einen Schatz enthält, erscheint die Welt in einem neuen Licht. Mit einem Mal wird das, was bis eben noch ein Zuhause war, eine ärmliche Hütte, die er leichten Herzens dahingibt angesichts der Möglichkeiten, die der Besitz eines Schatzes eröffnet. Die Trennung von seiner Habe, die dem Mann noch Minuten vorher schwer gefallen und unsinnig erschienen wäre, geht ihm jetzt nicht nur ohne Zögern von der Hand, sondern ist das Gebot der Stunde. Wenn sein Leben tatsächlich die erhoffte Wendung nehmen soll, bleibt ihm nicht nur nichts anderes übrig, er geht sogar „in seiner Freude" hin und verkauft alles, was er hat.

Der Weg zum Glauben

Was den Mann im Gleichnis vom „reichen Jüngling", dem Jesus später begegnet, unterscheidet, sind auf den ersten Blick die gegensätzlichen Handlungsweisen. Der eine „ging in seiner Freude hin und verkaufte alles, was er hatte" (Matthäus 13,44), der andere „ging betrübt davon; denn er hatte viele Güter" (Matthäus 19,22). Der eine gibt ohne zu zögern von sich aus alles weg, der andere kommt selbst einer Aufforderung Jesu nicht nach. Der eine erwirbt einen „Schatz im Acker", der andere schlägt den „Schatz im Himmel" (Matthäus 19,21) aus.

Was die beiden aber offensichtlich auch trennt, ist ihre grundlegende Lebensauffassung, ihr Verständnis der Wirklichkeit, biblisch gesprochen ihr Herz. Der Mann im Gleichnis ist auf eine andere Wirklichkeit gestoßen, die ihn zu einer Stellungnahme herausfordert. Ja, mehr als das: Wenn er nun schnell und zielgerichtet handelt, wird sein Leben in dieser Wirklichkeit gegründet sein. Vor ihm öffnet sich damit eine Tür, die nur für eine begrenzte Zeit offen sein wird. Jetzt kann er durch sie hindurch gehen, später vermutlich nicht mehr. Wenn er den Schatz heute nicht hebt, wird es morgen vielleicht ein anderer tun, und er bleibt sein Leben lang ein Tagelöhner.

Für den „reichen Jüngling" sieht die Perspektive anders aus. Er möchte zwar das „ewige Leben haben" (Matthäus 19,16), sieht allerdings nicht die Wirklichkeit, die Jesus predigt und lebt. Vor ihm liegt nur die Welt, wie sie sich seit dem Sündenfall darstellt. An einen Zusammenhang zwischen Erniedrigung hier und Erhöhung dort glaubt er offensichtlich nicht, sonst würde er der Aufforderung Jesu, seinen Reichtum abzugeben, unverzüglich nachkommen. Dabei ist es wie bei dem Mann im Gleichnis: Auch hier tut sich eine Tür in eine andere Welt auf, auch hier bekommt einer die einmalige Chance an etwas Großem, ja an dem Größten überhaupt teilzuhaben. Jesus nimmt ihn mit in sein Leiden und Sterben und damit auch in seine Herrlichkeit. Und da die Erniedrigung hier groß ist, wird auch die Erhöhung dort entsprechend sein. Voraussetzung ist hier wie dort die Aufgabe des bisherigen Lebens. Wenn der junge Mann jetzt alles verkauft, was er hat, ist ihm der Schatz im Himmel also sicher. Die Tür ist offen, aber er geht nicht hindurch.

Warum nicht? Wahrscheinlich hat er die Welt dahinter nicht gesehen, vermutlich nicht einmal die Tür als solche wahrgenommen. Jesus war für ihn ein Respekt einflößender Lehrer (nach Markus 10,17 fiel er vor ihm sogar auf die Knie!), der, wie seine Wunder zeigten, offensichtlich über besondere Fähigkeiten verfügte. Aber Jesus war für den jungen Mann nicht die Tür in eine andere Welt, sondern eben nur ein Lehrer. Ob seine Lehre tatsächlich eine andere Wirklichkeit widerspiegelt, oder ob sein Leben den Zugang dazu sogar öffnet, war für den jungen Mann nicht ausgemacht. Damit erscheint auch der Gedanke, den Reichtum abzugeben, nur unter dem Vorzeichen des Verlustes. Auf die sichere Armut hier folgt ein in seinen Augen sehr ungewisser „Schatz im Himmel". Wer vor diesem Hintergrund sein Geld abgibt, übt Verzicht ohne Gewinn, das allerdings in einem unmenschlich großen Ausmaß.

Spannend ist die Frage, was denn hätte geschehen müssen, damit der junge Mann die offene Tür erkannt hätte und hindurchgegangen wäre. Hätte Jesus ihm den Sachverhalt noch einmal gründlich darlegen und an seinen Willen appellieren sollen? Oder wäre es besser gewesen, ihm den Schritt schmackhafter zu machen, indem er ihm ein insgesamt glücklicheres Leben hier auf Erden verheißt? Eine auf die „Rettung" möglichst vieler bedachte Theologie wäre sicher von der Maximalforderung abgerückt und hätte sich mit ein bisschen weniger Nachfolge bei gleichzeitig etwas mehr Reichtum zufriedengegeben. Wieder andere hätten aus der Aufforderung eine Option gemacht und aus der Berufung eine Einladung, womit beides der persönlichen Entscheidung des jungen Mannes überlassen bleibt, deren Ausgang freilich nichts an seiner Stellung vor Gott ändert. Gott liebt ihn schließlich so, wie er ist. Angesichts der bedrückenden Not weiter Teile der Bevölkerung Palästinas hätte Jesus aber auch ganz anders handeln können: Warum nicht den jungen Mann durch Druck auf sein Gewissen dazu zwingen, zumindest einen Teil seines Reichtums der Allgemeinheit zur Verfügung zu stellen? Wenn es dazu noch seinem Seelenheil dient, umso besser!

All diese Versuche haben eines gemeinsam: Sie erreichen nicht das Herz, den Personkern des Menschen, den Sitz seines grundlegenden Verständnisses der Welt und des Lebens. Aber nur dort geschieht Wahrnehmung der Wirklichkeit im letzten Sinn, nur dort wird alles mit dem entsprechenden Vorzeichen versehen. Und das Herz ist jeglichem menschlichen Zugriff entzogen, sogar die Person selbst hat darauf nur einen sehr begrenzten Einfluss. Schließlich geht es um das, was man heute ein Paradigma nennt, und das kann man nicht beliebig wechseln. Im Zentrum steht nämlich eine Erkenntnis, das Durchdringen zu einer anderen Wirklichkeit. Eine Erkenntnis macht man jedoch nicht, man bekommt sie, sie wird einem gegeben. Hierbei muss es einem „wie Schuppen von den Augen fallen", wie schon der Volksmund weiß – der sich dabei bezeichnenderweise an die Bekehrung des Paulus anlehnt (vgl. Apostelgeschichte 9,18).

Die biblischen Bilder für diesen Vorgang sind entsprechend: Dort wird von einer „neuen Geburt" geredet (Johannes 3,3.5) oder davon, dass ein „Blinder" zu „sehen" anfängt (Johannes 9,39-41), dass einer von der „Finsternis" zum „Licht" durchdringt (Johannes 8,12; Apostelgeschichte 26,18), ja sogar, dass ein „Toter" „lebendig" wird (Epheser 2,5). In all diesen Vergleichen geht es um eine neue Wirklichkeit, die sich unvermutet auftut – unvermutet deshalb, weil sie vorher für den Betrachter schlichtweg nicht vorhanden war. Einem Ungeborenen kann man nicht vorwerfen, dass er die Welt nicht kennt, ebensowenig kann man von einem Blinden Sehvermögen verlangen. Wenn uns nicht die Augen aufgetan werden, bleiben wir in der Finsternis und nehmen zwangsläufig vieles nicht wahr, was wir bei Licht gar nicht übersehen könnten.

Einen Paradigmenwechsel, eine grundlegende und alle Bereiche umfassende Änderung der Lebenseinstellung kann man deshalb nicht bewusst herbeiführen. Ich kann nicht von heute auf morgen Pazifist werden oder überzeugter Single oder auch nur nicht mehr zweifeln – und eben auch nicht gläubig im Sinne der Bibel. Einen Paradigmenwechsel kann man jedoch vorbereiten. Immer wieder stoßen wir auf Hinweise, dass die Wirklichkeit, in der wir bisher leben, nicht alles sein kann. Wir können die Augen vor ihnen verschließen oder ihnen nachgehen. Machen können wir die damit verbundenen neuen Erkenntnisse dennoch nicht, bestenfalls uns selbst vorbereiten und offen für sie werden.

Dabei ist es durchaus möglich, ab morgen so zu leben, als ob der Paradigmenwechsel bereits stattgefunden hätte. Hier liegt die große Gefahr des Christentums als gesellschaftlicher und kultureller Größe. Mit unserer gut gemeinten Vorbereitung, die anderen helfen soll, die Wirklichkeit Gottes zu erkennen, können wir ein Klima schaffen, in dem es aus verschiedenen Gründen vorteilhaft erscheint, als gläubig zu gelten. Es wäre verfehlt, hierbei gleich von Heuchelei zu reden, denn darum geht es nur am Rande. Viel wahrscheinlicher ist, dass die Menschen schlichtweg nicht verstanden haben, was Glaube im biblischen Sinn bedeutet. Glauben heißt dann für sie, zu reden wie ein Glaubender, die entsprechende Kultur zu übernehmen, sich zielsicher in der christlichen Landschaft zu bewegen.

Wenn Glaube allerdings eine „feste Zuversicht" (Hebräer 11,1) und ein Vertrauen „aufs allergewisseste" auf die Verheißungen Gottes ist (Römer 4,21), dann kann man ihn nicht machen, weder bei anderen noch bei sich selbst. Wenn das Reich Gottes einem Schatz gleicht, der gefunden werden muss, dann kann ich nur hoffen, dass ich ihn finden werde und auch andere ihn entdecken. Angesichts der Tatsache, dass es sich dabei um die tiefere Wirklichkeit der Welt handelt, ist die Suche jedoch keineswegs aussichtslos. Denn der Schatz ist da, auch wenn der Acker ihn verbirgt.

Wir sind damit an einer entscheidenden Stelle. Als Simon, der kurz darauf Petrus genannt wurde, Jesus gegenüber bekennt: „Du bist Christus, des lebendigen Gottes Sohn!", antwortet dieser: „Selig bist du, Simon, Jonas Sohn; denn Fleisch und Blut haben dir das nicht offenbart, sondern mein Vater im Himmel" (Matthäus 16,16f.). Glaube, „selig" machender Glaube hat also immer etwas mit Offenbarung zu tun. Der Schatz muss sich finden lassen, sonst pflügt der Bauer nur den Acker.

Vor diesem Hintergrund bekommen alle oben genannten Versuche, den „reichen Jüngling" doch noch ins Boot zu holen, einen fahlen Beigeschmack. Jeder von ihnen soll es dem jungen Mann zwar leichter machen, mit Jesus zu gehen; gläubig und damit gerettet im neutestamentlichen Sinn des Wortes wird er dadurch aber gerade nicht, weil er so nicht in der Wirklichkeit Gottes verwurzelt wird. Im Gegenteil: Da all diese Versuche seinen Blick von der Tür weg auf die diesseitigen Realitäten lenken, machen sie es ihm tatsächlich schwerer, die vor ihm liegende göttliche Wirklichkeit zu erkennen. Zentral ist mit einem Mal nicht mehr der Schatz, den man sich zusammen mit dem an sich wertlosen Acker aneignet. Es rückt vielmehr der Acker selbst in den Mittelpunkt des Interesses (den Schatz nimmt er ja weiterhin nicht wahr), es geht um seinen Ertrag. Wer den Acker unter diesen Vorzeichen erwirbt, wird sich allerdings nie auf die Suche nach dem Schatz machen, sondern nur das Feld bearbeiten – und dabei vermutlich staunen, dass andere dafür so viel zu geben bereit sind.

Wenn das Reich Gottes offenbart werden muss, ist also die Vorgehensweise Jesu die einzig sinnvolle: Er proklamiert das Reich und lebt in seiner Wirklichkeit. Und als der „reiche Jüngling" das nicht erkennt, lässt er ihn ziehen, obwohl er ihn „lieb gewonnen" hat (Markus 10,21) – allerdings nicht ohne seinerseits auf die Möglichkeiten Gottes zu verweisen: „Bei den Menschen ist's unmöglich; aber bei Gott sind alle Dinge möglich" (Matthäus 19,26).

Dass Jesus diesen Satz von ganzem Herzen glaubt, zeigt sich übrigens gerade darin, dass er den jungen Mann gehen lässt. Gott gibt ihn nicht auf, auch wenn Jesus im Augenblick nichts mehr für ihn tun kann (und vielleicht niemals). Hier sehen wir ein Gottvertrauen, das uns in unserer

Verkündigung allzu oft abgeht, weil wir nicht so wie Jesus in der Wirklichkeit Gottes verwurzelt sind, des Gottes, der von sich sagt: „Wenn ihr mich von ganzem Herzen suchen werdet, so will ich mich von euch finden lassen" (Jeremia 29,13f.; vgl. 5. Mose 4,29; 1. Chronik 28,19; 2. Chronik 15,2.4 u. ö.) und „Bittet, so wird euch gegeben; suchet, so werdet ihr finden; klopfet an, so wird euch aufgetan" (Matthäus 7,7f.). Indem er Jesus den Rücken kehrt, gerät der junge Mann also nicht für Gott aus dem Blick. Er geht nur nicht durch die Tür, die sich vor ihm aufgetan hat. Doch wenn der allmächtige Gott ihn zu sich ziehen möchte, werden sich andere öffnen, von denen Jesu Begleiter bei dieser Begebenheit nichts ahnen konnten.

Ausgehend von der dahinterstehenden Verheißung, die vermutlich die in der Bibel am häufigsten genannte ist, ist Mission immer Gottes Werk, und wenn wir es als eine Wiederherstellung der Gottesbeziehung des Kosmos betrachten, kann es auch gar nichts anderes sein. Das bedeutet allerdings nicht, dass Gott dieses Werk ohne Menschen tut. Hier eine Trennlinie zu ziehen, würde dem Wesen Gottes widersprechen wie wir es bisher erkannt haben. Gerade in Bezug auf die Offenbarung seiner Wirklichkeit gebraucht Gott Menschen und wurde sogar selbst Mensch. Schon die biblische Offenbarung geschah durch Menschen, das gilt erst recht für ihre persönliche Zuspitzung. So schreibt Paulus:

> *„Wie sollen sie aber den anrufen, an den sie nicht glauben? Wie sollen sie aber an den glauben, von dem sie nichts gehört haben? Wie sollen sie aber hören ohne Prediger? Wie sollen sie aber predigen, wenn sie nicht gesandt werden? [...] So kommt der Glaube aus der Predigt, das Predigen aber durch das Wort Christi" (Römer 10,14f.17).*

So sehr das offenbarende Wirken Gottes in der Bibel im Mittelpunkt steht, so grundlegend Berufungen im Alten wie im Neuen Testament für das Gottesverhältnis sind, genauso muss also festgehalten werden, dass auch eine andere Wirklichkeit bekannt gemacht werden muss. Im Zentrum steht dabei jedoch der „Zeuge", der die erkannte Wirklichkeit und ihre Auswirkungen bezeugen kann, nicht der „Überzeuger", der sie durch geschickte Argumentation an den Mann oder die Frau bringen soll.

Unsere Mission mag das in gewisser Weise „erschweren", weil wir unmittelbar auf Gott angewiesen sind und ihn nicht durch Werbestrategien oder Ähnliches „ersetzen" können. Den Gemeindeaufbau erleichtert es allerdings ungemein. Denn während man eine Aussage widerrufen und ein Verhalten ändern kann, kann man nicht von einer Erkenntnis „abfallen". Wenn ich von etwas zutiefst überzeugt bin, wie zum Beispiel von der Schwerkraft, dann wird diese Überzeugung mein Leben prägen, ob ich es will oder nicht. Wer einmal schmerzhaft gestürzt ist, wird beim Klettern vorsichtiger. Es ist zwar möglich, die entsprechende Erkenntnis weiterzuentwickeln und damit noch tiefer in die Wirklichkeit einzudringen, wir werden sie allerdings nie mehr verleugnen können. Was einmal als wahr erkannt wurde, lässt sich nur durch eine tiefere Wahrheit verändern, um unseres Gewissens und Selbstwertgefühls willen können wir es jedoch nie mehr verleugnen und so tun, als ob wir diese Erkenntnis nie gehabt hätten.

Ein kleines Lob des Zweifels

Aus dem eben Ausgeführten ergeben sich enorme Konsequenzen für den Umgang mit dem Zweifel. Für viele Christen ist Zweifel ja das Gegenteil des Glaubens, weswegen er überwunden werden muss. Hat nicht Abraham „aufs allergewisseste" geglaubt, und definiert nicht der Brief an die Hebräer Glauben gerade als ein „Nichtzweifeln an dem, was man nicht sieht"? Glaube und Gewissheit gehören damit zusammen, sind sozusagen zwei Seiten derselben Medaille. „Wer zu Gott kommen will, der muss glauben, dass er ist und dass er denen, die ihn suchen, ihren Lohn gibt", weiß schon der Autor des Hebräerbriefes (11,6).

Das ist richtig, allerdings muss man an dieser Stelle zwischen verschiedenen Formen des Zweifels unterscheiden. Der Hebräerbrief redet hier nicht von ungefähr ganz allgemein von der Existenz Gottes. Wer sich nicht sicher ist, ob es einen Gott gibt, wird tatsächlich im geistlichen Leben nicht weit kommen. Ähnlich verhält es sich mit einem, der zwar an der Existenz Gottes festhält, daraus allerdings keine Konsequenzen zieht, weil er nicht glaubt, „dass er denen, die ihn suchen, ihren Lohn gibt". Wenn Gott zwar existiert, aber nichts mit der Welt zu tun hat und haben will, ist Glaube tatsächlich sinnlos.

Von dieser Form des Zweifels soll hier freilich nicht die Rede sein, denn strenggenommen handelt es sich dabei um Unglauben und nicht um Zweifel, auch wenn er in den deutschen Bibeln so genannt wird. In Hebräer 11,1, wo ausgeführt wird, dass der „Glaube [...] ein Nicht-zweifeln an dem [ist], was man nicht sieht", benutzt der Autor dagegen das Wort *elenchos*, das Substantiv von *elencho*, „ans Licht bringen", „jemanden einer Sache überführen". *Elenchos* ist also ein „Nichtzweifeln" in dem Sinne, dass man es mit einem bewiesenen Sachverhalt zu tun hat. Was hier als „Nichtzweifeln" bezeichnet wird, ist demnach keine intellektuelle Verrenkung, kein Willensakt, mit dem die immer wieder aufkommenden inneren Anfragen abgestellt werden sollen. Im Gegenteil, man könnte den Satz auch ganz anders übersetzen: „Es ist der Glaube ein *Beweis* für die Dinge, die man nicht sieht." Die Elberfelder Bibel redet dementsprechend vom „Überführtsein", die Einheitsübersetzung vom „Überzeugtsein".

Nichts anderes führt der Autor des Hebräerbriefes im Rest des Kapitels aus, in dem er die Glaubenshelden des Alten Bundes aufzählt, deren Gottvertrauen angesichts unglaublicher Nöte ihm Beweis genug dafür ist, dass am Glauben modern gesprochen „etwas dran" ist:

„Diese haben durch den Glauben Königreiche bezwungen, Gerechtigkeit geübt, Verheißungen erlangt, Löwen den Rachen gestopft, des Feuers Kraft ausgelöscht, sind der Schärfe des Schwerts entronnen, aus der Schwachheit zu Kräften gekommen, sind stark geworden im Kampf und haben fremde Heere in die Flucht geschlagen. Frauen haben ihre Toten durch Auferstehung wiederbekommen. Andere aber sind gemartert worden und haben die Freilassung nicht angenommen, damit sie die Auferstehung, die besser ist, erlangten. Andere haben Spott und Geißelung erlitten, dazu Fesseln und Gefängnis. Sie sind gesteinigt, zersägt, durchs Schwert getötet worden; sie sind umhergezogen in Schafpelzen und Ziegenfellen; sie haben Mangel, Bedrängnis, Misshandlung erduldet. Sie, deren die Welt nicht wert war, sind umhergeirrt in Wüsten, auf Bergen, in Höhlen und Erdlöchern. Diese alle haben durch den Glauben Gottes Zeugnis empfangen und doch nicht erlangt, was verheißen war, weil Gott etwas Besseres für uns vorgesehen hat; denn sie sollten nicht ohne uns vollendet werden" (Hebräer 11,33–40).

Damit tut sich ein ganz neues Bild auf: Wenn Hebräer 11,1 vom Glauben als „Nichtzweifeln" redet, meint der Autor keineswegs unseren Glauben, der frei von Zweifeln sein soll. Es geht vielmehr um den Glauben der *Väter*, der ein Beweis dafür ist, dass die dahinterstehende Wirklichkeit tatsächlich existiert. Oder um es mit den Worten des Autors zu sagen: „dass Gott ist und dass er denen, die ihn suchen, ihren Lohn gibt". Der Glaube der Väter ist damit Grundlage für unseren Glauben. Sie haben bildlich gesprochen ein Land entdeckt, in dem wir uns nur noch bewegen müssen, das wir aber nicht mehr zu suchen brauchen. Entsprechend fordert der Hebräerbrief nach diesem Kapitel seine Leser auf: „Darum auch wir: Weil wir eine solche Wolke von Zeugen um uns haben, lasst uns ablegen alles, was uns beschwert, und die Sünde, die uns ständig umstrickt, und lasst uns laufen mit Geduld in dem Kampf, der uns bestimmt ist" (Hebräer 12,1).

Damit jedoch favorisiert der Autor des Hebräerbriefes eine Vorgehensweise, die wir aus dem Zusammenhang von Gerichtsverfahren und Forschungsprojekten kennen: Im Zentrum steht gerade nicht der naive, „blinde" Glaube, vielmehr geht es darum, den Dingen auf den Grund zu gehen, sozusagen hinter die Fassade zu schauen, um herauszufinden, wie sie wirklich sind. Hierzu ist im ganz positiven Sinn Zweifel notwendig, denn die Alternative wäre Leichtgläubigkeit. Der Zweifel ist damit keineswegs der Feind des Glaubens, wie mancherorts gesagt wird, sondern sein Vorläufer, sein Verbündeter und Begleiter. Wer im biblischen Sinne glauben will, muss also zunächst und immer wieder zweifeln. Um zur tieferen Wirklichkeit durchzudringen müssen wir nämlich zuerst ahnen, dass die diesseitige Realität der Sünde und des Todes nicht alles ist. Der „festen Zuversicht" auf die Verheißungen Gottes steht damit zwangsläufig eine tiefgreifende Skepsis in Bezug auf die Versprechungen dieser Welt gegenüber.

Ist der Zweifel jedoch erst einmal gesät, wird er erhalten bleiben, denn es war schwer genug ihn zu wecken. Alles in dieser Welt scheint doch darauf hinzudrängen nicht zu zweifeln, sondern sich mit diesem Leben zufrieden zu geben, seinen Verlockungen zu vertrauen, nicht darüber hinauszudenken. In der personalen Vorstellungswelt der Bibel wird das ganz drastisch ausgedrückt: Der „Offenbarung der Wahrheit" (2. Korinther 4,2) und „Erleuchtung zur Erkenntnis" (2. Korinther 4,6) steht

der „Gott dieser Welt" entgegen, der „den Ungläubigen [...] den Sinn
verblendet hat, dass sie nicht sehen das helle Licht des Evangeliums von
der Herrlichkeit Christi, welcher ist das Ebenbild Gottes" (2. Korinther
4,4).

Weil Zweifeln die Voraussetzung des Erkennens ist, wird der Zweifel
uns also erst dann verlassen, wenn wir uns wieder in ein Stadium dump-
fer Zufriedenheit begeben, das davon ausgeht, dass nun alles erkannt ist
und es nichts Neues mehr zu entdecken gibt. Das widerspricht jedoch
dem Wesen der biblischen Offenbarung, die überall betont, dass Gott
wesentlich größer ist als all unsere Vorstellungen von ihm. Das Gleiche
gilt auch für die mit ihm verbundene tiefere Wirklichkeit, in die wir
zwar Einblicke bekommen, die wir aber bestenfalls ansatzweise begreifen können. In seiner eindrücklichen Bildersprache drückt das der
Hebräerbrief damit aus, dass auch die Glaubenshelden des Alten Bundes „das Verheißene nicht erlangt, sondern es nur von ferne gesehen und
gegrüßt" haben (Hebräer 11,13). Selbst Abraham, nach Paulus der Vater des Glaubens, hat diesen unermesslichen Kontinent der Wirklichkeit Gottes also nur von Weitem gesehen, aber längst nicht bereist, er-
forscht oder gar vermessen.

Ähnliches gilt übrigens auch für das Neue Testament. Obwohl mit der
Offenbarung Gottes in Jesus nun die entscheidenden Wege in die Wirklichkeit Gottes gebahnt sind, geht auch der zweite Teil der Bibel nicht
davon aus, dass damit alles erkannt ist, was es zu erkennen gibt. Paulus
spricht ganz offen davon, dass unser „Wissen [...] Stückwerk" ist, um
dann auszuführen: „Wir sehen jetzt durch einen Spiegel ein dunkles
Bild; dann aber von Angesicht zu Angesicht. Jetzt erkenne ich stückweise;
dann aber werde ich erkennen, wie ich erkannt bin" (1. Korinther
13,9.12). Hält man sich vor Augen, dass antike Spiegel bestenfalls po-
lierte Metallplatten waren, wird der Kontrast zum wirklichen Erkennen
überdeutlich. Bei diesem fortschreitenden Erkennen sind wir freilich
nicht allein, sondern werden vom Heiligen Geist geleitet. Das ist jedenfalls
die Verheißung Jesu an seine Jünger (Johannes 16,13), die auch uns
gilt.

Da biblischer Glaube ein tieferes Eindringen in die Wirklichkeit Gottes ist, die von uns niemals vollständig erfasst werden kann, wird er freilich
immer mit Zweifel verbunden sein oder aufhören, Glaube im biblischen

Sinn zu sein. Denn wie gesehen gehört Zweifel zum Prozess des Erkennens zwingend dazu. Wer tiefer in eine Wirklichkeit eindringen will, darf sich nicht mit den einfachen und bekannten Antworten zufrieden geben, sondern muss sie in Zweifel ziehen, muss fragen, ob es sich wirklich so verhält. Erkennen hat immer mit dem Überschreiten von Grenzen zu tun, weswegen die Selbstverständlichkeiten, mit denen solche Grenzen gezogen werden, unbedingt in Zweifel gezogen werden müssen.

Es ist wie bei einer Entdeckungsreise: Am Anfang steht der Gedanke, dass da noch mehr sein muss, als es auf den ersten Blick erscheint. Also steigen wir auf ein Schiff und fahren über die allgemein angenommene Grenze hinaus in unbekannte Gewässer. Wenn wir auf Land stoßen, wird das, was uns seinerzeit aufs Meer getrieben hat, kaum aufhören. Wir wissen nun zwar, dass hinter dem Meer ein weiterer Kontinent zu finden ist, allerdings werden wir uns kaum damit zufriedengeben, einen kurzen Blick auf die Küste geworfen zu haben. Wir werden deshalb zurückkehren, diesmal nicht nur für eine Seereise gerüstet, sondern auch mit allem, was wir brauchen, um das Land zu erkunden. Der nächste Schritt wird eine Verlegung des Wohnsitzes sein, womit wir eine Basis schaffen, um noch tiefer in den unbekannten Kontinent eindringen zu können.

So verhält es sich auch mit dem Glauben und dem Zweifeln. Die Wirklichkeit Gottes ist wie ein riesiger Kontinent, der aus dem Dunkel plötzlich ins Licht gerückt wird, unübersehbar groß und von uns weitestgehend unerforscht. Wenn wir uns nicht damit zufriedengeben wollen, einen kleinen Teil der Küstenlinie zu betrachten, müssen wir weiter zweifeln. Dabei werden wir schnell entdecken, dass sich manche Realitäten nur wenig ändern. Dieselben Leute, die nun darüber lachen, dass man einmal an eine Grenze im Meer geglaubt hat, werden auf dem neuen Kontinent vor unüberwindlichen Hindernissen warnen. Der Abgrund der Welt existiert damit noch immer in den Köpfen, er hat sich nur verlagert. Auf solche Leute werden wir auch in unseren Gemeinden stoßen, Menschen, die uns davor warnen, nur nicht zu tief einzudringen in die neue Wirklichkeit, sondern sich mit dem zufriedenzugeben, was man hat.

In manchem haben sie recht, denn jede Entdeckungsreise ist gefährlich. Andererseits lässt sich der Zweifel nicht beseitigen, es sei denn, man schließt auch jedes weitere Erkennen aus. Und wenn wir davon ausgehen, dass die tiefere Wirklichkeit die Wirklichkeit Gottes ist, bewegen wir uns auf niemand anderen als den Schöpfer des Universums und Herrn der Welt selbst zu, wenn wir tiefer in sie eindringen. Die Bibel kritisiert den Zweifel daher nur, wenn er Menschen vom beherzten Handeln abhält, als Erkenntnisweg hat sie an ihm freilich nichts auszusetzen, wie die Geschichte von Thomas zeigt, dem Jesus bereitwillig Hände und Seite hinhielt (Johannes 20,27).

Dieser Jünger wurde leider in der christlichen Theologie als „ungläubig" verleugnet, eine Bezeichnung, die er wahrlich nicht verdient hat. Ihn zeichnet im Gegenteil eine große Hingabe und Treue Jesus gegenüber aus, wie eine andere Geschichte deutlich macht: Als Jesus, der gerade aus Judäa hatte fliehen müssen (Johannes 10,39), die Nachricht von der schweren Krankheit des Lazarus bekam, ging er nicht gleich hin, um ihn zu heilen. Angesichts der Gefahr, die ihnen dabei drohte, war das den Jüngern offensichtlich ganz recht, denn als ihr Herr ihnen mitteilt, nun nach Judää aufbrechen zu wollen, stellen sie ihn mit den Worten zur Rede: „Meister, eben noch wollten die Juden dich steinigen, und du willst wieder dorthin ziehen?" (Johannes 11,8). Interessanterweise versuchen sie sogar Jesus davon zu überzeugen, dass er für eine Heilung gar nicht benötigt werde, denn „wenn [Lazarus] schläft, wird's besser mit ihm" (Johannes 11,12).

Einzig Thomas ist in dieser Situation nicht feige, sondern steht zu seinem Herrn mit den Worten: „Lasst uns mit ihm gehen, dass wir mit ihm sterben!" (Johannes 11,16). Damit beweist er eine Treue, die Petrus angesichts der Passion Jesu gerne aufgebracht hätte. Gleichzeitig wird daran aber auch deutlich, dass Thomas in gewisser Weise ein „moderner" Mensch war, denn er geht ziemlich nüchtern und illusionslos an die Sache heran.

Das zeigt sich auch, als er Berichte von der Auferstehung Jesu hört. Wie wir gesehen haben, ist er zwar bereit, sich mit ganzem Einsatz einer Sache anzunehmen, allerdings will er tatsächlich erkennen, nicht einfach nur „blind" glauben. Betrachtet man das Kreuz Jesu wie die ersten Christen als Höhepunkt einer langen Kette von Misshandlungen und Hinrichtungen von Propheten, dann war Thomas selbstverständlich klar, worauf er sich einließ. Er war dazu bereit, tatsächlich sein Leben zu geben, aber eben nicht für eine Annahme oder einen frommen Wunsch, sondern nur für etwas, das er von tiefstem Herzen als wahr erkannt hatte. „Wir können's ja nicht lassen, von dem zu reden, was wir gesehen und gehört haben", sollten später die Apostel Petrus und Johannes vor dem Hohen Rat sagen (Apostelgeschichte 4,20). Und um nichts anderes geht es hier. Thomas wollte sehen und hören, wollte die Wundmale Jesu fühlen und damit die Tatsächlichkeit seiner Auferstehung erkennen.

Dabei war er keineswegs passiv, sondern verhielt sich so wie ein Forscher. Er bleibt bei den Jüngern, zieht nicht frustriert von dannen, sondern ist da, wo Jesus nach menschlichem Ermessen erscheinen würde, sollte er sich noch einmal zeigen: am selben Ort, zur selben Zeit, nur eine Woche später. Als Jesus dann kommt, tadelt er Thomas nicht etwa, sondern geht auf ihn ein: „Reiche deinen Finger her und sieh meine Hände, und reiche deine Hand her und lege sie in meine Seite, und sei nicht ungläubig, sondern gläubig!" (Johannes 20,27). Doch Thomas hat das nicht mehr nötig, er ist auch so überzeugt. Sein Zweifel hat ihn zum Erkennen und damit zum Glauben geführt: Er kniet nieder und betet Jesus als „Herrn und Gott" an (Johannes 20,28) und spricht damit eine Identifizierung aus, die sich die anderen Jünger bisher nicht getraut haben – selbst Petrus nicht, auf dessen Christusbekenntnis die Gemeinde ruhen soll (Matthäus 16,18).

Der Apostel Thomas bildet mit seinem Zweifel also das Spiegelbild des Tagelöhners aus dem oben erwähnten Gleichnis. Letzterer stößt zufällig auf einen Schatz, Thomas dagegen macht sich systematisch auf die Suche. Vom Hörensagen weiß er, dass es mit diesem Acker etwas Besonders auf sich haben muss. Und deshalb macht er sich daran, ihn gezielt umzugraben. Durch sein Zweifeln wird damit sein Glauben überhaupt erst möglich. Die Erinnerung an ihn ist deshalb ein würdiger Abschluss dieses Abschnittes, denn er zeigt, dass Erkennen nicht dem Zufall überlassen sein muss. Wer sich auf die Suche nach dem Schatz macht, wird ihn aller Wahrscheinlichkeit nach eher finden als der, der nur darauf wartet, zufällig auf ihn zu stoßen. Beim „Schatz im Himmel" ist das nicht anders als bei den irdischen.

Erwählung und Berufung

Betrachtet man den Glauben wie eben geschehen in biblischer Perspektive, dann kann man trotzdem nicht umhin, Gott in dem ganzen Prozess des Gläubigwerdens die entscheidende Rolle zuzuschreiben. Glaube ist letztlich ein Werk des Heiligen Geistes, „der bläst, wo er will" (Johannes 3,8). Hierbei hat der Glaube also keine Sonderstellung: Die ganze Bewegungsrichtung der biblischen Offenbarung ist eine von Gott auf den Menschen zu, nicht umgekehrt. Seit der Erschaffung des Universums geht die Initiative in jedem Bereich von Gott aus. Anders ist es auch gar nicht denkbar, wenn wir ernst nehmen, dass Gott nicht nur transzendent, also jenseitig ist, sondern in jeder Hinsicht der Ursprung allen Lebens und Seins. Wir haben damit von uns aus keinerlei Möglichkeiten oder Fähigkeiten, die Grenze zwischen Diesseits und Jenseits, zwischen der sichtbaren und der unsichtbaren Welt zu überschreiten. Wenn Gott nicht Objekt sein kann, muss er auch in Bezug auf die Übermittlung und Aneignung des Heils ganz und gar Subjekt sein, Initiator, aktiv und souverän.

In der Bibel kommt dieser Sachverhalt in verschiedenen Wendungen zum Ausdruck. Durchgehend ist etwa der Gedanke der Berufung, die sich im Alten Testament von Abraham (1. Mose 12,1-3), über Mose (2. Mose 3,1-4,17) bis zu den Propheten (Jesaja 6,1-13 u. ö.) durchzieht. Im Neuen Testament entspricht ihr die Berufung der Jünger durch Jesus (Matthäus 4,18-22 u. ö.), unter denen er wiederum zwölf als Apostel auswählt (Markus 3,13-19). Weder im Alten noch im Neuen Testament wird freilich dargelegt, unter welchen Gesichtspunkten die Berufung geschieht. Es handelt sich damit im wahrsten Sinne des Wortes um ein souveränes Handeln Gottes, der darüber keinerlei Rechenschaft abzulegen hat. Kein Mensch hat deshalb irgendein Recht, berufen zu werden, ebenso kann niemand durch besondere Leistungen die Berufung Gottes erarbeiten. Vielmehr vollzieht sich in ihr auf einer persönlichen Ebene das, was sich in der Menschwerdung Gottes kosmisch ereignete: Gott kommt auf den Menschen zu, öffnet ihm die Augen für seine Wirklichkeit, versöhnt sich mit ihm und legt damit die Grundlage für eine neue Beziehung.

Das Neue Testament ergänzt den Gedanken der Berufung durch zwei Aspekte, die ihn klarer zu Tage treten lassen. Zum einen redet es vom Gnadenhandeln Gottes: Weil die Berufung allein Gottes souveräner Akt ist, ist sie ein Ausdruck seiner Gnade. Hierbei geht es freilich um einen anderen Gnadenbegriff als den der Rechtspraxis, denn dieser souveräne Akt hat zunächst einmal nichts mit der Begnadigung eines Verurteilten zu tun. Im Mittelpunkt steht vielmehr der Gedanke, dass sich ein Souverän einem Untergebenen in einer Weise zuwendet, die in der bisherigen Beziehung nicht angelegt ist. Ein König muss sich nicht um die Belange eines Angehörigen der niederen Stände kümmern; tut er es dennoch, so ist es nicht in der bisherigen Beziehung zwischen beiden begründet, sondern in seinem Gnadenhandeln.

Eng mit dem Gnadenhandeln Gottes verbunden ist ein zweiter Aspekt der Berufung, der den ersten unterstreicht: Gott erwählt in seiner souveränen Gnade gerade das, was in keiner Weise herausragend ist. So schreibt der Apostel Paulus:

„*Das Wort vom Kreuz ist eine Torheit denen, die verloren werden; uns aber, die wir selig werden, ist's eine Gotteskraft. Denn es steht geschrieben (Jesaja 29,14): ‚Ich will zunichte machen die Weisheit der Weisen, und den Verstand der Verständigen will ich verwerfen.‘ Wo sind die Klugen? Wo sind die Schriftgelehrten? Wo sind die Weisen dieser Welt? Hat nicht Gott die Weisheit der Welt zur Torheit gemacht? Denn weil die Welt, umgeben von der Weisheit Gottes, Gott durch ihre Weisheit nicht erkannte, gefiel es Gott wohl, durch die Torheit der Predigt selig zu machen, die daran glauben. [...] Denn die Torheit Gottes ist weiser, als die Menschen sind, und die Schwachheit Gottes ist stärker, als die Menschen sind. Seht doch, liebe Brüder, auf eure Berufung. Nicht viele Weise nach dem Fleisch, nicht viele Mächtige, nicht viele Angesehene sind berufen. Sondern was töricht ist vor der Welt, das hat Gott erwählt, damit er die Weisen zuschanden mache; und was schwach ist vor der Welt, das hat Gott erwählt, damit er zuschanden mache, was stark ist; und das Geringe vor der Welt und das Verachtete hat Gott erwählt, das, was nichts ist, damit er zunichte mache, was etwas ist, damit sich kein Mensch vor Gott rühme. Durch ihn aber seid ihr in Christus Jesus, der uns von Gott gemacht ist zur Weisheit und zur Gerechtigkeit und zur Heiligung und zur Erlösung, damit, wie geschrieben steht (Jeremia 9,22-23): ‚Wer sich rühmt, der rühme sich des Herrn!‘*“ (1. Korinther 1,18-21.25-31).*

Paulus zählt hier verschiedene Menschen auf, denen man im Verständnis seiner Zeit eine besondere Nähe zu Gott unterstellte: „Kluge", „Schriftgelehrte", „Weise dieser Welt", „Mächtige" und „Angesehene". Es geht um solche, die „nach dem Fleisch", also innerhalb der Grenzen der vergänglichen Wirklichkeit, etwas Besonderes sind. Hier traute die Antike Philosophen und Theologen einiges zu, ebenso sahen sich viele Herrscher entweder als Nachfahren von Göttern oder ließen sich gar selbst als Gott verehren.

Diese scheinbare „Weisheit" ist jedoch für den Apostel nur „Torheit", Unsinn, Dummheit, wie wir heute vielleicht sagen würden. Ihr gegenüber stellt er die Erwählung Gottes, die eben nicht auf die herausragenden Fähigkeiten oder die Herkunft schaut, sondern gerade das „Törichte", „Schwache", „Geringe" und „Verachtete" ansieht und zu sich zieht. Wer bei Gott ist, kann sich deshalb nicht „rühmen", denn er zeichnet sich in keiner Weise besonders aus. Es sind nicht die Fähigkeiten, die in ihm schlummern, oder die Möglichkeiten, die sich durch seine Hinwendung zu Gott für das Reich Gottes ergeben, die letzten Endes den Ausschlag für seine Erwählung geben. Vielmehr handelt es sich immer um einen souveränen Akt Gottes, der nicht in menschlichen Voraussetzungen begründet ist.

Wenn das Neue Testament daher von der Erwählung spricht, betont es damit wie das Alte das uneingeschränkte Gnadenhandeln Gottes. Um diesen Zug zu unterstreichen, redet Paulus in Epheser 1,4 davon, dass Gott „uns erwählt [hat], ehe der Welt Grund gelegt war", womit tatsächlich jeglicher Verweis auf die menschlichen Voraussetzungen ausgeschlossen ist. Wer erwählt wurde, ehe er existierte, kann sich nicht irgendwelcher Dinge „rühmen", die angeblich zu der Erwählung geführt haben sollen. Auch hier haben wir es also mit einem Bild zu tun, durch das ein dogmatischer Sachverhalt verdeutlicht wird. „Ehe der Welt Grund gelegt war" ist damit nicht zeitlich zu verstehen, sondern als Ausdruck der Tatsache, dass Gott allein und souverän entscheidet und handelt.

Der Gedanke der Erwählung reicht jedoch weit über die Berufung hinaus. Da die Begründung für die Berufung ausschließlich bei Gott zu finden ist, der sie in seiner Souveränität nicht transparent machen muss, ist für Paulus mit der Erwählung auch die Heilsgewissheit verbunden. Deutlich wird das in Römer 8, wo die Berufung Gottes als Adoption dargestellt wird. Durch sie sind wir nun „Kinder Gottes", womit wir uns des „Erbes" sicher sein können (Römer 8,14-17).

Im Römischen Reich war die Adoption ein sehr viel weiter verbreitetes Prinzip als heute, mit dem auch erwachsene Menschen in einen Hausstand aufgenommen wurden und so in den Schutz und die Versorgung der jeweiligen Hausgemeinschaft kamen. Damit verbunden war die Übernahme des Familiennamens sowie die Eingliederung ins Erbrecht, in dem bis heute Adoptivkinder biologischen Nachkommen gleichgestellt sind.

Dieses Bild überträgt der Apostel nun auf die Erwählung Gottes: Durch sie wird ein Mensch nicht nur mit einer besonderen Aufgabe betraut, sondern in ein neues Verhältnis zu Gott gesetzt. Er gehört jetzt zum Hausstand Christi, die Gläubigen sind damit „nun nicht mehr Gäste und Fremdlinge, sondern Mitbürger der Heiligen und Gottes Hausgenossen" (Epheser 2,19). Damals wie heute war eine Adoption unauflöslich, womit es tatsächlich „keine Verdammnis für die [gibt], die in Christus Jesus sind", weil uns „nichts [...] scheiden [kann] von der Liebe Gottes, die in Christus Jesus ist, unserm Herrn" (Römer 8,1.39).

Erwählung und Berufung führen daher nach Paulus auch zur Verherrlichung, denn auch sie ist nicht Ausdruck menschlicher Leistungen, sondern souveränes Gnadenhandeln Gottes:

> „Die [Gott] ausersehen hat, die hat er auch vorherbestimmt, dass sie gleich sein sollten dem Bild seines Sohnes, damit dieser der Erstgeborene sei unter vielen Brüdern. Die er aber vorherbestimmt hat, die hat er auch berufen; die er aber berufen hat, die hat er auch gerecht gemacht; die er aber gerecht gemacht hat, die hat er auch verherrlicht" (Römer 8,29f.).

Damit ist der ganze Weg des Glaubens ein Werk Gottes: Vorherbestimmung (Erwählung), Berufung und Bekehrung, Gerechtmachung und Wiedergeburt, sowie die Verherrlichung in Ewigkeit, alles liegt allein bei Gott.

Wichtig ist jedoch, diese Vorstellungen im Zusammenhang zu betrachten. Paulus möchte damit das menschliche Tun nicht ausschließen, sondern in dem Sinne abwerten, dass kein Mensch seine Stellung vor

Gott eigenen Leistungen zuschreiben kann. Betrachtet man Erwählung und Berufung wie Paulus auf dem Hintergrund des antiken Hauses, sieht die Problematik sowieso anders aus. Dort hatte kein freigelassener Sklave irgendeinen wie auch immer gearteten Rechtsanspruch darauf, in die Familie aufgenommen zu werden, womit er in besonderer Weise zum Hausstand gehört hätte. Wurde er jedoch adoptiert, was immer wieder einmal geschah, übernahm er selbstverständlich neben den Rechten auch die Pflichten, die mit dem neuen Stand verbunden waren.

Hier liegt für das Neue Testament übrigens auch der Ansatzpunkt der christlichen Ethik. Es geht dabei nicht um die Dankbarkeit für die erfolgte unverhoffte Errettung (obwohl zu diesem Gefühl durchaus ermutigt wird), vielmehr geht es um das Verhalten, das von einem Mitglied des Hauses verlangt werden kann. Der Gläubige wird danach auch von Gott beurteilt, wird gelobt und getadelt. Da die Aufnahme in den Hausstand völlig unverdient war, kann sich der Adoptierte zudem nicht auf irgendwelche Privilegien berufen. Betrachtet man diese beiden Aspekte zusammen – die unverdiente Aufnahme in den Hausstand sowie die daraus folgende Verpflichtung zu einem entsprechenden Leben – erklärt sich auch ein scheinbar paradoxes Wort des Apostels:

> *„Schaffet, dass ihr selig werdet, mit Furcht und Zittern. Denn Gott ist's, der in euch wirkt beides, das Wollen und das Vollbringen, nach seinem Wohlgefallen"* (Philipper 2,12f.).

Doch bevor uns dieser Problematik weiter zuwenden können, müssen wir uns noch etwas tiefer mit der Erwählungslehre beschäftigen, indem wir einen Blick auf ihre konfessionellen Ausprägungen werfen.

Neuer Streit um den freien Willen

Erwählung und Gerechtigkeit

Wenn man eine Aussage aus ihrem ursprünglichen Kontext herauslöst und in einen anderen stellt, verändert sich ihr Sinn. Das gilt auch für die Lehre von der Erwählung: Wie wir gesehen haben, versteht sie die Bibel in einem Beziehungskontext, wo sie auch im heutigen Alltagskontext

ihren Platz hat. So setzt zwischenmenschliche Liebe für uns selbstverständlich Erwählung voraus, die den Geliebten oder die Geliebte aus
dem Rest der Menschheit heraushebt und zum Ziel besonderer Zuwendungen macht. Ähnlich ist es mit der Freundschaft, die die Freunde sehr
deutlich von der Masse der bloß Bekannten trennt. Aussagen wie „ich
liebe alle" oder „alle Menschen sind meine Freunde" halten wir deshalb
für nichtssagend, weil sie einen Beziehungsbegriff voraussetzen, der ohne
Erwählung auskommt und damit den Grundgedanken von Freundschaft
und Liebe entleert.

Was jedoch im Beziehungskontext selbstverständlich erscheint, bekommt vor dem Hintergrund des Rechts einen anderen Sinn. Und wie
wir gesehen haben, formuliert die Reformation die Erlösung in der
Begrifflichkeit und dem Denken des Rechtes. Das Gleiche tut sie folglich auch mit der Erwählungslehre. Aus dem erwählenden Beziehungshandeln Gottes wird damit der Gnadenakt des Richters. Besonders schwierig ist dabei, dass das, was in der Bibel als souveränes Handeln verkündet wird, nun als willkürlicher Akt erscheinen muss. Wenn alle
gleichermaßen schuldig sind und deshalb Strafe verdient haben, kann
die Erwählung schließlich nur darin bestehen, dass Gott die einen begnadigt, die anderen dagegen nicht.

Wird dann noch betont, dass die Gründe für diesen Gnadenakt nichts
mit dem Begnadigten selbst zu tun haben (etwa in Hinblick auf seinen
bisherigen Lebenswandel oder auf seine zu erwartende Besserung), erscheint die Erwählung nicht nur gänzlich unbegründet, sondern erregt
regelrecht Anstoß. Mit unserem Verständnis von Gerechtigkeit ist der
Gedanke einer Begnadigung ja durchaus vereinbar, allerdings nur dann,
wenn begründete Hoffnung auf eine Veränderung in der Einstellung
und dem Verhalten des Verurteilten besteht. Die Begnadigung soll ihm
eine neue Chance eröffnen, die nur dann Sinn macht, wenn man vermuten kann, dass er sie entsprechend nutzt.

Ist die Begnadigung dagegen nichts weiter als Ausdruck eines „göttlichen Rechtes des Königs", der eben dadurch seine Souveränität unter
Beweis stellen möchte, indem er undurchschaubar und damit willkürlich über Leben und Tod entscheidet, erregt sie zu Recht Unmut. Denn
auf diese Weise widerspricht die Begnadigung nicht nur jeglichem Rechtsempfinden, sie höhlt auch auf Dauer das Recht aus, weil die Frage, ob

ein Verurteilter seine gerechte Strafe tragen muss oder nicht, zum Lotteriespiel wird.

Vor diesem Hintergrund ist verständlich, dass die Erwählungslehre bei nicht wenigen Christen Unbehagen auslöst. Während einige deshalb die biblischen Bezüge generell leugnen, deuten andere die entsprechenden Passagen so um, dass man zwar noch formal von einer Erwählung reden kann, inhaltlich jedoch kaum noch. Denn wenn die Erwählung darin besteht, dass Gott allen Menschen ein „Angebot" macht, das sie entweder annehmen oder ausschlagen können, kann es sich ebensowenig um eine bei Gott liegende Auswahl handeln wie wenn schlichtweg die gesamte Menschheit in Christus erwählt ist.

Besonders problematisch ist dabei, dass die eigentlichen Hintergründe der biblischen Rede von der Erwählung ebenfalls verloren gehen. Vom souveränen Handeln Gottes, der trotz einer ihm entgegenstehenden Welt seine Ziele erreicht, ist ebensowenig die Rede wie von der Heilsgewissheit. Der Glaube verkommt vielmehr zur „Botschaft", die sich auf dem Markt der unterschiedlichen Aussagen behaupten muss, indem sie möglichst viele „anspricht". Gott wird auf diese Weise seltsam klein und fern, ihm fehlt die Kraft, Menschen nicht nur zu sich zu ziehen, sondern auch bei sich zu behalten – eben die Kraft, die das Neue Testament mit der Erwählungslehre unterstreichen wollte.

Vor diesem Hintergrund wollen wir nun einen Blick auf die konfessionellen Standpunkte werfen.

Die lutherische Position

Die reformatorische Entdeckung Martin Luthers bestand bekanntlich in der Rechtfertigung des Sünders allein aus Gnade. Hierin liegt auch der Ansatz für die lutherische Interpretation der biblischen Erwählungslehre. Nach der *Confessio Augustana*, dem Augsburger Bekenntnis von 1530 geschieht die „Vergebung der Sünde und Gerechtigkeit vor Gott" nicht „durch unser Verdienst, Werk und Genugtun, sondern [...] aus Gnaden, um Christi willen, durch den Glauben, wenn wir glauben, dass Christus für uns gelitten habe, und dass uns um seinetwillen die Sünde vergeben, Gerechtigkeit und ewiges Leben geschenkt wird" (Art. 4). Wichtig ist auch hier wieder der Hintergrund: Die Reformation hielt gegenüber der mittelalterlichen Betonung des menschlichen

Tuns das Handeln Gottes hoch. Erlösung kann sich danach kein Mensch selbst schaffen („Werke"), sondern nur von Gott empfangen („Glaube").

Entscheidend ist dabei, dass auch der persönliche Glaube nicht als „Werk" verstanden wird, also als etwas, was der Mensch tut, sondern nur als ein Empfangen der Gnade Gottes. Wir erinnern uns an den Streit von Pelagius und Augustin. So heißt es in der *Confessio* an anderer Stelle:

> *„Vom freien Willen wird also gelehrt, dass der Mensch einen einigermaßen freien Willen hat, äußerlich ehrbar zu leben und zu wählen unter den Dingen, die die Vernunft begreift; aber ohne Gnade, Hilfe und Wirkung des Heiligen Geistes vermag der Mensch nicht, Gott gefällig zu werden, Gott herzlich zu fürchten, oder zu glauben, oder die angeborenen bösen Lüste aus dem Herzen zu werfen. Sondern solches geschieht durch den Heiligen Geist, welcher durch Gottes Wort gegeben wird" (Art. 18).*

Neben der Betonung des Wirkens des Heiligen Geistes ist hier seine Verbindung mit dem Wort Gottes zu beachten. In Abgrenzung gegen die als „Schwärmer" bezeichneten Vertreter einer Frömmigkeit, die sich auf direkte Eingebungen durch den Heiligen Geist berief, verband das Luthertum Geist und Predigt so eng miteinander, dass man schreiben konnte:

> *„Solchen Glauben zu erlangen, hat Gott das Predigtamt eingesetzt, Evangelium und Sakrament gegeben, wodurch er, als durch Mittel, den heiligen Geist gibt, welcher den Glauben, wo und wann er will, in denen wirkt, die das Evangelium hören, welches da lehrt, dass wir durch Christi Verdienst, nicht durch unser Verdienst, einen gnädigen Gott haben, wenn wir solches glauben. Und es werden verdammt die Wiedertäufer und andere, die lehren, dass wir ohne das leibliche Wort des Evangeliums den Heiligen Geist durch eigene Bereitung, Gedanken und Werke erlangen" (Confessio Augustana, Art. 5).*

Indem das Luthertum betont, dass die Erlösung nur von Gott ausgehen kann, lehrt es faktisch (wie Paulus und Augustin) eine Erwählung, die in der theologischen Begrifflichkeit „einfache Prädestination" genannt wird.

Danach bestimmt allein Gott, wen er erretten will, der Mensch trägt zu dieser Entscheidung nichts bei (sonst wäre sie nicht „aus Gnaden", sondern aufgrund irgendeines menschlichen „Verdienstes"). „Einfach" ist die Prädestination deshalb, weil keinerlei Aussagen über den Teil der Menschheit gemacht werden, den Gott nicht erwählt und damit auch nicht begnadigt. Da sie damit keine Vergebung der Sünden haben, werden diese Menschen in ihrer Sünde sterben. Das hat jedoch nach lutherischer Auffassung nichts mit dem Erwählungshandeln Gottes zu tun, sondern ist die Konsequenz der Sünde. Erwählung ist damit in der lutherischen Theologie nur positiv zu verstehen: Gott erwählt aus der sündigen Menschheit diejenigen aus, die er begnadigt und denen er damit die Sünde vergibt.

Die reformierte Ansicht

Obwohl auch das Luthertum die Prädestionation lehrt, wird diese Anschauung dennoch in der Regel mit dem anderen Flügel der Reformation verbunden, der reformierten Kirche. Das liegt daran, dass Johannes Calvin, auf den sie zurückgeht, in Bezug auf die Erwählungslehre einen entscheidenden Schritt weiterging als das Luthertum. Im Zentrum seines theologischen Denkens stand nämlich nicht wie bei Luther die Rechtfertigung des Sünders, sondern die Majestät Gottes, von der her alles abgeleitet wird. Entsprechend liegt das Augenmerk auch in der Rechtfertigungslehre stärker als bei den Lutheranern auf dem souveränen Handeln Gottes. Damit rückt zwangsläufig die Erwählungslehre weiter in den Vordergrund, denn nirgendwo sonst wird das von allen irdischen und menschlichen Voraussetzungen unabhängige Handeln Gottes so sehr betont wie dort. Im Gegensatz zu Luther und Augustin lehrte Calvin daher die „doppelte Prädestination". „Doppelt" wird sie deshalb genannt, weil hier das Erwählungswirken Gottes auch auf die Ungläubigen ausgedehnt wird. Gott erwählt demnach die einen zum Heil und verwirft die anderen. Nach Calvins *Institutio Christianae religionis* (1559) bezeichnet Erwählung deshalb

> *„die ewige Anordnung Gottes, derzufolge er bei sich beschloss, was aus jedem Menschen werden sollte nach seinem Willen. Denn sie werden nicht alle mit der gleichen Bestimmung geschaffen, sondern den einen*

wird das ewige Leben, den anderen die ewige Verdammnis im Voraus verordnet" (3,21,5).

Calvin trennt von Paulus, Augustin und Luther also nur der letzte Halbsatz: „den anderen die ewige Verdammnis im Voraus verordnet". Betrachtet man die Folgen für die Nichterwählten, unterscheiden sie sich sogar überhaupt nicht. Auf diesem Hintergrund könnte man den nach der Reformation ausgebrochenen innerevangelischen Streit um die Prädestinationslehre also als akademisch abtun.

Das ist er freilich nicht, denn in Calvins Erwählungslehre zeigt sich mit letzter Konsequenz die Kontextverschiebung innerhalb der Erlösungslehre. Betrachten wir zum Vergleich noch einmal die neutestamentliche Verkündigung, in der Erwählung nur innergemeindlich als seelsorgerliche Ermutigung verortet ist. Wenn Jesus seinen Jüngern zuspricht: „Nicht ihr habt mich erwählt, sondern ich habe euch erwählt und bestimmt, dass ihr hingeht und Frucht bringt und eure Frucht bleibt, damit, wenn ihr den Vater bittet in meinem Namen, er's euch gebe" (Johannes 15,16), ist das nicht die Sprache der ewigen undurchdringlichen Anordnung Gottes, sondern die der Beziehung. Wie ein Mann und eine Frau einander erwählen und damit allen anderen vorziehen, so erwählt hier Jesus die, die ihm nachfolgen. Ihnen verspricht er nicht nur „Frucht", sondern den Zugang zum Vater – und das gerade angesichts der Widerstände, mit denen sie nach dem Kontext des Verses zu rechnen haben.

Die reformierte Theologie hält diesen Grundsatz fest, verschiebt aber den Blickwinkel von der Gottesbeziehung auf die Majestät Gottes, der souverän einen solchen Ratschluss fällen und ausführen kann. So heißt es in der *Westminster Confession* von 1647, dem im außerdeutschen Reformiertentum am weitesten verbreiteten Bekenntnis:

„Wie Gott die Erwählten bestimmt hat zur Herrlichkeit, so hat er nach dem ewigen und ganz freiwilligen Vorsatz seines Willens alle Mittel dazu zuvor verordnet. Deswegen sind die Erwählten, die in Adam gefallen sind, erlöst durch Christus, wirksam berufen zum Glauben an Christus durch seinen Geist, der zu seiner Zeit wirkt, sind gerechtfertigt, zur Kindschaft angenommen, geheiligt und bewahrt durch seine Kraft durch Glauben zur Seligkeit" (Kap. 3).

Mehr noch als Luther in seinem bekannten Streit mit Erasmus von Rotterdam lehnt daher die reformierte Theologie einen freien Willen des Menschen ab. Konnte das lutherische Augsburger Bekenntnis noch von einem „einigermaßen freien Willen" reden, der sich aber nur auf das „äußerlich ehrbare" Leben und die Dinge der Vernunft beschränke, lehnen manche Reformierte selbst den ab. Da die reformierte Theologie das Reden Gottes nicht so sehr wie die lutherische auf „Wort und Sakrament", also die kirchliche Verkündigung beschränkt, sondern überall mit einem Reden Gottes rechnet, ist das nur konsequent. Denn wenn sich Geistliches und Weltliches nicht mehr einfach trennen lassen, dann kann es auch keinen freien Willen in weltlichen Dingen geben, schließlich ist die ganze Wirklichkeit der Herrschaft Gottes unterworfen.

Das römisch-katholische Verständnis

In der eben dargestellten reformierten Form ist die Erwählungslehre für viele ein rotes Tuch, weil sie in ihren Augen die Verantwortlichkeit des Menschen in Frage stellt. Betrachtet man sie außerhalb des Beziehungskontextes, ist dieser Einwand sicher gerechtfertigt. Denn wenn die Beziehungsebene ausgeblendet wird, ist Erwählung bzw. Verwerfung nichts weiter als Schicksal, erscheint als Zufall, der den Menschen eben deshalb zur Passivität verdammt, weil er ja nichts tun kann, um sein vor aller Zeit von Gott souverän festgelegtes Ergehen zu ändern.

In Abgrenzung gegen die Reformation und in Anlehnung an mittelalterliche Vorstellungen formulierte deshalb die römisch-katholische Kirche auf dem Konzil von Trient 1547 ihre Rechtfertigungslehre:

„Bei den Erwachsenen muss der Anfang der Rechtfertigung von der zuvorkommenden Gnade Gottes durch Christus Jesus ausgehen, das ist von seinem Ruf, durch den sie ohne irgendein eigenes vorliegendes Verdienst gerufen werden. So werden sie, die durch Sünden von Gott abgewandt waren, durch seine weckende und helfende Gnade bereitet, sich ihrer eigenen Rechtfertigung zuzuwenden in freier Zustimmung zu dieser Gnade und freier Mitwirkung mit ihr. Bei dieser Berührung, in der Gott das Herz des Menschen trifft durch das Licht des Heiligen Geistes, bleibt also einerseits der Mensch nicht ganz untätig, denn er

nimmt ja jene Eingebung auf, die er auch ablehnen könnte; andererseits kann er sich doch nicht aus freiem Willen heraus ohne die Gnade Gottes zur Gerechtigkeit vor ihm erheben" (NR 795).

Hier wird also ein Entwicklungsprozess betont, der verschiedene Phasen hat: Auf die zuvorkommende Gnade Gottes folgt die Vorbereitung, die in der Entscheidungsfreiheit des Menschen steht. Geht er den Weg mit Gott, dann kommt es zur Rechtfertigung, die allein das Werk Gottes ist. Der Mensch muss sich allerdings wiederum darauf einlassen, was sich in der Praxis in einem entsprechenden Leben zeigt.

Möglich ist das freilich nur, wenn (wie wir weiter oben gesehen haben) die menschliche Natur nicht ganz und gar verderbt ist. Nach römisch-katholischer Auffassung gibt es also etwas im Menschen, das von dem Sündenfall nicht betroffen ist und das damit von Gott ansprechbar ist. Betrachtet man Sünde freilich nicht als ein Seinsproblem („böse Natur"), sondern als ein Beziehungsproblem („Trennung von Gott") lassen sich göttliche Erwählung und menschliche Antwort miteinander vereinbaren. Zu einer Beziehung gehören bekanntlich zwei: Einer muss den Anfang machen und der andere muss sich dazu verhalten, indem er die Avancen des ersten entweder bestärkt und beantwortet oder sie ablehnt und sich zurückzieht. Das Ganze ist jedoch kein punktuelles Geschehen, sondern ein Prozess.

Das moderne evangelistische Verständnis

Im Gefolge der Aufklärung hat auch die Lehre vom freien Willen einen scheinbar unaufhaltsamen Siegeszug angetreten. In der Theologie war hier der Methodismus der Vorreiter. Im Gefolge John Wesleys (1703-1791) wurde das Evangelium rationalistisch durchdrungen und von seinen mystischen Bezügen getrennt. Erlösung wurde in diesem Zusammenhang als ein Willensakt interpretiert, zu dem sich der Mensch entscheiden kann und soll, wenn er nur die entsprechenden Fakten vorgelegt bekommt.

Dieses Verständnis verbreitete sich zunächst in den USA, wo die verstreut lebenden Pioniere durch von den Methodisten entwickelte *camp meetings* erreicht werden sollten. Ein Reiseprediger hielt dabei an einem zentralen Ort mehrere Predigten in einem dafür aufgebauten Zelt, wobei er nicht nur den christlichen Lebenswandel darlegte, sondern auch zu einer entsprechenden Entscheidung aufrief.

Zum weltweit angewandten Erfolgsmodell wurde dieses Verfahren durch Charles Grandison Finney (1792-1876), *dem* Vater der modernen Evangelisation. Finney konzentrierte seine Botschaft ganz auf den Entscheidungsaufruf am Ende, dem er mit Hilfe von *altar calls* (Aufrufen, zum Altar zu kommen), Musik mit entsprechend ermutigenden Texten sowie psychologischen Tricks Nachdruck verlieh. Erlösung wurde damit endgültig zu einer intellektuellen Angelegenheit, bei der es vor allem darum geht, von den richtigen Sätzen überzeugt zu sein. Das lässt sich natürlich mit einem erwählenden Gott ebenso wenig vereinbaren wie mit dem Gedanken, dass Gott seine einmal gegebene Zusage wahrmacht, selbst dann wenn die Person, die sie einst bekommen hat, wieder „abgefallen" ist. Finney und seine Nachfolger gingen dann auch gegen beides an und waren sich ihrer Sache so sicher, dass Finney sogar ein Buch darüber schreiben konnte, wie man „Erweckungen" auslöst.

Die Folgen dieser theologischen Verschiebung sind kaum zu unterschätzen: Zum einen wird durch sie das Handeln Gottes im Wesentlichen auf die Vergangenheit beschränkt. Gott hat in den dreißiger Jahren des ersten Jahrhunderts am Kreuz gehandelt, seitdem verharrt er seltsam untätig hinter der Tür, die dadurch geöffnet ist, und wartet darauf, das jemand durch sie hindurchtritt. Statt des aktuellen Handeln Gottes, das in der biblischen Erwählungslehre seinen Ausdruck findet, wird vielmehr das Tun des Menschen in den Mittelpunkt gerückt, der als eigentlicher Akteur seines Heils durch die evangelistische Predigt angesprochen werden muss. Das geht freilich nur, indem der Glaube intellektualisiert wird. Glaube besteht danach in der Überzeugung, dass Jesus tatsächlich für meine Sünde gestorben ist. Möglich ist das freilich nur, wenn der Schritt zum Glauben nicht mehr als eine von außen gewirkte Erkenntnis betrachtet wird, sondern als eine willentliche Entscheidung.

Damit verbunden ist oftmals nicht nur eine rationalistische Verkürzung des Glaubens auf das bloße Fürwahrhalten eines bestimmten Bekenntnisses, sondern auch eine Privatisierung und Individualisierung des Christentums. Um ein Bekenntnis für wahr zu halten, brauche ich keine Gemeinschaft, womit es auch mir selbst überlassen bleibt, welche Konsequenzen ich daraus zu ziehen gedenke. Glaube und Leben, Theologie und Ethik werden damit wie anderswo in der aufklärerischen Verkürzung der Welt auf das Diesseits getrennt – eine Entwicklung, die dadurch noch verstärkt wird, dass in der Regel auch die persönliche Verbindung zwischen Diesseits und Jenseits geleugnet wird. Denn wenn Gnade tatsächlich ein willkürlicher und vollkommen unbegründeter Rechtsakt ist, mit dem der Sünder die Folgen seines Lebens erlassen bekommt, bedeutet der Tod auch nichts weiter als ein völliger Neuanfang. Was immer hier gewesen sein mag, ist dann vergessen. Eine solche Verkündigung ermutigt damit kaum dazu, im biblischen Sinne das Leben eines Gerechten zu führen. Stattdessen lädt sie dazu ein, sich hier ganz an den Gegebenheiten der Sünde orientiert, die Tür zum Heil aber nicht ganz zuzuschlagen – mit anderen Worten zu dem, was Jakobus einen Glauben ohne Werke nennt (Jakobus 2,14-26). Es ist sicher kein Zufall, dass die auf einer solcher Verkündigung aufbauenden Glaubensgemeinschaften mit diesem Abschnitt die größten Probleme haben.

Um dieser Engführung und Verfälschung zu entgehen, müssen wir uns freilich nicht nur mit dem Glauben selbst beschäftigen, sondern auch mit der von Jesus ins Leben gerufenen Gemeinschaft, in der er seinen Platz hat. Und damit sind wir bei der Institution, die seit Jahrhunderten als „Kirche" bezeichnet wird.

Die Kirche

Kyriake und ekklesia

Das deutsche Wort „Kirche" geht wie das englische „*church*" auf den griechischen Ausdruck *kyriake* zurück, mit dem der Haushalt des *kyrios*, des Herrn bezeichnet wurde. Kirche sind demnach diejenigen, die zum Herrn gehören. Obwohl dieser Begriff aus dem Griechischen abgeleitet ist, kommt er im Neuen Testament nicht als eigenständiges Wort vor, sondern taucht nur an zwei Stellen als Adjektiv auf: in 1. Korinther 11,20 (*kyriakon deipnon*, „Herrenmahl", also Abendmahl) und Offenbarung 1,10 (*kyriake hemera*, „Herrentag", vermutlich der Sonntag). Obwohl *kyriakon* bzw. *kyriake* beidemale etwas als dem Herrn zugehörig beschreibt, ist die Kirche nicht darunter. Für sie wird vielmehr in der Regel ein anderer Ausdruck gebraucht, der ebenfalls Eingang in verschiedene Sprachen gefunden hat: *ekklesia*.

Wie das Wort *kyriake*, mit dem im alltäglichen Sprachgebrauch der Haushalt des Kaisers bezeichnet wurde, ist auch *ekklesia* ein profaner Begriff, der zunächst keinerlei religiöse Verbindung hatte. Im klassischen Griechenland wurde so die Volksversammlung benannt, in der die freien, männlichen Bürger eines Stadtstaates über ihre Belange abstimmten. Allerdings sollte man diesem ursprünglichen Gebrauch keine allzu große Bedeutung beimessen. In römischer Zeit waren die alten griechischen Stadtstaaten längst Provinzen zugeordnet und wurden von den dortigen Behörden verwaltet. Die *ekklesia* in Ephesus, von der in Apostelgeschichte 19,32 die Rede ist, war deshalb illegal und konnte als versuchter Aufruhr harte Strafen nach sich ziehen (vgl. Apostelgeschichte 19,40). Auch wenn *ekklesia* in der Grundbedeutung „Versammlung" heißt, kann man deshalb keine tiefgreifenden theologischen Schlüsse daraus ziehen, wie etwa den, dass für das Neue Testament nur die Christen sind, die sich tatsächlich in der Gemeinde versammeln.

Sehr viel wahrscheinlicher ist es, dass der Begriff aus der Septuaginta stammt. In dieser vorchristlichen griechischen Übersetzung des Alten Testaments wurde das durch die Wüste wandernde Gottesvolk wahlweise mit *synagoge* oder *ekklesia* bezeichnet. *Synagoge* bedeutet ursprünglich „Zusammenkunft", *ekklesia* dagegen benennt die „Herausgerufenen". Daraus könnte man schließen, dass es sich bei dem neutestamentlichen Gottesvolk um die aus der Welt Herausgerufenen handelt. Auch diese Verbindung ist allerdings nicht sicher. Da die Septuaginta kein Muster erkennen lässt, nach denen sie die hebräischen Begriffe mit *synagoge* bzw. *ekklesia* übersetzt, erschienen den Herausgebern beide Worte offensichtlich als austauschbar. Der Grund, warum die Kirche *ekklesia* heißt, wäre demnach rein pragmatischer Natur: *Synagoge* war schlichtweg belegt, denn mit diesem Wort wurden seit altersher die jüdischen Versammlungsstätten bezeichnet. Als sich die Christen von den Juden trennten, haben sie also einfach den anderen Ausdruck übernommen.

Hierzu passt auch, dass *ekklesia* im Neuen Testament inhaltlich nicht näher bestimmt ist, sondern die ganze Bandbreite christlicher Gemeinschaft wiedergibt. Mit diesem Wort werden sowohl die gesamte Christenheit (im Deutschen „Kirche"), die Gemeinde in einer einzelnen Stadt sowie die verschiedenen Hausgemeinden bezeichnet, die etwa in Rom nur lose miteinander verknüpft waren, weil kein gemeinsamer Versammlungsort existierte. Eine besondere theologische Schwerpunktsetzung lässt sich bei *ekklesia* jedoch nicht erkennen.

Wenn wir das Wesen der Kirche verstehen wollen, müssen wir deshalb über den Begriff hinausfragen und uns wie anderswo auch mit den Bildern beschäftigen, die das Neue Testament benutzt, um die verschiedenen Dimensionen der Kirche zu beschreiben.

Der „Leib Christi"

Beginnen wollen wir mit einem Bereich, der den von der Aufklärung bestimmten Menschen sicher am fremdartigsten erscheint: der mystischen Dimension. Zentrum der Mystik ist von jeher die Vereinigung von Diesseits und Jenseits, von Gott und Mensch. Mystik kommt in allen Religionen vor, sie ist vermutlich so alt wie die Welt. Dass etwas mystisch betrachtet wird, ist also weder besonders geistlich, noch besonders verwerflich. Es ist vielmehr eine Weise, der Verbindung von Diesseits und Jenseits nachzuspüren, allerdings eine, die wir durch die Verkürzung unseres Weltbildes nahezu vollständig verloren haben. Vielleicht erscheint gerade deshalb vielen von uns die Mystik besonders suspekt.

In der Antike mit ihrem integrierten Weltbild ging man dagegen selbstverständlich davon aus, dass nicht nur jeder Mensch, sondern auch jede Form von Gemeinschaft sowie der ganze Kosmos über eine mystische Dimension verfügen, die unter dem Stichwort der Mächte ausgemacht und personifiziert wurde. In diesem Kontext sollten wir nicht nur erwarten, dass auch die Kirche eine solche Dimension hat. Diese Dimension liefert uns sogar den Schlüssel, um das Wesen der Kirche zu verstehen, dass uns verborgen bleibt, wenn wir sie im Gefolge der Aufklärung nur als menschlichen „Verein" betrachten. Aus diesem Grund wollen wir auch mit ihr beginnen, denn alles andere baut auf ihr auf.

Einen ersten Anknüpfungspunkt stellt dabei das Bild von der Kirche als dem „Leib Christi" dar, das der Apostel Paulus dreimal, allerdings in unterschiedlicher Weise gebraucht. Die bekannteste Stelle ist sicher 1. Korinther 12,12-14.27:

„Denn wie der Leib einer ist und doch viele Glieder hat, alle Glieder des Leibes aber, obwohl sie viele sind, doch ein Leib sind: so auch Christus. Denn wir sind durch einen Geist alle zu einem Leib getauft, wir seien Juden oder Griechen, Sklaven oder Freie, und sind alle mit einem Geist getränkt. Denn auch der Leib ist nicht ein Glied, sondern viele. [...] Ihr aber seid der Leib Christi und jeder von euch ein Glied."

Mit diesem Abschnitt steht Römer 12,4f. in enger Verbindung, wo die vielen als „ein Leib in Christus" angesprochen werden. Etwas verändert taucht derselbe Gedanke in Epheser 4,15f. auf:

„Lasst uns aber wahrhaftig sein in der Liebe und wachsen in allen Stücken zu dem hin, der das Haupt ist, Christus, von dem aus der ganze Leib zusammengefügt ist und ein Glied am andern hängt durch alle Gelenke, wodurch jedes Glied das andere unterstützt nach dem Maß seiner Kraft und macht, dass der Leib wächst und sich selbst aufbaut in der Liebe."

In diesen Texten wird die Kirche mit Christus identifiziert, allerdings auf unterschiedliche Weise. In 1. Korinther 12 ist er das Ganze des Leibes, jeder Gläubige ist damit als „Glied" ein Teil des Christus. Im Epheserbrief dagegen ist Christus nicht der Leib selbst, sondern ebenfalls „nur" ein Glied, wenn auch das wichtigste, weil „von ihm aus der ganze Leib zusammengefügt ist". Eine rationalistische Exegese hat deshalb zwischen beiden Abschnitten einen unüberbrückbaren Widerspruch erkennen wollen und unter anderem aus diesem Grund den Epheserbrief Paulus abgesprochen. Ein Gegensatz ist freilich nur vorhanden, wenn man beide Texte sozusagen als „exakte" Beschreibungen nimmt. Versteht man sie dagegen im Rahmen des antiken Wirklichkeitsverständnisses, reden beide lediglich davon, dass die Kirche nicht nur eine jenseitige Dimension hat, sondern dass diese in Christus besteht. Gleichzeitig wird deutlich, dass es sich um Bilder handelt, um Vergleiche, um Beschreibungen der geistlichen Realität, nicht um exakte Abbildungen der Wirklichkeit. Wie die mystische Einheit von Christus und Kirche tatsächlich aussieht, lässt sich mit unserer diesseitigen Sprache nicht genau beschreiben, sondern nur erahnen.

Trotz leicht unterschiedlicher Bilder sind jedoch die Grundgedanken in beiden Texten gleich. Neben der Identifikation der Kirche mit Christus liegt der Schwerpunkt beider Abschnitte auf der Betonung der Kirche als Organismus. In klassisch antiker Weise wird hier das Individuum vom Kollektiv her definiert. Nicht die Einzelnen bilden als Gemeinschaft den Leib (das wäre vereinsmäßig gedacht), sondern sie sind vielmehr nur Teile eines großen Ganzen. Auch wenn gerade in 1. Korinther 12 die Gaben und damit die individuellen Ausformungen des Geistes in den einzelnen Gläubigen betont werden, geschieht dies doch immer unter dem Gesichtspunkt des Leibes. Damit der Leib als solcher funktionieren kann, muss es verschiedene Glieder geben, die nicht nur unterschiedliche Aufgaben erfüllen, sondern zu diesem Zweck auch unterschiedlich beschaffen sein müssen (1. Korinther 12,14-25). Die Kirche als Kollektiv zu betrachten bedeutet also nicht, alle in jeder Hinsicht als gleich zu behandeln. Ein Organismus lebt von der Verschiedenheit, die aber als solche die Einheit nicht in Frage stellt, sondern unterstützt und bestärkt.

Der „Weinstock" und die „Reben"

Eine ähnlich kollektive Betrachtungsweise, in der Kirche und Christus eine Einheit bilden, findet sich übrigens auch im Johannesevangelium. Dort sagt Jesus zu seinen Jüngern:

> *„Ich bin der Weinstock, ihr seid die Reben. Wer in mir bleibt und ich in ihm, der bringt viel Frucht; denn ohne mich könnt ihr nichts tun. Wer nicht in mir bleibt, der wird weggeworfen wie eine Rebe und verdorrt, und man sammelt sie und wirft sie ins Feuer und sie müssen brennen" (Johannes 15,5f.).*

Auch hier steht die Verbindung, ja die Vereinigung von Christus und seinen Nachfolgern im Mittelpunkt. Wie Reben aus dem Weinstock herauswachsen, so kommen auch die Jünger von ihrem Herrn her und bekommen von ihm ihr Leben und ihre Kraft. Mehr noch als das Bild vom Leib Christi betont dieser Text zudem die Alternative: Eine christliche Existenz ohne die Verbindung zum Weinstock Christus ist nicht möglich. Wer die Kirche also nicht mystisch versteht, nicht als eine Vereinigung von Christus und den Gläubigen, hat sie in ihrer Tiefe nicht begriffen.

Gerade im Johannesevangelium wird diese Einheit von Christus und Kirche mit Worten der größtmöglichen Nähe ausgedrückt. Jesus liebt seine Jünger so, wie ihn sein Vater liebt (Johannes 15,9), womit die innertrinitarische Verbindung auf die zu Jesus gehörende Menschheit ausgedehnt wird. Dass das nicht nur eine Übertreibung war, wird wenig später im hohepriesterlichen Gebet Jesu deutlich, das im vierten Evangelium wie eine Art Testament Jesu behandelt wird:

> *„Wie du, Vater, in mir bist und ich in dir, so sollen auch sie in uns sein, damit die Welt glaube, dass du mich gesandt hast. Und ich habe ihnen die Herrlichkeit gegeben, die du mir gegeben hast, damit sie eins seien, wie wir eins sind, ich in ihnen und du in mir, damit sie vollkommen eins seien und die Welt erkenne, dass du mich gesandt hast und sie liebst, wie du mich liebst" (Johannes 17,21-23).*

Es würde die Aussage dieser Texte verkürzen, wenn man von der Vereinigung mit Christus bestimmte Menschengruppen ausschließen würde. Indem die größte Grenze, die zwischen Gott und den Menschen, in Christus gefallen ist, lassen sich auch die zwischen Menschen nicht mehr aufrechterhalten. Für Paulus gehört deshalb die Einheit einer neuen Menschheit untrennbar zur Einheit in Christus dazu: „Hier ist nicht Jude noch Grieche, hier ist nicht Sklave noch Freier, hier ist nicht Mann noch Frau; denn ihr seid allesamt einer in Christus Jesus" (Galater 3,28; vgl. Epheser 2,11-22). Die für die Antike unhinterfragbaren Grenzen der Herkunft, des Standes und der Biologie sind damit in der Kirche aufgehoben. Und sie waren es in der Tat: In den neutestamentlichen Gemeinden hatten Juden und Nichtjuden Tischgemeinschaft miteinander (Galater 2,12), durften Frauen öffentlich beten und prophetisch reden (1. Korinther 11,5), ja wurden Sklaven sogar Älteste und Bischöfe, wie wir aus der altkirchlichen Überlieferung wissen.

Doch kommen wir zurück zur mystischen Dimension der Kirche, die, wenn man die entsprechenden Texte wörtlich nimmt, geradezu häretische Züge anzunehmen scheint. Schließlich widerstrebt nichts unserem Denken so sehr wie der Gedanke einer Vereinigung von Gott und Mensch.

Damit führt die Kirche jedoch nur das fort, was bereits in dem Gottmenschen Jesus seinen Anfang genommen hat. Die Dimension der Sünde wird dabei keineswegs ausgeblendet. Schon das Matthäusevangelium zeigt in seinem Stammbaum Jesu, wie Gott durch seine Menschwerdung die Sünde der Welt, die in den vier genannten Frauen Tamar, Rahab, Ruth und der „Frau des Uria" (Matthäus 1,3.5f.) repräsentiert ist, geradezu „adoptiert" und in seinen Heilsweg integriert. Die mystische Dimension der Kirche macht zugleich deutlich, dass Christus diese Welt nicht mit der Himmelfahrt verlassen hat, sondern in seiner Kirche bis ans Ende der Zeiten gegenwärtig sein wird.

Mit der Kirche tritt damit nach antikem Verständnis eine neue Macht auf, die allen anderen Mächten überlegen ist. Während jene nur durch Engelwesen oder Dämonen repräsentiert werden, ist der geistliche Personkern der Kirche der menschgewordene Gott Christus selbst. Denn Gott hat Christus

> *„von den Toten auferweckt und eingesetzt zu seiner Rechten im Himmel über alle Reiche, Gewalt, Macht, Herrschaft und alles, was sonst einen Namen hat, nicht allein in dieser Welt, sondern auch in der zukünftigen. Und alles hat er unter seine Füße getan und hat ihn gesetzt der Gemeinde zum Haupt über alles, welche sein Leib ist, nämlich die Fülle dessen, der alles in allem erfüllt" (Epheser 1,20-23).*

In Christus sind damit die irdische und die himmlische Wirklichkeit untrennbar zusammengewachsen. Der „Leib Christi", die Kirche ragt deshalb über die Erde hinaus in den Himmel, so wie der menschgewordene Gott Christus die Erde mit dem Himmel verbunden hat. Die Kirche ist damit der Brückenkopf der neuen Wirklichkeit Gottes inmitten der alten der Welt.

Entsprechend tiefgreifend sind die Schlussfolgerungen, die das Neue Testament aus dieser Tatsache zieht. Weil wir als Kirche „in Christus" sind, gibt es für uns „keine Verdammnis" mehr (Römer 8,2), werden wir „in Christus alle lebendig gemacht werden" (1. Korinther 15,22). Wir sind eine „neue Kreatur" (2. Korinther 5,17), „mit auferweckt und mit eingesetzt im Himmel" (Epheser 2,6), „Mitbürger der Heiligen und Gottes Hausgenossen" (Epheser 2,19). Der Autor des Hebräerbriefes

schließlich prägt das Bild von Christus als dem himmlischen Hohenpriester, der die Gläubigen in immerwährender Fürbitte vor Gott vertritt (Hebräer 4,14-16). Mit anderen Worten: Durch die Identifikation
von Christus und der Kirche werden alle Segnungen Christi auch ihr
zuteil. Hierin liegt die Grundlage der neutestamentlichen Heilsgewissheit: Wie sollte Gott uns mit Christus nicht alles schenken (vgl.
Römer 8,12)?

Bei all dem muss freilich daran erinnert werden, dass nach der Bibel
die Bewegung immer von Gott ausgeht. Gott adoptiert die neue Menschheit in Christus, nicht umgekehrt. Dass Gott Mensch geworden ist,
bedeutet damit nicht, dass der Mensch vergöttlicht wird. Der Unterschied zwischen Schöpfer und Geschöpf bleibt bestehen. Das gilt in
besonderem Maß für die Kirche. Betrachtet sie die mystische Vereinigung von Christus als Kirche als Grundlage für eigene Zielvorstellungen
und Machtansprüche, dann hört sie auf, Kirche zu sein. Über sie gilt
vielmehr das harte Gerichtswort aus Matthäus 7,21-23, wo Jesus sagt:

*„Es werden nicht alle, die zu mir sagen: Herr, Herr!, in das Himmel-
reich kommen, sondern die den Willen tun meines Vaters im Himmel.
Es werden viele zu mir sagen an jenem Tage: Herr, Herr, haben wir
nicht in deinem Namen geweissagt? Haben wir nicht in deinem Namen böse Geister ausgetrieben? Haben wir nicht in deinem Namen
viele Wunder getan? Dann werde ich ihnen bekennen: Ich habe euch
noch nie gekannt; weicht von mir, ihr Übeltäter!"*

Eine Kirche, die sich zum Herrn über Diesseits und Jenseits aufschwingt
und sich damit selbst vergöttlicht, wird nicht nur zur Sekte, sondern
biblisch gesprochen zum Antichristen. Anstelle von Christus tritt dann
ein anderer Geist, ein Dämon, der dafür sorgt, dass die Kirche von der
hohen Stellung, die sie nach dem Neuen Testament hat, herabstürzt. Da
auch die Kirche eine Größe der gefallenen Welt ist, ist diese Gefahr nicht
nicht nur eine hypothetische, sondern durchaus eine reale Möglichkeit.
Wie das alttestamentliche Gottesvolk seinen Bund mit dem Schöpfer
nicht als Freibrief für ein dem Bund nicht entsprechendes Leben nehmen durfte, so warnt auch das Neue Testament, „dass das Gericht anfängt an dem Hause Gottes" (1. Petrus 4,17).

Die „Braut des Lammes"

Vielleicht ist diese potentiell „dunkle" Seite der Vereinigung von Kirche und Christus der Grund, warum dem Bild vom „Leib Christi" im Neuen Testament ein anderes zur Seite gestellt wird, das uns auch schon im Alten Testament begegnet, dort allerdings in der prophetischen Gerichtsankündigung. Bei Hosea und Hesekiel taucht der Gedanke des Gottesvolkes als „Braut" Gottes auf, die freilich ihrem Ehemann untreu geworden ist. Während Hosea eine Prostituierte heiratet, um Israels Götzendienst als Untreue zu branntmarken (Hosea 1,2), erzählt Hesekiel ein drastisches Gleichnis von den zuchtlosen Schwestern Ohola und Oholiba, die das geteilte Israel verkörpern (Hesekiel 23).

Dieses alles andere als ermutigende Bild taucht nun im Neuen Testament in positiver Form wieder auf. Die Offenbarung des Johannes spricht von der Kirche als der „Braut" Christi (Offenbarung 21,2.9; 22,17), Paulus sieht entsprechend die menschliche Ehe als ein Abbild der Verbindung von Christus und der Kirche (Epheser 5,21-33). Beide spielen dabei auf Jesus an, der sich selbst als „Bräutigam" bezeichnet hat (Matthäus 9,15), was wiederum von Johannes dem Täufer aufgenommen wurde (Johannes 3,29). Das Johannesevangelium überliefert zudem ein Wort Jesu, das in diesem Kontext verstanden werden kann:

> *„In meines Vaters Hause sind viele Wohnungen. Wenn's nicht so wäre, hätte ich dann zu euch gesagt: Ich gehe hin, euch die Stätte zu bereiten? Und wenn ich hingehe, euch die Stätte zu bereiten, will ich wiederkommen und euch zu mir nehmen, damit ihr seid, wo ich bin"* (Johannes 14,2f.).

Hintergrund dieser Verheißung sind die Hochzeitsbräuche seiner Zeit. Das, was wir heute als Verlobung kennen, war ein verbindlicher Ehevertrag, der zwischen den Brautleuten und ihren Familien aufgesetzt wurde. Damit war die Ehe zwar rechtsgültig geschlossen, es gab allerdings noch keine gemeinsame Wohnung, womit das Eheleben auch keinen Anfang nehmen konnte. Der Bräutigam ging nun hin und baute im Haus seines Vaters eine Wohnung an, in die er mit seiner Braut einziehen würde. Wenn sie fertig war, wurde die Braut heimgeholt und die eigentliche Hochzeit gefeiert (dieser Brauch liegt übrigens auch den

Weihnachtsgeschichten in Matthäus 1,18-25 und Lukas 1,27; 2,5 zugrunde).

Betrachtet man die Kirche durch dieses Bild, so wird gerade der problematische Teil der mystischen Anschauung abgeschwächt: Christus und die Kirche bilden zwar in beziehungsmäßiger, rechtlicher, öffentlicher und verschiedener anderer Hinsicht eine Einheit, diese Einheit ist aber noch nicht endgültig vollzogen. Die Braut ist noch nicht heimgeholt, sie wartet noch auf die Wiederkunft ihres Bräutigams. Erst dann wird die eigentliche Vereinigung gefeiert und vollzogen werden.

Interessant ist an dieser Stelle wiederum der Vergleich mit der alttestamentlichen Bildersprache. Dort wurde Israel schon als Ehefrau Gottes betrachtet (Hesekiel 23,4), die aber „vom HERRN wegläuft der Hurerei nach" (Hosea 1,2). Im Neuen Testament steht die „Hochzeit des Lammes" (Offenbarung 19,7) dagegen noch aus. Das Bild von der Kirche als „Braut Christi" ist damit nicht mystisch zu verstehen, sondern dient gerade als Korrektur überzogener mystischer Vorstellungen. Gott und Kirche sind nicht eins, sondern einander nur versprochen und bewegen sich aufeinander zu.

Damit trifft dieses Bild sehr gut den das ganze Neue Testament durchziehenden Hinweis, wonach das Eigentliche noch aussteht. Paulus etwa bezieht die Vereinigung von Kirche und Christus nur auf dessen Tod, nicht jedoch auf seine Auferstehung (Römer 6,3f.). Entsprechend wendet er sich gegen die Behauptung, die Auferstehung (also das Ziel des christlichen Lebens) sei schon geschehen (2. Timotheus 2,18). Ähnlich wie die Heimholung der Braut ist sie zwar keine ungewisse Angelegenheit mehr, liegt aber noch in der Zukunft.

Grundlegend für das biblische Verständnis ist allerdings auch hier wieder das Kollektiv. Im Alten wie im Neuen Testament wird die Rede von der Braut ausschließlich auf das Gottesvolk als Ganzes angewandt. Das entspricht auch der biblischen Vorstellung von Ehe, die im Alten Testament tendenziell und im Neuen ausnahmslos monogam verstanden wird. Christus hat nicht mehrere Bräute, sondern nur eine. Und diese eine ist ein Kollektiv, sie besteht wie der Leib aus verschiedenen Gliedern, die sich aber alle vom Ganzen her bestimmen.

Jede Individualisierung der Braut-Symbolik ist damit eine Fehlinterpretation, die dem einzelnen Gläubigen zu viel Gewicht beimisst.

Eine solche Individualisierung findet sich leider nicht nur in der mittelalterlichen Mönchsmystik, nach der sich etwa Nonnen mit Christus „verheiraten" und sogar einen entsprechenden Ring tragen, sondern auch in manchen modernen Lobpreisliedern, Predigten und Büchern, in denen die Intimität des einzelnen Gläubigen mit Christus betont wird.

Gegen diese Individualisierung wendet sich der Apostel Paulus jedoch im 1. Korintherbrief, in dem die „Leib Christi"-Vorstellung zentral ist, womit gerade den individuellen Profilierungstendenzen in Korinth entgegengewirkt werden soll. Im Zentrum des Gottesdienstes steht nach Paulus der Gedanke des „Friedens" (1. Korinther 14,33), der eine gewisse Ordnung voraussetzt. Diese Ordnung ist jedoch vom Kollektiv her bestimmt, in dem jeder seinen Platz einnehmen darf und soll. Interessant ist, dass selbst Zungenrede und prophetische Äußerungen dabei zu einer Funktion des Leibes werden. Kein Glied kann diese Wirkungen des Geistes für sich allein beanspruchen, vielmehr werden sie erst durch „Auslegung" und „Beurteilung" anderer als solche verstanden (1. Korinther 14,27-29).

In Bezug auf das Abendmahl warnt der Apostel sogar eindrücklich vor einer Verachtung des Leibes des Herrn (1. Korinther 11,29). Ob sich das auf die Abendmahlselemente bezieht, wie die Reformatoren und andere vermuten, sei dahingestellt. Betrachtet man nämlich die Briefe in ihrer Gesamtheit, fällt auf, dass Paulus nur dort die Abendmahlselemente als Leib Christi bezeichnet, wo er die Einsetzungsworte wörtlich zitiert (1. Korinther 11,24). Überall sonst wird diese Bildsprache auf die Kirche bezogen (z. B. in Römer 7,4; 12,5; 1. Korinther 10,17; Epheser 4,12; Kolosser 1,24 u. ö.). Die Verachtung des Leibes Christi, die in Korinth nach Ansicht des Apostels sogar zu Krankheiten und Todesfällen geführt hat (1. Korinther 11,30), wäre damit eine Individualisierung des Abendmahls durch einen Teil der korinthischen Gemeinde. Hierzu passt auch, dass Paulus eingangs von einer „Verachtung der Gemeinde Gottes" redet (1. Korinther 11,22), der die „Verachtung des Leibes Christi" entspricht. Offensichtlich verstanden einige in Korinth das Mahl nicht als Gemeinschaftsmahl, sondern als individuellen Zugang zum Heil. Dieser Text zeigt damit nicht nur, wie wichtig den Autoren des Neuen Testaments der Gedanke der Gemeinschaft als Kollektiv war, er zeigt auch, wie ernst schon die ersten Christen mit dem Problem der Individualisierung zu kämpfen hatten.

In Bezug auf die Vereinigung mit Christus bzw. die damit verbundene Brautmystik kommt bei dieser Fehlinterpretation dem Individuum nämlich eine Stellung zu, die im Grunde gemeinschaftsschädigend ist (und damit Sünde im ursprünglichen Sinn). In Korinth sind die damit verbundenen Probleme offensichtlich: Es gibt Streit und Parteiungen (1. Korinther 1,11f.), „Zank und Eifersucht" (3,3), einer bläst sich gegenüber den anderen auf (4,6). In ethischen Fragen scheint die Devise zu gelten, „alles ist mir erlaubt" (6,12), die auch zu einer „Unzucht" geführt hat, „wie es sie nicht einmal unter den Heiden gibt" (5,1). Einige gehen zu Prostituierten (6,12-20), andere ziehen ihre Mitgläubigen vor heidnische Gerichte (6,1). Beim Abendmahl missachten die Reichen die Armen (11,21f.), im Gottesdienst unterbricht einer den anderen (14,30f.), und Geistesgaben werden vor allem zur Steigerung des eigenen Ansehens eingesetzt, weswegen Paulus sich überhaupt erst ausführlich mit der Leib-Christi-Thematik beschäftigen muss. Hinter all dem steht nicht nur eine Überhöhung des Individuums, mit ihr ist vielmehr auch eine Missachtung der anderen Gemeinden und ihrer Tradition verbunden. Paulus ist sie jedoch sehr wichtig (z. B. in 1. Korinther 11,16; 14,36), weil er die Kirche als Ganzes sieht, womit nicht einmal eine einzelne Ortsgemeinde allein als Braut Christi verstanden werden kann.

Das Beispiel Korinths zeigt also deutlich, dass die Individualisierung des Christentums nicht ausschließlich als neuzeitliches Problem betrachtet werden kann. Obwohl sich die Schwierigkeiten sicher in den letzten Jahrhunderten dramatisch ausgeweitet haben, lassen sich Ansätze dazu schon im ersten Jahrhundert entdecken. An der Reaktion des Apostels können wir jedoch auch ablesen, dass das kollektive Denken der Antike mehr ist als der geschichtlich zufällige kulturelle Hintergrund des Neuen Testaments. Paulus definiert im Gegenteil so vehement das Individuum vom Kollektiv, den Einzelnen von der Gemeinde und Kirche her, dass sich dieser Ansatz nicht ohne Verfälschungen individualisieren lässt. Wir haben es also mit einem Urgestein christlichen Glaubens zu tun, zu dem wir zurückkommen müssen, wo wir es verlassen haben.

„Fremdlinge und Pilger"

Das Bild von der noch nicht heimgeholten Braut Christi verdeutlicht den Grundansatz christlicher Ethik, der sich auch in anderen Texten des Neuen Testaments findet. Die Christen leben nach Paulus in einer Art Zwischenzustand: Wir sind „mit Christus gestorben" und „werden mit ihm leben" (Römer 6,8). Es ist damit wie bei den Brautleuten zwischen dem rechtlich bindenden öffentlichen Eheversprechen und dem tatsächlichen Vollzug der Ehe. Durch das Kreuz Christi sind wir schon mit ihm verbunden, allerdings hat er uns noch nicht zu sich geholt. Wie bei Brautleuten, die noch getrennt wohnen, wird also auch bei uns die noch verbleibende Zeit bis zur endgültigen Vereinigung nicht von der Vergangenheit, sondern von der Zukunft her bestimmt. Diese Zukunft ist jedoch nicht mehr offen, sondern als gemeinsames Leben deutlich umrissen, weswegen in der Gegenwart auch nicht mehr alle Möglichkeiten offenstehen, sondern nur noch solche, die die Gemeinsamkeiten vergrößern und noch bestehende Probleme aus dem Weg räumen. Entsprechendes gilt für die Christen: „So auch ihr, haltet dafür, dass ihr der Sünde gestorben seid und lebt Gott in Christus Jesus" (Römer 6,11). Das christliche Leben ist damit nicht vergangenheits-, sondern zukunftsgerichtet, indem es sich von einer Hoffnung her versteht, die zur Realität werden wird.

Das hat enorme Konsequenzen für das Selbstverständnis der Kirche in der sie umgebenden Gesellschaft. Schon Jesus hatte über seine Nachfolger gesagt, sie seien „in" der Welt, aber nicht „von" ihr (Johannes 17,6-16). Dieser Gedanke wird anderswo aufgenommen und weiterentwickelt. Nach Paulus etwa haben die Christen ein eigenes „Bürgerrecht im Himmel" (Philipper 3,20). Mehr noch als heute sorgte in der Antike das Bürgerrecht für eine grundlegend andere Behandlung als die, die Nichtbürgern zuteil wurde. Römische Bürger etwa durften nicht willkürlich gefoltert werden und konnten verlangen, dass der Kaiser persönlich ihr Richter sein solle (vgl. Apostelgeschichte 16,37; 25,10-12). Wer römischer Bürger war, wurde vermutlich in einem zentralen Register festgehalten, das in Rom wahrscheinlich in einem Heiligtum aufbewahrt wurde. Hierauf spielt der Apostel an, wenn er davon redet, dass das Bürgerrecht der Christen „im Himmel" ist. Dieser Brauch könnte auch hinter der Vorstellung vom „Buch des Lebens" stehen, die nicht nur im

Philipperbrief (3,5), sondern auch in der Offenbarung des Johannes an mehreren Stellen auftaucht (Offenbarung 13,8; 17,8; 20,12 u. ö.).

Denkt man diese Vorstellung zu Ende, dann verstand sich die Kirche des Neuen Testaments keineswegs nur als eine geistliche Größe, sondern als so etwas wie ein eigener Staat. Hierzu passt nicht nur, dass kaiserliche Ehrentitel auf Jesus angewandt wurden (wie *kyrios*, „Herr", besonders als „König der Könige und Herr der Herren", 1. Timotheus 6,15; Offenbarung 17,4; 19,16), sondern auch die Tatsache, dass der 1. Petrusbrief die Christen als „Fremdlinge und Pilger" charakterisiert (1. Petrus 1,11). Die Übersetzung ist allerdings ein wenig ungenau: Das griechische Wort *paroikos*, das hier mit „Fremdling" wiedergegeben wird, bezeichnet eigentlich einen „Beisassen", einen ortsansässigen Nichtbürger, der über entsprechend weniger Rechte verfügte. Die „Fremdlinge" oder „Gäste" (Einheitsübersetzung) sind also so etwas wie geduldete Ausländer. In diese Richtung geht auch ein Wort aus dem Hebräerbrief: „Wir haben hier keine bleibende Stadt, sondern die zukünftige suchen wir" (Hebräer 13,14).

Für einen antiken Menschen ergaben sich aus dem Bürgerrecht sehr viel weitreichendere Konsequenzen als für uns heute. Weit mehr als um die Frage, in welchem Land man leben und arbeiten darf und ob man für Reisen ein Visum braucht, ging es um die grundsätzliche Zugehörigkeit. Schon das Alte Testament macht in seinem ersten Buch deutlich, dass Völker analog zu Familien verstanden wurden (1. Mose 10 u. ö.). Bei dem Bürgerrecht geht es also um die grundlegende Herkunft, womit man nicht nur Teil einer Tradition und der zu ihr gehörenden Rituale ist. Gleichzeitig sind damit auch Fragen geklärt wie die, welche Götter man verehren soll und welche Tracht man trägt. Auch wenn dieses Verständnis im ersten nachchristlichen Jahrhundert etwas aufgeweicht worden war, weil zum Beispiel das römische Bürgerrecht nicht nur an verdiente Ausländer verliehen, sondern immer mehr auch schlichtweg verkauft worden war (vgl. Apostelgeschichte 22,28), blieben manche Züge dennoch bestimmend. Für die Einwohner der römischen Kolonie Philippi etwa war es klar, dass sie manche „Ordnungen [...] weder annehmen noch einhalten dürfen, weil wir Römer sind" (Apostelgeschichte 16,21). Hierzu gehörte ihrer Ansicht nach auch der Glaube an den einen Gott, den sie ausdrücklich als „jüdisch" kennzeichnen.

Betrachtet man die Zugehörigkeit zu Christus in dieser Weise als ein eigenes Bürgerrecht, dann verwundert es nicht, dass sich die Kirche als eine Art Staat verstand. Hierzu gehörten nicht nur der Gedanke, dass man allein vom eigenen Herrn gerichtet werden darf (1. Korinther 4,3f.), was eine eigene innergemeindliche Gerichtsbarkeit miteinschloss (1. Korinther 5,4f.; 6,1-4), sondern auch ganz klare Vorstellungen davon, wie ein Christ zu leben habe. Von Gott gesetztes Ziel der Christen ist es, „dass sie gleich sein sollten dem Bild seines Sohnes, damit dieser der Erstgeborene sei unter vielen Brüdern" (Römer 8,29). Im als Familienzusammengehörigkeit verstandenen Bürgerrecht wurzelt nicht zuletzt die im Neuen Testament deutlich auszumachende Vorordnung der Bruderliebe vor der allgemeinen Nächstenliebe (Galater 6,10).

Die Rede vom Bürgerrecht im Himmel und das damit verbundene Verständnis des diesseitigen Lebens als einer Pilgerschaft unterstreicht und untermauert die Vorstellung von der Kirche als einer eigenen Macht, die den Mächten dieser Welt nicht nur entgegentritt, sondern sogar die Vorherrschaft behauptet, weil sie geistlich nicht nur durch ein Engelwesen, sondern durch Christus selbst repräsentiert wird. Damit ergibt sich jedoch zwangsläufig ein Loyalitätskonflikt mit den Mächten der Welt, vor allem mit denen, die die uneingeschränkte Herrschaft für sich selbst beanspruchen.

Der Kampf mit den Mächten

Um diesen Konkurrenzkampf in seiner ganzen Tiefe zu verstehen, müssen wir noch einmal einen Blick auf das Wesen der Mächte werfen. Bei ihnen handelt es sich um die geistlichen „Personkerne" der Strukturen und Ordnungen der geschaffenen und gefallenen Welt. Sie existieren also unter dem Vorzeichen der Sünde, der Beziehungslosigkeit und damit der Zerstörung. Die Mächte beanspruchen für sich dennoch einen Ewigkeitscharakter. Ordnungen wie der Staat, der Mammon, aber auch Kulturen und Ähnliches geben vor, Grundordnungen der Welt zu sein, beständig wie das Universum selbst. Auch die Mächte sind jedoch Teil der geschaffenen Welt, gehören nicht zum Schöpfer, sondern zur Schöpfung.

Die Aufrichtung des Reiches Gottes stellt damit für die Mächte eine Herausforderung dar. In dem folgenden kosmischen Kampf geht es also letztlich um die Herrschaft im Universum, um die Frage, ob Gott oder die Mächte das Feld behaupten. Dass es dabei in erster Linie um die Vorherrschaft geht, wird unter anderem daran deutlich, dass die Mächte die Kirche normalerweise unbehelligt lassen, wenn sie deren grundsätzliche Überlegenheit anerkennt. So lange sich die Kirche also damit zufrieden gibt, eine Institution des privaten Heils für einzelne zu sein, wird sie mit den Mächten nicht in Konflikt geraten, denn die Herrschaft der Mächte über den öffentlichen Raum wird damit nicht angefochten. Ebenso unproblematisch ist für sie eine Kirche, die sich darauf beschränkt den Opfern beizustehen ohne sich mit den Mächten auseinanderzusetzen, deren Wirken überhaupt erst zu den Opfern geführt hat.

Die Autoren des Neuen Testaments haben diese Problematik genau gesehen, weswegen sie wie Jesus auf einen Kampf gegen die Mächte im öffentlichen Raum gedrungen haben. Indem er das Bild eines Triumphzuges aufnimmt, mit dem in Rom siegreiche Feldherren gefeiert und gefangene Gegner vor ihrer Hinrichtung gedemütigt wurden, schreibt etwa der Apostel Paulus, Gott habe

„die Mächte und Gewalten ihrer Macht entkleidet und sie öffentlich zur Schau gestellt und hat einen Triumph aus ihnen gemacht in Christus" (Kolosser 2,15).

Diesen Sieg Gottes, der in Jesus Christus errungen worden ist, proklamiert die Kirche und nimmt dabei wie ihr Herr mit den Mächten den Kampf auf, um sie zu überwinden.

Im Zentrum dieses Kampfes steht freilich ein Grundsatz, der sich an verschiedenen Stellen des Neuen Testaments findet:

„Seht zu, dass keiner dem andern Böses mit Bösem vergelte, sondern jagt allezeit dem Guten nach untereinander und gegen jedermann" (1. Thessalonicher 5,15; vgl. Römer 12,17; 1. Petrus 3,9).

Wer das Wesen des Bösen kennt, kann das nachvollziehen: Als Beziehungslosigkeit durchzieht es unser ganzes Sein, individuell wie gemeinschaftlich. Das bedeutet jedoch, dass man das Böse nie nur außerhalb von sich selbst ausmachen kann. Das Böse, was ich bei anderen

sehe, trage ich ebenso in mir. Dass beides miteinander in Verbindung
steht, zeigt die dämonische Macht des Bösen: Wir tendieren dazu, auf
Böses in derselben Weise zu reagieren, womit das Böse im anderen das
Böse in uns weckt. Ein Schimpfwort erwidern wir mit einer abfälligen
Bemerkung. Werden wir geschlagen, schlagen wir zurück. Versuchen
andere uns zu demütigen, legen wir es darauf an, ihnen unsere Überlegenheit zu beweisen.

Das gilt nicht nur für einzelne Menschen, sondern auch für ihre Gemeinschaften. Ist es ein Zufall, dass im Kampf gegen den Terrorismus
Staaten zu terroristischen Methoden greifen? Wir diskutieren darüber,
ob Menschen ohne Gerichtsverfahren auf Verdacht getötet werden dürfen und ob es legitim ist, vollbesetzte Flugzeuge abzuschießen, wenn sie
von Terroristen gekapert worden sind. Um unsere Freiheitsrechte zu schützen, schränken wir sie ein. Damit Fanatiker die Meinungsfreiheit nicht
missbrauchen können, wird sie begrenzt. Und auf den Hass von Angehörigen einer anderen Nation, Religion oder Kultur reagieren wir, indem wir unsererseits alle ihre Mitglieder unter Generalverdacht stellen
und entsprechend behandeln.

Das mögen extreme Beispiele sein, aber die Vergeltung des Bösen mit
ebendemselben Bösen, das man begrenzen möchte, betrifft nicht nur
den Staat. Auf die Oberflächlichkeit der Werbung mit ihren verlogenen
Heilsversprechungen reagieren auch unsere Gemeinden, indem sie das
Evangelium zu einer ansprechenden Botschaft verkürzen, die eben nur
die „positiven Seiten" herausstreicht. Um in einer vom Mammon zer-
fressenen Gesellschaft „glaubwürdiger" zu sein, umgeben wir uns mit
Statussymbolen, damit alle sehen können, das Christen und Gemeinden „mit der Zeit gehen". Weil der technische Machbarkeitswahn über
den nachhaltigen Umgang mit den natürlichen Ressourcen triumphiert,
statten wir auch unsere Gemeindehäuser mit allerlei technischem Spiel-
zeug aus, womit auch der Unterhaltungscharakter unserer Veranstaltun-
gen erhöht werden soll. Um uns in einer Welt zu behaupten, in der
Menschen in erster Linie nach ihrem Äußeren beurteilt werden, geben
wir Unsummen für Mode aus und bringen Bücher und Zeitschriften
heraus, die auf ihren Covern gutaussehende Frauen zeigen, die eben dem
allgemeinen Schönheitsideal entsprechen. Und weil alle Welt ihre Probleme leugnet, müssen auch wir zeigen, dass gerade das Christsein ein

Weg ist, um noch gesunder und glücklicher zu sein und älter zu werden als alle anderen.

Das Böse wird dadurch nicht nur nicht aus der Welt geschafft, es pflanzt sich fort, weil es auch in uns geweckt wird. Die Mächte dominieren damit weiterhin die Welt. Wenn wir den Sieg Jesu proklamieren wollen, müssen wir deshalb grundsätzlich einen anderen Weg einschlagen, einen, der eben nicht in der Vergeltung, sondern in der herausfordernden Liebe besteht.

Entsprechend betont Paulus:

> *„Die Waffen unsres Kampfes sind nicht fleischlich, sondern mächtig im Dienste Gottes, Festungen zu zerstören. Wir zerstören damit Gedanken und alles Hohe, das sich erhebt gegen die Erkenntnis Gottes, und nehmen gefangen alles Denken in den Gehorsam gegen Christus"* *(2. Korinther 10,4f.).*

Andernorts beschreibt er die „geistliche Waffenrüstung":

> *„Seid stark in dem Herrn und in der Macht seiner Stärke. Zieht an die Waffenrüstung Gottes, damit ihr bestehen könnt gegen die listigen Anschläge des Teufels. Denn wir haben nicht mit Fleisch und Blut zu kämpfen, sondern mit Mächtigen und Gewaltigen, nämlich mit den Herren der Welt, die in dieser Finsternis herrschen, mit den bösen Geistern unter dem Himmel. Deshalb ergreift die Waffenrüstung Gottes, damit ihr an dem bösen Tag Widerstand leisten und alles überwinden und das Feld behalten könnt. So steht nun fest, umgürtet an euren Lenden mit Wahrheit und angetan mit dem Panzer der Gerechtigkeit und an den Beinen gestiefelt, bereit einzutreten für das Evangelium des Friedens. Vor allen Dingen aber ergreift den Schild des Glaubens, mit dem ihr auslöschen könnt alle feurigen Pfeile des Bösen, und nehmt den Helm des Heils und das Schwert des Geistes, welches ist das Wort Gottes"* *(Epheser 6,10-17).*

Grundlage für das Bild des Apostels ist die Ausrüstung eines römischen Fußsoldaten. Das ist insofern bemerkenswert, als es dabei tatsächlich darum geht, „das Feld zu behalten". Für einen Angriff wären andere

Waffen nötig. Der Kampf gegen die Mächte ist damit in den Augen des Apostels in erster Linie defensiver Natur. Christus hat ihn schon gewonnen, nun geht es darum „Widerstand zu leisten". Dieser Widerstand ist auch bitter nötig, denn die Mächte lassen nichts unversucht den Sieg Christi rückgängig zu machen.

Wichtig ist hierbei die Gemeinschaft. Auf sich allein gestellt wird niemand im Kampf mit den Mächten bestehen können. Im Gegenteil, nach dem alten Machtprinzip *divide et impera*", „teile und herrsche", sind Individualisierung und Vereinzelung der Menschen gerade die Mittel, durch die sie ihre Herrschaft festigen und ausbauen. Beziehungslosigkeit ist daher nicht nur das Ergebnis der Macht des Bösen, sondern auch ihr Weg, denn sie ist Ausdruck seines Wesens. Den Kampf mit den Mächten kann daher nur eine Gemeinschaft aufnehmen, die sich nicht als Zusammenschluss von Einzelwesen, sondern als großes Ganzes verstehen, eine Gemeinschaft, die sich als Organismus betrachtet, als „Leib". Antik gedacht kann man sich zudem dem Herrschaftsbereich einer Macht nur entziehen, indem man sich einer stärkeren anschließt. Wer den Mächten der Welt nicht erliegen will, muss daher in der Macht Gottes verwurzelt sein. Wenn wir die Kirche also als Werkzeug Gottes in der Welt verstehen wollen, ist allein schon aus diesem Grund der Gemeinschaftsgedanke nicht nur unverzichtbar, sondern grundlegend und alles entscheidend.

Betrachtet man nun im Einzelnen, wie die Menschen des Neuen Testaments mit den Mächten umgegangen sind, kann man die Kirche als eine große Widerstandsbewegung verstehen. Deutlich wird das etwa im Umgang mit dem Staat. Das römische Imperium sah sich nicht nur als politische, sondern auch als geistliche Größe. Als „Sohn Gottes", wie er sich auf Münzen feiern ließ, und später als Gott selbst verlangte der Kaiser religiöse Verehrung und trat damit in direkte Konkurrenz zu dem Schöpfer des Universums.

Die frühe Kirche forderte diese Macht auf zweierlei Weise heraus: Zum einen provozierte sie, indem sie die kaiserlichen Herrschaftstitel (*kyrios*, „Herr"; *soter*, „Retter" bzw. „Heiland" usw.) auf Jesus übertrug und sogar noch entsprechend steigerte („Herr der Herren und König der Könige"). Jegliche Verbindung mit dem Kaiserkult verbot sich damit von selbst und wurde als Anbetung des „Tieres" gebrandmarkt (Offenbarung 13,8).

Zum anderen weigerten sich die Christen, im Staat mehr als eine auf die Regelung des Zusammenlebens beschränkte Ordnungsmacht *unter Gott* zu erkennen. Vor diesem Hintergrund betrachtet wird der scheinbar staatstragende Abschnitt Römer 13,1-7 zu einem revolutionären Text. Auffallend häufig wird darin die „Obrigkeit" als „Gottes Dienerin" bezeichnet und damit unter die Autorität Gottes gestellt, was in keiner Weise ihrem Selbstverständnis entsprach. Die Verse enden zudem mit der Aufforderung: „So gebt nun jedem, was ihr schuldig seid: Steuer, dem die Steuer gebührt; Zoll, dem der Zoll gebührt; Furcht, dem die Furcht gebührt; Ehre, dem die Ehre gebührt" (Römer 13,7). Aus dem Kontext wird deutlich, dass davon dem Staat nur Steuer und Zoll gebühren, jedoch keine Ehre. Und auch was die Furcht angeht, gilt der Grundsatz aus Apostelgeschichte 5,29: „Man muss Gott mehr gehorchen als den Menschen", womit der Staat eindeutige Schranken aufgezeigt bekommt. Denn er ist keine Instanz, durch die Gott spricht. Jede Überhöhung in dieser Richtung ist dem Neuen Testament ebenso fremd wie die damit verbundene Volkstümelei oder der Nationalismus.

Ein ähnliches Selbstverständnis zeigt sich im Umgang mit der Götterwelt. Da die Antike integriert dachte, war für die Menschen damals die Welt durchdrungen von Göttern, weswegen es im Gegensatz zu heute keinen säkularen Bereich gab. Jede Familie hatte ihre Götter, ebenso Städte und Völker, wobei gerade die Bereiche, in denen es um Leben und Tod ging, in besonderer Weise mit den Göttern in Verbindung gebracht wurden. Das erklärt die im 1. Korintherbrief auftauchende Problematik des Götzenopferfleisches (1. Korinther 8,1-13). Wie bis heute in islamischen Ländern gab es auch in der heidnischen Antike keine profane Schlachtung, die Tötung eines Tieres war vielmehr mit der Anrufung von Göttern verbunden, denen das Tier somit geopfert wurde.

Das Judentum löste das damit verbundene Problem des Götzendienstes, indem es eine eigene Fleischversorgung aufbaute, womit die von jüdischen Metzgern erworbenen Waren nicht mit Götzendienst in Verbindung gebracht werden konnten (allerdings unterliegt auch im Judentum die Schlachtung religiösen Vorschriften wie der, das Tier ausbluten zu lassen; 3. Mose 17,12-14). Mit dieser Vorgehensweise verbunden ist jedoch die Trennung der Welt in einen reinen und einen unreinen Bereich und damit implizit die Anerkennung der Mächte als Herrscher über den unreinen Teil.

Da die ersten Christen die Herrschaft Christi über das ganze Universum proklamierten, konnten sie diesen Weg also nicht gehen. Statt eigene Metzgereien einzurichten oder ganz auf Fleisch zu verzichten, entschieden sie sich daher für eine Vorgehensweise, die die Autorität der Mächte grundsätzlich in Frage stellte:

> *„Was nun das Essen von Götzenopferfleisch angeht, so wissen wir, dass es keinen Götzen gibt in der Welt und keinen Gott als den einen. Und obwohl es solche gibt, die Götter genannt werden, es sei im Himmel oder auf Erden, wie es ja viele Götter und viele Herren gibt, so haben wir doch nur einen Gott, den Vater, von dem alle Dinge sind und wir zu ihm; und einen Herrn, Jesus Christus, durch den alle Dinge sind und wir durch ihn"* (1. Korinther 8,4-6).

Indem Paulus hier die ganze Schöpfung auf Gott zurückführt, lässt er den Mächten keinen eigenständigen Raum mehr. Sie gehören zur geschaffenen Welt, womit ihre Macht nur angemaßt ist (sie werden „Götter genannt"), vor Gott aber keinen Bestand hat und deshalb von seiner Kirche auch nicht anerkannt wird. So gesehen ist das Essen jeder Form von Fleisch eigentlich kein Problem, weil „nichts unrein ist an sich selbst" (Römer 14,14). Das ändert sich allerdings in dem Augenblick, in dem es mit der Machtfrage verbunden wird. So führt der Apostel weiter aus:

> *„Aber nicht jeder hat die Erkenntnis. Denn einige, weil sie bisher an die Götzen gewöhnt waren, essen's als Götzenopfer; dadurch wird ihr Gewissen, weil es schwach ist, befleckt. [...] Denn wenn jemand dich, der du die Erkenntnis hast, im Götzentempel zu Tisch sitzen sieht, wird dann nicht sein Gewissen, da er doch schwach ist, verleitet, das Götzenopfer zu essen? [...] Darum, wenn Speise meinen Bruder zu Fall bringt, will ich nie mehr Fleisch essen, damit ich meinen Bruder nicht zu Fall bringe"* (1. Korinther 8,7.10.13).

Interessant ist, dass Paulus in keinem Fall bereit ist, die Herrschaft der Mächte über den Bereich der Nahrung und damit der Befriedigung eines Grundbedürfnisses anzuerkennen. Im Zentrum seiner Argumentation stehen daher nicht die Götter, sondern die Gewissen. Sie sollen niemals eine Verbindung zwischen Christus und den Götzen erkennen können. Damit das nicht geschieht, wäre Paulus sogar bereit, ganz auf Fleisch zu verzichten – allerdings nur mit Rücksicht auf die Gewissen, keineswegs als Anerkenntnis der Herrschaft der Mächte.

Wie ernst es der Kirche im Kampf mit den Göttern war, wird auch daran deutlich, dass sie dafür das Verbot der Ehescheidung, das Jesus erst in dieser Schärfe eingeführt hatte (Matthäus 19,3-9), wieder relativierte. So lässt Paulus ausdrücklich Ausnahmen zu, nämlich dann, wenn ein Verbleiben in der Ehe einen Kompromiss mit dem Götzendienst eingeschlossen hätte. Das wäre der Fall gewesen, wenn der nichtchristliche Ehepartner darauf bestanden hätte, dass der christliche weiterhin seinen zum heidnischen Haus gehörenden religiösen Verpflichtungen nachkommt:

„Wenn ein Bruder eine ungläubige Frau hat und es gefällt ihr, bei ihm zu wohnen, so soll er sich nicht von ihr scheiden. Und wenn eine Frau einen ungläubigen Mann hat und es gefällt ihm, bei ihr zu wohnen, so soll sie sich nicht von ihm scheiden. Denn der ungläubige Mann ist geheiligt durch die Frau und die ungläubige Frau ist geheiligt durch den gläubigen Mann. Sonst wären eure Kinder unrein; nun aber sind sie heilig. Wenn aber der Ungläubige sich scheiden will, so lass ihn sich scheiden. Der Bruder oder die Schwester ist nicht gebunden in solchen Fällen" (1. Korinther 7,12-15).

Interessant ist an diesem Abschnitt jedoch nicht nur die Aufhebung des Scheidungsverbotes inklusive der Möglichkeit zur Wiederverheiratung (die Christen sind „nicht gebunden"), sondern auch das dahinter stehende offensive Verständnis von Heiligkeit, das Jesu Umgang mit kultischer Unreinheit weiterführt. Die Macht der Götter ist gebrochen, weswegen der gläubige Partner keine Angst davor haben muss, von ihnen beherrscht zu werden, ja er „heiligt" sogar seinen nichtchristlichen Ehepartner und die Kinder. Der Sieg Jesu über die Mächte gilt also nicht nur auf kosmischer Ebene, sondern ganz konkret in jedem Haus.

Weitaus schwieriger als der Umgang mit solchen deutlich erkennbaren Mächten ist der mit denen, die eher im Verborgenen ihr Unwesen treiben, damit aber nicht weniger einflussreich sind. Aufschlussreich ist hier wiederum der Mammon, die Macht, die über unser Leben und unsere Werte bestimmt wie kaum eine andere. Vermutlich weil Jesus seine Jünger mehrmals auf die mit ihr verbundene Problematik aufmerksam gemacht hat, waren die ersten Christen an dieser Stelle besonders sensibel. So ist es sicher kein Zufall, dass die erste Gemeinde in Jerusalem zeichenhaft in Gütergemeinschaft lebte:

> *„Alle aber, die gläubig geworden waren, waren beieinander und hatten alle Dinge gemeinsam. Sie verkauften Güter und Habe und teilten sie aus unter alle, je nachdem es einer nötig hatte"* *(Apostelgeschichte 2,44f.).*

An dieser Gütergemeinschaft ist verschiedenes bemerkenswert: Zum einen war sie freiwillig (wie Apostelgeschichte 5,4 zeigt), wurde aber dennoch weithin durchgehalten. Zum anderen war sie einzigartig, andere Gemeinden übernahmen dieses Modell nicht (weswegen es zum Beispiel in Korinth zu Spannungen zwischen Armen und Reichen kam, die Jerusalem nicht kannte). Hinzu kam, dass die Gütergemeinschaft kaum auf Dauer angelegt war. Alle Habe wird verkauft und verteilt, womit der Tag absehbar ist, an dem das Geld ausgegangen sein würde. Wir gehen also recht in der Annahme, wenn wir in der Gütergemeinschaft der Jerusalemer Gemeinde ein Konzept zur freiwilligen Selbstverarmung sehen.

Die Gründe dafür liefern uns nicht nur die kritischen Worte Jesu über den Mammon, sie finden sich auch im Brief des Herrenbrudes Jakobus, der nach dem Weggang der meisten Apostel Leiter der Jerusalemer Gemeinde geworden ist. Nach dem Jakobusbrief ist das bei Jesus nur angedrohte Gericht über die Reichen schon sichere Tatsache (Jakobus 5,1-6), dem man folglich nur durch eine „vorauseilende" Armut entfliehen kann. Hinzu kommt, dass sein Autor die Versuchungen des Reichtums auch für die christliche Gemeinde sehr realistisch einschätzt (Jakobus 2,1-6): Materielle Unterschiede führen immer zu einem unterschiedlichen Ansehen der Person. Ein „Mann [...] mit einem goldenen Ring und in herrlicher Kleidung" wird auch in der Gemeinde anders geachtet als ein „Armer in unsauberer Kleidung". Der eine bekommt einen Ehrenplatz, der andere wird dagegen eher herablassend behandelt.

Problematisch ist dabei nicht nur die Ungleichbehandlung, die dem Wesen Gottes widerspricht (Matthäus 5,45). Noch schwerer wiegt in den Augen des Jakobus die Tatsache, dass materielle Ungerechtigkeit nur mit Gewalt aufrechterhalten werden kann: „Sind es nicht die Reichen, die Gewalt gegen euch üben und euch vor Gericht ziehen?" (Jakobus 2,6). In ihrer indirekten Parteinahme für die Reichen stützt die Gemeinde also ein ungerechtes System und verneigt sich damit vor den Zerstörungsmächten.

Die Jerusalemer Gemeinde wählte deshalb (wie weite Teile der Mönchsbewegung nach ihr) die freiwillige Armut, um diesem Dilemma zu entgehen. Was sie tat, war ein prophetisches Zeichen. In einer vom Mammon beherrschten Welt richtete sie so etwas wie einen Leuchtturm auf, der auf eine andere Wirklichkeit hinwies: eine Wirklichkeit, in der die Beziehungen so weit gehen, dass alle alles gemeinsam haben, in der Menschen nicht nach ihrem Besitz beurteilt werden, in der das Sein mehr zählt als das Haben. Die Jerusalemer Gemeinde stieg damit im wahrsten Sinne des Wortes aus dem herrschenden System aus, sie trotzte der Macht des Mammons, indem ihre Mitglieder nicht länger bereit waren, sich über ihn zu definieren.

Wer die frühe Kirche verstehen will, muss sie deshalb als Zeichen betrachten, als prophetischen Hinweis auf das Reich Gottes. Auch in dieser Beziehung versuchte sie ganz in der Nachfolge ihres Herrn zu stehen. Das tat sie damit zwangsläufig auch in anderer Weise: Wie ihr Herr musste auch seine Kirche leiden. Obwohl sie ihren Kampf nicht gegen Fleisch und Blut führte, war er doch nicht unblutig. Schon das Neue Testament berichtet deshalb von den „Seelen derer, die umgebracht worden waren um des Wortes Gottes und um ihres Zeugnisses willen" und zu Gott rufen: „Herr, wie lange noch?" (Offenbarung 6,9f.). Paulus schreibt davon, dass er die „Malzeichen Jesu" an seinem Leib trage (Galater 6,17) und „in den Leiden", die er leide, an seinem „Fleisch erstattet", „was an den Leiden Christi noch fehlt, für seinen Leib, das ist die Gemeinde" (Kolosser 1,24). Unter den Opfern waren auch der Apostel Jakobus, der nur wenige Jahre nach Jesus sein Leben lassen musste, und Stephanus, ein prominentes Mitglied der Jerusalemer Gemeinde (Apostelgeschichte 12,2; 7,54-60).

Das zeigt, welche Entschlossenheit nötig ist, um die Mächte herauszufordern. Neutestamentlich gesprochen möchte man den Glauben hinzufügen, denn in diesem Kampf erweist sich, ob einer wirklich auf den Gott vertraut, der die Toten lebendig macht und das Nichtseiende ins Dasein ruft, um über all dem seine Verheißungen wahrzumachen. Es ist ein Kampf, der nur in Gemeinschaft geführt werden kann, und zudem mit leichtem Gepäck geführt werden muss. In der frühen Kirche zeigt sich die Macht derer, die nichts zu verlieren haben und deshalb keine Kompromisse mit den Mächten mehr schließen müssen. Die ersten Christen wurden dafür umso härter verfolgt. Doch gerade im Blut der Märtyrer ist nach dem Kirchenvater Tertullian († 220) der Same der Kirche zu finden. So dauerte es keine dreihundert Jahre, bis diese Saat das heidnische Imperium zu Fall brachte.

Die kirchlichen Strukturen

Erstaunlich wenig ist über die Strukturen der ersten Kirche bekannt. Aus dem Neuen Testament wissen wir von sehr unterschiedlichen Formen: In Jerusalem trafen sich die Christen im Tempel und in Privathäusern (Apostelgeschichte 2,46), in Ephesus mietete man ein öffentliches Gebäude (Apostelgeschichte 19,9), in Korinth konnte man auf das Haus eines reichen Gemeindemitgliedes zurückgreifen (Römer 16,23; der Brief wurde in Korinth geschrieben), in Rom standen wohl sogar mehrere solcher Häuser zur Verfügung (Römer 16,5.10.11).

Ähnlich vielfältig wie die Versammlungsorte ist auch die Organisationsstruktur: Die Jerusalemer Gemeinde wurde anscheinend zunächst von den Aposteln geleitet, dann bildete sich ein Leitungskreis unter den drei „Säulen" Jakobus, Petrus und Johannes heraus (Galater 2,9), wieder später hören wir von Jakobus und den Ältesten (Apostelgeschichte 21,18). In der Gemeinde von Philippi gab es „Bischöfe und Diakone" (Philipper 1,1), in der von Korinth sogar eine Diakonin (Römer 16,1). Wollte man ein Organigramm der frühen Kirche aufzeichnen, käme man also in Verlegenheit. Die Herrschaftskritik Jesu wirkte offenbar in der Vielfalt der Strukturen weiter. An der Spitze schienen die Apostel zu stehen, allerdings kann von einer Hierarchie keine Rede sein. Nirgendwo lesen wir davon, dass das Wort der Apostel ohne Zweifel hingenommen werden soll. Selbst gegenüber den Galatern, die vom rechten Glauben abzufallen drohten, argumentiert Paulus mit dem Evangelium, statt auf seine Autorität zu verweisen. Und gerade dabei betont er „alle Brüder, die bei mir sind" (Galater 1,2).

Auffallend ist auch, dass in den „Gabenlisten" in Römer 12 und 1. Korinther 12 Leitungsgaben nicht erwähnt werden (im Gegensatz zu vielen heutigen Aufzählungen). Römer 12,7 spricht nur ganz allgemein vom „Dienst" (Luther: „Amt"). Dass es sich hierbei nicht um die heute übliche beschönigende Umschreibung von Herrschaft und Macht handelt, zeigt ein Text, in dem sich der Apostel Paulus mit der Anfechtung seiner Autorität durch falsche Apostel auseinandersetzt:

> *„Ihr ertragt es, wenn euch jemand knechtet, wenn euch jemand aus-*
> *nützt, wenn euch jemand gefangen nimmt, wenn euch jemand er-*
> *niedrigt, wenn euch jemand ins Gesicht schlägt. Zu meiner Schande*
> *muss ich sagen, dazu waren wir zu schwach! Wo einer kühn ist – ich*
> *rede in Torheit –, da bin ich auch kühn. [...] Sie sind Diener Christi –*
> *ich rede töricht: ich bin's weit mehr! Ich habe mehr gearbeitet, ich bin*
> *öfter gefangen gewesen, ich habe mehr Schläge erlitten, ich bin oft in*
> *Todesnöten gewesen" (2. Korinther 11,21f.23).*

Interessant ist, dass Paulus seine Autorität deutlich von jeder Form des Knechtens und Erniedrigens abgrenzt. Schon Jesus hatte seinen Jüngern eingeschärft: „Ihr wisst, dass die Herrscher ihre Völker niederhalten und die Mächtigen ihnen Gewalt antun. So soll es nicht sein unter euch; sondern wer unter euch groß sein will, der sei euer Diener; und wer unter euch der Erste sein will, der sei euer Knecht" (Matthäus 20,25-27), Paulus hat sich dieses Wort offensichtlich zu Herzen genommen und seine Autorität entsprechend als wirklichen Dienst verstanden. Hierzu passt, dass wir auch aus den von ihm verfassten Beschreibungen der unterschiedlichen Gemeindeämter wenig über die Aufgabenbereiche erfahren, aber sehr viel über den Charakter derer, die für sie in Frage kommen (1. Timotheus 3,1-13; Titus 1,5-9).

Auch in dieser Beziehung hat sich im Laufe der Geschichte leider einiges verändert. Mehr und mehr wurde das Amt vom Dienst zum Herrschaftsinstrument und Privileg, mit dem man eifersüchtig mögliche Konkurrenten fernhalten kann. Vorbilder waren und sind dabei nicht Jesus und die Apostel, sondern politische Herrscher und Manager in der

Wirtschaft. Es wird Zeit, dass wir auch in diesem Bereich die Wirklichkeit der ersten Kirche zurückgewinnen.

Die Kirchen in der Geschichte

„Eine heilige, katholische und apostolische Kirche"

Mit dem „Mailänder Erlass", durch den die römischen Kaiser Konstantin und Licinius 313 das Christentum legalisierten, beggann eine Entwicklung, die wenige Jahre später zu seiner Erhebung in den Rang einer Staatsreligion führte. Durch diese „Konstantinische Wende" genannte Veränderung begann also ein neuer Abschnitt in der Geschichte des Christentums, der in vielen Aspekten erst in unserer Zeit zu Ende geht. Staat und Kirche, Christentum und Kultur, Abendland und Religion bildeten seit dem Ende der Antike eine so grundlegende Einheit, dass man die einzelnen Bereiche nur mit Mühe voneinander trennen kann. Der Sieg über die Mächte war damit allumfassend. Gleichzeitig haben jedoch auch die Mächte in vielen Punkten über die Kirche triumphiert, weil sie nun nicht mehr außerhalb, sondern innerhalb der Kirche ihr Unwesen treiben konnten. Sie wurden zwar oberflächlich christianisiert, aber nicht wirklich bekehrt und getauft.

Man kann daher die weitere Kirchengeschichte als einen fortgesetzten Kampf mit den Mächten verstehen, nun allerdings unter anderem Vorzeichen. Durch die Verschmelzung von Christentum und Abendland ging es nunmehr darum, das zu erhalten, was das Konzil von Nicäa 325 die „eine heilige, katholische (= allgemeine) und apostolische Kirche" genannt hat, die aber unter dem Wirken der Mächte diesen Charakter zu verlieren drohte.

Spätestens mit dem Schisma von 1054, in dem sich der Osten und der Westen voneinander trennten, ging die äußere Einheit der Kirche verloren, vielleicht sogar für immer. Der Begriff „Kirche", den es nach dem Neuen Testament ausschließlich in der Einzahl geben darf, existiert fortan nur noch im Plural. Damit verbunden sind jedoch auch verschiedene Grundansätze, die Einheit, Heiligkeit, Katholizität und Apostolizität der Kirche zu begreifen und sicherzustellen.

Das römisch-katholische Kirchenverständnis

Die römisch-katholische Kirche versteht die Einheit der Kirche zunächst einmal auf der institutionellen Ebene. Die Kirche wird dabei als eine Heilsanstalt gesehen, die durch eine entsprechende rechtliche Ordnung sicherstellt, dass öffentliche Gottesdienste, Ämter und Dienste, einzelne Ortsgemeinden in regionalen Gliederungen, Kirchenverfassung, Kirchenrecht und die Beziehungen zum Staat soweit wie möglich einheitlich geregelt werden. Die entsprechenden Gesetze sind im *Codex Iuris Canonici* (CIC; „Kodes des kanonischen Rechtes"), dem seit 1918 gültigen Gesetzbuch der Kirche, zusammengefasst.

Grundsätzlich werden dabei zwei Rechtsbereiche unterschieden: An der Spitze steht das göttliche Recht, das direkt aus der biblischen Offenbarung abgeleitet wird und deshalb nicht geändert werden kann. Hierzu gehört nach römisch-katholischer Auffassung zum Beispiel die Unterscheidung von Priestern und Laien, die Lehrgewalt der Bischöfe und Ähnliches mehr.

Neben und unter dem göttlichen Recht existiert das kirchliche, das vom kirchlichen Lehramt erlassen und deshalb von ihm auch wieder geändert werden kann. Ein Beispiel hierfür ist der Zölibat, also die Verpflichtung der Priester zur Ehelosigkeit. Zwar wird Ehelosigkeit in der Bibel positiv gewertet (Matthäus 19,10-12; 1. Korinther 7,25-38), allerdings findet sich in ihr keine Vorschrift, nach der Amtsträger oder Gemeindeleiter ehelos zu sein hätten. Von dem Apostel Petrus wissen wir sogar, dass er verheiratet war (Markus 1,30; 1. Korinther 9,5). Das katholische Lehramt hält es jedoch aus verschiedenen Gründen für sinnvoll, dass Priester und Bischöfe unverheiratet bleiben, weshalb es diese Bestimmung ins kirchliche Recht aufgenommen hat. Weil sie menschlichen Ursprungs ist, könnte sie freilich jederzeit wieder geändert werden.

Besonderen Wert legt die römisch-katholische Kirche auf ihre Apostolizität, indem sie ihre Amtsträger in einer ununterbrochene Kette von Handauflegungen bis auf die Apostel zurückführt („apostolische Sukzession"). Hierdurch wird ihrer Auffassung nach zugleich auch die Apostolizität der Lehre sichergestellt, die so durch die Jahrhunderte hindurch unverfälscht bewahrt und weitergegeben worden ist.

Das Kirchenverständnis der reformatorischen Theologie

Verglichen damit sind die reformatorischen Kirchen von Anfang an mit dem „Geburtsfehler" behaftet, dass in ihnen die apostolische Sukzession abgebrochen worden ist. Da sich in der Reformationszeit kein Bischof zum Übertritt bewegen ließ, musste man notgedrungen neu anfangen, womit allerdings das evangelische Amt bis heute von der römisch-katholischen Kirche nicht voll anerkannt wird.

Die evangelische Theologie fasst die Einheit und Apostolizität der Kirche denn auch nicht mehr organisatorisch, sondern inhaltlich. Nach der *Confessio Augustana*, dem grundlegenden lutherischen Bekenntnis von 1530, genügt es „zur wahren Einheit der christlichen Kirche, dass das Evangelium einträchtig im reinen Verständnis gepredigt und die Sakramente dem göttlichen Wort gemäß gereicht werden. Und es ist nicht zur wahren Einheit der christlichen Kirche nötig, dass überall die gleichen, von den Menschen eingesetzten Zeremonien eingehalten werden" (Art. 7).

Indem die Einheit inhaltlich gefasst wird, wird die Kirche in der evangelischen Theologie auf organisatorischer Ebene gleichzeitig vielfältiger und freier verstanden als in ihrem römisch-katholischen Gegenüber. Leider wurde diese Hinwendung zur urchristlichen Breite durch die Ausbildung von Landeskirchen und die damit verbundenen Bestrebungen zur Vereinheitlichung von Strukturen in vielen Punkten wieder zunichte gemacht.

Was allerdings geblieben ist, ist die lutherische Konzentration auf dem gepredigten Wort und den Sakramenten, die als kirchenkonstituierend gelten. Beides muss sich an Christus orientieren, denn die Kirche soll eine Kirche des Wortes sein. So positiv dieser Ansatz ist, so problematisch ist er freilich auch, denn in ihm kommt die Gemeinde als Größe nicht vor. Die lutherische Theologie geht vielmehr weithin davon aus, dass Gemeindeaufbau dank der dem Wort Gottes innewohnenden Kraft von selbst geschieht, wenn nur das Wort Gottes gepredigt wird und die Sakramente sachgerecht verwaltet werden. Entsprechend ist die Pfarrerausbildung auf eine spätere Lehrtätigkeit hin ausgerichtet; sogar der Talar ist kein Priestergewand, sondern die Kleidung eines Universitätsprofessors aus der Reformationszeit. Ein systematischer Gemeindeaufbau ist dem Luthertum dagegen ebenso fremd wie ein grundsätzliches Nachdenken über sinnvolle Strukturen.

Im Mittelpunkt des lutherischen Amtsverständnisses steht vielmehr das Pfarramt, das allerdings nicht mit dem eines Priesters verwechselt werden sollte, auch wenn es Uneingeweihten oft als austauschbar erscheint. Prinzipiell predigt das Luthertum das Priestertum aller Gläubigen, freilich hält man es „um der Ordnung willen" (wie es oft heißt) für geboten, dass Wortverkündigung und Sakramentsverwaltung in der Gemeinde in einer Hand konzentriert sind. Die Kirche ist damit vom Pfarramt nach oben strukturiert, denn von diesem Amt, das nur von einem von der Kirche Ordinierten ausgeübt werden darf, werden die anderen Ämter abgeleitet. Auch das Bischofsamt, das in den lutherischen Kirchen existiert, ist nur eine besondere Form des Pfarramtes, jedoch keine darüberstehende Weihe.

Anders verhält sich das in der reformierten Theologie. Weil dort das Reich Gottes im Mittelpunkt des theologischen Denkens steht, bekommt zwangsläufig die Frage nach den kirchlichen Strukturen einen sehr viel höheren Stellenwert. Wie alles andere versucht man daher auch die Organisation der Kirche aus der Heiligen Schrift abzuleiten. Hierzu wurden die unterschiedlichen Dienste der neutestamentlichen Kirche auf vier verschiedene Ämter konzentriert: Älteste und Diakone blieben erhalten, Apostel und Hirten wurden dagegen zum Pastorenamt zusammengefasst, ebenso gingen Propheten und Evangelisten im Lehramt auf.

Wie allerdings der Blick auf die neutestamentlichen Strukturen gezeigt hat, ist eine solche Systematisierung kaum durchzuhalten, weil sie den ersten Christen fremd war. Entsprechend wenig Bestand hatte sie auch in der reformierten Kirche, wo man recht bald nur noch Pastoren und Älteste als Ämter kannte. Im Gegensatz dazu entwickelte sich in Bezug auf die grundsätzliche Organisation der Gemeinden eine große Vielfalt, weil hier die aus dem Neuen Testament bekannte Unterschiedlichkeit durchgehalten worden ist.

So sind viele reformierte Kirchen presbyterianisch organisiert. Die Gemeinde wird also durch Älteste (griech. *presbyteroi*) geleitet, die auf Lebenszeit bestimmt werden und die Gemeinde auch in übergemeindlichen Gremien vertreten. Scheidet ein Ältester aus, beruft in der Regel der Ältestenkreis einen Nachfolger. Möglich ist jedoch auch, dass der Nachfolger durch die Gemeindeversammlung gewählt wird. Vorbild dieses Modells sind die neutestamentlichen Gemeinden, in denen Älteste eingesetzt worden sind.

Neben dem presbyterianischen Modell ist das kongregationalistische weit verbreitet, das sich an der Wahl der sieben „Armenpfleger" in Apostelgeschichte 6,5f. orientiert. Hier ist die Gemeindeversammlung (engl. *congregation*) das oberste Entscheidungsgremium. Im Laufe der Zeit haben sich verschiedene Unterformen herausgebildet, die jeweils pragmatische Gründe haben: Möglich ist es etwa, dass die Gemeinde in regelmäßigen Abständen einen Pastor wählt bzw. im Amt bestätigt, der als Repräsentant der Gemeinde Entscheidungen trifft. Ihm kann eine Gruppe von Diakonen an die Seite gestellt werden. Häufiger ist es jedoch, dass statt dem Pastor ein Ältestenkreis auf Zeit gewählt wird, der das eigentliche Entscheidungsgremium ist. Unter Umständen ernennt er sogar den Pastor, wobei dessen Wahl oft durch eine Vollversammlung der Gemeinde bestätigt werden muss. Relativ selten (weil ab einer bestimmten Gemeindegröße unpraktikabel) ist dagegen der reine Kongregationalismus, bei dem alle Entscheidungen durch die Gemeindeversammlung getroffen werden.

Der Kongregationalismus hat übrigens im politischen Bereich zur Entwicklung der modernen Demokratie entscheidend beigetragen. Im Zentrum der amerikanischen Unabängigkeitsbewegung standen die *„town meetings"*, in denen die örtlichen politischen Gemeinden Repräsentanten wählten, die sie nach oben vertreten sollten. Dieses System wurde aus der kongregationalistischen Kirchenverfassung abgeleitet, wobei man argumentierte, dass eine Organisationsform, die sich im geistlichen Bereich bewährt habe, auch im weniger wichtigen weltlichen Gebiet eingesetzt werden könne, in dem es schließlich nicht um das ewige Heil, sondern nur die irdische Ordnung gehe.

Entwicklungen nach der Reformation

Mit der Aufklärung kam es zu tiefgreifenden Veränderungen in der Gesellschaft. Durch das mit der Betonung der Vernunft geweckte kritische Bewusstsein nahm die institutionelle Bindung ab. Für die aufklärerischen Philosophen gehörte die Kirche zudem zu den Instanzen, die für die Unmündigkeit des Menschen verantwortlich waren. Deshalb setzten sie sich für einen Vernunftglauben ein, der die Bindung an Schrift und Bekenntnis überwinden sollte. Damit verbunden war eine weitgehende Individualisierung des Christentums. Hinzu kam eine Entwicklung weg von der Dogmatik hin zur Ethik, die allerdings zur bloßen Moral verflachte.

In der Praxis entfernte sich dadurch zunächst das Bildungsbürgertum immer stärker von der Kirche, ihm folgte im 19. Jahrhundert die Arbeiterschaft. Zwar wurde weiterhin (auch aufgrund des Staatskirchentums, das einen Austritt praktisch unmöglich machte) an der Kirchenmitgliedschaft festgehalten, allerdings erstreckte sich die Teilnahme an kirchlichen Handlungen oft nur noch auf die so genannten Kasualien, also Taufe, Konfirmation, Eheschließung und Bestattung. Durch das explosionsartige Wachstum der Städte wurde zudem das auf dörflichen Einheiten beruhende Parochialsystem, nach dem jeder Pfarrer einen bestimmten Gemeindebezirk zu betreuen hatte, immer abwegiger. In Großstädten hatten manche Gemeinden auf dem Papier mehrere tausend Mitglieder, so dass der Pfarrer nicht einmal alle Kasualien durchführen konnte.

Im evangelischen wie im römisch-katholischen Bereich führte dies zu einem intensiven Vereinswesen. Hier tat sich besonders der Pietismus hervor, der allerdings wie die Aufklärung auch seinen Schwerpunkt auf der persönlichen Frömmigkeit hatte, bei der wiederum das Bekehrungserlebnis das Zentrum bildete. In kleinen Gemeinschaften wie Konventikeln und Hauskreisen wurde die Glaubensgemeinschaft gestärkt. Die Pietisten hielten an der Kirchengemeinschaft fest, wollten aber die kirchlichen Strukturen von innen her mit Leben füllen. Neben den Kirchen entstanden dennoch zahlreiche Freikirchen, Sondergruppen und „Sekten", in denen das Gemeinschaftselement mindestens ebenso deutlich zu Tage trat.

Das 19. Jahrhundert sah zudem einen Aufbruch unter bewusst lutherischen Theologen, die sich Gedanken über das richtige Kirchenverständnis machten (August Vilmar, Adolf von Harleß, Wilhelm Löhe, Theodor von Klieforth, Theodosius Harnack). Dies führte zu einer Wiederbelebung des lutherischen Gedankens und dem Aufkommen hochkirchlicher Strömungen im Luthertum wie der Michaelis-Bruderschaft und der liturgischen Bewegung, in denen das Gegenüber von Amt und Gemeinde stark betont wurde.

Die ökumenische Bewegung

Die ökumenische Bewegung hat ihre Wurzeln in der Weltmissionsbewegung, die mit dem Aufbau der Kolonialreiche im 19. Jahrhundert einsetzte. Nie war die Welt für das europäische Christentum so offen wie zu dieser Zeit. Gleichzeitig war man sich aber auch bewusst, dass die Spaltung der Kirche in verschiedene Konfessionen nicht nur Kräfte verbrauchte, sondern auch ein Hindernis für die Mission darstellte. Hinzu kam, dass die jahrhundertealten europäischen Kontroversen auf dem „Missionsfeld" oft nicht mehr nachvollziehbar waren. So genannte „junge Kirchen" entstanden, in denen sich afrikanische oder asiatische Christen jenseits der europäischen Konfessionen zusammenschlossen.

Nimmt man die aus den traditionellen Kirchen und Freikirchen entstandenen westlichen Denominationen hinzu, ist die Christenheit am Beginn des 21. Jahrhunderts zersplitterter als je zuvor. Nach aktuellen Schätzungen gibt es weltweit knapp 34.000 christliche Konfessionen. Die Einheit der Kirche, für die Jesus gebetet hat (Johannes 17,20-23), ist damit auch ein dringenderes Anliegen als je zuvor.

Die ökumenische Bewegung, deren institutioneller Ausdruck der 1949 gegründete Ökumenische Rat der Kirchen (ÖRK) ist, hat es sich zur Aufgabe gemacht, die Spaltung zu überwinden. Seit dem Zweiten Vatikanischen Konzil (1962-1965) beteiligt sich auch die römisch-katholische Kirche an entsprechenden Gesprächen, an denen sie bis dahin aufgrund ihres Selbstverständnisses als einzig wahrer Kirche nicht teilnehmen konnte. Mitglied im ÖRK ist sie jedoch nicht.

Im Gegensatz zu manchen antiökumenischen Behauptungen, nach denen eine „Welteinheitskirche" geschaffen werden solle, womit dem Antichristen der Weg bereitet werde, sind die Ziele der ökumenischen Bewegung sehr viel bescheidener. Es geht nicht um eine Vereinigung, sondern um die „versöhnte Verschiedenheit", in der die einzelnen Konfessionen zwar in grundlegenden Glaubensaussagen Übereinstimmungen erzielen (selbst das ist nämlich nicht überall der Fall) und die gegenseitigen Verwerfungsurteile und Verdammungssprüche offiziell aufgehoben werden. Statt einer gemeinsamen Organisationsstruktur steht daher die gegenseitige Anerkennung als Kirche Jesu Christi im Blickpunkt, wozu auch die gegenseitige Anerkennung und Zulassung zum Abendmahl, sowie die gegenseitige Anerkennung der Ämter und ihres

Dienstes gehören. Hier sind in den letzten Jahrzehnten zwar große Fortschritte in vielen Bereichen erzielt worden, es ist allerdings noch ein weiter Weg bis die Christen vollkommen eins sind und die Welt erkennt, dass Gott Jesus gesandt hat (Johannes 17,23).

Die Sakramente Taufe und Abendmahl

Die kirchlichen Positionen

In keinem Bereich erscheint die ökumenische Herausforderung so groß und so dringlich wie bei Taufe und Abendmahl. Beides sind grundlegende Bestandteile jeder christlichen Kirche, und beides ist unter den Konfessionen und Denominationen heftig umstritten. In Bezug auf die Taufe gibt es Differenzen über den Zeitpunkt, also ob auch die Kinder- oder nur die Erwachsenentaufe angemessen ist, sowie damit verbunden über die Frage, ob bei der Taufe das Handeln Gottes oder das Bekenntnis des Menschen im Vordergrund stehen soll. Beim Abendmahl sind dagegen die Konflikte zwar weitestgehend abgeebbt, allerdings ist in Anlehnung an die altkirchliche Praxis für die römisch-katholische Kirche die Abendmahlsgemeinschaft Ausdruck der Kirchengemeinschaft, weswegen sie Angehörige anderer Konfessionen nicht nur nicht zum Abendmahl zulässt, sondern auch ihren eigenen Mitgliedern die Teilnahme am Abendmahl anderer Kirchen verbietet.

Diese Konflikte um die angemessene Praxis von Taufe und Abendmahl lenken freilich von dem eigentlichen Problem ab: Grundsätzlich haben wir es im Abendland mit zwei unterschiedlichen Sakramentsverständnissen zu tun, von denen jedes nur einen Teil der neutestamentlichen Tradition wiedergibt. Auf der einen Seite steht die römisch-katholische Auffassung, die im Gegensatz zur evangelischen die mystische Vorstellung der Kirche als eine Vereinigung mit Christus bewahrt hat. So bezeichnet das Zweite Vatikanische Konzil (1962-1965) die Kirche als „das Sakrament, das heißt Zeichen und Werkzeug für die innigste Vereinigung mit Gott und für die Einheit des ganzen Menschengeschlechts" (Dogmatische Konstitution über die Kirche „Lumen Gentium", Nr. 1). Entsprechend werden auch Taufe und Abendmahl in diesem Zusammenhang gedeutet. Besonders deutlich wird das beim Abendmahl, in dem als Eucharis-

tie („Dankopfer") das Opfer Christ am Kreuz unblutig vergegenwärtigt
wird. Das Abendmahl der Kirche geht damit eine unauflösliche Einheit
mit dem Opfer Christi ein, weswegen seine Wirkung ebenfalls mit der
des Kreuzes verschmilzt.

Getrübt wird diese Erkenntnis durch eine doppelte Verschiebung des
Kontextes. Was im Neuen Testament im Zusammenhang der Beziehung
gedeutet wird, erscheint in der römisch-katholischen Theologie in Anlehnung an die Philosophie des Aristoteles in Seinskategorien. Im Zentrum steht damit nicht mehr die Frage, was Taufe und Abendmahl *be-
wirken*. Sie erscheint vielmehr erst als Ableitung aus dem, was Taufe und
Abendmahl „eigentlich" *sind*. Beidem wird damit eine eigenständige
Größe außerhalb des Beziehungskontextes zugeschrieben, was wiederum
dazu einlädt, sie auch außerhalb dieses Kontextes zu betrachten.

So dominiert etwa beim Abendmahl die Frage, wie das in ihm abgebil-
dete Opfer in Seinskategorien ausgedrückt werden kann. Ganz in diesen
Bahnen formulierte 1215 die IV. Lateransynode, Christi „Leib und Blut
ist im Sakrament des Altars unter den Gestalten von Brot und Wein
wahrhaft enthalten, nachdem durch Gottes Macht das Brot in den Leib
und der Wein in das Blut wesensverwandelt (*transsubstantiatis*) sind: damit
wir vom Seinigen empfangen, was er vom Unsrigen annahm, und die
geheimnisvolle Einheit vollendet werde" (NR 375). Diese nach dem
lateinischen Begriff für „Wesensverwandlung" „Transubstantiationslehre"
genannte Auffassung wurde nach der Reformation auf dem Konzil von
Trient 1551 noch näher bestimmt. Danach vollzieht sich „durch die
Weihe von Brot und Wein ... die Wandlung der ganzen Brotsubstanz in
die Substanz des Leibes Christi, unseres Herrn, und der ganzen Wein-
substanz in die Substanz seines Blutes" (NR 572).

Wenn der Priester die Einsetzungsworte des Abendmahls spricht, vollzieht sich also nach römisch-katholischer Auffassung eine Wandlung,
die nicht mehr rückgängig zu machen ist. Brot und Wein sind Leib und
Blut Christi mit allen Konsequenzen, weswegen sie zum Beispiel bei
den Fronleichnamsprozessionen („Fron" ist mittelhochdeutsch und heißt
„Herr") auch die volle Verehrung genießen.

Die zweite Verschiebung des Kontextes ist etwas weniger auffällig, aber
ähnlich durchgreifend. Wie wir gesehen haben, war die Kirche für die
ersten Christen der Ort einer anderen Wirklichkeit, in der Jesus gelebt

und in die er seine Nachfolger auf mystische Weise mit hineingenommen hatte. Die römisch-katholische Theologie hält dagegen zwar an dem mystischen Verständnis fest, sieht die Kirche allerdings nur noch sehr bedingt in einer anderen Wirklichkeit verwurzelt. Es geht in ihr vielmehr um eine Heiligung der Welt, die sich unter anderem auch darin zeigt, dass die römisch-katholische Kirche für nahezu jede Lebenslage ein entsprechendes Ritual vorweisen kann.

Damit verbunden ist ein sehr weitreichender Sakramentsbegriff, mit dem praktisch alle Übergänge des Lebens sakramental verankert und begleitet werden. Neben der Taufe und dem Abendmahl sieht die Kirche daher auch die Firmung, in der dem Heranwachsenden durch Handauflegung der Heilige Geist verliehen wird, die Buße, die Krankensalbung, die Priesterweihe und die Ehe als Sakramente an.

Von diesen Grundlagen her ist es nachvollziehbar, dass das römisch-katholische Sakramentsverständnis im Mittelalter zu Missbräuchen führte. Die Eingliederung verschiedener Lebensbereiche unter den Sakramentsbegriff lädt geradezu dazu ein, das ganze Leben durch kirchliche Vorschriften nicht nur zu reglementieren, sondern damit auch unter die Herrschaft der Priester zu bringen. Berüchtigt waren in diesem Zusammenhang die Ehevorschriften, die schließlich dafür sorgten, dass ein großer Teil der Bevölkerung gar nicht heiraten durfte. Noch schwerer wog freilich in den Augen der Reformatoren, dass die Betrachtung der Sakramente in Seinskategorien dazu geführt hatte, sie unabhängig vom Glauben des Einzelnen zu sehen.

Der evangelische Ansatz ist daher vor dem Hintergrund dieser Missbräuche zu sehen. Mit ihm sollte einerseits die bestimmende Macht der Kirche, die als hierarchische Machtinstitution verstanden wurde, über die Gläubigen gebrochen werden, andererseits der Zusammenhang zwischen der Wirkung der Sakramente und dem Glauben des Einzelnen unterstrichen werden. Heraus kam die zweite grundlegende Sakramentsauffassung, die neben der römisch-katholischen die Diskussion bis heute dominiert.

Ausgangspunkt des evangelischen Neuansatzes ist das Kirchenverständnis. Wie sich noch heute an der Unbefangenheit zeigt, mit der evangelische Christen das jeweilige Vereinsrecht ohne Änderungen für ihre Gemeinde-, Gemeinschafts- und Kirchengründungen übernehmen, versteht sich die evangelische Kirche eher als ein Zusammenschluss von Menschen denn als eine mystische Vereinigung mit Christus. Ihr Zentrum hat sie zudem nicht in heiligen Handlungen, sondern der aus der Bibel abgeleiteten Lehre. Folgerichtig definierten die Reformatoren auch die Sakramente nicht von der Kirche sondern vom gepredigten Wort her. Laut *Confessio Augustana* von 1530 müssen die Sakramente nicht nur „laut dem Evangelium gereicht werden" (Art. 7), sondern sind auch „Zeichen und Zeugnis [...] des göttlichen Willens gegen uns, um dadurch unseren Glauben zu erwecken und zu stärken. Darum fordern sie auch Glauben und werden dann richtig gebraucht, wenn man sie im Glauben empfängt und den Glauben durch sie stärkt" (Art. 13).

Das Besondere an Taufe und Abendmahl ist nach evangelischer Ansicht, dass sie zum einen eine Verheißung Christi haben (Markus 16,16; Matthäus 26,28), der zum anderen ihre Wiederholung geboten hat (Matthäus 28,19; Lukas 22,19), und zum Dritten haben sie mit Wasser bzw. Brot und Wein eine sichtbare, zeichenhafte Komponente. Gemäß dem beim Abendmahl oft zitierten Psalmwort: „Schmecket und sehet, wie freundlich der HERR ist" (Psalm 34,9), können sie gerade dadurch eine glaubensstärkende Wirkung entfalten. Damit das gelingt, dürfen die Handlungen nach Ansicht der Reformation jedoch niemals allein stehen. Zur Taufe gehört daher zwingend eine Taufverkündigung, die das Geschehen erklärt und zum gläubigen Empfang aufruft, das Gleiche gilt auch für das Abendmahl. Die Sakramente sind also in jeder Hinsicht der Wortverkündigung zugeordnet, also sozusagen eine sichtbare Predigt.

Damit sind wir jedoch bei den Schwierigkeiten, die diese Sakramentsauffassung in sich birgt. Weil die evangelische Theologie Probleme damit hat, die Kirche als eigenständige Größe zu beschreiben, spielt sie auch bei den Sakramenten nur eine untergeordnete Rolle. Im Zentrum steht vielmehr der einzelne Gläubige und sein Gottesverhältnis. In Verbindung mit der Betonung des gepredigten Wortes degenerieren Taufe und Abendmahl dadurch leicht zu bloßen Zeichen, mit denen das Gepredigte nur visualisiert werden soll.

Zwar hat Luther dem zu wehren gesucht, indem er an der tatsächlichen Gegenwart des Leibes und Blutes Christi „in, mit und unter" den Abendmahlselementen festhielt. In Verbindung mit seiner Ablehnung

mittelalterlicher Vorstellungen führte das allerdings nur zu einem unklaren Sakramentsbegriff. Deutlich wird dies etwa an seiner im *Großen
Katechismus* von 1529 dargelegten Tauftheologie. Dort betont Luther
einerseits, „ohne Glauben ist das Wasser nichts nütze, auch wenn es an
sich selbst ein göttlicher, überschwänglicher Schatz ist. [...] Denn es
steht fest: Was nicht Glaube ist, das trägt nichts dazu bei, empfängt
auch nichts", um nur wenig später auszuführen: „Wenn das Wort bei
dem Wasser ist, so ist die Taufe recht, auch wenn der Glaube nicht dazu
kommt." Luther schwankt damit erkennbar zwischen dem evangelischen
und dem katholischen Sakramentsverständnis, die bei ihm unverbunden
nebeneinander existieren.

Sehr viel klarer zeigte sich die Problematik des evangelischen Sakraments-
begriffs im 16. Jahrhundert bei dem Schweizer Reformator Huldrich
Zwingli († 1531), der das Abendmahl ausschließlich als Zeichen interpretierte, dem keine besondere Kraft zukomme. Dieselbe Geringschät-
zung der Sakramente findet sich heute bei manchen Vertretern der
„Glaubenstaufe", die in der Taufe kaum mehr als eine Veröffentlichung
des Bekenntnisses des Täuflings erblicken können. Ohne die mystische
Dimension der Kirche und die verbundene Verwurzelung in einer anderen Wirklichkeit drohen Taufe und Abendmahl also rationalistisch zu
verflachen. Sie sind dann bestenfalls Zeichen, schlimmstenfalls überflüssig und werden nur noch aus Tradition beibehalten.

Wenn wir die im Neuen Testament beschriebene mystische Dimension der Kirche wiedergewinnen wollen, müssen wir deshalb auch Taufe
und Abendmahl in diesen Bahnen interpretieren. Dazu sind jedoch einige Vorüberlegungen zum Wesen der Gemeinschaft nötig.

Die Seele der Gemeinschaft

Wie wir gesehen haben, wollte Jesus die Menschen nicht von einem
bestimmten Weltbild überzeugen, sondern in eine neue Wirklichkeit
hineinnehmen. Konsequenterweise hat er deshalb auch keine schriftli-
che Lehre hinterlassen, sondern eine Gemeinschaft, in der die andere
Wirklichkeit gelebt und ausgebreitet werden soll. Das eigentliche Ziel
der Kirche ist damit nicht sie selbst, auch nicht ihre Ausbreitung. Es
geht vielmehr um die tiefere Wirklichkeit, in der sie leben und die sie
verkörpern soll, die sie der Wirklichkeit der Mächte und der Sünde ent-

gegenstellt und mit der sie Letztere überwinden wird. Im Kern geht es beim christlichen Glauben also nicht um eine Überzeugung, sondern um eine Identität. Durch die Gemeinschaft wird der Einzelne in einer anderen Wirklichkeit verwurzelt, die nach und nach sein gesamtes Sein bestimmt.

Die Frage nach der eigenen Identität gehört nicht von ungefähr zu den häufigsten Fragen unserer Zeit. Das hat sicher damit zu tun, dass die „Multioptionsgesellschaft", in der unsere Identität nicht von vornherein durch die Herkunft festgelegt ist, uns nicht nur Entscheidungsmöglichkeiten lässt, sondern regelrecht zu Entscheidungen zwingt. Die Frage „Wer bin ich?" müssen wir uns deshalb selbst beantworten, womit aus der Identität eine Aufgabe geworden ist. In unserer Welt, in der ich mich nicht nur durch miteinander völlig unverbundene Beziehungskreise bewege, sondern zunehmend auch verschiedene virtuelle Räume bevölkern kann, bin ich daher immer wieder neu aufgefordert, meine Identität zu definieren. Ja, oft beschränken wir uns nicht auf eine Identität, sondern leben in mehreren. Im Beruf sind wir der eine, in der Freizeit die andere, zu Hause so, im Internet wieder neu. Das macht die Herausforderung noch größer, unsere eigentliche Identität festzulegen.

Es ist eine Herausforderung, die wir allein kaum bewältigen können. Das hat mit der Grundproblematik von Identität zu tun. Bei ihr geht es schließlich nur in zweiter Linie um die Frage, wie ich mich selbst empfinde, viel entscheidender ist doch, was die anderen in mir sehen. Erst dadurch bekomme ich tatsächlich so etwas wie einen Platz in dieser Welt, erst daran macht sich mein Selbstwertgefühl fest. Meine Identität, das, was ich in mir sehe, ist deshalb oft nichts anderes als ein Spiegelbild dessen, was andere in mir sehen (bzw. dessen, von dem ich vermute, dass andere es in mir sehen). Eine Identität kann ich mir deshalb nicht selbst geben, ich kann sie mir nur von anderen leihen – womit andere sie mir freilich auch wieder entziehen können.

In einer vergänglichen Welt kommen weitere Schwierigkeiten hinzu. Denn wenn unsere Identität stabil sein soll, müssen wir sie uns von etwas leihen, das größer ist als wir selbst. Deshalb definieren wir unsere Identität gern über die Zugehörigkeit zu etwas Überindividuellen wie dem Geschlecht, der Nationalität, der gesellschaftlichen Schicht bis hin zu einer Berufsgruppe oder Moderichtung. In einer vergänglichen Welt sind diese Größen jedoch ebenso vergänglich wie wir selbst und damit auch ebenso wandelbar, selbst dann, wenn sie länger Bestand haben und sich weniger wandeln sollten als wir in unserer kurzen Lebenszeit. Neutestamentlich gesprochen leihen wir uns damit unsere Identität von Mächten, von geschaffenen Größen, die mit der Welt vergehen werden. Wirkliche und bleibende Identität können wir daher nur von etwas bekommen, was tatsächlich bleibt. Und damit sind wir bei Jesus Christus selbst, dem Gottmenschen, der Himmel und Erde, Vergängliches und Unvergängliches in seiner Person verbindet, und der der Kirche seine Identität gibt, indem er sich mit ihr als seinem Leib identifiziert.

Damit das nicht einfach nur eine intellektuelle Feststellung bleibt, sondern eine erfahrbare Wirklichkeit wird (und die Wirklichkeit muss erfahrbar sein, sonst ist sie nicht), braucht die Gemeinschaft der Kirche Rituale, die eben diese mystische Verbindung mit Christus herstellen und abbilden. Als solche können diese Rituale niemals der Verfügungsgewalt eines Einzelnen unterworfen sein, sondern immer nur der Christus repräsentierenden Gemeinschaft. Der Einzelne muss sich zwangsläufig passiv zu ihnen verhalten. Er macht seine Identität nicht, sondern empfängt sie.

Damit sind wir bei einem kritischen Punkt: Weil Rituale so etwas wie die Seele der Gemeinschaft sind, kann man am Umgang mit ihnen erkennen, wie es um die Gemeinschaft insgesamt bestellt ist. In einer Gruppe, die sich als Vereinigung von Individuen versteht, werden Rituale immer individuell oder sogar individualistisch interpretiert werden. Im Zentrum steht dabei die Frage, ob und inwieweit die jeweiligen Rituale den Einzelnen nützen. Entsprechend können sie vom Einzelnen auch neu interpretiert und abgewandelt werden, wenn sie ihre Aufgabe nicht mehr erfüllen.

Anders ist das, wenn sich der Einzelne von der Gemeinschaft, vom Kollektiv her definiert und seine Identität als Teil eines Ganzen empfängt. Rituale sind in diesem Fall das Mittel, um dem Einzelnen seine Zugehörigkeit zum Organismus des Ganzen deutlich zu machen. Entsprechend werden sie vom Ganzen her verstanden und sind damit nicht mehr der Beliebigkeit des Einzelnen unterworfen. Mit der Teilnahme am Ritual hört das Individuum vielmehr auf, sich als Individuum zu betrachten und wird Teil der Gemeinschaft. Nicht von ungefähr hat sich

für diese Rituale im Griechischen der Begriff „*mysterion*", „Geheimnis",
eingebürgert, was im Lateinischen mit „*sacramentum*", „Treueid", wiedergegeben wurde. In beiden Sprachen geht es damit um die
Verwurzelung in einer anderen Wirklichkeit.

Betrachten wir nun die neutestamentliche Kirche, dann entdecken wir
verschiedene solcher gemeinschaftsstiftender Rituale. Das erste von ihnen ist sicher die Taufe, mit der ein Mensch in den Leib Christi eingegliedert und damit Teil der in Christus angefangenen Wirklichkeit des
Lebens wurde (Römer 6,3-5). Hinzu kommt das Abendmahl, in dem
die Verbindung mit Christus so sehr im Mittelpunkt steht (Johannes
6,48-58), dass die Teilnahme am Abendmahl verschiedene andere Verbindungen von vornherein ausschließt: Wer Teil des Christus ist, muss
alle Brücken zu den Mächten der Welt abbrechen, die sich in den heidnischen Göttern personifizieren (1. Korinther 10,14-22). Hierzu gehören auch andere von Christus nicht gutgeheißene Beziehungen wie die
zu Prostituierten (1. Korinther 6,14-17).

Zu diesen beiden Ritualen, die die Identifikation mit Christus zum
Zentrum haben, kamen andere hinzu, in denen es vor allem um den
Heiligen Geist ging. An erster Stelle ist hier sicher die Krankensalbung
durch die Ältesten der Gemeinde zu nennen (Jakobus 5,14), durch die
der Kranke in den Heilszusammenhang Gottes in besonderer Weise hineingenommen wird. Hinzu kommt die schon aus dem Alten Testament als Zeichen für die Geistverleihung bekannte Handauflegung, die
ebenfalls im Neuen Testament in Verbindung mit der Erfüllung mit
dem Heiligen Geist (Apostelgeschichte 8,17), und damit oft auch der
Einsetzung in einen besonderen Gemeindedienst (Apostelgeschichte 6,6),
praktiziert wird.

Schauen wir uns also vor diesem Hintergrund Taufe und Abendmahl
genauer an.

Die Taufe

Im Neuen Testament ist von zwei verschiedenen Taufen die Rede, der
Taufe des Johannes und der Taufe auf den Namen Jesu bzw. den des
Vaters, des Sohnes und des Heiligen Geistes. Beide werden zwar mit
denselben Begriffen umschrieben, sind aber nicht dasselbe. Die Taufe
des Johannes war eine reine Umkehrtaufe, durch die der Getaufte seine

Bereitschaft zum Neuanfang bekundete (Matthäus 3,1-8). Die Taufe auf den Namen Jesu wird dagegen bereits von Johannes selbst mit dem Empfang des Heiligen Geistes in Verbindung gebracht (Matthäus 3,11). Als eigenständige Handlung wurde die christliche Taufe einer breiten Öffentlichkeit durch die Pfingstpredigt des Petrus bekannt, die mit dem Aufruf endet:

> *„Tut Buße und jeder von euch lasse sich taufen auf den Namen Jesu Christi zur Vergebung eurer Sünden, so werdet ihr empfangen die Gabe des Heiligen Geistes" (Apostelgeschichte 2,38).*

Betrachtet man sich diesen Satz genauer, so gehören drei Dinge im Neuen Testament zusammen: Zum einen ist dies die Umkehr von den bisherigen gottfernen Wegen, die Luther mit „Buße" übersetzt, zum anderen die Taufe selbst, die mit der Sündenvergebung in Zusammenhang gebracht wird, und als Drittes der Empfang des Heiligen Geistes, der ein Leben in der Gottesbeziehung überhaupt erst möglich macht.

Entgegen manchen Behauptungen kennt das Neue Testament jedoch keine einheitliche Reihenfolge dieser drei Elemente. Bei den Johannes-Jüngern, auf die Paulus in Ephesus traf, fielen Taufe und Geistempfang eng zusammen, da der Apostel ihnen gleich nach der Taufe die Hände auflegte, worauf sie anfingen, in neuen Sprachen zu reden und zu weissagen (Apostelgeschichte 19,6f.). Apollos dagegen, ein gelehrter Jude aus Alexandria, „war unterwiesen im Weg des Herrn und redete brennend im Geist und lehrte richtig von Jesus, wusste aber nur von der Taufe des Johannes" (Apostelgeschichte 18,25). Er wurde wohl erst später auf den Namen Jesu getauft, die Apostelgeschichte schweigt jedoch darüber. (Vielleicht wurde Apollos allerdings auch gar nicht christlich getauft, wie wir es auch von den zwölf Aposteln vermuten können, von denen im Gegensatz zu Paulus (Apostelgeschichte 9,18) keine Taufe berichtet wird.) Die Samaritaner schließlich wurden erst getauft und bekamen dann den Heiligen Geist (Apostelgeschichte 8,4-25), wohingegen der Hauptmann Kornelius und seine Verwandten zuerst mit dem Heiligen Geist erfüllt wurden (Apostelgeschichte 10,47).

Wie man sieht, kann man also aus den Berichten der Apostelgeschichte keine Regel ableiten, was zuerst kommen muss, Wassertaufe oder

Geistempfang. In einem allerdings stimmen die dort erwähnten Begebenheiten überein: Alle Neubekehrten wurden unmittelbar nach der Missionspredigt getauft (vgl. auch Apostelgeschichte 8,38; 9,18; 16,33; 18,8; 22,16). Von einer über die Taufpredigt hinausgehenden Unterweisung lesen wir dagegen nichts. Die Tatsache, dass der Zauberer Simon auch nach seinem Übertritt zum Christentum die Taufe als Einweihung in einen okkulten Zirkel missverstand (Apostelgeschichte 8,18f.), lässt jedenfalls darauf schließen, dass eine gründliche lehrmäßige Hinführung auf die Taufe zumindest in Samaria nicht stattfand.

Erwähnenswert, weil sie in manchen theologischen Diskussionen auftauchen, sind noch die so genannten „Haustaufen", die im Zusammenhang mit der Bekehrung der Lydia und des Gefängniswärters von Philippi berichtet werden (Apostelgeschichte 16,15.33; vgl. 1. Korinther 1,16). Um diese Taufen einordnen zu können, muss man sich bewusst machen, dass das heidnische antike Haus auch eine religiöse Einheit darstellte. Wechselte der Hausvater (bzw. im Fall Lydias die Hausherrin) die Religion, taten es ihm seine Frau und seine Kinder selbstverständlich nach, sonst würde das Haus als religiöse Einheit, in der jeder seinen Platz hatte, nicht mehr funktionieren können. Es wäre also falsch, diese sicher häufiger vorkommende Praxis dogmatisch überzubewerten. Sie ist schlichtweg ein Ausdruck des kollektiven Selbstverständnisses der Antike, der nichts über die individuelle Frömmigkeit aussagt.

Auch wenn sich dank der „Haustaufen" die eine oder andere Kindertaufe schon in neutestamentlicher Zeit annehmen lässt, war sie doch sicher eher die Ausnahme als die Regel. Freilich sollte man das ebenfalls dogmatisch nicht überbewerten. Die Kirche bestand in der apostolischen Zeit praktisch nur aus der ersten Generation. Die weitüberwiegende Mehrheit der Christen waren im Erwachsenenalter mit dem Evangelium in Berührung gekommen und hatten sich daraufhin taufen lassen. Insofern stellte sich die Frage kaum, was denn nun mit den neugeborenen Kindern christlicher Eltern geschehen solle. Diese Frage würde aber im Laufe der Zeit mit jeder neuen Generation drängender werden. Denn irgendwann einmal würden die Kinder christlicher Eltern einen Großteil der Gemeinde ausmachen. Das war allerdings erst in nachneutestamentlicher Zeit der Fall.

Insofern klärt ein Blick auf die Taufpraxis in neutestamentlicher Zeit noch nicht die Frage nach Kinder- oder Erwachsenentaufe. So kann man die Diskussion von allen dogmatischen Belastungen befreien und nur auf das historische Gebiet beschränken. Und dort kann man feststellen, dass die Taufe allgemein der Anfang des christlichen Lebens war. Sie wurde überall gleichermaßen geübt. Nirgendwo in den überlieferten Zeugnissen findet sich auch nur die Spur irgendeines anderen Aufnahmerituses ins Christentum. Sogar die Gemeinde in Rom, die nicht von einem der bekannten Apostel gegründet worden war, kannte und praktizierte die Taufe. So kann Paulus in seinem Brief an die Römer ganz selbstverständlich auf sie zurückgreifen, wobei er davon ausgeht, dass alle Gemeindeglieder getauft sind (Römer 6,3ff.).

Trotz der Tatsache, dass die Taufe zu den Grundlagen des Christentums gehörte, gibt es interessanterweise keinen Abschnitt im Neuen Testament, in dem sie theologisch im Mittelpunkt steht. Sie wurde wohl eher praktiziert als reflektiert. Allerdings gibt es nicht wenige Texte, in denen die Autoren des Neuen Testaments Bezug auf die Taufe nehmen, aus denen wir die theologische Deutung der Taufe rekonstruieren können. Beginnen wollen wir mit Römer 6,2-5, wo Paulus die Taufe im Zusammenhang mit dem neuen Leben in Christus behandelt:

„Wisst ihr nicht, dass alle, die wir auf Christus Jesus getauft sind, die sind in seinen Tod getauft? So sind wir ja mit ihm begraben durch die Taufe in den Tod, damit, wie Christus auferweckt ist von den Toten durch die Herrlichkeit des Vaters, auch wir in einem neuen Leben wandeln. Denn wenn wir mit ihm verbunden und ihm gleich geworden sind in seinem Tod, so werden wir ihm auch in der Auferstehung gleich sein."

Ausgangspunkt ist darin die mystische Vereinigung mit Christus, die durch die „Taufe auf den Tod" vollzogen und durch die Auferstehung vollendet werden wird. Hier klingt etwas von der ursprünglichen Bedeutung des griechischen Wortes *baptizo*, „taufen", an. Im nichtreligiösen Gebrauch bedeutet der Begriff schlichtweg „eintauchen" oder „untertauchen". Mit der Taufe treten wir also in eine neue Wirklichkeit ein, so wie etwas durch Untertauchen ganz dem Element des Wassers übergeben wird.

Paulus geht es dabei um weit mehr als um ein symbolisches Absterben gegenüber der Welt und ihren Mächten. Wie Jesus seine Nachfolge mit dem Kreuztragen vergleicht, bei dem ein Verurteilter auf dem Weg zur Hinrichtungsstätte im wahrsten Sinne des Wortes alle weltlichen Belange hinter sich lässt (Matthäus 16,24 u. ö.), so deutet auch der Apostel die „Taufe auf den Tod" als ein Freiwerden von dem bisherigen Leben. Diese Freiheit ist allumfassend. Nach Paulus bezieht sie sich nicht nur auf die Sünde (Römer 6,6f.), sondern sogar auf die von Gott eingesetzte Lebensordnung des Gesetzes (Römer 7,4), die ebenfalls eine Macht der vergänglichen Welt ist.

In der Welt der Mächte ist die Freiheit von etwas jedoch kein Wert an sich. Jesus macht das sehr deutlich, als er von einem bösen Geist erzählt, der zwar ausgefahren ist, aber dann ruhelos umherstreift, bis er sich wieder zu dem Menschen aufmacht, von dem er gekommen ist (Matthäus 12,43-45). Die Natur duldet kein Vakuum und die Mächte auch nicht. An die Stelle der Mächte, denen die Christen mit der Taufe abgestorben sind, muss daher eine andere Macht treten, die ihre Kraft bei Weitem übersteigt. Paulus redet denn auch nicht nur von der Freiheit, sondern auch davon, dass wir mit der Taufe „Knechte der Gerechtigkeit", ja „Knechte Gottes" geworden sind (Römer 6,18.22).

Mit dem Eintauchen in die Wirklichkeit Gottes sind verschiedene Aspekte verbunden. Zum einen ist das die Heilsgewissheit, die sich aus der Vereinigung mit Christus ergibt (Römer 6,8-11). Hierzu gehört die vollständige Sündenvergebung:

„Mit [Christus] seid ihr begraben worden durch die Taufe; mit ihm seid ihr auch auferstanden durch den Glauben aus der Kraft Gottes, der ihn auferweckt hat von den Toten. Und er hat euch mit ihm lebendig gemacht, die ihr tot wart in den Sünden und in der Unbeschnittenheit eures Fleisches, und hat uns vergeben alle Sünden. Er hat den Schuldbrief getilgt, der mit seinen Forderungen gegen uns war, und hat ihn weggetan und an das Kreuz geheftet" (Kolosser 2,12-14).

Damit verbunden ist die Zugehörigkeit zur Gemeinschaft der Kirche, die Eingliederung in den mystischen Leib Christi. „Wir sind durch einen Geist alle zu einem Leib getauft" (1. Korinther 12,13; vgl. Epheser

4,4f.). Mit anderen Worten: Es geht in der Taufe tatsächlich um den Eintritt in eine grundlegend andere Wirklichkeit, eben um das, was anderswo als „neue Geburt" (Johannes 3,3.5), das Durchdringen von der „Finsternis" zum „Licht" (Johannes 12,46; Apostelgeschichte 26,18; 2. Korinther 6,14; Epheser 5,8; 1. Petrus 2,9 u. ö.), als Sieg des „Lebens" über den „Tod" (Johannes 5,24; 1. Johannes 3,14), als Hinüberschreiten aus dem Herrschaftsbereich Satans in den Gottes (Apostelgeschichte 26,18) bezeichnet wird. Die Taufe markiert die Grenze zwischen beiden Bereichen: auf der einen Seite Finsternis, Tod und Teufel, auf der anderen Licht, Leben, Gemeinschaft mit Gott. Da in der frühen Kirche Bekehrung, Wiedergeburt, Geistempfang und Taufe in der Regel nahezu unmittelbar aufeinander folgten, wird im Neuen Testament all das mitgemeint, wenn von der Taufe die Rede ist.

Das Abendmahl

Die einmalige Taufe wird im Neuen Testament durch das regelmäßig zu wiederholende Abendmahl ergänzt. Wie die Taufe geht auch das Abendmahl nicht nur auf eine Einsetzung Jesu zurück, sondern war auch schon in neutestamentlicher Zeit in allen christlichen Gemeinden zu finden. Nach der Apostelgeschichte etwa waren die ersten Christen „täglich einmütig beieinander im Tempel und brachen das Brot hier und dort in den Häusern" (2,46). Ebenso lässt die Verbindung von Zusammenkunft als Gemeinde und Abendmahl in 1. Korinther 11,18.20 darauf schließen, dass in Korinth das Abendmahl zu den grundlegenden Bestandteilen des Gottesdienstes gehörte. Wir haben keinen Anlass an entsprechenden Praktiken in anderen Gemeinden zu zweifeln.

Aus dieser Stelle wird gleichzeitig auch ersichtlich, dass das Abendmahl in den ersten Gemeinden eine vollständige Mahlzeit war. In der Antike, in der die Tischgemeinschaft durch viele Traditionen und Regelungen eingeschränkt war (denken wir nur an den Konflikt zwischen Juden und Nichtjuden), bedeutete also gerade die Abendmahlsgemeinschaft die tiefgreifendste Form der Zugehörigkeit. Nicht von ungefähr geschah der Ausschluss aus der Gemeinde deshalb indem das gemeinsame Abendmahl verweigert wurde.

Wie bei der Taufe steht auch beim Abendmahl die mystische Dimension im Vordergrund. Im Abendmahl vereinigen sich Christus und die

Gemeinde zu einem Leib, womit sich auch dessen Glieder untereinander vereinigen. Jesus selbst deutete das Abendmahl nach dem Johannesevangelium folgendermaßen:

„Wahrlich, wahrlich, ich sage euch: Wenn ihr nicht das Fleisch des Menschensohns esst und sein Blut trinkt, so habt ihr kein Leben in euch. Wer mein Fleisch isst und mein Blut trinkt, der hat das ewige Leben, und ich werde ihn am Jüngsten Tage auferwecken. Denn mein Fleisch ist die wahre Speise, und mein Blut ist der wahre Trank. Wer mein Fleisch isst und mein Blut trinkt, der bleibt in mir und ich in ihm. Wie mich der lebendige Vater gesandt hat und ich lebe um des Vaters willen, so wird auch, wer mich isst, leben um meinetwillen. Dies ist das Brot, das vom Himmel gekommen ist. Es ist nicht wie bei den Vätern, die gegessen haben und gestorben sind. Wer dies Brot isst, der wird leben in Ewigkeit" (Johannes 6,53-58).

Durch die Vereinigung mit Jesus bekommen also die, die am Abendmahl teilnehmen, Anteil an seinen Leben. Sie werden herausgehoben aus der Vergänglichkeit und Teil der ewigen Welt Gottes. Als Mahl des „neuen Bundes" (Lukas 22,20) lässt das Abendmahl damit die Verheißung aus Jeremia 31,31-34 wahr werden.

Die Vereinigung mit Christus ist auch hier nicht individuell, sondern kollektiv zu verstehen: Als Gemeinschaft bekommen wir Anteil an seinem Leben, weswegen das Abendmahl auch gleichzeitig die irdische Gemeinschaft der Kirche begründet: „Denn ein Brot ist's: So sind wir viele ein Leib, weil wir alle an einem Brot teilhaben" (1. Korinther 10,17). Im Abendmahl geschieht damit sozusagen eine Umkehr des Sündenfalls. Wie das Essen der verbotenen Frucht die Beziehungen zerstörte, so werden sie im Abendmahl wieder hergestellt, denn durch die Verbindung mit Christus bewirkt das Abendmahl nicht nur die Versöhnung mit Gott, sondern stiftet auch die Gemeinschaft des Leibes Christi.

Für den Apostel Paulus ist das Abendmahl daher die Klammer zwischen dem Tod und der Wiederkunft Christi, zwischen dem Anbruch der neuen Wirklichkeit und ihrer Vollendung: „Sooft ihr von diesem Brot esst und aus dem Kelch trinkt, verkündigt ihr den Tod des Herrn, bis er kommt" (1. Korinther 11,26). Die Teilnahme an der Abendmahlsgemeinschaft ist daher das höchste Gut der neutestamentlichen Christenheit. Entsprechend wird großer Wert auf einen „würdigen", also der Vereinigung mit Christus und untereinander entsprechenden Empfang gelegt. Wer die Beziehungen nicht achtet, wie das Teile der korinthischen Gemeinde taten, hat deshalb keinen Platz am Tisch des Herrn.

Abschließende Gedanken

In wohl keinem Bereich widerspricht die Sicht des Neuen Testaments so sehr unserem Verständnis wie in Bezug auf die Kirche. Manche ärgert schon der Begriff „Kirche", weil sie die Christenheit nur in ihren konkreten Ausformungen als Gemeinde wahrnehmen wollen. Für andere klingt die Rede von einer mystischen Vereinigung mit Christus geradezu häretisch, weswegen sie bestenfalls bereit sind, im „Leib Christi" ein Bild zu entdecken, jedoch keine Realität. Wir alle haben uns zudem so sehr an den Individualismus gewöhnt, dass es uns schwer fällt in einer Gemeinschaft etwas anderes zu erkennen als die Summe ihrer Mitglieder. Und dass Rituale in sich eine Kraft haben können, die trotzdem nicht einen vom Empfänger unabhängigen Automatismus darstellt, sondern Ausdruck der Beziehung ist, ist dem Rationalismus nicht begreifbar.

Diese Verleugnung des neutestamentlichen Verständnisses bleibt nicht ohne Folgen. Weil wir die Kirche nicht als Ort einer anderen Wirklichkeit sehen, bleiben wir ganz in der diesseitigen verhaftet. Weil wir sie nicht als Vereinigung mit Christus verstehen, bleibt sie eine Versammlung von Menschen, und die in ihr ausgesprochenen Verheißungen sind keine göttlichen Wahrheiten, sondern nur menschliche Versprechungen. Weil wir die Ewigkeitsdimension des Leibes Christi nicht erkennen, gestalten wir auch die Beziehungen zu unseren Mitgeschwistern nicht so, als würden sie mehr als einen Lebensabschnitt überdauern. Weil wir so unsere Identität nicht in Christus finden, leihen wir sie uns weiterhin von den vergänglichen Mächten der Welt. Und über alldem thront das Individuum, das die Vergänglichkeit überwinden, aber diese Welt nicht verlassen möchte, das Individuum mit seinen Bedürfnissen und Träumen, seinen Sehnsüchten und Begehrlichkeiten, denen die

Gemeinschaft sich unterzuordnen hat. Aus der Kathedrale Jesu Christi werden so die kleinen Kirchlein des Selbst.

Das mystische Verständnis von Kirche ist jedoch der Schlüssel für die Weltveränderung, die durch die ersten Christen geschehen ist. Weil sie sich als Gemeinschaft, als Leib begriffen haben, konnten bei ihnen nicht nur die sozialen, religiösen und biologischen Unterschiede überwunden werden; in der Jerusalemer Gemeinde waren die Menschen sogar in der Lage, ihren Besitz aufzugeben und ihn der Gemeinschaft zur Verfügung zu stellen. Jeder bekam, was er brauchte, keiner hatte Überfluss, aber auch keiner Mangel. In der Kirche wuchs damit ein neues Verständnis des Menschen heran, der fortan durch sein Sein definiert wird, nicht mehr durch das, was er hat.

Das und die Überwindung der Vergänglichkeit und des Todes, die in der Vereinigung mit dem lebendigen Christus begründet ist, machte die erste Kirche so attraktiv. Diese Menschen lebten tatsächlich wie Jesus in einer anderen Wirklichkeit, in der Gottes und des Lebens. Hier wurde das Niedrige tatsächlich hoch und das Hohe niedrig. Hier wurden Beziehungen nicht nur heil, sondern Grenzen überschritten, die man für unüberwindlich gehalten hatte. Hier saßen Juden und Nichtjuden, Kollaborateure und Freiheitskämpfer an einem Tisch. Hier war tatsächlich ein Teil der Welt den Mächten der Vergänglichkeit entzogen. Hier hatte das Leben in einer Form begonnen, die in die Ewigkeit überfließen würde.

Es fällt schwer, die große Vision der frühen Kirche in Worte zu fassen. Es geht um nichts weniger als um die Vereinigung von Diesseits und Jenseits, Gott und den Geschöpfen, sowie den Menschen untereinander. Eine Erneuerung des Christentums, ein Wiederanknüpfen an die Menschen des Neuen Testaments muss daher mit einer Erneuerung der Kirche und ihrer Vision beginnen. Das kann jedoch nicht nur durch Predigten, Vorträge und Bücher geschehen, so wichtig sie auch sind, um den Prozess anzustoßen. Kirche muss gelebt werden. Und dazu ist nichts weniger als eine Erneuerung des neutestamentlichen Wirklichkeitsverständnisses nötig. Vielleicht fängt das da an, wo wir die Sakramente wieder ernst nehmen. Sie sind nicht Ausdruck der Zugehörigkeit zu einem bestimmten Verein, sondern Türen in eine andere Welt. Und so interessant die Fragen nach der Beschaffenheit von Türen sein kann, nach ihrem Wesen, warum sie Durchlässe erlauben – entscheidend ist, dass man schließlich hindurchgeht. Denn zu nichts anderem sind Türen da.

Wichtige Begriffe

- *Denomination* (von lat. *denominatio*, „(unterscheidende) Benennung"): im englischen Sprachraum austauschbar mit „Konfession" hat sich dieser Begriff im Deutschen als Bezeichnung für größere Verbände innerhalb von Konfessionen eingebürgert. So gehören zum Beispiel zur evangelischen Konfession evangelikale, pfingstliche und ähnliche Denominationen

- *Ekklesiologie* (von griech. *ekklesia*, „Versammlung, Gemeinde, Kirche"): Lehre von der Kirche

- *Eucharistie* (von griech. *eucharistia*, „Danksagung"): römisch-katholische Bezeichnung des Abendmahls

- *Hierarchisch* (von griech. *hiereus*, „Priester", und *archos*, „(der) Erste"): Kirchenverfassung, nach der die Entscheidungsgewalt bei den Priestern liegt. In der Regel wird dieser Begriff auch für nichtdemokratische Strukturen verwandt, in denen keine Priester an der Spitze stehen

- *Konfession* (von lat. *confessio*, „Bekenntnis"): große Strömung innerhalb des Christentums, die zwar innerhalb der Theologie verwandt ist, aber nicht organisatorisch eine Einheit bildet. Der Begriff kommt aus der Reformationszeit, wo die evangelischen Reichsstände zu einem Bekenntnis aufgefordert wurden. Christliche Konfessionen sind unter anderem Katholiken, Orthodoxe und Evangelische, wobei man Letztere in Lutheraner und Reformierte unterscheiden kann

- *Kongregationalistisch* (von engl. *congregation*, „Versammlung"): Gemeindeverfassung, nach der die Gemeindeversammlung die letzte Entscheidungsbefugnis hat

- *Mystisch* (von griech. *mystikos* bzw. lat. *mysticus*, „unbeschreiblich, unaussprechlich, geheimnisvoll"): ein Zugang zu Gott über das innere Empfinden bzw. das Bewusstsein

- *Ökumene* (von griech. *oikoumene*, „(bewohnter) Erdkreis"): Gespräche und Zusammenarbeit von Christen und Kirchen über die Konfessionsgrenzen hinweg

- *Paradigma* (von griech. *paradeigma*: *para*, „neben" und *deiknynai*, „zeigen, begreiflich machen"): grundlegender Rahmen, in dem unser Denken und Erkennen stattfindet, sozusagen die „Brille", die wir aufhaben, wenn wir die Wirklichkeit betrachten

- *Prädestination, doppelte*: Lehre Calvins und der reformierten Kirche, wonach die Gläubigen zuvor von Gott erwählt und die Ungläubigen verworfen worden sind

- *Prädestination, einfache*: Lehre der lutherischen Kirche, wonach die Gläubigen zuvor von Gott erwählt worden sind

- *Presbyterianisch* (von griech. *presbyteros*, „Ältester"): Gemeindeverfassung, nach der die Ältesten das oberste Entscheidungsgremium sind

- *Sakrament* (von lat. *sacramentum*, „Eid"): abgeleitet von dem Fahneneid römischer Soldaten, bei dem sie vor ihren Standarten niederknieten und sich unter den Schutz der darauf abgebildeten Götter begaben, werden auch Taufe und Abendmahl in der lateinischen Kirche als Sakrament verstanden. In der römisch-katholischen Kirche kommen noch Firmung, Buße, Krankensalbung, Ehe und Priesterweihe hinzu

- *Transsubstantiation* (von lat. *transsubstantiatio*, „Wesensverwandlung"): Vorstellung der römisch-katholischen Kirche, wonach Brot und Wein beim Abendmahl in Leib und Blut Christi verwandelt werden

- *Werkgerechtigkeit*: Vorstellung, dass Gott und Mensch in einem Arbeitsverhältnis zueinander stehen, bei dem der Segen Gottes vom menschlichen Tun abhängig ist

9.
Leben in der Spannung

oder:

Seht auf und erhebt eure Häupter,
weil sich eure Erlösung naht

Das Kommen des Reiches

Gegenwart und Zukunft

Wie in vielen Bereichen zeigen sich die Unterschiede und die daraus folgenden Konsequenzen zwischen dem antiken und dem modernen Denken auch in dem, was man „Eschatologie" nennt (von griech. *eschaton*, „Ende", „Vollendung"), also der Lehre von der Zukunft und dem Ende der Welt. In unserem rein diesseitigen Universum kann eine Wirkung niemals der Grund für ihre Ursache sein, weswegen auch die Zukunft nur von der Gegenwart her bestimmt werden kann, nicht umgekehrt. Die Zukunft existiert daher ausschließlich in Form einer unbestimmten Erwartung, deren Extreme der Wunschtraum bzw. die Horrorvision sind. Welche Zukunft eintritt, hängt dabei allein von unserem Handeln in der Gegenwart ab, denn in einem gottlosen Universum ist die Zukunft wie alles andere auch unsere Aufgabe. In einer Welt ohne Jenseits haben ausschließlich wir unser Schicksal in der Hand.

Betrachten wir vor diesem Hintergrund unsere vielfältig bedrohte Welt, dann wird gleichzeitig die Problematik dieses Ansatzes deutlich. Denn die größten Gefahren für unseren Planeten gehen vom Menschen selbst aus. Hierzu gehören die fortschreitende Zerstörung der Schöpfung, zur Neige gehende Ressourcen, die immer größer werdende Kluft zwischen Armen und Reichen und die Möglichkeit eines massenmordenden Terrorismus mit chemischen, biologischen und nuklearen Waffen. All das sind freilich keine zufällig auftretenden Schicksalsschläge, die sozusagen von außen eine an sich gut funktionierende Zivilisation treffen, sondern vielmehr die ihr innewohnenden logischen Konsequenzen. Dieselben Mechanismen und Kräfte, die den Wohlstand der einen vermehren, vergrößern die Armut vieler anderer, zerstören die Schöpfung, rufen durch die mit ihnen verbundene Ungerechtigkeit Hass und Gewalt hervor. Weil es sich jedoch um systembedingte Fehler handelt, kann die Welt nur gerettet werden, wenn sich das System und damit die Menschen grundlegend ändern.

Ob eine solche Umgestaltung gelingt, und ob sie rechtzeitig genug stattfindet, ist bei einem rein diesseitigen Ansatz die entscheidende und gleichzeitig offene Frage. Weil der Mensch dabei der entscheidende Faktor ist, hängt auch die Antwort vor allem vom Menschenbild ab. Eine optimistische Sicht rechnet mit der Einsichtsfähigkeit des Menschen, wenn er nur durch die entsprechenden Argumente überzeugt werden kann, dass die Herausforderungen, vor denen wir stehen, entschlossenes Handeln erfordern. Eine eher pessimistische Auffassung des menschlichen Wesens (wie sie auch die christliche Sündenlehre vertritt) wird dagegen in dieser Hinsicht skeptisch sein und auf die Geschichte verweisen, die gezeigt habe, dass Menschen nur sehr begrenzt dazu fähig sind, so sehr über den eigenen kleinen Horizont hinaus zu denken und damit gegen ihre eigenen kurz- und mittelfristigen Interessen zu handeln, wie es zur Lösung unserer Probleme nötig wäre.

Von daher ist es nur konsequent, wenn die Vertreter der Diesseitigkeit in ihren Lösungsansätzen nicht auf die Individuen, sondern in erster Linie auf den Staat und noch mehr auf große internationale Zusammenschlüsse setzen. Der Vorteil dieses Ansatzes liegt auf der Hand: Wer durch die Gesetzgebung oder die Steuerpolitik Menschen zu einem bestimmten Verhalten zwingen kann, braucht nicht mehr jeden Einzelnen zu überzeugen. Denkt man diesen Gedanken zu Ende, hätte damit letztlich nur eine Weltregierung, die mit genügend Machtmitteln ausgestattet ist, eine realistische Chance, die Probleme unseres Planeten in den Griff zu bekommen. Jeder Schritt in die entsprechende Richtung ist aus dieser Sicht also zu begrüßen.

Problematisch ist dabei freilich, dass das eigentliche Problem dadurch nicht gelöst, sondern nur auf eine höhere Ebene verlagert wird. Auch auf staatlicher Ebene hört der Egoismus ja nicht auf, sondern scheint als „nationales Interesse" verschleiert oft sogar noch unüberwindlicher als auf der der Einzelpersonen. Hinzu kommt, dass Staaten von der in ihnen herrschenden Schicht nicht selten als eine Art Privatbesitz behandelt werden. Da diese Schicht jedoch am meisten von den bestehenden Verhältnissen profitiert (sonst hätte sie längst andere geschaffen), ist dort der Wunsch nach Veränderung am geringsten. Viel wahrscheinlicher als freiwillige Übereinkünfte und die auf Überzeugung beruhende Abgabe von Macht für ein gemeinsames Ziel ist daher ein System, in dem der Stärkere die Schwächeren zu einschneidenden Maßnahmen zwingt. In der medialen Debatte ist denn auch oft davon die Rede, auf bestimmte Bevölkerungsgruppen und Staaten müsse Druck ausgeübt werden, damit sie sich als verbindlich festzulegenden Standards beugen.

In einem ungerechten System Druck auszuüben ist freilich eine zweischneidige Sache. Denn letztlich handelt es sich dabei um Gewalt, die oft nicht nur zu Gegengewalt führt, sondern auch nicht unbedingt zum gewünschten Ergebnis. Wenn sich nämlich der Stärkste einer an sich sinnvollen und notwendigen Lösung verweigert, kommt man mit Druck nur sehr bedingt weiter. Schließlich kann er genauso seine Macht dazu einsetzen, die Ansätze der anderen zu verhindern, indem er sie in sein eigenes System zwingt.

In diesem Dilemma ist die Logik verständlich, die manche zur „asymmetrischen Gewalt" greifen lässt. Wenn der Stärkere das Recht diktiert, kann sich der Schwächere ihrer Ansicht nach nur wehren, indem er die Vorzeichen ändert und zum Beispiel durch Sabotage oder Terrorismus die Kosten erhöht, die der Stärkere zur Durchsetzung seiner Ziele in Kauf nehmen muss, um ihn letztlich zu zwingen, seine Vorgehensweise zu überdenken. Damit wird freilich nicht nur die enge Verbindung von Frustration und Gewalt deutlich, vor diesem Hintergrund erklärt sich auch, warum selbst Christen, die doch eigentlich einem gewaltfreien Jesus nachfolgen, immer wieder Gewalt als angeblich letztes Mittel befürworten, sei es nun in Form von staatlichen Zwangsmaßnahmen (bis hin zu Militäreinsätzen) oder durch Aktionen so genannter „Freiheitsbewegungen". Wer das tut, verlässt jedoch nicht das rein diesseitige, menschlich bestimmte Universum, vielmehr schließt er sich nur einer seiner verschiedenen politischen Richtungen an. Der Glaube ist damit nichts Eigenes, weil er nicht in einer anderen Wirklichkeit zu Hause ist. Bestenfalls interpretiert er die allgemein geteilte nur neu, oft allerdings noch nicht einmal das.

So verwundert es nicht, dass sich nicht wenige Christen ganz aus dem Getriebe der Welt heraushalten wollen. Angesichts der Gefahr, sich im politischen Ränkespiel zu verstricken, gewalttätige Lösungen zu unterstützen und damit irgendwann ungewollt auf der „falschen" Seite zu enden, ist das nur zu verständlich. Hinzu kommt, dass alle, die die Kritik der Bibel am Staat und seinen Institutionen sowie deren Menschenbild teilen, ihre Zweifel an der Wirksamkeit jedes menschlichen Lösungsversuches haben. Zeigt die Geschichte nicht eher, dass aus den Revolutionären von heute nahezu automatisch die Unterdrücker von morgen werden? Ist nicht bisher jeder gute Ansatz, das bestehende System zu ändern, daran gescheitert, dass seine Vertreter schließlich Teil des Systems geworden sind? Selbst die Kirche hat das Römische Reich zwar christianisiert, aber sehr viel mehr wurde doch das Christentum von der römischen Staatsphilosophie übernommen. Auch die christlichen Kaiser haben damit keine andere Politik gemacht als die heidnischen vor ihnen.

Als Folge dieser Erkenntnisse wird vielerorts die Passivität geistlich verklärt. Täuschen wir uns jedoch nicht über den Preis dieser Einstellung: Damit werden Glaube und Ethik privatisiert, womit nicht nur den Mächten der öffentliche Raum überlassen bleibt, sondern der Glaube auch seinen Anstoß verliert. Wer so lebt, lebt ebenfalls nicht in einer anderen Wirklichkeit, sondern wartet nur in dieser auf ihr Ende bzw. die persönliche „Entrückung" aus ihr heraus. Auch diese Haltung ist also Ausdruck einer Trennung von Diesseits und Jenseits. Die Welt wird dabei als diesseitige Sphäre der Menschen betrachtet, die eben deshalb nicht mehr zu retten ist, weil sie nicht der ewigen jenseitigen Welt Gottes entspricht. Der Gedanke, dass die Welt, so wie sie ist, Schöpfung Gottes ist, droht dadurch verloren zu gehen, denn sie wird nur noch als ein Produkt der Menschen und der Chaosmächte verstanden.

Auch im Bereich der Eschatologie ist deshalb eine grundlegende Erneuerung des Glaubens von seinen antiken biblischen Wurzeln her nötig. Wenn wir nicht resignieren und verzweifeln wollen, müssen wir die Welt in der Spannung betrachten, in der sie seit der Auferstehung Jesus besteht: Das Neue ist in ihr schon unwiderruflich da, aber es ist noch nicht vollendet. Die Mächte herrschen noch, aber sie beherrschen sie nicht mehr. Der Kosmos seufzt noch unter der Gewalt der Sünde, aber die Rettung ist nahe.

Der „Uralte" und die „Tiere" des Danielbuches

Bevor wir uns mit den entsprechenden biblischen Texten beschäftigen können, müssen wir zunächst einen Blick auf die große weltgeschichtliche Verschiebung werfen, vor deren Hintergrund sie entstanden sind. Durch den Feldzug Alexanders des Großen im vierten vorchristlichen Jahrhundert wurde Israel Teil des hellenistischen Raums, womit nicht nur ein wirtschaftlicher Aufschwung verbunden war, der eine dünne Oberschicht reich machte und die Massen verarmen ließ, sondern auch eine Umkehr des Verhältnisses von Religion und Politik. Während das

Alte Testament (im Gegensatz zu den Israel umgebenden Völkern) das Priestertum als eigenständige Größe neben dem Königtum etablierte und die Religion zusätzlich durch ein frei berufenes Prophetentum eine deutlich vernehmbare königskritische Stimme hatte, übernahmen Alexander und seine Nachfolger die Herrscherkulte Ägyptens und des Zweistromlandes. Königliche Beinamen wie *soter*, „Retter" (Luther: „Heiland"), oder *epiphanes*, „Erscheinender (Gott)", zeigen, welche Nähe die jeweiligen Machthaber zu den Göttern beanspruchten. Die gottgleiche Verehrung des Herrschers wurde damit bis in die römische Zeit hinein zur Staatsräson und nicht selten sogar zur Bürgerpflicht.

In diesem System degenerierte nicht nur die Religion zu einer Funktion der Politik, das Judentum geriet dadurch auch zunehmend in einen Konflikt mit seiner Umwelt, in dem es um sein Überleben kämpfen musste. Ab 167 v. Chr. kam es schließlich zu einem Frontalangriff: Die Religion Israels wurde in ihrer alten Form verboten, der Jerusalemer Tempel dem „Zeus Olympios" umgeweiht und entsprechend umgestaltet. In dem folgenden Makkabäer-Aufstand konnte das alttestamentliche Gottesvolk zwar seine kulturelle und religiöse Identität bewahren und erfolgreich verteidigen, die Erschütterung über diesen Übergriff prägte jedoch fortan sein Bild des hellenistischen Gemeinwesens, das von nun an in der jüdischen Überlieferung die Züge des „Tieres" annimmt.

Mit dieser Umwälzung verbunden ist eine neue Textgattung, die Apokalyptik, die teilweise Einzug in unsere Bibeln gefunden hat und außerhalb noch weiter verbreitet war. Ihre biblische Urform ist das Danielbuch, in dem nicht wie bei den Propheten einzelne Ereignisse, sondern die Geschichte als Ganzes in den Blick genommen wird (Daniel wird im nach ihm benannten Buch als einer der 587 v. Chr. ins babylonische Exil Weggeführten dargestellt. Die meisten Ausleger halten das Werk dagegen für jüngeren Datums. Für den kulturellen Hintergrund – wonach das Gottesvolk durch eine heidnische Großmacht in seinem Bestand bedroht ist – spielt die Datierung jedoch keine Rolle, weswegen auf diese Frage hier auch nicht weiter eingegangen werden soll).

Im Danielbuch wird die Geschichte in einer Abfolge von Visionen immer wieder geschaut. Alles beginnt mit einem Traum des Königs Nebukadnezar, den Daniel nicht nur deuten, sondern auch erzählen soll. In diesem Traum sah der König „ein großes und hohes und hell

glänzendes Bild" von einem Mann, dessen Haupt „war von feinem Gold,
seine Brust und seine Arme waren von Silber, sein Bauch und seine Lenden waren von Kupfer, seine Schenkel waren von Eisen, seine Füße waren teils von Eisen und teils von Ton." Dann rollte ein „Stein" herunter,
„ohne Zutun von Menschenhänden; der traf das Bild an seinen Füßen,
die von Eisen und Ton waren, und zermalmte sie. Da wurden miteinander
zermalmt Eisen, Ton, Kupfer, Silber und Gold und wurden wie Spreu
auf der Sommertenne, und der Wind verwehte sie, dass man sie nirgends
mehr finden konnte. Der Stein aber, der das Bild zerschlug, wurde zu
einem großen Berg, sodass er die ganze Welt füllte" (Daniel 2,31-35).

In Daniel 7,2-14 sieht Daniel dasselbe noch einmal, diesmal in Form
einer anderen Vision:

„*Vier große Tiere stiegen herauf aus dem Meer, ein jedes anders als
das andere. Das erste war wie ein Löwe und hatte Flügel wie ein
Adler. [...] Und siehe, ein anderes Tier, das zweite, war gleich
einem Bären und war auf der einen Seite aufgerichtet und hatte in
seinem Maul zwischen seinen Zähnen drei Rippen. Und man
sprach zu ihm: Steh auf und friss viel Fleisch! Danach sah ich, und
siehe, ein anderes Tier, gleich einem Panther, das hatte vier Flügel
wie ein Vogel auf seinem Rücken und das Tier hatte vier Köpfe,
und ihm wurde große Macht gegeben. Danach sah ich in diesem
Gesicht in der Nacht, und siehe, ein viertes Tier war furchtbar und
schrecklich und sehr stark und hatte große eiserne Zähne, fraß um
sich und zermalmte, und was übrig blieb, zertrat es mit seinen
Füßen. Es war auch ganz anders als die vorigen Tiere und hatte
zehn Hörner. [...] Ich sah, wie Throne aufgestellt wurden, und
einer, der uralt war, setzte sich. Sein Kleid war weiß wie Schnee
und das Haar auf seinem Haupt rein wie Wolle; Feuerflammen
waren sein Thron und dessen Räder loderndes Feuer. [...] Ich [...]
sah, wie das Tier getötet wurde und sein Leib umkam und ins
Feuer geworfen wurde. Und mit der Macht der andern Tiere war
es auch aus; denn es war ihnen Zeit und Stunde bestimmt, wie
lang ein jedes leben sollte. Ich sah in diesem Gesicht in der Nacht,
und siehe, es kam einer mit den Wolken des Himmels wie eines
Menschen Sohn und gelangte zu dem, der uralt war, und wurde*

vor ihn gebracht. Der gab ihm Macht, Ehre und Reich, dass ihm alle Völker und Leute aus so vielen verschiedenen Sprachen dienen sollten. Seine Macht ist ewig und vergeht nicht, und sein Reich hat kein Ende."

In einer weiteren Vision sieht Daniel einen „Ziegenbock", dessen Horn „wuchs bis an das Heer des Himmels und warf einige von dem Heer und von den Sternen zur Erde und zertrat sie. Ja, es wuchs bis zum Fürsten des Heeres und nahm ihm das tägliche Opfer weg und verwüstete die Wohnung seines Heiligtums. Und es wurde Frevel an dem täglichen Opfer verübt, und das Horn warf die Wahrheit zu Boden. Und was es tat, gelang ihm" (Daniel 8,10-12). Im Gebet schließlich wird Daniel offenbart, dass Jerusalem „in kummervoller Zeit" leben wird, bis „das Volk eines Fürsten kommen wird und die Stadt und das Heiligtum zerstören, aber dann kommt das Ende durch eine Flut, und bis zum Ende wird es Krieg geben und Verwüstung, die längst beschlossen ist. Er wird aber vielen den Bund schwer machen [...] Und [...] er wird Schlachtopfer und Speisopfer abschaffen. Und im Heiligtum wird stehen ein Gräuelbild, das Verwüstung anrichtet, bis das Verderben, das beschlossen ist, sich über die Verwüstung ergießen wird" (Daniel 9,24-27).

Wenn wir diese Bilder deuten wollen, müssen wir uns mit der Symbolsprache des Danielbuches vertraut machen. Das „Bild" und die „Tiere" stehen für heidnische Weltreiche, die aber nicht nur als militärische und politische Größe verstanden werden, sondern vor allem als geistliche Mächte. Das „Bild" ist ein Götzenbild, mit den „Tieren" werden „Frevel", „lästerliche Reden" und eine Störung des jüdischen Gottesdienstes verbunden. Sie kommen aus dem „aufgewühlten Meer", jener Chaosmacht, die das Berg- und Wüstenvolk Israel niemals beherrschte, die aber von seinen Feinden mühelos gemeistert wurde, seien es nun Philister, Griechen oder später Römer.

Bemerkenswert ist, dass es in dem Ganzen eine ständige Steigerung der Bedrängnis und der Unterdrückung gibt. Auf „Gold" folgt „Silber", dann „Kupfer", schließlich „Eisen". Aus den Edelmetallen werden also solche, die zur Waffenproduktion benötigt werden. Gerade vom letzten Reich geht damit die größte Bedrohung aus. Es war „furchtbar und schrecklich und sehr stark und hatte große eiserne Zähne, fraß um sich und zermalmte, und was übrig blieb, zertrat es mit seinen Füßen", ja es kämpft sogar mit dem „Heer des Himmels und warf einige von dem Heer und von den Sternen zur Erde und zertrat sie".

Betrachtet man diese Bilder als Ganzes, dann zeigt sich in ihnen der scheinbare Sieg der Chaosmächte. Unaufhaltsam übernehmen sie die Schöpfung und zerstören sie, bedrängen das Gottesvolk und nehmen ihm schließlich jeden Raum zum Leben. Widerstand erscheint zwecklos, vor allem der letzten und bösartigsten Macht unterliegen selbst die Weltherrscher von gestern. Liest man die Visionen nur bis zu diesem Punkt, scheint die Finsternis unaufhaltsam.

Aber die Perspektive ist trotz allem nicht hoffnungslos, im Gegenteil. „Ohne Zutun von Menschenhänden", „mit den Wolken des Himmels", also von Gott her kommt die Rettung, das Gericht über die Mächte der Zerstörung. „Eisen, Ton, Kupfer, Silber und Gold ... wurden wie Spreu auf der Sommertenne, und der Wind verwehte sie, dass man sie nirgends mehr finden konnte"; doch der, der das ausgelöst hatte, „füllte die ganze Welt". Von Gott bekommt er „Macht, Ehre und Reich, dass ihm alle Völker und Leute aus so vielen verschiedenen Sprachen dienen sollten. Seine Macht ist ewig und vergeht nicht, und sein Reich hat kein Ende." Nicht von ungefähr steht jeweils im Mittelpunkt dieser Bilder eine Vision vom Thron Gottes.

Insgesamt können wir also eine Dreiteilung in der Apokalyptik des Danielbuches feststellen: Auf die fortschreitende gewalttätige und geistliche Zerstörung der Schöpfung, auf ihre nahezu unaufhaltsame Übernahme durch die Chaosmächte folgt eine Schau Gottes, der als Schöpfer immer noch die Geschicke seiner Schöpfung in Händen hält. Von ihm kommt deshalb die Rettung her, die die Schöpfung wieder zu ihm zurückbringen wird.

Von diesen drei Teilen ist freilich nur der erste momentan offensichtlich, die anderen beiden sind verborgen. Wir sehen und erleben das Wüten der Chaosmächte, in die Rettung Gottes haben wir dagegen ebenso wenig Einblick wie in seinen himmlischen Thronsaal. Beim Danielbuch handelt es sich also um Apokalyptik im wahrsten Sinne des Wortes: Der griechische Begriff *apokalypsis* heißt „Offenbarung" bzw. „Enthüllung". Wie ein Standbild enthüllt wird, so wird auch hier von der Geschichte die Decke weggezogen und das, was verborgen ist, offenbart. Gerade wegen dieses Teiles, wegen der Schau in die jenseitige Wirklichkeit Gottes und damit in die Zukunft seiner Schöpfung, unterscheidet sich die biblische Eschatologie grundsätzlich von allen rein diesseitigen Ansätzen. Weil die Zukunft bei Gott liegt, muss sie auch von ihm offenbart werden, womit sie nicht mehr unser Werk ist.

Weil sie die Zukunft von Gott her denkt, kann die biblische Eschatologie Dinge zusammenbringen, die in einem säkularen Ansatz unmöglich nebeneinanderstehen könnten. So kann sie von einem realistischen Bild des Menschen und seiner Gebundenheit an die Mächte der Zerstörung ausgehen und trotzdem voller Hoffnung sein. Sie kann den sich immer weiter ausbreiteten Mächten Widerstand entgegensetzen, ohne zu verzweifeln oder zur Gewalt zu greifen. Und weil die Zukunft nicht in der Hand des Menschen liegt, hat sie eine Hoffnung, die alles andere überragt.

Die „Wehen" der Endzeitreden Jesu

Betrachten wir vor diesem Hintergrund die Endzeitreden Jesu, entdecken wir dasselbe Schema. Inhaltlich greifen sie dabei auf das Danielbuch zurück, wie sich etwa an dem deutlichen Bezug auf das „Gräuelbild der Verwüstung" zeigt (Matthäus 24,15; Markus 13,14; vgl. Daniel 9,27). Interessanter als die Parallelen sind jedoch die Weiterentwicklungen der im Danielbuch gelegten Züge. So wird aus „Kriegen und Kriegsgeschrei", „Hungersnöten und Erdbeben" (Matthäus 24,6f.) der „Anfang der Wehen" (Matthäus 24,8). Im Hintergrund steht damit das Bild einer Geburt, die zwar unter Schmerzen geschieht, aber dennoch als freudiges Ereignis herbeigesehnt und gefeiert wird.

Die Katastrophen der Welt werden dadurch zu Vorzeichen des kommenden Heils – und damit paradoxerweise gerade zu Hinweisen, dass Gott die Welt nicht vergessen hat. Diese Wirklichkeit gebiert nach Jesus also eine andere, aus der Welt wird das Reich Gottes, was nicht ohne Schmerzen abgeht. Da es sich bei ihnen jedoch um Geburtswehen handelt, sind sie mit Freude verbunden: „Wenn aber dieses anfängt zu geschehen, dann seht auf und erhebt eure Häupter, weil sich eure Erlösung naht" (Lukas 21,28).

Würde man hier stehenbleiben, hätten die Endzeitreden Jesu einen außerordentlich weltverneinenden Zug, der zudem noch kosmischen

Katastrophen eine positive Seite abzugewinnen sucht. Dem ist aber nicht so. Vielmehr geht es um die Perspektive: Eine rein diesseitsbezogene betrachtet die dort geschilderten Ereignisse als das Ende der Welt. Die Endzeitreden sehen in ihnen dagegen den Anfang von etwas Neuem, das in seiner letzten Konsequenz noch nicht einmal erahnt werden kann. Der Kosmos ist schwanger und geht auf eine Geburt zu, die die Schwangerschaft vergessen machen wird.

Während das Danielbuch seinen Blick also vor allem auf das Ende richtet, gerät bei Jesus die Geschichte selbst stärker in den Blick. Sehr viel mehr als das Alte Testament betonen daher die Endzeitreden die Zeitspanne, die noch zwischen Jesu Worten und dem Ende liegen wird. Gerade das Gleichnis von den „klugen" und den „törichten" Jungfrauen unterstreicht diesen Zug: Der ersehnte Bräutigam bleibt „lange" aus und kommt erst „um Mitternacht" (Matthäus 24,5f.), als der eigentlich für die Zeremonie vorgesehene Vorrat an Öl längst verbrannt war. Die klugen Jungfrauen zeichneten sich deshalb dadurch aus, dass sie sehr viel mehr Öl mitgenommen hatten als nach menschlichem Ermessen benötigt werden würde. Die törichten dachten dagegen, es werde so sein wie bei anderen Hochzeiten auch und wurden in ihrem Glauben an eine in diesem Sinn pünktliche Ankunft des Bräutigams entsprechend enttäuscht.

Während schon dieses Gleichnis auf eine menschliche Vorstellungen (und Endzeiterwartungen) übersteigende Zeitspanne schließen lässt, setzt sich der Hinweis auf den treuen Knecht, der auch dann noch tut, was sein Herr ihm aufgetragen hat, wenn dieser nicht anwesend ist (Matthäus 24,45-51) inhaltlich mit der Wartezeit auseinander. Der Vergleich mit Herr und Knecht deutet dabei etwas an, was im Gleichnis von den anvertrauten Zentnern (Matthäus 25,14-30) und der Darstellung des Weltgerichtes (Matthäus 25,31-46) vollends ausgeführt wird: Die Gläubigen sollen sich im wahrsten Sinne des Wortes als Nachfolger Jesu betätigen, die wie treue Knechte den Auftrag ihres Herrn ausführen bzw. als gute Vermögensverwalter in seinem Sinne handeln.

Ihr Herr Jesus selbst identifiziert sich dabei bemerkenswerterweise mit der leidenden Welt. Es ist der Umgang mit den Benachteiligten, mit den Hungrigen, den Durstigen, den Fremden, den Nackten, den Kranken und den Gefangenen, an denen man die Nachfolger Jesu erkennen kann. Das Reich Gottes soll also schon in dieser Wirklichkeit zu denen gebracht werden, die unter ihr leiden. Deren bloße Vertröstung auf das Jenseits fällt dagegen unter das Urteil Jesu: „Was ihr nicht getan habt einem von diesen Geringsten, das habt ihr mir auch nicht getan" (Matthäus 25,45).

Gerade die Identifikation Jesu mit den Leidenden der Welt macht es Christen folglich unmöglich, die bestehende Wirklichkeit nur unter dem Vorzeichen ihrer Vergänglichkeit zu betrachten. Angesichts der Leiden in ihr ist ihre Vergänglichkeit zwar Fluch und Hoffnung zugleich, allerdings entbindet das niemanden von seiner Verpflichtung, die Leiden zu lindern bzw. wo möglich zu beenden. Durch die Identifikation Christi mit den Leidenden ist mit all diesen Versuchen zudem die Verheißung verbunden, dadurch Christus näher zu kommen. Da er sich nicht nur mit der Kirche, sondern auch mit den Notleidenden identifiziert, ist auch dies ein mystischer Weg. Wer eins sein will mit Christus, muss deshalb die Nähe der Leidenden suchen.

Das „Buch mit den sieben Siegeln" der Offenbarung

Von den Endzeitreden Jesu ist es wiederum ein Schritt zur Offenbarung des Johannes, dem wohl bekanntesten apokalyptischen Text. In ihm weitet sich das Bild erneut. Betrachtet wird nun nicht mehr nur das Ende oder die Zukunft als Ganzes, es geht vielmehr um das, was war, was ist und was kommt, wie man in Anlehnung an eine in der Offenbarung oft gebrauchte Gottesbezeichnung (vgl. Offenbarung 1,4.8; 4,8 u. ö.) sagen könnte.

Grundsätzlich ähnelt dieses Werk in seinem Aufbau zwar dem Danielbuch, dessen Bildersprache es auch verwendet, allerdings gibt es einige bezeichnende Unterschiede: Während sich Daniel auf das Ende und seine Vorgeschichte konzentriert, beginnt die Offenbarung mit ihren sieben Sendschreiben (Offenbarung 2f.) in der Gegenwart. Obwohl in diesem Zusammenhang nicht nur von Verfolgung und Not, sondern auch von offenen Türen die Rede ist (Offenbarung 3,8), steht doch über all dem der als Refrain wiederkehrende Aufruf zur Überwindung. Gerade durch die Erwähnung des Positiven entsteht so der Eindruck, dass es dabei nicht nur um die Überwindung des Leides, sondern grundsätzlich um die Überwindung der Wirklichkeit der Welt geht.

Ihren Ausgangspunkt nimmt diese Überwindung der gottfeindlichen Wirklichkeit in der Schau Gottes, weswegen eine Vision des himmlischen Thronrates auf die sieben Sendschreiben folgt (Offenbarung 4). Die dort wahrgenommenen Geschehnisse liefern den Schlüssel für die weitere Deutung der Offenbarung:

„Und ich sah in der rechten Hand dessen, der auf dem Thron saß, ein Buch, beschrieben innen und außen, versiegelt mit sieben Siegeln. Und ich sah einen starken Engel, der rief mit großer Stimme: Wer ist würdig, das Buch aufzutun und seine Siegel zu brechen? Und niemand, weder im Himmel noch auf Erden noch unter der Erde, konnte das Buch auftun und hineinsehen. Und ich weinte sehr, weil niemand für würdig befunden wurde, das Buch aufzutun und hineinzusehen. Und einer von den Ältesten spricht zu mir: Weine nicht! Siehe, es hat überwunden der Löwe aus dem Stamm Juda, die Wurzel Davids, aufzutun das Buch und seine sieben Siegel. Und ich sah mitten zwischen dem Thron und den vier Gestalten und mitten unter den Ältesten ein Lamm stehen, wie geschlachtet; es hatte sieben Hörner und sieben Augen, das sind die sieben Geister Gottes, gesandt in alle Lande. Und es kam und nahm das Buch aus der rechten Hand dessen, der auf dem Thron saß" (Offenbarung 5,1-7).

Hier wird die Weltgeschichte als Buch symbolisiert, das verschlossen und versiegelt in der Hand Gottes liegt. Die Mächte konkurrieren um ihre Deutung, aber niemand kann das Buch öffnen, „weder im Himmel noch auf Erden noch unter der Erde". Der Sinn und das Ziel der Geschichte bleiben damit diesseitigen und jenseitigen Wesen verborgen, was den Kummer des Johannes erklärt, denn in ihm spiegelt sich unser verzweifeltes Ringen.

Doch dann geschieht die unerwartete Wendung: Einer tritt hinzu, der „Löwe" und „Lamm" zugleich ist, Christus selbst. Durch sein Opfer (das Lamm ist „wie geschlachtet") hat er sich als „würdig" erwiesen, das Buch zu öffnen und in ihm zu lesen. Verlassen wir die Bildebene, dann sagt dieser Text aus, dass die Weltgeschichte von Anfang bis Ende nur von Christus her zu deuten ist. In ihr zeigt sich das Lamm, das zugleich ein Löwe ist.

In den weiteren Kapiteln wird dieser Gedanke weiter entfaltet, indem die Geschichte als Öffnung des versiegelten Buches dargestellt wird. Mit der Öffnung des ersten Siegels erscheint „ein weißes Pferd. Und der darauf saß, hatte einen Bogen, und ihm wurde eine Krone gegeben, und er zog aus sieghaft und um zu siegen" (Offenbarung 6,2). Nach altkirchlicher Deutung handelt es sich bei dem Reiter auf dem weißen Pferd um niemand anderen als Christus selbst, der damit die Weltgeschichte eröffnet, die er später beenden wird, indem durch das erneute Auftreten des weißen Reiters das Gericht eingeleitet wird (Offenbarung 19,11ff.). Im Gegensatz zum zweiten Mal reitet der Reiter nun jedoch nicht allein. Ihm folgen Krieg, Hunger und Tod (Offenbarung 6,3-8).

Die Vorzeichen sind damit gesetzt: In der Weltgeschichte ist Christus erkennbar, „sieghaft", allerdings inmitten der Chaosmächte. Die Klage „derer, die umgebracht worden waren um des Wortes Gottes und um ihres Zeugnisses willen", die mit der Öffnung des nächsten Siegels verbunden ist: „Herr, du Heiliger und Wahrhaftiger, wie lange richtest du nicht und rächst nicht unser Blut an denen, die auf der Erde wohnen?" (Offenbarung 6,9f.), ist vor diesem Hintergrund verständlich. Mit wenigen Strichen ist damit die Weltgeschichte als Leidensgeschichte charakterisiert. In ihr zeigt sich Christus, aber inmitten einer Welt des Leidens, deren Wirklichkeit scheinbar durch andere Mächte bestimmt wird.

Der Rest des Buches ist dieser Wirklichkeit gewidmet, wobei mit verschiedenen Bildern immer wieder die Konkurrenz der Mächte zu Gott herausgestellt wird. Für nahezu alles mit Gott Verbundene gibt es ein Gegenüber. Neben der „Frau", die die angefochtene Kirche symbolisiert (Offenbarung 12), existiert die „Hure", die in Wohlstand und Lästerung lebt (Offenbarung 17). Dem „himmlischen Jerusalem" (Offenbarung 21) geht das sehr irdische „Babylon" voraus (Offenbarung 18); den „Versiegelten" (Offenbarung 7,1-8) entsprechen jene, die das „Zeichen des Tieres" tragen (Offenbarung 13,15-18).

Nicht einmal Gott selbst bleibt in diesem Konflikt außen vor. Der Dreinigkeit aus Vater, Sohn und Heiligem Geist steht eine Finsternismacht aus Drache und zwei Tieren gegenüber, die mit der dreimal unvollkommenen Zahl „666" verbunden wird (Offenbarung 12f.). Der Drache gibt dabei einem der Tiere „seine Kraft und seinen Thron und große Macht", womit wir es mit einer höllischen Nachahmung von Daniel

7,14 zu tun haben. Das Tier selbst sieht aus, „als wäre es tödlich ver-
wundet, und seine tödliche Wunde wurde heil", womit Jesu Tod und
Auferstehung karikiert werden. Das zweite Tier schließlich betätigt sich
als unheilige Imitation des göttlichen Geistes, indem „es macht, dass die
Erde und die darauf wohnen, das erste Tier anbeten, dessen tödliche
Wunde heil geworden war" (Offenbarung 13,2f.12).

Was Daniel also noch als Gewaltherrschaft sah, zeigt sich hier in Bildern der Verführung. In der Offenbarung geht es also weit mehr als bei
Daniel um einen Kampf der Deutungssysteme und Weltanschauungen.
Es geht um die Frage, wie die Wirklichkeit zu verstehen ist und wer
durch seine Interpretation die Geschichte beherrscht. Trotz dieser Ausweitung ist allerdings ein Zug von Daniel ohne Veränderungen erhalten
geblieben: Auch in der Offenbarung treffen keine ebenbürtigen Gegner
aufeinander, der Konflikt ist vielmehr von Anfang an entschieden. So
unaufhaltbar die Finsternismächte erscheinen, so mühelos werden sie
besiegt. Die große endzeitliche Schlacht, zu der sich die Völker versammelt haben, findet nicht statt:

*„Und ich sah das Tier und die Könige auf Erden und ihre Heere ver-
sammelt, Krieg zu führen mit dem [Christus], der auf dem Pferd saß,
und mit seinem Heer. Und das Tier wurde ergriffen und mit ihm der
falsche Prophet, der vor seinen Augen die Zeichen getan hatte, durch
welche er die verführte, die das Zeichen des Tieres angenommen und
das Bild des Tieres angebetet hatten. Lebendig wurden diese beiden in
den feurigen Pfuhl geworfen, der mit Schwefel brannte" (Offenbarung
19,19f.).*

Doch die Offenbarung endet noch nicht mit einer Vernichtung der
Mächte, die die Schöpfung ins Chaos gestürzt haben und für ihre Leiden verantwortlich sind. Vielmehr folgt eine grundlegende Erneuerung
der Welt, die mit Bildern als neue Schöpfung geschildert wird (Offenbarung 21f.). Neben einem neuen Himmel und einer neuen Erde gehört
hierzu auch ein neues Jerusalem, das vom Himmel herabkommt. In seiner Symbolik mischen sich das alttestamentliche Gottesvolk mit dem
neutestamentlichen (Offenbarung 21,12.14), die Stadt steht damit allumfassend für das Reich Gottes.

Wenig später wandelt sich das neue Jerusalem in eine Wiederkehr des Gartens Eden, mit dem Unterschied, dass nun kein „Baum der Erkenntnis" mehr in ihm zu finden ist, dafür aber eine Anzahl von „Bäumen des Lebens" (Offenbarung 22,2). Das Ende stellt sich damit als wiederbelebter Anfang dar: Die Schöpfung wird erneuert und verwandelt, wird eine Welt, in der nur noch die Wirklichkeit Gottes bestimmend ist.

Betrachten wir die Offenbarung des Johannes aus theologischer Perspektive, dann bietet sie eine herausfordernde Deutung der Weltgeschichte, indem sie Letztere mit Christus parallelisiert. Die Selbstvorstellung Christi und Gottes: „Ich bin das A und das O, der Erste und der Letzte, der Anfang und das Ende" (Offenbarung 22,13), schließt das Werk nicht nur ab, sie eröffnet es auch (Offenbarung 1,8.17f.), und setzt damit den Rahmen, in dem es interpretiert werden muss. Wie Christus selbst nimmt die Weltgeschichte ihren Anfang bei Gott, wie er geht auch sie durch eine Zeit des Leidens und der scheinbaren Niederlagen, wie er wird auch die Welt wiederhergestellt und mit einem vorher nicht gekannten Leben versehen. Kreuz und Auferstehung Jesu bilden damit den Schlüssel dafür, das Ende der Welt und ihre Neuschöpfung durch Gott zu verstehen.

Diese Parallelisierung macht gleichzeitig auch deutlich, dass wir die Bildersprache der Offenbarung überall als solche verstehen müssen. Wenn dort von einem „neuen Himmel und einer neuen Erde" die Rede ist (Offenbarung 21,1), muss das nicht bedeuten, dass die bestehende Erde in jeder Hinsicht zu existieren aufhört. „Vergangen" wäre sie auch dann, wenn sich in ihr die Wirklichkeit Gottes durchgesetzt hat, womit sie nicht mehr „die alte" ist. Eine ähnliche Sprache finden wir schließlich auch, wenn im Neuen Testament von der Auferstehung der Toten die Rede ist. Der auferstandene Jesus wurde selbst von Begleitern nicht wiedererkannt (Lukas 24,16; Johannes 20,14). Bezeichnenderweise grenzt auch der Apostel Paulus den Auferstehungsleib mit Hilfe von Gegensatzpaaren vom irdischen Körper ab (1. Korinther 15,42-49), obwohl er (wie der Vergleich mit dem Samen und der ausgewachsenen Pflanze verdeutlicht; 1. Korinther 15,36-38) von einer Kontinuität ausgeht. Das von ihm gebrauchte Stichwort der Verwandlung (1. Korinther 15,51-53), das sowohl für die Toten wie auch die Lebenden gilt, könnte daher auch hinter der Neuschöpfung in der Offenbarung stehen. Unsere geschaffene Welt ist jedenfalls auch nach Aussage des letzten Buchs der Bibel nicht nur ein Durchgangsstadium, sondern in jeder Hinsicht Christi Welt.

Die Nacht ist vorgedrungen

Betrachten wir die biblischen Linien in einer Zusammenschau, ergibt sich ein komplexes und zugleich differenziertes Bild. Unsere Welt ist danach eine Schöpfung Gottes, die aber unter die Herrschaft der Mächte gefallen ist, die sie zu zerstören drohen. Trotzdem bleibt sie Gottes Schöpfung, mit der er sich identifiziert und zwar gerade dort, wo in ihr gelitten wird. Christus selbst ist dabei nicht nur der Anfang und das Ende, der weiße Reiter, der siegreich durch die Geschichte reitet, sondern zutiefst in sie hineingewoben, weil er sich in den Leidenden finden lässt. Seine Geschichte und die der Welt sind damit parallel, in seiner Erniedrigung und Erhöhung bildet sich das Schicksal des Universums ab.

Entgegen der allgemeinen Wahrnehmung zeigt sich damit das Kleinere im Größeren, denn kein biblischer Text vermittelt eine ähnlich majestätische Sicht von Gott und Christus wie die eschatologischen. Unangefochten herrschen sie über die Schöpfung, keine Macht kommt auch nur annähernd an sie heran. Vor ihnen wird selbst Eisen zu Spreu, die der Wind verweht, durch ihr Wort vergeht selbst der Tod und sein Reich. Kein biblisches Buch widersetzt sich daher so konsequent jeglicher Vorstellung von einem Kampf zwischen Gut und Böse, Gott und Finsternismächten wie die apokalyptischen, obwohl gleichzeitig auch kein anderes Buch den Konflikt zwischen beidem so eindringlich schildert. So wie die erste Christenheit das Kreuz Jesu als Sieg feierte, so betrachtete sie auch die Weltgeschichte. Was hier niedrig ist, muss dort erhöht werden. Die Geschichte wird damit ganz von Christus her verstanden: Er hat sie begonnen, er wird sie beenden. Aus der Zukunft kommt er uns entgegen, auf ihn läuft damit alles zu.

Die Apokalypsen sind dadurch nicht nur „Trostbücher", als die sie oft verstanden werden, sondern gleichzeitig auch eine sehr herausfordernde Literaturgattung. Sie fordern uns auf, die Welt so zu betrachten, wie Jesus es getan hat. In der Erniedrigung liegt damit der Schlüssel zur Erhöhung, im Umgang mit den Leidenden eine Begegnung mit dem

Auferstandenen, in der Überwindung der Weg zur Erneuerung. Die apokalyptischen Bücher der Bibel, allen voran die Offenbarung des Johannes bilden damit den Rahmen für ein grundlegend anderes Verständnis der Wirklichkeit. Was auf den ersten Blick wie ein Sieg der Mächte aussieht, ist in Wahrheit eine mystische Vereinigung mit Christus. Ihm wird das Universum gleichgestaltet, geheimnisvoll und unaufhaltsam. Und die Mächte, die es Gott entreißen wollen, sind dabei seine Werkzeuge.

Sie ordnen die herrschende Wirklichkeit damit in eine Perspektive ein, die in verschiedenen Bildern zum Ausdruck gebracht wird. So fordert Paulus seine römischen Leser auf, „die Zeit" zu „erkennen", „nämlich dass die Stunde da ist, aufzustehen vom Schlaf, denn unser Heil ist jetzt näher als zu der Zeit, da wir gläubig wurden. Die Nacht ist vorgerückt, der Tag aber nahe herbeigekommen" (Römer 13,11f.). In ähnlicher Weise reden Petrus und Johannes von Christus als dem „Morgenstern", dessen Aufgehen das bevorstehende Ende der Nacht ankündigt (2. Petrus 1,19; Offenbarung 22,16).

Jesus selbst hat den Anbruch des Gottesreiches mit Wetterphänomenen verglichen. Wie ein roter Abendhimmel einen schönen nächsten Tag verspricht und ein trüber Himmel ein drohendes Unwetter ankündigt (Matthäus 16,2f.), wie eine Wolke im Westen Regen andeutet und der Südwind Hitze (Lukas 12,54f.), so lässt sich auch das Kommen des Gottesreiches an seinen Vorzeichen erkennen, eben an dem, was Jesus anderswo „Wehen" genannt hat.

Diese Bilder machen freilich deutlich, wie nötig die richtige Perspektive ist. Wehen sind keine weitere Verschlechterung des Allgemeinzustandes einer Schwangeren, obwohl sie so empfunden werden können, wenn man die Geburt aus den Augen verliert. Betrachtet man den Tag nur bis zur Mitte der Nacht, gaukelt einem die Erfahrung in ähnlicher Weise einen Trend zur Finsternis zu. Wer angesichts ständig größer werdender Dunkelheit vom kommenden Tageslicht redet, würde in diesem Kontext als Phantast gelten.

Oder bleiben wir bei dem Bild von der Welt im Winter, von dem weiter oben schon gesprochen wurde: Der Höhepunkt der kalten Jahreszeit liegt ja bekanntlich im Januar und Februar. Wer den Kreislauf der Jahreszeiten nicht kennt, wird sich also auf eine unabsehbare Frostperiode einstellen, seit September fallen schließlich kontinuierlich die Temperaturen. Im Februar die Gartenmöbel zu inspizieren, damit sie im März oder April einsatzbereit sind, wäre bei einer kurzfristigen Perspektive deshalb völlig unsinnig, eher sollte man sie verkaufen, solange man noch einen guten Preis dafür bekommt.

Wer langfristig denkt, weiß jedoch, dass die Macht des Winters längst gebrochen ist, auch wenn die Kälte nun erst ihren Höhepunkt erreicht. Seit der Wintersonnenwende kurz vor Weihnachten werden die Tage schließlich wieder länger und die Sonne gewinnt an Kraft. Was der eine für die letzten versprengten Nachwirkungen des Sommers hält, ungewöhnlich warme Stunden um die Mittagszeit, Vogelgezwitscher und zartes Grün im Schnee, sind für den anderen also gerade die Vorboten des Frühlings.

Die biblische Eschatologie fordert uns auf, in diesem Sinn „die Zeichen der Zeit" (Matthäus 16,3) zu erkennen und die Vorboten des kommenden Gottesreiches in ihr zu sehen. Damit nimmt sie gleichzeitig die Vergänglichkeit der Welt sehr viel ernster als wir es häufig tun. Nicht nur einzelne Menschen müssen sterben, auch alle Mächte und Strukturen. Nichts in der Welt ist ewig, nicht einmal sie selbst. Die Mächte sind damit nur vorletzte Größen, auch wenn sie die letzten zu sein vorgeben. Der Letzte ist jedoch nur der, der auch der Erste war, Gott selbst. Durch Tod und Auferstehung der Schöpfung hindurch baut er sein Reich, das die Welt unaufhaltsam durchdringt wie ein wenig Sauerteig eine riesige Menge Mehl (Matthäus 13,33), das aufgeht wie ein Senfkorn, aus dem ein großer Baum wird (Matthäus 13,31f.), und ohne menschliches Zutun wächst wie die Saat auf dem Acker (Markus 4,26-29).

Die Zukunftserwartung der Bibel steht damit in völligem Kontrast zum in der Aufklärung begründeten menschlichen Aktionismus. In einer gottlosen Welt bleibt nur der Mensch als Handelnder übrig, weswegen ihm auch alle Verantwortung zugewiesen wird. Auch die christliche Verkündigung geht in dieser Hinsicht allzu oft von einem passiven Gott aus, der das Handeln (sei es nun Mission oder Weltveränderung) den Menschen überlässt, um dann an einem nur von ihm zu bestimmenden Tag durch die Wiederkunft Jesu erneut selbst in Aktion zu treten. Jesus und mit ihm die biblischen Autoren sehen dagegen Gott ständig am Wirken, wohingegen der Mensch nur mitgestalten kann. Der Bauer mag den Samen säen und den Acker vorbereiten, dass dort etwas wächst, ist jedoch nicht sein Werk. Für Aktionismus ist damit kein Raum, wohl aber für geduldiges Warten.

Das bedeutet freilich nicht, dass es sich dabei um ein passives Verstreichenlassen von Zeit handelt. Auch zwischen Saat und Ernte ist der Bauer aktiv, allerdings erfordert jede seiner Handlungen zuvor ein sorgfältiges Erkennen der Zeichen der Zeit. Bewässern, düngen, den Boden auflockern, ernten, all das kann nicht mechanisch nach einem vorher festgelegten Aktionsplan geschehen, sondern nur als Antwort auf die sich verändernden Bedingungen des Ackers und seiner Pflanzen. Das Wachstum selbst hat der Bauer trotzdem nicht in der Hand, er gestaltet es nur mit – was er aber kann, weil der Acker „von selbst Frucht bringt" (Markus 4,28), weil Gott ständig aktiv ist.

Die biblische Eschatologie liefert uns damit den Rahmen, in dem wir die Welt zu verstehen haben. Wie die Schöpfungsgeschichte ihren Anfang beschreibt, so zeigen die apokalyptischen Bücher ihr Ziel auf, ohne das wir weder eine Perspektive für die Welt noch eine Vorstellung von unserem Platz in ihr bekommen können.

Das Gericht Gottes

Evangelium und Gericht

Betrachten wir die gegenwärtige Wirklichkeit aus der Sicht der biblischen Offenbarung, dann müssen wir unausweichlich von einem Gericht Gottes ausgehen. Unsere Welt ist schließlich nicht so, wie sie ursprünglich gemeint war. Wenn sie also so werden soll, wie sie von Gott her sein wird, muss sie zuvor gerichtet werden im Sinne von „zurecht gerückt". Wie das „Magnificat", der Lobgesang Marias zeigt, gehört der Gerichtsgedanke deshalb von Anfang an zum Evangelium, zur guten Nachricht von der Rettung der Welt durch die Aufrichtung der Herrschaft Gottes:

„Meine Seele erhebt den Herrn, und mein Geist freut sich Gottes, meines Heilandes [...]
Denn er hat große Dinge an mir getan, der da mächtig ist und dessen Name heilig ist.

Und seine Barmherzigkeit währt von Geschlecht zu Geschlecht bei denen, die ihn fürchten.
Er übt Gewalt mit seinem Arm und zerstreut, die hoffärtig sind in ihres Herzens Sinn.
Er stößt die Gewaltigen vom Thron und erhebt die Niedrigen.
Die Hungrigen füllt er mit Gütern und lässt die Reichen leer ausgehen.
Er gedenkt der Barmherzigkeit und hilft seinem Diener Israel auf,
wie er geredet hat zu unsern Vätern, Abraham und seinen Kindern in Ewigkeit" (Lukas 1,47.49-55).

Hier zeigt sich, wie sehr Gottes Gericht für die Menschen der Bibel mit seinem Heilswirken verbunden ist. In einer Welt voller Ungerechtigkeit und Ausbeutung muss das Heil der einen zwangsläufig mit dem Gericht über die anderen verbunden sein. Denn wenn die Niedrigen erhoben werden sollen, müssen die Gewaltigen vom Thron gestoßen werden; wenn die Nahrungsmittel an die Hungrigen verteilt werden, können die Reichen nicht mehr länger im Überfluss schwelgen.

Vielleicht liegt es daran, dass wir die Welt Gottes mit dem sprichwörtlichen Schlaraffenland verwechseln, in dem es alles im Überfluss gibt, dass wir mit dieser Verbindung von Gericht und Heil nicht mehr viel anfangen können. In einer Welt unbegrenzter Ressourcen muss tatsächlich nichts verteilt werden, weswegen auch kein Reicher leer ausgehen wird, vielmehr werden alle reich.

Was auf den ersten Blick wie eine paradiesische Vorstellung aussieht, entpuppt sich allerdings auf den zweiten als Albtraum. Nicht von ungefähr gilt das Schlaraffenland, dessen Name von dem mittelhochdeutschen *sluraff*, „Faulenzer", abgeleitet ist, als Sinnbild für Langeweile und Dekadenz. Wem die gebratenen Tauben in den Mund fliegen, der braucht sich nicht zu bewegen oder gar zu verändern, ja er braucht noch nicht einmal Gemeinschaft. Damit wird jedoch nicht nur die Welt an sich wertlos, weil es ja alles unbegrenzt gibt. Arbeit gilt dementsprechend unter den Schlaraffen als größte Sünde, Genuss dagegen als höchste Tugend. So wird das Leben nur auf seine einfachsten Grundbedürfnisse reduziert, womit es nicht nur geistlos und ohne Herausforderungen ist, sondern einer Art Koma gleicht. Auch hierin zeigt sich wieder, wie recht Jesus hatte, als er davon sprach, dass niemand davon lebt, viele Güter zu besitzen (Lukas 12,15). Überfluss zerstört uns innerlich und macht einsam.

Im Gegensatz zur populären Vorstellung vom Schlaraffenland geht die Bibel deshalb von Anfang an von einer begrenzten Schöpfung aus, die folglich auch nur über begrenzte Ressourcen verfügt. Unbegrenzt ist nur Gott allein, seine Schöpfung ist es dagegen nicht, weder jetzt noch in der Zukunft. Interessant ist, dass auch Jesus schlaraffenähnlichen Gedanken keinen Vorschub leistet. Seine Vorstellung vom Reich Gottes ist nicht die des weltvergessenen Überflusses, sondern eines gerechten Ausgleiches. Das setzt jedoch begrenzte Ressourcen voraus, was freilich nicht bedeutet, dass damit ein Mangel verbunden wäre. Die Beseitigung von Ungerechtigkeit geht trotzdem nur durch ein Gericht, in dem über die gerechte Verteilung entschieden wird.

Vor dem Hintergrund der göttlichen Wirklichkeit ist das Gericht Gottes deshalb keine Drohung, sondern eine gute Nachricht. Gott selbst nimmt sich der Welt an, „erhöht" die „Täler" und „erniedrigt" die „Berge und Hügel", „was uneben ist, soll gerade, und was hügelig ist, soll eben werden" (Jesaja 40,4). In einer ungerechten Welt ist dieses Gericht nicht nur bitter nötig, sondern für viele geradezu die einzige Hoffnung.

Damit wird jedoch gleichzeitig auch deutlich, dass das Gericht Gottes nichts mit der Vernichtung der Welt zu tun hat. Es geht vielmehr um ihre Veränderung zum Guten. Entsprechend sind die biblischen Bilder. So redet Jesus von einem Zurückschneiden der wilden Triebe am Weinstock, damit er insgesamt mehr Frucht bringen kann (Johannes 15,2). Paulus dagegen vergleicht das Gericht mit einem Feuer, durch das die Haltbarkeit der bei einem Bau verwendeten Materialien geprüft wird (1. Korinther 3,12f.). Das Gericht Gottes erscheint damit als der notwendige Durchgang zu einer besseren und tragfähigeren Welt, als die unvermeidliche Prüfung, was Bestand haben kann und soll und was nicht. Als solche ist es sicher unangenehm, aber ebenso nötig wie die Analyse des Lebensstils bei einem Suchtkranken oder eine Überprüfung der Ernährungsgewohnheiten bei einem Diabetiker.

Den Anfang nimmt das Gericht Gottes nach Aussage der Bibel bei den Mächten selbst. Im Endgericht geschieht damit eine Befreiung der Welt von den Kräften, die sie in den Abgrund gerissen haben. In ihrer Symbolsprache schildert die Offenbarung des Johannes denn auch das

Gericht Gottes als eine Vernichtung der Finsternismächte, angefangen
von der „großen Hure Babylon", in der „das Blut aller derer, die auf
Erden umgebracht worden sind", gefunden wurde (Offenbarung 18,24),
über die Mächte der Verführung und Gewalt bis hin zur Vergänglichkeit selbst:

> „Und das Tier wurde ergriffen und mit ihm der falsche Prophet, der
> vor seinen Augen die Zeichen getan hatte, durch welche er die verführ
> te, die das Zeichen des Tieres angenommen und das Bild des Tieres
> angebetet hatten. Lebendig wurden diese beiden in den feurigen Pfuhl
> geworfen, der mit Schwefel brannte. [...] Und der Teufel, der sie ver
> führte, wurde geworfen in den Pfuhl von Feuer und Schwefel, wo auch
> das Tier und der falsche Prophet waren [...] Und der Tod und sein
> Reich wurden geworfen in den feurigen Pfuhl. Das ist der zweite Tod:
> der feurige Pfuhl" (Offenbarung 19,20; 20,10.14).

Das letzte Gericht ist damit eine kosmische Revision des Sündenfalls.
Die Zerstörungsmächte, die sich seit der Aufkündigung der ursprünglichen Gemeinschaft ausgetobt haben, werden nun in den Abgrund geworfen und selbst in den Tod gegeben. Die Vergänglichkeit, der Fluch,
der auf der Schöpfung liegt, ist damit selbst der Vergänglichkeit ausgesetzt. Sie wird enden wie alle anderen Finsternismächte auch. Was bleibt,
ist Gott und mit ihm eine erneuerte Schöpfung: „Und ich sah einen
neuen Himmel und eine neue Erde; denn der erste Himmel und die
erste Erde sind vergangen, und das Meer ist nicht mehr" (Offenbarung
21,1).

Die Menschen im Gericht

Die Vorstellung eines Gerichtes über die Mächte ist verbunden mit dem
Nachdenken über die Menschen, die diesen Mächten gedient haben. In
der Antike gab es bekanntlich keine rein jenseitigen Größen, vielmehr
hat alles Jenseitige auch eine diesseitige Gestalt. Mit dem Gemeinwesen
als „Tier", als gottfeindlicher Macht, sind deshalb die weltlichen Herrscher untrennbar verbunden, ebenso mit dem „Mammon" diejenigen,
die ihm „dienen".

An dieser Stelle ist die Offenbarung des Johannes und mit ihr die anderen Schriften des Neuen Testaments so realistisch wie Jesus in seiner Verkündigung. Die Menschen, die sich mit den Mächten identifiziert haben, die so mit ihnen eins geworden sind, dass sie sich das Leben anders nicht mehr vorstellen können, nehmen „Schaden an ihrer Seele". Weil sie die „Welt gewonnen" haben, werden sie auch mit ihr vergehen (Matthäus 16,26). Wie der Apostel Paulus geht Johannes daher von einem Gericht nach den „Werken" aus (Offenbarung 20,13), wobei Paulus noch einmal differenziert:

> Gott wird „einem jeden geben nach seinen Werken: ewiges Leben denen, die in aller Geduld mit guten Werken trachten nach Herrlichkeit, Ehre und unvergänglichem Leben; Ungnade und Zorn aber denen, die streitsüchtig sind und der Wahrheit nicht gehorchen, gehorchen aber der Ungerechtigkeit; Trübsal und Angst über alle Seelen der Menschen, die Böses tun, zuerst der Juden und ebenso der Griechen; Herrlichkeit aber und Ehre und Frieden allen denen, die Gutes tun, zuerst den Juden und ebenso den Griechen" (Römer 1,6-10).

Wichtig ist hierbei, die „Werke" nicht als eine „Ansammlung von Taten" zu betrachten, die in „gute" und „böse" eingeteilt und entsprechend gegeneinander aufgerechnet werden. Paulus geht vielmehr von einer Entwicklung aus. Die einen „trachten in aller Geduld", bei den anderen bildet sich mit der „Streitsucht" ein Charakterzug heraus.

Das entspricht der Verkündigung Jesu, der das Weltgericht mit einer „Ernte" verglichen hat, in der die entsprechende Saat aufgegangen ist (Matthäus 13,30.39). Das irdische Leben wird damit in besonderer Weise ernst genommen. Es ist nicht eine beliebige Abfolge von unzusammenhängenden Taten, sondern hat wie die Saat ein Ziel, entfaltet sich, bildet heraus, was in ihm angelegt ist:

> „Nehmt an, ein Baum ist gut, so wird auch seine Frucht gut sein; oder nehmt an, ein Baum ist faul, so wird auch seine Frucht faul sein. Denn an der Frucht erkennt man den Baum. [...] Wes das Herz voll ist, des geht der Mund über. Ein guter Mensch bringt Gutes hervor aus dem guten Schatz seines Herzens; und ein böser Mensch bringt Böses hervor aus seinem bösen Schatz. Ich sage euch aber, dass die Menschen

Rechenschaft geben müssen am Tage des Gerichts von jedem nichtsnut-
zigen Wort, das sie geredet haben. Aus deinen Worten wirst du gerecht-
fertigt werden, und aus deinen Worten wirst du verdammt werden"
(Matthäus 12,33-37).

Wie die Ernte ist dabei auch das Gericht nicht rückwärtsgewand. Es
geht nicht darum, die Frucht irgendeinem willkürlichen Qualitäts-
maßstab zu unterwerfen, vielmehr soll sie den Bauern und seine Familie
versorgen. Die Ernte bringt Leben und ist deshalb ein Grund zum Jubeln.

In ähnlicher Weise vergleicht auch Jesus dieses Leben mit einer Einladung zu einer königlichen Hochzeit. Das freudige Ereignis wird allerdings
von manchen nicht als solches wahrgenommen. Sie hören zwar wieder-
holt die Einladung, „aber sie verachteten das und gingen weg, einer auf
seinen Acker, der andere an sein Geschäft" (Matthäus 22,5). In einer
anderen Version des Gleichnisses werden sogar die entsprechenden Aus-
reden erwähnt: „Der erste sprach zu ihm: Ich habe einen Acker gekauft
und muss hinausgehen und ihn besehen; ich bitte dich, entschuldige
mich. Und der zweite sprach: Ich habe fünf Gespanne Ochsen gekauft
und ich gehe jetzt hin, sie zu besehen; ich bitte dich, entschuldige mich.
Und der dritte sprach: Ich habe eine Frau genommen; darum kann ich
nicht kommen" (Lukas 14,18-20).

Interessant ist, dass hier nicht nur eine ungeheuerliche Missachtung
des Königs und seiner Einladung vorliegt (die in Matthäus 22,6 sogar in
Gewalt gegen seine Boten gipfelt), sondern auch die aufgezeigten Hin-
derungsgründe sicher mit Bedacht gewählt sind. Geschäfte und irdische
Bindungen halten die Menschen davon ab, der Einladung Folge zu leisten. Sie sind so mit der Welt verwachsen, dass sie das eigentliche Leben
nicht nur vergessen, sondern auch diejenigen, die sie daran erinnern
verachten und verhöhnen.

Der Charakter des Gerichtes

Das Gericht Gottes stellt damit nicht nur den Abschluss der Weltgeschichte, sondern vor allem den Anfang einer neuen Schöpfung dar. Wie
alles andere wird also auch das Letzte Gericht nicht von der Vergangenheit, sondern von der Zukunft her bestimmt. Vor dem Hintergrund des

Gesagten können wir uns daher nun einer Problematik zuwenden, die das Gericht Gottes in einem verzerrten Licht erscheinen lassen kann. So wird im Zusammenhang mit einem Rechtfertigungsverständnis, das Heil und Unheil im Kontext irdischer Gerichtsbilder betrachtet, das Endgericht Gottes als ein in den Himmel versetzter irdischer Strafprozess verstanden, in dem es vor allem darum geht, die Schuldfrage zu klären. Entsprechende Vorstellungen geistern nicht nur durch die Verkündigung, sie scheinen auch auf den ersten Blick vom biblischen Befund gestützt zu werden, nämlich dann, wenn man Gericht als Strafverfahren versteht und die Folgen des jeweiligen Urteils entsprechend als Strafe und eben nicht als Konsequenz im Sinne der unabwendbaren Folgen eines Lebens.

Diese Auffassung greift jedoch zu kurz, denn sie ist nur auf die Vergangenheit bezogen, während die Bibel die Geschichte von der Zukunft her begreift. In einer Gerichtsverhandlung im klassischen Sinne existiert die Zukunft dagegen nur unter den Stichworten Freispruch oder Strafe, was wiederum von der Klärung der Vergangenheit und der damit verbundenen Schuldfrage abhängt. Auf das Ende der Welt übertragen wird so aus dem Gericht Gottes ein abschließender Prozess, in dem es nur um die Frage geht, wem vergeben werden sollte und wem nicht, und an dessen Ende der doppelte Ausgang „Himmel" im Sinne von Freispruch bzw. „Hölle" im Sinne von Strafe steht.

Nimmt man die Sünde als Beziehungslosigkeit ernst, die nicht nur als Not erlebt, sondern auch als Schuld weitergegeben wird, kann bei einem solchen Verfahren niemand aufgrund seines Tuns mit einem Freispruch rechnen. Wir sind alle viel zu sehr verstrickt in die Zerstörung der Schöpfung, als dass wir uns aus der Schuldproblematik ausnehmen könnten. In diesem Sinne argumentiert Paulus zu recht, dass die Menschen „allesamt Sünder sind und ermangeln des Ruhmes, den sie bei Gott haben sollten" (Römer 3,23), wie Luther etwas frei übersetzt. Das bedeutet freilich nicht, dass deshalb für alle die ewige Verdammnis als *Strafe* zwingend folgt.

Gerade mit der Behauptung einer Höllenstrafe tun sich nämlich enorme Schwierigkeiten auf. Egal wie man es dreht oder wendet, der Gedanke, dass Menschen für die in ihrer begrenzten Lebenszeit begangenen Verfehlungen mit ewiger Qual bestraft werden sollen, ist mit der Vor-

stellung eines liebenden und barmherzigen Gottes schlichtweg nicht
vereinbar.

Noch schwieriger wird es, wenn diese Auffassung mit einer Verkündigung verbunden wird, die vor allem auf die intellektuelle Überzeugung
des Einzelnen abzielt und jedes menschliche Tun unter den Generalverdacht der „Werkgerechtigkeit" stellt. Denn wenn Glaube in erster
Linie darin besteht, die in Christus „angebotene" Vergebung „anzunehmen", bleibt unverständlich, warum Gott dieses „Angebot" nicht auch
im Endgericht noch aufrechterhalten sollte, schließlich wird ja auch von
denen, die die Vergebung früher erfahren haben, keine allzu große Veränderung bis zum Zeitpunkt des Gerichtes erwartet. Erklären ließe sich
eine solche Einschränkung also nur mit einer Begrenzung der Liebe
Gottes, die eben irgendwann erkaltet und den Sünder im Endgericht
die ganzen Konsequenzen seiner Sünde spüren lässt, die sie ihm nur
wenig früher noch mit einem Federstrich erlassen hätte.

Mit der Intellektualisierung und Rationalisierung des Glaubens tut
sich daher die berechtigte Frage auf, warum Gott über einen im Alltag
kaum in der Nachfolge Jesu stehenden „Christen", der aber das „Angebot" der Vergebung angenommen hat, im Endgericht sehr viel nach-
sichtiger urteilen sollte als über einen Menschen, der sich zwar redlich
um seine Beziehungsfähigkeit bemüht hat, aber mit dem christlichen
Religionsbetrieb nur wenig anfangen konnte. Und der Unterschied ist
gewaltig: Dem einen ist schließlich das ewige Leben verheißen, während
der andere trotz aller Anstrengungen nur die Hölle zu erwarten hat – die
ihm freilich auch als Massenmörder sicher gewesen wäre. Damit tritt die
ganze Problematik dieses Ansatzes deutlich zu Tage. In ihm wird das
menschliche Leben schlichtweg auf eine bestimmte Überzeugung reduziert, denn wenn im Endgericht Bilanz gezogen wird, dann wird nur
noch nach ihr gefragt, alles andere zählt nicht mehr.

Das ist jedoch weder mit der Liebe und Gerechtigkeit Gottes vereinbar noch mit der Verkündigung Jesu, der ausdrücklich vor einem solchen rein intellektuellen Glauben gewarnt hat, mit dem keine Früchte
im Sinne einer Lebensveränderung verbunden sind: „Es werden nicht
alle, die zu mir sagen: Herr, Herr!, in das Himmelreich kommen, sondern die den Willen tun meines Vaters im Himmel" (Matthäus 7,21).
Noch schärfer formuliert es Jakobus, der denen, die sich Christen nen-

nen, aber in der Frage der Gerechtigkeit gegenüber den Armen nicht in der Nachfolge Jesu stehen, entgegenhält: „Du glaubst, dass nur einer Gott ist? Du tust recht daran; die Teufel glauben's auch und zittern" (Jakobus 2,19).

Interessant ist in diesem Zusammenhang auch die Tatsache, dass Jesus den Einzug ins Himmelreich nicht von dem entsprechenden Bekenntnis, sondern vom ganzen Leben des Menschen abhängig macht. In seiner Darstellung des Weltgerichtes geht es um „alle Völker" (Matthäus 25,32), also nicht nur die Christen. Geschieden werden sie freilich nicht entlang ihres Bekenntnisses, sondern anhand ihrer Beziehungsfähigkeit, die sich am Umgang mit den Notleidenden zeigt (Matthäus 25,34-45). Bezeichnend ist dabei, dass sowohl die „Gerechten" wie die „Verfluchten" die gleiche Frage stellen: „Herr, wann haben wir dich [...] gesehen?" (Matthäus 25,37.44). Offensichtlich war also beiden nicht bewusst, mit wem sie es in den Hungrigen und Kranken zu tun hatten. Darin unterscheiden sich die Nichtchristen jedoch in keiner Weise von den Christen.

Wollen wir daher das Gericht Gottes betrachten, ohne die Verkündigung Jesu zu verleugnen, dann dürfen wir es nicht in erster Linie als abschließende Bilanz (vielleicht sogar noch verkürzt auf den intellektuellen Aspekt) verstehen, sondern eher als eine Durchgangsstation. Abschluss ist es damit auch, allerdings eher so wie ein Examen eine Ausbildung abschließt. Geprüft wird dort zwar auch die Vergangenheit, allerdings mit Hinblick auf die Zukunft. Im Mittelpunkt steht daher nicht die Frage, ob einer wirklich alles richtig gemacht hat, sondern ob er kompetent genug ist, um sich selbständig in dem entsprechenden Feld zu bewegen.

So betrachtet verändert sich auch unsere Sicht vom Gericht Gottes. Hier geht es nicht um Lohn oder Strafe, sondern um die Frage, ob wir in der Wirklichkeit Gottes leben können. Damit verliert dieses Gericht seinen Schrecken für die, die bereits in diesem Leben durch die Vereinigung mit Jesus Teil dieser Wirklichkeit geworden sind. Wie bei einem Examen geht es hier zudem nicht um Vollkommenheit, sondern um die Grundlagen. Niemand erwartet von einem Anfänger, dass er sein Fach perfekt beherrscht, sondern nur, dass er sich fortan ohne äußere Anleitung weiterentwickeln kann.

Wie bei einem Examen wird deshalb auch im Letzten Gericht niemandem etwas genommen, was er in Bezug auf die zu betretende Wirklichkeit schon hätte. An der Gottesbeziehung geht damit ebenso wenig verloren wie an den zwischenmenschlichen. Jesus äußert sich denn auch in dieser Hinsicht durchgehend positiv. So spricht er von „Schätzen im Himmel", die man sich an einem Ort erwerben kann, „wo sie weder Motten noch Rost fressen und wo die Diebe nicht einbrechen und stehlen" (Matthäus 6,20), die also absolut sicher sind. Er redet von Beziehungen, die man durch den „ungerechten Mammon" aufbauen soll, die in den „ewigen Hütten" Bestand haben werden (Lukas 16,9). Und nicht zuletzt spricht er davon, dass sich Menschen ohne es zu ahnen durch ihren Beistand gegenüber den Notleidenden eine Gottesbeziehung aufbauen (Matthäus 25,34-40), während die, die sich einer solchen Beziehung allzu sicher sind, unter Umständen nie eine gehabt haben (Matthäus 7,21-23). Ja selbst auf der unbedeutendsten Handlung, dem berühmten „Becher kalten Wassers", den man einem „zu trinken gibt, weil es ein Jünger ist", ruht die Verheißung Jesu: „Es wird [...] nicht unbelohnt bleiben" (Matthäus 10,42).

Die Vorbereitung

Versteht man das Gericht Gottes nicht im Sinne eines Strafprozesses, sondern eher als eine Art Examen, erklärt sich auch, warum das Neue Testament nicht nur von einem Gericht am Ende der Zeiten spricht, sondern auch schon vorher stattfindende prozesshafte Veränderungen unter diesem Begriff zusammenfasst. So beginnt nach 1. Petrus 4,17 schon jetzt am „Haus Gottes" das Gericht. In ähnlicher Weise sieht Paulus bestimmte Züge der hellenistisch-griechischen Kultur als Zeichen des Gerichtes über sie (Römer 1,18-32) und deutet Krankheiten und Todesfälle innerhalb der Gemeinde von Korinth als Gericht (1. Korinther 11,29f.). Gerade bei Letzterem wird freilich auch deutlich, dass es sich bei dem prozesshaften Gericht um eine Vorwegnahme des eigentlichen punktuellen Endgerichtes handelt:

> *„Wenn wir uns selber richteten, so würden wir nicht gerichtet. Wenn wir aber von dem Herrn gerichtet werden, so werden wir gezüchtigt, damit wir nicht samt der Welt verdammt werden" (1. Korinther 11,31f.).*

Im Mittelpunkt steht auch hier wieder der Gedanke vom Gericht als einer Zurechtbringung, als „Züchtigung" und damit als Erziehungsmaßnahme, mit der ein verändertes Leben ermöglicht werden soll. So verstanden kann im Prinzip jeder das Gericht zumindest in Ansätzen bei sich selbst vorwegnehmen, genauso wie es jedem in einem bestimmten Rahmen möglich ist, sich selbst zu erziehen. Paulus fordert die Korinther deshalb auch mit einem Vergleich aus der Sportwelt heraus, in dem die Selbstdisziplin im Mittelpunkt steht:

> *„Wisst ihr nicht, dass die, die in der Kampfbahn laufen, die laufen alle, aber einer empfängt den Siegespreis? Lauft so, dass ihr ihn erlangt. Jeder aber, der kämpft, enthält sich aller Dinge; jene nun, damit sie einen vergänglichen Kranz empfangen, wir aber einen unvergänglichen. Ich aber laufe nicht wie aufs Ungewisse; ich kämpfe mit der Faust, nicht wie einer, der in die Luft schlägt, sondern ich bezwinge meinen Leib und zähme ihn, damit ich nicht andern predige und selbst verwerflich werde" (1. Korinther 9,24-27).*

Was hier beschrieben wird, ist im Grunde genommen Gericht, denn hier wird im wahrsten Sinne des Wortes gerichtet, das Krumme gerade gemacht, das, was hindert, abgelegt. Wie beim Bild des Weinstocks, das Jesus gebraucht, steht dabei die konsequente Ausrichtung auf ein Ziel im Mittelpunkt. Ein Wettkämpfer weiß ganz genau, was zählt und was nicht, weswegen er sich auf das Notwendige konzentriert und alles andere hinter sich lässt.

In der Nachfolge Jesu geht es um eine ähnliche Konzentration auf das Wesentliche, nämlich die Herausbildung eines jesusähnlichen Charakters und damit die Überwindung der Beziehungsarmut und -unfähigkeit der gefallenen Schöpfung. Nicht von ungefähr macht Jesus deshalb die Stellung des Einzelnen im Gericht Gottes von der Frage abhängig, wie er sich zu den Notleidenden verhalten hat (Matthäus 25,31-46), also zu den Menschen, die auf die Beziehungsfähigkeit der anderen unbedingt angewiesen sind. Ebenso sieht auch Paulus in der Überwindung der Beziehungsunfähigkeit die Vorwegnahme des göttlichen Gerichtes:

„Liebe Brüder, wenn ein Mensch etwa von einer Verfehlung ereilt wird, so helft ihm wieder zurecht mit sanftmütigem Geist, ihr, die ihr geistlich seid; und sieh auf dich selbst, dass du nicht auch versucht werdest. Einer trage des andern Last, so werdet ihr das Gesetz Christi erfüllen. Denn wenn jemand meint, er sei etwas, obwohl er doch nichts ist, der betrügt sich selbst. Ein jeder aber prüfe sein eigenes Werk; und dann wird er seinen Ruhm bei sich selbst haben und nicht gegenüber einem andern. Denn ein jeder wird seine eigene Last tragen. Wer aber unterrichtet wird im Wort, der gebe dem, der ihn unterrichtet, Anteil an allem Guten. Irret euch nicht! Gott lässt sich nicht spotten. Denn was der Mensch sät, das wird er ernten. Wer auf sein Fleisch sät, der wird von dem Fleisch das Verderben ernten; wer aber auf den Geist sät, der wird von dem Geist das ewige Leben ernten. Lasst uns aber Gutes tun und nicht müde werden; denn zu seiner Zeit werden wir auch ernten, wenn wir nicht nachlassen. Darum, solange wir noch Zeit haben, lasst uns Gutes tun an jedermann, allermeist aber an des Glaubens Genossen“ (Galater 6,1-10).

Der Hinweis auf den Zusammenhang von Saat und Ernte lässt Endgericht Gottes und vorweggenommenes Gericht des Menschen über sich selbst in einer anderen Perspektive erscheinen. Beim Endgericht geht es um die Ernte, um das Ergebnis eines Lebens, das sich noch beeinflussen lässt, solange es dauert. Wie alles in der geschaffenen Welt ist nämlich auch unser Leben selbst eine begrenzte Ressource, die wir folglich nicht unbegrenzt zur Verfügung haben. Einsetzen können wir es also nur, „solange wir noch Zeit haben“, denn irgendwann ist es vorbei.

Hinweise wie der des Apostels sind deshalb keine Drohung, sondern eine Aufforderung zur realistischen Selbsteinschätzung. Unsere Zeit ist begrenzt, wir können sie nur für wenige Dinge wirklich einsetzen. Gleichzeitig verfestigt sich mit jedem Tag unsere Persönlichkeitsstruktur etwas mehr, weswegen es Sinn macht, diesen Prozess bewusst zu gestalten, statt sich ihm einfach passiv auszuliefern. Wenn die neue Welt Gottes nicht unter denselben Problemen leiden soll wie unsere jetzige, ist daher eine Erneuerung unserer Beziehungsfähigkeit nötig, die spätestens mit dem Gericht Gottes angemahnt werden wird. Doch in seiner Liebe hilft uns Gott schon jetzt, uns in die entsprechende Richtung zu verändern und hier schon in der mit Jesus angebrochenen neuen Wirklichkeit heimisch zu werden.

Gleichzeitig soll damit nicht die Möglichkeit eines negativen Ausgangs im Gericht geleugnet werden. Im Gegensatz zur hellenistischen Kultur geht die Bibel wie wir gesehen haben allerdings nicht von einer Unsterblichkeit der Seele aus, sondern macht das Leben in jedem Augenblick von Gott abhängig. Ein ewiges von Gott getrenntes Leben ist daher zunächst nicht denkbar. An verschiedenen Stellen ist vielmehr von einem „Verderben" die Rede, das die Menschen ereilen wird, die nicht an der Veränderung der Welt Anteil haben (vgl. Philipper 3,19; 1. Thessalonicher 5,3; 2. Thessalonicher 1,9; 2. Petrus 3,7. Luther übersetzt hier jeweils ungenau „Verdammnis"). Wer mit den Mächten eins geworden ist, wird also entsprechend ihr Schicksal erleiden.

Daneben findet sich in der eschatologischen Literatur aber auch die der Bibel eigentlich fremde Vorstellung eines ewigen Lebens getrennt von Gott. So spricht zum Beispiel Offenbarung 20,10 davon, dass „der Teufel, [...] das Tier und der falsche Prophet [...] gequält werden Tag und Nacht, von Ewigkeit zu Ewigkeit." Ist hier zunächst nur von den Finsternismächten die Rede, wird dieser Gedanke wenige Verse später auch auf die ausgedehnt, deren Namen sich nicht im „Buch des Lebens" finden (Offenbarung 20,15). In gleicher Weise warnte auch Jesus vor einer „Hölle [...], wo ihr Wurm nicht stirbt und das Feuer nicht verlöscht" (Markus 9,47f.).

Trotzdem sollte man keine vorschnellen Schlüsse ziehen. Jesus spricht im Zusammenhang mit einer sehr drastisch formulierten Warnung von einer ewigen Hölle. Erkennt man im ersten Teil („Wenn dich dein Auge zum Abfall verführt, so wirf's von dir!") das Stilmittel der Übertreibung, dann darf man den zweiten Teil auch nicht ohne Weiteres wortwörtlich nehmen. Hinzu kommt, dass der griechische Begriff *„aion"*, der in der Lutherbibel mit „Ewigkeit" wiedergegeben wird, „Lebenszeit", „Generation", „Zeitdauer" oder „Zeitraum" bedeutet. Es geht also um einen großen Zeitabschnitt, etwa den, der unter der Wirklichkeit der Sünde steht. Denkbar wäre es daher auch, dass „von *aion* zu *aion*" nicht Ewigkeit in unserem Sinne meint, sondern die Zeit zwischen diesem Zeitalter und dem kommenden.

Obwohl sich damit über den Ausgang derer, die keinen Anteil an Got-

tes Wirklichkeit haben, kein abschließendes Urteil bilden lässt (im Gegensatz zu denen, die zu ihr gehören), warnt doch die Bibel sehr eindrücklich vor den Folgen, die demjenigen drohen, der in der von der
Sünde vorgegebenen Beziehungslosigkeit verharrt und ihre Möglichkeiten zum eigenen Vorteil nutzt. Mehr als um die Strafe geht es dabei um
die Konsequenz, oder um es noch einmal mit dem Wort des Apostels
Paulus zu sagen: „Was der Mensch sät, das wird er ernten."

Die letzte Wirklichkeit

Ein Einblick in die Wirklichkeit Gottes wäre unvollständig, wenn er
nicht auch die Vision der Hoffnung vor Augen malen würde, auf die der
Kosmos zugeht, weil ihm die Zukunft von Gott her entgegenkommt.
Wie beim Anfang der Welt kann das auch hier nur in Bildern geschehen,
denn ein Universum der heilgewordenen Beziehungen ist für uns ebenso
wenig vorstellbar wie eine unvergängliche Welt.

Doch die Bilder sprechen eine eigene Sprache. Mehr als zweitausend-
fünfhundert Jahre alt ist die Vision des Friedensreiches, das der Prophet
Micha gesehen hat. Mit groben Strichen zeichnete er eine Versöhnung
der Völker, eine Gemeinschaft, die von Jerusalem bis an die Grenzen der
Heidenwelt reichen würde. Die Völkerwelt, nicht nur zu seiner Zeit
zerrissen durch die Mächte, wird sich Gott allein zuwenden. Und dann
kommt die große Hoffnung zum Ausdruck, die Erwartung einer Welt
ohne Gewalt und Krieg, in der die Ressourcen, die bisher der Vernichtung gedient haben, dem Wohlstand der Völker dienen:

> *„Sie werden ihre Schwerter zu Pflugscharen und ihre Spieße zu Sicheln
> machen. Es wird kein Volk wider das andere das Schwert erheben, und
> sie werden hinfort nicht mehr lernen, Krieg zu führen. Ein jeder wird
> unter seinem Weinstock und Feigenbaum wohnen, und niemand wird
> sie schrecken. Denn der Mund des HERRN Zebaoth hat's geredet"* (Micha
> *4,3f.).*

Jesaja, ein Zeitgenosse Michas, ergänzt diese Vision durch einen weiteren Aspekt. Bei ihm geht es um das überfließende Leben, das die neue

Welt kennzeichnen wird. Es ist ein in jeder Hinsicht erfülltes Leben, nicht nur lang, sondern auch voller Freude und Fröhlichkeit. Die von Gott ausgehende Versöhnung gilt dabei bemerkenswerterweise nicht nur den Menschen, sondern der ganzen Schöpfung. Der Tod hat seinen Schrecken verloren, Vertrauen regiert auch in der Natur. Das Böse und mit ihm die Sinnlosigkeit sind verschwunden:

„Denn siehe, ich will einen neuen Himmel und eine neue Erde schaffen, dass man der vorigen nicht mehr gedenken und sie nicht mehr zu Herzen nehmen wird. Freuet euch und seid fröhlich immerdar über das, was ich schaffe. Denn siehe, ich will Jerusalem zur Wonne machen und sein Volk zur Freude, und ich will fröhlich sein über Jerusalem und mich freuen über mein Volk. Man soll in ihm nicht mehr hören die Stimme des Weinens noch die Stimme des Klagens. Es sollen keine Kinder mehr da sein, die nur einige Tage leben, oder Alte, die ihre Jahre nicht erfüllen, sondern als Knabe gilt, wer hundert Jahre alt stirbt, und wer die hundert Jahre nicht erreicht, gilt als verflucht. Sie werden Häuser bauen und bewohnen, sie werden Weinberge pflanzen und ihre Früchte essen. Sie sollen nicht bauen, was ein anderer bewohne, und nicht pflanzen, was ein anderer esse. Denn die Tage meines Volks werden sein wie die Tage eines Baumes, und ihrer Hände Werk werden meine Auserwählten genießen. Sie sollen nicht umsonst arbeiten und keine Kinder für einen frühen Tod zeugen; denn sie sind das Geschlecht der Gesegneten des HERRN, und ihre Nachkommen sind bei ihnen. Und es soll geschehen: Ehe sie rufen, will ich antworten; wenn sie noch reden, will ich hören. Wolf und Schaf sollen beieinander weiden; der Löwe wird Stroh fressen wie das Rind, aber die Schlange muss Erde fressen. Sie werden weder Bosheit noch Schaden tun auf meinem ganzen heiligen Berge, spricht der HERR" (Jesaja 65,17-25).

Mehr als ein halbes Jahrtausend später malt der Seher Johannes seine große Vision einer Zukunft der versöhnten Beziehungen, einer Welt ohne Leid und Tod, einer Welt voller Leben:

„Und ich hörte eine große Stimme von dem Thron her, die sprach: Siehe da, die Hütte Gottes bei den Menschen! Und er wird bei ihnen wohnen, und sie werden sein Volk sein und er selbst, Gott mit ihnen, wird ihr Gott sein; und Gott wird abwischen alle Tränen von ihren Augen, und der Tod wird nicht mehr sein, noch Leid noch Geschrei noch Schmerz wird mehr sein; denn das Erste ist vergangen. [...] Und er zeigte mir einen Strom lebendigen Wassers, klar wie Kristall, der ausgeht von dem Thron Gottes und des Lammes; mitten auf dem Platz und auf beiden Seiten des Stromes Bäume des Lebens, die tragen zwölf-mal Früchte, jeden Monat bringen sie ihre Frucht, und die Blätter der Bäume dienen zur Heilung der Völker. Und es wird nichts Verfluchtes mehr sein. Und der Thron Gottes und des Lammes wird in der Stadt sein, und seine Knechte werden ihm dienen und sein Angesicht sehen, und sein Name wird an ihren Stirnen sein. Und es wird keine Nacht mehr sein, und sie bedürfen keiner Leuchte und nicht des Lichts der Sonne; denn Gott der Herr wird sie erleuchten, und sie werden regieren von Ewigkeit zu Ewigkeit" (Offenbarung 21,3f.; 22,1-5).

Die Bibel beginnt mit einem Hymnus, der die Erschaffung der Welt besingt. Sie endet mit einer Sehnsucht nach der neuen Welt, nach dem Reich Gottes, mit der auch dieses Buch enden soll:

Und der Geist und die Braut sprechen: Komm! Und wer es hört, der spreche: Komm! Und wen dürstet, der komme; und wer da will, der nehme das Wasser des Lebens umsonst.
Es spricht, der dies bezeugt: Ja, ich komme bald. – Amen, ja, komm, Herr Jesus!

Offenbarung 22,17.20

Anhang

Bücher, die dieses Buch inspiriert haben

Um die Lesbarkeit zu erhöhen, wurden im Text dieses Buches bewusst keine Literaturverweise gemacht. Das heißt natürlich nicht, dass dieses Buch nicht aus anderen Quellen schöpft. Vielmehr ist nicht weniges von dem, was ich geschrieben habe, über Jahre durch verschiedene Werke angestoßen, gewachsen, gereift und neu gedacht worden. Statt der üblichen Literaturhinweise in Fußnoten oder Ähnlichem sollen deshalb hier die wichtigsten Werke genannt werden, die das hinter diesem Buch stehende Denken entscheidend beeinflusst haben.

Bell, Rob: Velvet Jesus – ein neues Bild des Glaubens malen, Gießen [2]*2007.* Ein erfrischendes und herausforderndes Buch, das Jesus für postmoderne Menschen darstellen will.

Berger, Klaus: Jesus, München 2007. Das vielleicht erste postmoderne Jesus-Buch eines deutschen Universitätstheologen. Berger verbindet katholische Wurzeln, evangelische Theologie und einen neuen Blick auf das Neue Testament zu einer sehr inspirierenden und herausfordernden Mischung. Absolut lesenswert.

Böhl, Eduard: Dogmatik. Mit einer Einleitung von Thomas Schirrmacher, Neuhausen/Stuttgart 1995. Laut seinem Vorwort eine der letzten konservativen deutschen Dogmatiken. Reformiert und solide.

Bosch, David J.: Transforming Mission. Paradigm Shifts in Theology of Mission, New York 1991. Hier hält das Buch, was der Titel verspricht: Bosch beschäftigt sich mit den unterschiedlichen Paradigmen, in denen das Christentum im Laufe seiner Geschichte interpretiert worden ist. Ein sehr herausforderndes Werk für alle, die ihre eigenen Ansichten für das einzig mögliche Verständnis der Bibel halten.

Grudem, Wayne: Systematic Theology. An Introduction to Biblical Doctrine, Leceister/Grand Rapids 1994. Ein sehr interessantes Werk, dessen Autor eine fast fundamentalistisch konservative reformierte Dogmatik mit einer charismatischen Frömmigkeit verbindet. Eine Fundgrube vor allem für diejenigen, die für die entsprechenden Themen Bibelstellen suchen.

Joest, Wilfried: Dogmatik 1: Die Wirklichkeit Gottes, Göttingen [2]*1987; Dogmatik II: Der Weg Gottes mit den Menschen, Göttingen* [4]*1996.* Immer noch das Standardwerk für alle, die an deutschen Universitäten ein theologisches Examen machen. Mehr braucht man nicht zu sagen.

McGrath, Alister E.: Christian Theology. An Introduction, Oxford ³*2001.* McGrath gehört zu den am besten zu lesenden theologischen Autoren. Seine Dogmatik bietet zudem eine Fülle von Quellentexten aus den verschiedenen Jahrhunderten. Auf Deutsch ist sie leider vergriffen.

McLaren, Brian D.: Everything must change. Jesus, Global Crises, and a Revolution of Hope, Nashville (USA) 2007. Ein unter Konservativen umstrittener Autor der „Emerging Church". In Bezug auf seine bestenfalls sehr blasse Vorstellung von der Transzendenz Gottes kann man tatsächlich Anfragen stellen, was seine Darstellung der politischen und ökonomischen Konsequenzen der Lehre Jesu angeht, jedoch nicht. Für alle, die sich mit den Problemen der Welt näher beschäftigen wollen, bietet dieses Buch einen ausgezeichneten Einstieg.

Newbigin, Lesslie: Foolishness to the Greeks. The Gospel and Western Culture, Grand Rapids (USA) 1986. Immer noch eine der besten Einführungen in unser Denken und die damit verbundenen Herausforderungen für die das Christentum. Auf Deutsch ist es als „Den Griechen eine Torheit. Das Evangelium und unsere westliche Kultur" erschienen, aber schwer zu bekommen.

Neuner, Josef, und Heinrich Roos (Hgg.): Der Glaube der Kirche in den Urkunden der Lehrverkündigung, neubearbeitet von Karl Rahner und Karl-Heinz Weger, Regensburg ¹²*1986.* Immer noch *das* Standardwerk, in dem die für die römisch-katholische Kirche verbindlichen Texte übersichtlich auf Deutsch präsentiert werden. Die hieraus zitierten Texte werden in diesem Buch mit der Abkürzung „NR" und der entsprechenden Nummer versehen.

Podles, Leon J.: The Church Impotent. The Feminization of Christianity, Dallas (USA) 1999. Ein sehr nachdenkenswertes Buch, das der Frage nachgeht, warum das Christentum seit dem Mittelalter Frauen eher anspricht als Männer – und vor allen Dingen, in welchen theologischen Verschiebungen diese Veränderung begründet ist.

Pöhlmann, Horst Georg: Abriss der Dogmatik. Ein Kompendium, Gütersloh ⁶*2002.* Ein sehr interessantes Buch für alle, die sich einen Überblick über die verschiedenen Ansichten zu den grundlegenden dogmatischen Themen verschaffen wollen.

Plasger, Georg, und Matthias Freudenberg (Hgg.): Reformierte Bekenntnisschriften. Von den Anfängen bis zur Gegenwart, Göttingen 2005. Da es in Deutschland vergleichsweise wenige reformierte Gemeinden gibt, findet man auch nur wenige lesbare Ausgaben der Bekenntnisschriften dieser gerade für Evangelikale wichtigen Konfession. Dieses Buch gibt einen guten Überblick.

Unser Glaube. Die Bekenntnisschriften der evangelisch-lutherischen Kirche. Im Auftrag der Kirchenleitung der Vereinigten Evangelisch-Lutherischen Kirche Deutschlands (VELKD) hrsg. vom Lutherischen Kirchenamt, bearbeitet von Horst Georg Pöhlmann, Gütersloh ³1991. Eine sehr übersichtliche Ausgabe der lutherischen Bekenntnisse in moderner Sprache.

Webber, Robert E.: Ancient-Future Faith. Rethinking Evangelicalism for a Postmodern World, Grand Rapids (USA) 1999. Geschrieben von einem älteren Theologen mit konservativem Hintergrund aber sehr viel Verständnis für postmoderne Herausforderungen, zeigt das Buch auf, wie eine Rückbesinnung auf die Kirche der ersten Jahrhunderte aussehen könnte.

Wink, Walter: The Powers That Be. A Theology for a New Millenium, New York (USA) 1999. Unter einem etwas irreführenden Titel veröffentlicht der theologisch eher liberale Autor eine der überzeugendsten Argumentationen für Gewaltfreiheit in einer Welt voller Aggression.

Filme

Neben diesen Büchern sind zwei Filme sehr zu empfehlen, die die Problematik des vorliegenden Buches betreffen. Manche Menschen sind ja eher visuell ...

American Beauty, Drehbuch: Alan Ball, Regie: Sam Mendes, Dreamworks Pictures 1999. Vorsicht! Dieser Film ruft extreme Reaktionen hervor: Die einen mögen ihn, andere finden ihn furchtbar. Aber kaum ein anderer stellt sich so schonungslos der Frage nach dem Sinn des Lebens. Es ist kein christlicher Film, aber er endet versöhnlich mit einem Epilog, in dem das Sein über das Seinwollen triumphiert: „Sehen Sie genau hin!" (Wenn möglich sollte man den Film übrigens mit dem englischen Orginalton schauen, denn die Stimme von Kevin Spacey wirkt im Gegensatz zu ihrer deutschen Synchronisation nicht aggressiv-anklagend, sondern nachdenklich und warm.)

Die Truman-Show, Drehbuch: Andrew Niccols, Regie: Peter Weir, Paramount Pictures 1998. Eigentlich eine bittere Satire über die Mediengesellschaft, beschreibt dieser Film, wie eine andere Wirklichkeit zögerlich wahr- und ernstgenommen wird und wie schließlich ein erster Schritt in sie getan werden kann. Die Welt, in der Truman lebt, ist ein Kunstprodukt, eine Reduktion der eigentlichen Wirklichkeit – womit sie an unsere erinnert. Obwohl es immer wieder Hinweise auf das „Mehr" außerhalb von ihr gibt, gibt es doch auch genügend alltägliche Gründe, diesen Hinweisen nicht nachzugehen, von der Angst vor dem Unbekannten über die scheinbare Unmöglichkeit zu entkommen, die Verführung durch die Illusion, es gäbe nichts Besseres als das Hier und Jetzt, bis hin zur heimischen Idylle. Truman Show ist damit zugleich ein Film, in dem der Gedanke der Mächte in dem alles überragenden Produzenten und Regisseur Christof personifiziert wird: Es ist die Geschichte eines Paradigmenwechsels, einer Bekehrung.

Eine Einführung in das Neue Testament
von Thomas Weißenborn

In welchem gesellschaftlichen, politischen und kulturellen Umfeld
sind die Bücher des Neuen Testaments entstanden?
Wer waren die Autoren? Wann sind die einzelnen Berichte und Briefe
geschrieben worden?
Buch für Buch führt Dr. Thomas Weißenborn durch das Neue Testament. Sein besonderes Plus: Er kommt ganz ohne das übliche „Fach-
chinesisch" aus, schreibt wissenschaftlich fundiert, spannend und
informativ. Dabei scheut er sich nicht, unterschiedliche Theorien
vorzustellen und auf die jeweiligen Thesen samt
Antithesen einzugehen.
Über seine Schneisen werden Bibelleser, Hauskreisleiter, Studenten,
Mitarbeiter in der Gemeinde – alle, die sich schnell und kompakt
Wissen zum NT aneignen wollen – das Buch der Bücher leichter als
bisher erobern.

Apostel, Lehrer und Propheten (1)
Evangelien und Apostelgeschichte
ISBN 978-3-86122-676-5
256 Seiten, Paperback

Apostel, Lehrer und Propheten (2)
Leben und Briefe des
Apostels Paulus
ISBN 978-3-86122-710-6
288 Seiten, Paperback

Apostel, Lehrer und Propheten (3)
1. Petrusbrief bis Offenbarung
ISBN 978-3-86122-722-9
224 Seiten, Paperback

Thomas Weißenborn
Sag mal, was du glaubst
Mit Kindern über den christlichen
Glauben sprechen
ISBN 978-3-86122-857-8
176 Seiten, gebunden

Das Glaubensgebäude eines Christen setzt sich aus vielen Steinen zusammen. Welche davon brauchen meine Kinder für das Fundament ihres Hauses? Die Existenz Gottes, die Bibel, die Schöpfung, der Sündenfall, das Gericht, Jesus und sein Tod am Kreuz, die Auferstehung, die Sündenvergebung, das neue Leben, die Gemeinschaft der Gläubigen und die „letzten Dinge". An diesem roten Faden entlang illustriert Dr. Thomas Weißenborn mit beeindruckenden Bildern und Beispielen, was wir Erwachsenen wissen und glauben. Nutzen Sie diese „Dogmatik für Kinder" als Ideen-Steinbruch, wenn Sie kleinen Kindern vom Vater im Himmel erzählen, als Vorlesebuch für Grundschulkinder oder als Gesprächsgrundlage für die Älteren.

„Und wenn Sie schließlich das Buch aus der Hand legen und nicht mehr über die angerissenen Themen, sondern über Ihre Erfahrungen, Gedanken, Werte und Vorstellungen von Gott reden, dann hat dieses Buch seinen Zweck mehr als erfüllt."

Spuren des lebendigen Gottes – eine Kirchengeschichte von Klaus Meiß

Diese Kirchengeschichte nimmt den Leser mit auf eine Spurensuche. Sie richtet sich an Pfarrer, Prediger & Seelsorger, Studenten & Bibelschüler, Hauskreisteilnehmer und alle anderen, die an einer knappen, gut lesbaren Überblicksdarstellung interessiert sind. Bei der zeitlichen Einordnung helfen übersichtliche Zeittafeln.

Spuren des lebendigen Gottes
Band 1: Geschichte der Alten Kirche
ISBN 978-3-86122-966-7
192 Seiten, Paperback

1. Einführung in das Zeitalter: Alte Kirche
2. Aufbruch und Nachfolge: Von der Jesus-Bewegung zur Kirche
3. Mission: Glaube überschreitet Grenzen
4. Verfolgung und Sieg: Blutzeugen, Bekenner, Konjunkturchristen
5. Spiritualität: Nähe und Distanz
6. Diakonie: Leben als Dienen
7. Theologie: Wahrheit in Begegnung
8. Veränderungen einer Welt: Bruderliebe, Nächstenliebe, Feindesliebe

Geschichte des christlichen Mittelalters
Spuren des lebendigen Gottes, Band 2
ISBN 978-3-86827-002-0
224 Seiten, Paperback

1. Einführung: Von der Antike zum Mittelalter
2. Kirche im Mittelalter
3. Mission, Christianisierung, Katholisierung?
4. Kaiser und Papst: Wer regiert die Herzen?
5. Spiritualität: Heilige und Ketzer
6. Diakonie im Mittelalter
7. Glauben und Denken
8. Veränderung: Bildung und Kultur
9. Gewalt im Zeichen des Christentums

Tobias Faix / Thomas Weißenborn (Hrsg.)
ZeitGeist
Kultur und Evangelium in der Postmoderne
ISBN 978-3-86122-967-4
256 Seiten, Paperback

Die Welt ist anders geworden. Weniger rational. Emotionaler.
Suchender. Traditioneller. Offener.
Ein neues Zeitalter ist angebrochen und vieles verändert sich – auch
unsere Gemeinden. Das bringt Unsicherheit mit sich.
Die Postmoderne zwingt uns zu einem neuen Nachdenken über das,
was wirklich trägt. Neue weltweite Entwicklungen, wie die Emerging
Church-Bewegung, versuchen, in diesen Veränderungen
Gemeinde neu zu leben.
24 Autorinnen und Autoren beschreiben aus unterschiedlichen Blick-
winkeln, wie Christsein in unserem Kontext nicht nur möglich ist,
sondern wie wir anfangen können, unsere Gesellschaft zu verändern.
Im Zentrum steht dabei die Frage, wie der Geist und die Zeit
zusammenzudenken sind. In vier Kapiteln werden diese Fragen aufgenommen, theoretisch durchdacht und praktisch reflektiert.
Ein Buch, das die richtigen Fragen stellt, zum Mitdenken anregt und
mit beispielhaften Initiativen und Projekten aus der Praxis inspiriert.

Die Autoren:
Christina Brudereck
Dr. Peter Aschoff
Gottfried „Gofi" Müller
Burkhard vom Schemm
Bettina Becker
Markus Lägel
uva.

Mit Statements von Thorsten Hebel, Christoph Waffenschmidt und
Prof. Dr. Johannes Reimer.

Brian McLaren
Höchste Zeit, umzudenken!
Jesus, globale Krisen und die
Revolution der Hoffnung
ISBN 978-3-86827-045-7
ca. 300 Seiten, Paperback

Einer Frage konnte Brian McLaren die vergangenen zwanzig Jahre
nicht aus dem Weg gehen:
Welche Bedeutung haben das Leben und die Lehren Jesu Christi für
die aktuellen globalen Missstände?

Begleiten Sie den Autor auf der Suche nach einer Antwort auf diese
spannende Frage. Lassen Sie sich mitnehmen in eine frische und
herausfordernde Sicht auf Jesus und seine Lehren. Sie werden erleben,
dass seine Botschaft auch uns heute mit einer neuen Vision und
Leidenschaft erfüllen kann. Lösen Sie sich von den wohlbekannten
Klischees und vorgefertigten Meinungen, und erkennen Sie die
revolutionäre Kraft, die schon von Anbeginn in Jesu Botschaft
enthalten war.

Die Botschaft Jesu ist mehr als ein Freifahrtschein in den Himmel
oder ein Rezept für Wohlstand. Sie ist eine Einladung zu einer
persönlichen und auch globalen Transformation. Sie stellt die Normen, die unseren Systemen zugrunde liegen, radikal in Frage.

Es ist höchste Zeit, um zu denken. Fangen wir an umzudenken.